经以济世

技在开来

贺教育部

创新方向项目

心王生发

李岳林
辛卯春八

教育部哲学社會科學研究重大課題攻關項目

面向公共服务的
电子政务管理体系研究

A STUDY OF PUBLIC SERVICE-ORIENTED
E-GOVERNMENT MANAGEMENT SYSTEM

孙宝文

等著

经济科学出版社
Economic Science Press

图书在版编目（CIP）数据

面向公共服务的电子政务管理体系研究/孙宝文等著.
—北京：经济科学出版社，2012.8
教育部哲学社会科学研究重大课题攻关项目
ISBN 978－7－5141－1521－5

Ⅰ.①面…　Ⅱ.①孙…　Ⅲ.①社会服务－电子政务－
管理体系－研究　Ⅳ.①C916②D035.1－39

中国版本图书馆 CIP 数据核字（2012）第 013339 号

责任编辑：王　娟
责任校对：王凡娥
版式设计：代小卫
技术编辑：邱　天

面向公共服务的电子政务管理体系研究

孙宝文　等著

经济科学出版社出版、发行　新华书店经销

社址：北京市海淀区阜成路甲 28 号　邮编：100142

总编部电话：88191217　发行部电话：88191540

网址：www.esp.com.cn

电子邮件：esp@esp.com.cn

北京中科印刷有限公司印装

787×1092　16 开　34.75 印张　660000 字

2012 年 8 月第 1 版　2012 年 8 月第 1 次印刷

ISBN 978－7－5141－1521－5　定价：86.00 元

首席专家和课题组成员名单

（按姓氏笔画为序）

王天梅　朱建明　吴　昊　颜志军

编审委员会成员

总　序

哲学社会科学是人们认识世界、改造世界的重要工具，是推动历史发展和社会进步的重要力量。哲学社会科学的研究能力和成果，是综合国力的重要组成部分，哲学社会科学的发展水平，体现着一个国家和民族的思维能力、精神状态和文明素质。一个民族要屹立于世界民族之林，不能没有哲学社会科学的熏陶和滋养；一个国家要在国际综合国力竞争中赢得优势，不能没有包括哲学社会科学在内的"软实力"的强大和支撑。

近年来，党和国家高度重视哲学社会科学的繁荣发展。江泽民同志多次强调哲学社会科学在建设中国特色社会主义事业中的重要作用，提出哲学社会科学与自然科学"四个同样重要"、"五个高度重视"、"两个不可替代"等重要思想论断。党的十六大以来，以胡锦涛同志为总书记的党中央始终坚持把哲学社会科学放在十分重要的战略位置，就繁荣发展哲学社会科学做出了一系列重大部署，采取了一系列重大举措。2004 年，中共中央下发《关于进一步繁荣发展哲学社会科学的意见》，明确了新世纪繁荣发展哲学社会科学的指导方针、总体目标和主要任务。党的十七大报告明确指出："繁荣发展哲学社会科学，推进学科体系、学术观点、科研方法创新，鼓励哲学社会科学界为党和人民事业发挥思想库作用，推动我国哲学社会科学优秀成果和优秀人才走向世界。"这是党中央在新的历史时期、新的历史阶段为全面建设小康社会，加快推进社会主义现代化建设，实现中华民族伟大复兴提出的重大战略目标和任务，为进一步繁荣发展哲学社会科学指明了方向，提供了根本保证和强大动力。

高校是我国哲学社会科学事业的主力军。改革开放以来，在党中央的坚强领导下，高校哲学社会科学抓住前所未有的发展机遇，紧紧围绕党和国家工作大局，坚持正确的政治方向，贯彻"双百"方针，以发展为主题，以改革为动力，以理论创新为主导，以方法创新为突破口，发扬理论联系实际学风，弘扬求真务实精神，立足创新、提高质量，高校哲学社会科学事业实现了跨越式发展，呈现空前繁荣的发展局面。广大高校哲学社会科学工作者以饱满的热情积极参与马克思主义理论研究和建设工程，大力推进具有中国特色、中国风格、中国气派的哲学社会科学学科体系和教材体系建设，为推进马克思主义中国化，推动理论创新，服务党和国家的政策决策，为弘扬优秀传统文化，培育民族精神，为培养社会主义合格建设者和可靠接班人，做出了不可磨灭的重要贡献。

自 2003 年始，教育部正式启动了哲学社会科学研究重大课题攻关项目计划。这是教育部促进高校哲学社会科学繁荣发展的一项重大举措，也是教育部实施"高校哲学社会科学繁荣计划"的一项重要内容。重大攻关项目采取招投标的组织方式，按照"公平竞争，择优立项，严格管理，铸造精品"的要求进行，每年评审立项约 40 个项目，每个项目资助 30 万 ~ 80 万元。项目研究实行首席专家负责制，鼓励跨学科、跨学校、跨地区的联合研究，鼓励吸收国内外专家共同参加课题组研究工作。几年来，重大攻关项目以解决国家经济建设和社会发展过程中具有前瞻性、战略性、全局性的重大理论和实际问题为主攻方向，以提升为党和政府咨询决策服务能力和推动哲学社会科学发展为战略目标，集合高校优秀研究团队和顶尖人才，团结协作，联合攻关，产出了一批标志性研究成果，壮大了科研人才队伍，有效提升了高校哲学社会科学整体实力。国务委员刘延东同志为此做出重要批示，指出重大攻关项目有效调动各方面的积极性，产生了一批重要成果，影响广泛，成效显著；要总结经验，再接再厉，紧密服务国家需求，更好地优化资源，突出重点，多出精品，多出人才，为经济社会发展做出新的贡献。这个重要批示，既充分肯定了重大攻关项目取得的优异成绩，又对重大攻关项目提出了明确的指导意见和殷切希望。

作为教育部社科研究项目的重中之重，我们始终秉持以管理创新服务学术创新的理念，坚持科学管理、民主管理、依法管理，切实增强服务意识，不断创新管理模式，健全管理制度，加强对重大攻关项目的选题遴选、评审立项、组织开题、中期检查到最终成果鉴定的全过程管理，逐渐探索并形成一套成熟的、符合学术研究规律的管理办法，努力将重大攻关项目打造成学术精品工程。我们将项目最终成果汇编成"教育部哲学社会科学研究重大课题攻关项目成果文库"统一组织出版。经济科学出版社倾全社之力，精心组织编辑力量，努力铸造出版精品。国学大师季羡林先生欣然题词："经时济世　继往开来——贺教育部重大攻关项目成果出版"；欧阳中石先生题写了"教育部哲学社会科学研究重大课题攻关项目"的书名，充分体现了他们对繁荣发展高校哲学社会科学的深切勉励和由衷期望。

　　创新是哲学社会科学研究的灵魂，是推动高校哲学社会科学研究不断深化的不竭动力。我们正处在一个伟大的时代，建设有中国特色的哲学社会科学是历史的呼唤，时代的强音，是推进中国特色社会主义事业的迫切要求。我们要不断增强使命感和责任感，立足新实践，适应新要求，始终坚持以马克思主义为指导，深入贯彻落实科学发展观，以构建具有中国特色社会主义哲学社会科学为己任，振奋精神，开拓进取，以改革创新精神，大力推进高校哲学社会科学繁荣发展，为全面建设小康社会，构建社会主义和谐社会，促进社会主义文化大发展大繁荣贡献更大的力量。

教育部社会科学司

前　言

20世纪中叶以来，西方各主要发达国家为了应对经济全球化和政治民主化的压力，纷纷开展了大规模的政府改革运动。这些改革运动的具体形式虽有所不同，但基本上都有一个共同的价值取向——尽可能减少政府对市场的干预，放宽政府的行政规制，推动公共管理社会化和公共服务市场化，缩小政府规模，削减政府开支，调整、简化政府的业务流程，提高政府运作的透明度，并加强对政府绩效尤其是政府公共服务绩效的评估等。这场政府改革运动恰好发生在信息革命方兴未艾之时，它得到了现代信息网络技术的强烈催化和有力支撑——"电子政务"正是在这样的背景下应运而生。

电子政务之所以受到人们的高度关注，是因为它不仅迎合了政府改革的迫切需要，而且还为这一充满矛盾和难题的改革提供了新思维、新模式和新机制，极大地拓展了现代公共服务型政府的发展空间。从20世纪90年代初美国总统克林顿宣布利用信息技术提高政府服务能力开始，各国元首相继提出本国的政府服务在线日程，以电子政务促进政府转型的战略迅速登上几乎所有工业化国家的政治日程，电子政务的发展水平已然成为世界新一轮公共行政管理改革和衡量国家及城市竞争力水平的重要标志之一。在信息化建设和网络技术快速发展的大背景下，推进电子政务建设成为提升世界各国政府改革和公共服务能力的战略工具、必由之路。

电子政务诞生的历史背景及其内涵，决定了不断提升公共服务能力是电子政务建设的出发点和落脚点。国内外研究领域和实践领域的发展证明，电子政务公共服务能力的提高不仅依赖于先进的技术，更重要的在于现有政府行政管理体系和技术管理体系的深入契合。然而，作为一种主要运用于政府部门的大型复杂信息系统，电子政务公共服务项目的高投资、低回报、高失败率现象在实践中却屡屡发生，其理想目标与现实状态之间形成了强烈的反差。我国电子政务建设经过十余年的不断磨砺与革新，已逐步走出"关注技术"为主的初期发展阶段，进入深化整合的"制度重于技术"的重要发展时期。对电子政务公共服务推进过程中管理体系的研究、提升电子政务公共服务能力的途径研究已经成为电子政务实施和政府组织管理变革研究中的重点和难点。

本书的研究成果是在教育部哲学科学研究重大课题攻关项目（07JZD0019）资助下出版的。研究历经三年时间，一方面，研究团队成员不断跟踪国内外电子政务公共服务的发展和研究前沿，收集和整理分析了大量研究文献和数据，明确了电子政务公共服务管理体系的理论框架和核心研究问题，并基于国内外实践领域的最佳实践和最新研究，形成了以目标体系研究为起点，以提升网站公共服务能力、提升信息资源共享能力，以及提升电子政务治理能力为主要途径，以绩效评价为主要控制手段的电子政务公共服务管理体系研究框架。另一方面，针对这个"实践先于理论"的研究领域，本研究团队主要研究成员积极深入到电子政务公共服务的第一线，基于核心研究框架，有计划地展开了5个层次、8个批次的调查研究和案例研究：首先是覆盖全国29个省、直辖市、自治区涉及180份问卷有关"电子政务发展状况"的基础研究；然后是针对"网站公共服务能力"的专题研究，包括有关"网站公共服务效果分析"的5个典型地方政府部门的案例研究和有关"网站公共服务影响因素"涉及256份问卷的调查研究；其次是针对"政府信息资源共享能力"的专题研究，包括有关"政府信息资源共享影响因素"的4部委的案例访谈和涉及174份问卷的调查研究；再其次是针对"电子政务治理能力"的专题研究，包括有关"电子政务治理作用"的涉及171份问卷调研，有关"电子政务治理模式"涉及6个地市级政府部门的跨案例研究，以及有关"电子政务治理有效性影响因素"涉及143份问卷的调查研究；最后是针对国家税务总局网站绩效评价的调查研究。这些研究成果极大地充实了我们的研究框架，并系统地解释了电子政务公共服务管理体系建设的核心研究问题和提升电子政务公共服务能力的主要途径。

在首席专家孙宝文教授的指导下，研究团队的核心成员王天梅教授、朱建明教授、颜志军教授、吴昊博士、章宁教授、张巍副教授、涂艳副教授、韩文英副教授及其他成员一起精诚合作、锐意进取，展开深入研究，攻克多个研究难关，取得了一系列具有创新意义的研究成果。然而，如同所有的前瞻性研究课题一样，该研究在资料获取、研究设计、数据分析、结论获得等方面难免出现不足之处，希望读者能够不断改进和提高。希望本研究能够成为推进和发展我国电子政务公共服务的推动力量，更重要的是能够成为政府部门的官员、高等院校相关专业的学者和研究生研究和实践电子政务公共服务管理问题的有价值的参考文献。

摘　要

本书基于新公共管理理论、IT 治理理论和现有的电子政务研究文献，立足中国国情，研究了政府部门推进电子政务公共服务过程中管理体系建设中的核心理论问题。通过辨析电子政务管理体系的概念、构建电子政务管理体系的理论框架以及一系列的实证研究，本书力图从理论层面系统地解释面向公共服务的电子政务管理体系建设的核心研究问题，并有针对性地提出构建电子政务管理体系、提升电子政务公共服务能力的政策建议。

本书的主要研究过程和研究结论如下：

第一，电子政务公共服务管理体系理论模型研究。

本书以 2008 年一次有关电子政务发展状况的大型问卷调查为研究起点，剖析了我国在推进电子政务公共服务过程中存在的主要病症及其根源，进而从新公共管理理论研究和电子政务理论研究中探讨解决这些问题的理论依据，并提出了电子政务公共服务管理体系的理论模型。本书认为，电子政务公共服务管理体系是一个包含诸多元素的有机整体，其中目标体系是电子政务管理体系的起点；该目标体系的实现依赖于一个复杂的、多层次的实现途径，网站公共服务能力是实现该目标体系最直接、最基础的途径，网站公共服务能力的提升依赖于跨部门信息资源共享能力的提高，跨部门信息资源共享能力是提升电子政务公共服务能力的重要途径，这一能力的提高又依赖于电子政务治理能力。电子政务治理能力是电子政务公共服务推进过程中的管理制度安排，是行政管理体系和技术管理体系契合的结果，也是提高电子政务公共服务能力的核心途径，这一能力的提高取决于电子政务行政管理体系和技术管理体系的契合程度；绩效评价体系是评价和控制目标实现的重要手段，也是管理体系必不可少的落脚点。

第二，电子政务公共服务目标体系研究。

电子政务公共服务目标体系是管理体系的起点。本书首先基于现有研究文献回顾并界定了"电子政务公共服务"的概念；然后探讨了电子政务公共服务的理念和目标，并进一步分析我国行政管理体制改革对电子政务公共服务的影响，进而构建电子政务公共服务的目标体系框架。本书认为电子政务公共服务是政府应用信息技术来为个人、企业及其他社会团体提供公共服务的过程，是政府行为的最终产出，是政府行为与公民需求最主要的结合点。电子政务公共服务能力取决于通过电子政务建设提供公共服务的过程中服务主体具备的技能、技术和技巧。电子政务公共服务最大化是电子政务公共服务管理体系的总目标，其一级目标包括纬度，即"以公众为中心"的网站服务目标体系是实现总目标的基础纬度、"无缝隙"的政务信息资源共享目标体系是总目标实现的重要纬度、"高效能"的电子政务治理目标体系是总目标实现的关键维度。

第三，电子政务网站公共服务水平及影响因素研究。

提升电子政务网站公共服务能力是实现电子政务公共服务管理目标体系的基本途径。本书首先以电子政务网站公共服务能力影响因素的文献作为研究基础，对大量相关文献进行归纳分析梳理了影响电子政务网站公共服务水平的不同层面的关键因素；然后基于5个典型政府网站的案例讨论了电子政务网站在"信息公开"、"政民互动"、"网上办事"水平上的效果、差距和主要原因；最后基于研究文献和案例研究构建了网站公共服务影响因素模型，并通过256份调研问卷，采用SEM数据分析技术对模型进行验证。实证研究结果表明："信息公开"、"政民互动"、"网上办事"水平在不同地域和行政级别存在差异，差异来源于多个层面，在微观层面影响电子政务网站公共服务水平的关键因素是"热点试点影响力"、"网站使用便易性"、"行政首脑影响力"、"项目管理协调能力"。同时，由于处于不同地域或者不同行政级别的政府网站，"热点试点影响力"和"项目管理协调能力"对电子政务网站公共服务水平的影响更加显著。相对而言，基层政府网站较非基层政府的优势在于信息化主管机构更加稳定，东部地区较中西部地区网站最大的优势在于项目协调管理能力。

第四，电子政务信息资源共享的影响因素和博弈分析。

电子政务信息资源共享能力是保证电子政务公共服务能力持续提升的关键途径，然而电子政务信息资源共享是一个复杂的过程。基于对现有研究文献的分析归纳，本书从两个研究视角展开研究工作，一方面从行为学的研究视角，以"权力理论"为背景讨论了"权力因素"对电子政务信息资源共享的影响，然后根据4个部委的案例访谈结果，建立了电子政务信息资源共享的影响因素模型，并基于174份调研问卷采用多变量线性回归分析对研究模型进行了验证。实证研究结果表明："权力因素"是影响电子政务信息资源共享的关键因素，其中"强制权力"和"协调权力"对信息共享都具有显著的正向影响作用，而"协调权力"对政府工作人员信息共享行为的影响程度要大于"强制权力"的影响，同时，"信任"和"权力游戏"作为调节变量在协调权力与信息共享之间有积极的促进作用。另一方面从经济学的研究视角，基于博弈论进一步探索和揭示了电子政务信息资源共享过程的特点和规律。本书首先从不完全信息的角度出发分析相同级别各职能部门在不完全信息下的共享策略，探讨了多阶段博弈场景下的信息共享条件，分析了信息补贴策略的应用条件和应用方式；然后结合领导风格理论讨论上下级部门信息共享中不同领导风格对信息共享结果的影响；最后基于Swarm仿真平台，建立多部门信息资源共享混合博弈模型，分析多部门在不同条件下共享策略的选择，并验证信息补贴策略在促进信息共享中的应用。研究结果表明：无论是相同层级，还是不同层级在信息资源共享过程中存在重要的博弈关系，因此"领导风格"、"权力约束"、"部门文化"、"补贴政策"成为信息资源共享能力的重要影响因素。

第五，电子政务治理的理论溯源及实证研究。

提升电子政务治理能力是实现电子政务公共服务管理目标体系的核心途径。电子政务项目的治理能力意味着行政管理体系和技术管理体系的契合，意味着电子政务项目实施中"责、权、利"的重新梳理，意味着电子政务项目实施过程中的决策制度安排。电子政务治理也是本书的重点研究内容。本书基于 IT 治理理论创新性地提出了电子政务治理的概念和关键要素，构建了电子政务治理研究的理论框架。本书认为，电子政务治理作为 IT 治理概念在政府部门的延伸，是指政府组织对关键性电子政务决策权力的安排和制衡。电子政务治理从实施的制度层面规范了政府组织电子政务决策的模式、结构、机制，为政府部门提高电子政务的决策效率、实现战略目标、规避风险服务。电子政务治理的理论框架包含三个核心问题。其中，电子政务治理对电子政务实施成效的作用分析，是电子政务治理理论的基础研究问题，是对这一选题的进一步深化研究；电子政务治理模式是电子政务治理理论的核心研究问题，是对 IT 治理模式的拓展研究；电子政务治理有效性研究，是电子政务治理理论的重要研究问题，是对 IT 治理有效性评价和治理有效性影响因素的探索研究。为此，本书展开进一步有关电子政务治理的实证研究。

一是基于电子政务成熟度模型、钻石模式、技术执行框架和利益相关者理论，讨论分析了电子政务治理对电子政务实施成效的重要影响作用。为了进一步验证这一结论，本书基于对电子政务实施成效影响因素的研究文献，建立电子政务实施成效的关键影响因素模型，并基于调查研究法、SEM 数据分析技术及 LISREL8.80 软件工具，采用 171 个来自于中国政府信息管理部门的有效样本，进行模型验证。实证研究结果表明：电子政务治理能力作为对电子政务实施成效具有重要影响的研究变量，与环境的就绪程度和组织的支持程度一样，对电子政务实施成效具有显著的正向影响，这与西方学者的研究结论一致，也与西方政府部门靠制度推进电子政务的实践一致。

二是深入研究了韦尔（Weill）等人有关 IT 治理范式及其关键组成要素的研究成果，本书一方面讨论了韦尔等人有关治理安排矩阵、治理模式的研究结论，对政府组织，尤其是对中国政府组织的适用性；另一方面，借鉴韦尔等人关于治理模式、治理结构和治理机制的研究思路，进行电子政务治理范式设计。为了进一步完善研究结论，本书基于 6 个中国地级市信息主管部门展开跨案例研究，构建电子政务治理安排矩阵，总结了典型的电子政务治理模式及其形成的主要原因，并探索性地研究了电子政务治理绩效的评价指标和治理绩效的影响因素。案例研究结果表明，电子政务治理模式是形成电子政务治理的核心，其重点是对关键电子政务决策项的权力安排和责任部署，其目的是为了弥补现有组织结构的不足，同时，电子政务治理结构和治理机制为治理模式的实现和有效运转，以及治理绩效的提高奠定了重要的基础。案例数据显示了与西方学者不同的研究结论，中国地方政府电子政务治理模式尽管呈现出多样化态势，但是典型治理模式的形成，与电子政务决策项的类型无明显关系，主要受到行政压力和IT部门影响力的共同作用，同时由于与其相匹配的治理结构和治理机制的明显不足，导致相同治理模式的治理绩效存在显著差异。

三是深入研究IT治理有效性评价和治理有效性影响因素文献，结合案例研究，建立电子政务治理有效性影响因素模型，基于调查研究法、SEM数据分析技术及LISREL8.80，采用143个来自于中国政府信息管理部门的有效样本，进行模型验证。实证研究结果表明：价值交付的有效性、成本控制的有效性、风险控制的有效性，能够在一定程度上评价电子政务治理有效性，同时，由于治理的结构安排、治理的认知程度、治理的沟通机制对电子政务治理有效性评价的3个方面存在不同的影响作用，因而，在不同程度上显著影响电子政务治理有效性。

第六，服务导向的电子政务绩效评价体系研究。

服务导向的电子政务绩效评价体系研究成为电子政务管理体系研究的落脚点，其主要目的是通过评价改进组织绩效。这部分研究基于国内外电子政务绩效评价的研究文献和最佳实践，首先提出服务导向的电子政务绩效评价体系的基本框架，认为电子政务公共服务绩效评价体系包括三个主要子体系，其中电子政务网站绩效评估是最基础的评估体系，电子政务信息资源共享绩效评价和电子政务治理绩效评价是重点；然后基于现有绩效评估的研究结论提出了包含6个一级指标的电子政务网站绩效评价模型，该模型不仅体现了面向公共服务的特色，也反映了内部绩效与外部绩效相结合的特点；最后，针对电子政务网站绩效评价模型进行模型的论证，并以国家税务总局电子政务网站为例展开模型的实证研究。

本书基于新公共管理理论，IT治理理论，以及电子政务研究文献构建了电子政务公共服务管理体系的理论模型，并探索性地研究了电子政务公共服务管理的目标体系和实现目标体系的三个层面的核心研究问题。从表现层面的电子政务网站公共服务能力，到关键层面的电子政务信息资源共享能力，再到核心层面的电子政务治理能力，把研究视角逐步从问题的表象深入到问题的本质，创新性地提出了电子政务治理的概念和理论体系。在理论研究的基础上，本书进一步结合电子政务公共服务管理体系理论研究的主要结论，立足中国电子政务实践，提出电子政务公共服务管理体系建设的政策框架，从不同层面提出解决当前电子政务公共服务领域管理问题的政策建议，并针对跨部门并联审批业务提出了改进的构想和实例分析。本书的研究结果不仅拓展了西方学者的 IT 治理理论和电子政务研究成果，还为我国政府部门剖析、诊断、改进电子政务公共服务中的管理问题和治理问题提供了理论上的指导依据。

Abstract

This book based on new public administration theory, IT governance theory and existing e-government references, explores the core theoretical problems of management system construction when government carries forward e-government public services according to China's actual conditions. By discriminating the concepts of e-government management system, building up the theoretical framework of e-government management system and a series of empirical study, the book seeks to systematically explain, at a theoretical level, the core problems of e-government management system orienting to public services and to present the policy proposals for constructing e-government management system and improving the capacity of e-government public service.

Main research processes and conclusions are as below:

Section I: Theoretical model research of management system for e-government public services.

The book, inspired by a widely covered questionnaire survey relating to the development of e-government in 2008, will analyze the main problems and their origins existed in the process of e-government public services, and explore the theoretical basis on which these problems may be resolved within the framework new-public administration theory and e-government theory, and at last establish the theoretical models of e-government nanagement system for public services. The book argues that e-government management system for public services is an organic integral body containing various elements; of those elements the objective system is the start of e-government system and its realization depends on a complicated, multi-level approach, and on-line public services capacity is the most directly, fundamental approach to realize the objective system and the improvement in such capacity relates to the cross-department information resources sharing which shall be another important way to promote e-government public service capability, and in turn the improvement in such capability will rely on e-government governance ability. E-government governance ability is the administrative institution arrangement in the process of e-government public services, the result of combining administrative system and technological management system and therefore a core approach to enhance e-government public service capability; however, enhancement of such capability is up to the combination of administrative system and technological management system. Performance evaluation system is an important means to realize the evaluation and control objectives and because of the indispensable aim of the management system.

Section II: Study for objective system of e-government public service.

Objective system is the start of e-government system. The book, above all, defines the concept of e-government public service on the basis of existing research reference review, and, after that, explores the philosophy and purpose of e-government public service, and further analyzes the influence of management system reform on e-government public services, and finally establishes the objective system framework of e-government public services. The book argues that e-government public service is a process in which the government uses information technology to provide public services with individuals, enterprises and other public organization, and the final output of government activities, and thus the most significant bonding point between government activities and citizen needs. The capability of e-government public service lies on the know-how, techniques and skills possessed by the service subjects during the process of providing e-government public services. Maximization of e-government public service is the overall objective of e-government public service management system, the fist-level objectives include several dimensions, namely, objective system of on-line service centering on the public is the foundational dimension for achieving the overall objective, objective system of seamless sharing of information resources relating to government affairs is an important dimension for achieving the overall objective, and objective system of highly effective e-government governance is the critical dimension for achieving the overall objective.

Section III: Study of public service capability and influence factors of e-government website.

Improving the public service capability of e-government websites is the basic way to realize objective system of e-government public service management. The book, firstly, on the basis of references concerning the factors affecting public service capability of e-government website, induces, analyzes and combs the critical factors at different levels that affect the public service capability of e-government websites; and then, based on five typical government website cases, discusses the effects and differences and main reasons with regard to "Information Publicity", "Government-Citizen Interaction" and "On-line Service"; finally, establishes the models of factors affecting on-line public services in accordance with research references and case studies and verifies the models through 256 questionnaires and using SEM data analysis technology. The results of empirical studies indicate that there indeed are differences in "Information Publicity", "Government-Citizen Interaction" and "On-line Service" in different regions at various administrative levels, and these differences come from many sources, for micro-level, the critical factors affecting e-government public service performance include "Influence on Hot Topics and Acceptance of Pilot Website", "Easy Access to Website", "Influence from Administrative Leaders" and "Project Management and Coordination Capability". Meanwhile, for the government websites of different regions or at different administrative levels, "Influence on Hot Topics and Acceptance of Pilot Website" and "Project Management and Coordination Capability" will affect the public service performance of e-government websites in a quite different way. Comparatively speaking, the advantages of government websites at grass roots level over those not at grass roots level lie in a more stable competent authority in charge of informatization while the biggest advantage of government websites in eastern region over those in western region lie in Project Management and Coordination Capability.

Section IV: Influence Factors and Game Analysis of E-government Information Resource Sharing.

The capability of sharing e-government information resources is the critical approach to ensure a continuous improvement in e-government public services, however, e-government information resources sharing will be a complicated process. On the basis of analysis and induction of existing research references, the book explores the problems from two angles. On the one hand, according to ethological theory, The book under the background of "Power Theory" discusses the influence of "Power Factors" on e-government information resources sharing, and builds up the models of factors affecting e-government information resources sharing in line with case interviews with four ministries and committees under the State Council, and on the basis of 174 questionnaires, uses multivariable linear regression analysis to verify the models employed by the study. The results of empirical study indicate that "Power Factors" are the critical factors that affect e-government information resources sharing, of those the "Compulsory Power" and "Coordination Power" have a remarkable positive influence and, however, "Coordination Power" has greater influences on government personnel's information sharing behaviors than "Compulsory Power"; while "Trust" and "Game of Power" as the regulated variables turn out to be useful in coordinating the power and information sharing. On the other hand, according to economical theories, The book on the basis of game theory further explores and reveals the characteristics and laws existed in the process of sharing e-government information resources. The book, from the point of view of incomplete information, analyzes the sharing strategies between functional departments at a same level under an incomplete information circumstance, and explores the conditions for information sharing under the circumstance of multiple stages game, and analyzes the application requirements and method for information allowance strategy; and then discusses the influence of different leadership style on information sharing between a superior and a subordinate department in terms of leadership style theory; and, at the end, based on Swarm simulation platform, generates mixed game models of information resources sharing among more departments, and analyzes the choices of sharing strategy made by different departments, and verifies the application of information allowance strategy in promoting information sharing. Research results imply that there really is an important game relationship that exists in the process of sharing information resources between departments at a same level or at different levels, consequently, "Leadership Style", "Power Constraints", "Departmental Culture" and "Allowance Policies" become important factors that affect information resources sharing capability.

Section V: Theoretical Construction and Empirical Study of E-government Governance.

Improving e-government governance capability is the core approach to realize the objective system of e-government public service management system. The capability to govern of e-government project means the combination of public management system and technological management system, redistribution of "Responsibilities, Powers and Interests" during the implementation of e-government projects, and arrangement of decision-making mechanism during the implementation process of e-government projects. In addition, e-government governance shall also be a significant part of the book. On the basis of innovations in IT governance theory, the book put forward the concepts and critical elements of e-government governance and establishes the theoretical framework for e-government governance research. Theoretical framework of E-government governance consists of three core parts. The benefit analysis of E-government Governance is the basic study. The core part is the research on the pattern design of E-government Governance. And the evaluation index and influencing factors of E-government Governance effectiveness are the third important issue. Further, the book continues the empirical study of e-government governance.

Firstly, according to E-government maturity model, Leavitt's Diamond model, Fountain's technology enactment framework and the stakeholder theory, this paper discusses the important impact that the E-government governance bring in the effectiveness evaluation of e-government implementation. Furthermore, the critical influence factors model of e-government implementation effectiveness is proposed. And 171 data samples are gathered from China's public sector across several provinces. Based on the Structural Equation Modeling (SEM) technology and corresponding software, LISREL 8.8, the proposed hypothesis model is validated and verified. The research result shows that the E-government governance capability is positively related with e-government implementation effectiveness, Moreover, the environmental readiness and organizational support are also positively related with e-government implementation effectiveness. The result is consistent with the research point of western scholars.

Secondly, the paper discusses the IT governance mechanism and related pivotal components profoundly and analyzes the application possibility of these research results to Chinese government. Then, the case study research is put forward in the informalization department of 6 medium size cities and the e-government governance arrangement matrix is deduced. The research result shows that e-government governance mode is the core part of e-government governance. Its main point is the arrangement of e-government decision-making authorities and responsibilities and its goal is to overcome the shortcoming of current government organization. Meanwhile, e-government governance structure and mechanism provide a basis for the implementation and operation of governance mode and the improvement of the government performance. The case study result is different with the western scholars. There exist obvious diversification characteristics of e-government governance mode. But the typical governance mode hasn't direct relation with e-government decision and is the result of administrative pressure and IT department influence. Moreover, because of the differences of governance structure and mechanism, the same governance model in different organizations will have different governance performance.

Thirdly, the e-government governance influence factors research model is proposed. And the sample data is gathered from 143 Chinese government organizations. The

5

sample data is analyzed to verify and validate the research model based SEM and LIS-REL. The research result shows that the effectiveness of value delivery, the effectiveness of cost control, the effectiveness of risk control can evaluate the e-government governance effectiveness to some extent. At the same time, governance structure, cognition and communication mechanism will influence the three aspects of e-government governance effectiveness. Then, they will affect significantly the e-government governance effectiveness.

Section VI: Study of Performance Evaluation System of Service-oriented E-government

Study of performance evaluation system of service-oriented e-government is the final part of the study of e-government management system, its main purpose is to improve organizational performance through evaluation. Studies made in this part are based on research references and best practices in domestic or abroad relating to e-government performance evaluation. In this part, the book sets up the basic framework for performance evaluation system of service-oriented e-government and believes that evaluation system of e-government public service contains three main sub-systems, of those the performance evaluation of e-government websites shall definitely be the most fundamental evaluation system, while the performance evaluation of e-government information resources sharing and of e-government governance are both attached with big significance. Then, according to the conclusions concerning existing study of performance evaluation, the book proposes the performance evaluation models of e-government websites containing six level-1 indexes, which are not only featured with the orientation of public services but also reflect the characteristics of combination of internal and external performance. Finally, the book demonstrates the validity of performance evaluation models of e-government websites and carries out the empirical study by referencing the e-government website of State Administration of Taxation.

The book, on the basis of new public administration theory, IT governance theory and existing e-government references, builds up the theoretical models of management system of e-government public service and discusses in an exploratory way the objective system of e-government public service administration and core problems at three different levels relating to the implementation of objective system. From the capability of providing public service by e-government websites at the presentative level to the capability of sharing e-government information resources at the critical level and to governance capability of e-government at the core level, the book gradually penetrates into the nature of the problems from their presentation, and finally creates the concepts and theoretical system of e-government governance. On the foundation of theoretical study, the book synthesizes the main conclusions concerning e-government public service and use e-government practices in China, sets up the policy framework for construction of e-government public service management system, presents the policy proposals for resolving current problems that exist in public service administration based on e-government platform, and makes a vision and case analysis for cross-department approval operations. The results of the book shall not only expand the research findings in IT governance theory and e-government accomplished by scholars from the West, but also provide the theoretical basis with government bodies at various levels in China for analyzing, diagnosing and improving the management problems that exist in e-government public services.

目 录

Contents

Contents

3

面向公共服务的电子政务管理体系研究

第一章

绪　论

电子政务公共服务是指政府应用信息技术来为个人、企业及其他社会团体提供公共服务的过程，是一种区别于传统公共服务的全新方式。如果说电子政务是当前政府部门正在经历的一场变革，那么为社会提供高质量、高效率的电子政务公共服务就是这场变革的目标。《国家电子政务总体框架》中指出："公共服务是电子政务建设的出发点和落脚点"。关注电子政务公共服务，有助于更好地挖掘电子政务的本源价值，促进电子政务建设效果的提高。

然而，长期以来，中国电子政务一直奉行"管理驱动型"原则，主要围绕政府管理需求开展应用，带有明显的官本位色彩，重视内部应用而忽视外部服务。随着我国行政管理体制改革的深入和"服务型政府"目标的确立，将电子政务的工作重心由"管理驱动型"转为"服务驱动型"已成为一种越来越明显的趋势。

本章将以2008年的一次大型问卷调查的结果分析为研究起点，剖析我国在推进电子政务公共服务过程存在的主要问题及其问题的根源，进而从新公共管理理论研究和电子政务理论研究中探讨解决这些问题的理论依据，并进一步提出本书的理论研究框架，研究路线和主要研究方法。

第一节　以服务为导向的电子政务实践领域的困境剖析

一、电子政务与政府公共服务

（一）电子政务的基本界定及本书的研究范围

电子政务（e-government 或 digital government）是信息技术在政府部门运用的统称。电子政务的概念出现以来，许多国际组织和专家学者对此下过定义，较有代表性的定义有以下几个：

联合国（UN）和美国公共管理协会（ASPA）给电子政务下的定义相对简单：电子政务就是政府利用国际互联网络和网站来为市民提供政府的信息和服务[1]。经济合作与发展组织（OECD）对电子政务的定义是：利用信息通讯技术——尤其是互联网技术作为一种工具来获得更好的政府治理[2]。

根据瑞里埃（Relyea）在名为《接近美国：通过信息技术进行重组》的调查报告中给电子政务下的定义：电子政务是信息技术发展与政府部门应用这些技术的"汇合"[3]。

根据凯勒（Kaylor）等人的定义，电子政务是一种赋予公民的"能力"，公民用它可以通过互联网跟城市进行交流，这种交流要比通过发送简单的电子邮件复杂得多[4]。

美国布朗大学教授韦斯特（West）从公共服务提供的角度给电子政务下定义：电子政务是指通过互联网或其他电子手段来提供政府信息或在线服务[5]。

总结上述对电子政务的界定，不难发现，虽然不同的定义具体措辞不同，但电子政务的定义基本都包括了以下内涵：

第一，电子政务不同于用电话、传真等方式处理政府事务，而必须通过包括网络技术、计算机技术和通信技术等现代信息技术的应用才能实现。电子政务离不开信息基础设施和相关软、硬件技术的发展。

第二，电子政务并不是政府信息和网络技术的简单组成，而是通过网络技术的应用，使得传统政务活动中难以做到的信息实时共享和双向交互成为可能，使政务处理的透明度和满意度得到极大的提高。

第三，电子政务不能停留在技术应用这一层次，更重要的是通过与电子政务发展相适应的政府机构改革和工作流程重组，使电子政务发挥出真正的优势。

第四，在电子政务中，电子只是手段、工具和载体，而政务才是目的，只有达到改善和提升政务管理效率的根本目标，才是真正有意义的电子政务。

从电子政务的适用范围来看，有"狭义"和"广义"之分。"狭义"的电子政务范围仅限于政府部门内部，其实施主体是政府部门或带有公共管理性质的其他公共组织（如我国的党委、人大等机关）；而"广义"的电子政务则包括所有与政府利用信息技术手段加强公共管理相关的领域。如"电子管理、电子安全、电子商务、电子民主以及电子服务。其所牵涉的内容与公众生活、企业生产经营密切相关[6]"。

而在中国的特殊国情下，按照电子政务实施主体的不同，也有另一种"狭义"和"广义"之分。这里"狭义"的电子政务是指仅仅由作为行政机关的"政府"所发起的各类信息化项目；而"广义"电子政务则包括党委、人大、政协等部门开展的信息化项目，这些项目有时又会冠之以"电子党务"、"电子人大"、"电子政协"等称呼。

本书认为："电子政务就是政府机构应用现代信息和通信技术，按照其所负担的社会管理和公共服务职能要求进行机构和流程重组，以便更好地提高内部工作效率和对外服务水平"。同时，本书中的电子政务仅指我国政府部门开展的信息化项目，不包含"党委、人大、政协"等部门，之所以这么界定，是因为在我国的行政实践中，绝大多数的公共管理职能都是由作为行政部门的各级"政府机关"来担任的，它们是服务的主体。

（二）电子政务在我国的三个发展阶段

回顾中国政府信息化的发展历程，本书认为可以作以下的阶段划分：

在 1999 年之前，是一个"政务信息化前期"，这一时期的政务信息化刚刚起步，应用项目很少，范围有限，主要集中在几个与经济发展密切相关的关键性行业和政府部门内部的办公领域。

1999 年，以"国家信息化领导小组"成立和"政府上网工程"启动为标志，中国的电子政务建设开始受到重视，开始步入一个大规模建设阶段。而如果对这一阶段再进行细分的话，以 2003 年为分水岭，在这之前基本上以大规模的基础设施建设为主，在这之后基本上以资源整合、应用深化为主、提升公共服务能力为主要目标。

按照上述阶段划分标准，下面对我国电子政务的发展作一个分阶段的回顾。

1. 政务信息化前期

1993 年发生了一件具有里程碑意义的事件——那就是被视为中国"电子政

务"前身的"三金工程"的启动。当时，党和国家根据国内外形式发展的需要，以高度的前瞻性和大局观，启动了"金卡、金桥、金关"三个事关我国重大国计民生的行业信息化工程，拉开了我国信息化的序幕。同年12月，成立国家经济信息化联席会议，邹家华副总理为主席。1994年5月，成立国家信息化专家组，作为国家信息化建设的决策参谋机构。

1996年8月，北京市政府部门在国际互联网上建立的第一个以经济类信息为主的政府网站"北京经济信息网"开通，同时它也是为北京市领导和市政府各部门提供Internet接入服务的网络中心。

1997年4月，经国务院批准，国务院信息化工作领导小组召开了首次全国信息化工作会议，通过了《国家信息化"九五"规划和2010年远景目标》（纲要），提出了信息化建设"统筹计划，国家主导；统一标准，联合建设；互联互通，资源共享"二十四字方针。

1998年4月，山东省青岛市开通了"青岛政务信息公众网"，这是目前为止有迹可查的我国首个地方政府门户网站。当年7月1日，"首都之窗"正式开通，标志着北京市的政府上网工程步伐也开始驶入快车道。

综上所述，1999年之前的这个阶段，本书把它统称为"政务信息化前期"。之所以说它是前期，是因为它有以下几个特点：第一，当时"电子政务"的概念还没有正式提出来，政务信息化多以"办公自动化"为表现形式；第二，当时的政务信息化主要还集中在政府内部的一些应用，以提高政府工作效率，为领导决策提供辅助支撑为主要目的，并没有将重心放到"公共服务"上来；第三，当时的政务信息化还处于一个试点阶段，应用项目的数量非常有限，多集中在与国民经济密切相关以及能明显体现信息化优势的一些行业领域内，并没有大面积铺开，在全社会所造成的影响力也比较有限。

2. 大规模建设期

从1999年起，中国的政府信息化建设以"政府上网工程"启动和"国家信息化工作领导小组"成立为标志，进入了一个新阶段。

1999年1月22日，由中国电信和国家经贸委经济信息中心主办、联合40多家部委（办、局）信息主管部门共同发起"政府上网工程"，目标在1999年实现60%以上的部委和各级政府部门上网，在2000年实现80%以上的部委和各级政府部门上网。从此，我国的政府信息化开始进入一个以国际互联网为基础网络的全新时代。各种各样的部门网站、门户网站如雨后春笋般涌现出来。

1999年12月23日，国务院办公厅颁发了《国务院办公厅关于成立国家信息化工作领导小组的通知》，宣布成立"国家信息化工作领导小组"。

2001年8月，中共中央、国务院决定重新组建国家信息化领导小组，以进一步加强对推进我国信息化建设和维护国家信息安全工作的领导，并下设"国家信息化工作领导小组办公室"作为自己的办事机构。国家信息化领导小组负责审议国家信息化的发展战略，宏观规划，有关规章、草案和重大的决策，综合协调信息化和信息安全的工作。国务院总理朱镕基任组长，同年12月主持召开国家信息化领导小组第一次会议，会议确定了"政府先行，带动信息化发展"的方针。

2002年7月，国家信息化领导小组第二次会议通过了《国民经济与社会信息化专项规划》。

2002年8月17日，中共中央办公厅、国务院办公厅联合下发了《国家信息化领导小组关于我国电子政务建设指导意见》，堪称是我国电子政务发展史上具有里程碑意义的一件大事。因为该《指导意见》中将"政府先行，带动国民经济和社会发展信息化"正式确立为我国信息化建设的发展战略，明确指出了电子政务的指导思想、目标、原则、框架、未来的发展重点等，为我国电子政务的进一步发展指明了方向。

可见，1999年以"政府上网工程"为契机，一大批政府网站的出现，宣告了政府信息化一个全新时代的到来。在这一时代，电子政务开始依托国际互联网的巨大覆盖面和强大的互动能力，致力于为公众提供服务和提升政府部门自身的工作效能，这一时期的电子政务应用无论在形式还是内容上都大大超越了以往，电子政务日益成为建设服务型政府不可或缺的一种重要工具。

3. 深化应用期

如果将1999年以来我国电子政务的发展历程再作一个细分，本书认为2003年是一个分水岭，在这之前基本上以大规模的基础设施建设为主，在这之后基本上以资源整合、应用深化为主、提升公共服务能力为主要目标。

2003年7月，国家信息化领导小组第三次会议在北京召开，中共中央政治局常委、国务院总理、国家信息化领导小组组长温家宝主持会议并作重要讲话。温家宝指出，大力推进信息化，是党中央顺应时代进步潮流和世界发展趋势作出的重大决策，是我国实现工业化、现代化的必然选择，是促进生产力跨越式发展、增强综合国力和国际竞争力、维护国家安全的关键环节，是覆盖现代化建设全局的战略举措。

进入2004年，我国的电子政务建设在法制环境上有了质的突破——3月24日，国务院第45次常务会议讨论通过了《中华人民共和国电子签名法》草案，4月2日，该草案提交全国人大常委会审议。8月28日，十届全国人大常委会第十一次会议表决正式通过了《中华人民共和国电子签名法》，我国有史以来第一部真正意义上的信息化法律由此诞生。

2004 年 10 月 27 日，国家信息化领导小组第四次会议在北京召开。中共中央政治局常委、国务院总理、国家信息化领导小组组长温家宝主持会议并作重要讲话。会议讨论了《关于加强信息资源开发利用工作的若干意见》和《关于加快我国电子商务发展的若干意见》。

2004 年，北京市东城区首创了一种信息时代的城市管理新模式——网格化管理。其做法是将所属辖区域划分为若干个"100 米×100 米"的万米网格单元，再对辖区内的各城市部件（如井盖、树木等）进行定位、编码，标注在相应的万米网格中。同时，建立城市管理监督中心和指挥中心，应用、整合多项数字城市技术，研发以手机为原型的多功能通讯传输工具"城管通"，采用信息实时采集、传输的手段，由城市管理监督员对所辖区实施全时段监控，发现问题迅速上报，在最短的时间内给予解决。2005 年 7 月，建设部在北京市东城区召开现场会，决定推广数字化城市管理模式，并选定北京市朝阳区、上海市长宁区、江苏省南京市鼓楼区、广东省深圳市、江苏省扬州市等 10 个城市（区）作为第一批试点城市（城区）。待取得经验后，建设部将根据各地试点工作情况，逐步在全国推广。

2005 年 11 月 3 日，国家信息化领导小组第五次会议在北京召开。中共中央政治局常委、国务院总理、国家信息化领导小组组长温家宝主持会议并作重要讲话。会议审议并原则通过《国家信息化发展战略（2006～2020 年)》。

2006 年 1 月 1 日，经过 3 个月的试运行，备受关注的"中华人民共和国中央人民政府门户网站"正式开通，这是我国信息化发展史上具有里程碑意义的重要事件。央网的开通，把原本散乱的各级政府网站联结成一个整体，成为中国政府网站群的"总入口"，从理论上说，用户无论想访问哪一级、哪个部门的政府网站，都能以央网为起跑线，找到合适的链接。另外，央网的建成，对其他政府网站还起着一种重要的"示范"效应。不少部委、地方，在制定门户网站发展规划时，纷纷开始参照中央政府门户网站的发展要求，对政务信息和办事服务的分类标准规范加以统筹。

2006 年 10 月，中共十六届六中全会形成了《中共中央关于构建社会主义和谐社会社会若干重大问题的决定》。《决定》明确提出要建立服务型政府，为此要"推行政务公开，加快电子政务建设，推进公共服务信息化，及时发布信息，为群众生活和参与经济社会活动创造便利条件"。

2007 年 10 月，党的十七大在北京召开，在胡锦涛总书记的十七大报告中，"信息化"贯穿全篇，共有 10 处表述与信息化密切相关，特别是提出了"健全政府职责体系，完善公共服务体系，推行电子政务，强化社会管理和公共服务"的重要论述，首次将"电子政务"的作用定义为"加快行政管理体制改革，建设服务型政府"的重要手段。

2008 年 3 月，国家大部制改革拉开帷幕。原国家发展和改革委员会的工业
行业管理有关职责，国防科学技术工业委员会核电管理以外的职责，以及信息产
业部和国务院信息化工作办公室的职责，统一纳入新成立的"工业和信息化
部"。

2008 年 5 月 1 日，《中华人民共和国政府信息公开条例》正式实施。该条例
旨在保障公民、法人和其他组织依法获取政府信息，提高政府工作的透明度，它
规定了政府信息"以公开为原则，不公开为例外"的原则。

自 2003 年至今，我国——特别是经济发达地区的电子政务建设开始摆脱主
要依托大规模基础网络建设和硬件投入的外延式发展阶段，将工作的重心转为
"应用"，进入一个以"互联互通"、"资源共享"为特征的应用深化期。在这一
时期，电子政务的各项"潜能"被充分地挖掘，开发出许多新系统，并且信息
化手段开始与电信、生物、自动化控制等其他高新技术相结合，衍生出许多全新
的应用模式。同时，电子政务的各项"软环境"如法律、法规、制度、标准等
也逐步完善，管理日益制度化、规范化。例如，国家信息化领导小组第五次会议
审议通过的《2006～2020 年国家信息化发展战略》（中办发［2006］11 号文），
第六次会议审议通过的《国家经济和社会发展信息化"十一五"规划》，指明了
电子政务发展的方向和重点，并在政务网络平台、政府网站、业务系统和信息资
源开发利用等方面作了重要部署。国信发［2006］2 号、中办发［2006］18 号、
国信［2007］1 号等文件也接连发布并通过审议。为了配合《战略》和《规
划》，国家有关部门组织起草的《国家电子政务总体框架》进一步强调了"服务
是宗旨"的理念，要求电子政务把服务作为出发点和落脚点。

可见，第三个阶段中国电子政务的硬件建设基本完成，电子政务建设与应用
将迈向更加理性务实的新阶段，提升电子政务的公共服务能力被提高到一个重要
的战略地位，这充分体现出以人为本、打造服务型政府的新方向。

（三）电子政务建设与政府公共服务能力的关系

上文对电子政务的界定中明确包含了政府部门公共服务的内涵，这是在理论
界和实践领域普遍得到公认的。尽管在行政体制、经济水平、公众认可、法律环
境等多种因素的影响和制约下，各国电子政务的发展模式、发展进程千差万别，
极不均衡，但是，各国对电子政务核心价值的认识日趋一致，即电子政务的公共
服务，公众关心的不是通过电子政务去减少或增加政府部门的数量，而是政府能
否提供更好的服务。可以说，电子政务为政府提供了一个发展、改善和提升服务
的机会，使政府服务发生本质性变化。因此，发展电子政务的核心在于政府为社

会提供更加优质、更加完善的公共服务，能否提高服务质量与水平，应该成为衡量电子政务发展水平的核心标准。

同时，从电子政务在我国的三个发展阶段中也能看到，这几个阶段既是电子政务在我国应用不断深化的过程，也是电子政务公共服务能力不断增强的过程。可见，电子政务与政府公共服务能力之间，有着相互影响、相互促进、互为因果、密不可分的关系。

1. 提升公共服务能力是政府部门大力开展电子政务的根本目的所在

电子政务对政府部门公共服务的效果提升作用是显而易见的。以电子政务中最常见的应用——政府网站为例，在传统的韦伯式官僚体制下，政府公共服务提供具有"僵化"、"繁文缛节"、"低效"、"非人性化"等缺点。而政府网站在政府部门运用后，局面有了明显的改观。政府网站对于政府部门的公共服务的促进作用至少体现在两个方面：一是提高了政府公共服务的效率、丰富了服务的形式；二是提升了政府内部的办公效率。而政府内部工作效率的提升，也会外化为对外服务水平的提高。除政府网站外，电子政务的典型应用还有电子公文系统、视频会议系统、应急管理系统等，无不对提升政府的公共服务能力发挥着巨大的效能。因此，"信息技术日益成为公共部门改进公共服务方式的一种关键因素"[7]，公共服务水平也是衡量政府部门信息化实施效果的重要标准。另外，据联合国经济与社会事务部于 2002 年对 191 个成员国的调查发现，173 个国家都在不同程度地通过政府网站来提供公共服务，所占比例为 90.6%[1]。

可见，通过电子政务建设，促进政府的公共服务能力的提高，已经成为我国电子政务工作的重中之重，其重要作用主要体现在以下三个方面：

（1）有利于政府与公众的沟通互动，有利于提高政府公共服务的质量与效率。面向公众服务的电子政务建设，既对传统的科层制产生了冲击，又为其变革提供了技术条件。电子政务建设使政府部门中间管理层次减少和职能弱化，提高了政府部门的运行效率，使办事程序简化、人员机构精简、行政运作成本降低。同时也让社会公众能够共享政府所拥有的信息资源，这不仅减轻了政府负担，而且使政府在一定程度上摆脱了由于信息不对称而必须由政府负责信息支持和社会协调工作的局面。有利于为政府与公众的沟通开辟更多、更方便的渠道，也有利于提高政府社会管理以及公共服务的质量与效率。

（2）有利于增进政府与公众之间的信任，提高政府威信。面向公众服务的电子政务建设，拓展了公民政治参与的范围与渠道，极大地激发了公民的政治参与热情，有利于推进政治民主化的进程，形成政府和第三部门的良性互动。同时，也加强了公民与非政府组织对政府的监督，促进了政府行政过程的透明化和政务公开，从而减少了政府部门和官员腐败的可能性，使政府决策走向公正与合理，因此有利于增进政府与公众之间的信任，提高政府威信。

（3）有利于政府行政体制改革和公共服务型政府的建立。面向公众服务的电子政务建设，通过信息网络技术的运用以及大量社会信息资源的数字化和网络化，日益弱化了政府对社会的控制职能，从而促进信息时代治理主体的多元化。同时也推动了政府对自身角色的重新定位，使政府职能的运作类型由管理控制型向管理服务型转化，因此有利于政府行政体制改革和公共服务型政府的建立。

因此，只有全面以服务为中心，才能有效解决电子政务建设中存在的诸多矛盾和冲突；才能从资源配置方面进行有效调整，形成部门之间一致、协调地推进；才能真正获得公众和企业的拥护；才能最好地落实"执政为民"的理念。

2. 政府公共服务能力的增强又为电子政务的深化应用创造了条件

最近几年，随着市场化的日益普及以及在全球新公共管理浪潮的影响下，我国政府的权力也在不断下放，服务职能得以不断强化。2004年中国政府正式提出要建设"服务型政府"的战略目标。随着各级政府对公共服务重视程度的提升和投入的增加，公共服务能力不断增强，为电子政务应用的深化进一步创造了条件，具体表现为：需求不断拓展，服务对象不断丰富，服务手段不断完善。例如，江苏省电子政务就曾经历过三个阶段：办公自动化、行政首脑办公决策和电子政务建设。三个阶段变化的本质是"服务对象"的转变——"办公自动化"主要是为机关工作人员服务的，"行政首脑办公决策"主要是为领导服务的，"推进电子政务建设"主要是为公众服务的[8]。政府公共服务能力的增强，对于公民意识的培养、相关民生数据的积累、信息化基础环境的打造等方面也起到明显的促进作用，也会进一步优化电子政务的发展环境。

总之，在我国，随着社会信息化整体水平的不断提高和政府部门"服务"意识的逐渐增强，将现代信息技术与政府公共服务相结合得到了政府部门的广泛认可，相关内容被写入党的十七大报告——"健全政府职责体系，完善公共服务体系，推行电子政务，强化社会管理和公共服务"。电子政务与公共服务能力的相互促进，日益成为我国建设"服务型政府"的重要推手。

二、电子政务的发展状况：一个来自中国实践领域的调查

2008年，为了对我国电子政务的发展状况和电子政务的公共服务能力做一个摸底的调查，准确掌握实践中取得的成绩和发展遇到的问题、困难，为本研究的开展提供最基本的参考和启发，在国务院办公厅秘书局主管的《信息化建设》杂志的大力支持配合下，课题组通过调查问卷面向全国进行了一次大型问卷调查，调查问卷见附录1。

（一）问卷调查的基本情况

本次调查历时 4 个多月，采用代表性用户重点调查与普通用户撒网式调查相结合的方式，调查对象主要是从省到区县我国各级地方政府信息化主管官员。4 个月间，课题组共发出纸质及电子调查问卷共计 500 份，回收 201 份，回收率为 40.2%，其中有效调查问卷 180 份，有效率为 89.56%。无效调查问卷主要是指数据项的缺失率在 50% 以上，或者调查对象非来自于地方政府，缺乏可比性。

从 180 份有效调查问卷的省籍分布来看，如图 1-1 所示，涵盖了中国大陆地区除西藏自治区、江西省以外的其余 29 个省、直辖市、自治区。其中来自黑龙江省的问卷最多，达 13 份，来自安徽、广东、宁夏、重庆的问卷较少，各只有 2 份。从调查问卷的行政级别分布来看，来自省级政府（含直辖市、自治区）的有 24 份，来自副省级城市的问卷有 28 份，来自地州级政府的问卷有 62 份，来自区县级政府的问卷有 66 份。

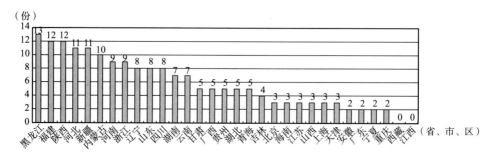

图 1-1 有效问卷的省籍分布

为了便于从地域上进行比较，探讨电子政务是否存在地区发展差距，本书对有效回收问卷按照地域进行了划分，分为"东"、"中"、"西"三大地域。参照国家有关划分标准，"东部地区"包括 11 个省级行政区：北京、天津、河北、辽宁、上海、江苏、浙江、福建、山东、广东、海南；"中部地区"包括 8 个省级行政区：黑龙江、吉林、山西、安徽、江西、河南、湖北、湖南；"西部地区"包括 12 个省级行政区：四川、重庆、贵州、云南、西藏、陕西、甘肃、青海、宁夏、新疆、广西、内蒙古。

根据以上划分，来自东部地区的问卷有 65 份，占总数的 36.11%，来自中部地区的问卷有 43 份，占总数的 23.89%，来自西部地区的问卷有 72 份，占总数的 40%。具体如图 1-2 所示：

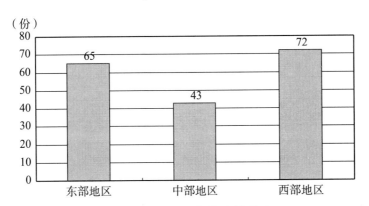

图1-2 调查问卷的地域分布

（二）电子政务建设的基本情况和主要成绩

本次调查问卷，对当前我国电子政务的基本情况和取得的主要成绩进行了初步的调研，反馈到的主要信息有以下六点。

1. 电子政务开展时间

从总体看，51.4%的地方政府开展电子政务时间已经超过5年，84.92%的地方政府开展电子政务时间超过1年，只有不到8.38%的地方政府尚未开展电子政务建设，详见图1-3所示。

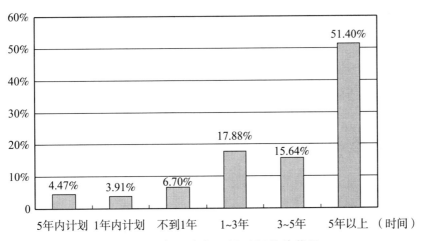

图1-3 电子政务开展时间总体状况

从行政级别来看，非基层政府的电子政务公共服务明显领先于基层政府，82.69%的副省级以上的政府开展电子政务已超过5年，而地级市及区县级政府这一比例只有38.58%。详见图1-4所示。数据表明，行政级别较高的地方政府电子政务发展要快于级别较低的政府，这可能与它们在意识观念、资金技术等方面的优势有关。

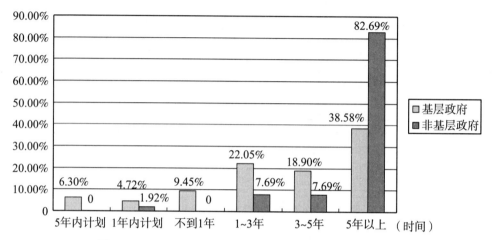

图1-4　不同属性地方政府电子政务开展时间对比

从地域来看，东部地区明显领先于中西部地区，63.08%的东部地区地方政府开展电子政务已经5年以上，而中西部地区这一比例分别为57.14%和37.50%。详见图1-5。数据证明，我国不同地域的地方政府之间，在电子政务公共服务建设上确实存在着较为明显的发展差距。

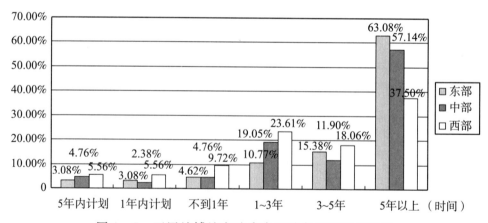

图1-5　不同地域地方政府电子政务开展时间对比

2. 开展电子政务的原因

对于开展电子政务的原因，排在前三位的分别是"提高工作效率"（88.89%）、"提供资源共享"（80%）、"加快信息交流"（74.44%），排在末三位的分别是"其他"（2.78%）、"与其他地区竞争"（12.22%）和"提高决策水平"（46.11%）。这一结果，说明目前国内对电子政务的认识已经比较理性，但也反映出电子政务在辅助决策方面作用并不明显。详见图 1-6 所示。

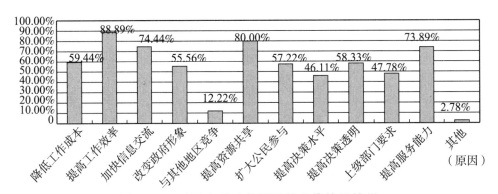

图 1-6　开展电子政务原因的总体统计结果

对于开展电子政务的原因，不同属性政府和不同地域政府的认识差异并不明显，说明随着这几年的宣传教育，国内政府部门虽然在经济基础、发展水平方面存在差异，但对电子政务作用的认识在趋同。详见图 1-7、1-8 所示。

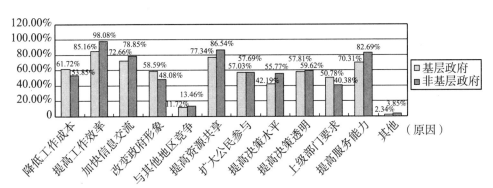

图 1-7　不同属性地方政府开展电子政务原因的对比分析

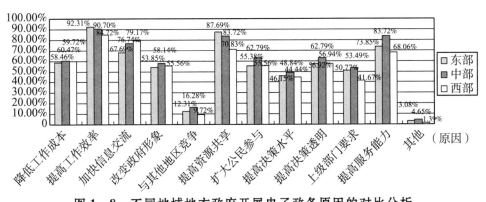

图 1-8　不同地域地方政府开展电子政务原因的对比分析

3. 政府最常用的应用系统

在"最常用应用系统"的调查中，本书设计了让被访者列举在日常工作中最常用的三项应用系统的方式。有178人对此题进行了作答，在第一项"最常用的应用系统"上，有101人写了"政府网站"，占答题人数的56.74%，有35人写了"门户网站"，占答题人数的19.66%，有23人选择了"电子公文"，占答题人数的12.92%。考虑到"政府网站"和"门户网站"有一定的共通性，如果把两者合称为"网站"的话，则该选项的支持率高达76.4%。可见，在电子政务领域，"网站"是目前当之无愧的"最常用应用系统"。详见图1-9所示。

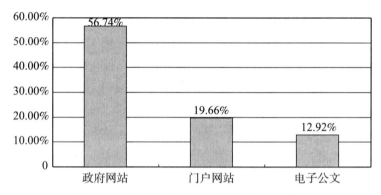

图1-9 "最常用应用系统"首选项排名

根据本书统计，在"最常用应用系统"中，出现频率最高的有八大系统：政府网站、门户网站、电子公文、协同办公、网上审批、视频会议、信息报送、信息公开。这八个系统对应三个选项上出现的频率如表1-1所示。

表1-1　　　　　　政府最常用的八大应用系统出现频率分布

最常用应用系统	第一首选项	第二首选项	第三首选项
政府网站	101	17	9
门户网站	35	4	0
电子公文	23	79	10
协同办公	4	31	24
网上审批	2	5	20
视频会议	0	5	17
信息报送	0	4	7
信息公开	0	1	10

本书对这八大系统出现在三个选项的不同位置进行赋值：凡是出现在"最常用的三项应用系统"第一位的赋值为3，第二位的赋值为2，第三位的赋值为1。根据这一规则，可以统计出出现频率最高的八大系统的加权值，如图1-10所示。

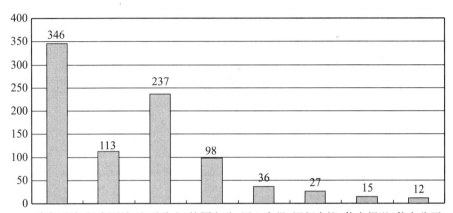

图1-10　政府最常用系统重要性排名

4. 最见效的应用项目

政府领域中目前最见效的应用系统是什么？这是一道开放式的问题，共有164位被调查者进行了回答。给出的回答五花八门，千差万别，为此按主题词进行了简单的分类，结果如图1-11所示。

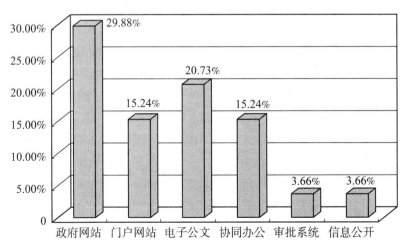

图1-11　政府领域目前最见效的系统

回答"政府网站"的人最多，占所有答题者的 29.88%，另有 15.24% 的人回答"门户网站"，考虑到政府网站和政府门户网站略有区别，因此这里将它们分列出来，但如果综合成为"网站"，那么毫无疑问"网站"是目前政府信息化中最见效的应用项目，它占的比重高达 45.12%。

其他主要的选项有：电子公文 20.73%；协同办公系统 15.24%；审批系统 3.66%；信息公开 3.66%。

5. 电子政务的总体效益

在回答电子政务的总体效益时，58.99% 的受访者表示电子政务"有效"，28.65% 的受访者表示"非常有效"，12.36% 的受访者表示电子政务效益"不明显"，而表示电子政务无效的人数为零，详见图 1-12 所示。

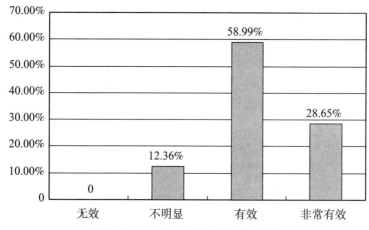

图 1-12　电子政务的总体效益

从类比对比来看，非基层政府的电子政务效益总体上要高于基层政府部门，这可能与它们经济水平和信息化整体环境较好有关；而西部地区认为电子政务"非常有效"的要高于中东部地区，这可能反映了电子政务的后发优势——西部地区信息化一步到位反而更容易见效。详见图 1-13、图 1-14 所示。

6. 电子政务对部门效益提升的表现

从整体上看，受访者认为电子政务对部门效益提升的具体表现排在前三位的是：提高资源共享、提高工作效率、促进组织内部信息沟通。排在后三位的是：提高政府决策效率、目前尚看不出作用、其他。

基层政府认为电子政务效益体现最明显的三项是：提高资源共享、提高公共服务能力、提高工作效率；非基层政府认为电子政务效益体现最明显的三项是：促进组织内信息沟通、提高工作效率、提高资源共享。

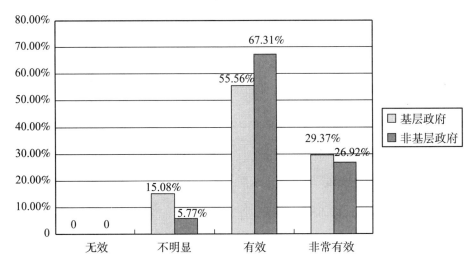

图 1－13　不同属性政府的电子政务效益对比

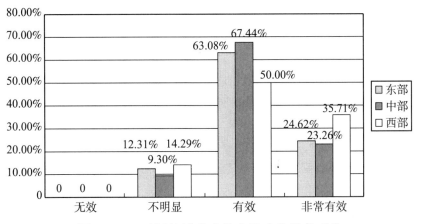

图 1－14　不同地域政府的电子政务效益对比

东部地区政府认为电子政务效益体现最明显的三项是：提高资源共享、提高工作效率、促进组织内信息沟通；中部地区政府认为电子政务效益体现最明显的三项是：提高资源共享、提高工作效率、促进组织内信息沟通；西部地区政府认为电子政务效益体现最明显的三项是：提高资源共享、促进组织间信息沟通、提高公共服务能力。详见图 1－15～1－17 所示。

（三）电子政务开展过程中存在的问题与困难

这次调查问卷，也对当前电子政务开展过程中遇到的问题和存在的困难进行了调查，获得了以下统计结果：

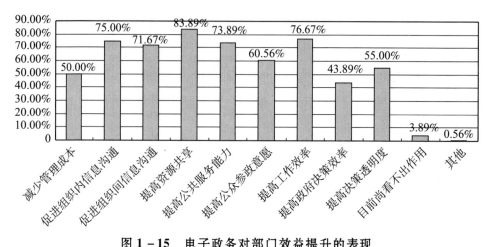

图 1 - 15 电子政务对部门效益提升的表现

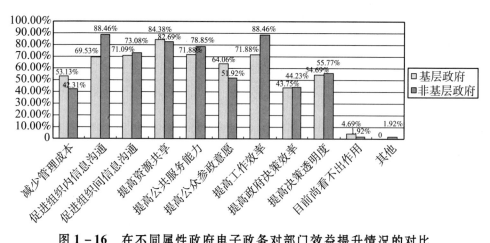

图 1 - 16 在不同属性政府电子政务对部门效益提升情况的对比

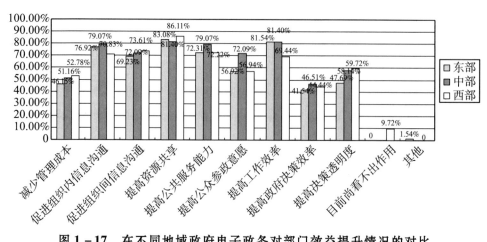

图 1 - 17 在不同地域政府电子政务对部门效益提升情况的对比

1. 电子政务实施过程中遇到的主要困难

对于电子政务实施过程中遇到的主要困难，列前三位的分别是：信息化的经费不足（62.22%）、法制环境不成熟（61.11%）、管理体制不顺（60.56%）。详见图1-18所示。

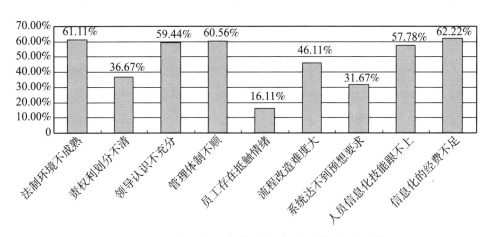

图1-18 电子政务实施过程中遇到的主要困难

在基层政府看来，列前三位的困难分别是：信息化经费不足（67.97%）、领导认识不充分（67.19%）和人员信息化技能跟不上（64.84%）；而非基层政府认为，列前三项的困难是：管理体制不顺（69.23%）、流程改造难度大（61.54%）、法制环境不成熟（59.62%）。详见图1-19所示。

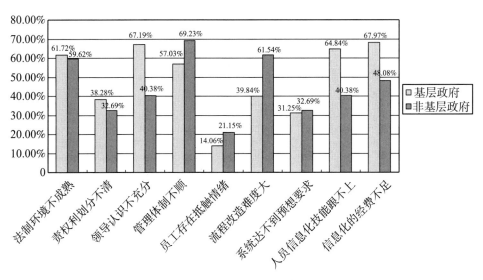

图1-19 不同属性政府电子政务实施困难对比

在这个问题上，不同地域的政府部门也存在较大差异，东部和中部地区政府都将"法制环境不成熟、管理体制不顺、人员信息化技能跟不上"列在前三位；西部地区政府将"信息化的经费不足"列为最大的困难，接着为"领导认识不充分"和"管理体制不顺"。详见图 1 - 20 所示。

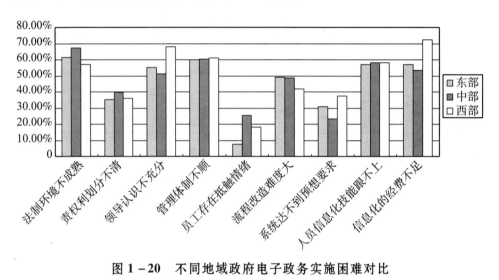

图 1 - 20　不同地域政府电子政务实施困难对比

2. 影响部门间信息资源共享的最大问题

部门间信息共享是决定电子政务整体效益的关键。在实践中，部门间信息难以得到及时、有效的共享已成为一个较为普遍的问题，导致数据孤岛、重复建设现象比较突出，并造成资源的浪费。

针对这个问题，设计了 5 个选项，从答题结果来看，有 3/4 的受访者认为"管理权限不统一，难以协调"是影响部门间信息资源共享的最大问题，其余选项依次为"部门利益"（60.56%）、"数据标准不统一"（52.78%）、"现有法律法规不支持"（25.56%）、"其他"（1.67%）。详见图 1 - 21 所示。

从对比情况来看，"管理权限"问题无论在按政府属性的对比中，还是在按地域的对比中，都排名第一。看来"管理权限不统一"问题，确实是影响我国部门间信息共享的最大障碍。详见图 1 - 22、1 - 23 所示。

3. 在实际工作中存在的最大困惑

本题也是一道开放式问题，共有 161 人作了回答，按关键词对答案进行了分类。在所有的"困惑"中，"领导"问题居第一位——有 29 人的回答与此有关，认为"领导的认识水平和重视程度"是最大的困惑；居第二的是"体制"问题——有 25 人认为当前"管理体制不顺"是最大的困惑；依次为"资金"、"法律法规标准"、"数据共享"、"规划"、"部门利益"和"用户需求"等问题，详见图 1 - 24。

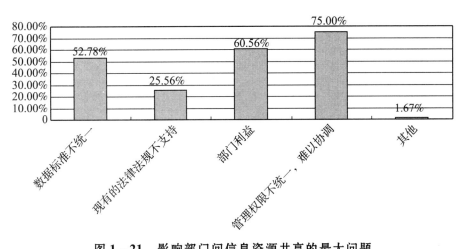

图 1 – 21　影响部门间信息资源共享的最大问题

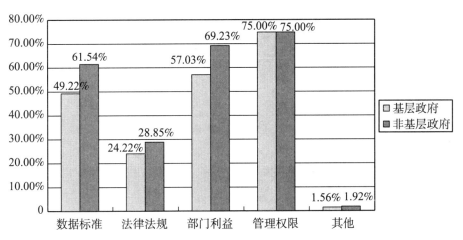

图 1 – 22　影响部门间信息资源共享的最大问题（政府属性对比）

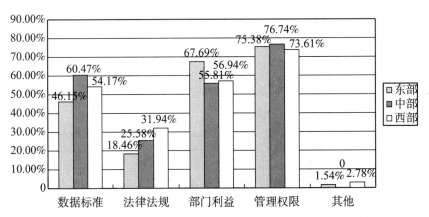

图 1 – 23　影响部门间信息资源共享的最大问题（不同地域对比）

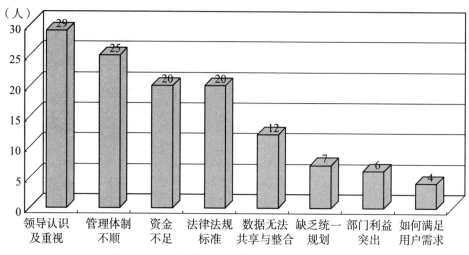

图 1-24　当前实际工作中存在的最大困惑

4. 中国电子政务的人治因素和法治因素

在本调查问卷的最后，设计了一道开放式问题，让受访者判断中国电子政务的"人治因素"和"法治因素"在总数为 100 的权重中各自占的比例，以此来监测目前中国电子政务的法制环境。

从反馈的情况来看不太乐观：人治因素的比例高达"71.25%"，而法治因素仅占"28.75%"。这一数值反映出我国的电子政务法律法规建设目前还不太完善，人为因素对电子政务的干扰太多，这个问题应该引起重视，也需要在今后的实践中去逐步解决。详见图 1-25。

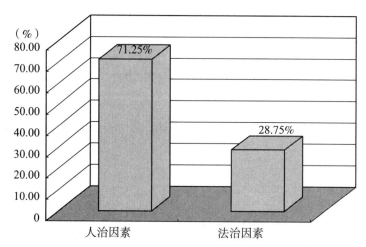

图 1-25　中国电子政务的人治因素和法治因素

（四）我国电子政务基本发展状况的调查结论

根据《2008 中国电子政务发展状况调查问卷》所收集、反馈的情况，本书对当前我国以服务为导向的电子政务的基本发展态势得出以下结论。

结论 1：电子政务在实践中的作用受到广泛的认可，有较好的发展基础。

从时间上看，本次调查的对象中 51.4% 的地方政府开展电子政务时间已经超过 5 年，84.92% 的地方政府开展电子政务时间超过 1 年，只有 8.38% ~ 10% 的地方政府尚未开展电子政务建设。这说明电子政务在我国已经有了一段较长的实践时间，地方政府已经有较长的时间来感受、适应电子政务环境下的施政模式和公共服务模式。

从效果上看，58.99% 的受访者表示电子政务"有效"，28.65% 的受访者表示"非常有效"，12.36% 的受访者表示电子政务效益"不明显"，而表示电子政务无效的人数为零。说明电子政务从整体上看，还是"有效果"的。电子政务的作用得到了政府部门的认可。对于地方政府来说，电子政务的最大的作用是"提高工作效率"（88.89%），其次是"提供资源共享"（80%）和"加快信息交流"（74.44%）。这说明在目前的实践中，电子政务应用已较为深入，已经脱离了简单的"资源共享"、"信息交流"，而体现为效率的提升。

综合以上调查结果，本书认为，随着电子政务在我国开展时间的逐步增加，它的应用领域正不断拓展，实践效果不断显露，政府部门对电子政务的作用也愈发肯定。而这些，也为电子政务的进一步发展奠定了较好的基础。

结论 2：电子政务项目投资大，但是应用效果不明显。

虽然电子政务在我国已经有了初步的发展，但是本次调查问卷也显示，我国电子政务在实践中还存在不少问题，突出体现在应用效果不明显，与开展电子政务的初衷尚有一定的距离。不少参与调查的单位表示，目前电子政务在单个部门中的实施效果较好，但是一旦涉及跨部门的应用，相互之间的协调、数据的共享等就"成问题"。这些问题直接影响到电子政务的效益。

在电子政务的效益问题上，本次调查还反映一个问题，即非基层政府的电子政务效益总体上要高于基层政府部门，西部地区认为电子政务"非常有效"的要高于中东部地区。这种不同层级、不同地域之间电子政务效益的不平衡性，既说明了我国电子政务发展的不平衡性，同时这些现象也值得引起关注。

结论3：影响电子政务进一步发展的阻力主要来自于多个层面。

在本次调查中，对当前影响地方政府电子政务进一步发展的"阻力"也进行了调研。例如问及"对于电子政务实施过程中遇到的主要困难"，列前三位的分别是：信息化的经费不足（62.22%）、法制环境不成熟（61.11%）、管理体制不顺（60.56%）。又如在让受访者对中国电子政务的"人治因素"和"法治因素"进行判断时，人治因素的比例高达"71.25%"，而法治因素仅占"28.75%"。

根据这一组数据，本书认为当前影响我国电子政务进一步发展的阻力来自于多个层面。有经费投入等"硬件"问题，也有"法制环境"等"软件"问题，有客观性的问题，也有主观性问题。在调查中，"经费不足"、"法制环境不成熟"、"管理体制不顺"这三个"困难"所得票率均超过六成，说明它们都已经成为一个普遍性的问题。

在这些问题中，本书认为"管理体制"是一个有效的突破口，因为相对于"经费投入"、"法治建设"这些较为长效的机制建设，"管理体制"的可塑性、主观能动性更强，可以通过及时的调整，在短时间内迅速提升电子政务的效能。另外，"管理体制"和"经费投入"、"法治建设"等其他问题之间也存在着相互联系、相互促进的内在关系。管理体制的理顺，有助于领导重视，也有助于在人、财、物等方面加大投入，在制度建设层面加大工作力度。

三、电子政务公共服务实践领域的主要病症、根源及本书的主要研究问题

无论是美国的"重塑政府"口号，英国的"以公众为中心"的理念，还是我国信息化领导小组2006年出台的《国家电子政务总体框架》，都把"公共服务"提到了政府改革的战略高度，因此公共服务成为各国政府改革的主要目标，电子政务则为这一战略目标的实现提供了一种新的政府管理方式和公共服务模式。如图1-26所示，电子政务一方面能够提供互动的沟通渠道、增加公共服务的透明度、提高服务质量，进而促进和谐社会建设；另一方面能够降低行政管理成本、提高行政管理效率、提高行政决策水平，进而促进向服务型政府的转型。

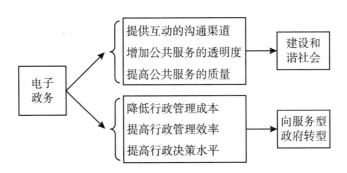

图 1 - 26　电子政务的战略意义

事实上，一些发达国家 20 世纪 70 年代就开始了"信息高速公路"的建设，90 年代后开始致力于电子政务的发展，目前政府管理和服务已经初步实现了电子化，电子政务与电子商务、家庭上网密切融合，国民经济信息化的水平大大提高，开始初步形成信息社会的雏形。

然而，我国是在信息高速公路的建设还未全面完成之时开始推动电子政务建设的，1999 年 1 月，国家经贸委和中国电信牵头，联合四个国家部委倡议发起了"政府上网工程"，揭开我国电子政务的帷幕，政务网站建设经历了一个快速发展期。2002 年国家信息化领导小组提出关于我国电子政务建设的指导意见，政府网站建设进入第二个快速发展期，经过两轮快速发展，电子政务在促进政务信息公开、提高公共服务能力等方面取得很大成绩。联合国经济和社会事务部日前公布的《2005 年全球电子政务准备报告》，对中国政府在加快电子政务方面做出的努力予以了肯定。报告说，全球有 179 个国家实现了电子政务，平均准备度指数为 0.4267，其中美国、丹麦和瑞典在全球电子政务准备度排名中位列前三，韩国、新加坡和日本则在亚洲国家中名列前茅。在民众参与电子政务指数排名中，英国、新加坡和美国居全球前三位。中国电子政务准备度指数为 0.5078，全球排名第 57 位，较 2004 年上升了 10 位。但是报告也认为，中国政府网站的特点，除提供静态信息外，也提供网上申请表格以及论坛等高级服务，中国政府门户网站的普及率上升，但应用效果较低，希望中国政府网站能够进一步加强网络服务，提升网上互动交流。同时，中国互联网信息中心最新报告显示，到 2006 年底，我国网民人数占人口总数的 10.5%，其中使用政府网站服务的网民比例仅占 7.7%，这意味着在总人口数中只有不到 8‰的人能够享受政府网上服务，而目前欧美发达国家使用政府网上服务的网民比例普遍超过 50%。

可见，我国电子政务建设在取得跨越式发展的同时，电子政务公共服务总体效果不佳，在对我国政府实践领域推进电子政务公共服务的实地调研中，发现以下主要典型病症较为普遍。

1. 重视技术装备，轻视服务应用

我国电子政务建设偏重于考虑电子政务系统建设方案的可行性、先进性等技术性因素，缺乏对信息技术在政府部门的吸收和采纳等非技术化因素深入研究，也没有更多地关注和研究网络环境下政府工作模式、工作流程和服务方式的特点，以及公众的思维模式和网上行为特点。因此，电子政务建设出现电子技术装备程度较高，应用服务能力表现欠佳的现象，直接影响了公众对电子政务的接受程度，造成电子政务公共服务使用率不高。

2. 重视信息发布、轻视交流互动

我国目前建成的政府网站，多以提供静态信息为主，虽然也提供网上申请表格以及论坛等高级服务，但是一方面由于多数网站信息更新速度较慢，缺乏吸引力；另一方面由于互动程度较低，使得网站的普及率虽然有所上升，但是应用效果不佳。因此，直接影响了公民参政议政，开展网上民主活动的积极性。

3. 重视数据建设、轻视信息共享

我国电子政务建设虽然重视数据系统的作用，但是现行多数不同业务系统大多各自为政，容易导致重复录入、重复建设、数据不统一，无法共享，成为一个个信息孤岛。同时一些政府部门将政府信息资源产权部门化，有意或无意地设置信息共享利用的壁垒，造成公共信息部门化、部门信息权力化，人为地造成信息资源在政府部门之间、政府与服务主体之间的沟通不畅。另外，政府信息共享牵涉到各部门权力和各部门利益的重新调整和分配问题，以及信息共享过程中各部门工作量不均衡等问题没有得到切实解决。因此，造成信息资源共享程度低，信息服务不到位的现象。

4. 重视业务系统建设，轻视流程优化整合

我国电子政务建设项目的开展是面向政府部门，而非面向公共服务的。电子政务建设是按照传统的政府的组织结构和业务过程来规划设计的，没有与行政体制改革，以及业务流程的整合与优化齐头并进。典型的情况是很多职能部门按照业务管理条块的要求，都建设自己的专用网络和业务系统，从地市一级到县市区一级，大概有财政专网、统计专网、公安专网、计生专网、劳动保障专网、环保专网，等等，这种专网与地方政府牵头建的地方电子政务平台并没有很好整合，表现为"纵强横弱"，造成重复建设和网络业务流程运作不畅，严重影响了电子政务公共服务提供的效率和效果。

5. 重视资金投入、轻视建设过程控制

我国电子政务建设关注资金、软硬件等"硬投入"，不切实际地追求电子政务系统的大而全和设备的先进性，盲目追求面子工程。由于没有形成有效的治理结构、权责明确的组织机构以及相应的管理制度，因此对电子政务公共服务的建

设和提供过程，缺乏高效的管理控制系统，为政府部门和官员的腐败提供了新的可能性机会，造成公共服务目标的难以实现。

本书认为，出现上述诸多病症的关键不是因为缺乏先进的技术和模式，而是严重的管理缺位和制度失衡，特别是缺乏"中国特色"的行政体制和文化背景下，面向公共服务的电子政务管理体系的科学研究。

可见，要提升中国电子政务公共服务能力，要指导电子政务走出一条"低成本、集约化、见实效"的具有中国特色的建设道路，电子政务研究就不能停留在外部的观测、概念的探讨和国外经验的介绍，以及电子政务技术应用研究上，而亟待深入到政府组织内部和实践领域中去，解剖电子政务公共服务推进过程中的流程再造、组织机构改革和制度创新等一些深层的问题，针对面向公共服务的电子政务建设特点，拟从科学的角度揭示电子政务建设的逻辑起点、价值取向，进而研究电子政务管理体系的构建，同时将本土化、实用化等议题涵盖进来，以进一步指导面向公共服务的电子政务管理实践工作。

因此，本书研究的关键理论问题是电子政务公共服务推进过程中对其管理问题的深入研究。本书将在现有公共管理、信息管理和电子政务研究的基础上，需要解决的核心研究问题包括：电子政务公共服务的目标体系是什么？提升电子政务公共服务能力的主要途径有哪些？为了提高电子政务公共服务能力，如何重构电子政务管理体系？如何评价电子政务公共服务绩效，保证目标体系的实现？

第二节　新公共管理思潮与电子政务理论研究

一、新公共管理思潮

（一）新公共管理的核心思想和主要模式

20 世纪 70 年代末以来，西方发达资本主义国家掀起了声势浩大的政府改革浪潮，虽然这场改革有不同的称谓，比如"重塑政府运动"、"企业家政府"、"以市场为基础的公共行政"、"后官僚制典范"、"管理主义"等，但它们的基本趋势都是由传统的官僚制模式转变为以市场为基础的政府管理新模式。到了90 年代后期，人们越来越倾向于使用"新公共管理"的概念[9]。英国是新公共管理的发源地之一。1979 年撒切尔夫人上台以后，保守党推行了西欧最激进的政府改革计划。西方的"新公共管理"运动往往被描述为一场以追求经济、效率与效益（Economy，Efficiency，Effectiveness）为目标的政府管理改革运动，并成为 20 世纪 70 年代末 80 年代初以来西方政府改革运动的总结，被许多学者和政府官员视为政府治理的新模式，被人们称为"以经济学为基础的新政府管理理论"或"市场导向的公共行政学"。它以经济人为行为假设，以市场化和管理主义为政策取向，强调结果导向和顾客导向，关注公共部门的微观经济问题。

根据西方学者奥斯本、盖布勒等人的论述[10]，新公共管理的核心思想包括：政府的职能应该是掌舵而不是划桨；政府服务要以顾客为导向；政府应在公共管理中引入竞争机制；政府应采用授权或分权的方式进行管理；政府应广泛借鉴私人部门的管理手段和管理方法；公共管理应该注重结果，更具有使命感。

英国学者 E. 费利耶（Ewan Felie）等人在《行动中的新公共管理》一书中认为，在当代西方政府改革运动中，至少有过四种不同于传统的公共行政模式的新公共管理模式，它们具有重要的差别和明确的特征，代表了建立新公共管理理想类型的几种尝试[11]。

1. 效率驱动模式

效率驱动模式是当代西方政府改革运动中最早出现的模式，被称为撒切尔主义的政治经济学，在 20 世纪 80 年代初、中期居于支配地位，但目前已经受到了挑战。这种模式代表了将私人部门管理（工商管理）的方法和技术引入公共部门管理的尝试，强调公共部门与私人部门一样要以提高效率为核心。

2. 小型化与分权模式

这种模式的影响力正在不断增强，地位日益重要，这与 20 世纪以来组织结构的变迁密切相关，即 20 世纪前 75 年（1900～1975 年）组织结构大型化、合理化、垂直整合等级（科层制），后 25 年出现了组织发展的新趋势，包括组织的分散化和分权，对组织灵活性的追求，脱离高度标准化的组织体制，日益加强的战略和预算责任的非中心化，日益增加的合同承包，小的战略核心与大的操作边缘的分离等。这些趋势既出现在私人部门，同样也出现在公共部门。

3. 追求卓越模式

这种模式与 20 世纪 80 年代兴起的企业文化的管理新潮相关——特别是受《公司文化》（Deal and Kennedy，1989）和《追求卓越》（Petters and Watterman，2000）两本畅销书的影响，也部分反映了那种强调组织文化重要性的人际关系管理学派对公共部门管理的影响。该模式拒绝了理性化的小型化与分权模式，强调价值、文化、习俗和符号等在形成人们的实际行为中的重要性。

4. 公共服务取向模式

这是目前最不成熟的模式，但仍展现出无穷的潜力。它代表了一种将私人部门管理观念和公共部门管理观念的新融合，强调公共部门的公共服务使命，但又采用私人部门的"良好的实践"中的质量管理思想。它赋予新型的公共部门——它们既与以往旧的公共组织决裂，又保留了明确的认同感和目标使命——以合法性。这种模式关心提高公共服务质量，强调产出价值，强调公民参与和公共责任制等。

（二）新公共管理的主要特征

新公共管理是20世纪80年代以来兴盛于西方国家的一种新的公共行政理论和管理模式。传统公共管理是建立在韦伯官僚制和威尔逊政治行政两分法两大理论基础之上的，是一种注重于行政系统内部结构特征的、相对"封闭"的理论和行为模式。与传统的公共管理相比，新公共管理打破了传统行政的封闭系统，以一种更为包容和"开放"的系统来对公共事务进行管理和实践。新公共管理具有以下三个特征[12]。

1. 管理对象的"外化"

新公共管理不仅包括了对行政组织内部的管理，同时还将管理的焦点由传统公共行政的"内部取向"转变为"外部取向"，由重视政府机构、过程和程序转到重视项目、结果与绩效。新公共管理的对象"外化"必然要求对政府的职能做出新的定位，政府对公共事务的管理不再注重对具体过程的管理，而要注重发挥政府宏观决策的作用，使政府对整个社会的经济、文化和自然的和谐发展起催化作用。

2. 管理主体的"多元化"

在社会公共物品和服务的提供领域，新公共管理强调引入市场竞争机制，打破政府提供公共物品和服务的垄断地位，允许私人企业、社会团体参与服务竞争；在社区和市场管理领域，新公共管理极力敦促政府充分培养和利用中介组织，让中介组织承担一部分社会协调和微观管理的职能。不像传统的公共管理，将公共管理的主体局限在政府行政机关特别是官僚机构上，新公共管理把公共管理放在全社会动员的层面上，使参与公共管理的对象扩大到公众、企业和非营利组织或非政府组织上。

3. 管理手段的"多样化"

新公共管理主张从企业管理方法中汲取营养，认为政府公共部门应广泛采用企业部门成功的管理方法和竞争机制。诸如绩效管理、目标管理、组织规划以及人力资源开发等手段、方法完全可以广泛地运用到公共部门的管理之中。这种主张是政府公共管理职能发生变化的逻辑结果，公共管理主要关注的将不是过程、程序和遵照别人的指示办事以及内部取向，而更多的是关注取得结果和对结果的

29

获得负个人责任，那么企业部门在这方面所积累的经验自然可以被借鉴。较之于传统的公共管理，新公共管理在政府职能的定位、公共管理的参与主体以及管理的手段上有了较为明显的转变。

因此，新公共管理的核心就是要改革政府的管理体制，通过参与公共管理主体的多元化和公共管理手段企业化的方法，使政府发挥新的、不同的作用，即政府不作为唯一的公共产品和服务的提供者，而是作为促进者和管理者，从而达到提高政府公共管理有效性和社会公共福利的根本目标，实现社会的可持续发展。

二、电子政务理论研究述评

1992 年年末，克林顿在当选美国第 42 任总统之后发表的演说中说道："我的下一届政府将是一个电子政府"，由此揭开了电子政务在全球发展的序幕，一个全球范围的电子政务建设潮流随之在 1997 年开始形成。在过去的十多年，各国的电子政务工程实践和理论研究都取得了很大进展。随着电子政务建设逐渐成为引领各国社会变革的热点和焦点，众多学者和研究机构展开了深入研究，研究文献日渐丰富，研究的深度和广度都有所开拓和进展，研究的重点从以技术为核心转移到以管理为核心。

（一）国外电子政务理论研究述评

国外以美国为主的发达国家的电子政务研究与其电子政务的实践密不可分，根据其研究重心的不同，可以划分为两个主要阶段，其中第一阶段偏重于政府内部管理信息系统的建设，因此这一时期的研究成果虽然不属于面向公共服务的电子政务研究范畴，但是为第二阶段偏重于公共服务的电子政务研究奠定了良好的理论和技术基础。

第一阶段是 20 世纪 70～80 年代末期。在电子政务的概念产生之前，发达国家的政府已经在积极寻求利用信息技术来提高运作效率和增强内部沟通，但是其核心是关注内部的自我管理。昂普尔比（Umpleby，1977）回顾了当时的研究文献，认为新的通讯技术很有可能在未来的十年对政府的民主形式产生巨大的改变[13]。西蒙（Simon，1976）则认为技术在政府中被认为是外围设备，它不具备核心管理功能，而仅仅作为一种管理工具在合理的提供基础设施从而更好地制定决策方面作用是非常有限的[14]。80 年代个人计算机的在公共管理部分的普及，打开了信息技术在政府中运用的新的阶段，在这一时期，随着技术管理被分散到政府的很多部门，技术因素被集成到政府的核心功能中。贡纳尔·卡尔斯特姆（Gunnar Karlström，1986）认为瑞典公共管理部门的高效率很大程度来源于信息技术，并分析描述了当地政府机构使用信息技术的影响[15]。另一方面，布什尔兹（B. K. Brussaard，1988）认为信息资源管理已在不同领域得到了运用，其理论同样在不同国家的各级政府将得到广泛应用，他提出了信息资源管理在公共部门使用的分类模型，并评价了该分类系统在荷兰的具体实践。他认为国家政府管理部门之间有很强的依赖关系，因此信息技术有很强的应用价值，新的信息技术将影响公共管理部门之间的，以及部门与社会之间的信息沟通方式[16]。

可见这些研究从注重信息技术在公共部门使用的效果研究，逐渐转为信息技术在公共管理部门具体应用的研究。这一时期，在美国的公共管理领域还有三个里程碑式的重要标志性研究事件值得关注，这些研究为面向公共服务的电子政务建设的应用研究奠定了坚实的理论和实践基础。第一是城市信息系统研究项目（1973～1978年，加州大学交叉学科研究组）。该项研究主要集中于复杂服务组织内部的、与计算机使用相关的政策与产品的大型系统的经验研究[17]，这些研究没有包括受技术因素限制的社会与政治演进过程性研究（某种程度而言，这种过程是受其环境控制所形成的），这些研究采用了开放式系统理论的技术和环境视角，并且强调了政府机构与其内外部环境的连续交互，同时认为计算机应用技术将加强已经拥有组织内多数资源的角色的权利[18]。第二是计算机应用技术应成为 MPA 培养计划的一门主授课程（国家公共事务管理学术联合委员会 NASPAA，1985）。该次研究最终形成的 NASPAA 研究报告向 MPA 培养计划提出了四项重要的推荐举措，这些举措包括：向所有学生提供强制性的计算机应用技术的先修课程、向所有学生的管理课程中加入强制性的计算机应用知识、集多所大学的信息管理技术、集成计算机技术于核心管理课程[19]。第三是博兹曼和布雷特施奈德（Bozeman and Bretschneider，1986）在公共管理评论上公开发表学术性文章[20]。该文认为技术正在变革政府，并应向该研究领域投去更多关注。为了得到全面完善的电子政务概念，必须等待因特网和网络的广泛使用，在此之前，政府部门 IT 技术的使用主要集中于部门内部和管理领域。

第二阶段是 20 世纪 90 年代初期至今，随着互联网逐渐发展成熟为一个成本低廉和界面友好的平台，政府官员可以利用因特网直接和公民沟通，并进行大量的信息传递。电子商务的发展进一步强化了政府工作核心的转移，通过互联网获取商品、服务和信息方面的灵活性，在一定背景下激发了公民对顾客服务的期望。技术进步和经济变化的结果促使政府的政策制定者有了进一步的动力来把信息技术使用的核心从内部管理转到跟公众的外部联系上，电子政务的概念逐步形成，并一度成为学术界讨论的热点。同时电子政务的实践也在紧锣密鼓地进行之中，美国前副总统戈尔在国家绩效评估报告中建议电子政务"将允许公民通过有效回应顾客的程序来更广泛和更及时地获取信息和服务，改变了联邦政府和它所服务的公民个人之间的关系"。在此之前的办公自动化（OA）、管理信息系统（MIS）之所以不被称为电子政务，而基于互联网的政务应用被称为电子政务，主要是因为互联网带来的电子政务应用将会极大地影响政务工作的模式，创造前所未有的政府工作形态，为现代政府的社会服务职能重组提供了机会。1994 年12 月，美国政府信息技术服务小组提出了《政府信息技术服务的前景》报告，建议以信息技术为核心力量彻底重塑政府对民众的服务工作，要利用信息技术实现政府与客户间的互动，建立以顾客为导向的电子政务以提供更有效率、更易于获得的服务，为民众提供更多获得政府服务的机会与途径。1998 年美国通过了《政府文书缩减法》（Government Paperwork Elimination Act），促使政府实现服务电子化。在 2000 年宣布建造全球最大的电子政务网站"FirstGov"，旨在建立一个以客户为导向的"一站到底"的政府服务体系。

可以说这一阶段，电子政务的应用研究和政府行政管理体制改革的研究进一步深化，面向公共服务的电子政务研究初露头脚，研究文献在近两年逐渐丰富。研究的主要内容包括四个方面：其一是为了更好地履行社会管理和公共服务的职能，政府流程再造和网络及信息技术的创新研究同时并进。萨克斯纳和阿利（K. B. C. Saxena and A. M. M. Aly，1995）认为随着经济的进一步发展和社会管理复杂程度的提高，政府管理出现困境，而这一困境将有可能通过公共管理部门的流程再造和信息技术的创新应用得到解决，因此他们提出了信息技术支持公共管理的概念模型，该模型描述了信息系统支持的政策制定、实施和控制的方式[21]。有学者分析了政府流程再造和电子政务的主动性[22]（HO. 和 A. T. – K，2002）。其二是网络与信息技术对公共服务的作用研究，谢尔林（Schelin，2003）[23]认为在互联网技术引入之前，信息技术在政府主要用于大量事务性工作的处理，其目的在于提高公共管理的效率，互联网技术的引入为政府管理工作的创新提供了新的机会，为公共服务的提供开辟了新的模式和渠道。爱德米斯顿（Edmiston. K. D.，2003）提出了国家和地方政府电子政务的前景和挑战[24]。其三是提高公共服务能力对政府门户网站的绩效评价方法和体系的研究。古普塔等人（Gupta et al.，2003）提出了电子政务评估模型并进行了相关案例研究[25]。吉尔－加西亚等人（Gil-García et al.，2005）研究了电子政务的关键成功因素，并描述了实践到理论基础的映射关系[26]。其四是面向公共服务的电子政务效果研究。汉斯·约亨·肖尔（Hans Jochen Scholl，2006）研究了面向公共服务的电子政务建设中的关键问题，即信息管理能力、组织能力和资源间的整合研究[27]。金·维堡·安德森和赫勒·津纳·亨里克森（Kim Viborg Andersen and Helle Zinner Henriksen，2006）通过对莱恩和李（Layne and Lee）模型的拓展研究提出了电子政务成熟度模型[28]。J. 罗曼·吉尔－加西亚和伊格纳西奥·J·马丁内斯－莫亚诺

（J. Ramon Gil-Garcia and Ignacio J. Martinez-Moyano，2007）从电子政务的演化角度研究了系统规则对公共管理部门的动态影响[29]。克里斯托弗·G·雷迪克和霍华德·弗兰克（Christopher G. Reddick and Howard A. Frank，2007）采用多案例法，通过对佛罗里达和得克萨斯州管理者的调研分析了电子政务对美国城市公共服务的影响[30]。可见第二阶段的大量文献虽然都已认识到了电子政务的重点在于公共服务，但对于提高公共服务能力的电子政务管理体系研究却源于不同的视角和层次，研究成果较为零散。

（二）国内电子政务理论研究述评

中国具有与西方发达国家不同的国情，这使中国的电子政务实践和理论研究具有特殊的研究环境。首先，中国是在农业社会向工业社会转型的过程中迎来世界范围内的信息化浪潮的，部分地区的工业化进程还没有完成，这就使中国的电子政务的发展环境具有"半农业、半工业、半信息化"[31]的复杂特点。其次，历史上长期高度集权的政府治理模式的惯性作用，使政府职能由管制型向服务型转变面临诸多问题，在政府服务职能还没有得到充分强化的时候面临公共服务电子化的问题。最后，中国政府内部的信息化基础条件普遍比较差，公务员队伍的信息技术的应用能力还比较弱，在办公自动化还没有完全实现的时候就面临电子政务应用的要求。

国内电子政务研究基本是沿着"边实践边研究"的路线进行的，研究的重点也是随着实践的进展不断变化的，如在 20 世纪 80 年代到 90 年代中期这段时间主要研究的是政府内部的办公自动化问题，20 世纪 90 年代初主要研究的是"三金工程"，20 世纪 90 年代末期主要研究"政府上网工程"，21 世纪初主要研究电子政务的"三网一库"结构问题，但是这些研究均以电子政务技术框架的研究为主。

近年来，我国各地的政府部门在开展电子政务的过程中，进行了大量管理体制改革创新的尝试，取得一些较为突出的成果，为理论研究奠定了坚实的实践基础。比较典型的实践案例有四个：一是为了满足上网办公、网络审批的需要，上海市政府从 2003 年开始就对市委市政府的所有行政审批流程进行梳理，对其中大量流程进行了裁撤和合并，意在精简政务流程，更好地提供网络服务。二是 2003 年以来，山东省济南市推行的"企业基础数据库共享"项目，就是在信息技术应用的过程中打破了原有部门壁垒，革新了原有的管理方式。其一期工程实现了工商、国税、地税、质监等四部门的网络互联互通和数据共享，使四部门之间原来彼此隔绝的企业基础信息得到了共享，一下子查处了大量疏漏信息，两年为国家增加税收 8 246 万元。三是 2005 年，北京市东城区首创了一种名为"网

33

格化管理"的城市管理新模式。该模式不仅有新技术的运用，如启用了大型指挥中心、"城管通"等设备，更是从组织结构上进行了创新——建立了一个"指挥轴"和一个"监督轴"，使这套运行模式得到了良好的运用。四是浙江省宁波市由政府投资建设并且运营的"81890 社区服务中心"已经在全国有了相当的知名度，形成了特有的一种服务模式。81890 社区服务中心通过电话和互联网，构建起一个互动的诚信服务平台，让千家万户的服务需求和成百上千的服务资源成功对接，从而最大限度地满足市民的需求和服务资源的需要，带动了社区服务产业的发展和就业机会的增加，产生了良好的社会效益和经济效益。

因此，在电子政务管理改革实践的影响和推动下，一些学者在电子政务的研究中不是仅仅从信息技术的视角着手，而是把电子政务建设与治理变革密切结合起来进行思考，出现了一些较有深度的研究成果，主要研究内容包括三个方面。

1. 电子政务目标的分析，即电子政务的建设能够对政府职能产生什么影响

吴敬琏（2002）认为电子政务势必涉及资金、技术、组织、管理等多方面，其目标更具系统性，不能仅仅局限于政务的电子化、仅仅为了提高政府工作效率和较低政务的运作成本，电子政务的深远意义在于它是强化政府服务和转变政府职能的一项关键举措[32]；汪玉凯（2002）提出了"小规模、严管理、大服务"的电子政务目标发展模式[33]；娄策群（2002）提出电子政务的根本目的是通过电子方式提高政府管理和服务的质量、效率及社会效益[34]；扬雷、李玉光（2003）等人认为电子政务是一个多级多目标体系，其最终目标是提升政府管理、服务功效，这个目标要通过二级子目标即建立高效、透明、廉政、低成本的政府来保证[35]。易信涛（2004）认为，电子政务凸显服务引导职能，使行政组织结构扁平化与网络化，推动政府治理能力和行政效率大大提高。它使行政权力机构分散化，促使政府分权和公众的民主参与，政务公开，使行政管理规范化，做到行政合法化，行政程序化，行政电子化[36]。刘春年（2005）提出了电子政务目标选择模型，并从四个角度分析研究了电子政务目标定位[37-38]。

2. 电子政务对公共服务的作用分析

公共服务是政府的主要服务职能之一，能否给公众提供优质、合理、高效的公共服务是评价政府是否称职的重要标准，因此，电子政务对政府公共服务的作用问题引起了学者的高度关注。林渊（2002）着重研究了电子政务的信息服务职能，他认为网络给电子政务履行信息服务职能提供了强大的物质技术条件，拓展了信息服务的内容，改变了信息服务的方式，提高了信息服务的效率[39]。李平（2003）认为电子政务推动政府职能转变，促进公共服务程序改革和公共服务的质量改善，有助于社区公众服务系统建立[40]。李靖华（2003）不仅分析了电子化服务，而且对电子化服务与传统服务的技术区分进行了深入研究，他认为，电子服务是电子政务的核心，考虑不同服务项目和不同后台部门信息共享的需要以及服务方式的多样性变换性和数字鸿沟的存在，应该实行基于电子服务项目和传统服务项目完全隔离的两种运行机制[41]。周慧文（2004）研究了各国电子政务实践，论证了电子政务公共服务功能定位的理论基础与新公共管理的密切联系[42]。李冠军、聂伟（2005）分析国外电子政务实践，论述了电子政务在政府公众服务创新中的关键作用[43]。姚国章（2006）认为以现代信息通信技术（ICT）在政府事务中的应用为主要表现形式的电子政务活动正在全球范围内快速发展，提供高质量的政府电子化服务是电子政务发展的关键所在，文中还分析讨论了国际国内政府电子化服务研究的主要进展，提出了几个值得关注的研究领域[44]。

3. 支持面向公共服务电子政务建设的行政管理变革研究

电子政务如何提高良好的公共服务，如何进一步推进行政决策的科学化和民主化的问题引起了学者的浓厚兴趣。这部分的研究成果比较分散，但研究焦点主要包括三个方面：第一类是政府流程再造理论的运用，主要侧重利用先进的信息技术对政府传统的业务流程进行优化和重组，其目标是实现流程的电子化和智能化。董新宇、苏竣（2004）论证了电子政务、政府流程再造、新公共管理的关系[45]。夏显波（2006）研究电子政务一站式服务的关键因素，以及流程再造理论在一站式服务后台的关键作用[46]。叶勇（2007）研究了我国政府流程再造的现实困境与发展策略[47]。第二类是政务公开与政府透明度理论。赵国俊（2003）研究了适应电子政务特点的政务信息公开机制，解决政府"愿意不愿意、敢不敢、善于不善于"将有用的信息拿出来为社会公众所用的主要问题[48]。刘谊、刘星（2004）提出将政府的信息资源划分为政务信息和公共信息两大类，实行分类共享，以提高政府的信息透明度[49]。武汉大学黄萃（2005）的博士论文研究了基于门户网站的电子政务信息资源整合机制[50]。第三类是行政管理制度创新研究。欧立祥（2002）论证了电子政务对传统政府决策观念的挑战，对传统科层制的冲击，表现在对信息控制的冲击，对权力集中的冲击，对政府职员的冲击。电子政务的决策理念是分权管理，互动参与，以人为本，倡导创新，注重责任，立足服务。电子政务会带来一系列制度创新，如信息制度创新，组织结构创新，参与制度创新等，它会对传统的行政决策产生重大影响[51]。盛明科（2003）认为，电子政务有助于行政决策文化的现代变迁，即由集权型决策文化向参与型决策转变，由经验型决策文化向开放型决策转变，电子政务也有助于行政决策组织系统完备化，有利于行政决策权力体制合理化调整和行政决策系统的互动化运转[52]。翟校义（2006）在其电子政务的治理范式研究中提出从我国的现实情况出发，结合政治改革和行政改革的需要，在电子政务构建模式上采用宪政重构模式，在管理结构上采用以标准为依托的第六结构（即中央政府负责制定标准，并按照标准管理本级政府的电子化工作，利用评估标准评估各级政府的电子化工作，进而推动电子政务的发展），而在开发模式上采用政府与商业机构合作开发比较合适[53]。

三、新公共管理思潮对电子政务管理体系研究的借鉴

尽管从电子政务的实践伊始，面向公共服务的电子政务研究和探索也在不断进展，学术界和实践部门分别从社会科学和自然科学的不同领域，对于诸如电子政务的服务模式、面向公共服务的电子政务技术架构设计、电子政务建设在公共服务提供过程中不足以及对策等方面都进行了卓有成效的研究，一些学者还对电子政务与政府职能的转变、电子政务与政府公共服务职能的转变、电子政务与行政决策体制创新以及电子政务与民主政治的关系等重大理论问题进行了有益的、不同层面的探索和研究。但是对于这一综合性、交叉性极强的研究领域，如何运用不同学科的研究理论和方法，寻求面向公共服务的电子政务管理体系的科学解释，并将提升电子政务的公共服务能力，整合行政管理体系和技术管理体系，理顺信息资源共享过程等一系列关系密切的核心问题纳入一个统一的研究框架下，展开规范的理论研究意义重大。

美国电子政务的诞生是处在公共行政管理发生革命性转变过程中的，同时也极大地促进了新公共管理运动的兴起，新公共管理运动则为这一全新的行政管理领域内的技术革命提供了全面的思想上的指导。两者间的密切关系，反映出一种典型的理论基础创新研究与积极应用的契合。

但是，中国电子政务诞生的背景比较复杂，在工业化的任务尚未完成之时，就面临着建立信息化社会的要求，这种农业社会、工业社会与信息社会兼具的过渡社会特征使我国的行政体制改革一方面要完善传统工业社会特征的官僚制，另一方面又要实现具有信息社会特征的行政组织的扁平化。虽然中央政府层面确定了"以信息化带动工业化"的策略，但是地区发展极不均衡，经济发达地区在尝试信息化的政务流程优化和协同的同时，落后地区还刚刚起步进行信息技术的初步应用。在这种战略环境的约束下，电子政务，尤其是地方电子政务的战略选择依然是以加速工业化进程的政府效率为中心论，即通过各种信息技术的运用使各级政府在行使经济和社会管理职能中提高效率。从本质上来说，这是一种"以政府管理者为本位"的电子政务战略，改变这一现状的关键在于重新梳理并深入研究面向公共服务的电子政务管理体系。

管理体系是指建立方针和目标并实现这些目标的体系，是由组织机构、职

责、程序、活动、能力和资源等构成的有机整体。借鉴新公共管理的核心思想，本书认为面向公共服务的电子政务管理体系是一个包含诸多元素的有机整体如图 1 - 27 所示，其中目标体系是电子政务管理体系的起点；该目标体系的实现依赖于一个复杂的多层次的实现途径，网站公共服务能力是实现该目标体系最直接、最基础的途径，网站公共服务能力的提升依赖于跨部门信息资源共享能力的提高，跨部门信息资源共享能力是提升电子政务公共服务能力的重要途径，这一能力的提高又依赖于电子政务治理能力，电子政务治理能力是电子政务公共服务推进过程中的管理制度安排，是提高电子政务公共服务能力的核心途径，这一能力的提高取决于电子政务行政管理体系和技术管理体系的契合程度；绩效评价体系是评价和控制目标实现的重要手段，也是管理体系必不可少的落脚点。

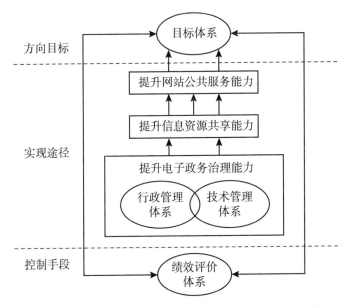

图 1 - 27　面向公共服务的电子政务管理体系理论模型

（一）服务导向的目标体系研究是电子政务公共服务管理体系建设的起点

　　新公共管理强调将传统公共管理中的"内部取向"转变为"外部取向"，这意味着政府不仅要搞好行政系统内的内部管理，更重要的是提高政府管理外部公共事务的效率和能力。在如何提高政府管理公共事务的有效性这一问题上，新公共管理认为，政府在职能上要实现从"划桨人"到"掌舵人"的转变。

　　推进电子政务的终极目标是什么呢？美国学者西蒙在《决策管理科学》和《人文设计科学》中提到一种方法，叫做"没有终极目标的设计"。为什么没有终极，因为真正长远的事情目标本身在变。然而，对于复杂的电子政务工程而言，需要确定一个终极目标，没有终极目标，电子政务建设将缺乏明确的航向。

什么是推进电子政务的根本目标？首先，电子政务建设的根本目标不是决策支持。电子政务建设的任务之一是为领导人的决策提供信息，是决策信息的保障。然而，对于领导人决策来说，信息在这个总量渠道里面只占很小的一部分，并且信息有一个筛选、过滤的过程，筛选人的观念、职能部门等将会影响筛选结果。因此，人为因素会影响最终结果。其次，电子政务的根本目标不是简化工作流程。如果电子政务只是简化工作流程，显然不符合电子政务的本质。早在20世纪80年代的办公自动化已经现实地简化了政府工作流程，电子政务的发展应该确立更高的目标。再其次，电子政务的根本目标不是政务公开。电子政务的运作能够改善政府和社会的沟通，提高政府运作的透明度。但是，这只是政府信息化的一个方面而已，还不足以提到根本目标的高度考虑。

那么，电子政务建设的根本目标到底是什么？事实上，经过综合分析，不难发现，电子政务根本目标在于重新定位政府职能，实现政府行政职能的服务化，把握这一研究起点是电子政务管理体系研究成败的关键。

（二）提升政府网站公共服务是实现电子政务公共服务目标体系的基本途径

从服务与应用角度来看，本书中的"电子政务公共服务"是指政府部门以政府网站为基础的信息化手段来为社会提供公共服务的行为及过程，是电子政务实现其价值的主要途径。其中，服务提供的主体是政府部门，不包括企业和第三方非政府机构；服务是具有"公共性"的，不是针对某个特定的个体或团体；因为政府部门不以营利为目的，因此电子政务公共服务的提供是具有公益性的，可以看作为信息时代政府部门借助网站这个传播渠道提供的一种新型"公共产品"。

从信息系统建设的视角来看，本书中的"电子政务公共服务"是借助信息系统的前台系统政府网站来提供的，为了提供更加优质迅捷的公共服务，信息系统的后台业务系统也扮演了至关重要的角色。因此，政府网站作为提供电子政务公共服务的主要渠道，其性能决定于后台业务系统的协同。

"电子政务"与"公共服务"的结合，有着许多具体的切入点，如无线城市[54]、市民一卡通、应急管理系统、视频会议系统、地理信息系统（GIS），等等，本书之所以强调"政府网站"是提升公共服务能力的基本途径，主要是基于以下几点原因：

第一，政府网站存在着"跨越时空界限"、"实时"、"精准"等传统行政手段所不具备的优势。"跨越时空界限"可以使政府网站成为一个不受地域远近的影响，一个24小时开放的网上政府，民众不会因为地域、天气、时间等客观因素的限制而失去与政府部门接触的机会；"实时"是指以信息技术为途径，公众可以打破传统官僚制的层级限制，直接将信息实时地传导给政府有关部门；"精准"是指通过信息化平台传输的信息，不会因为复制、传递次数的不同而发生"变异"。相比之下，通过传统方式进行信息传输时，往往会因为传输层次的增多和信息持有人主观因素的影响而导致信息失真。

第二，政府网站可以实现良好的政民互动。不论是政府门户网站还是职能部门网站，它们的持有主体为各级政府部门，访问者多为企业、社会团体、公众等，因此一个好的政府网站是实现政府与社会公众交流互动的有效平台——对内连接着政府部门内部管理系统，对外直接面对社会公众，可以以极低的代价轻易实现政府和公众的交流互动，开展形式多样的公共服务。以信息网络平台为媒介，广泛地吸引民众听政议政，对政府行为实施有效监督，还可以有效地促进决策的科学化、民主化、透明化，达到提高行政效率，抑制腐败的作用。

第三，政府网站的资金、技术门槛相对较低，比较容易实现。传统模式下的一些公共服务，往往需要大量的人力、物力、财力投入，例如在农村地区建设物理图书馆，场地、书籍、人员配置等，是一笔不菲的开支，一些经济欠发达地区往往难以承受。而如果这种服务依托于网站的方式来实现，则只需一台电脑，若干数据光盘即可，软硬件开支皆大大节省。网站相对于其他的信息技术手段，存在着"建站成本低、技术难度小"的优势。开展建设一个网站，不需太多的投入，只需申请域名、购置服务器即可，网页制作、网站更新维护等也不需要太多高深的理论，普通的政府工作人员稍加培训即可完成。开展基于政府网站的公共服务，并不像其他的一些信息化应用一样有很高的资金、技术壁垒，更容易普及。这一点，对于一些经济相对落后的地区来说显得尤为重要。

第四，政府网站在我国政府电子政务领域已经有了良好的应用基础。1996年开通的"北京经济信息网"可以算得上是我国最早的政府网站，从那时起，我国的政府网站呈加速发展的态势。根据中国互联网络信息中心2010年7月份发布的《中国互联网络发展状况统计报告》显示，以"gov.cn"结尾的政府网站域名数量已达到51 997个。除了数量的增长外，近年来，我国政府网站的功能也日臻完善。2006年，陆敬筠等人调查了749个政府网站，其中70.36%的政府网站提供的功能项目数超过10项。"特别是网站的信息发布功能比较强，提供政务新闻、政府公告、机构职能、机构章程和会议信息的政府网站所占比例分别达到89.21%、77.49%、75.50%、51.93%和53.92%，已经达到了比较高的水平；在信息交互方面，至少提供一项功能的占52.86%，其中，提供'在线投票'功能的占 7.08%，提供'辩论论坛'功能的占 17.22%，提供'在线调查'和'留言板'功能的分别为 17.49% 和 37.52%；另外，对其完善度的分析发现，提供一项功能的占 33.69%，同时提供两种和三种功能的分别占 13.45%、4.39%，提供四种功能的网站占 1.33%。"[55]

正是由于政府网站存在着上述特点和现实发展基础，本研究认为"电子政务公共服务"是"以政府网站为主要提供渠道"，而网站公共服务能力是实现电子政务公共服务目标的基本途径。

（三）提升信息资源共享能力是实现电子政务公共服务目标体系的关键途径

新公共管理视角中政府管理不再是简单的文件处理和规范性的行政事务，其目的在于实现政府的根本目标，即提高政府的决策质量及其对社会的回应能力，增强公众参与，实现政府创新。因此，参与、交流、共享、协作、整合等电子政务必备的特点势必与传统管理模式发生冲突，这对政府观念转变、制度创新、管理实践提出了更高的要求。

建立政府信息资源开放和共享的机制，是解除政府对信息资源的垄断，大力释放和利用政府信息资源，进一步推动公共信息资源、市场信息资源以及其他领域信息资源的开发和利用的重要着力点，是政府流程再造的核心，也是提升网站公共服务能力的重要保证。

政府集中掌握信息资源是计划经济体制下政府集中决策的需要，现在我国已从计划经济走向市场经济，政府由经济的指挥者变成经济的服务者。作为独立的经营主体、投资主体和决策主体，各类企业对信息的需求不断扩大，同时，随着公众参政意识的增强，对政府信息资源的需求也在不断扩大。因此，政府掌握的大量非保密性的信息，原则上应无偿向社会开放，实现资源共享。

随着电子政务建设的深入，我国电子政务信息资源总量不断增加、质量不断提高，但由于现行行政管理体系与技术管理体系是"两张皮"，电子政务信息资源共享程度很低，整合管理也异常薄弱，所导致的管理问题和矛盾正日益突出，出现了一系列有别于其他国家和地区的独特现象，如：电子政务资源开发规划上的"各自为政"状况，电子政务资源归属上的"部门私有"管理格局，电子政务资源配置上的"纵强横弱"现象，以及电子政务资源建设的"技术驱动"模式等。

因此，有必要深入研究跨部门信息资源共享过程的特征、研究政务信息资源与政府业务之间的关联性和动态性，研究协同业务对信息资源共享的需要，探求提升信息资源共享能力的关键所在。

（四）提升电子政务治理能力是实现电子政务公共服务目标体系的核心途径

电子政务的核心是政务，而不是电子，这在国内外学术界已达成共识。信息技术提供了更好实现政府治理活动的工具，而其效能的发挥依赖于新的管理方法和技巧。新公共管理主张政府职能的转变，这在本质上要求政府组织要改变传统单一的官僚制集权管理的方式，按照公共部门的目标和服务的性质、类型，建立起多元不同分权结构的组织体系，实现公共部门自身存在的价值。而多元化组织体系必然要求多元化管理主体的存在，因此，从宏观来讲新公共管理理论指导下的电子政务建设必然要求政府要积极培养参与电子政务建设和管理的多元化主体；从微观来讲新公共管理理论指导下的电子政务的推进要求现行行政管理体制与技术管理体系深度契合，而非"行政、技术两张皮"。行政管理体系与技术管理体系的契合研究的实质是对新公共管理思潮下政府公共服务流程再造的制度安排研究。

很多学者认为，现行行政管理体系绩效的低下，往往不是因为管理者缺乏能力和不履行职责，而是过多的程序和呆板的程序严重束缚了管理者的个人权威、灵活性和创造性。有些经济学家甚至认为政府本身就是一个制约经济增长和经济自由的因素，因此，去管制化与自由化是新公共管理运动中摒弃繁文缛节、激励员工的两项主要内容。电子政务的推进对改革现行行政管理体系提供了良好的契机，电子政务能够提高政府提供服务的效率，克服官僚主义等弊端；电子政务能够向社会及时、准确地传递信息，从根本上改变了以往政府公共服务技术手段落后的问题；电子政务还可以保证公共服务的公正性和公平性，真正做到一视同仁。同时，通过电子政务的推进，可以对行政管理人员和技术管理人员的责、权、利进行重新梳理，实现"管理者管理"的目的，各层次管理者也将由于授权而获得自由裁量权，能够及时地解决问题，增强对公众的应答性以及行政的可接近程度，从而提升公共服务能力。因此，"治理"成为对决策者"责、权、利"梳理的重要管理工具，也成为行政管理体系和技术管理体系契合研究的关键所在。

电子政务治理是本书的提出的关键性研究内容，是本书应用 IT 治理概念和理论在政府组织的探索性创新研究，是指政府组织在电子政务项目的建设运营过程中，为了实现项目既定目标，而进行的决策权和责任的部署及决策机制和实施机制设计。可以认为电子政务治理是 IT 治理概念和理论在政府组织中的具体化，是关于电子政务项目决策制度安排的研究。关于这一概念的界定，将在第六章中详细论述。电子政务治理能力是指组织的治理模式、治理结构、治理机制等有关电子政务项目的决策制度安排的综合效果。电子政务治理能力的提高决定了信息资源共享能力的提高，也决定了网站公共服务能力的最终提高。

（五）服务导向的绩效评价体系是控制电子政务公共服务目标实现的落脚点

政府与企业的性质不同。一方面，由于其本身所具有的公共属性，决定了它不可能完全以效率和效益作为根本出发点；另一方面，政府除了具有提供公共服务的职能以外，还同时承担着重要的管理职能，这些管理职能具有不可替代性，对于社会稳定和发展影响至关重大。为此，电子政务绩效评价研究是一个难点。

在传统的管理模式下，政府作为一个垄断的公共服务和商品的提供者往往高高在上，可以说传统的公共管理是一个以典型的生产者为中心的治理形态，但是随着公众需求的不断变化，将公众看作"顾客"或"客户"的价值观逐渐为新公共管理所确立。新公共管理认为，政府服务应该以顾客需求为导向，增强对社会公众需要的响应力，让顾客具有自己选择公共服务提供者的选择权和评价手段，从而对服务提供者形成压力，因此，服务导向的电子政务绩效评价体系研究成为管理体系研究的落脚点，体现了新公共管理中以追求效能、效率为目标的理念。

第三节　本书的研究框架和主要研究方法

一、研究框架和主要研究内容

面向公共服务的电子政务建设作为电子政务建设的终极核心价值取向受到了学术界的广泛认可，要实现和持续提高电子政务的公共服务能力，电子政务管理体系研究至关重要。通过本书第一章第二节对电子政务实践领域存在问题的深入剖析和第三节电子政务理论研究领域最新进展的探讨，以及图1-27提出的面向公共服务的电子政务管理体系示意图，本书认为面向公共服务的电子政务管理体系研究涉及了紧密关联、一脉相承的多个层次的理论和实践问题，提出本书的研究框架如图1-28所示。

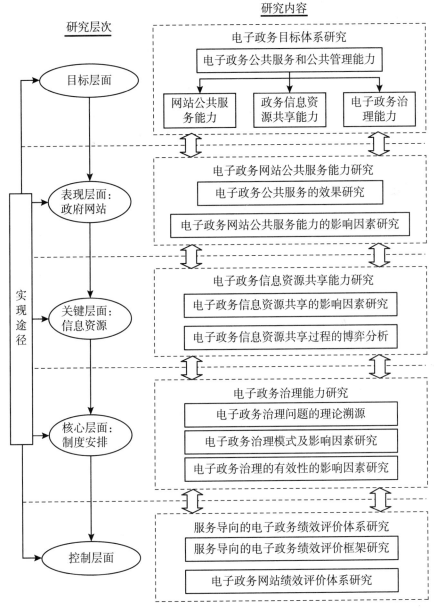

图 1－28　面向公共服务的电子政务管理体系研究框架

　　本书立足于中国国情，试图应用中外学者有关电子政务和相关研究领域的主要研究成果，探索我国面向公共的电子政务实施过程中的管理体系建设问题。研究重点有五个，一是电子政务公共服务目标体系研究，是对电子政府管理体系目标层面的研究；二是电子政务网站公共服务能力研究，是实现电子政府公共服务目标体系的表现层面的途径研究；三是电子政务信息资源共享能力研究，是对实现电子政府公共服务目标体系的关键层面的途径研究；四是电子政务治理能力研究，是对实现电子政府公共服务目标体系的核心层面的途径研究；五是电子政务公共服务的绩效评价体系研究，是对电子政府管理体系控制层面的研究。本书共分为九章。

第一章，绪论。首先通过对我国政府部门电子政务实践领域的调查为背景，剖析了电子政务公共服务实践领域的主要病症、根源并提出了本书的主要研究问题；然后基于新公共管理思潮和电子政务理论研究文献，界定了电子政务公共服务管理体系的理论模型，明确了本书的研究范围，并对本书研究的逻辑框架、技术路线与研究方法进行简要说明。

第二章，电子政务公共服务的目标体系研究。首先基于现有文献辨析和界定了电子政务公共服务的内涵和范畴；然后分析了国际上主流电子政务公共服务的理念和核心目标，并讨论了中国行政管理体制改革的目标对电子政务公共服务的促进作用；最后提出电子政务公共目标体系框架。

第三章，电子政务网站公共服务能力的实证研究。首先对电子政务网站公共服务能力影响因素的研究文献进行归纳分析；然后选取了五个典型的电子政务网站讨论其网站公共服务的效果、差距和主要原因；最后基于研究文献和案例研究构建了网站公共服务影响因素模型，并采用 SEM 数据分析技术对模型进行验证。同时，还对不同层级、不同区域电子政务网站公共服务的影响因素展开对比分析。

第四章，电子政务信息资源共享的影响因素研究。首先，总结了电子政务信息资源共享影响因素的研究成果，并通过对政府部门工作人员的深入访谈，提炼了影响信息共享成功实施的关键因素；然后，从行为学研究出发，以权力因素为主要考察出发，建立了电子政务信息资源共享影响因素的研究模型；最后，采用多变量线性回归分析对研究模型进行了验证。

第五章，电子政务信息资源共享过程的博弈分析。首先以博弈论为理论基础，从经济学角度入手建立了各职能部门间电子政务信息资源共享重复博弈模型；然后建立了不同层级部门间信息资源共享的静态博弈模型，结合领导风格理论将研究了不同类型的上级部门对信息资源共享结果的影响；最后基于 Swarm 仿真平台，建立多部门信息资源共享混合博弈模型，研究了多部门间信息共享问题。

第六章，面向公共服务电子政务治理的理论溯源。首先界定电子政务治理的主要概念和概念之间的逻辑关系，提出电子政务治理的理论框架雏形；然后就理论框架下的关键性研究问题展开研究，包括基于电子政务成熟度模型、钻石模型、技术执行框架等理论辨析电子政务治理能力对电子政务实施成效的重要影响；基于 IT 治理理论探讨电子政务治理模式的设计，电子政务治理有效性的评价及影响因素，解释电子政务治理理论的核心问题。

第七章，面向公共服务电子政务治理的实证研究。基于电子政务治理的主要研究结论进一步展开实证研究，首先提出电子政务实施成效和关键影响因素的研究模型，并采用 SEM 分析技术验证了电子政务治理能力的重要作用；然后通过跨案例访谈，构建电子政务治理安排矩阵，归纳总结典型电子政务治理模式的特征、有效性及其形成原因；最后构建电子政务治理有效性的影响因素模型，并采用 SEM 分析研究了电子政务治理有效性的动力因素。

第八章，电子政务公共服务的绩效评价体系研究。本章首先讨论了国内外电子政务绩效评价的研究文献和最佳实践，进而提出服务导向的电子政务绩效评价体系的基本框架；然后基于现有绩效评估的研究结论提出了包含六个一级指标的电子政务网站绩效评价模型；最后，针对电子政务网站绩效评价模型进行模型的论证，并以国家税务总局电子政务网站为例展开模型的实证研究。

第九章，研究结论与政策建议。本章首先基于电子政务公共服务管理体系理论研究的主要结论，立足中国电子政务实践，提出电子政务公共服务管理体系建设的政策框架；然后，从不同层面提出解决当前电子政务公共服务领域管理问题的政策建议，同时，针对跨部门并联审批业务进行了“模块化预制”的构想和实例分析；最后讨论了本书的主要贡献、创新点，以及本书的不足之处和进一步研究展望。

二、技术路线和主要研究方法

本书的研究将遵循如图 1 - 29 所示的技术路线。首先以文献回顾为主要研究方法，构建了电子政务公共服务的目标体系；其次以调查研究和案例研究相结合的方式展开电子政务网站公共服务能力的效果分析、影响因素研究，刻画了实现电子政务公共服务目标最基本的途径；再其次，本书从行为学和经济学两个研究视角分别探讨了电子政务信息资源共享的影响因素，分析了资源共享的博弈过程，揭示了实现电子政务公共服务目标的关键途径；在此基础上，本书讨论了实现电子政务公共服务目标的核心途径，即提高电子政务治理能力，并从理论层面系统地展开电子政务治理的理论和实证研究；接着，本书从控制层面展开了电子政务公共服务绩效评价的指标体系建设和评价方法研究。基于电子政务公共服务管理体系理论研究的主要结论分析，本书的最后，从 5 个层面有针对性地提出构建电子政务管理体系的政策建议。

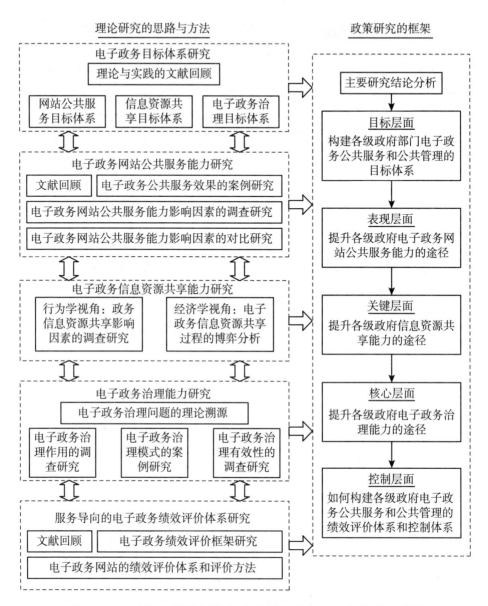

理论研究的思路与方法　　　　　　　　政策研究的框架

图1-29　面向公共服务的电子政务管理体系研究的技术路线

本书的研究将综合采用理论研究、实证研究法，具体而言，主要运用了文献回顾、扎根理论、案例研究和调查研究、博弈论和仿真分析等方法，从行为学和经济学两个视角研究了面向公共服务电子政务管理体系的核心研究问题。

1. 文献回顾（Literature Review）

文献回顾对于任何一项研究都是非常重要的，其目的是将研究自身的开拓性建立在前人的研究基础上，是在总结、分析、归纳前人研究成果的基础上，界定具体研究范围、主要研究问题的过程。文献回顾是分析研究问题、构建理论以及创新理论的基础，高瑞（Ghauri，1995）认为："文献回顾法的主要目的是结构化研究问题并为研究定位"[56]。本书将在每一个实证研究之前应用文献回顾法详细探讨现有研究结论、发展趋势和研究的不足，并在此基础上提出本书的主要研究模型。

2. 扎根理论（Grounded Theory）

扎根理论又称为深入理论，是定性研究方法的一种，研究者对于自己所感兴趣的现象不断思考，并通过不断地收集、分析与报告资料，发掘并建立理论。施特劳斯和科尔宾（Strauss and Corbin）[57-59]主张透过资料的收集与检验的连续过程，以凸显研究现象的特质，经过比较，若发现有相同的特质，则归纳到抽象层次的概念，若发现有不同特质，则可探究造成差异的情境或结构因素。本书运用扎根理论研究方法，通过案例资料分析与理论探讨，来界定研究的主要概念与问题，构建电子政务公共服务管理体系的理论框架，并进一步深入探讨理论框架下的主要研究问题。

3. 实证研究（Positivist Research）

包括实地研究（Field Research）/案例研究（Case Study）、实验研究（Laboratory Experimentation）和调查研究（Survey Research）。本书用到两种研究方式：

（1）调查研究，一般是先利用结构化问卷获取研究对象的经验数据，然后通过统计方法对假设或概念模型进行验证。调查研究往往是用来发现复杂现象中起关键作用的变量以及变量之间关系的一种重要方法，大量用于探讨自变量与因变量之间的关系。在本书的研究设计了4个调查研究，调研研究的目的是为了验证这4个研究模型及其研究假设，并概化研究结论。

（2）案例研究，案例研究往往用来回答"怎么样"和"为什么"一类的问题，它让研究者在不脱离现实生活环境的情况下研究当前正在发生的事件，特别适合研究那些与所处情境没有明显界限的那一类现象[60-61]。电子政务公共服务及其管理体系与所处环境密不可分，因此，本书的研究设计了2个多案例研究，力图在所处情境中展示和归纳关键研究问题的一般化结论。

4. 博弈论与仿真分析

博弈论（Game Theory），有时也称为对策论，或者赛局理论，应用数学的一个分支，目前在生物学、经济学、国际关系、计算机科学、政治学、军事战略和其他很多学科都有广泛的应用。主要研究公式化了的激励结构，即游戏或者博弈（Game）间的相互作用。博弈论是一种研究决策主体相互交往过程及其结果的工具。它有两个基本的假设：每个主体有一个明确的外生目标，每个主体的决策基于决策者的知识及对其他决策者的预期。一般把博弈中的决策主体称为参与人。博弈论中对人的理性的假定不同于传统经济学中对人的理性的假定。传统经济学以完全理性人为假定前提，这一前提暗含了两层意义，经济主体追求利益的最大化和经济主体拥有完全的信息。但这两点与现实情况相差太远，现实中经济主体追求利益最优化和拥有不完全信息。博弈论虽然也研究完全理性条件下的参与人的行为决策，但它更专注参与人在有限理性条件下的行为决策，而且对于后者的研究更接近于现实世界，这也是它的一个重要发展方向。

Swarm 是美国桑塔费研究所（SFI）研发的一种基于复杂适应系统发展起来的支持"自下而上"或称"基于过程"的建模工具集，其核心是提供一个面向对象的框架，研究仿真中相互作用的智能体和其他对象的行为。

本章的以下几节将简单介绍本书研究过程中主要研究方法的研究流程。

三、案例研究法及其研究流程

（一）案例研究法

案例研究是一种经验主义的探索研究（Empirical Inquiry），它研究现实生活背景中的暂时现象（Contemporary Phenomenon），在这种研究情境中，现象本身与其背景之间的界限不明显，研究者只能大量运用事例证据（Evidence）来展开研究[60]。案例研究通过案例对现象和问题进行描述、解释以及探索性的研究，不仅可以为新理论的形成提供基础，同时还有助于深入地认识与求证一般性理论在特定情境下的应用范围[62]。案例研究不同于调查研究，是实证研究中的定性研究方法，在信息管理研究领域占有极为重要的地位。陈（Chen）对 1991～2001 年间发表在 8 种学术期刊上的 1893 篇信息系统研究文献的统计分析显示，36% 的文献采用案例研究法，仅次于调查研究，位居第二[63]。

案例研究法的特点包括四个方面：一是案例研究是一种经验性的研究，而不是一种纯理论性的研究，案例研究的意义在于回答"为什么"和"怎么样"的问题，而不是回答"应该是什么"的问题[64-65]。二是案例研究的对象是现实社会经济现象中的事例证据及变量之间的相互关系，但研究的重点一般都放在捕捉社会经济现象的片断的真实细节上，而无须预先严格设定或梳理清楚其中蕴藏的为数众多的变量之间的复杂关系[64]。三是由于案例研究往往只是被用作分析社会经济现象的一个片断，即一个相对狭小的研究领域的某一局部性的问题，很多情况下，案例本身作为一个现实经济活动中完整复杂系统的其他方面往往要被概要化、抽象化。四是通过案例（单一事例或有限事例）归纳结论或预测未来时，研究者必须对这一事件所涉及的各部分的互相依赖关系及这些关系发生的方式进行深入的研究[66]，以保证基于一个完全的、被准确界定的个体样本（案例本身）

所揭示出来的规律及相关研究结论，有可能被推广应用到更加广泛的、具有相似性的群体中去。

案例研究法不仅可以用于分析受多种因素影响的复杂现象，它还可以满足开创性的研究的需要，尤其是以构建新理论或精炼已有理论中的特定概念为目的的研究需要[62]。因此，当处于被研究的现象本身难以从其背景中抽象、分离出来的研究情境中，案例研究是一种行之有效的研究方法[65]。通过案例研究可以获得其他研究方法所不能获得的数据、经验知识，并以此为基础来分析不同变量之间的逻辑关系，进而检验和发展已有的理论体系。电子政务公共服务管理体系得很多研究问题涉及众多的组织情境因素，有必要对政府组织推进电子政务公共服务过程中部门的特征，角色和部门之间的关系，以及与组织文化、制度因素的关系进行深入研究。因此本书有关电子政务公共服务效果分析和电子政务治理模式研究选择案例研究法。

（二）案例研究的基本流程

对于开展案例研究的范式，历来有两种主张，一种是相对开放的没有预设理论框架束缚的研究，类似著名霍桑实验中的"继电器小组的群体研究"和管理大师明兹伯格"管理者的角色"研究；另一种是遵循严格规范和设计开展的案例研究，由于组织管理中许多现象出于非理性的原因，案例研究方法的理性显得至关重要，因此国内外学术界偏爱规范研究与设计的案例研究[67]。基于规范研究与设计的案例研究法，以及迈尔斯和胡博曼（Miles and Huberman，1994）提出的定性数据分析方法[68]，本书案例研究的基本流程分为三个主要阶段，如图 1 - 30 所示。

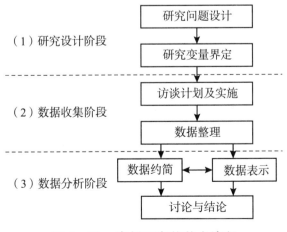

图 1 - 30　案例研究的基本流程

第一阶段是研究设计。这一阶段的关键性环节有两个，一是拟定研究的理论背景和理论假设，并依据实践情境，拟定案例研究的具体问题，并保证两者之间的紧密关系；二是界定具体研究问题的变量，为案例访谈明确主题。

第二阶段是数据收集。与定量研究不同，定性研究中数据不仅包括数值，而且大量的是"软"数据如文字、图表和语音数据等[69]，因此数据收集工作比较复杂。根据尹（Yin，2003）的建议[60]，数据收集要注意三个主要问题：一是保证多个数据源，研究者可以对不同来源的数据、对不同调查者所收集到的数据、对按不同角度和不同方法所收集到的数据进行三角互证。二是建立案例研究的数据库，数据库可以包括研究者的笔记、文件，基于调查形成的表格材料、档案数据，以及研究者对所收集到的证据和在研究中出现的问题的关系所做的叙述。三是建立证据链，使外来者能够从最初的研究问题，跟随着相关资料的引导一直追踪到最后的结论，反之亦然。因此要求研究者在研究中引用数据库中的有关部分，并在引用时能清晰地显示数据是在什么情况下收集的。

第三阶段是数据分析。数据分析的具体工作包括数据约简（Data Reduction），数据表示（Data Display）。数据约简是指对所采集的数据进行"选择、聚焦、简化、提炼和转化"的过程[68]，在这一过程中，研究者可以对文档记录进行简化，也可以对数据进行总结，根据不同的主题进行集聚或分块。数据表示是指对精炼后的数据进行"组织和压缩排列"的过程，在这一过程中，研究者可以采用矩阵、图表、网状图等形式将数据组织成为容易理解和分析的形式。数据分析常用的分析方法包括类型对比和建立解释，类型对比是指把数据与理论假设进行匹配和比较；建立解释是指建立一系列的因果关系。两者都是一个从理论假设到数据发现的不断重复的逆反过程。研究者要根据数据的发现修改理论假设，并把修改后的理论假设应用于对数据的重新分析[70]，通过不断的讨论分析形成结论。

四、调查研究法及其研究流程

（一）调查研究法及数据分析技术

调查研究，就是指根据研究总体所选择出来的样本，从事探求社会学变量与心理学变量的发生、分配及其彼此相互关系的一种研究方法。调查研究的主要目的，是探讨现象当前的状态，作为解决问题，改进现状并规划未来的依据，调查研究属于定量的实证研究。调查研究法是目前信息管理领域的主流研究方法，陈（2004）对 1991~2001 年间发表在 8 种学术期刊上的 1893 篇信息系统研究文献的统计分析显示，41%的文献采用调查研究方法，位居榜首[63]。

皮恩斯诺（Pinsonneault，1993）认为调查研究有三个主要特点：一是调查的目的是为了对研究现象的某些方面做定量的描述，因此调查研究可能关注变量之间的关系，也可能是对研究对象的具体描述，调查研究的对象可以是个人、组织或社区，也可以是项目或应用系统。二是调查研究收集信息和数据的主要方式是通过事先设计好的结构化调查问卷展开调研，调研问题可能涉及回答者自身的情况或其所在组织的情况，问卷的回答构成了用于分析的数据。三是信息和数据通常仅来自于研究总体的一部分，即样本，但数据收集的方式要保证研究结果可以扩展到总体中去，样本数量常要满足统计分析的要求[71]。纽斯特（Newsted，1998）则认为调查研究法的优势在于以下几个方面：一是研究过程易于管理，研究数据的取值和编码比较简单。二是允许研究者确定测量变量和潜变量的数值以及它们之间的关系。三是得到的结果可以扩展到研究总体的其他部分，还可以扩展其他相似的总体中。四是研究过程不容易重复，能够客观地比较不同组、时间、地域之间的结果。五是可以用来预测行为。六是能够以比较客观的方式来验证理论命题。七是可以验证和量化定性研究的发现[72]。

斯特劳布（Straub，2004）认为任何一种研究方法，都有其对应的一种或多种数据收集技术和数据分析技术[73]。对调查研究法而言，按照调查方式的不同，其主要的数据收集技术包括问卷调查和访问调研两种。问卷调查是指通过电话询问、邮寄调查问卷给受试者或将受试者集合起来填写的方式。问卷调查的优点很多，包括经济方便、受试者可以在自己方便的时间回答问题、没有访问者的偏差，具有保密性，涉及范围比较广泛。但也具有一定的缺点，包括问卷收回率很低、缺乏弹性、无法控制回答问题的次序、无法控制填答时的情境、许多问题可能没有填答、问卷的题目不能使用较复杂的问题，等等。如果资料是访问者亲身携带对受访者进行调查的方法收集，则称为访问调查。访问调查一般具有弹性、有较高的收回率、可以控制情境因素、可以观察到受访者的非语言行为、可以控制问题的呈现顺序、可以设法提高受访者的动机，以鼓励诚实回答，也可以使用较复杂的问题。但是访问调查具有一定的缺陷，例如访问员的偏差、访问的时间可能会影响回答的认真态度，较少保密性，刺激缺乏标准化，受访者分布的范围较为狭窄等。基于这些特征，同时，由于本书的调研内容涉及较多的个人对电子政务实施及治理状况的感受，并且题目的结构化程度较高，因此数据收集选择问卷调查方式进行。

调查研究法所使用的数据分析技术很多，包括单因素分析、双因素分析，以及更加广泛的多因素分析[74]。本书要用到的数据分析技术有两个：即回归分析和结构方程模型（Structural Equation Modeling，SEM）。

51

1. 回归分析

回归分析是将所要研究的变量区分为因变量与自变量，并根据相关理论建立因变量与自变量之间的回归模型，然后在一定的统计拟合准则下，根据所获得的样本数据去估计模型中的各个参数，得到确定的回归方程。由于回归方程中的参数是在样本基础上得到的，需要对回归方程进行各种检验，判断该方程是否真实地反映了事物总体间的统计关系，能否用于预测，并最终得到由回归方程确定的回归近似线[75]。回归分析的目的，一是了解自变量与因变量的关系、影响方向与程度；二是利用自变量与估计的方程式对因变量做预测。

2. 结构方程模型

结构方程模型作为主流的多因素统计分析技术，其核心概念是在 20 世纪 70 年代被瑞典统计学家尤约斯库格（KG Jöreskog）提出来的。由于其有效整合了统计学中的因子分析和路径分析技术，并开发了有效的分析软件工具（例如 LISREL、AMOS 等），为社会与行为科学领域的抽象研究提供了严谨的实证研究程序，近年来获得了巨大的发展，广泛运用于心理学、社会学与行为科学等研究领域。SEM 除了拥有专门的期刊《结构方程模型》（Structural Equation Modeling）以外，在《心理学年度评论》（Annual Review of Psychology）、《社会学方法与研究》（Sociological Methods and Research）、《社会方法学》（Sociological Methodology）上都有相当篇幅的 SEM 理论与应用的论文。麦当劳（McDonald，2002）的论文[76]作为一篇 SEM 理论与应用研究的典范，成为学术文献应用 SEM 的写作、投稿与编辑的准则[77]。赫什伯格（Hershberger，2003）通过对 1994~2001 年间相关文献的研究认为，结构方程模型期刊、论文数量，以及所引申出来的多变量分析技术都在大幅增长[78]，可见结构方程模型已经发展成为一门成熟且受到高度重视的数据分析方法和技术。

在信息管理领域，国外 SEM 应用的研究成果较为丰富，许多实证研究都使用 SEM 方法，国内相关研究成果较少。由于电子政务实施中的治理问题，涉及对有关 IT 决策行为的认知和管理，还涉及组织文化、制度因素对决策行为的影响，SEM 相对于传统数据统计分析方法，具有得天独厚的优势。因此本书有关电子政务治理重要性的研究，以及电子政务治理有效性影响因素分析，采用调查研究法和结构方程模型，以及其专门的数据统计软件工具 LISREL8. 80。

（二）调查研究的基本流程

本书的调查研究遵循斯特劳布（2004）的观点[73]，结合邱皓政（2003）提出的 SEM 研究步骤[77]，将基于 SEM 数据分析技术的研究过程分为三个主要阶段，如图 1 - 31 所示。

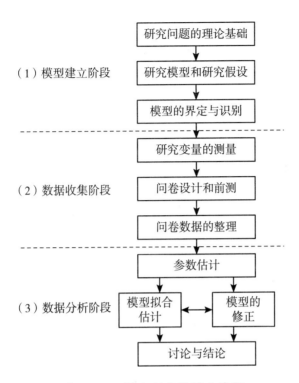

图 1 – 31   调查研究的基本流程

第一阶段为理论模型建立阶段。SEM 模型必须建立在理论基础上，通过对概念的厘清、文献的整理与推导，形成概念模型，然后依据 SEM 规范提出一套有待检验的假设模型，结构方程模型可简单划分为测量方程（Measurement Equation）和结构方程（Structural Equation）两部分。测量方程通常描述潜变量与指标之间的关系，测量方程的作用是解决测量误差问题，而结构方程则用于验证潜变量之间的因果关系。假设模型的提出不仅要符合 SEM 的规则，还要保证模型具有统计和方法上的可辨识性。

第二阶段为数据收集阶段。由于 SEM 涉及潜在变量的测量，因此 SEM 的分析结果与样本的规模、结构和测量品质有密切的关系，同时，不同的目的和理论依据决定了问卷项目的总体安排、内容和量表的构成[79]。因此，数据收集阶段首先要根据假设模型确定的研究变量编写研究变量的测量量表，测量项目应该尽可能地依据前人的研究；然后形成调查问卷，并进行问卷内容效度的检测和预测试，保证不同答卷人、在不同的时间、情境或回答类似的问题，所得的分数应当接近相同或一致；最后进行问卷数据的整理，并使用 SEM 提供的指标对收集的资料进行各项估计，以保证数据分析过程的顺利进行。

第三阶段为数据分析阶段。数据分析阶段的首要任务是进行参数估计求解假

53

设模型，使模型隐含的协方差矩阵与样本协方差矩阵的"差距"最小；然后采用适当的拟合指标，衡量模型的拟合程度，并根据估计指标调整和修正模型，这个过程可能会重复多次，直到确定修正后的模型。

本书中基于回归分析技术的展开的调查研究过程与此流程类似，不再赘述。

（三）基于 SEM 的数据分析过程

1. SEM 的基本术语

结构方程模型是一般线性模型的扩展，是基于变量的协方差分析矩阵来分析变量之间关系的一种统计方法。主要用于研究不可直接观测变量（潜变量）与可直接观测变量之间关系以及潜变量之间的关系。它利用一定的统计分析技术，对复杂现象的理论模式进行处理，根据理论模式与实际数据关系的一致性程度，对理论模式做出评价，以达到对实际问题进行定量研究的目的[80]。

采用结构方程模型进行研究有几个需要明确的关键性概念。

（1）潜变量（Latent Variable）：或者称为隐变量、因子，指那些客观存在，但是无法直接测量到的变量，它只能通过显变量得以体现。

（2）显变量（Manifest Variable）：或者称为测量变量、指标，指那些可直接测量的变量。

（3）外生变量（Exogenous Variable）：在模型中一次也没有作为其他变量结果的变量。

（4）内生变量（Endogenous Variable）：在模型中至少一次作为其他变量的结果，模型内部生成的变量。

2. SEM 的结构

采用结构方程模型进行研究涉及两个模型。

（1）测量模型（Measurement Model），主要描述潜变量和测量变量之间的关系，对于测量变量与潜变量间的关系，通常记为以下测量方程，分别描述了外生潜变量和外生测量变量之间的关系（如式 1 – 1），和内生潜变量和内生测量变量之间的关系（如式 4 – 2）。

$$X = \Lambda_x \xi + \delta \qquad (1-1)$$
$$Y = \Lambda_y \eta + \varepsilon \qquad (1-2)$$

其中：X 是外生测量变量组成的向量；Λ_x 是外生测量变量在外生潜变量上的因子负荷矩阵，表示外生测量变量与外生潜变量之间的关系；ξ 是外生潜变量组成的向量；δ 是外生测量变量 X 的误差项。

其中：Y 是内生测量变量组成的向量；η 是内生潜变量组成的向量；Λ_y 是内生测量变量在内生潜变量上的因子负荷矩阵，表示内生测量变量与内生变量之间的关系；ε 是内生测量指标 Y 的误差项。

（2）结构模型（Structural Model），主要描述潜变量之间的因果关系。对于潜变量间的关系，通常记为如下结构方程（如式 1-3），描述了外生潜变量 ξ 和内生潜变量 η 之间的因果关系。

$$\eta = B\eta + \Gamma\xi + \zeta \qquad\qquad (1-3)$$

其中：B 是内生潜变量间的关系；Γ 是外生潜变量对内生潜变量的影响；ξ 是结构方程的残差项，反映了在方程 η 中未能被解释的部分。

上述模型的研究假设如下：

①测量方程误差项 ε、δ 的均值为零；

②结构方程残差项 ζ 的均值为零；

③误差项 ε、δ 与因子 η、ξ 之间不相关，ε 与 δ 不相关；

④残差项 ζ 与 ξ、ε、δ 之间不相关。

3. SEM 的类型及其修正

结构方程模型一般可分为三大类型的分析，纯粹验证模型、选择模型和产生模型。纯粹验证分析指仅用一个前人已建立的模型拟合一个样本数据，整个分析目的在于验证模型是否拟合样本数据，从而决定是接受还是拒绝该模型；选择模型分析指事先构建多个不同的可能模型，从各模型拟合样本数据的优劣情况，决定哪个模型最为可取；产生模型分析指事先构建一个或多个基本模型，检查这些模型是否拟合数据，理论或样本数据分析，找出模型中拟合欠佳的部分，调整并修正模型，并通过同一数据或其他样本数据检查修正模型的拟合程度，其分析目的在于通过不断的调整与修正而产生一个最佳模型[80]。

对于纯粹验证分析，由于无论是否接受该模型，研究者仍然希望有更佳的选择，因此这类分析并不多见；对于选择模型分析，虽然可以挑选出一个拟合较好的模型，但仍然常对其进行一些轻微修正，成为产生模型分析。本书的研究属于产生型模型分析类型，即通过对所提出的理论概念模型构建出一个初始结构方程模型，然后通过理论及数据对其进行调整与修正，目的在于产生一个符合理论推导与实践情况的最佳模型。

结构方程模型评价的核心是模型的拟合性，即研究者所提出的变量间关联的模式是否与实际数据拟合以及拟合的程度如何，从而对研究者的理论研究模型进行验证。模型对观测数据拟合良好，表明研究者对问题结构的分析，即模型的有效性得到验证，所估计的参数是有效的；如果模型对观测数据拟合效果不好，模型的有效性得不到验证，表明研究者的理论分析与实际情况有一定差距，研究者需要对原有理论模型进行调整与修正[80]。

本书的研究使用了 LISREL8.80 软件，采用 SIMPLIS 编写语言进行测量模型的检验和结构模型的检验。LISERL8.80 不仅能够给出模型的检验结果，同时还给出了修改指标（Modification Indices），某些变量的修改指标比较大，这说明原来假设的模型没有考虑到这几个变量的强相关关系，使得路径分析的条件无法达到，需要对模型做出修改，以承认这些变量之间的关系。模型调整并不是一次或两次就能够完全实现的，每次计算之后，软件在其计算结果中都会给出相应的调整参考，根据这种功能，通过建立变量之间的相关关系来消除路径的偏差，最终得到能够跟数据拟合的模型。

4. SEM 的数据分析过程

本书采用的基于 SEM 的数据分析过程主要包括三个主要阶段：

第一阶段，数据预处理。就像所有的统计分析一样，SEM 是否能够顺利进行，很重要的一件事就是要能够掌握完整、正确、有效的测量数据。塔巴奇尼克和范德尔（Tabachnich and Fidell，2001）曾指出，多元统计尤其需要谨慎进行资料的筛查和整理工作，因为其背后存在的许多资料陷阱，足以让研究者辛苦进行的研究功亏一篑[81]。数据预处理的工作主要包括录入并核对原始资料，转换数据格式，处理不完整数据，以及对数据进行正态性、线形关系的假设检验和描述性统计分析[77]。

第二阶段，测量模型的检验。根据安德森和格尔布（Anderson and Gerbing，1988）的两步研究法[82]，在进行结构模型检验之前，需要对测量模型进行有效性检验和拟合度检验。如果检验不合格，可以适当对测量项目进行取舍，如果有必要需要重新收集数据；如果检验合格，则可进入结构模型的检验[83]。

对于测量模型的有效性检验，本书主要采用收敛效度（Convergent Validity）和区别效度（Discriminatory Validity）两种检验[83]，这两种效度检验是目前广泛使用的检测测量模型有效性的方式[84]。以不同的方法来测量同一个潜变量时，其两个测量的结果之间，应具有较高的相关程度，即具有收敛效度。若以相同的方法来测量不同潜变量时，其两个测量结果之间，应具有较低的相关程度，即具有区别效度。

根据福内尔和拉克尔（Fornell and Larcker，1981）提出的效度检测标准[85]，本书采用三个标准来检测收敛效度，一是所有标准化的因子负荷（Factor Loading）要大于 0.5 且达到显著水平（p < 0.05 or p < 0.1）；二是组合信度（Composite Reliability，CR）要大于 0.8，计算见式（1-4）；三是平均抽取方差（Average Variance Extracted，AVE）要大于 0.5，计算见式（1-5）。同时，本书采用一个标准检测区别效度，即因子 AVE 值的平方根要大于和其他因子的相关系数。

$$CR = \left(\sum \lambda_k \right)^2 \Big/ \left(\left(\sum \lambda_k \right)^2 + \sum Var(\varepsilon_k) \right) \qquad (1-4)$$

$$AVE = \sum \lambda_k^2 \Big/ \Big(\sum \lambda_k^2 + \sum \text{Var}(\varepsilon_k) \Big) \qquad (1-5)$$

除了上述指标之外，本书的研究还选取了一个常见的信度分析指标，即信度系数（Cronbach's α），它是目前最常用的信度检测系数，以 Cronbach's α 值来检测问卷，α 值越大，表示所测量的潜变量内部一致性越大，信度将越高[86]。吉尔福德（Guielford，1965）认为 Cronbach's α 系数如果大于 0.7 则表示测量项目的信度很高，若小于 0.35 则属于低信度[87]。农纳利（Nunnally，1979）认为 α > 0.9 为信度非常好，0.7 < α < 0.9 为高信度，0.35 < α < 0.7 为中等信度，α < 0.35 为低信度。就社会科学研究来说，只要 α > 0.6，就可以认为问卷调查题目的信度能够接受[88]。

有效性检验是测量模型检验的核心，在有效性检验的同时有必要进行测量模型的拟合度检验，本书对于测量模型的拟合度检验采用与结构模型相同的指标，如下文所述。

第三阶段，结构模型的检验。是对潜变量之间因果关系合理性与有效性的假设检验。本书结合本特勒（Bentler，1992）的研究[89]、邱皓政（2003）的建议[77]，以及 LISREL8.80 分析软件的特点选用了以下 8 个模型拟合的检验指标，同时采用 T 检验潜变量之间因果关系的显著程度。

（1）χ^2（卡方值）：用以验证模型与问卷数据的拟合优度，χ^2 值越小表示该模型的拟合情况越好，越大则模型拟合效果越差。

（2）χ^2/df（卡方值与自由度的比值）：是考虑模式复杂度后的卡方值，表示每减少一个自由度所降低的卡方值，一般来说，应该介于 1~3 之间表明该模型整体拟合优度好。需要说明的是，尽管理论上要求模型的 P 值不显著，即 P > 0.05，但是盖芬、斯特布尔和布德罗（Gefen，D.，Straub，D. and Boudreau，M.，2000）认为在信息系统研究领域很难达到这个标准，因此一般考虑 χ^2/df 值即可[90]。

（3）RMSEA（Root Mean Square Error of Approximation，近似误差均方根估计）：衡量样本数据与假设模型之间差异的指标，一般而言，RMSEA 介于 0~1 之间，越接近 0 表明样本数据与假设协方差矩阵中要素的评价误差越小，所验证的模型整体拟合优度越好。麦当劳和胡（McDonald and Ho，2002）认为，当 RMSEA 小于 0.08 时模型拟合程度可以接受，当 RMSEA 小于 0.05 时模型为良好拟合[76]。斯泰格尔（Steiger，1990）认为，REMSEA 低于 0.1 表示好的拟合；低于 0.05 表示非常好的拟合；低于 0.01 表示非常出色的拟合，但是这种情况几乎碰不到[91]。

（4）GFI（Goodness of fit，拟合优度指数）：代表样本的方差—协方差矩阵 S 在多大程度上被总体方差—协方差矩阵 $\sum$ 所预测。GFI 在 0~1 之间，越接近 1 表示拟合程度越好。由于 GFI 对样本量敏感，未做精简，一般认为 GFI 在 0.8 ~ 0.9 之间被认为是合理的，大于 0.9 就被认为是好的拟合程度。

（5）NFI（Normed Fit Index，基准拟合优度指数）：NFI 比较了假设模型与独立模型的卡方差异，说明了假设模型较虚无模型的改善程度，该值应该大于 0.9。

（6）NNFI（Non-normed Fit Index，非基准拟合优度指数）：由于小样本大自由度时，用 NFI 检验拟合度会出现低估的现象，NNFI 考虑了自由度，对 NFI 进行调整，避免了模型复杂度的影响，该值应该大于 0.9。

（7）IFI（Incremental Fit Index，增量拟合指数）：IFI 同样反映设定模型与独立模型之间的改善关系。由于 NFI 与样本正相关，因此 IFI 采用一种能减小 NFI 指数的平均值对样本容量依赖并考虑设定模型自由度影响的指数，同样其取值越靠近 1 说明模型拟合程度越好，一般认为大于 0.9 为可接受拟合。

（8）CFI（Comparative Fit Index，比较适合指标）：CFI 是通过与独立模型相比较来评价拟合程度，即使对小样本估计模型拟合时也能做得很好，其值介于 0 ~ 1 之间，越接近 1 表明模型拟合效果越好，一般要求 CFI 高于 0.95。

五、博弈论及仿真分析

（一）博弈论

博弈是指利益存在冲突的决策主体（个人、企业、集团、政党、国家等）在相互对抗（或合作）中，对抗双方（或多方）相互依存的一系列策略和行动的集合[92]。博弈论也称对策论，是研究利益冲突各方如何决策及其决策结果的一门学科，其基本出发点是个体理性人追求自身利益的行为，主要研究行为和利益有相互依存性的经济个体的决策和相关市场均衡问题，包括决策的原则、方法和效率意义等。因此博弈论的研究思路和方法特别适用于分析人们的经济行为、经济关系和社会经济活动的效率。在本书中电子政务信息资源共享过程中存在复杂的博弈现象，因此设计了一个从经济学视角开展信息资源共享过程的研究，该研究的博弈分析基于下述基本概念和理论。

从博弈论的定义中可以得知：

（1）博弈中的参与者各自追求的利益具有一定的冲突性。如果决策主体之间利益是一致的，那么就不存在博弈。因此，博弈论是一门研究冲突的学科，为人们理解冲突和合作提供了一种重要的思想方法。

（2）博弈是一个过程集合。博弈是人们在对抗过程中有关所有方面的集合，主要包含参与者集合、策略集合、行动集合、信息集合等。

（3）博弈的一个本质特征是策略的相互依存性。如果博弈参与者之间的策略不存在相互依存性，即一方的策略选择对另一方的决策不会产生影响，即两者之间的利益并没有冲突性，与条件（1）不符，这样就不能称其为博弈。

任何一个博弈必然包含四个要素，即：参与者、博弈规则、收益和结果。

（1）参与者：参与者是博弈的决策主体，目的是通过选择行动以最大化自己的收益。参与者可能是自然人，也可能是团体，如企业、国家等。一个较为特殊的、与其他参与者不存在利益关系的参与者定义为自然。自然表示一个博弈面临的环境或外生条件。与一般参与者不同，自然作为虚拟的参与者没有自己的收益函数。

（2）博弈规则：博弈规则是对博弈作出具体规定的集合。包含对参与者行动顺序的规定、参与者的信息集合、策略结合及选择策略后所得的相应收益。

（3）收益：收益是指在可能的每个结果上，参与者所得到的期望效用水平。这表明博弈的每个参与者会在不同的结果间进行比较，以寻求最好的收益。

（4）结果：结果是博弈分析者所感兴趣的内容，如均衡策略组合等。

博弈的分类根据不同的标准也有所不同。一般认为，博弈主要可以分为合作博弈和非合作博弈，区别在于相互发生作用的当事人之间是否有一个具有约束力的协议，如果有，就是合作博弈；如果没有，则为非合作博弈。由于合作博弈比非合作博弈复杂，在理论上的成熟度不如非合作博弈，因此目前经济学家所谈的博弈论一般为非合作博弈。从参与人行动的先后顺序划分，博弈可以分为静态博弈和动态博弈。其中，"静态"指的是所有参与人同时采取行动且只选择一次，"动态"指的是参与人的行动有先后顺序。从参与人对有关其他参与人的特征、策略及收益函数的知识掌握的角度划分，博弈可以划分为完全信息博弈和不完全信息博弈。完全信息指的是每一个参与人对所有其他参与人的特征、策略及收益有准确的知识；如果参与人对其他参与人的特征、策略空间及收益函数信息了解得不够准确，或者不是对所有参与人的特征、策略空间及收益函数都有准确的信息，在这种情况下进行的博弈就是不完全信息博弈。将上述两个角度的划分相结合，可以将博弈分为四类如表1－2所示，包括：完全信息静态博弈、完全信息动态博弈、不完全信息静态博弈和不完全信息动态博弈。与上述四类博弈对应的是四个均衡，即：纳什均衡、子博弈精炼纳什均衡、贝叶斯纳什均衡与精炼贝叶斯纳什均衡，其中均衡是指所有参与人的最优策略的组合。

表 1 - 2 博弈的分类及对应的均衡概念

信息 ＼ 行动顺序	静态	动态
完全信息	完全信息静态博弈 纳什均衡	完全信息动态博弈 子博弈精炼纳什均衡
不完全信息	不完全信息静态博弈 贝叶斯纳什均衡	不完全信息动态博弈 精炼贝叶斯纳什均衡

（二）Swarm 仿真技术

1. Swarm 平台简介

Swarm 是用于研究复杂自适应系统的多智能体仿真平台[93]，近年来基于 Swarm 仿真平台的应用研究，得以迅速发展，所涵盖的研究涉及经济学、金融学、政治学、社会学、生物学、生态学、地理学以及计算机科学等许多领域，为科学研究带来了崭新的概念、思路和方法。本书在展开电子政务信息资源共享分析的基础上将进一步基于 Swarm 仿真平台，建立多部门信息资源共享混合博弈模型，研究了多部门间信息共享问题，该研究内容将基于以下所述的原理和步骤。

Swarm 是一个高效率的、可信的、可重用的软件实验平台。它为专业领域研究人员提供了一个标准的软件工具集，其核心是提供给一个面向对象的框架，用于研究仿真中相互作用的智能体和其他对象的行为。同时，Swarm 是开源的软件包集合，支持用户开发自己的专用库，目前已经有二维空间、遗传算法和神经网络等专用库。Swarm 实际上是一组用 Objective-C 语言写成的类库，这是一种面向对象的 C 语言[94]。1999 年 Swarm 又提供了对 Java 的支持，从而使 Swarm 越来越有利于非计算机专业的人士使用。Swarm 的建模思想就是让一系列独立的 Agent 通过独立事件进行交互，帮助研究由多个个体组成的复杂适应系统的行为。用户可以使用 Swarm 提供的类库构建模拟系统使系统中的主体和元素通过离散事件进行交互[95 - 96]。

Swarm 中最主要的四个部分，也是一个 Swarm 模拟程序经常包括的四个部分分别是：模型 Swarm（ModelSwarm）、观察者 Swarm（ObserverSwarm）、模拟主体（Agent）和环境（Environment）。

Swarm 系统的重要组成部分是 Swarm 对象，Swarm 对象可以分为 ModelSwarm 和 ObserverSwarm。前者是真实系统的模拟，仿真真实系统运行；而用户通过后者对 ModelSwarm 进行控制并观察运行结果。在仿真的实现过程中，ModelSwarm

对象常常被建立在 ObserverSwarm 对象创建的存储空间内，以作为它的成员对象。

在 Swarm 仿真系统中，主要元素有：主体、主体生存环境和主体活动。在 Swarm 框架中，它们被集成到 ModelSwarm 中，并且在 ObserverSwarm 中提供了能改变它们的运行参数、观察仿真结果的功能，主要包括：监测主体运行情况的探测器、与仿真系统交互的控制面板、显示主体运行环境的栅格和统计运行结果的各种图形，即各种模型在 ModelSwarm 中运行，而 ObserverSwarm 中提供了用户与模型交互和观测运行结果的窗口。

ModelSwarm 中的相关元素描述如下[97]：

（1）主体（Agent）。具有自适应能力的个体，是各种行为的执行者，可以根据与环境或其他主体交互的情况作出不同的响应。一般利用属性和行为能力来描述主体的状态。

（2）主体生存环境。主体所处的、描述主体生存状态的元素集合。

（3）主体活动（Activity）。活动是主体的行为或行为集在 Swarm 通过调度（Schedule）执行的过程。

ObserverSwarm 中的相关元素描述如下：

（1）探测器（Probe）：是用户实时监控和改变 ModelSwarm 中各元素状态的工具。

（2）控制面板（Control Panel）：控制面板包括一系列的控件，可以用来启动、终止 Swarm 的运行，也可以让模型按时间逐步执行。

（3）栅格（Zoom Raster）：用来表示主体以及其他对象空间位置的网格状工具，可以将 ModelSwarm 中二维离散环境直观地显现出来。

（4）统计图形界面：最常用的两类汇总仿真数据图形工具分别为柱状图和曲线图。柱状图显示了不同数值之间的相对频率，曲线图则显示了仿真过程中某个变量的变化规律。

ModelSwarm 与 ObserverSwarm 的关系可以用图 1 - 32 来表示。

在程序结构上，Swarm 仿真程序一般包括定义主体 Agent、定义 ModelSwarm、定义 ObserverSwarm 以及定义主程序 Main 函数，在 ModelSwarm 及 ObserverSwarm 中用到的主要方法包括：buildObjects（）、buildActions（）及 activateIn（），如图 1 - 33 所示。

2. Swarm 仿真基本思想及仿真实验的基本步骤

基于多 Agent 的仿真模拟使得研究者可以创建一个人工世界，通过设计一系列规则支配这个世界，进而模仿自然界的行为。以下将对 Swarm 中使用的生态学的一个经典例子——热虫实验进行解释，借此说明 Swarm 仿真系统的思想和机制[98 - 100]。

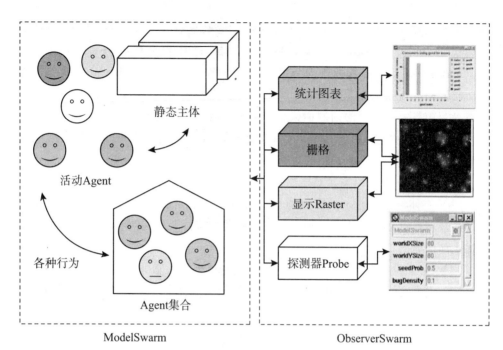

图 1-32 ModelSwarm 与 ObserverSwarm 中各主体间的关系

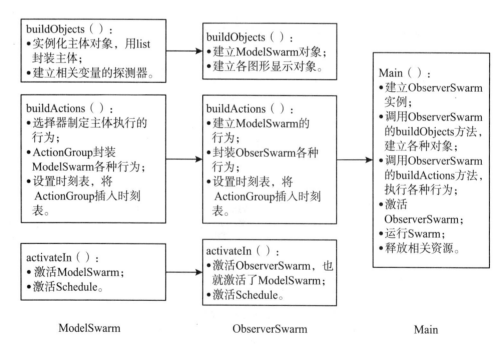

图 1-33 ModelSwarm、ObserverSwarm 及 Main 函数

热虫实验的具体内容为每一个热虫都能输出少量的热能，并且都有一个自己

比较理性的温度，此时它会觉得舒服。随着时间的流逝，每一个热虫不断移动，直到移到邻近的一个使它觉得舒服的点。与此同时，热虫本身又会释放出少量的热能，影响到周围环境温度的改变。一个热虫单凭自身是难以让自己感觉舒服的，因此随着时间的进行它们将趋向于聚集在一起来相互取暖，最终系统达到一个平衡，Swarm 可以很好地模拟这一现象。

根据分析可知在进行 Swarm 模拟时要考虑下列问题：

（1）设定时间和热虫移动的空间；

（2）构造热虫以及空间中的热量；

（3）设计热虫在时间和空间上的行为模式。

这些是进行 Swarm 仿真时必须考虑的，在 ModelSwarm 中包括主体 Agent 热虫及控制热虫移动顺序的时钟。在 Swarm 仿真模型中，Swarm 是由智能体以及在这些智能体上定义的时间路径上的行动事件序列组成的集合。Swarm 系统时钟控制热虫的移动时间，Swarm 中提供的模拟环境可以使得大量智能体以一种并行方式相互作用。

通常在进行化学实验时，实验师通常都需要有化学实验器械，通过使用这些器械盛载实验体同时通过测量得到实验结果。同样，在 Swarm 中，ObserverSwarm 就类似于化学实验器械，ModelSwarm 类似于实验体。ObserverSwarm 可以监测每个热虫在每个时间点的具体行动。在仿真开始时，可以在 ObserverSwarm 中提供的界面中输入程序运行所需要的参数，ObserverSwarm 获取参数后，设置 ModelSwarm 运行的参数，之后由 ModelSwarm 运行特定的模型，ModelSwarm 运行之后会将结果返回到 ObserverSwarm，ObserverSwarm 则通过特定的交互界面将结果显示给研究者[101]。

基于 Swarm 平台的建模仿真实验的步骤如下[102]：

（1）创建包括时间和空间的人工系统环境，该环境能够让 Agent 在其中活动，能够让 Agent 观察周围环境和其他 Agent 的状态。

（2）创建一个 ObserverSwarm，负责观察记录并且分析在人工系统环境中所有主体的活动属性所对应的特征值。

（3）在 ObserverSwarm 中创建一个 ModelSwarm，并为之分配内存空间，然后在 ModelSwarm 中建立模型的主体以及主体的行为。

（4）通过空间活动让 ModelSwarm 和 ObserverSwarm 按照一定顺序运动，让每个 Agent 活动产生的数据影响系统中其他的 Agent 和环境，使整个系统不断地运动，并记录各种特征数据和曲线。

（5）根据第 4 步观察的结果修改实验用的 Agent 模型，如果需要也可改变对物理世界的抽象和修改程序代码，回到第 3 步。

（6）记录整个仿真过程以及数据、曲线等，通过分析记录结果，对物理世界中的各种现象加以解释。

第二章

电子政务公共服务的
目标体系研究

　　我国电子政务建设正处在一个新的发展起点上。党的十七大提出："推行电子政务，强化社会管理和公共服务"。这为电子政务建设指明了大方向，然而，如何通过推进电子政务建设来具体地、持续地提升公共服务能力呢？关键在于一个明确的目标体系界定来为电子政务服务能力的提升明确航标。

　　目标管理是管理大师彼得·杜拉克提出并倡导的一种科学、优秀的管理模式。其内涵是先由组织最高管理者提出组织在一定时期的总目标，然后由组织内各部门和员工根据总目标确定各自的分目标，并在获得适当资源配置和授权的前提下积极主动为各自的分目标而奋斗，从而使组织的总目标得以实现，目标管理的实质是绩效导向的，其中目标体系起到了贯穿管理体系始终的关键作用。

　　可见，目标体系研究是开展电子政务公共服务管理体系研究的先决条件、研究起点。因此，本章将基于现有研究文献回顾并界定"电子政务公共服务"的概念、探讨国际主流的电子政务公共服务的理念和目标，进一步分析我国行政管理体制改革对电子政务公共服务的推进作用和目标，进而探索、构建符合中国国情的电子政务公共服务的目标体系框架。

第一节 电子政务公共服务的定位研究

一、公共服务的基本界定

(一) 公共服务的定义和特点

公共服务（Public Service）也被称为公共产品、公共物品或公共财物，是一个与私人服务（Private Service）相对应的概念。根据法国学者狄骥的定义，公共服务是指："任何因其与社会团结的实现与促进不可分割、而必须由政府来加以规范和控制的活动，就是一项公共服务，只要它具有除非通过政府干预，否则便不能得到保障的特征[103]。"

我国学者陈庆云认为公共服务是指那些不以营利（不以追求利润最大化）为目的，旨在有效地增进公平，推进合理分配，协调公共利益的调控活动[104]；卢映川、万鹏飞认为从狭义来理解，公共服务是指政府为促进发展和维护公民权益，运用法定权力和公共资源，面向全体公民或某一社会群体，组织协调或直接提供以共同享有为特征的产品和服务供给活动[105]。夏书章（2003）则对公共服务的范围作了界定：如果认定公共管理就是服务，领导也是服务的话，那么，包括政府和非政府公共管理在内的公共管理及其领导，就更理所当然的就是公共服务[106]。冯云廷（2005）认为，公共服务是一个很宽泛的概念，广义上的公共服务是指公共领域所提供的直接的和间接的服务的总称，具体包括科学研究、基础设施、公共交通系统、环境保护、城市规划、社会福利、警察服务、公共教育、消防救灾、信息服务等，既有物质形态的公共服务，也有非物质形态的公共服务[107]。

党的十六大以来，公共服务在我国日益受到重视，十七大报告进一步强调了建设服务型政府和完善公共服务体系的核心目标。加快我国的公共服务体系建设，推进公共服务市场化改革，成为当前构建社会主义和谐社会的重要内容，也成为理论界研究的一大热点。

一般来说，公共服务具有以下特点：

第一，是供给的"公平性"和"普遍性"。公共服务在概念上就包含了服务的"普遍性"，所谓"公共"就是指这种服务要让所有社会成员都能享受到，在覆盖面上尽可能地保证"普遍性"，在服务提供上尽可能地保证"公平性"。

第二，是消费上的"非竞争性"和"非排他性"。非竞争性是指一个消费者对公共服务的消费并不会影响其他消费者能够得到的消费数量，例如，当某个公民在享受"国防"这种公共产品时，不影响其他公民对该产品的享用。而非公共产品，当某人享用它时，必然造成该产品边际成本的增大，影响到其他人的享用。

非排他性是指公共服务面向所有人"无差别"地提供，不局限某一特定的用户范围，也不排斥某些特定用户。

政府在提供公共服务的同时，可以通过税收等手段对使用者"收费"，以达到资源配置效率和社会效益，而私人企业则无法在技术上防止"搭便车"行为。正因为如此，所以一般来说，公共服务无法由私人企业来提供，而只能由政府或第三方非营利组织来提供。

近年来，随着政府公共管理职能的日益繁重和第三方组织的发展，也出现了公共服务"社会化"的倾向。根据句华（2006）的定义："公共服务市场化，即指打破政府垄断公共服务的局面，通过市场化运作将部分公共服务职能转交给社会和企业，即让其他公共机构、中介组织、社会团体和企业参与公共服务的提供"[108]。

在美国，公共服务市场化比较普遍，一些城市在行政管理过程中将道路清扫、路灯管理等公共服务外包给社会企业来完成[109]，一些城市甚至采取了向周边城市"购买"公共服务的做法。例如，美国加州的莱克伍德市（Lakewood）就通过定期合同的方式，向洛杉矶县政府购买这些相关服务，创造了一种"莱克伍德方案"（Lakewood Plan），首开地方政府公共服务签约外包的先河，提高了服务质量和政府办事效率，降低了服务成本，精简了政府机构，同时也维系了地方自治[110]。但是，公共服务市场化需要一定的条件，包括"需要在政府和市场之间有大量的非营利组织存在以弥补政府和市场之间的缝隙，否则公共服务市场化就难以有效实现"[111]。公共服务市场化在西方发达国家之所以被大量采用，这与它们发达的市场经济和非营利组织发展密不可分。在我国，由于政府职能转型尚未完成，以及政府制度供给严重缺乏，公共服务市场化还有很大的困境。

（二）公共服务体系的参与者

公共服务体系中的三个基本参与者：（1）公共服务的消费者（也叫委托人、服务用户、顾客）。他们是直接接受服务的个人，特定地域的所有人，政府机构，私人组织，或者各类社会阶层，等等。（2）公共服务的生产者（也叫供应商）。他们直接向消费者提供服务，可能是政府单位、私人企业、非营利机构，有时也可以是消费者自身。（3）公共服务的安排者（也叫代理人、提供者）。他们指派生产者给消费者，或者反过来指派消费者给生产者，对公共服务的供应承担着重要的责任。

由于服务提供和生产之间的区别，可以清楚地发现政府在公共服务供给中的角色和责任。政府除了可以作为公共服务的生产者之外，还可以作为公共服务的安排者。因此，政府服务是指由政府安排并生产的服务，即政府同时扮演了安排者和生产者的角色，应当指出，国有企业提供的服务也是政府服务。而公共服务的提供者显然不止政府，并且由政府直接生产的服务只占公共服务中的一小部分。具体说来，二者在以下几个方面有所不同：（1）在服务的提供者上，政府服务的提供者就是政府本身，而公共服务的提供者除了政府之外，还有其他组织，甚至可以由消费者自己来安排。当然，应该承认，即便在西方国家，政府仍然是公共服务的主要安排者。（2）在服务的生产者上，政府服务的生产者也是政府本身，而公共服务的生产者在中国与西方有明显的不同。在西方国家，作为公共服务的一种模式，竞争性外包已经较为普遍。即便有时候还扮演生产者，政府一般也只是提供服务中的某些要素，同时依靠其他生产单位来提供该项服务的其他要素[112]。（3）从公共服务的类型上看，政府服务多为纯公共服务，而公共服务还包括大量的准公共服务。从西方国家的发展趋势来看，纯公共服务的比例正在逐步下降，准公共服务的数量则呈现出明显的上升势头。

（三）基本公共服务均等化

综合现有的研究，一般认为，中国目前在公共服务提供上主要存在两个问题：一是总量短缺；二是供给不平衡。

中国改革发展研究院的研究认为，经过三十年的改革开放，我国社会矛盾已经发生了深刻变化，当前我国社会正面临日益突出的两大矛盾：一是经济快速增长同发展不平衡、资源环境约束之间的突出矛盾；二是公共需求的全面快速增长与公共服务不到位、基本公共产品短缺之间的突出矛盾[113]。

王雍君（2006）认为，在我国，与人民群众日益增长的公共需求相比，公共服务的短缺以及日益扩大的地区间基本公共服务差距成为经济发展与和谐社会建设的主要瓶颈因素[114]。特别是受地区经济发展不平衡及中国特色的城乡二元经济的影响，公共服务的差异性不仅存在于地区之间，如贫困地区居民获得教育与卫生保健的机会显著地低于发达地区，养老保障、基础设施、干净饮用水和能源供应以及互联网普及率等方面，城乡不平等分布情况也比较严重[115]，也存在于城乡之间，如城乡基本公共服务的不均等是我国经济社会发展的典型特征之一，并成为我国社会资源配置效率提升、社会公平正义进步、城乡协调发展与社会和谐建设的现实障碍[116]。

因此，近年来越来越多的学者呼吁中国政府要在增加提供公共服务总量的同时，要致力于实现"基本公共服务均等化"。

所谓"基本公共服务"，根据陈昌盛（2007）等人的定义，是指建立在一定社会共识基础上，根据一国经济社会发展阶段和总体水平，为维持本国经济社会的稳定、基本的社会正义和凝聚力，保护个人最基本的生存权和发展权，所必需提供的公共服务，其规定的是一定阶段上公共服务应该覆盖的最小范围和边界[117]。根据蔡放波（2007）的定义，是指政府依照法律法规，为保障社会全体成员基本社会权利、基础性的福利水平，必须向全体居民均等地提供的社会公共服务[118]。也有学者从民事关系角度进行研究，认为基本公共服务是与人民群众的生存和基本发展关系最密切、需求最迫切、最重要、最基础和最相关的公共服务，应当包括义务教育、基本卫生医疗、基本社会保障等[119]。对于"基本公共服务"所包含的范围，则有不同的理解，中共十六届六中全会《关于构建社会主义和谐社会若干重大问题的决定》中，把基本公共服务的内容列为：教育、卫生、文化、就业再就业服务、社会保障、生态环境、公共基础设施、社会治安等。蔡放波（2007）界定的范围比较泛，认为基本公共服务包括义务教育、公共卫生、公共文化体育、基本公共福利和社会救助、公共安全保障等服务[118]。常修泽（2007）对基本公共服务的范围界定相对较窄，仅把与民生相关的问题作为基本公共服务的主要内容[120]。

事实上，不论范围如何界定，实现基本公共服务均等化，就是"指政府要为社会公众提供基本的、在不同阶段具有不同标准的、最终大致均等的公共产品和公共服务"[115]。

实现基本公共服务均等化，也是政府处理好公平和效率关系的一种体现。在价值层面，效率与公平是统一的，效率是公平的基础，公平是效率的保障。在实现机制层面，效率与公平是不一样的。市场机制主要解决效率问题，而政府机制则主要解决公平问题[121]，即通过实现基本公共服务的均等化，使社会每个公民享受到基本的公共服务，有助于保证社会的公平。

（四）互联网与公共服务的关系

随着近年来信息技术的发展及其应用领域的不断扩张，互联网与公共服务的关系逐渐引起了学术界的重视。对于两者的关系，主要有两种观点：

一是认为互联网是提供公共服务的一种有效手段。互联网特有的性能使其成为政府部门扩展公共服务能力的有效途径，据联合国经济与社会事务部（UN-DP）于2002年对191个成员国的调查发现，173个国家都在不同程度地通过政府网站来提供公共服务，所占比例为 90.6%[1]。麻宝斌（2009）等人对公共就业服务进行了研究，认为"互联网"应该成为公共就业服务的一种重要手段[122]。

二是认为互联网正日益成为一种基本的公共服务。例如，张立荣（2007）等人就将"互联网普及率"作为与养老保障、基础设施等要素并列的一个重要指标来研究地区间基本公共服务的差异性[115]。随着今后信息化趋势的进一步发展，让社会公众平等地、无差别地享受网络公共服务很有可能成为基本公共服务的一种。

本书的研究内容，主要涉及上述的第一重关系，即用互联网来提供公共服务。

二、电子政务公共服务的概念辨析

"电子政务公共服务"这个概念在现有的英文文献中没有统一的提法，比较贴近的概念可以归为两大类：

一类文献中的提法明确界定了电子政务服务的"公共性"，例如安娜（Anna，2007）[123]、陈宇澈（Yu-Che Chen，2001）[124]、黄胜源（Shin-Yuan Hung，2006）[125]、梵·费尔森（van Velsen，2009）[126]、韦德季姆（Verdegem，2009）[127]等学者提到的"E-Government Services"，梵·戴克（van Dijk，2008）[128]提到的"Government Internet Services"以及安索普洛斯（Anthopoulos，2007）提到的"Digital Public Services"[129]等；还有一类文献是没有明确"公共性"含义的电子服务，如巴（Ba，2008）[130]和菲尔德（Field，2004）[131]提到的"E-Services"，托里斯（Torres，2005）[132]提到的"Online Service Delivery"等。

这两类概念在含义上存在重要区别。前者明确带有"公共性"，是由政府部门提供的，其本质是一种"公共产品"，一般来说是带有一定"垄断性"的，而且其衡量标准主要是社会效益，不以营利为目的；后者包括所有领域的电子服务，不仅仅是政府领域，也包含企业、个人提供的"网站服务"。根据菲尔德（2004）等人的定义，"E-Services"是指通过基于先进的通讯、信息和多媒体技术之上的互联网提供的所有互动服务[131]。这种服务通常是带有竞争性、商业性和赢利性动机的，是以经济效益为其主要衡量标准的。因此，与本书所称的"电子政务公共服务"意思相近的英文翻译应该是第一类概念。

在中文里面，与"电子政务公共服务"相似的也有"电子公共服务"、"网络公共服务"、"在线公共服务"等相近的称呼。

根据胡广伟的定义，电子公共服务（Electronic Public Service，EPS）是政府部门利用信息技术，在对业务流程、组织结构等进行优化重组的基础上，在政府组织内部建立办公网络系统和数据库，在政府组织之间及政府组织与市场组织、社会组织之间建立协同办公网络，为公众、企业提供公共服务的政务模式[133]。

本研究之所以采用"电子政务公共服务"的概念而不用"电子公共服务"，是因为从服务的提供主体来看，电子政务公共服务的是"政府部门"，而电子公共服务的提供主体除了政府部门以外，还可以是非政府组织，甚至是企业。取"电子政务公共服务"作为研究对象，不仅清晰界定了研究边界，而且易于深入研究政府在推进电子政务公共服务中的管理问题。

学者杨冰之还提出了一个"服务型政府网站"的概念，所谓服务型政府网站是指政府凭借其自身特有的信息资源优势，通过网站的形式整合其所有资源，以用户为中心，服务为导向，并以信息公开为基础、在线办事和互动交流为主要业务特征，为民众提供及时、便捷、高效、易用的信息服务的平台[134]。这一概念与"电子政务公共服务"所关注的重心不同，前者强调的是网站及其功能，后者更多强调的是"服务"。

有一类特殊的"电子政务公共服务"——网络并联审批（俗称"一站式服务"），这在英文里的类似翻译有："One-stop E-Government"[129]或"Cross-Agency Portal"[5]，"One-stop Shopping Service"[132]。网络并联审批通常是指"电子政务服务通过一个简单的界面来提供，而在其后台集成了相互关联的许多专门机构"。通俗地说，就是用户只需一次性向某个政府部门递交申请材料，便可以享受到多个政府部门提供的服务。网络并联审批最能直接体现网站公共服务价值，据美国学者菲尔顿（Fountain）的估计，应用跨多个政府部门的"一站式服务"以后，每年能为政府多增加20%～30%的效益[135]。

因此，电子政务公共服务是一类特殊的电子公共服务，是后者的一个子集，而"网络并联审批"又是电子政务公共服务的一个子集，三者关系如图2－1所示。

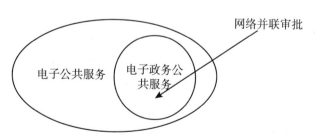

**图2－1 电子公共服务、电子政务公共服务和
网络并联审批三者的关系**

第二节 电子政务公共服务目标体系的理论与实践研究

一、国际上主流电子政务公共服务的理念和目标

新公共管理在美国、英国、澳大利亚、新西兰等国兴起以后，对其他国家产生了示范效应，"在 20 世纪 90 年代迅速扩展到几乎所有的西方发达国家和新兴市场经济国家"，"形成了一股世界性的公共管理改革浪潮"[136]。20 世纪 90 年代以来，信息化浪潮的兴起，对新公共管理运动产生了重大的影响。用美国前联邦通讯委员会主席亨特（Hundt）的话说："当今时代面临的最重要的'课题'（Lesson）是互联网改变一切——包括经济、教育、社会、个人主义价值观和民主体制"[137]。因此，对于政府治理来说，"新技术提供了跨越地理障碍的即时通讯能力，促进了意识形态多元化，让公众接受多种多样的观点，并且鼓励人们思考"[138]。

在信息技术面前，世界各国都开始按照"新公共管理"的目标和要求，把信息化与传统政务相结合形成的新概念"电子政务"作为促进政府改革和服务能力提升的重要工具。克林顿政府在 1992 年"政府重塑计划"中把推行"电子政务"作为重要战略工具，在全球率先倡导发展"电子政务"。随后，加拿大、英国、法国、德国、澳大利亚、新西兰等国家都提出了各自的电子政务发展战略和政府服务上网计划，电子政务在世界范围内迅速普及。这些国家在推进电子政务过程中都提出了以用户为中心、以服务为导向的发展理念。通过不断提高政府在线服务质量，公众对政府满意度都有了不同程度的提高，电子政务在促进政府改革方面的成效十分明显。

通过对世界上电子政务比较领先的主要国家电子政务实践的跟踪研究发现，国外在电子政务公共服务方面主要有八大理念[139]，如图 2 - 2 所示，一方面，通过电子政务建设和电子政务公共服务能力的提高，电子政务公共服务将能以公众为中心、惠及所有人、无处不在、无缝整合，同时，电子政务公共服务能力的提高也有利于打造一个开放的政府、响应的政府、变革的政府和集成的政府。可以说，公共服务之于电子政务，意义非同寻常。公共服务是电子政务建设的出发点和落脚点，而公共服务的深度和广度也直接影响电子政务建设的成效。

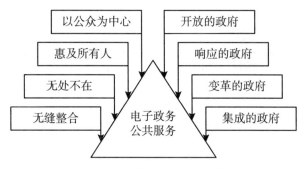

图2-2 电子政务公共服务的终极目标

（一）以公众为中心（Citizen-centered）

"以公众为中心"是电子政务公共服务的核心理念，也是21世纪政府管理创新的基本理念。许多国家开始建设电子政务时就提出并一直延续这一理念。美国、加拿大、英国、新加坡等国家，把"以公众为中心"列为电子政务公共服务建设的首要原则，联合国报告显示，越重视公众服务的国家，其电子政务水平越高。"以公众为中心"意味着，一切以方便公众使用和满足公众需求为出发点。美国《2002年电子政务战略》中指出，"过去以政府机构为中心的做法已经制约了政府生产力的提高，限制了为公众服务的能力"，必须转变为"以公众为中心"的新模式。

美国"第一政府"门户网站是世界上最早建立的政府门户网站之一，也是世界上功能最完善、服务最丰富的政府门户网站之一。"第一政府"门户网站的设计较好地体现了"以公众为中心"这一理念。"第一政府"首页上占据面积最大的不是政府新闻，而是关于公共服务的链接和指示。按不同的用户群将服务划分为四类：针对公众的、针对企业及非营利机构的、针对联邦政府职员的和针对政府部门的。用户可以依照这一分类对号入座。首页右侧，为特殊人群开设了专门的服务通道，这些特殊人群分别是儿童、父母、老人、军人、西班牙语用户和海外人士。首页的正中则依据主体对政府信息和服务进行了划分，包括福利和救助、就业和教育、消费者指导、金融和缴税等。通过这样的设计，用户可以不费力气地找到自己所需的服务。美国政府要求，网站的设计要使得用户最多点击三次鼠标就能找到所需服务，这正是"以公众为中心"这一理念的真正体现。

（二）惠及所有人（For the Benefit of All）

"惠及所有人"还有另外一个说法"一个都不能少"（No Citizen Left Behind）。这一理念是与"为所有人服务"这一目标相对应的。联合国、欧盟都大力倡导这一理念。"惠及所有人"的主要内涵是：电子政务公共服务的提供应面向包括老年人、残疾人、边远地区居民、少数民族等在内的所有群体；电子政务公共服务应通过多种渠道提供，这些渠道能够被大多数人承担、选择和使用；电子政务公共服务应能促进电子包容。

众所周知，信息化时代面临着"数字鸿沟"的挑战，而且，随着信息化建设的不断推进，"数字鸿沟"有加大的趋势。电子政务公共服务不应扩大和加剧"数字鸿沟"，而应通过政府的力量来使所有人受益，为弥合"数字鸿沟"发挥积极的作用。2005年末的信息社会世界峰会突尼斯阶段会议提出，要"确保人人从ICT所带来的机遇中受益……确保所有人融入信息社会"。

（三）无处不在（Ubiquitous）

日本是最先倡导"无处不在"这一理念的国家之一，日本在"e-Japan"战略后提出了"u-Japan"的理念，韩国随后也提出"u-Korea"的概念，主旨都是建造无处不在的网络环境，进而提供无处不在的公共服务。

日本的"u-Japan"中的理念可以概括为1个大"U"和3个小"U"。大"U"，即无处不在（Ubiquitous），其核心是基础设施建设，通过技术发展引导和带动基础设施建设，并以泛在基础设施环境连接所有的人和物，构筑任何时间、任何地点、任何人都可以方便地上网办理任何事务的环境。第一个小"U"，即大众普及（Universal），主张通过推广普及性的设计理念，实现普遍服务。第二个小"U"，即用户导向（User-Oriented），主张通过贯彻"用户至上"的观点，实现"用户导向融合型社会"。第三个小"U"，即独具特色（Unique），主张通过充分发挥信息技术的潜力，培育充满个性与活力的社会。

（四）无缝整合（Seamless）

联合国和欧盟在其文件中曾经这样描绘电子政务的理想境界：资源实现无缝整合，基于信息技术的高度智能化使得政府趋于零成本运作，为每个用户提供个性化的服务，并且对用户需求进行即时响应。这一理想境界被命名为"无缝"。

这一理念描绘的正是未来电子政务公共服务的终极理想。就目前的认识水平而言，"无缝"可以定义为"政府职能和服务实现超越行政和部门界限的完全电子化整合"。

（五）开放的政府（Open Government）

"开放的政府"也叫做"透明的政府"（Transparent Government），是指通过电子政务公共服务促进政府对公众的开放，提高政府行为的透明度，这是很多国家追求的目标。

韩国是推行"开放的政府"理念较为成功的国家。成为"世界上最好的开放政府"是韩国电子政务建设的总体目标，即通过互联网、移动电话等多种方式，通过政府门户网站、上访中心、部门网站等渠道，通过集成处理平台，使用户能够获得多个政府部门的公共服务，并且能够参与到政府的决策中，使政府的效率和透明度提高。韩国"开放的政府"主要包括三个含义：创新服务提供，提高行政效率和透明度，促进公众参与。为了实现这三个目的，韩国提出了三个实施路径和目标：建设基于网络的政府，建设基于知识的政府，建设共享民主的政府。

（六）响应的政府（Responsive Government）

"响应的政府"即"积极响应的政府"，其核心在于能够积极主动地为公众提供所需服务，呈现出政府的新姿态。

提出"响应的政府"这一理念的国家是澳大利亚。澳大利亚在其 2006 年新电子政务战略《响应的政府：新的服务议程》中指出，建设响应的政府须集中在四个重要领域，即：满足用户需求，提供互联服务，实现经济效益，提升政府能力。并指出，响应的政府，其益处不仅是为公众提供更高效的服务，更是要建立互联的政府，提供更好的服务，建设更好的政府。换言之，即建设响应的政府。不难看出，"响应的政府"这一理念着重强调的是，通过建设互联的政府，使公共服务满足公众的需求。这一理念是对政府业务流程、服务方式的综合规划设计。

（七）变革的政府（Transformational Government）

英国在其 2006 年电子政务新战略《以技术推动政府变革》中提出了"变革的政府"的理念。所谓"变革的政府"是指，不仅要通过技术改造政府，更要建立并保持政府对创新及新技术的接受和利用能力，随着技术的发展及时、高效地从中受益。

这一目标包含三个层次的具体含义：一是"按需设计"；二是"共享文化"；三是"专业化"。"按需设计"其主旨是深化对用户需求的理解和认识，并寻找现代化的服务渠道，积极促进渠道间的融合与切换。"共享文化"则是指通过资源再利用和投资共享的方式推行服务共享，在政府中形成服务共享文化。"专业化"是指加强政府的专业化水平，包括领导和治理、项目管理等方面。

（八） 集成的政府 （Integrated Government）

"集成的政府"这一概念是新加坡2006年新电子政务战略"iGov2010"中提出的，而与之相近的另一个概念"一体化政府"（Whole of Government）则在澳大利亚、加拿大的相关文件中也有所提及。这两种提法代表了近几年世界电子政务最为重要的一个理念，我们在这里就把这一理念称之为"集成的政府"。"iGov2010"称，"集成的政府"是一个跨越组织界限、协同地向公众提供信息、充分理解用户需求并智能化地向公众提供服务的政府。

这一理念代表了我们所理解的电子政务公共服务发展的高级境界。在服务的前台，公众获得的是"集成的服务"，即公众可以通过统一的渠道和界面获得公共服务；在服务的后台，服务的提供是跨越部门界限的，是能够协同办公的。因而，"集成的政府"是在实现了政府互联以及服务集成之后的新超越。"集成的政府"这一理念的提出，标志着以新加坡为代表的电子政务领先国家的电子政务建设重点正在从前台向后台转移。

二、中国行政管理体制改革与电子政务公共服务的理念和目标

中国的行政管理体制改革是伴随着中国经济改革而逐步推行的，初期的改革主要围绕经济政策的调整、适度的简政放权而展开，基本上是在不触动政府组织机构、权力关系和行政体制模式的前提下，以机构裁减、合并和人员精简为特点的"外延式"改革。从1982年至今，我国经历过五次较大规模的机构改革，每次都带有鲜明的时代特征。"从1982年的机构臃肿、人浮于事、效率低下，到1988年扩展为党政分开、政企分开，在1993年明确提出转变政府职能，到1998年提出减少行政审批，2008年围绕转变政府职能、调整和配置机构及职能"[136]。

随着经济建设的发展和经济体制改革的不断深入，传统行政体制与经济发展、社会进步之间的矛盾日渐突出，改革逐步转向行政管理理念、原则、权力关系、职能配置、管理方式等深层次领域，成为一种"内涵式"改革。

2007年党的十七大首次将"服务型政府"确立为我国行政管理体制改革的目标，标志着我国"内涵式"改革进入了一个全新的阶段。根据李军鹏的定义，所谓服务型政府"就是满足社会公共需求，提供充足优质公共产品和公共服务的现代政府，是与公众对话、协商、沟通，尊重公众意愿的政府"[140]。"服务型政府"最早见于官方文件是在2004年2月温家宝总理出席省部级主要领导干部"树立和落实科学发展观"专题研究班时的一个讲话。次年3月，温家宝总理在

十届人大三次会议的《政府工作报告》中指出："公共服务就是提供公共产品和服务，包括加强城乡公共设施建设，发展社会就业、社会保障服务和教育、科技、文化、卫生等公共事业，发布公共信息等，为社会公众生活和参与社会经济、政治、文化活动提供保障和创造条件，努力建设服务型政府……"。2007年10月，国家主席胡锦涛在党的十七大报告中明确指出，"必须加快行政管理体制改革，建设服务型政府"，首次将服务型政府与我国行政管理体制改革结合了起来，提到了前所未有的高度。2008年2月，胡锦涛总书记在中共中央政治局第四次集体学习时指出，要扎扎实实推进服务型政府建设，全面提高为人民服务的能力和水平。并强调指出，建设服务型政府，是坚持党的全心全意为人民服务宗旨的根本要求，是深入贯彻落实科学发展观、构建社会主义和谐社会的必然要求，也是加快行政管理体制改革、加强政府自身建设的重要任务。

自从"服务型政府"概念被提出以后，关于服务型政府的内涵，学术界有着不同的解读，莫衷一是。作者认为，服务型政府的内涵应该至少包含以下三个方面：弱化管理，强化服务；提高效能，节约成本；扩大民主，科学决策。而在其中的每一个方面，电子政务公共服务都能发挥重要作用，起到事半功倍的作用。正是因为如此，我国的电子政务公共服务才得以在短时间内，受到各地政府部门的重视，迅速地发展起来。

（一）弱化管理，强化服务

在政治学的视角中，政府是民众的契约，它存在的意义是为民众提供公共服务。但是我国长期受计划经济体制的影响，导致政府的管理职能被不断地强化。

建立服务型政府，首先就是要使政府在职能上实现从"划桨"到"掌舵"的转变。中国的行政管理体制改革，正是一个从"命令行政"到"服务行政"转变的过程[141]。"建立和完善社会主义市场经济体制、建设服务型政府的总体战略布局，推动中国政府职能从管制型走向服务型，这是政府职能转变的主要特点"[136]。

电子政务为政府强化服务提供了一个合适的平台。从理论上讲，政府提供的服务一般都不是有形的物质，而是无形的信息或行政意见。这些中的绝大多数都可以通过政府网站来在线提供。具体来说，"电子政务"的出现对于政府提供公共服务的贡献体现在两个方面：

第一，带来了一种全新的服务方式，更新了传统的公共服务理念。电子政务公共服务较传统服务方式相比，是一种不受时空制约，同时也打破了政府地域、层级和部门限制的服务方式。借助这一平台，政府可以提供"不间断"的公共服务，以及面向整个社会"无差别"的公共服务。对用户来说，享受电子政务公共服务也比传统方式容易得多，他们可以不必再跟现实中的一个个部门打交道，甚至不用弄清楚所咨询、办理的事项归哪个部门管理，只需在网站平台上递交申请，便可以坐等反馈信息。公众办事的流程大为简化，所花时间远少于过去。

第二，提高了服务的效果。政府管理与企业管理不同，后者主要追求经济效益，而政府主要提供具有"外部性"的公共产品，追求的是难以衡量的社会效益。在传统方式下，公共服务提供的数量、效果的好坏都无法衡量，而通过网站平台提供的公共服务，则可以在一定程度上对服务的效果加以观测和计量。例如可以通过用户在政府网站中不同页面的"点击率"来判断用户的偏好，以用户在网站中的"访问路径"来判断用户的使用习惯等。这些可以量化的观测和计量指标有助于政府部门收集服务反馈信息，进一步完善公共服务。

（二）提高效能，节约成本

服务型政府是一个以不断提高政府的管理效能、最大限度节约成本为己任的政府。建设服务型政府要求"以科学的绩效评估机制来督促政府履行职责"[142]，要求政府不断提高效能来服务公众、服务社会。学者黄爱宝分析了服务型政府和节约型政府的关系。分析了作为操作范式的"节约型政府"与作为观念范式的"服务型政府"之间的直接性契合；作为操作范式的"节约型政府"与作为基于观念范式的"服务型政府"所衍生的规则范式之间的间接性契合；作为操作范式的"节约型政府"与作为实现观念范式的"服务型政府"手段与工具的其他操作范式之间的间接性契合。认为"节约型政府在本质上是代表和体现着公民或社会的整体意志与公共利益，而且主要是公民或社会的一种长远的和根本的意志和利益，从而更能体现出服务型政府价值理念中的人民性和公共性"[143]。

作为一种全新的服务方式和技术形态，电子政务公共服务对政府部门节能增效的作用非常明显，主要目标体现在两个方面。

第一，提高了政府的工作效能。通过与公众的交流互动，电子政务公共服务能有效提高政府的工作效能。例如，许多地方政府现在每年都开展"网民评议政府"活动，让公众在网上给政府各部门打分，这实质上是给政府提供了一个非常便捷的民意收集机制。又如，以政府网站为纽带开展的"一站式服务"，将不同的部门联结到一起，信息在一个部门处理完以后能迅速传递到另一个部门，大大节省了时间，提高了工作效率。

第二，降低了办公的成本。欧盟的一项调查显示，电子政务公共服务在节省时间和节约社会成本方面作用明显[144]。电子政务公共服务的开展对政府办公成本的节约作用也是十分明显的。大量的信息公开、政民互动栏目推出以后，每年为政府部门节约的纸张就非常可观。许多宣传资料原本要印刷，而现在可以通过电子邮件的方式寄送给公众。另外，大量互动栏目的开设，为政府部门节约了大量的电信成本。

（三）扩大参与，积极回应

在传统的政府体制下，我国公共行政体系基本上是自我封闭的，老百姓对政府治理过程和公共决策形成过程无从知晓，政府对公众的意见也很少采纳，很少回应。

最主要的原因是受到长期以来"官本位"思想的影响，政府职能的责任边界比较模糊，政府服务社会的意识仍然淡漠，表现为政府在管理过程中忽视公众，把社会公众排除在公共决策之外，或对公众的意见回应低效甚至是不予回应。

其次，也是缘于传统体制下对"保密"管理的过度强调。政府部门对"保密"性强调过高，把政府决策视作为一种"暗箱行政"。有限的参与也往往在参与资格、内容和形式上设置了种种限制，排除了许多社会力量参与政府管理的可能性。

最后，公众参与成本过高、效果差也是一个重要原因。在传统计划经济时期，人均可支配收入很低，而参与公共决策的成本很高。例如，要查阅资料必须到图书馆、档案室等专门机构，查阅政府文件要专门跑一趟政府机构，时间成本、经济成本很高。另外，即使对政府管理提出意见，由于政府缺乏一套回应公众意见的体制与制度化的保障，往往也石沉大海、杳无音信。"说了也是白说，所以公民参与的收益就不高，这也影响我国公民参与服务型政府建设的热情"[145]。

建设服务型政府，其中一个很重要的原则就是要建立一个能让广大公众充分参与的政府，这是因为，"服务型政府的本质内涵决定了公民参与不仅是确保服务型政府合法性基础的关键要素，而且是契合服务型政府的治理模式"[146]。公众的广泛参与，还有利于政府决策的科学化、民主化，有利于政府更好地了解公众的需求，提供更加"到位"的公共服务。

建设服务型政府，也是建立一个对公众的诉求能迅速给予"回应"的政府。而对公众的呼声、要求积极地给予回应，不仅有利于政府自身职能的转变，更有利于凝聚民心、推进民主、构建和谐社会，特别是当前我国正处在改革发展的关键时期，同时也是各种尖锐复杂矛盾的凸显期。充分尊重民意、将公众意见吸收到公共决策过程中来、对公众的意见建议及时给出回应，作用十分重要。正如美国学者登哈特指出："通过对公共事物的广泛参与，公民们能够帮助确保个人利益和集体利益不断地得到政府官员的倾听和关注。此外，他们还能够防止统治者侵犯公民的利益。"[147]

电子政务公共服务对于扩大公众参与的作用表现在两个方面：

第一，丰富了公众参与的形式。在传统政府治理中，公众参与的方式数量有限，也很不方便。如参加某些部门组织的听证会，对听证人数有着严格的限制，只有极个别符合条件的人才有资格参加。而通过网站这个平台，几乎所有人都可以参与。即使个别网站设立了身份认证环节，也只不过增加一道网上注册程序，较传统的身份识别流程大为简化。此外，基于政府网站的公众参与方式也是多种多样的，有即时回应性的"网上访谈"、"实时信访"，也有非即时回应的"网络论坛"、"咨询建议"、"领导信箱"等，有些网站还开发了与手机功能捆绑的参与形式，公众可以通过手机随时随地地与政府部门交流。

第二，降低了公众参与的成本。借助政府网站的平台，可以大大降低公众参与政府决策的"成本"。信息技术带来了全新的"时空观"，它打破了传统状态下政府部门的"地域"和"时间"限制，公众只需能登录互联网便可以访问政府网站，参与到公共决策中来。根据陆敬筠等人的观点，基于政府网站的"公共参与"相对于传统模式的公共参与主要是参与途径、参与工具等方面发生了变化，参与的成本约束和范围约束等条件得到放宽，因此带来参与质量与参与结果的改进[55]。

中国电子政务公共服务的兴起，一方面受到西方"新公共管理"改革以后，大量信息技术在行政管理领域运用的"示范"影响。特别是作为信息技术产生地的美国，其政府网站的建设思路对我国初期的政府信息化产生过重要影响。例如，美国联邦政府门户网站"最多点击三次便可找到所要信息"的原则就被国内很多城市效仿[148]。

但是，中西方在国情和政体上的差异，"在市场经济的成熟度、法制环境的健全程度、非营利组织的作用以及宏观调控能力等方面存在着明显的差异"[149]，决定了西方的行政改革模式——包括电子政务公共服务的具体内容、管理流程等不能套用到我国。因此，我国电子政务公共服务的兴起与发展，更大程度上还是源于自身行政管理体制改革的不断深化、服务型政府目标的确立，以及信息技术的自身特点。

可以说，中国电子政务公共服务的出现，既受到西方国家的影响，又是我国行政管理体制改革的大势所趋，是服务型政府目标的确立与政府网站自身优势相融合的必然产物，因此，电子政务公共服务目标体系建设必须与我国政府行政体制改革的目标相辅相成。

第三节 电子政务公共服务的目标体系研究

一、电子政务的概念模型及其战略目标

（一）电子政务的概念模型

　　所谓概念模型是对现实世界的一种抽象，即对实际的人、物、事等进行概念抽象，抽取人们关心的共同特性，忽略非本质的细节，并对这些概念及概念特性精确描述，反映出事物和事物之间的各种本质联系。简单地说，概念模型描述了一个系统的目标，功能以及概念级别上的结构。界定电子政务概念模型有利于科学认识电子政务的内涵，保证电子政务建设遵循科学的理论和方法有序进展。

　　基于上述分析，本书提出了电子政务概念模型如图 2－3 所示。电子政务概念模型由电子政务的建设目标、服务对象、实现途径三部分组成。

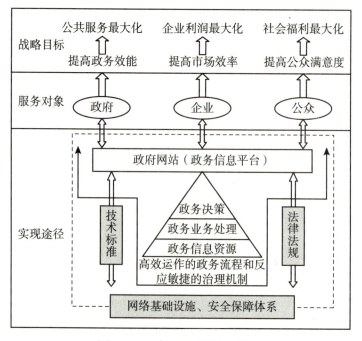

图 2－3 电子政务概念模型

概念模型的第一部分描述了电子政务建设战略目标，从微观的层面分析，对于政府和社团组织来讲，电子政务建设将通过提高组织之间的资源共享和协同工作，进而促进政府政务效能和社团工作效率的提高；对于企业来讲，电子政务建设将通过促进政府向企业提供快捷方便的公共服务，构造良好的投资和市场环境，进而促进市场效率的提高；对于公众来讲，电子政务建设将通过促进政府向公众提供透明公开的公共服务，提高公众的满意度。从宏观层面来分析，电子政务的建设将通过不断地改进政府、社团、企业、公众四类行为主体的互动，进而促进公共服务的最大化、企业利润的最大化、社会福利的最大化，从而推动整个社会政治、经济、文化等各个方面的发展，促进社会的进步。

概念模型的第二部分描述了电子政务的服务对象，主要包括政府、企业和公众三大政府主体，以及三大主体之间在政务上的关系包括政府与政府之间的关系、政府与企业的关系和政府与公众之间的关系。

概念模型的第三部分描述了电子政务战略目标的实现途径。电子政务建设的目的是促进政府更好地承担起公共管理和公共服务的重任，因而实现途径包括两个层面，一是电子政务系统建设；二是电子政务生态环境建设。电子政务系统建设自下向上包含四个主要部分，一是政务信息资源的建设，包括政务信息资源的规划、采集、加工整合、发布、共享管理，及相关管理制度的确定；二是政务业务处理系统的建设，包括政府内部各种管理信息系统、政府组织之间的通信系统；三是各级政府的决策支持系统和执行信息系统；四是统一的政务信息平台建设，主要包括为政府、社团、企业、公众提供各种公共服务和实施各种公共管理的政府网站，进而形成 G2G、G2B、G2C 三种应用模式。电子政务生态环境建设主要包括两个主要部分，即网络基础设施、安全保障体系建设，法律法规标准建设。

（二）电子政务的战略目标

随着我国电子政务实施的逐渐深入，政府公共管理目标选择的重要性开始受到广泛的重视。经过长时间的争论与思考，我国电子政务发展的职能定位日益明朗化，一种服务型政府职能定位为大势所趋。就服务型政府职能定位来讲，电子政务的施行将带来人们对政府服务的全新理解。比如，电子传输服务成为英国公开服务改革的核心加以施行后，很快导致了人们对政府理解上的巨大变化。不仅如此，为公众提供更多的信息，不仅在技术操作上切实可行，而且能够最大限度地开发政府在信息数据方面所具有的巨大功能和潜力，在节省政府支出的情况下最大限度为公民提供更为丰富、更为个性化的服务。从这一点来看，电子政务的建设必须要突出政府的公众信息服务职能。由于电子政务主要有三种利益主体，因此电子政务的目标体系可以分为三个层次。

首先，对于政府而言，电子政务的建设目标是从政务效能好坏的角度追求公共服务最大化，即通过电子政务的实施来提高政府办事效率，改善决策质量，增加办公透明度，乃至最终转换政府职能，调整政府角色，以及政府开支的节俭等。

其次，对于企业而言，电子政务的建设目标是从市场效率高低的角度追求企业价值最大化。电子政务在实现业务相关部门在资源共享的基础上迅速快捷地为企业提供各种信息服务，精简工作流程，简化审批手续，提高办事效率，减轻企业负担，节约时间，为企业的生长和发展提供良好的环境。

最后，对于公众而言，电子政务的建设目标是从公众满意程度的角度追求社会福利最大化。为广大社会公众提供快捷方便地获取政府公共服务的渠道，提供参政议政的实际途径，通过直接与政府的"对话"、交流，拉近政府与公众的距离，使政府能及时、真切地了解和充分满足公众的需求。

总之，电子政务对于政府效能提高的作用，集中表现在服务能力的提高上。包括：管理能力、决策能力、应急处理能力和公共服务能力的提高。电子政务建设给企业、居民带来的最大好处，就是政府的服务效率和质量都将明显提高，具体体现在：一方面通过网络政府，可以把政府承担的各类公共服务的内容、程序、办事的方法等行政区域内的所有单位、个人予以公布，使广大群众做到心中有数；另一方面政府可以通过网络，提供"一站式"和二十四小时的服务，这就使过去必须要到多个部门办理的事情能在政府提供的网络窗口中很轻松地得到办理，而且还不受时间和空间的限制，使企事业单位、公民个人有可能在足不出户的情况下就可以获得满意的服务。

二、电子政务公共服务的目标体系

根据电子政务的概念模型和战略目标分析，本书认为，电子政务公共服务是电子政务建设的一个重要的战略性内容，因此电子政务公共服务的目标是一个多层次多纬度的目标体系，其中电子政务公共服务最大化是总目标，所谓电子政务公共服务最大化，是指政府能够随时、随地、无差别的为企业和公众提供所需的电子政务公共服务。

电子政务公共服务最大化的总目标的实现，依赖于电子政务公共服务能力的不断提高。所谓"公共服务能力"是指公共服务主体能否意识到公共服务客体的需求并及时提供公共服务以及提供公共服务的水平。具体而言，公共服务能力是指公共服务主体为生产和提供优质的公共服务产品以满足公共服务客体的公共服务需求而具备的技能、技术和技巧。公共服务能力的强弱决定了公共服务主体在整个公共生活过程当中是否能够真正承担并办理好所有的公共服务事项。

电子政务公共服务是指政府应用信息技术来为个人、企业及其他社会团体提供公共服务的过程，是政府行为的最终产出，是政府行为与公民需求最主要的结合点。电子政务公共服务能力取决于通过电子政务建设提供公共服务的过程中服务主体具备的技能、技术和技巧。根据本书第一章第二节的讨论，提出如图 2－4 所示的电子政务公共服务能力的三维视角示意图。

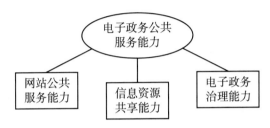

图 2－4　电子政务公共服务能力的三维视角

因此，电子政务公共服务目标体系的一级目标包括三个主要目标体系，如图 2－5 所示，即"以公众为中心"的网站服务目标体系是实现总目标的基础纬度、"无缝隙"的政务信息资源共享目标体系是总目标实现的重要纬度、"高效能"的电子政务治理目标体系是总目标实现的关键纬度。

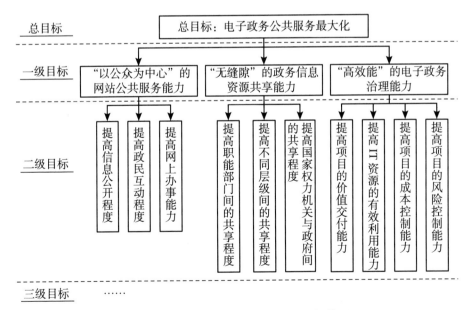

图 2－5　电子政务公共服务的目标体系

（一） 网站公共服务的目标体系

网站公共服务是最直接提供公共服务的途径，因此，网站公共服务的一级目标是"以公众为中心"的网站公共服务能力。网站公共服务的目标体系界定可以依据网站公共服务的内容而定，可以划分为"提高信息公开程度"、"提高政民互动程度"、"提高网上办事能力"三个方面的目标，划分的主要原因解释如下。

关于政府网站公共服务的内容，多数文献认为主要分为两大类[150-151]：其中，第一类应用是面向公民的应用（Government-to-Citizen，G2C），或者说面向"个人（Individual）"，这些服务覆盖从公民出生到死亡的整个生命过程。美国学者戴安娜的研究表明，目前美国州政府使用频率最高的 G2C 网上应用是"机动车的注册重审"，其他使用频率比较高的应用是"打猎、钓鱼或不动产执照的在线申请"、"地方税网上申报"等。而美国地方政府目前使用频率最高的网站公共服务是"停车费网上支付"、"交通罚款网上支付"、"公共设施使用费网上支付"等。达雷尔·韦斯特（Darrell M. West，2001）对美国联邦政府和州政府网站所提供的公共服务的种类进行了研究，发现93%的公民可以通过网络查看公共信息，25%的政府网站提供良好的公众服务，28%的政府网站提供个人隐私信息的保护[152]。托雷斯（2005）等人研究了欧盟国家中33个有影响力的大城市网站，发现这些城市目前总共提供着67种公共服务，其中用得最多的网上服务是地方税收的网上办理——85%的受访城市开展了这一应用。其他开通率超过70%的公共服务有：图书馆书目查询、预订体育设施、工作信息、电子采购、在特殊区域的驾驶许可、投诉、娱乐活动票务预订等。绝大多数的公共服务都具有大众性，并与文化、体育、娱乐有关[132]。第二类应用是面向企业的应用（Government-to-Business，G2B），或者说面向"法人"（Legal Persons）的应用，例如网上采购、在线申请营业执照等等。而目前美国的 G2B 服务，用得最多的是"为企业提供根据驾驶者的驾驶记录"（作征信报告用——本书作者注），其他的常用服务包括"填写统一商业代码（Uniform Commercial Code，UCC）"，"网上纳税"、"商业注册"和"证照核实"[150]。也有学者认为，网站公共服务还包括政府对政府（Government-to-Government，G2G）的应用，例如政府部门内或者部门之间的支付、采购等[132]。Stowers 从概念上分析了网站公共服务应该具备的内容，他提出了一个"六维框架模型"，认为政府通过网站向企业、公众提供公共服务，应该设计如下六个方面的内容和功能：（1）在线服务；（2）用户帮助；（3）用户导航；（4）法律安全保障；（5）服务架构；（6）特殊人群辅助[153]。

本书认为，从实质内容上看，中国政府部门，尤其是直接提供公共服务的地方政府部门开展的"电子政务公共服务"主要包含三大部分：信息公开、政民互动和网上办事。

　　所谓"信息公开"，是指政府部门以政府网站为平台，向社会公众公开政务信息。"信息公开"是确保公众知情权的重要方式，根据人民主权理论，人民是政府权力的所有者，即授权者，政府领导者是代表人民掌管政府权力的执行者，即被授权者。作为这种社会角色的体现，政府一方面成为全社会最大的信息拥有者和发布者，全社会大概80%以上的信息是由政府机关掌握[154]，这些信息通常都与公众的政治、经济、社会生活息息相关。另一方面，政府机关及时、准确地向公众公开信息，有利于打造阳光政府的形象，维护政府公信力。在政府网站上，信息公开通常通过"市情简介"、"部门职能"、"办事流程"等方式来实现。

　　政府网站"信息公开"的衡量标准和具体目标是信息公开的"全面性"、"时效性"和"准确性"。所谓"全面性"，是指政务信息应该"以公开为原则，不公开为例外"，尽可能地向全社会公开，并要形成相应的制度。另外，全面性还体现在不仅要结果公开，而且政务处理流程、公共决策形成等"过程"也要尽可能地向公众公开；所谓"时效性"是指政务信息要及时向公众公开，从而使信息产生更大的社会价值。特别是在一些突发性公共事件面前，信息公开的时效性非常重要。2003年SARS危机前期，就是因为信息公开不及时、不全面，导致社会对政府失去信任，陷入一种恐慌情绪中，也造成了政府工作的被动和形象的破坏；所谓"准确性"是指公开的信息务必真实准确，政府网站上公开的信息如果在"准确性"上出了问题，不仅会误导公众，带来严重的社会问题，而且会使政府的形象、公信力受到严重损害。

　　所谓"政民互动"，是指政府通过政府网站的平台与公众开展互动交流活动，及时回应公众的需求，并将公众意见吸纳进公共政策的制定流程。政民互动是回应型政府理论在电子政务实践中的具体体现，全球化使得公共事务日趋多样化、复杂化，各种各样的新问题、新技术、新产品层出不穷，对政府回应的要求在不断增加——不仅要快速作出回应，更要准确、科学地回应。能对公众的参与及时作出回应，体现了政府的责任，"回应性越大，善治的程度也就越高"[155]。同时，政民互动也是政府提供即时性公共服务的主要方式，是保障公众享有参与权和监督权的重要手段。在实践中，"政民互动"通常通过"网络论坛"、"在线访谈"、"市长信箱"等方式来实现。

　　"政民互动"是打造服务型政府，体现"公众参与"的重要渠道，是电子政务建设中的一项重要任务。"政民互动"的衡量标准和目标是界面的"友好度"和回应的"快捷性"。"友好度"是指政府网站的互动功能在设计时应当尽量简化操作，方便公众的参与，特别是要照顾一些信息技术基础较差的人群，不应人为地设置过多技术壁垒；回应的"快捷性"是指对公众的咨询建议在最短的时间内给出回复并告知公众。"友好度"和"快捷性"的实现既要靠技术，更要靠管理制度的完善。例如江苏省无锡市明确规定，政府网站的咨询建议必须在两个工作日内给出答复，河南省舞钢市的网上咨询建议，在相关部门给出答复后，还会以手机短信的方式通知咨询者。总之，"政民互动"不仅需要强调政府网站互动栏目本身的建设，而且更加应当注重互动的实际效果，只有这样才能使政府网站真正起到"桥梁"和"平台"的作用。

所谓"网上办事"，是指政府部门通过政府网站平台提供的各类行政审批业务和公共服务项目。一般来说，服务事项要多于审批事项。而且服务的办理没有严格的规定，往往更加灵活，更适宜移植到网上进行。

"网上办事"直接体现了"服务型政府"的定位和特点，也最能够体现政府网站公共服务的成本优势。因为通过网上表单下载、信息递交等方式，节约了大量的社会成本。特别是跨多个部门的并联审批业务，使公众只需一次性填报信息，便可以接受不同政府部门提供的服务，相比传统的办事方式无论在时间还是在经济成本上都大大节省。"网上办事"必须做到"以用户为中心"，最大程度地方便用户获取各种服务。"网上办事"的衡量标准和目标则是"高效率"、"高质量"和"应急能力"，其中"高效率"指多部门间的高效协作能极大缩短办事时间，"高质量"指办事过程透明、信息准确、办事结果有据可依，"应急能力"则意味着例外流程的有效运作。

"电子政务公共服务"所包含三个主要内容：信息公开、政民互动和网上办事，它们之间不是孤立存在的，而是相互联系、相互交集、相互依存的。

首先，信息公开中包含着政民互动。在政府网站上公开的信息，除了政府单方面的主动信息公开以外，有些信息是应公众要求而加上去的，这种应公众的需求而被动公开信息的行为还有个专有名词——依申请公开。在 2008 年《政府信息公开条例》颁布以后，公众的知情权意识空前高涨，纷纷主动要求政府公开财政预算、公款接待等信息。

其次，政民互动的过程通常也是一个信息公开的过程。除了某些涉及个人隐私的网上咨询以外，政民互动的过程一般都是公开的，其本身就是一种信息公开。例如，重庆市政府公开信箱还规定，公开信箱办结时，只要不违反国家法律法规和有关商业秘密、个人隐私的规定，办理结果均应悉数公开，让公开信箱成为政策咨询的资料库、成为行政执法的案例库、成为社会事件的档案库，让更广泛的公众成为公开信箱的受益者[156]。

最后，网上办事更是可以视为"信息公开"、"政民互动"两者的综合体。

网上办事可以分解为一系列信息公开和政民互动环节。以政府开展网上审批为例，在审批之初，主管部门首先要将整个网上审批流程在网上公示，让公众知晓。随后，以网络为平台接受公众的办事申请。在政府内部处理完以后，再将结果反馈给办事者，整个过程除涉及个人隐私、商业机密等特殊情况以外，一般都会不同程度地在网上公开。

本研究提出的电子政务公共服务内容构成与现有的划分方法相比，其特点与创新之处主要体现在以下几个方面：

第一，使用"政民互动"而不用"公众参与"，更加突出了政府与公众的"互动性"。政府部门是电子政务公共服务的提供者，公众是电子政务公共服务的需求提出者和受供者，他们之间应该是一种良性互动关系，而不是公众单方面的"参与"。因此，本研究认为，用"政民互动"代替"公众参与"，可以更好地突出"互动性"，强调网站公共服务的过程是一个双向的行为。

第二，本研究使用"网上办事"的叫法而不用"公共服务"或"网上审批"，更加符合实际。在我国政府管理实际中，存在着两种类型的"办事"形式：一是具有法定审批权的行政审批，如工商营业执照的审批、卫生许可证的审批发放等；二是带有纯公益性质的"服务"，如旅游局发布旅游相关信息，劳动局发布人才需求信息等。"网上办事"的概念，既包含了"公共服务"也包括"网上审批"，如用后两种叫法有失偏颇。

第三，并不单设"用户体验"。根据2009年工业和信息化部公布的政府网站核心指标体系以及国内的咨询机构国脉互联政府网站评测研究中心所持的观点，均在政府网站的内容框架中加入了"用户体验"。本研究认为，类似"页面布局"的规范性、"网站导航"的准确性这样的"用户体验"已经被包含在"信息公开"、"政民互动"、"网上办事"这三大模块中，不必单设。例如信息公开时要尽可能地使信息排列整齐、让检索变得容易，网上办事时更要注重这些细节，让操作变得更方便，界面更友好。

第四，认为电子政务公共服务各组成部分在时序上是并列关系，而不是阶段性关系。国外一些学者，例如莱恩（Layne，2001）[157]、韦斯特（2004）[5]、卢德·托雷斯（Lourdes Torres，2005）[132]认为电子政务公共服务在发展上存在阶段性，因此在内容构成上也呈现出顺序出现的特点。而本书认为，对于现阶段中国地方政府的网站公共服务来说，除极个别例外，往往同时包含"信息公开"、"政民互动"和"网上办事"三大内容。即使有些地方刚刚启动电子政务，但由于目前信息技术高度发达，政府网站的技术壁垒、经济壁垒日益降低，往往也能"一步到位"地同时启动这三大类服务内容。本研究界定的"内容构成"应该说更加符合目前中国地方政府的实际情况。

（二）信息资源共享的目标体系

电子政务网站公共服务能力的提高依赖于有效即时政府信息资源共享，因此，政府信息资源共享的一级目标是"无缝隙"的政府信息资源共享能力，政府信息资源共享的二级目标界定可依据信息资源的内容和共享涉及的范围而定，可以划分为"政府职能部门之间的共享程度"、"政府不同层级之间的共享程度"、"国家权力机关与政府之间的共享程度"三个目标，划分原因解释如下。

电子政务信息资源是一切产生于政府内部或虽然产生于政府外部但却对政府各项业务活动有影响的信息的统称。从应用范围的角度出发，电子政务信息资源主要包括四种类型[158]：一是面向社会公开的信息，如国家政策和法规等，这类信息通常发布于面向公众的政府门户网站，使社会公众能够在网络环境下充分利用这些资源；二是跨部门共享的信息，这类信息只能在特定的系统或部门之间进行共享，如在财政部门与银行之间的外联网上流通的信息；三是部门内部信息，只在本系统或部门内部共享的信息，如部门内部会议纪要等，这类信息一般可在某一系统或部门的内网上流通；四是涉密信息，只对某一或某些特定的个体开放的信息，如有关国防部署、高端科学技术发展计划、党和国家领导人的秘密谈话等绝密信息，这类信息具有很高的密级规定，传播范围极其有限，一般不将其发布到各种类型的网络上，以防被人窃取或篡改。本研究所涉及的信息资源是那些存在于政府部门之间或者部门内部不涉密、可适当公开的信息。

任何一个单位或者部门都不可能利用自身的信息资源完全满足自己的需求，因此，产生了共享的概念，共享是在一定的政策体制、激励措施和安全保障的基础上，在一定范围内的所有成员之间相互协作，共同使用彼此资源的一种机制。共享是电子政务信息资源管理的必然要求，也是提高电子政务公共服务能力的关键。电子政务信息资源共享是在一定的政策体制、激励措施和安全保障的基础上，参与信息资源共享开发和建设的组织或个人在政府内部、政府与政府之间共同使用政府信息资源的一种机制，目的是提高公共管理和公共服务水平和质量[159]。

李卫东等人的研究[159]从需求和内容上将电子政务信息资源共享范围划分为四个层次，由低到高依次为：

（1）政府各职能部门之间的资源共享。这是政府信息资源共享的基础部分，其主要内容是政府信息如何在各职能部门之间合理分布，避免重复采集、重复存储和重复加工；各职能部门如何方便地访问和获取公共信息以及其需要的其他职能部门的专有信息。其目的是提高政府的工作效率，加强各职能部门之间的合作，通过整合各职能部门分散的数据库、信息系统等信息基础设施，开展协同式网上办公，从而为企业和公众提供"一体化"的政府信息服务。

（2）不同层级政府之间的资源共享。主要内容是下级政府如何方便地访问上级政府的信息，以及上级政府如何访问、获取和分析下级政府的信息。其目的是加强上下级政府之间的沟通，为领导提供决策支持。

（3）国家权力机关与政府之间的资源共享。主要内容是国家权力机关（人民代表大会）如何实时地访问政府信息，并做相应的分析。其目的是实现国家权力机关对政府的动态监督，变事后惩处为事先预防，建设阳光型政府，有效遏制腐败。

（4）政府与企业之间和政府与公众之间的资源共享。主要内容是政务信息公开，让企业和公众能方便地通过网络查询和获取自己所需的政府信息。其目的是为企业和公众提供优质、便捷的信息服务。

电子政务信息资源共享在不同需求层次其内容和目的各不相同，在实践中，需要根据不同层次的需求制定合理的目标和策略。本书认为"政府与企业之间和政府与公众之间的资源共享"更多的是在强调"信息公开程度"，因此，不列在信息资源共享的目标体系之中，将"政府职能部门之间的共享程度"、"政府不同层级之间的共享程度"、"国家权力机关与政府之间的共享程度"三个目标列为政府信息资源共享的二级目标。

（三）电子政务治理的目标体系

无论是"以公众为中心"电子政务网站公共服务能力的提高，还是"无缝隙"政府信息资源共享能力的提高，依赖于政府行政管理体系和技术管理体系的契合，更加依赖于避免"行政"、"技术"两张皮的"高效能"的电子政务治理能力。因此，电子政务治理的目标是通过采用适当的治理模式、良好的治理结构、有效的治理机制，规避电子政务项目投资风险，维护利益相关者利益，保证电子政务项目的实施成效。"高效能"的电子政务治理能力，有利于保证电子政务网站公共服务能力的提高，有利于保证政府信息资源共享能力的提高，有利于促进公共服务能力最大化的目标实现，因此作为电子政务治理的一级目标。

电子政务治理二级目标是对治理有效性的进一步考察[160-161]，也是任何治理问题关注的焦点。韦尔将 IT 治理有效性定义为：治理安排鼓励期望行为的程度和公司最终达到其期望目标的程度，其子目标包括 IT 治理在成本效益、增长、资产利用、业务灵活性 4 个方面的有效性[160-161]。尽管韦尔的研究对 IT 治理有效性目标的确定提供了良好的研究思路，但是 4 个治理有效性子目标，除了 IT 的成本效益外，其他 3 个指标对于政府组织的电子政务建设缺乏良好的适用性。电子政务作为政府部门的公共投资项目，治理要实现三重使命，一是要关注其投入，即尽可能降低成本[162]，尽可能提高现有资源利用率[157]。二是关注其过程，即尽可能地提高效率和抗风险能力[163-164]。三是关注其产出，即尽可能提高电子政务项目的价值交付能力[165]，以促进公共服务效率和能力[5]。因此，电子政务治理的有效性，不应仅局限于它所可能带来的电子政务项目目标的实现情况，还应系统考虑其在对增加电子政务投资价值、控制建设成本、增强公共服务能力、提高信息资源的共享能力以及有效防范电子政务投资风险等方面的贡献。为此，本书认为应该从价值交付、成本控制、IT资源利用、风险控制的有效性4个子维度中系统考虑电子政务治理二级目标体系的确定，有关电子政务治理有效性的详细内容见第六、七章。

第四节　结论与讨论

电子政务公共服务管理体系是指建立电子政务公共服务的方针和目标并实现这些目标的途径。目标体系是电子政务公共服务管理体系的核心要素，也是电子政务公共服务管理体系的研究起点。本章基于现有研究文献回顾并界定了"电子政务公共服务"的概念，探讨国际主流的电子政务公共服务的理念和目标，分析了我国行政管理体制改革对电子政务公共服务的推进作用和目标，并构建了电子政务公共服务的目标体系框架。现对本章的主要研究结论讨论如下：

（1）政府部门是"电子政务公共服务"的提供主体。电子政务公共服务是使用公共权力或公共资源满足公民及其组织的基本直接信息需求的社会生产过程。电子政务公共服务的实现形式与实现途径是多样的。在实现电子政务公共服务的整个过程中，政府必须承担最终责任，保障电子政务公共服务的提供效率和绩效水平。因此，管理体系的研究是推进电子政务公共服务过程中的重中之重。

（2）"电子政务公共服务"是电子政务建设的出发点和落脚点。"电子政务公共服务最大化"是电子政务建设的战略目标之一，其主要任务是从建立服务型政府的角度，分析政府公共服务的目标、服务对象、任务、实现形式与手段，结合信息化手段，依据相关的政策法规，以满足公共服务需求为导向，对政府的职能和业务进行梳理，以政府提供的公共服务为目标进行业务整合和重构，并将现实的政府公共服务职能、目标和任务映射为信息系统。

（3）"电子政务公共服务目标体系"是一个多层次的体系结构。"电子政务公共服务最大化"是电子政务公共服务的总目标。作为一个复杂的大系统，电子政务公共服务总目标的实现依赖一个复杂的、多层次的实现途径。因此，本章提出了电子政务公共服务目标体系框架，认为电子政务公共服务的一级目标体系应该包含三个维度，即"以公众为中心"的网站服务目标体系是实现总目标的基础维度、"无缝隙"的政务信息资源共享目标体系是总目标实现的重要维度、"高效能"的电子政务治理目标体系是总目标实现的关键维度。二级目标体系则需要根据政府部门所属的行政绩别、地域范围、服务职能等进一步细化和特色化。

第三章

电子政务网站公共服务能力的实证研究

实现电子政务公共服务目标体系的最基本最直接的途径是提高电子政务网站公共服务能力，这已经被国内外无数的实践所证明。

本章收集整理了国内外现有的、以电子政务网站公共服务能力影响因素为研究对象的文献作为本研究的突破口，并对这些文献进行初步的归纳分析。

由于电子政务实践的发展一直领先于理论。尤其是在中国，电子政务出现的时间并不长，理论界现有的研究成果数量有限，要厘清我国电子政务网站开展公共服务的成效、存在的主要问题以及根源所在，有必要在开展文献研究的同时，加入对网站公共服务的发展状况的实地调研，从真实的案例中来说明问题、归纳理论。因此，本章选取了 5 个典型的电子政务网站，通过实地走访和调研，讨论其网站公共服务的效果、差距和主要原因。

最后，基于研究文献和案例研究的成果，本章构建了网站公共服务影响因素模型，并采用 SEM 数据分析技术对模型进行验证。同时，还对不同层级、不同区域电子政务网站公共服务的影响因素展开对比分析。

第一节　文献回顾

根据本书第二章第二节所述，"网站公共服务能力"可以理解为电子政务公共服务主体政府部门能否意识到电子政务公共服务客体的需求并及时提供公共服务以及提供公共服务的水平。因此，网站公共服务能力是指政府部门通过政府网站生产和提供优质的公共服务产品以满足公共服务客体的公共服务需求而具备的技能、技术和技巧。网站公共服务是指政府应用信息技术来为个人、企业及其他社会团体提供公共服务的过程，是政府公共服务行为的最终产出，也是政府行为与公民需求最主要的结合点。现有文献对网站公共服务能力的影响因素进行了大量研究，总体来说，研究视角有两个：一是从政府提供公共服务的视角展开；二是从公民接受公共服务的视角展开。现分述如下。

一、政府视角的网站公共服务影响因素研究

（一）综合层面的影响因素研究

许多学者通过文献分析、理论分析和案例研究等手段，对政府部门（个别还包含企业）开展信息化过程中受到的各种影响进行了综合性的分析。

库恩（Kwon，1987）在分析研究大量文献的基础上，认为信息系统的成功受到5大类、22个关键因素的影响。5大类因素分别是：组织结构因素、技术因素、与任务相关的因素、个人因素和环境因素[166]。

怀特里奇（Wateridge，1998）关于 IS/IT 项目成功标准的实证研究得到了6个重要的成功标准，按重要性递减排序依次是：满足客户要求、取得商业目标、满足时间要求、满足预算要求、客户满意以及达到预定的质量[167]。

国际城市（城镇）管理联合会2000年作的一次调查显示："IT 技术人员的短缺"是阻碍各国地方政府电子政务发展的最主要障碍；排在第二位的影响因素是"财政的压力"——有超过半数的被调查者选择了这一项；其他的影响因素还有"IT 基础设施的不完善"、"政府流程和现有法规体系的滞后"等[168]。

圣桑纳姆（Santhanam，2003）将信息系统成功的因素归结为4大类59小项，4大类分别是组织因素（Organizational Factors）、管理因素（Managerial Factors）、技术因素（Technological Factors）和与信息系统相关的任务因素（Task-related Factors）[169]。

美国学者吉尔－加西亚（2005）将电子政务的影响因素总结成以下五个方面：（1）信息和数据：挑战来自于信息和数据的质量。（2）信息技术：挑战来自于信息的动态需求、信息的有效性、技术复杂性、技巧和经验以及技术更新。（3）组织和管理：挑战来自于项目规模、经理的态度和行动、用户或者组织差异、组织目标间的冲突、变革阻力以及迂回和冲突。（4）法律法规：挑战来自于严格的法律法规、第一年预算以及政府间关系。（5）环境：挑战来自于私人

93

利益、代理机构的自主性、政策和政治压力以及社会经济政治环境[26]。

陈宇澈（2001）通过研究美国地方政府的一个实际例子——申请服务的提供部门（Application Service Providers，ASPs）如何从传统方式转向信息化方式，来分析政府提供网站公共服务的影响因素。在这个例子中，陈宇澈认为有五个因素特别重要：（1）高层领导的大力支持；（2）电子政务项目实施后可以带来巨大的效率提升；（3）政府信息化要达到一定的程度；（4）采购规则和管理过程尽量简单；（5）本地有足够数量和高质量的"申请服务提供部门"可供选择。为了保障 ASP 项目的成功，政府还应该建立一套针对该项目的绩效评估机制。政府部门管理的中心也要转移到如何为公民和企业服务，以及如何增强在各 ASP 之间的协调上来[124]。

与上述研究的数据来源相对比较单一不同，美国布朗大学教授韦斯特（2004）采取了多元化数据收集的策略来综合验证网站公共服务的影响因素[5]。首先，韦斯特对政府网站公共服务的发展提出了"过去几年，州政府在信息技术方面的预算偏少，相对稳定"、"联邦和州政府通过网站提供许多在线服务"、"联邦和州政府的网站允许使用信用卡"等十个假设。随后，他通过以下四个渠道来收集数据：第一，收集了 1998、1999、2000 三个财政年度，各个州政府花在信息技术领域的预算数据。第二，对 1 813 个美国联邦和州政府下属的政府网站进行了分析，对 1 680 个网站又进行了第二轮的分析。在分析中，调查小组用 27 项指标对每一个网站进行测评，例如"是否有隐私保护"、"是否安全"等，如果符合条件就得分为 1，否则得分为 0。第三，通过电话调查的方式随机抽查了全美 1 003 个成年人。调查共包含 29 个问题，主要涉及政府网站的使用情况、对电子政务的评价、对政府和政策活动的看法等。第四，通过给每个州下属的四个部门发电子邮件的形式，来测量政府对公众要求的回应。

通过对数据的综合研究，韦斯特验证了开始提出的部分假设，如政府通过网站提供丰富的信息、政府网站的回应性比较强等，据此韦斯特得出结论："电子政务将对政府服务提供和公众态度的转型发挥着重大的作用"，但他的研究也表明，目前在美国，可以提供整合型一站式服务的网站还比较少。在分析其影响因素时，韦斯特认为信息技术运用到政治生活中时会受到"传统的组织形态"、"预算不足"、"不同利益群体之间的冲突"、"文化模式"、"个人价值观和行为"等因素的影响，这些因素都限制了官僚机构利用信息技术"重塑"自己的能力[5]。

国内学者陈岚（2008）比较了不同地区政府门户网站在提供公共服务方面绩效的差异，并通过统计数据，对网站公共服务水平与"经济发展水平"、"信息化水平"、"网民比例"这三项指标进行了比较。发现"各地政府门户网站绩效得分与人均 GDP 之间的相关系数为 0.617"，"各地政府门户网站绩效得分和各地信息化总指数得分的相关系数为 0.489"，"省级政府门户网站绩效得分和各地网民比例的相关系数为 0.506"，因此她得出结论，认为我国各地的政府门户网站在公共服务方面的绩效水平与 "人均 GDP"、"信息化水平"、"网民比例" 这三者之间都存在着较为显著的正相关关系[170]。王栽毅（2002）分析了部门级电子政务的特点，认为其主要影响因素有系统的规划和设计、技术因素、资金因素、项目管理因素、宏观环境因素、效益因素这六大部分[171]。

上述研究大都比较抽象，也未形成较为系统的理论。在所有关于电子政务影响因素的综合性的分析里面，最有影响力的当属美国国家电子政务中心创始人、现马萨诸塞大学菲尔顿（2001）教授在《构建虚拟政府：信息技术与制度创新》一书中提出的 "技术执行框架理论"。

菲尔顿首先反驳了电子政务领域之前很流行的 "技术决定论" 观点。因为在以往大多数讨论信息技术及其影响的文献中，连接技术和制度的因果机制是简单而直接的，即："从信息技术到可以预见的制度变化"。按照这些叙述，"互联网会导致一系列可以预见的变化，其中包括日渐消失的等级界限、不断增长的跨功能团队、更加合作的文化以及更加容易跨越的组织边界，最后一点将导致组织间网络的进一步使用[172]。"

这些预言，随着互联网的兴起，在电子商务领域得到了一定的印证。但是政府信息化是一个不同于企业信息化的领域，通过对实践的观察，菲尔顿教授发现这些所谓的 "可以预见的制度变化" 并没有在政府信息化过程中如期出现。例如，最有名的 "中间层次减少说" 在政府信息化过程中就没有看到。"大多数的个人和组织仅使用他们硬件、软件和电信能力的一小部分功能和特征，还有一些人只把他们的个人电脑当作 '聪明' 打字机使用"[172]。

为什么会出现这种理论和实践的巨大差距？菲尔顿教授经过研究发现，政府组织内部的制度因素，使 "组织在面临革命性信息和传播技术冲击时所表现出令人吃惊的韧性"[172]。这种制度因素包括四个方面：认知的、文化的、社会结构的、法律的和正式的。

例如，为什么信息化的巨大效益能在电子商务中产生却难以在政务信息化过程中体现，一个重要原因是政府雇员对于信息化的 "认识"——电子政务产生的效率和其巨大应用潜能，使政府雇员普遍产生了被其替代的担心，认为电子政务只会给政府带来预算的减少、人员编制的缩减、资源的节省以及项目的整合，因而采取对信息化的抵触情绪。

又如政府部门面临的外部环境、与其他部门之间的关系、其内部现有的组织管理制度等，这些都会对其信息化项目的展开带来实质影响，这也能解释为什么不同的政府部门运用同样的信息技术会产生截然不同的效果。

既然"技术决定论"在研究政府信息化时不可行，那么如何看待政府治理与信息化的关系呢？菲尔顿教授提出了一个"技术执行框架"来分析解释这个问题。技术执行框架的大致原理是：政府组织除了受到技术的影响之外，"官僚决策者的行为受到来自四个方面的深刻影响，即认知、文化、社会结构和正式的政府系统"[172]，这四个方面的因素组成所谓的"制度安排"会对政府进行信息化产生一些细节变化，会从感知、设计、执行、使用等环节影响信息技术的执行，从而会使政府信息化出现一种不可测的结果。

（二）单一层面的影响因素研究

与综合性的影响因素研究相比，更多的研究则是从影响因素的某个或某几个专业视角切入，研究这些领域对电子政务或网站公共服务开展产生的影响。归纳起来，比较常见的专题有以下几类：

1. 环境视角的影响因素研究

这里的环境包括政治、经济、文化、人口等因素，电子政务或网站公共服务都是政府部门在一定的社会背景下开展的，自然要受到这些因素的影响。

姜奇平、汪向东采用行政生态学的理论方法，在把电子政务视为行政系统现代化的前提下，把行政系统本身作为一个"有机体"，建立了关于这个"有机体"与行政环境互动分析的理论框架，探讨中国电子政务的策略选择问题。他们将电子政务的行政环境，概括为四大类：经济要素、沟通网、创新基础和人力资源。《国际统计年鉴（2002）》2000 年实际数据显示，利用天律公司《国家信息化测评软件 V1.0》，对相关国家的上述环境要素进行了数据分析。主要结论包括：（1）一国行政环境水平（以人均 GDP 代表）与其电子政务发展阶段呈正相关关系；（2）低收入国家电子政务发展往往超过其收入发展；（3）中低收入到高收入国家中，不同程度存在电子政务发展阶段滞后情况[31]。

赵佳佳（2008）等人单从公共服务的角度考察了公共服务区域差异的影响因素，发现国家战略方针、行政体制、财政体制等因素对公共服务提供有深远影响[173]。孙兵（2009）分析了"地区经济"和"信息化程度"这两个因素对政府网站的影响，特别是通过将 2007、2008 年各省级政府网站（包括直辖市）的绩效评估情况与地区人均 GDP 进行关联分析，发现政府网站的建设水平与地区的经济情况总体上保持正相关的关系[174]。

学者孔繁玲（2007）认为，对政务信息公开产生影响最大的是"社会环境"，具体包括三方面："一是经济因素影响。应用政府网站公开政务信息，需要进行普及性的网络硬件与软件建设，没有足够的经济投入，政务信息公开制度在电子政务应用中产生的强大优越性，将只能由少数人独享。二是政治因素影响。电子政务与政务信息公开制度交叉发展的进程，在很大程度上，取决于政府领导者的政治态度。强有力的政策支持，将使政务信息公开制度在电子政务作用下产生对称性效应。三是文化因素影响。对于应用政府网站实施政务信息公开制度这一新举措，能否得到社会的普遍认同、追随和支持，能否形成主导公众行为的社会文化力量，是关系到信息时代政务信息公开制度实施效率高低和效果优劣的一个重要因素[175]。"杜治洲（2006）则从行政管理体制改革的角度，研究了政府官僚制水平对电子政务的影响。他认为，"官僚制的发展水平或所处的状态会影响行政改革的广度和深度，所以它也会影响电子政务对政府管理创新的推动力"[176]。他的这一结论，得到了某些来自政府实践部门的认同，胡力（2009）在论及政府部门实施《政府信息公开条例》时提出：我一直有一种怀疑，即政府信息公开条例出台是否早了一点，或者是步子是否大了一点？政府机关目前还没有真正具备做好这项工作的条件[177]。

黄萃（2006）分析了政府网站公共服务的"公共性"，认为这种"公共性"决定了市场资源配置方式存在缺陷，不可避免地导致"市场失灵"现象。但"与此同时，由政府全权负责电子公共服务项目的建设维护也并非是最优模式，因为同时也存在着'政府失灵'的危险性"，提出，要以"公私合作模式"来改善网站公共服务的提供[178]。

行政体制改革的深入，也促进了公民意识的觉醒和公民社会的形成，表现在电子政务上，就是"网络舆论"的形成。网络舆论（也称"网络民意"）是随着近年来我国互联网的逐步普及和上网人数的不断增长而出现的一种新生事物。网络舆论会对政府行为施加"无形"的压力，从而左右政府的行为。虽然出现的时间短，但网络舆论已经在多次网络事件上对政府决策产生了实质性影响。因此近年来网络舆论也逐渐为政府部门所重视。据我们在2008年所做的调查，在被调查的180个政府部门中，"有50.56%的受访者表示当前网络舆论的压力'比较大'，有31.46%的受访者表示网络舆论的压力'非常大'"。

国家行政学院汪玉凯教授认为，当前，"舆论环境"对电子政务信息公开产生了巨大的影响，主要观点包括："政府做的决策要征求民众的意见，决策不是政府自己制定的，要参考民意"，"尽管国家的反腐败力度很大，但腐败现象仍然呈上升趋势，致使民众对政府的信任度下降，对政府的信息公开度不够，透明度不够的做出批评"。另外，"网络民主兴起，对民主政治提出很大挑战"，"最近两年，网络事件对政府压力非常大"[179]。

还有一些学者对人口、传播能力等因素对电子政务的影响作了研究。美国学者韦斯特（2000）曾经提出一个回归模型来判别对美国州政府电子政务的影响因素，他提了一些假设因素包括"人口总数"、"政治的复杂性"、"州预算"等，结果发现，与电子政务发展水平紧密相关的只有一项——人口总数，呈正相关关系[180]。

布鲁德尼（Brudney，1995）和诺里斯（Norris，2001）等人的研究[181][168]也佐证了这一观点。邓拉维（Dunleavy，2003）等人的研究认为，影响电子政务政策，进而影响到电子政务发展水平的最重要的因素是——实施电子政务的经验在全国传播的能力。因为这项能力可以加快政府部门对信息化变革的响应水平，并且可以加快新公共管理（New Public Management，NPM）的创新步伐[182]。

2. 法制视角的影响因素研究

美国学者叶格（Jaeger，2004）从法律法规的角度对电子政务进行了研究。他认为，电子政务实质上是通过互联网将原有的政府部门按"水平"或者"垂直"两个方向进行整合，以实现一个更加"友好、高效、一站式"的政府。这对传统的韦伯式官僚制政府是一种重新的塑造，特别是在政府信息的发布和政府的组织边界这两个方面，与以往的政府形态有着很大的不同。这将导致与现有法律体制的冲突。因此，"颁布适当的安全法律和政策是电子政务系统安全和信息安全的必要保障"[183]。

美国政府技术中心（CTG）学者克雷斯维尔和帕尔多（Cresswell and Pardo，2001）对城市电子政务发展过程中法律和组织两方面的影响进行了研究，他们认为，建立一个配套的政策法规体系是电子政务项目能否成功的关键影响因素之一[184]。

学者张锐昕（2004）认为，近年来我国电子政务的法制环境正在不断完善。2004 年 8 月 28 日，十届全国人大常委会第十一次会议表决通过了《中华人民共和国电子签名法》，堪称我国历史上第一部真正意义上的信息化法律。另外，2004 年颁布施行的《中华人民共和国行政许可法》，2008 年 5 月 1 日施行的《中华人民共和国政府信息公开条例》都有涉及电子政务的部分。但是，与快速发展的实践相比，我国电子政务法制化进程还有待于进一步完善和提高。"在涉及政府一般行为的电子政务法律法规中，最主要的是信息公开法和信息资源开发法"[185]。以《中华人民共和国政府信息公开条例》为例，该条例只是解决了大的政策方向上的问题，在政务信息公开的具体工作上——尤其是政府网站信息公开的工作程序上还要进一步细化。

3. 人员视角的影响因素研究

政府内部人员是电子政务项目实施的参与者、使用者，他们的立场和态度对电子政务或网站公共服务起到了至关重要的作用。

在政府内部人员中，"领导"（或称行政首脑）的作用最为显著。苏安（Suan，2003）认为，在一个国家范围内推动一项大范围的政府网站公共服务是"一项长期的事务"，"除非它能得到持续的支持，否则不可能成功"。而这种"持续的支持"，首先必须来自于"行政首脑"的支持[186]。卡尔多（Caldow，2001）认为高层领导的支持是电子政务项目成功执行的"核心"[187]，库克（Cook，2002）等人认为，"领导力"（Leadership）是地方政府电子政务成功的"关键因素"[188]。

如果"领导"自身对信息化感兴趣，或者积极参与到信息化建设中来，那么这种促进作用将更为明显。马利茨基（Melitski，2001）探讨了政府组织文化、领导价值观对电子政务建设模式的影响，认为具有公共管理文化背景的政府领导要比具有公共行政文化背景的领导更容易接受电子政务的思想与理念[189]。拉克（Luk，2009）以中国香港特区政府内陆税务局的电子印章（E-Stamping）服务为例，对"领导力"（Leadership）与"相关参与方"（Stakeholder）对网站公共服务的影响进行了分析。结果显示，如果政府领导能够积极参与到"促使组织接受电子政务战略"以及"构筑有效的服务系统"中来，那么这将大大有利于政府网站公共服务的推进[190]。

除了行政首脑外，政府部门中其他工作人员的作用也不可忽视。比蒂（Beattie，2003）等人的研究也支持政府部门内部因素是决定电子政务项目成败关键的观点，他们的研究发现，决定税务部门开展税收信息化成败的关键在于部门内部工作人员是否正确地使用（Proper Use）该系统[191]。

学者安索普洛斯（2007）等人经过对希腊电子政务的案例调查认为，当前电子政务发展程度的好坏，正越来越取决于公众对电子政务效果的看法和政府内部公务员对实施电子政务的接受程度。因此，电子政务必须考虑公众和公务员对电子政务的态度，电子政务的需求必须"从下到上"进行设计[129]。

梵·费尔森（2009）提出了一个"以公民为中心"（Citizen-Centric）的方法来设计电子政务公共服务，他发现，"以公民为中心"来设计网站公共服务不仅照顾到用户使用的习惯，同时也要照顾到这些服务的提供者——政府内部雇员们的使用习惯，所以有必要在这两个"照顾"之间寻找平衡[126]。

4. 管理视角的影响因素研究

在我国，电子政务经常被形容为"三分技术、七分管理"，可见"管理"的重要性。管理是一个抽象的概念，赵定垚认为，政府网站建设的管理制度应该包括"宏观指导及业务规范、业务协调与管理制度、业务操作与执行制度、业务监督与激励制度"等四个方面[192]。

马利茨基（2002）通过问卷调查及案例分析的方法，研究了政府内部管理因素对电子公共服务水平的影响关系，发现政府电子公共服务的战略规划、部门之间的协作程度与公共服务的数量有很强的正相关关系，政府部门的人力资源因素与电子公共服务的水平、质量有很强的正相关性。这一研究为进行电子公共服务战略规划及部门之间业务合作的必要性提供了事实依据[189]。

鉴于电子政务投资巨大，而且公众对网络公共服务的需求又是多种多样的，因此在电子政务建设阶段，对公众的需求、公众与政府部门的交互进行详细的调查分析是很关键的一个步骤[193]。胡广伟（2008）等人则从提供电子政务公共服务的战略规划出发，提出了一个四阶段，十五步骤的电子政务公共服务战略规划方法[194]。顾平安（2008）从理论上阐述了面向公共服务的政务流程再造推进策略，提出，为了提高网站公共服务的质量，政府必须"以'服务链'为核心推进政务流程再造、建立公共服务的业务模型"。另外，要"建立政务流程再造的绩效评价体系"[195]。

电子政务和网站公共服务往往会涉及政府内部多个部门，或同一部门内的多个处室，"协调"成为必不可少的一项工作。在拉克（2009）的研究中，中国香港特区政府内陆税务局电子印章（E-Stamping）服务的"相关参与方"有三个：一是电子印章服务的使用者；二是香港立法会成员；三是其他相关的政府机构。研究显示，在电子印章服务的实现过程中，存在着一个"跨部门的协作"（Cross-Departmental Collaboration），发挥着非常关键的作用[190]。朱琳（2005）等人从研究政府信息公开的角度，认为当前进一步完善信息公开制度的一项紧迫任务，是要解决"政府部门缺少信息公开的动力和监督约束机制"问题，从而提高网上信息服务的质量与水平[154]。

不但是政府部门内部需要协调，必要时，政府还要处理好自身与企业、社会的关系。黄萃分析了电子公共服务的属性，认为在现实社会中，电子公共服务项目的"公共性"决定了市场资源配置方式存在缺陷，不可避免地导致"市场失灵"现象。但与此同时，由政府全权负责电子公共服务项目的建设维护也并非是最优模式，因为同时也存在着"政府失灵"的危险性。政府各部门与私人机构长期合作向公众提供某项公共服务的"公私合作模式"可一定程度上解决"政府失灵"问题[178]。

在西方国家，政府在治理过程中与企业的关系比较紧密，甚至像有人说的那样——"美国80%的地方政府结构类似于公司"[196]，因此大量工商管理的方法被引入电子政务的研究中来。例如，在西方国家，很多政府网站提供的公共服务也是需要用户付费的，一次公共服务的过程也可以看作为一次服务的"购买"过程，于是约翰逊（Johnson，2004）[197]、克里斯托弗（Christopher，2004）[198]、夏（Xia，2007）[199]等人从公共服务的"定价"角度去研究网站公共服务。约翰逊还专门分析了 G2B 服务和 G2C 服务不同的价格需求弹性，认为从总体来看

G2C 服务的价格弹性要大于 G2B，因此政府部门可以通过适当降低 G2C 服务的价格和提高 G2B 服务的价格来获取最佳的社会效益[197]。

瑞恩（Ryan，2006）等人[200]则从网络市场营销学和信息系统管理学的角度，研究了电子公共服务提供过程中的"等待"现象，认为网络"等待"并不是一个纯技术问题，而是包括了技术、后勤、市场、服务质量、客户关系管理等多重主题。过长的"等待"会招致用户对"服务"的不满，从而影响网站公共服务提供的长效性，因此，研究网站公共服务提供，必须重视解决网络等待问题。

国内也有提出要借鉴企业管理的研究。周斌（2007）借鉴了客户关系管理（CRM，Customer Relationship Management）的一些理念、策略和技术，重点研究了用户交互"前台"渠道整合、政务流程再造、服务"后台"系统集成、个性化服务及隐私保护等关键问题，提出要把源自企业领域的 CRM 概念运用到政府领域中，并划出了适用范围[201]。

5. 环境视角的影响因素研究

网站公共服务效果的好坏，还受到许多技术因素的影响。卡特和贝朗格（Carter and Belanger，2005）对社区服务中心 105 名市民进行调查，研究了电子公共服务系统性能（兼容性、先进性、界面友好度、复杂度）、使用效果（易用性、有用性）及用户态度（对 Internet 信任、对政府信任）三者之间的关系，研究发现易用性、兼容性、安全性是影响用户使用电子公共服务系统的主要因素。这一研究为电子公共服务系统技术标准的设计提供了科学的参考依据[202]。巴和约翰森（2008）研究了企业开展的电子服务（E-Service），提出"网站对于用户来说的'易用性'"是提高用户满意度的关键因素[130]。

斯坦福（Stafford，2004）等人认为，互联网管理可以从过程的维护中进行提高，例如可以通过提高搜索功能，使用户在网站内容查找时变得更加便利[203]。针对国内电子政务发展起步比较晚、政府门户网站建立的时间比较短、公众服务意识不强、重复建设、信息孤岛以及政府工作透明度不高等现实问题，单洪颖等人认为，可以考虑发展"集群式政府门户网站"来推动公共服务。集群式政府门户网站可以对现有的分散信息进行整合，有效地避免新的重复建设、技术标准混乱以及现行政策的不统一[204]。

汤志伟（2008）等人分析了当前中国政府电子化公共服务"需求不足"的原因，认为这主要是由于"政府电子化公共服务所采用的发展模式与中国现实国情的不匹配"，并提出当前中国适合发展以"前台人工方式—后台电子化方式"为特征的"过渡模式"[205]。

二、公众视角的网站公共服务影响因素研究

国内外有很多学者从公众的角度研究电子政务公共服务，其原因就像学者梵·戴克（2008）在他的研究中指出的，"一般来说，政府认为公众会'自动'接受和使用它们提供的各种电子公共服务，但实际情况并非如此"，"提供富有吸引力的政府网站公共服务只是一个'必要的开始'，但是对于吸引用户来说还远远不够"[128]。因此，光研究政府部门如何"提供"服务是不够的，还必须考虑到这些服务能否被公众"吸收"，探讨如何让公众更容易接受政府提供的电子公共服务。

早在 1995 年，罗杰斯（Rogers）就提出过一个"创新扩散理论"（Diffusion of Innovations Theory），他认为公众采纳新技术的过程是一个理性选择的过程，共分四个步骤：认知、说服、决定、确认。他把"使用"也看作一种持续作出"采纳"或者"不采纳"决定的过程[206]。

叶格和汤普森（Thompson，2003）研究了作为"电子政务应用一部分"的"电子公共参与"（E-Participation）。他们认为，有关电子公共参与的实践证明，那些在经济和教育方面具有优势的人往往会从中得到更多的益处，这既是公共参与选择性的体现，同时也给电子公共参与的实践提出了挑战[207]。韦德季姆（2009）等人认为"决定用户是否能够大规模采纳和使用电子政务服务的决定性因素，归根结底还是用户的满意度"[127]，而为了设计出高质量的电子政务服务（E-Government Services），必须将以客户为中心的设计方法加到电子政务建设的过程中去[126]。

拉罗斯（LaRose，2004）等人从社会行为学的角度分析了公众对一种新技术手段的接受情况。他们的研究认为，当公众发现，在自己使用某一种新的技术手段"更有经验"、"对自己来说效果很明显"，以及"已经养成了使用该方法的习惯"时，他们接受该技术的程度就越高，使用越频繁[208-209]。

黄胜源（2006）等人以台湾地区的在线税务登记和支付系统（OTFPS）为例，进行了一次问卷调查，共有效回收调查问卷 1 099 份。他们的研究结果显示：决定用户是否接受 OTFPS 的主要因素有"预感到该系统的有用性"、"使用的方便性"、"可能存在的风险"、"信任"、"兼容性"、"外界的影响"、"人际间的影响"、"系统本身的有效性"等[125]。

2006 年，梵·戴克（2008）等人从公众的角度对网站公共服务进行了研究[128]。在对现有文献进行综合和整理的基础上，构建了一个用来解释公众使用政府网站公共服务意愿和实际使用网站公共服务状况的"多学科模型"，如图 3-1

所示。随后，收集了 1 225 个统计样本，用结构方程模型（SEM）方法对该模型进行了验证。结果发现，在以往一些研究中认为比较重要的两个因素——"社会人口"和"心理因素"，在本次调查中并不明显。相反，本次调查发现，与公众接受和使用政府网站公共服务有关的四个核心解释因素（Core Explanatory Factors）是：互联网服务的"实用性"（Availability）、关于这种实用性的"知识"（Knowledge）、公众对利用信息化手段接受公共服务的"偏爱"（Preference），以及公众使用信息化的"能力和经验"（Ability And Experience）。

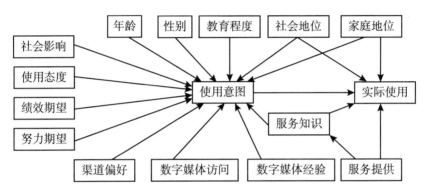

图 3-1 梵·戴克等人的政府网站公共服务接受"多学科模型"

梵·戴克据此得出一个观点：公众接受和使用政府公共服务是一个"学习的过程"，必须用一种动态的方式去衡量。一般来说，公众会坚持传统的方式来接受网站公共服务，除非他们发现有一种"更好的方法"。为了更好地促进政府网站公共服务的发展，梵·戴克建议政府要以"公众需求"为导向而不是以自身服务提供为导向来发展网站公共服务。为了实现这一点，有必要采取一些"服务跟踪技术"（Service Tracking Technology）来监测政府网站公共服务的用户，以及他们的使用情况。

李（Lee，2009）也通过结构方程模型的方法对公众接受电子政务服务进行了研究分析[210]。他主要探讨两个问题：第一，当公众决定接受政府对公民（G2C）的在线服务的时候，他们主要考虑哪些因素？第二，当公众面对不同环境下、不同类型、不同复杂度的政府在线服务，这些影响因素会不会存在差异？

李重点调查了"网站的易用性"、"项目复杂度"、"互联网上网条件"、"网站建设质量"、"对政府机构的信任度"、"互联网使用习惯"等九个指标。通过大范围的问卷收集和 SEM 模型修正，他发现，公众在接受政府提供的电子政务服务过程中，对网站"功能易用性"十分看重——尤其在一些功能较为复杂的服务项目上表现得尤为明显。而"对政府机构的信任度"、"互联网使用习惯"这两个指标在一些简单的服务项目上影响力比较明显，在复杂的项目上作用不明显。"网站建设质量"的作用相对明显，但并不直接[210]。

国内也有学者从公众的角度对网站公共服务进行了研究。于小溯通过调查发现，公众之所以对政府的网上听证不感兴趣，主要是觉得自己的意见得不到尊重，认为很多政府网站搞的"征集民意只是流于形式"[211]，因而对这种形式的公共服务失去了信心。

陆敬筠（2008）等人对国内749个政府网站的调查发现，只有36.4%的被调查者使用过电子政务，访问过不同级别的政府网站，其余65.6%的被调查者从没有使用过电子政务，访问过政府网站；其中，访问过政府网站的36.4%公众中，76.7%的公众了解电子政务，其余的23.7%公众虽然访问过政府网站，使用过电子政务系统，但对电子政务并不了解。"就调查的总体而言，58.9%的被调查者对电子政务并不了解"。针对这些情况，陆敬筠对如何提高网站公共服务的公众参与程度提出建议，包括：对在线政府服务进行宣传、建立以公众为中心的政府网站以提高公众满意度、培养公众参与意识、对公众参与进行回应[55]。

三、对现有研究的探讨及对本研究的启发

（一）对现有研究的探讨

综合分析现有的研究，可以看出，关于网站公共服务的研究无论在国际上还是在国内都刚刚开展，在理论研究方面都是一个比较前沿的领域。韦斯特（2005）认为美国的网站公共服务也不过处于起步阶段[212]，托雷斯（2005）等人[132]则认为欧洲的网站公共服务也基本处于"信息公开"阶段，基本上与国内——特别是经济发达地区处在同一个水平上。针对网站公共服务的发展阶段性，存在着许多不同的划分方法，基本都遵循了"信息单向发布——双向互动——政府现有流程下的网上办事——政府流程重组"这样一个发展脉络，之所以会出现差别，大都只是源于语义表述及细致程度上的原因。也正因为如此，关于网站公共服务的现成资料并不多，很多研究都是关于笼统的"电子政务"或者是由企业发动的商业性"网上服务"。针对这一局面，本研究将一方面立足现有的研究基础，从中提炼出可资参考的东西，同时，也将运用先验主义的"扎根理论"，即从实际观察入手，从原始资料中归纳出经验概括，并把它们理论化，寻找不同概念之间的联系，以求寻得理论上的突破。

1. 现有研究成果的研究视角

现有关于影响因素的研究基本可以分为两大类别——从政府提供公共服务的

角度以及从公众接受公共服务的角度。

两者的区别是从"政府"视角开展的研究大都是"专题性"的——大都从社会环境、法律法规、人员、管理等层面研究政府在推动电子政务或网站公共服务的影响因素。这种面向某个特定领域的"专题性"研究比较深刻地剖析了该领域影响因素的形成原因、影响方式、效果等。但是,当我们把电子政务或网站公共服务看作一个整体,就会发现这些影响因素之间是有联系的,孤立地看其中一点,难免会得出比较偏颇的结论。例如,周斌(2007)在论述"整合信息孤岛实现面向公众服务电子政务'后台'"时,提出了"基于 WEBSERVICE 的电子政务数据交换综合平台的设计"[201]。这一观点认为网站公共服务效果不好的症结归因于技术,认为技术方面的革新可以改变一切。但这种观点忽视了一个根本现象,即在信息技术日益标准化、成熟化的今天,我国电子政务应用效率不高的根本原因不在于"技术"而在于"管理",正是因为"管理"过程中出了问题,才导致技术无法发挥正常的作用。正如简·菲尔顿教授所研究的那样,"客观的技术"到政府部门以后会变异成一种"被执行的技术"。

从"政府"视角开展的综合性研究数量很少,而且除了菲尔顿教授所提出的"技术执行框架"等个别研究之外,大都比较概念化,缺乏必要的理论或数据支撑。也有研究[124]只是从个别的案例出发,得出的影响因素尽管具有参考价值,但缺乏普适性。

相比之下,从"公众"角度开展的影响因素研究综合性较强,如李等人都是从整体角度考虑"公众"接受网站公共服务情况。

之所以会出现这一情况,可能是因为综合性研究对数据采集的要求较大,而如此大量的数据在政府领域采集实施难度较大,面向公众采集则相对容易。同样的原因也可以解释,目前从"政府"视角开展的大量"专题性"研究也大都是从研究实践中的具体案例出发,从中推导、归纳出理论,或者从文献的整理分析出发,推导出理论,调查研究、定量研究方法在研究中运用的不多。

2. 关于影响因素的分析

作者研究了与网站公共服务的相关研究文献共计 121 篇(部),对这些文献中所提到的各类"影响因素"作了一个简单的梳理和汇总,如表 3-1 所示。

表 3-1 是基于现有文献资料对网站公共服务影响因素的一次统计分析。由于在不同文献中对具体影响因素的文字表述不同,本书作者对类似的含义进行了合并同类项,共归纳为"社会环境"等九大类。

从文献研究的情况来看,"社会环境"出现的频率最高,说明电子政务的发展确实与社会整体大环境密不可分。这也提示考察公共服务,一定要放到具体的国情,甚至更小的社会环境中,这样得出的结论才有价值。

表 3 – 1　　　　　　　　　基于研究文献中网站公共服务影响因素分析

因素 类别①	包含内容②	出现次数 （次）	出现频率 （%）
社会环境	宏观环境因素、行政环境水平、国家战略方针、行政体制、政治因素、官僚制水平、IT 基础设施、政府信息化要达到一定的程度、本地有足够的服务可提供、文化模式	46	38
技术因素	IT 人员、网站的信息量、回应性、公共服务数量、网络等待、实用性、兼容性、先进性、界面友好度、复杂性、搜索功能、易用性	43	36
受众因素	人口总数、个人价值观、个人教育背景、人均 GDP、社会信息化水平、信息化程度、网民比例、网络舆论、不同利益群体之间的冲突、公众对电子政务的看法、对政府的信任度、公众学习能力	32	26
管理因素	项目需求、与任务相关、商业目标的实现、采购规则和管理、系统的规划与设计、项目管理、政府网站的公共性、部门之间协作度、需求规划、政府与企业公众的关系、网站公共服务的定价、客户关系管理	27	22
政府人员	高层领导、行政首脑、政府人员对信息化的认知、领导力（Leadership）、部门内工作人员、工作人员的使用习惯	16	13
组织因素	组织结构、组织形态、政府组织结构	15	12
财务因素	财政体制、预算、财政压力、地区经济、经济因素	13	11
法律法规	安全法规和政策、信息公开法、信息资源开发法	12	10
示范效应	电子政务带来的效率提升、效益、电子政务经验的传播能力	5	4

注：①因素类别是经过简单归纳后的因素"大类"。
②包含内容是指每一类因素的具体内涵。

除"社会环境"外，其他影响因素按出现频率由高到低分别为"技术因素"、"受众因素"、"管理因素"、"政府人员"、"组织因素"、"财务因素"、"法律法规"、"示范效应"。

对影响因素作进一步的研究，有一些因素带有明显的共性，如"社会环境"、"法律法规"、"管理因素"——无论中外文献都经常提及；也有一些带有较为明显国别特色的因素，如管理因素下的"网站公共服务的定价研究"，主要出现在西方作者的文献中[150][199]，在国内的相关文献中却鲜有提及。这可能与美国的联邦制政治制度、地方政府的治理结构、高度发达的市场化体制有着密切的联系。

（二）对本研究的启发

综合分析现有的文献资料，对本研究的启发有以下两点：

第一，研究中国特色环境下的网站公共服务问题。

正如"技术执行框架"所揭示的那样，从"客观的技术"演化到"被执行技术"的过程中，政府部门要受到来自"认知、文化、社会结构和正式的政府系统"等不同方面的影响，因此同样的技术在不同国家受到不同因素的影响所呈现的模式是不同的。

就中美两国而言，美国是一个联邦制的国家，实行司法、立法和行政的三权分立，在纵向上则实行三级政府"各自为政"。联邦政府和州政府是并列关系而不是上下级，县市之间也没有任何行政关系，以前州政府与地方政府的关系还相对紧密，而目前"州政府在地方政府的影响力也在逐年下降"[213]。中国是典型的中央集权的单一制国家，上级政府对下级的控制力比较强，有一些行业部门甚至是从中央一直统到地方。另外，美国政府部门在公共决策过程方面与我国也有显著的差异，决策的参与者除了行政官员以外，还有"议会、压力集团、学术界、研究界、政府顾问、媒体及其他利益相关方"[214]，而中国施行"行政首长负责制"，相对而言，行政首脑所起的作用要更大。

除了制度、体制上的差异以外，中国电子政务实施过程中也形成了自己一些独特的地方。例如在我国政府信息化领域，与国际互联网物理隔离的"内网"大量存在。而在美国，既"没有全国性的电子政务专网，也没有我们的内外网之分"①[215]。

因此，关于网站公共服务能力的研究有必要立足中国国情，研究具体情境下政府部门推动网站公共服务所受到的影响。

第二，以"地方政府"为研究对象。

现实中并不存在一个抽象的"政府"。从层级上看，有中央政府和地方政府之分，从职能上看，有行业性部门和地方政府的区别。这些不同级别、不同性质的"政府"职能不同，开展网站公共服务的影响因素也是不同的。

由于地方政府是"公共服务"职能的主要担负者和提供者，所以现有国内

---

① 当然，产生这种差别的大原因也是出于对国家安全的考虑。由于政府掌握着大量社会信息，而有关网络的关键技术掌握在外国公司手里，因此从防范网络泄密等安全事故的角度，2002年中办发"17号"文件明确要求我国政府部门在开展信息化时要建"内网"，而且明确规定"内外网物理隔离"。

外的研究绝大多数都以各级地方政府为主。如美国的研究大都以州政府、地方政府的电子政务案例为对象，欧洲的许多研究以城市为对象，我国研究也大都是以省级以下的地方政府为主。

因此，关于网站公共服务能力的研究将秉承这一做法，也以省级（含）以下的各地地方政府网站公共服务为研究对象，暂时不考虑中央政府和各行业部门，这有利于缩小研究范围，统一研究层次，便于形成具有普遍意义的研究结论。

第二节　网站公共服务效果及其影响因素的案例研究

一、案例研究设计

案例研究法是结合客观实际，以典型案例为素材，并通过具体分析、解剖，促使人们进入特定的情景和过程，建立真实的感受和寻求解决问题的研究方案。案例研究根据采用案例的数量可以分为单一案例（Single Case）研究和多案例（Multiple Cases）研究。单一案例研究主要用于证实或证伪已有理论假设的某一个方面的问题，它也可以用作分析一个极端的、独特的和罕见的管理情境。多案例研究的特点在于它包括了两个分析阶段——案例内分析（Within-Case Analysis）和跨案例分析（Cross-Case Analysis）。前者是把每一个案例看成独立的整体进行全面的分析，后者是在前者的基础上对所有的案例进行统一的抽象和归纳，进而得出更精辟的描述和更有力的解释[216]。单一案例研究能够深入地揭示案例所对应的经济管理现象的背景，以保证案例研究的可信度，但不适用于系统构建新的理论框架。

另外，案例研究作为经验性的研究，通过搜集事物的客观资料，并用归纳或解释的方式得到知识。任何案例研究方法都服从于三种目的——探索、描述或者解释。即可以有探索性的案例研究、描述性的案例研究、解释性的案例研究。探索性案例研究尝试寻找对事物的新洞察，或尝试用新的观点去评价现象。描述性案例研究主要是对人、事件或情景的概况做出准确的描述。解释性案例研究的目的在于对现象或研究的发现进行归纳，并最终做出结论。解释性案例研究适于对相关性或因果性的问题进行考察。本章节研究所采用的案例研究，主要是以考察网站公共服务能力为主的描述性案例研究和解释性案例研究。

根据本部分的研究内容和研究主旨，本章节将采用多案例研究法，主要原因是：多案例研究适用于对新出现的复杂现象进行深入研究，从中验证理论的合理性或是构造出新的理论框架。案例研究尤其适用于前人很少涉及的领域，因为在研究的初始阶段，当本书对所研究问题知之甚少或试图从一个全新角度切入时，案例研究将非常有用[217]。因为网站公共服务是一个新颖的研究概念，尤其在中国理论和实践都处于非常前沿的领域。在这种背景下讨论问题，案例研究"可以回答'如何做'以及'为什么这样做'，即理解事物发展过程的本质和复杂性"[218]。

本章节将通过对国内 5 个地方政府部门推进网站公共服务的案例分析，总结归纳研究以下问题：

研究问题 1：政府在推进网站公共服务能力方面的重要举措有哪些？这些举措的效果如何？

研究问题 2：网站公共服务在"信息公开"、"政民互动"、"网上办事"三个方面的水平如何？

研究问题 3：影响"信息公开"、"政民互动"、"网上办事"能力提高的积极因素和消极因素有哪些？

二、典型案例分析

在本节中选取了国内比较有影响力和典型性的五个地方政府开展电子政务公共服务的具体案例，以此来对当前环境下我国网站公共服务状况进行剖析和研究。所有案例都亲临一线，进行了实地调研和数据采集。

本研究的案例调研的特点：一是跨越时间较长，从 2008 年 5 月到 2009 年 6 月，整整一年多的时间；二是每个调研对象都各有特点，事先有着明确的调研目的；三是涉及的政府层级从直辖市到区县；四是涉及的地域涵盖了东部、中部和西部，案例研究基本情况如表 3 - 2 所示。

表 3 - 2　　　　　　　　网站公共服务案例研究基本情况

案例名	调研目的	调研时间	层级	地域
贵州省 T 地区案例	地方政府在相对"封闭"状态下推行网站公共服务遇到的影响因素	2008 年 5 月	地	西部
河南省 Z 市案例	典型的地级城市推进网站公共服务的影响因素研究	2008 年 9 月	地	中部

续表

案例名	调研目的	调研时间	层级	地域
直辖市 S 市案例	经济发达地区的直辖市推进网站公共服务的因素研究	2009 年 5 月	省	东部
江苏省 N 市案例	了解在具体项目带动下，地方政府网站公共服务水平的发展轨迹和受到的因素影响	2009 年 5 月	副省	东部
杭州市 C 区案例	研究我国区县级城市网站公共服务开展情况、背景及影响因素	2009 年 6 月	区县	东部

（一）贵州省 T 地区案例分析

1. 个案选择的主要依据

2008 年中，作者到贵州省 T 地区，对该地区政府网站的公共服务开展状况进行了实地调研。T 地区位于贵州省东北部，是一个以农业为主的经济欠发达地区。之所以选择 T 地区作为研究政府电子政务公共服务的考察对象，主要基于以下两点原因：

第一，由于经济相对落后，T 地区的政府信息化起步较晚，而且由于地理位置相对偏僻，较少受到外来因素的干扰。因此 T 地区可以作为一个很好的"标本"来研究一个地方政府在"封闭"状态下推行电子政务公共服务会遇到的各种各样问题和影响因素。

第二，作为地区"一把手"的党委书记 L 是一位刚刚从省里调来的领导干部，思想观念比较新，对政府网站建设给予了高度重视。在其亲自关注下，政府网站有了实质性的发展。因此，T 地区的案例，对于剖析一个地方"从无到有"地开展电子政务公共服务，具有非常重要的参考价值。

在 T 地区，作者对地区党委书记 L、信息中心主任 H 进行了重点访谈，时间各约 1 小时。并对信息中心、政府办、旅游局、T 地区下属的 Y 县、S 县信息中心 5 位工作人员进行了访谈，时间各约半小时，力图从不同角度对同一个问题进行印证。

2. 网站公共服务状况描述

早在 2000 年，T 地区的时任区领导就将"政府上网工程"列为 2001 年要办的"十件实事"，但在翌年却因为该位领导调离，导致财政预算发生变化，直接影响到了项目的规模，原方案基本中止。

2008 年 1 月 20 日，原省委的干部 L 被调任到 T 地区，担任书记一职，他对政府信息化高度重视，给予了大力的支持。在 L 书记的亲自过问下，政府网站在 2008 年上半年实现了全新改版，改版后网站的内容、形式和规模都发生了质的飞跃。从之前的只有信息静态发布，发展为提供信息应用服务、政府互动交流、为老百姓办实事的多元化信息综合应用门户网。网站包含"政务网、招商网、科技网"等八个板块，包括了"专题、调查、考试、办事指南、互动社区"等 257 个栏目和子频道。

改版后，T 地区网站最大的特色是增强了网站的"互动性"。原网站上的一个简单的留言板被改造成一个可以进行互动交流的大型网络论坛。论坛置顶帖子中开宗明义地写道："×××平台，实实在在倾听你们的声音，而非花拳绣腿，更不是流于形式的摆设"。在互动论坛里，还有一个专门针对政府部门作风建设的栏目，供民众揭露政府部门在"行政执法、城市建设、市民生活、环境污染和作风建设"等方面的"陋习"。为了保障"互动"的人气，T 地区还专门在市区最繁华的步行街上用通俗易懂的语言打出广告——"不出门、不花钱、能办事"，让尽可能多的市民知晓网站的互动服务功能。

地区信息中心具体负责了网站的建设及日常维护。每天都有专门的工作人员上网站查看网民的发帖、评论，对于一些群众反映比较大的问题，信息中心会派人作实地调查，核实情况后把问题转达给相关职能部门。信息中心都会追踪这些部门的具体处理情况，并及时反馈给网民。对于网民提出的一些好的意见、建议或者具有典型意义的问题，信息中心还会定期将它们（包括处理结果）编辑成册呈送党政各级领导。

网站开通短短几个月时间，"政民互动"的作用通过几个网络事件发挥得淋漓尽致：

一是通过"雪灾专题"稳定了物价。

2008 年年初，一场百年不遇的冰雪灾害突袭了中国南方各省，T 地区受灾情况也相当严重。当时的交通已经非常不便，为了让市民和外界了解 T 地区雪灾的最新状况，信息中心在网站上开设了一个雪灾的专题栏目。专题开设后，很快就有老百姓反映当地有一些商家乘机哄抬物价，原来 2 块钱一斤的木炭涨到 10 块钱。一些贫困老百姓因此买不起木炭，生活陷入困境。这一事件在网站上一曝光，马上就引起了相关领导的注意。后来经过信息中心、物价局、工商局等部门的共同努力，对木炭价格进行了干预，保证了老百姓的取暖，维护了社会的稳定。

二是通过"互动社区"拆除火车站广场上的违章建筑。

2008 年年初，市民发现原本空旷的火车站广场上搭起了工地，工地里两栋高楼正在紧张的施工。这两座楼一旦建成，不但会使原本空旷的火车站广场变得局促不堪，还会彻底遮挡住火车站。一时间，关于火车站的话题成为互动社区里

111

的热点，很多网友就违章高楼的兴建表达了自己的不满。最后，在地区领导的亲自过问下，兴建中的两座高楼停了下来，继而被勒令拆除。

良好的互动效果大大激发了公众对政府网站的热情。2008 年上半年，T 地区网站互动社区新增注册会员 1 500 多人，发帖 7 000 余条，有效点击率超过 10 万人次。这在信息化水平不高，上网总人数较少的 T 地区来说已经是非常可观的一个数字。

3. 网站公共服务效果及影响因素分析

T 地区电子政务公共服务的特点是：以 2008 年为分水岭，网站的公共服务水平有明显的转变。当前阶段其电子政务公共服务的主要内容是信息公开和政民互动，特别是政民互动做得比较好，网上办事暂时还没有做起来。从公众参与的角度来看，T 地区电子政务取得的成就是非常显著的——从最初网站访问量寥寥无几，发展到半年注册人数新增 1 500、发帖 7 000 多、有效点击率超过 10 万，这在一个信息化基础条件比较落后、大量年轻人口常年在外打工的国家级贫困地区来说，已经是相当了不起的成就了。因此，T 地区网站公共服务状况应该说是令人满意的，其经验和做法也值得研究、借鉴。

本书认为 T 地区推进网站公共服务的经验主要有以下几个：

第一，地方高层领导重视民意对网站公共服务的开展作用至关重要。2000年，T 地区的时任区领导就将"政府上网工程"列入工作议程，翌年却因为人事变动直接导致该项目的不了了之。而 2008 年以后之所以 T 地区网站能得以大刀阔斧的"改版"一方面是电子政务整体形势的发展，更大的动力则是来源于新来的领导——书记 L。因此我们可以看出，地方高层领导——尤其是一把手领导的态度，对于网站公共服务的开展，起着至关重要的影响。作为"一把手"，T 地区的 L 书记不仅对电子政务主管部门的工作给予了大力支持，甚至还亲自以实名的形式登录网站互动社区与网民互动。在调研中，L 书记向作者表达了他对政府网站的看法：现在我们一些基层干部手中的权力确实也比较大，但是互联网却可以使上级领导直接了解到民众对他们的反映。这对 T 地区的各位县长、县委书记也算是一种警醒——不要以为在任上可以"一手遮天"、"什么事情都不会出我这个县"，他们现在对舆论监督越来越感到有压力了。有些地方给我送来汇报，我让他们下次直接挂在网站上就行了，不必亲自送来。这样既省了他们的时间，他们还不敢松懈。L 书记几乎每天都要登录政府网站，亲自查看网民反映的问题，有时还会亲自督促有关部门积极办理。正是由于地区"一把手"有这样的意识，L 地区从上到下，形成了一股尊重民意的浓烈氛围；对民意的重视也来自于政府对电子政务公共服务的定位。

第二，信息化管理机构确保了网站公共服务的贯彻执行。

而作为地方电子政务的主管部门，T地区信息中心对"政民互动"的技术支持和工作配合也是实现政民互动顺利开展的重要原因。在网络舆论的收集、信息真实性的核查、与相关职能部门的沟通、跟主管领导的汇报、对网民的反馈等环节中，信息中心都发挥了重要作用，保证了"政民互动"的顺利开展。在L地区调研期间，信息中心主任H向我们谈了他对政府网站作用的看法："T地区的政府门户网站首先是一个'信息航母'。同时还必须具备'为民办事中心、信息管理中心、政务公开的窗口'等职能"。当很多同类地方政府还将网站仅仅看作为一个信息的公告板，或者是政府宣传自身形象的"窗口"时，L地区能对网站有这样的定位是难能可贵的，在这样的"定位"指导下，各级部门才会重视民意，才会取得良好的实施效果。

第三，对网站公共服务进行了卓有成果的宣传。L地区地域偏远，信息相对闭塞，而且有大量的年轻人口常年在外打工，常住人口多以本地户籍为主，且年龄偏大。所以如何向老百姓推广网站，成为网站所提供的各种公共服务能否顺利推行的关键。在本案例中，看到L地区在宣传时没有用专业术语，而是在市区最繁华的步行街上用老百姓通俗易懂的语言打出广告——"不出门、不花钱、能办事"。寥寥几字，却使电子公共服务的概念深入人心。

第四，良好的互动进一步激发了民众的参与。网站公共服务光有宣传是不够的，关键是"用"。特别是当网站公共服务的效果被实践验证后，老百姓口口相传的推广效果要远远好于政府的宣传。因此，L地区在电子政务网站公共服务的推广过程中，特别注重加强与公众的互动。对公众提出的问题进行及时的答复，对公众反映的情况作认真的调查并迅速给出回应。尤其是在木炭价格干预、火车站违章建筑拆除等几个重大事件的处理上，得到了广大网民的认可，从而进一步激发了民众的参与热情。

当然，在调研中也发现L地区在网站公共服务发展过程中，还存在着一些不足之处，影响到服务的及时回应，进而影响到了电子政务网站公共服务能力的提高。主要有以下两个方面：

第一，以前整个地区信息化基础比较薄弱，因此由地区信息中心进行统一协调比较得力。但是，随着各个部门、各个区县对信息化工作的重视，很多部门已经开始在自己筹备机构、上马项目，重复建设、资源分割的苗头正在出现。尽快制定一个覆盖全地区的信息化统一规划成为一项迫在眉睫的重要任务

第二，针对公众的意见建议，缺乏一个制度化的协调解决机制。目前，L地区对于老百姓在网站上提出的问题，通常是由信息中心组织人手进行现场核实，再通知相关的职能部门处理，并对处理情况进行督查，有时甚至还会像警察一样帮助事主"分析断案"。这种方法，在应用的初期比较有用，但信息中心的人员

本身就很紧张，随着用户数的增加，凡事"事必躬亲"必然会导致工作人员疲于奔命，效果也不一定理想。只有建立一种对网民反映问题的制度化的协调解决机制才是根本出路。

第三，针对职能部门的处理，没有有效的督办措施。公众的问题转到职能部门以后，什么时候处理、如何处理就完全由职能部门说了算，信息中心可以查询、催促，但无法有效地督办。因为信息中心是一个事业单位，没有督办的权限。现在 T 地区信息中心采用的办法是对一些迟迟得不到回复的"案子"编制成册送交地方领导，由领导出面协调。这能解一时之困，但不是根本的解决之道，而且这是以领导的重视为前提的，一旦今后发生人事变动，新来的领导对此事不够重视，督办效果将大打折扣。

综上所述，T 地区网站公共服务的影响因素总结归纳如表 3-3 所示。

表3-3　　　　　　贵州省 T 地区政府网站公共服务的影响因素总结

贵州省 T 地区政府网站公共服务的影响因素	
积极因素	消极因素
◆ "一把手"领导的支持 ◆ 信息中心的积极配合 ◆ 其他部门信息基础薄弱，凸显出"信息中心"的强势 ◆ 广告宣传，扩大网站公共服务的知名度	◆ 对领导个人因素倚重过大 ◆ 针对公众的意见建议，缺乏一个制度化的协调解决机制 ◆ 对职能部门如何处理网络民意，只是依靠"人治"办法在进行，没有形成有效的督办法规、制度 ◆ 各职能部门筹建自己的信息化管理部门，重复建设隐患开始显露

（二）河南省 Z 市案例分析

1. 个案选择的主要依据

2008 年下半年，课题组来到河南省 Z 市，对该市的政府电子政务公共服务状况进行了实地调研。之所以选择 Z 市作为政府电子政务公共服务的调研对象，主要基于以下几个原因：

第一，Z 市是一个典型的地级城市，经济水平在全国处于中游，电子政务起步不快也不慢，它的行政审批事项不如直辖市那么复杂，但也比区县要多，而且有一些事项的审批要同时涉及市、县两级政府，有助于考察这两级政府之间的互动。因此，以 Z 市为研究对象比较具有代表性，其研究结果具有较强的参考价值。

第二，Z市开展网站公共服务的最大的特点在于没有建物理的"行政审批大厅"而直接建"Z市网上审批系统"，有助于集中反映"网上办事"从无到有的过程中出现的问题、影响因素。

在Z市期间，作者对Z市电子政务领导小组办公室主任X、市电子政务中心主任S进行了重点访谈，并走访了Z市国税局、地税局、劳动和社会保障局劳动工资处、Z市SJ区等单位，就"网上办事"问题和其工作人员进行了沟通，并且在多个办事窗口对前来办事的公众进行了随机调查。另外，在Z市调研期间，作者还拿到了《Z市电子政务2007年总结和2008年工作计划》、《Z市SJ区资源整合情况介绍》等文字材料，为访谈和调研报告撰写提供了有益的补充。

2. 网站公共服务状况描述

Z市政府门户网站建的很早——1999年互联网上的"Z市人民政府"便正式落成开通了。之后在2005年6月和2006年9月，Z市网站进行过两次重大改版，这两次改版的一个重要原则就是按照依法行政和政务公开的要求，准确及时地公开政务信息，制定信息公开的目录、公开的制度；政府文件实现同步上传，市政府新闻发布会也同步搬到了网上进行，相关背景材料也同时在网上发布。

Z市门户网站非常注重与公众的交流互动，通过开设"政务论坛、在线访谈、民意调查、市长信箱"等栏目听取民意，接受监督。在互动过程中，Z市门户网站特别注重抓社会热点：2007年，为配合市法制局关于"禁放"、"限养"两条例征集意见，在网站上开设了网上征求意见栏目，在10天的意见征询期内，通过网上投票、信函、发送短信等方式，本市共有近20万市民参加了此次民意测验，其中网上投票达18.3万余票。群众参与度之高、反响之热烈可见一斑。另外，在谈及一些社会热点和老百姓关心的问题时，还经常邀请相关政府部门的领导与网民在网上进行在线交流，如"全民医保"、"火车站西出口建设"、"Z市社区卫生服务"、"物价局长谈物价"、"城市养狗"等，每次都得到了网民的热烈响应，取得了良好的社会效果。

在网上办事方面，本来这一块一直是Z市的"软肋"，业务量长期停滞不前。Z市致力于"苦练内功"——通过提高政府自身的管理水平来间接地提升服务水平。Z市电子政务领导小组办公室主任X给作者举了两个具体的例子：

一是网上审批业务。Z市从信息公示、表单下载开始，逐步推进行政审批的"电子化"。2006年3月1日，"Z市网上审批系统"正式开通，经过梳理整合后的全市各职能部门共278项行政审批项目实现了上网运行，业务涵盖44个委局。截至2007年12月12日，通过网上行政审批中心受理业务25 557件，办结22 845件，受理网上咨询1 477件，回复1 370件。

二是"Z市税源经济信息共享系统"。该系统目前已完成一期工程的建设，实现了全市 31 个市直部门涉税信息的数据共享。通过数据比对，有力地实现了全市涉税基础信息的整合，促进了财政增收。

可以说，在网上办事方面值得一提的是"Z 市网上审批系统"，Z 市决定以公共服务业务量最大的"网上审批"业务为抓手，重点突破。因为 Z 市是在没有建物理的"行政审批大厅"的情况下而直接建"Z 市网上审批系统"，颇具创意和魄力。2006 年 3 月 1 日，系统正式开通运行，首批上网运行的审批事项为 278 个，业务涵盖 44 个委局。系统提供网上受理和大厅受理两个模式，用户还可以在线咨询、预约、投诉，并随时通过互联网查询办理结果；可以通过市政府短信平台和用户沟通，告知办理结果和需要补办材料等信息；效能监督模块提供了受理网上投诉、跟踪督办、效能统计等功能，领导功能模块提供了监督、报表统计等功能。

在各地推行"网上审批"的过程中，如何准确地进行客户认证一直是一个难题：客户认证是开展公共服务的前置条件。有些服务只能针对服务对象本人，如果将客户认证采用电子化方式来进行的话，目前的技术条件下很难杜绝假冒身份、信息窃取等现象，而如果采用现场验证身份信息的话，则服务对象又得亲赴服务窗口，使电子政务公共服务的"便捷性"大打折扣。为了解决这个问题，Z 市创造性得采用了一种"实名制"的方法，具体操作流程如下：

第一步，网上审批业务申请人需要在网上注册身份。如果是自然人在注册的时候需递交身份证的扫描件，如果是企业法人则需企业营业执照的扫描件。接受注册及有关信息核实的工作由 Z 市电子政务中心担当。

第二步，在注册成功后，申请人可以登录"Z 市网上行政审批中心"，找到对应的部门，提出办理要求。网站会根据所申请项目的不同弹出相应的电子表格让申请人网上填写。

第三步，网上递交的申请件会传递给相关职能部门的办事人员，要求其在规定的时间内办结。在这个过程中如发生某一需要进一步确认沟通的事项，会采用短信通知的方式联系申请人。

第四步，在办理过程中，申请人可以在网站上查询办理情况。办结以后，可以在网站上查询到结果并得到手机短信通知。

第五步，如办理成功，则由申请人赴相关职能部门领取办理结果。

在这个过程中，有一个步骤非常关键，即第一步身份认证工作。无论是自然人还是法人，只有经过身份认证才可以在网上进行各种审批业务的申请。这也是一个近似"单点登录，全程用户管理"的过程，这种做法的好处是：通过递交身份证、营业执照等证明文件电子版进行身份确认以后，该"用户"便可以一劳永逸地进行各种业务办理，不必到各个职能部门一一进行确认。这样既节省了时间，也提高了效率。

课题组在 Z 市调研时，在劳动和社会保障局劳动工资处，亲眼见证了"实行特殊工时制"审批全程信息化处理——申请人在客户端提出申请，相关职能部门发现该申请人是系统已经确认过身份的"用户"，因此不再重复进行身份确认而迅速给出处理结果，整个过程全部在网上运行，既快捷又节约成本。

劳动工资处的一名工作人员告诉记者："以前企业来我们这办业务的时候，经常第一次先过来领表，回去填完再送过来。有的时候填写不对甚至会来回跑好几趟。不但企业办事人员不胜其烦，我们办公室里也是人满为患。""自从 2006 年 3 月实行网上审批以后，这种现象就再也没有了，企业不需要来领表，直接在网上填写即可，表格是否填写正确只要看我们是否给予'受理'信号，修改也很方便，直接在网上进行。现在企业只需来我们这里一趟领取最终办理结果即可。企业的效益大大提高，我们的工作量也减轻了。"

"Z 市网上审批系统"正式开通后，经过梳理整合后的全市各职能部门共 278 项行政审批项目实现了网上运行，业务涵盖 44 个委局。截至 2007 年 12 月 12 日，通过网上行政审批中心受理业务 25 557 件，办结 22 845 件，受理网上咨询 1 477 件，回复 1 370 件。

当然，这种形式的"网上审批"有一个前提——即申请人不需递交相关证照的原件。另外最终的办理结果需要申请人到相关机构领取，这一步不能"网上办理"。在劳动局，调研组还遇到了几位前来查验相关证照原件的办事人，他们表示，是从同行、朋友那里听说了 Z 市所提供的这种网上办事方式，其效果得到了实践的验证，因此也纷纷带着证照原件过来，希望能尽快通过验证，成为网站的正式"用户"，从此以后就可以享受网上服务的快捷，而不用一遍一遍地跑业务窗口了。有一位已经使用了网上服务的办事人向调研组表示，他们公司现在的年审就可以通过网上办理，"非常方便"，相比以往省事不少。但是在被问及对这套系统还有什么改进意见时，这位办事人员表示，"最大的问题就是现在能够全程网上办理的业务数量太少"，"绝大多数的业务还是要带着有关证照原件亲临现场办理"。

3. 网站公共服务效果及影响因素分析

河南省 Z 市网站公共服务的特点是：首先，覆盖面广，在"信息公开、政民互动、网上办事"三个方面都有体现；其次，创造性地在未建物理"行政审批大厅"的情况下通过虚拟的"行政审批大厅"将行政审批业务网络化；最后，在网上办事的实现过程中加入了身份认证的环节，保证了网上办事的真实性、可靠性，对一些业务相对简单，办理时不需要递交有关证照原件的审批事项来说效果最为明显。

Z市网站公共服务的推行，得益于以下几个因素：

第一，国家层面的项目带动。最明显的例子就是"Z市税源经济信息共享系统"。该系统之所以启动，主要是因为2002年，国务院信息化工作办公室、国家税务总局、国家工商行政管理总局和国家质量监督检验检疫总局四部委按照国务院领导同志批示精神，联合印发了《关于开展企业基础信息交换试点的通知》（国信办〔2002〕62号），决定在北京、青岛、杭州、深圳开展企业基础信息交换试点工作。2003年10月，四部委又联合印发了《关于深化扩大企业基础信息共享和应用试点的通知》（国信办〔2003〕47号），决定扩大试点。Z市虽然没列入这两次试点，但却从中看出了税源信息共享所带来的巨大契机，主动向国家试点看齐。2006年，随着Z市"十一五"规划的启动，"建立涉税信息平台、完善税源信息交换与共享机制"的目标被提上了政府议事日程。

第二，领导重视与政民互动相得益彰，成为推动网站公共服务的巨大外力。在Z市网站建设过程中，市委、市政府始终给予了高度重视。市一把手领导亲自挂帅"电子政务领导小组"，加强业务上的指导和部门间的协调。而Z市信息化早期一些政民互动栏目推出后，引起各大媒体整版报道，取得了很好的社会效果，又反过来进一步增强了市领导对做好网站公共服务的信心。

第三，信息化主管部门的大力推动和有效执行。河南Z市的网站公共服务从"信息公开、政民互动"到"网上办事"的整个过程中，作为市电子政务领导小组的日常办事机构"市信息办"及其下属的技术部门"市电子政务中心"功不可没。这两个部门无论是在规章制度建设、在线交流的组织、网上办事的需求调查、考核监督等方面都发挥了巨大的作用，确保了网站公共服务许多功能的实现。

第四，政府与公众的有效互动，特别是在一些全市性的、公众普遍关注的重大事件上，采取了开放的态度，充分与公众交流互动，使公众的参与人数和参与程度都有明显的上升，这对提高网站公共服务能力起到了至关重要的作用。

第五，Z市首创的"实名制"身份验证模式，是一种站在公众立场上，充分进行换位思考，并且结合信息化特点而作出的管理模式的创新。它既方便了公众的网上办事，又利用了信息化的特点，规避了其风险。这对提高应用成熟度也起到了巨大的推动作用。当然，这种模式目前也存在着很大的问题，主要是与现有法律法规的冲突。这个问题值得引起上级部门的重视。

尽管Z市的网站公共服务，在信息公开和政民互动方面已经进行得比较完善，网上办事也有了一定的探索，但是跨部门的"并联审批"目前还没有有效地开展起来。在调研中，作者发现Z市的网站公共服务也存在着一些制约因素，阻碍着服务效能的发挥。

第一，"原件"困境。目前 Z 市能进行业务网上受理的主要是一些不需要递交相关证照原件的流程，如果按规定需要递交原件，则最多只能做到一些初始表单的网上下载、填写，办理时还得由申请人到政府部门窗口办理。递交原件，是为了审核申请人身份的需要，是对申请程序负责任的表现，但是在信息化的今天，这一过程无疑对开展网上审批已经起到了阻碍作用。能否通过将有关证照的原件进行电子化处理来实现呢？对此 Z 市曾进行过尝试，但又遇到新的"问题"：Z 市曾要求各审批部门在审批通过后，如需要发证的业务，要把证件信息详细录入系统，供其他部门查询共享。例如按照国家现有的流程，如一家企业在注册过程中需要先接受卫生监督部门的检查，获得《卫生许可证》以后再拿着该证到工商部门办理登记。电子政务中心曾设想：既然现在网上有了该企业《卫生许可证》信息，那么可不可以在后一道程序中直接引用该电子文档而不必再查验原件。但 Z 市工商部门表示，出具《卫生许可证》原件是有"国家工商系统的明文规定的"，复印件还需要在工商存档，如果要换一种形式，改为网上数据库查询的方式来审核，"除非市政府发一个专门的文件"。对此，Z 市电子政务中心主任 S 很是感慨："应该说，把政府部门出具的相关证照信息录入系统，各部门实现共享，对于申请人办事来说更加简便，相比纸质文件也更加不容易造假。但是在现有的条件下就是行不通，这已经成为阻碍网上审批业务开展的一个重大障碍"。

就这个问题，调研组后来作了专题调研。了解到目前 Z 市能进行业务网上受理的主要是一些不需要递交相关证照原件的流程，如果按规定需要递交原件，则最多只能做到一些初始表单的网上下载、填写，办理时还得由申请人到政府部门窗口办理。

之所以会出现这种局面，不是 Z 市有关部门"不作为"，而是在一些职能部门办理的业务中，有国家或省级法律法规的明文规定，必须查验证照原件。对于这些办理流程，Z 市独创的"实名制"办法也无能为力，因为市级权限不可能与上级的规定相抵触。

因此，本书认为，为了使电子政务应用成熟度进一步拓展。国家有关法律法规必须相应地作出调整，考虑到信息化环境下公共服务方式和手段的变化，要尽量能与电子政务公共服务方式相"兼容"。

第二，机构困境。Z 市在推进网站公共服务时还面临着一个"机构困境"。根据三定方案，Z 市电子政务中心只负责网上审批的技术实现，对各个职能部门网上审批业务的具体开展没有督导权。这就导致了实际工作中"责""权"关系的不协调，不统一。在这种状态下，技术部门仅从技术角度提出方案的实施建议，具体网上审批的效果好坏要取决于各个职能部门对网上审批业务的重视程度。如果职能部门对网上办事重视还好，一旦某个部门不重视，技术部门也无任何制约手段。

第三，心理困境。网上办事、并联审批的实施还需经过一道心理关。因为毕竟这是一项新事物，对于 Z 市政府机关的众多非技术部门来说，将传统的流程放到网上，由原来的面对面办理改为在电脑上办理，总有一些心理上的不适应：生怕网上办理的没有效果，另外对网上办理的安全性也存在着一定的心理担忧。调研了一些并没有采用过网上审批的行政相对人，他们表示之所以不用上网方式递交审批申请，主要是以前从来没有用过，怀疑这种方式的有效性，同时也担心一旦上网，那么自己的相关信息会不会泄漏，引发一些不必要的麻烦。因此作者认为 Z 市在电子政务网站公共服务推进过程中，相关的推广宣传方面还有所欠缺，没有及时地将这种先进的办事理念和如何进行办事的详细方法灌输给公众。

综上所述，河南省 Z 市政府网站公共服务的影响因素总结如表 3 - 4 所示。

表 3 - 4　　　　　　河南省 Z 市政府网站公共服务的影响因素总结

积极因素	消极因素
◆ 国家层面的项目带动 ◆ 市领导的支持和"政民互动"的良好的社会影响相得益彰 ◆ 信息化主管部门的大力推动和有效执行	◆ 原件困境。许多流程的实现要查看证照原件，而电子版又缺乏法律效力，导致许多审批业务无法在线开展 ◆ 机构困境。技术部门"一头热"，各职能部门积极性参差不齐 ◆ 心理困境。一时无法适应传统服务向网络服务的转变

（三）直辖市 S 市案例分析

1. 案例选择的主要依据

2009 年 5 月，作者到直辖市 S 市，对该市的政府网站的公共服务开展状况进行实地调研。S 市是我国的四个直辖市之一，经济发达，政府部门开展信息化的时间比较早，S 市政府网站在近年来历次地方政府网站评比中基本保持在前三的位置。

来 S 市进行调研，主要目的是考察 S 市——这个地处我国改革开放最前沿的城市，其电子政务公共服务开展情况是什么样的？与其他地区相比，有哪些不同之处？应用效果如何？有没有遇到什么特别的问题？其解决办法又是怎样？

在 S 市调研期间，作者主要对"中国××"政府门户网站编辑部主任 T、副主任 M，以及工作人员 C、L 等人进行了访谈，并在多个职能部门的窗口与前来办事的社会人员进行了访谈。

2. 网站公共服务状况描述

S市的电子政务公共服务开展时间较早。早在2001年，S市政府网站管理部门就意识到"政府网站是政府的延伸"，开始试探性地将信息公开、办事服务等纳入到网站建设中去。2002年，市信息化主管部门提出，政府网站的主要功能有四项——公开、办事、服务、互动。还在网站上打出广告语——"发布权威信息、拓展网上办事、提供便民服务、构筑互动渠道"。但在当时，S市政府网站主要还是以"公开、互动"为主，"办事"和"服务"加起来总共只有5项，到年底时才增加到17项。

2003年S市加快了"网上办事"的步伐，首先是进行职能的梳理，市里要求各个职能部门将自己所属的流程梳理好统一报给信息化主管部门。当时的"网上办事"主要分为三个环节：网上受理、网上状态查询、网上动态告知反馈。到年底时，实现了400多项审批事项的网上办理。2003年12月11日，S市召开政府网站建设工作会议，时任市委书记的Y认为网站办事进展还是偏慢，提出"对落后的容忍就是对先进的残忍"，决定以更大的力度推进网上办事，凡是不配合信息化主管部门工作，没有在规定时间内将自己所属行政许可事项报上来的部门，"将取消它的职能"。

2004年5月1日，S市颁布实施《S市政府信息公开规定》，明确指出，"互联网上的政府网站是政府信息公开的一个重要渠道和形式"。同时也指出，"依据本规定应当公开的政府机关的有效规范性文件，在本规定施行前没有依法公开的，自本规定施行之日起6个月内应当通过互联网上的政府网站予以公开，也可以同时通过其他适当形式公开。"

2004年，S市意识到电子政务公共服务必须依赖强有力的后台支撑，因此决定将政务外网和互联网连接起来，两者之间逻辑隔离。S市专门成立了"政府公共网络服务中心"，其主要职能有两个：一是政务外网的网络建设（运维、安全、道路建设）；二是构建基于政务外网的协同办事平台，包括"数据传输、数据交换、身份的认证、多部门串联审批、协同办公"等功能，项目在2006年建设完成。现在S市政务外网已经链接到居委会，市级层面的有700多个点（指服务终端），区级层面有6 500多个点，连接的计算机将近80 000台。

2008年，S市又在原先协同办事平台的基础上进一步启动了二期建设，并将原先基于公务网涉密网的办事和服务全部搬到政务外网上。二期建设提出了"六个一"的建设目标：统一受理、统一查询、统一交换、统一监管、统一维护、一统多存。其中"一统多存"是针对有些委办局有自己独立的办事平台、没有依托S市政务外网平台的现象，提出这些部门的数据可以分别存储在部门和

121

市级平台等"多"个地方,管理维护的时候却要"统一"起来,是一种比较先进的管理运行模式。

除了"一统多存",S市还实现了"一统到下"。即市级政府和区县级政府的"串联审批"。近年来很多原本市属的权力下放到区县,有些部门如工商、审计等,区县和市里开始共享系统,而不是独自开发。

从应用效果来看,截至 2008 年底,S 市可以通过政府网站办理的事项总共有 700 多项。这 700 多项办理事项里面,有 600 多项可以实现办事状态的在线查询,有 500 多项可以实现办理结果的网上反馈。在一些用户身份认证可以保证,不需要递交原件的流程——如年检等,已经实现了网上"一办到底";S 市网上办事在线受理的方式也有了质的飞跃,2003 年时,"在线受理"只是表格下载,而目前已经普遍实现了在线表单递交。

3. 网站公共服务效果及影响因素分析

S 市网上公共服务的特点是:网上公共服务起步早、投入大、重视度高,在发展过程中,提出的一些先进发展理念在全国长期处于先进行列。经过多年的发展,S 市单个部门的网上服务已经比较成熟,而且实现了全市范围内"横向"、"纵向"的平台统一。但跨部门、跨行业的并联审批业务还没太好的应用,有待于进一步发展。

S 市在电子政务应用成熟度方面的成功经验有:

第一,市里领导的高度重视和大力支持。S 市从 2001 年尝试开展电子政务公共服务至今,一直得到市领导的大力关注和支持。2003 年时任市委书记的支持,使当时各个部门的流程梳理按时完成。对于网站公共服务开展过程中遇到的一些新问题,S 市多次采用《市长办公会会议纪要》的形式,下发给各个单位,要求遵照实行,对保证电子政务网站公共服务,特别是网上办事的开展起到了非常重要的推动作用。

第二,法律法规建设保障较为完备。作为我国改革开放的前沿,S 市在法制建设方面也走在了全国的前列,出台了一系列地方法规,确保电子政务公共服务的顺利进行。2004 年 5 月 1 日——比国家级的《中华人民共和国政府信息公开条例》提前了整整四年,S 市就颁布实施了《S 市政府信息公开规定》,明确指出"互联网上的政府网站是政府信息公开的一个重要渠道和形式"。2009 年 3 月 30 日,S 市政府常务会议,审议并原则通过《S 市并联审批试行办法》、《S 市行政审批告知承诺试行办法》和《关于进一步加强政府信息公开工作的若干意见》等三个与电子政务公共服务密切相关的文件。《S 市并联审批试行办法》、《S 市行政审批告知承诺试行办法》要求及时研究分析实践中出现的新情况、新问题,突破瓶颈,不断完善操作。要求加快建设全市统一的网上行政审批管理和服务平台，逐步实现行政审批的全覆盖管理、全方位公开、全过程监督，大力提高政府行政效能和行政透明度；《关于进一步加强政府信息公开工作的若干意见》就财政资金和社会公共资金公开、政府投资项目及计划规划公开、政策公开、公共服务类信息公开等，明确了深化政府信息公开的重点领域和重点内容。

第三，管理方法上大胆创新。S市比较善于在管理的方式方法上进行创新，这是作者在S市调研时的一个深切体会。例如，当前S市开展的跨部门网上并联审批在工作中遇到一个难题——例如，一些"强势"部门，通常是那些垂直领导、拥有资源比较多的部门，如工商、海关等，它们出于各种因素的考虑，不愿意把自己的资源共享给其他部门。针对这种情况，S市领导责令把该项工作让"强势"部门作为牵头单位限时完成。如工商局被落实为"市场准入"并联审批流程的牵头单位；发改委被落实为"固定资产投资"并联审批流程的牵头单位；建交委被落实为"带资建设"并联审批流程的牵头单位。"难点、疑点在哪里，我们就干脆让谁负责牵头，这样就能化阻力为动力，很快便理顺了关系"，S市政府门户网站编辑部主任T在接受调研时如是说。

第四，监督考核比较到位。S市对市属各区县、各委办局，每年年底都要进行一次评议活动，考察其在"信息公开"、"政民互动"、"网上办事"等方面对市级网站的支持力度。这种制度化的评议保证了各个部门的工作积极性，也有助于及时发现问题并及时作出政策调整。

尽管S市在推进网站公共服务过程中积累了很多经验，但在调研中，作者也发现，S市开展网站公共服务过程中的依然阻力重重，主要来自于以下几个方面：

第一，行政管理体制改革造成的部门职能调整，给网上办事带来了不确定性。为了推动网上办事，S市曾对下属委办局所承担的所有行政许可审批事项和非行政许可审批事项进行过三次大规模的梳理。2003年，全市的总数是1 600多项，2006年是1 800多项，而2009年"大部制"改革以后又变成2 200多项，之所以会有如此大幅度的变动，主要是近几年国家行政管理体制改革加快，部门以及流程的调整。应该说，国家推行行政管理体制改革的方向是正确的，但这种改革客观上造成的机构合并或重组，给网上公共服务的开展的稳定性造成了一定的影响。

第二，某些"强势部门"对并联审批积极性不高，影响了网上办事的开展。如上文所述，S市在推进网站并联审批业务时，有些垂直领导、拥有资源比较多的部门往往不愿意进行信息共享，成为制约网上办事开展的瓶颈。究其原因，主要是这些部门认为"共享"以后，自己的数据给人共享，工作量也会提高，其他部门可以从中得到"好处"，但自己从其他部门那里共享得到的"好处"非常有限，因而积极性不高；还有一些"强势"部门是因为本部门系垂直领导，行业性的法规条文规定自己没有义务参加地方性的信息系统建设。

第三，公众的使用习惯问题。S市网站公共服务还遇到一个问题——似乎老百姓对这种全新的服务方式还不够适应，有人担心网上递交的表单能否顺利送到政府部门手里，也有人担心在网上办事过程中泄露自己的个人信息。因此，一些老百姓明明有条件可以网上办事，却还是选择到政府办事大厅或职能部门窗口办理。针对这种情况，S市采用了一些"鼓励政策"来加速老百姓对网上办事的适应。例如，在民政部门的结婚登记环节，只要提前在网站上进行了"预受理"，那么办事人到现场后可以不用排队直接办理，这一措施的推出，对于应用的推广起到了立竿见影的作用。课题组在多个职能部门的办事窗口随机调查了几十位前来办事的人员，询问其对网上办事的看法。结果发现，有相当一部分人（大约40%）并不知道自己要办的业务可以通过网上办理，有些人（大约30%）虽然知道可以用网络办理，但是由于觉得"太麻烦"、"不会"、"怕数据丢失"等原因，还是宁可采用传统的方式来办理业务。S市的案例说明，在电子政务公共服务推进过程中，面向服务对象宣传推广的重要性不亚于政府内部的技术革新和管理改进。

第四，法律法规仍存在瓶颈。S市虽然在网站公共服务的法制环境建设方面走在全国的前列，但是与快速发展的实践相比，法制建设仍显得有些滞后。S市政府门户网站编辑部主任T表示："现在关于个人身份的网上认证，国家制定了《电子签名法》。但这部法律主要是为电子商务、为外贸服务的。政府网站公共服务经常涉及企业、法人身份的认证问题，尤其是需要公章的时候，却一直缺乏法律的保证。我觉得国家还有必要出台一部《电子印章法》"。网站编辑部副主任M也表示："目前就电子政务而言，技术已经完全够了，但法律上还需要改进"。

第五，原件困境。S市网站公共服务遇到的一个技术问题就是"原件困境"。很多网上办理业务都需要递交证照原件，有些可以通过政府部门数据库中的存档文件来核实解决，如执照的年审。但目前大部分的审批流程，并不认可电子版证照，还是需要用户到窗口现场递交。有个别流程，即使电子版证照具有同等法律效力也无法实现电子版——如建筑设计图，面积很大，根本无法扫描。原件困境的存在，使得很多原本可以"一贯到底"的网上办事流程，只能在网上"预受理"一下，许多服务对象为此也降低了采用电子政务网站公共服务的兴趣。

综上所述，直辖市S市政府网站公共服务的影响因素总结如表3-5所示。

表 3 – 5 直辖市 S 市政府网站公共服务的影响因素总结

积极因素	消极因素
◆ 一把手支持 ◆ 法律法规的相对完备 ◆ 工作方法创新 ◆ 监督考核到位	◆ 行政管理体制改革造成的部门职能调整 ◆ "强势部门" 对并联审批积极性不高 ◆ 公众的使用习惯问题 ◆ 法律法规仍存在瓶颈 ◆ 原件困境

(四) 江苏省 N 市案例分析

1. 个案选择的主要依据

2009 年 5 月，作者到江苏省 N 市，对该市的政府网站的公共服务项目——"权力阳光"开展实地调研。江苏省 N 市地处经济发达的东南沿海，政务信息化水平总体来看处于全国前列。

之所以到 N 市调研，是因为 2006 年 N 市启动了一个在全国都颇有影响力的网站公共服务项目——权力阳光，对该市的网站公共服务提升发挥了明显而重要的推动作用。考察 N 市案例，有助于了解在具体项目带动下，地方政府网站公共服务水平的发展轨迹和受到的因素影响。

在 N 市调研期间，作者对江苏省信息产业厅 Q 处长、N 市信息中心主任 X 进行了访谈，并得到了《电子政务与行政执法工作方式创新——N 市权力阳光运行电子政务系统建设实践》等文字材料。

2. 网站公共服务状况描述

2005 年，为贯彻落实中共中央《建立健全教育、制度、监督并重的惩治和预防腐败体系实施纲要》，加快和完善 N 市惩治和预防腐败体系的建设，加快建设公共服务型政府，江苏省 N 市委、市政府开始了相关研究与实施工作。在市委、市政府的直接领导下，市纪委、市政府办公厅、市法制办、市监察局、市信息办等单位组成联合考察组，分赴邯郸、广州等城市进行了参观学习，同时，深入多个部门、区县召开专项工作座谈会，了解全市电子政务建设相关具体情况，就如何利用信息技术手段，增强政府服务功能、加强惩防体系建设，开展了广泛地研讨活动。

经过半年多时间的调研论证，工作思路渐渐清晰，N 市提出要 "以政务公开为原则，以电子政务为载体，以网上政务大厅为平台，推动行政执法权网上规范、透明、廉洁、高效运行"。2006 年初，N 市以市委、市政府名义出台了《加快电子政务建设，构建权力阳光运行机制的意见》，标志着 "权力阳光" 项目正式启动。2 月，市委、市政府成立了由市委书记和市长负总责、市纪委书记任组长，相关职能部门参加的市构建权力阳光运行机制工作领导小组，领导小组下设办公室在市监察局。市级机关各部门、各区县也相应地成立了专门工作机构，具体工作由各部门、区县办公室牵头，和法规处（或法制办）、监察室、信息中心等相关人员组成工作班子，与市阳光办对应，负责本部门的构建权力阳光运行机制工作。

"权力阳光"项目的展开经历几个非常重要的步骤：

第一步，要求各个部门根据法律、法规、规章的依据，以及"三定"方案规定的行政执法权力，按照"行政许可、行政处罚、行政征收、行政强制和其他行政行为（包括非行政许可的行政审批、行政给付、行政确认、行政裁决、行政备案等）"为分类准备进行梳理，梳理结果需报送同级法制办审核，经认定后采用一定规范的形式对社会公布。经梳理，截至 2006 年 4 月底，市级各类行政执法权力共 5 878 项，其中行政许可 265 项、行政征收 191 项、行政强制 120 项、行政处罚 4 546 项、行政其他 756 项。2007 年上半年，结合 N 市实际，对初步确认的行政权力事项再次进行全面梳理，通过取消、挂起、合并等措施，市级行政执法事项最终核减到了 3 731 项，其中行政许可 254 项目，行政处罚 2 699 项，行政征收 129 项，行政强制 112 项，其他行政行为 506 项。

第二步，在流程梳理的基础上，N 市编制了《N 市行政职权目录》，对保留下来的 3 731 项行政执法事项逐项统一编码管理，使每项行政执法权都有了唯一的"身份"。并明确规定，凡未经清理核定、报备、不在职权目录中的行政权力均不得行使，确保了权力底数清、来源明，为权力阳光运行机制建设打下坚实基础。

第三步，结合贯彻《中华人民共和国政府信息公开条例》，N 市颁布了《政务信息公开规定》，全市所有行政执法权力事项全部在"中国××"网站、市网上政务大厅和各单位门户网站同源公布，凡未在网上公开的行政权力（经批准除外）一律不得行使。

2009 年初，市级监察监控系统试运行，实现了行政执法权力事项的动态管理。截至 2009 年 5 月，经核定的市级行政执法事项为 3 388 项，其中行政许可 237 项目，行政处罚 2 582 项，行政征收 79 项，行政强制 114 项，其他行政行为 376 项。

在市级 3 388 项行政执法权力事项中，行政许可、行政处罚、其他行政行为共计 3 085 项执法权力，分别在市级平台或部门行政执法系统中实现网上运行；有 110 项行政执法权力在国家、省部门垂直业务系统中实现网上运行；行政征收已由市财政部门统一建设征收业务系统；行政强制权力通常由于伴随行政处罚权力行使，没有单独建设业务系统。自 2006 年年底至今，市级部门办件量已超200 万件；13 个区县办件量近 7 万件。

3. 网站公共服务效果及影响因素分析

N 市从"权力监督"的角度出发推出的"阳光运行电子政务系统"本质上也是一种以网上办事为核心的网站公共服务，它通过构建市级、部门和区县两个层面的工作平台，实现了网上政务公开、网上办公、网上监察监控三大主要功能，基本满足四个方面的需求，即：满足社会公众了解行政事项办理相关情况的查询服务功能；满足机关工作人员高效办公的载体服务功能；满足纪检、监察、法制等部门对权力运行的实时远程监督、监控功能；满足各级领导科学决策的辅助服务功能。

作者认为，"权力阳光"项目建设的推力主要来自于以下几个方面：

第一，国家政策面的推动。N 市信息中心主任 X 在调研中谈到：一直以来他们都认为"政府网站公共服务"很重要，但由于其内容比较散，服务主体更是各个职能部门，因此一直缺乏一个合适的"抓手"。2005 年，中共中央出台了《建立健全教育、制度、监督并重的惩治和预防腐败体系实施纲要》，为 N 市推进网站公共服务打开了"机会窗口"——从此 N 市确定了以"权力监督"为抓手的网站公共服务发展方向。

第二，系统建设相关规范制定。权力阳光运行电子政务系统建设，涉及的部门和事项众多，各部门由于各自基础条件不同，又采取了不同的技术实现方式，如市级执法部门就有自建行政执法系统、进入市网上政务大厅办公两种方式。为保持全市权力阳光运行电子政务系统的整体性、提高信息资源利用程度，必须对行政执法权力运行流程细化、执法工作规范、部门及行政权力事项分类编码、应用系统功能设计、交换数据项、各类接口标准等进行约定和规定。迄今为止，N 市已发布了《构建权力阳光运行机制电子政务系统建设规范》、《权力阳光运行机制建设和管理暂行规定》、《构建权力阳光运行机制工作考核验收办法》、《行政处罚自由裁量权指导意见》等规范性文件，从而形成了统一的建设规范，以使全市的权力阳光运行电子政务系统建设能够作为一个有机整体协调地综合推进。

第三，工作方法的创新。N 市在推进网站公共服务水平的过程中也出现了创新工作方法的做法。例如，计生部门和公安部门在实际工作中存在着"重复采集"数据的现象，N 市信息中心在两个部门之间协调，试图使他们能够实现信息共享。但是公安部门表示，来自计生部门的信息他们可以参考，但由于这些信息不具备"法律规范的权威性"，因此他们不能将这些信息直接套用，而公安部门采集的信息因为有法规的明文规定，也不能给计生部门使用——"共享"似乎陷入了僵局。N 市信息中心根据这两个部门的实际情况，想到了一个折衷的解决办法：把计生部门的信息通过一个平台送到公安部门。公安得到这些信息后不是直接"拿来主义"、全盘套用，而是在此基础上派人去核实。这种工作方法上的创新使计生部门的信息发挥了更大的价值，而公安部门的工作量也大为减少了。

在调研中，作者也了解到 N 市"权力阳光"项目建设的阻力主要来自于以下几个方面：

第一，管理机构临时性和网上办事长期性之间的矛盾。在调研中，N 市信息中心主任 X 反映的一个"最大"的问题，就是"现在很多工作都只能到领导面前一事一议，无法把它们形成制度保留下来，网站公共服务的长效性得不到保证。"这一现象的背后，其实是管理机构临时性和网上办事长期性之间的矛盾。在 N 市，无论是信息化工作的具体主管部门"信息中心"还是为了"权力阳光"项目而专门成立的"阳光办"都是"临时性机构"，事情一旦做完，就面临着解散人员，撤销或调整职能的局面。这显然与网上办事所要求的长期性、稳定性是不相符合的。

第二，现有法律法规与网站公共服务的矛盾。N 市曾希望实现工商、税务等部门的企业法人信息共享，这在技术上完全可以实现，而一旦实现，对于避免相关部门的信息重复采集、节省工作量将起到非常重要的作用。但税务部门提出：它们"不能直接使用工商部门提供的基本数据，因国家的税法明确规定：税务登记的内容必须要由本人'亲自'来填写"、"至于填写的跟工商的是否一样则不予考虑"。

第三，现有政府机构设置和管理体制的约束。

信息中心主任 X 表示，目前 N 市的资源共享还只能做到"交换"，实现"真正意义上的共享是比较困难的"。因为一旦涉及跨部门流程——甚至是同一部门内部跨不同处室的流程，问题则上升到"机制体制"层面，非信息中心这么一个技术部门可以解决的。"信息化改变不了机制体制的问题，它只不过为机制体制的变换提供了手段。"

综上所述，江苏省 N 市政府网站公共服务的影响因素总结如表 3 - 6 所示。

表 3 - 6　　　　　　江苏省 N 市政府网站公共服务的影响因素总结

积极因素	消极因素
◆ 国家政策面的推动。使网站公共服务有了具体的、具有可操作性的"抓手" ◆ 系统建设相关规范制定。使全市的权力阳光运行电子政务系统建设能够作为一个有机整体协调地综合推进 ◆ 工作方法的创新。提高了资源共享程度和项目的整体效益	◆ 管理机构临时性和网上办事长期性之间的矛盾 ◆ 现有法律法规与网站公共服务的矛盾 ◆ 现有政府机构设置和管理体制的束缚

（五）杭州市 C 区案例分析

1. 案例选择的主要依据

在上文分析的四个案例中，包括一个直辖市，一个副省级城市和两个地级市，唯独缺少与社会公众接触更加紧密、负担的公共服务职能更加突出的基层政府——区县级城市案例。为了对我国区县级城市电子政务网站公共服务开展情况、应用情况进行深入地了解，2009 年 6 月，作者到杭州市 C 区，对该区的政府网站建设情况开展实地调研。

C 区是杭州市的中心城区之一，之所以选择杭州市 C 区进行调研，有两个原因，一是 C 区是一个典型的区县级政府，拥有完整的区县级政府公共服务职能体系；二是因为 C 区是国家"政务信息资源共享及业务协同工作试点城市"之一，与同类城市相比，它在电子政务公共服务领域进行了较多的探索，应用的时间比较长，积累了比较丰富的经验。

在调研期间，作者对 C 区副区长 R，以及宣传部副部长 E 进行了访谈，在 YYS 社区对相关工作人员和前来办事的服务对象进行了调研。此外，还得到了《杭州市 C 区"政务信息资源共享及在线互动一站式审批服务平台"项目工作汇报》、《C 区在线互动一站式服务平台建设》等文字材料。

2. 网站公共服务状况描述

2007 年 2 月 14 日，原国务院信息化工作办公室（现已并入国家工业和信息化部）确定杭州为"政务信息资源共享及业务协同工作试点城市"，同年 10 月，杭州市信息化工作领导小组办公室确定 C 区作为该项目的区级试点单位。

C 区位于杭州市中心城区，下辖 48 个部门、6 个街道办事处和 52 个社区。由于是基层的区县级政府，C 区负担着大量为社会公众提供公共服务的职能，每个街道办事处及大部分社区均设立办事大厅，各职能部门还有各自业务线上的专门办事窗口和集中办事的地点。在开展试点之前，老百姓每办一件事都需要亲自到相关的窗口办理，平均办结一件事需要 3 天左右。

C 区争取到"政务信息资源共享及业务协同工作区级试点单位"后，决定借该试点之利，把公共服务职能转移到以政府网站为核心的信息化平台上来，建设一个"政务信息资源共享及在线互动一站式审批服务平台"。由此，一系列工作相继展开。

首先，C 区信息化主管部门对区政府下属 38 个部门、街道所有的行政审批和服务项目进行了 4 次地毯式的摸底调查。实地走访调研了 20 个部门，挑选具有代表性的民政、计生、劳动、统计等部门和 XY 街道、YYS 社区多次上门调研，实际观察、体验各个审批服务事项的具体操作流程。在突破重点后，信息化主管部门还有针对性地开展二次走访调研，对第一阶段调研情况不理想的部门以及全区五个街道进行再次实地上门，分析具体业务情况，寻求合理的解决方案。两轮调研走访，基本摸清楚了各个职能部门所拥有的公共服务事项数量、办事流程、业务数据的使用和存储情况，为后续工作的开展奠定了基础。

其次，C 区根据国家四级目录体系架构标准及自身实际情况，把各个职能部门的业务数据以交换的方式汇集到区综合数据库，再由区目录中心统一进行编目、审核、发布。目前，以现有的人口基础数据库为基础建立的 C 区综合数据库，基本目录体系框架已搭建，已纳入区行政审批服务项目、区行政事业单位收费项目、常住人口、离退休人员、抚恤和社会救济情况等各类统计数据 33 项，可提供审批业务和基础人口数据查询支撑，为各个业务部门办理项目审批提供了很大的方便。

最后，在完成上述工作的基础上，C 区借助电子技术手段，于 2008 年 6 月份，正式开通了网上"在线互动一站式审批服务平台"。C 区通过仔细的梳理调查，总共整理出 284 项审批、服务项目，包括上联、下联、跨部门审批。这其中 81 项已经纳入一站式平台办理，涵盖了计生、民政等绝大部分与民生密切相关的事项，其中 29 项已实现互联网上预受理，52 项可以通过社区、街道、或各业务部门以及区行政服务中心来申报。保留 71 项暂不纳入一站式平台，由监察局对其进行监督。剩余 132 项，由于业务性质和行政审批权限原因，暂不适合以一站式形式操作。

通过这个平台，系统会自动把公众录入的待审批信息按设置的分类转发到后台各职能部门的虚拟窗口，各职能部门的办事人员在电脑上进行处理之后，通过电话、或短信、或电子邮件的方式，直接反馈给申办者。所谓网上预受理，就意味着只要会电脑的基本操作，用户就可以在任何时间和地点，通过一台联通互联网的电脑，完成事项申办。

C 区的一站式审批服务过程中，还引入了"流程驱动"的做法。所谓"流程驱动"是根据审批前后置及并联关系，系统可定义审批流程，当前置环节审批完成后，系统会根据设定流程自动将审批材料发送到后一个或多个部门，启动后置部门的审批，当整个审批环节办结后，会自动把审批结果返回给受理的窗口。这样大大提高了跨部门审批事项的办结效率。

3. 网站公共服务效果及影响因素分析

截至 2009 年 3 月底，杭州市 C 区"在线互动一站式审批服务平台"共受理社会公众提出的各类办事事项 9 977 件，办结数达 9 733 件。网上审批事项部门办结的平均时间已由原来传统模式的 3 天缩短为目前的 0.9 天，公众的满意度有明显提高。杭州市 C 区通过实施了"政务信息资源共享及在线互动一站式审批服务平台"项目，极大地推动了该区网站公共服务水平，并塑造了区政府"高效政府、阳光政府、服务政府"的良好形象。

总结杭州市 C 区的经验，作者认为，其电子政务公共服务能力的迅速提升，原因可以归结为以下几点：

第一，高层领导的大力支持。区长 H 当得知杭州市被工信部确定为"政务信息资源共享及业务协同工作"试点城市后，马上跟市里主动协商，努力为 C 区争到了这个项目的区级试点单位名额。在项目实施过程中，H 亲任项目领导小组组长，并明确四位副区长分别负责自己分管口子上的协调工作，参与项目的推进实施。此外，对拥有计算机专业知识、负责文教卫的副区长 J 委以项目技术总顾问的重任。在项目推进过程中，区常委会议、常务会议、区长办公会议以及人大、政协领导多次听取项目进展的情况汇报，研究落实推进措施。市信息办领导多次上门调研，帮助协调解决遇到的困难问题，在细节技术环节把关指导。

第二，准确把握公众需求。C 区网站公共服务之所以建成之后马上就能运转起来，并取得实效，跟其前期充分而细致的需求调研是分不开的。在项目的开发阶段，C 区信息中心从三个工作人员中派出两人，会同负责软件开发的软件公司技术人员，对区政府下属 38 个部门、街道所有的行政审批和服务项目进行了 4 次地毯式的摸底调查，并实地走访调研了 20 个部门。对具有代表性的民政、计生、劳动、统计等部门和 XY 街道、YYS 社区，由区长助理亲自带队多次上门调研，甚至还派开发公司的技术人员驻点在那里，实际观察、体验各个审批服务事项的具体操作流程，对服务对象的需求进行了专题调研和梳理。最终，调研每一件申办事项需要哪几个部门办理，各个部门的审批先后顺序如何等，并对调研的结果进行分析归类。从批准试点到项目试运行这短短的半年时间里，项目组用在需求调研的时间就有足足 3 个月，占了整个建设时间的一半。正是由于详细地调研，认真的需求分析，确保了 C 区"在线互动一站式审批服务平台"在推出以后能迅速获得社会公众的认可，并且在使用中取得实效。

第三，项目开展过程中及时的协调和制度化建设。一站式平台目前上线的审批服务项目涉及 19 个业务部门的 81 项审批服务项目，这意味着部门间协调、统筹的工作量非常大。C 区由区长 H 亲任项目领导小组组长，并明确四位副区长分别负责自己分管口子上的协调工作，在项目建设过程中定期召开会议，通报进展情况，研究问题的解决办法，并将会议纪要、工作简报及项目组成员、项目建设公司、监理公司的工作日志及时上网公布，便于相关各方实时掌握了解工作情况。C 区还及时将项目进展情况向杭州市信息办汇报，重要例会都邀请市信息办领导参加，并主动联系市民政局等相关的业务部门，协商数据获取及协同应用的方式。对于协调取得的成果，C 区非常注重通过制度、考核等措施把它们"固化"，以保证项目实施的效果，为此 C 区相继制定了《"C 区政府政务信息资源共享及'一站式'服务平台项目"实施方案》、《C 区政府政务信息资源共享及"一站式"审批服务平台运行办法》等制度措施；所有的审批服务项目在办理后积累的数据已经能够自动通过目录体系的支撑为其他项目提供查询使用，而且审批服务项目的审批知识库内容也通过目录体系进行编目和发布，为跨部门的项目受理提供了技术保障。

第四，网站公共服务推进过程中所采取的各种人性化措施。C 区电子政务公共服务的另一个特点是在服务过程中处处体现了换位思考，充分从服务对象的角度来完善服务质量。在调研过程中遇到一位来自江西上饶的 Y 女士，当她把"生二孩"（男方已经有一孩）的申请材料送到了 C 区 YYS 社区电子政务平台的窗口，工作人员查看了所有申请资料之后，让她回家等候。Y 女士一开始还颇感意外，因为她原本预备要跑社区、街道、区计生局等好几家单位的。社区工作人员告诉她，现在这些单位都实现了网上并联审批，她只需回家等候，等结果来下，还会以手机短信的方式通知。正是这种体现在细节之中，无处不在的人性化设计使 C 区电子公共服务得到了服务对象的充分认可和积极响应。

尽管在网站公共服务推进过程中 C 区取得了长足的发展和良好的经验积累，但是在网站公共服务推进过程也遇到了很多阻力，影响 C 区电子政务公共服务能力的限制因素主要来于宏观环境层面。C 区通过仔细的梳理调查，总共整理出 284 项审批、服务项目，包括上联、下联、跨部门审批。这其中 81 项已经纳入一站式平台办理，包括预受理 29 项，受理办结两头管理 29 项。保留 71 项暂不纳入一站式平台，由监察局对其进行监督。剩余 132 项，由于业务性质和行政审批权限原因，暂不适合以一站式形式操作。之所以会有"暂不纳入"和"暂不适合"的情况，基本上都是因为机构设置的问题：

第一，是基层政府面临的"条块分治"问题导致有些"一站式"服务难以开展。目前我国有些政府机构——如海关、国税、地税、质检等，实行垂直管理，其余的机构则归属地方政府序列。这种独特的"条块分治"现象导致基层地方政府在开展网站公共服务时一些跨部门的并联审批业务很难开展。如 C 区曾经打算将新企业注册业务实现"一站式"并联审批，但由于业务涉及不归区县级政府管辖的税务部门，导致数据无法共享而不得不搁置。

第二，是机构改革的预期导致有些跨部门公共服务被暂时搁置。2008 年 3 月份，我国启动了以"大部制"为特色的新一轮机构改革。从改革的次序来看，首先是国家层面的改革，而后由省到县逐级往下。大部制改革的预期一定程度上也延缓了区县级政府推广跨部门网络并联审批的步伐。C 区有些涉及劳动部门的业务就是因为即将要开展的大部制改革而被"暂缓"。

综上所述，杭州市 C 城区政府网站公共服务的影响因素总结如表 3 - 7 所示。

表 3 - 7 　　　　　　　杭州市 C 区政府网站公共服务的影响因素

积极因素	消极因素
◆ 高层领导的大力支持 ◆ 充足的前期需求调研 ◆ 项目开展过程中及时的协调和制度化建设	◆ "条块分治"问题导致的有些"一站式"服务难以开展 ◆ 机构改革的预期导致有些跨部门公共服务被暂时搁置

三、小结

本次案例研究选取了具有代表性的五个案例，全都来自于我国电子政务实践发展的第一线。从级别属性来看，包括直辖市一个，副省级城市一个，地级市两个，区县级政府一个；从地域分布看，包括东部地区三个，中部和西部各一个；从公共服务的内容看，贵州省 T 地区的案例主要围绕"信息公开"、"政民互动"，不涉及"网上办事"，其他几个案例主要以"网上办事"为主，"信息公开"和"政民互动"作为网上办事过程中的具体实现方法糅合在其中。

五个调研项目的顺利开展，要感谢《信息化建设》杂志社的大力支持。《信息化建设》是我国电子政务领域的一份权威刊物，单月发行量两万余册，遍布大陆 31 个省（市、区）。在《信息化建设》杂志的举荐下，本书作者与这五个地方的信息化主管部门进行了沟通，并赴实地进行细致的调研。

（一）电子政务网站公共服务的效果分析

本研究调研的五个案例中，"信息公开"是网站公共服务开展的最好的一个内容，表现为在网上公开的政府信息数量较为丰富，根据特定申请而提供的"依申请公开"业务流程较为完备，信息公开相关法规标准、管理制度的制定也较为完善。这可能与我国自 2008 年 5 月份开始正式实施了《政府信息公开条例》有关，因为这部法规对地方政府的信息公开作出了硬性规定。在调研中遇到的服务对象，大部分都在网上查阅过政府相关信息。有些甚至已经养成了习惯，在找政府部门办事之前，首先上网了解信息。不过，信息公开的开展过程中，也存在很多不足之处，表现为很多服务对象反映他们所需要的信息在政府网站上比较难以查阅到，有些希望了解的信息并不存在，找相关部门索要难度较大、周期较长，等等。这反映出目前在信息公开方面，政府部门较为"强势"，没有好好挖掘、分析客户的需求，距离理想目标还有一定的差距。

"政民互动"在网站公共服务中尽管已经开展得有声有色，但总体效果不如信息公开，但是它在当前条件下，参与性最强，对电子政务公共服务总体水平的提升效果最为明显。在 T 地区、Z 市两个案例中，都是通过政民互动极大地调动了当地公众的参与热情，很多人都是因为参与了一次这样的活动，才接触到电子政务公共服务这种全新的服务形式。在目前条件下，政民互动的技术门槛较低，受到的政策限制也少，所以只要能抓住一些社会热点事件，并做好宣传发动工作，很容易吸引公众的参与、引发共鸣。

"网上办事"是提高网站公共服务能力最为明显的一个内容，但目前其应用效果一般，亟待加强。表现为在实践中，真正能够网上办理的事项数量很少，公众参与率也非常低。很多公众不愿意参与网上办事的理由：一是自己想办理的业务网上不提供，无法网上办理。二是即使提供，但不能全流程网上办理，还是需要跑相关单位办理有关流程。网上办理的效率提升作用不明显。三是怕不安全，不敢在网上办理或是不懂、不会在网上办理。

（二）电子政务网站公共服务效果的影响因素

综合上述五个案例的调研情况，可以对当前我国地方政府开展网站公共服务的积极因素和消极因素作一个简单的梳理：

1. 有利于地方政府网站公共服务开展的积极因素

◆ 国家政策面的推动。

◆ 高层领导的大力支持。

◆ 信息化主管部门的大力推动和有效执行。

◆ 其他部门信息基础薄弱，凸显出"信息中心"的强势。

◆ 法规标准的及时制定。

◆ 充足的前期需求调研。

◆ 项目开展过程中及时的协调和制度化建设。

◆ 广告宣传，扩大网站公共服务的知名度。

◆ 工作方法创新。

◆ 监督考核到位。

2. 对网站公共服务开展起到消极作用的因素

◆ 对领导个人因素倚重过大，缺乏一个制度化的协调解决机制。使政策缺乏长期的稳定性。

◆ 管理机构临时性和网上办事长期性之间的矛盾。大部制机构改革的预期也使短期内一些跨部门办事服务被搁置。

◆ 网站公共服务的开展难以得到各职能部门积极配合，特别是一些在人、财、物方面比较"强势"部门，从维护部门利益的角度出发，对开展跨部门的信息共享缺乏兴趣。

◆ 各职能部门筹建自己的信息化管理部门，重复建设隐患开始显露。

◆ 原件困境。许多流程的实现要查看证照原件，而电子版又缺乏法律效力。导致许多审批业务无法在线开展。

◆ 心理困境。一时无法适应传统服务向网络服务的转变。

◆ 公众的使用习惯问题。

案例调研印证了一些问题：例如"一把手"工程在我国的电子政务建设中确实发挥着重要的作用。T地区的政府网站建设曾一度陷于停滞，而一位极度重视电子政务工作的领导突然"空降"，迅速改变了这一局面。另外，法规标准、机构设置、管理协调对网站公共服务的重要性也非常显著，等等，所调查的地区，凡是网站公共服务取得明显成效的，无不在这些因素中的一个或几个上有着自己独到的做法。

案例调研也反映了一些"始料未及"的问题：例如很少见文献研究"热点试点"对地方政府网站公共服务发挥着重要影响力。N市、C区都是因为被列入某项从上而下的"试点"才使自己的网站公共服务水平发生了飞跃，而河南省Z市更为典型——虽然未被列入某项试点，却自己主动向试点项目"靠齐"，以此为动力来推动网站公共服务。调查的五个案例中至少有三个多多少少与"热点试点"因素有关，不能不说出乎意料；另外，在现有文献资料中经常出现的"技术"因素，在调研中却发现作用并不是很明显。

与现有文献研究相比，案例研究的结果在以下几个方面有所补充和修正：

第一，"财政"因素对于地方政府网站公共服务来说作用并不显著。

诺里斯（2001）[168]、王栽毅（2002）[171]、孔繁玲（2007）[175]、陈岚（2008）[170]都从不同角度分析了"财政"因素对于电子政务建设的重要作用。但是在孙兵（2009）的研究中，他以地区经济因素作为网站公共服务重要影响因素，出现了较多的"离群点"不能很好地解释[174]。从作者对上述五个案例的实地调研情况来看，"财政"因素对于地方政府网站公共服务来说作用并不显著。贵州省T地区是国家级贫困地区，但是其开展网站公共服务的实践却很早：早在2000年，T地区的时任区领导就将"政府上网工程"列为2001年要办的"十件实事"，虽然翌年因为该领导的调离，影响到了项目的规模，但政府网站还是建立起来了，建站时间比很多东部经济发达地区还要早；河南省Z市经济在国内处于"中游"位置，但是其政府网站却建得很早——1999年互联网上的"Z市人民政府"便正式落成开通了。

分析这一现象，本书作者认为：对于"电子政务"这个大概念而言，它不仅牵涉到软件建设，更需要大规模的基础网络建设和大量的硬件投入，后者对资金的要求很高。而单独就"网站公共服务"而言，其对资金量的要求相对来说比较小，只需要有限的服务器和网站设计开发等，这些投入一般的政府部门都能承担，并不与地区经济水平形成鲜明的正相关性。有些经济相对落后的地区，还可以通过一些管理模式的创新来降低建网站成本，例如在浙江省经济落后的丽水市首创了一种"市县一体"模式来建设和维护政府网站，结果"只投了92万就建起了包括丽水市和下属九个区县在内的十个政府网站"[219]。

因此，或许"财政"因素对于一些硬件设备含量较大的"电子政务"应用项目——如视频监控、应急管理等影响比较大，但当考察具体的网站公共服务时，其影响作用并不显著。

第二，文献研究中提得较多的"技术"因素，在案例研究中表现得不明显。

圣桑纳姆（2003）[169]、斯坦福（2004）[203]、卡特（2005）[202]、黄胜源（2006）[125]、巴（2008）[130]、李（2009）[210]等人的研究都认为网站"技术"设计的好坏，将直接影响到网站公共服务的开展水平。但这一判断，在案例研究中并未得到印证。作者对五个案例进行调研过程中，没有一个地方的被调研者主动谈到网站"技术设计"问题，更没有人把服务效果归因于"技术"。

第三，"热点"、"试点"的影响力作用比较显著。

"热点"是指在我国政府管理中经常出现、由上级政府所倡导的一些专项性治理活动，如"科学发展观教育"、"维稳"等；"试点"是指由中央政府或上级地方政府组织的试点项目。本书作者在进行案例调研过程中，发现此类"热点"、"试点"对地方政府网站公共服务的开展影响非常显著：

例如，江苏省N市案例，主要由于2005年中共中央出台了《建立健全教育、制度、监督并重的惩治和预防腐败体系实施纲要》，为其推进网站公共服务打开了"机会窗口"；杭州市C区的案例，源于C区被原国务院信息化工作办公室确定为"政务信息资源共享及业务协同工作"的"区级试点单位"。

河南省Z市的案例也比较有意思，因为Z市并不是当时国信办发起的"企业基础信息共享和应用"试点单位，但Z市在看到该试点项目在其他城市的成功应用之后，也萌发了开展此类建设的想法，直接促成了Z市"税源经济信息共享系统"的开通运行。

第四，法律法规和标准问题的作用比较明显。

叶格（2004）[183]、菲尔顿（2001）[172]、吉尔-加西亚（2005）[26]等人都阐述了法律法规建设对于开展包括网站公共服务在内的电子政务建设的重要性，这一点在案例研究中也得到了印证。最典型的就是Z市、S市案例中都遇到的所谓"原件困境"——服务对象抱怨目前政府部门可提供的网上服务数量太少，或者说可以全部在网上办理、可以大幅度节约时间的服务项目太少。而作为服务的提供方，则表示之所以出现这种情况，并不是不想提供、也不是不能提供，而是在现有的法律法规制度框架下"无法"提供，其根本原因就是因为相关法律法规的缺失。而N案例、C案例中项目的成功、顺利推进也都得益于法规、标准的迅速跟进，制度环境的不断完善。由于电子政务公共服务本身是一个新鲜事物，它的顺利运行，不仅要求技术上的变革和观念上的创新，更要求管理流程和配套法规的"跟进"。在调研中，明显感觉到目前配套法规的滞后已经严重影响到电子政务公共服务的提供。

第五，信息化主管机构的作用比较明显。

在文献研究中，有大量的研究表明信息化主管机构的有效设置对于开展电子政务的重要作用，这一点在案例调研中也得到了印证。在贵州省T地区和河南省Z市，当地的政务信息化主管机构在数量上是"唯一"的——即同一地区没有其他部门有类似机构，确保了不会出现"政出多门"的现象，而且两地的机构在与上下级部门的联系中也比较顺畅。但是Z案例中也出现了信息化主管机构"责、权、利"不统一的问题，导致部门级网站公共服务开展良莠不齐。这些现象都反映了信息化主管机构对于网站公共服务开展的重要影响力。

第六，公众需求的准确把握和及时反馈。

网站公共服务能否被公众所接受并乐于使用在于服务的提供方能否准确把握服务对象的需求。需求越是抓得准，则越容易在系统的开发阶段设计出有针对性的产品，在实用中使用率也就越高。在调研中，杭州市C区就紧紧抓住了这一点，在项目前期花很大的力气进行需求分析。很多情况下还进行换位思考——从服务对象的角度来分析其需求，由此来决定网站公共服务的内容、形式等，取得了很好的应用效果。同时，在对一些服务对象本人进行调研时发现，大部分人都更相信周边亲朋好友的"推荐"，胜过服务机构的宣传。很多人之所以愿意选择接受网上服务，是因为在他们身边有人已经使用了该项服务并取得了不错的效果。因此，认为地方政府要提高网站服务能力，决不可忽视服务对象之间的这种"言传帮带"效果，要充分利用"老客户"来发展"新客户"。而留住"老客户"的关键在于要提高现有服务的质量，对公众的需求作出及时、有效的回应。这一点在T地区和Z市的案例中都得到了印证。对公众需求反馈得越及时、越有效，则电子政务的应用成熟度就越高。

第七，相关业务的宣传推广和服务方式的创新。

作为一种新型的服务形态，网站公共服务离不开宣传推广。实践证明，宣传推广工作做得越多、越细，则网站公共服务效果越好。例如，L地区作为一个经济欠发达地区，区域内信息化基础较差，然而其电子政务公共服务发展水平却超乎同类城市，这很大程度上要归因于该地区在宣传推广工作上的努力。在网站公共服务推进过程中，面向服务对象宣传推广的重要性不亚于政府内部的技术革新和管理改进。然而在调研中也发现，"宣传推广"虽然重要，但是很多地方政府却没有意识到这一点，在工作中往往"重立项、轻应用；重建设、轻推广"，一些地区原本信息化发展水平较好，公众的参与意识也较强，但就是因为在宣传推广方面不够重视，导致很多公众不知道相关业务可以通过网上进行办理，还有一些因为在具体的使用说明上宣传得不到位，一些公众虽然了解，但并不熟悉具体的操作，不得不放弃电子政务方式转而采用传统方式，颇为可惜。同时，网站公共服务方式和手段的创新，也有提升公共服务能力的空间。杭州市 C 区充分考虑了服务对象的需求，采用了手机短信等方式来跟服务对象联系。虽然只是一个细节上的小小改变，却极大地方便了服务对象，因而受到公众的欢迎。服务方式和手段考虑得越仔细、越人性化，则网站公共服务效果越好。

当然，也应该看到案例研究有其自身的局限性。作者调查的五个城市，有三个地处我国经济发达的东南沿海，另外，河南省 Z 市、江苏省 N 市和杭州市 C 区的网站公共服务多多少少得益于某个与之有关的国家级项目的启动。因此，这五个案例究竟有没有代表性？在它们身上反映出来的一些"影响因素"会不会是"特例"？这些影响因素是否反映了全国的实际情况？针对这个问题，作者试图从以下两个方面进行解决：一方面是要将案例研究的结果和文献研究、调查研究得到的结果相比较，综合考虑后再进行模型假设，另一方面，模型还需要通过大规模的调查问卷，收集数据来进行验证。因此，在下一节中，将试着探索这两个问题：一是建立"网站公共服务能力的影响因素模型"；二是通过问卷调查和SEM 结构方程模型进行模型验证。

第三节 网站公共服务能力影响因素的调查研究

一、研究模型的建立

（一）理论基础与案例研究

综合第一节的文献研究和第二节的案例研究的结果，作者认为，我国政府网站公共服务主要受到以下七个因素的影响，具体如图 3 - 2 所示。

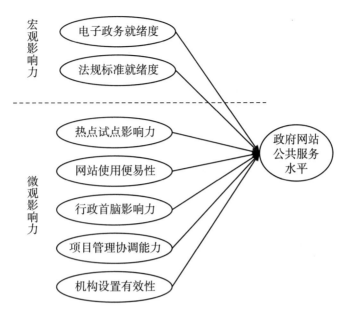

图 3-2　网站公共服务能力影响因素模型（"七因素"模型）

1. 电子政务就绪度

正如本书第二章中所论述的那样，"网站公共服务"是指政府部门利用政府网站来为社会提供公共服务的行为及过程，随着政府部门信息化建设的逐步深入依次经历了"发展前期"、"外延式发展"、"内涵式发展"三个阶段。网站公共服务水平必然受到电子政务整体水平的影响。

"电子政务就绪度"是指电子政务整体发展水平对网站公共服务的影响。陈宇澈（2001）、吉尔－加西亚（2005）、陈岚（2008）等人的研究[26,124,170]均认为，电子政务整体发展水平决定着基于政府网站的公共服务的开展水平。

从案例研究的角度来看，贵州省 T 地区案例与其他四个案例的比较可以清晰地说明了电子政务就绪度的影响力。T 地区经济落后、政府信息化起步较晚，因此，截至 2008 年 5 月，其政府网站所能提供的公共服务只包含了信息公开和政民互动两个模块，网上办事尚未建立起来，而在其他四个案例中，网站公共服务的三大主要功能均已齐备。

2. 法规标准就绪度

"法规标准就绪度"是指有关网站公共服务的法律、法规、标准的完备程度。

叶格（2004）、菲尔顿（2001）、吉尔－加西亚（2005）等人的研究[26,172,183]均认为制定与电子政务配套的法律法规是电子政务项目能否成功的关键影响因素之一。

从案例研究的角度来看，河南省 Z 市、直辖市 S 市在推广跨部门并联审批过程中遭遇的"原件困境"说明在某些领域，传统法律法规对网站公共服务开展已经起到了阻碍作用，为保障网站公共服务的顺利开展，必须尽快制定新的法律法规或对原法律法规进行修改。

直辖市 S 市通过制定《S 市并联审批试行办法》等三个地方法规有力地促进了并联审批业务开展的事实又从另一个角度说明了配套法律法规的及时颁布对网站公共服务水平提升的积极作用。

在本研究的实地调研中，作者还发现除了法律法规以外，有关网站公共服务的"标准"是否完备同样重要。以信息公开为例，《中华人民共和国政府信息公开条例》的颁布确立了政府信息"以公开为原则，不公开为例外"的大方向，但实际操作起来却非常复杂。因为，目前我国政府部门中使用的信息分为两类——涉密信息和非涉密信息。涉密信息很明确不可公开，但是否所有的"非涉密"信息就可以公开了呢？许多地方政府在实际操作中都感到，在"涉密"和"非涉密"之间存在着一个中间地带——"敏感信息"，如图 3 - 3 所示：

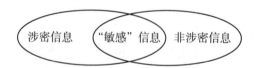

图 3 - 3　敏感信息示意图

"敏感信息"的内容比较广泛，比如说有些行政机关的财政支付和人事管理的正常履行，不宜在决策制定前公开；又如企业向政府提供的与本企业生产经营有关的不宜为竞争对手知悉的信息等。"敏感信息"非"涉密"，但又不好马上公开，如何处理成为当前政府部门比较棘手的难题。目前的做法是由一些领导的主观意愿来判断决定，实际操作中随意性大。

最佳的解决办法就是制定有关政务信息公开的"国家标准"，或国家标准框架下进一步细化的"地方标准"。总之标准对于网站公共服务来说，是和法律法规关系紧密的一个重要因素。

"法律法规"和"标准"关系紧密，共同构成了网站公共服务的外在制度环境。江苏省 N 市的案例能很好地说明这一点：N 市在"权力阳光"系统的建设、推广过程中，相继出台了《构建权力阳光运行机制电子政务系统建设规范》、《权力阳光运行机制建设和管理暂行规定》、《构建权力阳光运行机制工作考核验收办法》、《行政处罚自由裁量权指导意见》等规范性文件，同时又出台了"行政权力事项分类编码"等地方标准，大大促进了"权力阳光"系统预期目标的实现；在杭州市 C 区案例中，除了制定《C 区政府政务信息资源共享及"一站式"审批服务平台运行办法》等规定外，"标准"也发挥了重要的作用——把各个职能部门的业务数据以交换的方式汇集到区综合数据库，再由区目录中心统一进行编目、审核、发布。

3. 热点试点影响力

"热点试点影响力"是指地方政府在开展网站公共服务时受到中央政府或上级地方政府组织的专项性治理活动、试点项目的影响等。这部分的影响因素在现有的文献中几乎没有针对性的提及，有些研究提到了"竞争压力"可以视作为与此相关。之所以要把"热点试点影响力"单独列为一类影响因素，是因为在案例研究中，本要素表现得很"显著"，五个案例中至少有三个与此相关。

在杭州市 C 区的案例中，网站公共服务水平之所以能在短时间内有明显进步，源于 C 区被原国务院信息化工作办公室确定为"政务信息资源共享及业务协同工作"的"区级试点单位"；

在江苏省 N 市案例中，正是由于 2005 年，中共中央出台了《建立健全教育、制度、监督并重的惩治和预防腐败体系实施纲要》，为其推进网站公共服务打开了"机会窗口"；

河南省 Z 市的"税源经济信息共享系统"虽然不是"企业基础信息共享和应用"试点单位，但却是受到了该试点项目的影响，在开展之前也曾组织专人到试点城市进行了专门的考察走访。

4. 网站使用便易性

"网站使用便易性"是指网站自身的表现力和实用性对网站公共服务的影响。圣桑纳姆（2003）、斯坦福（2004）、卡特（2005）、黄胜源（2006）、巴（2008）、李（2009）等人的研究[125,130,169,202-203,210]均认为网站本身的设计水平对基于该平台的公共服务开展起着非常关键的作用。

在案例调研中，网站技术的影响力不明显。但这有可能是因为信息技术相对标准化、同质化，在调研时通常不是调研对象介绍的重点，以及调研时间有限等原因。

5. 行政首脑影响力

"行政首脑影响力"主要是指政府高层领导对于网站公共服务开展的影响力。之所以要把高层领导的重要性单独列出来，是因为网站公共服务是一个复杂的系统，由于系统在开发过程的经常性变动，导致信息系统开发完成后与预期的目标有较大差异，因此高层领导的重视，以及他们在系统设计、开发和使用过程的参与是非常重要的。库恩（1987）、卡尔多（2001）、陈宇澈（2001）、库克（2002）、马利茨基（2002）、苏安（2003）、拉克（2009）等人的研究[124,166,186-190]都从不同角度论述了行政首脑对于网站公共服务开展的重要作用。

从案例研究的角度来看，行政首脑影响力也十分明显：在贵州省 T 地区、河南省 Z 市、直辖市 S 市、杭州市 C 区这四个案例中，行政首脑的作用均十分显著。

6. 项目管理协调能力

"管理协调能力"是指信息化主管机构在微观管理过程中的控制力、协调力和创新能力，马利茨基（2002）[189]、圣桑纳姆（2003）[169]均从微观管理的角度研究了如何提高政府网站公共服务。

管理协调能力作为一类影响因素，在本章所研究的五个案例中，只有四个表现得较为显著：

贵州省 T 地区的信息化主管部门，通过加强监督机制，使政民互动真正起到实际的效果；直辖市 S 市和江苏省 N 市的信息化主管部门，在遇到现实困难时，都通过创新工作方法的途径实现了突破；而杭州 C 城区网站公共服务水平的迅速提高，信息化主管机构强有力的管理协调能力功不可没，具体表现为前期充足的需求调研和在项目实施过程中及时地将一些好的做法——如流程驱动，制度化、长效化。

7. 机构设置有效性

"机构设置有效性"是指各地政府的信息化主管机构设置、运行情况，库恩（1987）、圣桑纳姆（2003）、菲尔顿（2001）、吉尔－加西亚（2005）等人的研究[26,166,169,172]均认为一个稳定的、责权利关系一致的信息化主管机构对于政府信息化的重要作用。

赵定垚（2009）也将网站公共服务效果不佳归因于我国信息化机构设置不合理，认为目前现阶段我国各级政府网站建设管理，要么是由办公厅（室）、综合处（室）等综合管理部门负责，要么由信息中心、网络中心等信息化专业部门负责，甚至存在由其他与信息化工作无关的业务部门负责的情况，只有极少数是由专门设立的信息化建设职能部门负责[192]。

贵州省 T 地区、河南省 Z 市的案例，都表明了信息化主管机构对于开展网站公共服务的巨大影响力。

T 地区信息中心是全地区电子政务建设方面的"唯一"机构，权威性较高，因此它在网络舆情的收集、信息真实性的核查、与相关职能部门的沟通、跟主管领导的汇报、对网民的反馈等环节都发挥了重要作用，保证了"政民互动"的顺利开展；

Z 市电子政务领导小组的日常办事机构"市信息办"同样也是 Z 市电子政

务管理的唯一管理机构,它与下属的技术部门"市电子政务中心"关系职责划分明确——前者负责政策制定,后者负责具体执行。这两个部门彼此配合,在规章制度建设、在线交流的组织、网上办事的需求调查、考核监督等方面发挥了巨大的作用,确保了网站公共服务许多功能的实现。不过 Z 市也因为电子政务中心只负责网上审批的技术实现,对各个职能部门网上审批业务的具体开展没有督导权,而陷入"责""权"关系的不协调的尴尬境地,导致各部门的网上办事水平参差不齐。

本研究模型具有以下几个特点:

第一,最大限度地体现了当前影响我国政府网站公共服务的所有显著因素。

在文献研究和案例研究的基础上,本研究将影响网站公共服务的因素列为七类,其中既有在已有文献中出现较多的"法规标准就绪度"、"行政首脑影响力"、"机构设置有效性"等,也有在文献中并不显著,但在案例研究中表现得比较突出、带有明显国别特点的因素,如"热点试点影响力"。本研究在梳理已有研究成果和深入开展案例调研基础上,提出了七大类影响因素,最大限度地体现了当前影响我国政府网站公共服务的所有显著因素。

第二,对地方政府而言,研究模型具有一定的实践指导性。

七个影响因素中"电子政务就绪度"和"法规标准就绪度"两大因素主要来自于宏观环境,地方政府主观掌控性较弱。例如,"法规标准就绪度",地方政府虽然可以制定地方法规、地方标准,但这些法规、标准必须在国家有关法规、标准的框架内,而且在一些大的原则性问题上——如可上网公开的政务信息具体标准,必须由国家层面来出台。除了这两大因素以外的其他五大因素,基本都在地方政府的主观能动性掌握范围之内。例如信息化主管部门的机构设置,国家对此没有统一规定,地方政府完全可以自主确定机构的"三定"方案。因此,对研究模型对电子政务实践具有一定的指导性。

(二) 网站公共服务的影响因素的专家评判

根据研究文献和实地案例研究,本章提出了"中网站公共服务能力影响因素模型",究竟这个模型是否体现了我国网站公共服务的实际情况?在缺乏足够的已有类似研究作借鉴的前提下,本研究通过专家访谈的方式来对初选的七个影响因子进行一次"初验"。

从 2009 年 10 月到 2009 年 12 月初,本书作者总共走访、咨询了熟悉网站公共服务实际或者结构方程建模的八位业内专家,其构成以及主要咨询问题如表 3 - 8 所示:

表3-8　　　　　　　　　　　　专家访谈的构成与咨询问题

领域	人数	专家来源	主要咨询问题
企业界	3	北京中科汇联公司；北京网景盛世公司；南京大汉网络公司	"七因素"研究模型是否反映中国目前地方政府网站公共服务的实际？如何选择各个潜变量的测量变量？如何展开进一步的调查研究，进行模型验证？
学术界	3	中央财经大学信息管理系	
政府部门	2	河南省Z市；江苏省N市	

八位专家的选取，一方面考虑了现实的可操作性，另一方面也考虑了领域的多元性。在《信息化建设》杂志社的协助下，最后从企业界选取了三人，分别来自于专门为政府部门建设、维护网站和进行日常流量监测的中科汇联公司、网景盛世公司和南京大汉网络公司；从学术界选取了三人，来自于在结构方程模型建设领域具有丰富经验的中央财经大学信息管理系；从政府部门选取了两人，来自于案例研究阶段曾经接触过的两个地方政府——河南省Z市和江苏省N市。

之所以在本环节引入了来自企业的专家，是因为一些电子政务领域的专业企业在长期参与地方政府网站建设的过程中，对网站公共服务的影响因素有着独到而深刻的认识，而且"七因素"模型基本上是基于文献研究和案例研究提出的，再从企业界的角度加以"检验"，有助于使这个模型更具有普适性。另外，本环节选取的学术界专家，都非常擅长结构方程模型建模合数据分析，旨在从调查研究的角度来考察研究模型的进一步验证问题。

在每一次访谈中，作者都采用了结构化面谈的方式，依次询问以下问题："七因素"模型是否反映中国目前地方政府网站公共服务的实际？如何选择各个潜变量的测量变量？如何展开进一步的调查研究，进行模型验证？

专家们对三个主要问题作了如下反馈：

对于第一个问题，专家访谈的结果是"七因素"模型基本能反映出中国目前地方政府网站公共服务的影响因素实际，并没有大的疏漏，也没有明显的多余。只不过七个因子对网站公共服务的影响程度肯定是不同的，不能简单的算术平均。而这一"要求"，正是本研究在下一步骤中，试图通过结构方程模型来解决的。同时，专家建议将"电子政务就绪度"和"法规标准就绪度"这两个宏观影响因子取消，只保留剩余五个影响因子建模。比较代表性的意见是"这两个因子都反映的是宏观环境——这是任何一个地方政府自身力量所无法改变的，因此并没有太大的实际意义。而剩余五个因子的改变都在地方政府的能力范围之内，具有实际指导价值"，而且"将宏观因子去掉，只考察微观环境的影响因素有利于保证研究在一致的层次展开"。对于地方政府掌控范围内的

"微观维度的制度建设"——主要是指地方规章、管理制度的制定和完善，专家建议可以将这些内容融入七个因子中的"项目管理协调能力"。这样，既确保了本模型反映的内容在地方政府能力范围之内，同时也不遗漏制度建设方面的内容。

对于第二个问题，专家们的意见对测量变量的选取作了很多的贡献。例如，对于"热点试点影响力"这一在以前的研究中很少有人提到的因子，大部分专家表示了认同，一个专家的话颇具代表性："在中国这样一个单一制的国家里，上级政府对下级，甚至是平级政府之间的示范效应往往要比'自治'体制下的国家更加明显"。因此，对这一因子的测量变量选取，专家建议不应该仅局限在"从上到下"的影响力过程，还应该考虑平级政府之间的相互影响，建议加入"周边地区的网站公共服务发展"这一项。另外，对于"项目管理协调能力"这一影响因子，专家建议要考察项目从前期设计、需求调研到后期的运行维护、监督管理全过程，而不仅仅局限在系统的建设、使用阶段。具体对于测量变量的选取意见将反映在下一节中。

（三）研究模型和研究假设

综合上文中文献研究结果和案例研究的结论，本书从网站公共服务提供的视角，提出我国网站公共服务能力的影响因素模型如图3-4所示。"五因素"模型相比之前的"七因素"模型更加简单，但却更加具体、更加贴切地反映了地方政府的微观因素对网站公共服务的影响。该研究模型中主要研究变量的界定如表3-9所示。

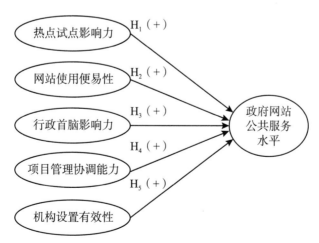

图3-4 网站公共服务能力影响因素模型（"五因素"模型）

表 3 – 9 网站公共服务能力影响因素模型研究变量界定

潜变量		具体描述	理论支持	案例支持
内生潜变量	政府网站公共服务水平	是指中国地方政府网站公共服务的质量水平和效益水平	本研究界定	本研究界定
外生潜变量	热点试点影响力	中央政府或上级地方政府组织的专项性治理活动、试点项目的影响，以及周边城市的示范作用影响等	不显著	杭州市 C 区案例江苏省 N 市案例河南省 Z 市案例
	网站使用便易性	网站自身的表现力和实用性	圣桑纳姆（2003）[169]、斯坦福（2004）[203]、卡特（2005）[202]黄胜源（2006）[125]、巴（2008）[130]、李（2009）[220]	不显著
	行政首脑影响力	政府高层领导对于网站公共服务开展的影响力	库恩（1987）[166]、卡尔多（2001）[187]、陈宇澈（2001）[124]库克（2002）[188]、马利茨基（2002）[189]、苏安（2003）[186]、拉克（2009）[190]	贵州省 T 地区案例河南省 Z 市案例直辖市 S 市案例杭州市 C 区案例
	项目管理协调能力	信息化主管机构在微观管理过程中的控制力、协调力和创新能力	马利茨基（2002）[189]、圣桑纳姆（2003）[169]	贵州省 T 地区案例直辖市 S 市案例江苏省 N 市案例杭州市 C 区案例
	机构设置有效性	政府信息化主管机构设置、运行情况	库恩（1987）[166]、圣桑纳姆（2003）[169]、菲尔顿（2001）[172]、吉尔－加西亚（2005）[26]、赵定垚（2009）[192]	贵州省 T 地区案例河南省 Z 市案例杭州市 C 区案例

根据修正后的研究模型，进一步提出以下研究假设：

假设 H1：热点试点影响力对网站公共服务水平具有正向影响作用；

假设 H2：网站使用便易性对网站公共服务水平具有正向影响作用；

假设 H3：行政首脑影响力对网站公共服务水平具有正向影响作用；

假设 H4：项目管理协调能力对网站公共服务水平具有正向影响作用；

假设 H5：机构设置有效性对网站公共服务水平具有正向影响作用。

二、数据收集

（一）研究变量的测量

1. 内生潜变量的测量

每一个潜变量（Latent Variables）都必须要通过若干测量变量来"衡量"。测量变量的数量没有严格规定，但一般来说每一个潜变量都需要三个以上的测量变量才能很好地说明。

基于第二章第二节的研究，对内生潜变量"政府网站公共服务能力"设定了三个测量变量如表 3-10 所示：政府网站信息公开能力、政府网站政民互动能力和政府网站网上办事能力。

表 3-10　　　　　　　　政府网站公共服务水平的测量变量说明

测量变量说明
Y1：政府网站信息公开能力
Y2：政府网站政民互动能力
Y3：政府网站网上办事能力

2. 外生潜变量的测量

为了提高测量变量的信度和效度，保证模型的科学性、有效性。本研究在选取外生潜变量的测量变量时，综合考虑了以下三个因素：第一是已有研究文献对类似变量的测度指标；第二是在案例研究中反映出来的测量指标；第三是在进行专家访谈时，专家的建议。

"热点试点影响力"是指中央政府或上级地方政府组织的专项性治理活动、试点项目的影响，以及周边城市的示范作用影响。这一影响因素在现有的文献，特别是西方国家文献资料中少有提及。只有邓拉维（Dunleavy，2003）的研究提及"影响到电子政务发展水平的最重要的因素是——实施电子政务的经验在全国传播的能力"[182]。但是本研究所做的案例研究，以及在随后的专家访谈环节，该影响因素的表现却非常显著。在上述研究的基础上，本章选取了四个测量指标，分别是：国家层面的时事热点、信息化领域的国家试点项目、上级机关的信息化试点项目和周边地区的网站公共服务发展。

"网站使用便易性"是指网站自身的表现力和实用性。参照托雷斯（2005）等人基于对电子公共服务系统性能、使用效果和用户态度三者之间关系的研究，在评价网站公共服务的便利性时提炼的十二个指标[132]，巴（2008）对企业开展电子公共服务关键影响因素的论述[130]，黄胜源（2006）等人以台湾地区的在线税务登记和支付系统（OTFPS）为例进行的调查研究结果[125]，以及李（2009）通过结构方程模型的方法对公众接受电子政务服务进行的研究分析[210]，结合专家访谈的结果，本研究选取了政府网站的信息量、政府网站的美观程度和政府网站信息检索的方便性三个测量变量。

"行政首脑影响力"是指政府高层领导对于网站公共服务开展的影响力。参考班尼斯特（Bannister，2000）对政府"高层领导"在信息化建设的"系统设计、开发和使用"过程中所作的研究[221]，拉克（2009）以"领导力"（Leadership）与"相关参与方"（Stakeholder）对网站公共服务的影响进行的分析[190]，以及马利茨基（2002）从政府组织文化、领导价值观对电子政务建设模式影响的研究[189]，结合第三章第二节中 5 个典型案例分析，本研究选取了本地"一把手"领导的思想认识、"一把手"领导自身信息化水平、"一把手"领导亲自参与信息化项目实施这三个测量变量。

"项目管理协调能力"是指信息化主管机构在微观管理过程中的控制力、协调力和创新能力。基于罗伊（Rai，2006）对电子政务"建设"阶段政府部门角色的研究[193]，马利茨基（2002）通过问卷调查及案例分析法对政府内部管理因素与电子公共服务水平关系的研究[189]，以及陈宇澈（Yu-Che Chen）通过研究美国地方政府申请服务的提供部门（Application Service Providers，ASPs）如何从传统方式转向信息化方式，及由此提出的对策建议[124]，结合本研究第三章第二节中的 5 个案例研究和随后的专家访谈，基于专家们提出的"至少应该包括项目前期的需求调研，建设过程中的制度创新、协调，以及后期的运行维护，考核监督"的建议，本研究选取了四个测量变量来测量"项目管理协调能力"：系统开发前期的需求调研、开发实施过程中的协调能力、及时将管理措施制度化、在系统运行过程中加强监督考核。

"机构设置有效性"是指政府信息化主管机构设置的稳定协调的运行情况。结合本研究第三章第二节中 5 个典型案例分析，本研究选取了"信息化主管部门的权威性"、"信息化主管部门的稳定性"和"信息化主管部门与上下级部门的有效衔接"三个测量变量。

综上所述，所有外生潜变量的测量如表 3 - 11 所示：

表 3 – 11　　　　　电子政务公共服务水平影响因素的测量变量说明

外生潜变量	测量变量说明	理论或案例支持
热点试点影响力	X1：国家层面的时事热点	邓拉维（2003）[182] C/N/Z 案例研究，专家访谈
	X2：信息化领域的国家试点项目	
	X3：上级机关的信息化试点项目	
	X4：周边地区的网站公共服务发展	
网站使用便易性	X5：政府网站的信息量	卡特（2005）[202]，黄胜源（2006）[125]，李（2009）[210]，巴（2008）[130]，专家访谈
	X6：政府网站的美观程度	
	X7：政府网站信息检索的方便性	
行政首脑影响力	X8：本地"一把手"领导的思想认识	班尼斯特（2000）[221]，拉克（2009）[190]，马利茨基（2002）[189]，T/Z/S/C 案例研究，专家访谈
	X9："一把手"领导自身信息化水平	
	X10："一把手"领导亲自参与信息化项目实施	
项目管理协调能力	X11：系统开发前期的需求调研	罗伊（2006）[193]，马利茨基（2002）[189]，陈宇澈（2001）[124]，拉克（2009）[190]，T/Z/N/C 案例研究，专家访谈
	X12：开发、实施过程中的协调能力	
	X13：及时将管理措施制度化	
	X14：在系统运行过程中加强监督考核	
机构设置有效性	X15：信息化主管部门的权威性	T/Z/C 案例研究，专家访谈
	X16：信息化主管部门的稳定性	
	X17：信息化主管部门与上下级部门的有效衔接	

（二）调查问卷的设计和预测试

数据收集的关键是将研究模型所涉及的观测变量信息准确地传达给受访者，让其作出独立的判断，收集到足够数量的调查问卷，以进行模型分析。为了能达到上述目标，确保本研究所设计的观测变量能被调查者很好地理解，在开展正式调查之前，对根据测量变量设计的问卷进行了预测试和修改。

为了使调查问卷有效地反映研究模型中的概念，提高问卷的内容效度，消除问卷在填写过程中可能产生的歧义，在问卷初步设计完以后，本书作者以参加"2008 中国电子政务发展现状问卷调查"的 30 位政府官员为对象，开展了一次小范围的"问卷前测"，由于督促到位，30 份问卷全部有效回收，其中有效问卷28 份。

根据对回收问卷的整理分析和对填写问卷者的追踪采访，发现原问卷存在着以下两个问题，影响答题质量：

一是原题目的语言表达过于"学术化"导致受访者对题目的理解不到位。例如原问卷中有道题目出现了"政府行政首脑"，许多答题者弄不清这究竟是指哪一级的政府领导，又如在一道题里面出现了"项目管理协调能力"一词，究竟包含什么内容，不同的人有不同理解。

二是原调查问卷采用的七级计分法出现了较多的极端情况。原调查问卷采用了立克氏刻度（Likert Scale）七级计分法来表示调查者对陈述内容的认同程度。但是，以政府部门信息化主管为主要组成的受访者并不了解这种调查方法的用意，反馈的问卷大部分都出现了"极端现象"——要么选1，要么选7，很少选择中间选项。据受访者反映，之所以会出现这种极端性的选择，是因为他们"搞不懂各个数字代表的具体含义"。另外，有访问者反馈，认为从1到7的划分太过"琐碎"，难以区分把握，应该适当减少区分度。

根据上述反馈意见，本书作者对调查问卷进行了修改，主要有以下几点：第一，加入了更为调研对象熟悉的语言，使他们更好地理解每一道问题所表述的含义。例如把"社会公众"换为"老百姓"，把"政府最高领导"换成"一把手"。第二，适当减少区分度，将立克氏刻度（Likert Scale）七级计分法改为立克氏刻度（Likert Scale）五级计分法。第三，将"程度"由数字表达改为用文字表达。例如，将原本表示程度的数字1~5换成"完全赞同、基本认同、不置可否、不太同意、反对"这五种具体文字，使受访者可以作出更准确的判断。第四，集中作答改为分散作答。在原问卷中，无论"内生潜变量"还是"外生潜变量"，都连在一起，从上到下紧密排列，视觉感官上比较"累"，答题时容易弄混题目，也容易产生极端化的选项。在新修改的问卷中，将所有题目分成"总体印象"、"外部环境调查"、"内部环境调查"三组。不仅视觉感官有明显的改善，而且逻辑关系更加清晰。经过调查问卷的前测，修改后的正式调查问卷见附录2。

（三）样本基本情况

本次调查问卷的发放得到了《信息化建设》杂志社的大力支持。问卷主要采用了电子邮件发放的方式——从信息化建设电子刊物读者库中随机筛选了350位地方政府网站主管部门负责人定点寄送，同时又在2009年10月30日召开的"信息化与物联网"论坛上对参会的地方政府代表发出了100份纸质问卷。在电子问卷发出以后，进行了两轮邮件督促，主要是详细解释本次调查的用意，并回答个别受访者提出的关于问卷的有关问题；在纸质问卷发出后，当天就进行了回收。

经过一个月的收集与整理，最终累计收到回复 297 份，回收率为 66%，其中有效问卷是 256 份，有效问卷回收率为 56.9%，无效问卷主要是指有 5 道以上题目未答的问卷。本次回收问卷的具体样本分布如表 3 - 12 所示：

表 3 - 12　　　　　　　　　　　　样本基本情况

分类标准	具体类型	样本数量（个）	所占比例（%）
政府层级	省	40	15.63
	直辖市	45	17.58
	副省级	32	12.50
	地级市	55	21.48
	市辖区（县级）	25	9.77
	县级市（县）	59	23.05
所在地域	东部	102	39.84
	中部	56	21.88
	西部	98	38.28
所在部门	办公厅系统	141	55.08
	工信系统[①]	62	24.22
	信息中心[②]	32	12.50
	其他	21	8.20

注：①主要指"大部制"改革后纳入工业和信息化部的原信息产业部、国务院信息化工作办公室两条线，包含信息产业部门、经济和信息化部门、工业和信息化部门等。
②主要是指直属地方政府的"信息中心"和发改委系统的"信息中心"，因为另外有些"信息中心"属于办公厅系统或工信系统。

本次调查的问卷回收情况总体比较好：一是数量上达到了开展定量分析的要求。根据农纳利（1979）的建议，一般结构方程模型要求问卷数量至少要是变量数量的 10 倍以上[88]，本研究的"问卷数量"与"变量数量"之比为"256/20"=12.8；二是本研究回收问卷的质量比较好。本研究调查对象主要来自各地地方政府办公厅、信息中心、信息办这三个系统，它们正是各地政府网站的实际管理部门。调查对象对政府网站的具体运作非常熟悉。

三、数据分析

本次建模研究，共设计了 1 个内生潜变量，5 个外生潜变量，共 20 个测量变量。每个潜变量都至少有 3 个测量变量。共征集到有效问卷 256 份，"问卷数量"与"变量数量"之比大于 10。

（一）数据预处理

本研究在数据预处理阶段，主要检查了数据的正态性，通过对数据偏度系数和峰度系数的检验，发现数据分布基本符合正态假设。本次调查中所有的测量变量的描述性统计分析结果如表 3 - 13 所示。

表 3 - 13　　　　　　测量变量的描述性统计分析

测量变量	均值（Mean）	标准差（Std. D）	最小值（Min）	最大值（Max）
Y1	3.199	1.038	0.775	5.225
Y2	3.611	0.934	1.154	5.381
Y3	3.541	0.899	1.667	5.415
X1	3.611	1.126	1.136	5.454
X2	3.662	1.145	0.951	5.281
X3	3.823	1.087	0.939	5.331
X4	3.702	1.061	0.913	5.289
X5	3.611	1.038	1.161	5.206
X6	2.897	1.206	0.647	5.367
X7	3.28	1.007	0.656	5.353
X8	4.064	0.85	1.758	5.271
X9	4.014	0.874	1.669	5.275
X10	4.074	0.84	1.82	5.192
X11	3.702	0.676	1.896	5.061
X12	3.783	0.632	2.838	5.013
X13	3.803	0.576	2.855	5.044
X14	3.984	0.599	2.897	5.071
X15	2.696	1.047	0.548	5.144
X16	2.827	1.076	0.486	5.344
X17	2.807	1.005	0.841	5.421

（二）测量模型的检验

本研究问题测量模型的基本设定如下：

（1）模型中有20个测量变量和6个潜变量。

（2）模型中有20个测量误差，其方差被自由估计。

（3）为了使5个潜变量的量尺得以确定，每个潜变量的方差被设定为1.00。

（4）每个测量变量仅受一个潜在变量影响，潜变量之间允许自由估计，产生15个相关系数。

（5）测量误差之间相互独立。

应用 Lisrel 8.80 数据分析软件，编写 SIMPLIS 程序，从以下三个方面对测量模型进行有效性检验：

（1）检查模型的输出结构，发现各测量变量的因子负荷、因子间相关系数、测量变量的误差方差的 t 值均大于 1.96，通过统计显著性检验。同时，测量模型的总体拟合程度的各项指标达到建议值，见表 3 – 14。

表 3 – 14　　　　　　　　　测量模型的拟合度检验

指标 模型	χ^2	χ^2/df	RMSEA	GFI	NFI	NNFI	IFI	CFI
测量模型	285.79	1.84	0.058	0.90	0.95	0.97	0.98	0.98
建议值		< 3	< 0.1	> 0.80	> 0.9	> 0.9	> 0.9	> 0.095

（2）检查测量变量的平方复相关系数（Squared Multiple Correlations，SMC），由于 SMC 反映了测量变量能够被潜在变量解释的百分比，因此可以检验特定的测量变量对潜变量的关联强度。测量模型中所有测量变量的 SMC 值都比较合理，可见，这些测量变量能够比较好地反映潜变量。测量模型测量变量的因子负荷和测量模型测量变量的 T 值见图 3 – 5、图 3 – 6。

（3）检验测量模型的收敛效度和区别效度，其中测量模型的收敛效度检验如表 3 – 15 所示，区别效度检验如表 3 – 16 所示，可见测量模型具有良好的收敛效度和区别效度，全部达到福内尔和拉克尔（1981）的建议值[85]，可以进行下一步的结构方程检验。

（三）结构模型的检验

本研究结构模型的基本设定如下：

（1）模型中有 17 个外生测量变量和 3 个内生测量变量；

（2）模型中有 5 个外生潜变量和 1 个内生潜变量；

（3）模型中有 17 个外生测量误差，3 个内生测量误差，1 个残差，其方差被自由估计；

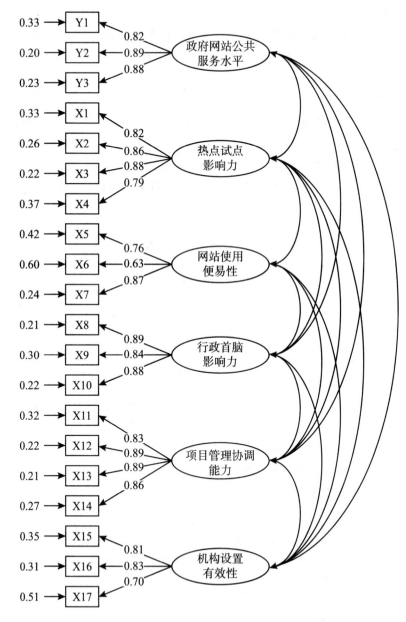

Chi-square=285.79，df=155，P-value=0.00000，RMSEA=0.058

图 3-5　测量模型测量变量的因子负荷

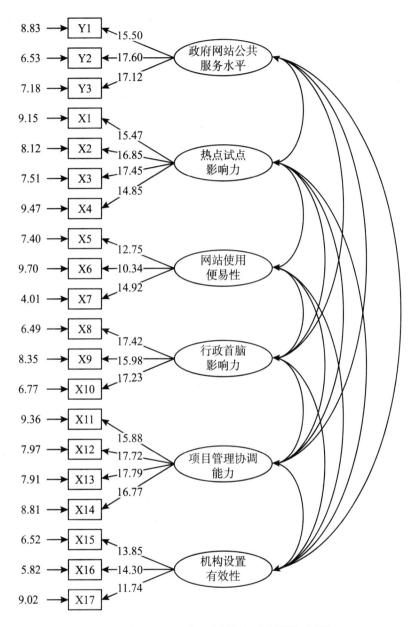

Chi-square=285.79，df=155，P-value=0.00000，RMSEA=0.058

图 3－6　测量模型测量变量的 T 值

（4）每一个测量变量仅受一个潜变量影响，故产生 17 个外生测量变量的因子负荷参数，与 3 个内生测量变量的因子负荷参数；

（5）内生潜变量被 5 个外生潜变量解释，产生 5 个路径系数；

表 3 - 15　　　　　　　　　测量模型的收敛效度检验

潜变量	测量变量	标准因子负荷	T 值	AVE	CR	Cronbach's α
Y	Y1	0.82	15.50	0.74	0.89	0.86
	Y2	0.89	17.60			
	Y3	0.88	17.12			
K1	X1	0.82	15.47	0.70	0.90	0.89
	X2	0.86	16.85			
	X3	0.88	17.45			
	X4	0.79	14.85			
K2	X5	0.76	12.75	0.57	0.80	0.78
	X6	0.63	10.34			
	X7	0.87	14.92			
K3	X8	0.89	17.42	0.75	0.90	0.90
	X9	0.84	15.98			
	X10	0.88	17.23			
K4	X11	0.83	15.88	0.74	0.92	0.89
	X12	0.89	17.72			
	X13	0.89	17.78			
	X14	0.86	16.77			
K5	X15	0.81	13.85	0.71	0.82	0.87
	X16	0.83	14.30			
	X17	0.70	11.74			

表 3 - 16　　　　　　　　　测量模型的区别效度检验

$\sqrt{AVE}$	Y	K1	K2	K3	K4	K5
Y	0.86					
K1	0.55	0.83				
K2	0.43	0.24	0.76			
K3	0.36	0.23	0.09	0.86		
K4	0.51	0.62	0.22	0.33	0.86	
K5	0.28	0.27	0.14	0.22	0.25	0.78

（6）为了使潜变量的量尺得以确定，采用固定负荷法将每个潜变量的第一个因子负荷设定为1，共有5个因子负荷被设定为1；

（7）外生潜变量之间可以自由估计，因此总共产生10个相关系数；

（8）测量误差之间相互独立。

在验证性因素分析的基础上，利用Lisrel 8.80软件对整个结构方程模型进行检验。各外生变量对应于内生变量的回归系数及T值见图3-7、图3-8，模型的拟合指标如表3-17所示，所有检验指标均达到建议值，可以接受该模型。模型假设检验的支持情况见表3-18。

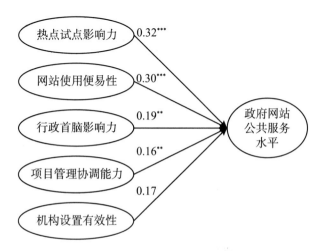

Chi-square=285.79，df=155，P-value=0.00000，RMSEA=0.058

图3-7 结构模型的路径系数

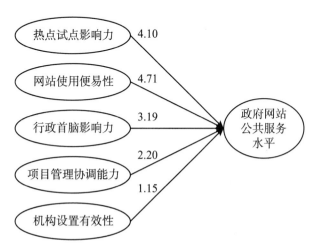

Chi-square=285.79，df=155，P-value=0.00000，RMSEA=0.058

图3-8 结构模型的路径T值

表3-17　　　　　　　　　　　　　结构模型的拟合度检验

指标 模型	χ^2	χ^2/df	RMSEA	GFI	NFI	NNFI	IFI	CFI
结构模型	285.79	1.84	0.058	0.90	0.95	0.97	0.98	0.98
建议值		<3	<0.1	>0.80	>0.9	>0.9	>0.9	>0.095

表3-18　　　　　　　　　　　　　结构模型的假设检验

假设	路径描述	路径系数	T值	是否支持
假设 H1	热点试点影响力对网站公共服务水平具有正向影响作用	0.32	4.10***	支持
假设 H2	网站使用便易性对网站公共服务水平具有正向影响作用	0.30	4.71***	支持
假设 H3	行政首脑影响力对网站公共服务水平具有正向影响作用	0.19	3.19**	支持
假设 H4	项目管理协调能力对网站公共服务水平具有正向影响作用	0.16	2.20**	支持
假设 H5	机构设置有效性对网站公共服务水平具有正向影响作用	0.07	1.15	不支持

注: $*p<0.05$, $**p<0.01$, $***p<0.001$。

调查研究的结果验证了 H1、H2、H3、H4 四个假设，认为"热点试点影响力"、"网站使用便易性"、"行政首脑影响力"和"项目管理协调能力"是影响政府网站公共服务水平的四个关键因素。然而，对于假设 H5，其路径系数只有 0.07，t 检验值只有 1.15，小于门槛值，可见，该数据样本并不能支持本章的假设。

四、小结

本节综合本章第一节的文献综述和第二节的案例研究，构建了"中国政府推进网站公共服务影响因素模型"，提出了 5 个研究假设，基于结构方程模型数据分析过程，采用来自于中国政府部门的 256 份有效问卷进行模型验证。

调查研究的结果验证了本节提出的 H1、H2、H3、H4 四个研究假设，即认为"热点试点影响力"、"网站使用便易性"、"行政首脑影响力"和"项目管理协调能力"是影响政府网站公共服务水平的四个关键因素。然而，对于研究假设 H5，即"机构设置有效性对网站公共服务水平具有正向影响作用"，其路径系数只有 0.07，t 检验值只有 1.15，相关并不明显，因此无法支持这一研究假设。

"热点试点影响力"这一影响因素最初来源于案例研究，在本模型中被再次证实。这一影响因素在以往的研究文献中很少见到，尤其是以西方国家为背景的研究文献，这可能由中西方政治体制的差异性所决定。中国是单一制国家，各级地方政府逐级受上级政府管辖，自由度有限，尤其是近年来越来越多的部门实现了垂直管理，更是加剧了上级政府对下级的控制，在这种政治生态下，上级部门——特别是中央部门发起的一些试点项目，能引起下级政府的高度重视和有效执行，因此"热点"的效果往往非常明显。另外，由于"试点"往往伴随着上级政府的资金、技术支持，一旦争取到成为"试点单位"，能在短时间内极大地推动本地信息化整体水平的发展，因此地方政府对争取"试点"的积极性非常高。从地区间的相互模仿来看，由于我国是单一制国家，同一层级的地方政府其职能职责、机构设置往往高度相似，这就有利于地方政府之间相互吸收借鉴，从而使"周边地区的网站公共服务发展"的影响力也很明显。相比之下，西方国家地方政府的治理结构要复杂得多。以美国为例，据美国人口调查局提供的数据，截至 2002 年，整个美国共有各类政府组织 87 576 个，其中包括 1 个联邦政府、50 个州政府、3 034 个县（County）、19 429 个市（Municipal）、16 504 个镇（Township and Town）、13 506 个学区（School District）、35 052 个特别区（Special District）。不仅形式多样，美国地方政府的规模差别也很明显，同为"地方政府"的纽约市有超过 1 000 万的人口，波士顿有 60 万人，而相邻的马萨诸塞州塞勒姆市只有不到 5 万人。由于地方政府形态的多样性，给网站公共服务经验在同级别地方政府之间的"移植"带来了麻烦，提高了经验推广的成本。

西方国家地方政府高度的"自治性"也造成"热点试点"因素在西方国家表现并不显著。美国的地方政府几乎就是一个联邦、州政府之外的"独立王国"。而且这种"独立"的趋势正在扩大化。"不久以前，美国地方政府参与州政府的事务时往往是因为出于遵守州政府的法律，而现在，它们参与州政府事务更多的是出于志愿。在今天的美国，州政府在地方政府中的派出机构越来越少，人们对自己同时在地方政府和州政府范围内工作的感觉也越来越淡。"日本虽然传统上也是一个单一制的国家，但是从 20 世纪 90 年代开始，日本地方分权改革步伐加快，中央政府与地方公共团体的关系正在由上下、主从关系逐渐改为对等、协作关系。目前日本全国有 1 都 1 道 2 府 43 县，属于同一级别的地方最高行政机构，在这之下，有大概 1 800 个市、町、村。都道府县与市町村分别作为广域的和最基础的地方公共团体，各自具有不同的功能。它们之间不存在上下关系，是对等的权利主体。在这种以"分权"和"自治"为主要特色的政府间关系框架下，显然上级政府部门对下级部门的影响力要小得多，这可以解释为何"热点试点影响力"较少见诸西方国家的研究文献。

"热点试点"在西方国家表现不明显可能还有一个原因是中外公共决策过程的差异。例如，在美国地方政府，"所以作为政府 CIO 最关键的工作就是要说服这些议员，让他们支持电子政务"。[①] 其决策过程相对缓慢，决策效率比较低。一些投资较大、历时较长、涉及面较广的信息化应用，会经历一个长期的议会辩论过程。而中国实行的集体领导体制下的行政首长负责制却保证了行政首长决策的高效率。只要行政首长对信息化项目持肯定态度，项目会在很短的时间内启动、运行起来。这一特性导致"热点试点"在地区之间的传播速度会大大加快。

"网站使用便易性"主要反映的是技术因素在政府网站公共服务中的作用。本因素在文献研究中被广泛提及，在案例研究中反映不明显，而在随后的调查研究中又被证实有效。分析这种现象的原因，可能是因为目前国内地方政府的网站建设往往是外包给专业的公司在做，政府主管部门只是业务指导，而不实际参与。而在开展案例调研时，访谈对象几乎都是政府信息化主管部门的官员，从他们自身的角度对技术并不十分了解，更多的还是熟悉网站的运行、维护、管理，因此对这部分的内容较少涉及。还有一个原因可能是因为今天的信息技术已相当成熟，建政府网站也有了一套约定俗称的模式、标准，被调研对象认为这方面并无太多新意故而未作特别强调。"网站使用便易性"被调查研究证明有效，说明在技术日益成熟的今天，尽管我们常说电子政务"三分技术、七分管理"，但是技术的力量仍不能被忽视。在加强管理的同时，也要加强从网站的视觉美观、逻辑清晰、检索方便等方面多下工夫。

"行政首脑影响力"的证实，印证了我国长期以来流传的"电子政务是一把手工程"的说法。包括政府网站公共服务推进在内的信息化建设是一项耗资、耗物、耗人、耗时的庞大工程，只有"一把手"才有调配这些资源的权力。没有"一把手"的认可，项目可能根本就无法启动。另外，在项目建设过程中，如果能有"一把手"领导的鼎力支持、甚至是亲身垂范的话，遇到的阻力便会大大消减，事半而功倍。这一定律，随着信息化在中国普及得到了一个很本土化的名称——"一把手工程"。"一把手工程"所体现的现象，不仅作用于政务信息化，在企业信息化领域同样如此。但相比企业而言，政府内部等级更加森严，

---

① 吴倚天：《一个华人 CIO 眼中的美国地方政府电子政务》，载《信息化建设》2008 年第 11 期，第12 页。

各项制度、规范也更为规范，受到各种条条框框的束缚也更多。再加上我国实行的是行政领导"首长负责制"，部门"一把手"发挥的作用往往是别人所无可比敌的。因此在我国的信息化建设中，"一把手"发挥的能量和潜力往往起着至关重要的作用，"一把手"们对信息化的态度和做法，直接左右着所辖部门（或地方）信息化发展的全局。

"项目管理协调能力"被证实，说明了在网站公共服务推进过程中管理的重要性，也再次验证了电子政务"三分技术、七分管理"这一观点。网站公共服务是将政府部门传统的业务流程往互联网上转移的过程，不仅是一个新技术的引用问题，更多的是要考虑如何根据信息技术的特点，对传统的政务流程进行改造、进行重塑，对管理协调的要求非常高。尤其是在开展一些较为复杂的网站公共服务——如跨部门并联审批时，由于要整合多个部门的业务到同一办事流程，管理协调的作用可谓是至关重要。管理协调能力的范围也非常广，既包括前期的需求调研，中期的协调会商、将好的办法及时制度化，也包括运行维护阶段的监督执行、目标考核等。也因为如此，管理协调领域的可塑性和挖掘潜能非常大。

"机构设置有效性"没有通过模型的检验，被认为与地方政府网站公共服务水平之间没有直接的联系，这多少有点出乎意料。"机构设置有效性"这一个假设的提出，最初是根据一些相关文献研究和贵州省 T 案例、河南省 Z 案例提出来的。但在本研究开展的案例调研中，杭州市 C 城区的案例对此假设也提出了异议：C 城区由于受"大部制"改革影响，其信息化主管部门也面临着重组的预期，但这没有影响到它网站公共服务建设的步伐，除了某些涉及部门重组的跨部门并联审批业务被搁置外，其他的网上服务还是照常开展。C 区的成功，得益于高层领导的大力支持和强大的项目管理协调能力（包括前期需求调研和建设过程中的协调、制度化等）。C 城区的案例至少说明，在机构设置并不是十分"有效"的影响下，依靠"行政首脑影响力"和"项目管理协调能力"能起到一定的弥补作用，只要运用得当，也可以大力推进网站公共服务的进步。因此，本研究认为，"机构设置有效性"并不是影响网站公共服务效果的一个"直接"因素，而是一个"间接"因素；并不是一个"显性"因素，而是一个"隐性"因素；并不是影响网站公共服务效果的"必要"条件，而是一个"可选"条件。信息化主管机构的稳定、持续，与上下级部门协调的畅通，会大大提高信息化主管部门管理协调能力，也有助于信息化主管机构开展需求调研、考核监督的效率，从而提高网站公共服务水平。但是假如"机构"设置不稳定，上下级对接不畅通，只要"一把手"领导重视和管理协调及时跟进，也能有效地促进网站公共服务发展。

至此，本研究已经从整体上分析了我国网站公共服务的影响因素。然而，不同行政级别，所处不同地域的地方政府，它们在开展网站公共服务时受到的影响因素会不会有不同？有怎样的不同？我们又该如何根据不同情况进行分类指导呢？在下一节中，将对我国的地方政府按照行政级别和所在地域这两个标准进行分类比较研究。

第四节 网站公共服务能力影响因素的比较研究

一、对比研究采用的方法说明

本研究原本打算用 SEM 的方法来对分属不同层级、不同地域的政府部门调查问卷进行建模分析，但是在分组以后，各组的问卷数量均达不到开展 SEM 分析的要求。为了保证研究结果的可靠性，本章放弃了定量分析的方法，改用直接对问卷进行统计分析的定性方法来进行比较研究。具体步骤如下：

第一步，对所有调查问卷进行初次整理。

由于比较研究要尽量考虑到代表性，防止因个别地区的问卷过多而影响比较的效果，因此本研究首先对第三节中收集到的 256 份有效问卷进行了初步筛选。筛选的基本原则是：如来源于某个城市（或地级市以上的城区）的问卷大于 2 份，则从中随机抽取 2 份。通过初次整理，共得有效问卷 121 份。

第二步，将所有调查问卷按来源不同进行分类。

按照政府层级的不同分成两组：一是非基层政府，包括所有来自副省级（含）以上地方政府的调查问卷。反映非基层政府的问卷共有 29 份；二是基层政府，包括所有来自地级（含）以下的地方政府问卷。反映基层政府的问卷共有 92 份。

按照地域的不同也分成两组[①]：一是东部地区，包括 11 个省级行政区——北京、天津、河北、辽宁、上海、江苏、浙江、福建、山东、广东、海南。反映东部地区的问卷共有 44 份；二是中西部地区，包括中国大陆剩余的 20 个省级行政区——黑龙江、吉林、山西、安徽、江西、河南、湖北、湖南、四川、重庆、贵州、云南、西藏、陕西、甘肃、青海、宁夏、新疆、广西、内蒙古。反映中西

---

① 在预调查中，曾按地域的不同分成东、中、西三组，但通过比较发现，中部地区和西部地区之间的差异相对来说并不明显。因此在本次比较分析中，将中部和西部归为到一起，作为一个整体来和东部地区相比较。

部地区的问卷共有 77 份。

第三步，分类统计每一个选项的"支持率"。

按照第一步中的分类原则，分别统计每一类答卷中每一个题目每一个选项的选择次数，再将选择次数除以该类试卷的总和，得到每一个分类下每一个题目项目的"支持率"。

例如，来自东部地区的问卷总共有 44 份，所有这些试卷中在对本地区的"信息公开水平"进行判断时，认为是"很好"的答卷总共有 15 份，认为"较好"的有 19 份、"一般"有 8 份、"较差"有 2 份、"极差"有 0 份。再以这些数字为分子，以该类别问卷总数 44（44 = 15 + 19 + 8 + 2 + 0）为分母，可以得出每一个选项的"支持率"分别 34.1%、43.2%、18.2%、4.5% 和 0。

支持率能基本反映来自于同一类别的政府部门对某个问题的看法。本研究将以每个选项的支持率为基准来进行比较分析。之所以要以"支持率"而不是以选择次数来进行比较，是因为每一类别下问卷的数量不同，以支持率比较更加公允。

第四步，给各选项赋权重，用加权平均法计算每一个题目的"认同度"。

由于光凭"支持率"难以直观观测出受访群体对每一个题目的认同程度，本研究采用加权平均法来进行赋值计算。

在调查问卷中，每一个题目都设计了五个答案，每个答案虽然具体的文字表述不同，但都反映了一种由强到弱的"认同度"。例如下述两个题目，虽然选项的具体文字不同，但在排列上都表达了主观认同的由强到弱，例如：

◆ 您认为当前我国在信息化领域的法律法规体系是否完善

□非常完善　□比较完善　□一般　□不太完善　□非常不完善

◆ 本地"一把手"领导能够亲自参与电子政务系统的建设或使用

□完全赞同　□基本认同　□不置可否　□不太同意　□反对

一般来说，前两个选项表达了"认同"的意思，后两个选项表达了"不认同"的意思，中间的选项表达了"既不认同又不反对"的意思。因此，将五个选项分别赋予"2、1、0、-1、-2"的权重，结合"支持率"指标，可以计算出特定受访群体对每一个题目的认同程度，称之为"认同度"。

例如，受访的东部地区政府部门对本地区的"信息公开水平"的五个选项"很好、较好、一般、较差、极差"的支持率分别为 34.1%、43.2%、18.2%、4.5% 和 0。则其认同度 = 34.1% × 2 + 43.2% × 1 + 18.2% × 0 + 4.5% × (-1) + 0 × (-2) = 106.9%。百分号此时已经没有意义，统一乘以 100 去除百分号，即表示"东部地区政府部门认为本地政府网站信息公开做得好的'认同度'为 109.9"。用同样方法，可以计算出中西部地区政府对"信息公开"的认同度为 94.9，基本和东部持平，表示两者在政府网站的信息公开方面差距并不大。

如果"认同度"为正数，表示受访者对题干认同，数值越大认可度越高；如为负数，则表示受访者对题干不认同，数值越小不认可度越高。

第五步，计算每一类因素的"综合指数"。

在本研究上一节中，提出了影响网站公共服务能力的五个因素，并依据文献研究、案例研究和访谈，为每一类影响因素提出了若干"观测变量"，调查问卷正是根据这些观测变量而设计——每一个题目对应一个观测变量。每一个"认同度"指标，也反映了对该观测变量的认同度。

本阶段的比较研究假设"每一个观测变量对潜变量的影响力是一样的"，按照这种算术平均的方法来对"认同度"指标进行数学平均，以计算第五章第一节所提出的每一类因素的影响程度，将这个指标界定为"综合指数"。通过分析综合指数，可直观地判断五大影响因素对不同的细分群体的影响。

$$综合指数 = (认同度1 + 认同度2 + \cdots\cdots + 认同度N)/N$$

二、不同层级政府网站公共服务的比较研究

不同层级的政府部门因职能不同、掌握的行政资源不同，往往在电子政务建设领域体现出明显的差异性。有很多学者对不同层级的地方政府开展网站公共服务的区别进行了研究，刘耀等人通过研究发现，从中央权力机构到地方权力机构，其科学决策需求逐步降低，而社会公共服务成分逐步增多，相应的安全保密管理需求也逐步递减。因此，公共服务是县级政府门户网站的核心功能，作为直接面向公众的县级政府，其门户网站承担了更多的公共服务功能[222]。

在西方国家，地方政府之间的"层级"界限相对模糊，差异更多体现在不同城市的规模上。根据莫拉比托（Morabito，2010），丹麦普（Damanpour，1992），史密斯（Smith，1985）等人的研究[223-225]，更大规模的城市由于其面临的环境更加复杂或者是它们具有更大的权限去重组机构、尝试新想法，因此城市越大，越容易具有创新性。所以，基于"层级"的网站公共服务影响因素比较研究具有鲜明的中国特色。

在本节中，将采用上文中介绍的方法，对不同层级政府部门推进网站公共服务的影响因素开展比较研究。

（一）分项比较分析

1. 政府网站公共服务能力

表3-19显示了分层级地方政府网站公共服务水平比较，从中可以看出，非基层政府对自身网站公共服务水平——无论是"信息公开"、"政民互动"还是

"网上办事"的认同度都要高于基层政府，而且认同度的差异也逐渐扩大。差异最大的是"网上办事"，非基层政府认同度为 51.7，而基层政府仅为 6.5，说明非基层政府开展的"网上办事"，效果要明显好于基层政府。

表 3 – 19　　　　　　　　分层级地方政府网站公共服务水平比较

		认同———————————————————————不认同					
		2	1	0	– 1	– 2	认同度
信息公开	非基层	37.9%	51.7%	10.3%	0	0	127.6
	基层	25.00%	43.50%	28.30%	3.30%	0	90.2
政民互动	非基层	27.6%	41.4%	27.6%	0	3.40%	89.7
	基层	18.50%	30.40%	34.80%	15.20%	1.10%	50.0
网上办事	非基层	13.8%	37.9%	37.9%	6.9%	3.40%	51.7
	基层	12.0%	17.4%	41.3%	23.9%	5.40%	6.5

2. 热点试点影响力

表 3 – 20 显示了分层级地方政府热点试点影响力比较情况。这组指标的认同度绝对值普遍较小，说明"热点试点影响力"相对而言表现得比较少。非基层政府的四个指标均要高于基层政府，而且差异比较明显，特别是"中央试点示范项目的影响力"，非基层政府的认同度为 27.6，基层政府对此却几乎不认同（认同度为 – 2.2）。这组指标的对比说明，目前热点、试点的影响力更多地体现在副省级以上政府部门，而对地级市以下的波及比较少。

表 3 – 20　　　　　　　　分层级地方政府热点试点影响力比较

		认同———————————————————————不认同					
		2	1	0	– 1	– 2	认同度
国家层面热点 议题的影响	非基层	6.9%	37.9%	41.4%	13.8%	0	37.9
	基层	5.4%	38.0%	26.1%	27.2%	3.30%	15.2
中央试点示范 项目的影响	非基层	10.3%	34.5%	31.0%	20.7%	3.40%	27.6
	基层	3.3%	29.3%	34.8%	27.2%	5.40%	– 2.2
上级信息化试 点项目的影响	非基层	10.3%	37.9%	27.6%	20.7%	3.40%	31.0
	基层	5.4%	40.2%	30.4%	15.2%	8.70%	18.5
国内其他城市 影响	非基层	13.8%	31.0%	41.4%	10.3%	3.40%	41.4
	基层	8.7%	30.4%	37.0%	19.6%	4.30%	19.6

3. 网站使用便易性

表 3-21 显示了分层级地方政府网站使用便易性影响力比较情况，这组数据绝对值普遍较大，而且均为正数，说明受访者对这组指标普遍比较认同。从比较情况来看，基层政府对本地政府网站的便易性认可程度略高于非基层政府。

表 3-21   **分层级地方政府网站使用便易性影响力比较**

		认同—————				—————不认同	认同度
		2	1	0	-1	-2	
本地政府网站 信息量充足	非基层	10.3%	51.7%	24.1%	13.8%	0	58.6
	基层	14.10%	51.10%	14.10%	17.40%	3.30%	55.4
本地政府网站 界面非常美观	非基层	6.9%	72.4%	13.8%	6.9%	0	79.3
	基层	26.10%	52.20%	14.10%	6.50%	1.10%	95.7
本地政府网站 信息检索方便	非基层	13.8%	44.8%	13.8%	24.1%	3.40%	41.4
	基层	18.50%	47.80%	8.70%	20.70%	4.30%	55.4
本地政府网站 逻辑结构清晰	非基层	24.1%	44.8%	13.8%	13.8%	3.40%	72.4
	基层	25.00%	56.50%	7.60%	8.70%	2.20%	93.5

4. 行政首脑影响力

表 3-22 显示了分层级地方政府行政首脑影响力比较情况，数据均为正数，差距并不明显，表明行政首脑的影响力总体来说在基层政府和非基层政府表现相差不大。

表 3-22   **分层级地方政府行政首脑影响力比较**

		认同—————				—————不认同	认同度
		2	1	0	-1	-2	
一把手领导思 想上很重视	非基层	24.10%	34.50%	20.70%	17.20%	3.40%	58.6
	基层	22.8%	41.3%	16.3%	16.3%	3.30%	64.1
一把手自身的 信息化水平高	非基层	13.80%	34.50%	31.00%	10.30%	10.30%	31.0
	基层	17.4%	30.4%	17.4%	28.3%	6.50%	23.9
一把手参与系 统的建设使用	非基层	13.80%	31.00%	27.60%	17.20%	10.30%	20.7
	基层	16.3%	34.8%	25.0%	16.3%	7.60%	35.9

5. 项目管理协调能力

表 3-23 显示了分层级地方政府项目管理协调影响力比较。从表中可以看

出，在"前期的需求调研"和"组织有效的考核"上非基层政府做得要比基层政府好，而在"网站主管机构的协调能力"和"及时把好的措施、做法及时制度化"方面，基层政府做得更好，这可能跟基层政府的公共决策流程相对较短，制度化的相对比较容易有关。

表 3 – 23   分层级地方政府项目管理协调影响力比较

		认同————————————————————不认同					
		2	1	0	− 1	− 2	认同度
前期进行了充足的需求调研	非基层	10.30%	55.20%	20.70%	6.90%	6.90%	55.2
	基层	18.5%	39.1%	18.5%	16.3%	7.60%	44.6
网站主管机构协调性较强	非基层	10.3%	44.8%	20.7%	13.8%	10.30%	31.0
	基层	19.6%	42.4%	15.2%	16.3%	6.50%	52.2
及时把做法上升为制度法规	非基层	3.4%	20.7%	44.8%	24.1%	6.90%	− 10.3
	基层	15.2%	30.4%	26.1%	19.6%	8.70%	23.9
组织有效的考核，奖优罚劣	非基层	17.2%	51.7%	10.3%	10.3%	10.3%	55.2
	基层	12.0%	41.3%	20.7%	15.2%	10.9%	28.3

6. 机构设置有效性

表 3 – 24 中显示了分层级地方政府机构设置有效性影响力比较。总体来看，非基层政府和基层政府部门对这个因素的认同上出现了分歧：前者并不认可本地机构设置有效性，而后者对该因素比较认同。说明可能是受行政管理体制改革的影响，目前非基层政府信息化主管机构相对来说稳定性较差，而基层政府部门的信息化主管机构更加稳定。

表 3 – 24   分层级地方政府机构设置有效性影响力比较

		认同————————————————————不认同					
		2	1	0	− 1	− 2	认同度
信息化主管部门比较"权威"	非基层	3.4%	13.8%	44.8%	27.6%	10.30%	− 27.6
	基层	6.50%	32.60%	25.00%	25.00%	10.90%	− 1.1
管理机构与上下级衔接较好	非基层	3.4%	24.1%	44.8%	13.8%	13.80%	− 10.3
	基层	14.10%	39.10%	22.80%	19.60%	4.30%	39.1
主管机构的比较稳定	非基层	3.4%	31.0%	31.0%	17.2%	17.20%	− 13.8
	基层	17.40%	45.70%	19.60%	10.90%	6.50%	56.5

（二）综合比较分析

根据上述讨论，可以计算出分层级网站公共服务影响因素综合指数，如表 3 – 25 所示：

表 3 – 25　　　　　分层级网站公共服务影响因素综合指数对比

	非基层	基层	比率
政府网站公共服务水平	89.7	48.9	1.8
热点试点影响力	34.5	12.8	2.7
网站使用便易性	62.9	75.0	0.8
行政首脑影响力	36.8	41.3	0.9
项目管理协调能力	32.8	37.3	0.9
机构设置有效性	− 17.2	31.5	− 0.5

综合指数是综合"观测变量"的基础上对"潜变量"指标效度的整体反映。通过对比非基层政府和基层政府网站公共服务开展情况及各因素的作用，可以得出三点结论：

第一，非基层政府的网站公共服务水平总体要好于基层政府。非基层政府网站公共服务水平的综合指数为 89.7，而基层政府只有 48.9，两者比率达到 1.8，相差近一倍。可见从整体来看，非基层政府网站公共服务水平要好于基层政府，这可能与非基层政府相对来说在人才、财政、技术等方面均有一定优势，而且级别较高，容易受到中央政府层面发起的一些试点项目"辐射"有关。

第二，非基层政府受"试点热点"因素的影响要远远高于基层政府。在影响网站公共服务水平的五个因素的比较中，最引人注目的是"热点试点影响力"，非基层政府这一项的综合指数是 34.5，而基层政府仅有 12.8，两者的比率达 2.7，相差近 3 倍。可见，目前我国非基层政府受"试点热点"因素的影响要远远高于基层政府，这可能与我国五级政府管理体制下，"试点热点"传导到基层政府的路径过长有关。总之，"热点试点"对于地方政府来说，其意义不仅在于可以启动一个具体的项目，还可以带来上级部门配套的资金、技术支持（例如杭州市 C 区案例），可以在短时间内迅速提升网站公共服务水平——这可能也是非基层政府网站公共服务水平好于基层政府的一个重要原因。

第三，基层政府的优点是信息化主管机构更加稳定。本组比较研究另一个令人瞩目的焦点是"机构设置有效性"，非基层政府对本项的综合指数是 − 17.2，表明非基层政府对本影响因素的作用整体持否定态度，而基层政府的综合指数为 31.5，对此持肯定态度。

三、不同区域政府网站公共服务的比较研究

不同区域的地方政府因为地理位置不同、经济发展差异，以及由此带来的观念、人才、资金、技术等方面的差异，开展电子政务建设往往会呈现出不同特点，推进网站公共服务的影响因素也不尽相同。例如，克雷格（Craig）通过对G2C服务的比较研究，发现不同地区G2C服务的价格弹性是不一样的。例如，由于农村地区、边远地区地理位置不便，要到政府机构现场去接受政府服务的成本远远大于城市。因此，这些地区使用网站公共服务的意愿就更强烈，其价格弹性也就相对较小[197]。

在我国，由于地理、历史等因素，地区发展不平衡现象尤为明显。在我国第一届县域经济基本竞争力的评价中，全国2 073个县域经济的基本竞争力被划分为10个等级（A到J），在基本竞争力最强的A级中西部县域经济只占到5%，而东部地区则占到了80%；在最弱的J级中，西部地区就占到了86.8%，而东部地区只占到了2.2%[226]。我国东部地区开发较早，地势以平原为主，人口密度远远大于中西部地区，而且城市一般以建成区为主。城市和农村的差别也不如中西部地区那么明显[227]。

我国一些学者也曾对不同地区的网站公共服务发展做了研究。陈岚（2008）通过分析《2006年中国政府网站绩效评估报告》，就我国东、中、西三个地区政府网站公共服务水平的差异性得出三个结论：一是我国省级政府门户网站的"发展地域差异明显，东部地区政府门户网站的平均绩效得分高于中西部地区"；二是从各地域的政府门户网站发展均衡程度差异来看，"东部地区政府门户网站绩效得分的离散程度最大，差异尤其显著"；三是"西部地区政府门户网站的公众参与度明显低于东、中部地区"[170]。孙兵采用均值法综合衡量2007年和2008年两年中的政府网站绩效及功能指数，并开展跨地域的比较，结果发现，东南沿海地区的政府网站建设水平普遍较高，平均绩效在50左右，中西部地区省级政府网站绩效较低，均值在40左右[174]。

因此，开展不同区域之间政府部门推进网站公共服务的影响因素的比较研究很有必要，本研究将采用本章第一节中介绍的方法进行。

（一）分项比较分析

1. 政府网站公共服务能力

表3-26显示了分区域的网站公共能力对比，从中可以看出，无论是东部地区还是中西部地区，均呈现出"信息公开发展最好，政民互动其次，网上办事

169

最后"的特点；另外，东部地区与中西部地区在信息公开方面差距并不大，但是在"政民互动"和"网上办事"上差距明显，东部地区对两者的认同度为84和59.1，而中西部的数值只有45.5和 - 6.5。

表3 - 26 　　　　　　　　　　**分区域地方政府网站公共服务水平比较**

		认同———————————————————————不认同					
		2	1	0	- 1	- 2	认同度
信息公开	东部	34.1%	43.2%	18.2%	4.5%	0	106.9
	中西部	24.7%	46.8%	27.3%	1.3%	0	94.9
政民互动	东部	29.5%	31.8%	31.8%	6.8%	0	84
	中西部	15.6%	33.8%	33.8%	14.3%	2.6%	45.5
网上办事	东部	18.2%	36.4%	34.1%	9.1%	2.3%	59.1
	中西部	9.1%	14.3%	44.2%	26.0%	6.5%	- 6.5

尤其值得注意的是"网上办事"，东部地区总体认同度59.1，而中西部地区只有 - 6.5，两者不仅数据差别比较大，而且存在着整体方向性的差别。可见，中西部地区总体不认可"网上办事"，水平亟待提高。

2. 热点试点影响力

表3 - 27 显示了分区域地方政府热点试点影响力比较情况，东部地区对本因素的认同均大幅高于中西部地区，说明东部地区受到"试点热点"的辐射比较大，而中西部却受影响较小。

表3 - 27 　　　　　　　　　　**分区域地方政府热点试点影响力比较**

		认同———————————————————————不认同					
		2	1	0	- 1	- 2	认同度
国家层面热点 议题的影响	东部	4.5%	43.2%	31.8%	18.2%	2.3%	29.4
	中西部	6.5%	35.1%	28.6%	27.3%	2.6%	15.6
中央试点示范 项目的影响	东部	4.5%	38.6%	29.5%	25.0%	2.3%	18
	中西部	5.2%	26.0%	36.4%	26.0%	6.5%	- 2.6
上级信息化试 点项目的影响	东部	4.5%	45.5%	31.8%	15.9%	2.3%	34
	中西部	7.8%	36.4%	28.6%	16.9%	10.4%	14.3
国内其他城市 影响	东部	9.1%	34.1%	38.6%	15.9%	2.3%	31.8
	中西部	10.4%	28.6%	37.7%	18.2%	5.2%	20.8

3. 网站使用便易性

表 3 - 28 中显示了分区域地方政府网站使用便易性影响力比较情况，两组对象对四个观测变量的认同度基本趋同，差异不明显。印证了政府网站目前技术相对成熟、技术壁垒不明显的前期分析。

表 3 - 28   **分区域地方政府网站使用便易性影响力比较**

		认同				不认同	
		2	1	0	-1	-2	认同度
本地政府网站	东部	18.2%	40.9%	27.3%	13.6%	0	63.7
信息量充足	中西部	10.4%	57.1%	10.4%	18.2%	3.9%	51.9
本地政府网站	东部	18.2%	59.1%	18.2%	4.5%	0	91
界面非常美观	中西部	23.4%	55.8%	11.7%	7.8%	1.3%	92.2
本地政府网站	东部	18.2%	47.7%	13.6%	20.5%	0	63.6
信息检索方便	中西部	16.9%	46.8%	7.8%	22.1%	6.5%	45.5
本地政府网站	东部	22.7%	52.3%	13.6%	11.4%	0	86.3
逻辑结构清晰	中西部	26.0%	54.5%	6.5%	9.1%	3.9%	89.6

4. 行政首脑影响力

表 3 - 29 显示了分区域地方政府行政首脑影响力比较情况。数据显示，总体来看中西部地区在推进网站公共服务过程中"一把手"的作用要大于东部地区。这可能是因为中西部地区的制度建设相比东部较为滞后，凸显了"人治"因素的作用。

表 3 - 29   **分区域地方政府行政首脑影响力比较**

		认同				不认同	
		2	1	0	-1	-2	认同度
一把手领导思	东部	18.2%	43.2%	18.2%	18.2%	2.3%	56.8
想上很重视	中西部	26.0%	37.7%	16.9%	15.6%	3.9%	66.3
一把手自身的	东部	15.9%	29.5%	34.1%	13.6%	6.8%	34.1
信息化水平高	中西部	16.9%	32.5%	13.0%	29.9%	7.8%	20.8
一把手参与系	东部	11.4%	31.8%	29.5%	15.9%	11.4%	15.9
统的建设使用	中西部	18.2%	35.1%	23.4%	16.9%	6.5%	41.6

5. 项目管理协调能力

表 3-30 中显示了分区域地方政府项目管理协调影响力比较，这组数据也能明显地体现出东部和中西部的差距，在"需求调研"、"制度化"、"考核"这三个指标上，东部均明显高于西部，说明东部地区推进网站公共服务过程中，管理因素功不可没，而恰是在这方面，中西部地区做得不到位。

表 3-30 　　　　　分区域地方政府项目管理协调影响力比较

		认同————————————————————————不认同					
		2	1	0	-1	-2	认同度
前期进行了充足的需求调研	东部	22.7%	45.5%	18.2%	6.8%	6.8%	70.5
	中西部	13.0%	41.6%	19.5%	18.2%	7.8%	33.8
网站主管机构协调性较强	东部	18.2%	36.4%	27.3%	13.6%	4.5%	50.2
	中西部	16.9%	46.8%	10.4%	16.9%	9.1%	45.5
及时把做法上升为制度法规	东部	11.4%	29.5%	40.9%	15.9%	2.3%	31.8
	中西部	13.0%	27.3%	24.7%	23.4%	11.7%	6.5
组织有效的考核，奖优罚劣	东部	13.6%	56.8%	15.9%	9.1%	4.5%	65.9
	中西部	13.0%	36.4%	19.5%	16.9%	14.3%	16.9

6. 机构设置有效性

表 3-31 中分析了分区域地方政府机构设置有效性影响力比较。这组数据绝对值总体偏小，差距并不明显，说明无论东部还是中西部地区，信息化机构设置都有待于进一步加强。

表 3-31 　　　　　分区域地方政府机构设置有效性影响力比较

		认同————————————————————————不认同					
		2	1	0	-1	-2	认同度
信息化主管部门比较"权威"	东部	4.5%	25.0%	34.1%	29.5%	6.8%	-9.1
	中西部	6.5%	29.9%	27.3%	23.4%	13.0%	-6.5
管理机构与上下级衔接较好	东部	4.5%	43.2%	34.1%	13.6%	4.5%	29.6
	中西部	15.6%	31.2%	24.7%	20.8%	7.8%	26
主管机构的比较稳定	东部	15.9%	43.2%	18.2%	15.9%	6.8%	45.5
	中西部	13.0%	41.6%	24.7%	10.4%	10.4%	36.4

（二）综合比较分析

表 3 – 32 中是分地域网站公共服务影响因素综合指数对比，比较直观地比较东部地区政府和中西部地区政府部门推进网站公共服务过程中各因素的作用。

表 3 – 32   **分地域网站公共服务影响因素综合指数对比**

影响因素	东部	中西部	比率
政府网站公共服务水平	83.3	44.6	1.9
热点试点影响力	28.3	12.0	2.4
网站使用便易性	76.2	69.8	1.1
行政首脑影响力	35.6	42.9	0.8
项目管理协调能力	54.6	25.7	2.1
机构设置有效性	22.0	18.6	1.2

通过对比，可以得出以下结论：

第一，东部地区的网站公共服务水平总体来看要明显好于中西部地区。两者综合指数的比率达到 1.9，接近 2 倍。这可能是因为东部地区在信息化的整体环境上，在人员素质、资金实力和技术力量上均好于中西部地区。

第二，在影响因素的比较上，比较显著的是"试点热点影响力"。东部地区该项的综合指数为 28.3，而中西部地区只有 12，可见东部地区受该因素的影响较中西部地区来说更加明显。

第三，"一把手"影响力在中西部地区表现得更为明显。在所有五个影响因子的对比上，中西部只有在"行政首脑影响力"这一项上超过了东部，说明"一把手"的影响力在中西部地区表现得更为明显。

第四，"项目管理协调能力"东部和中西部存在显著差异。东部地区该项的综合指数为 54.6，而中西部地区仅有 25.7，两者比率达 2.1。这说明，东部地区在网站公共服务建设推进的管理协调方面较中西部地区有着明显的领先。结合结论三，可以解释为什么"一把手"的作用在中西部更为明显——因为中西部管理协调能力相对滞后，制度建设落后，导致必须加强"人治"因素。

四、小结

我国的政府序列从中央到乡镇共分五个层级。不同层级的政府部门在职能上

173

存在着差异，一般来说，省级以上政府更加偏重于内部监管，是"管政府的政府"[228]，而地级市以下的政府与社会公众打交道比较多，其职能构成里面"公共服务"相对较多；另外，中国地域辽阔，经济发展很不平衡，东部地区因地理优势及改革开放的政策优势，生产力发展水平、信息化基础条件、普通民众的信息化素质等各方面都要领先于中西部地区。

在这样的前提条件下，不同级别、不同地域的地方政府，可能会因为其职能定位不同、经济发展水平不同、环境不同而在电子政务建设方面呈现出不同点。目前我国现有的关于电子政务的研究大都只是将地方政府作为一个统一的整体，没有进行分类比较。这样的研究方法，虽然在宏观上具有指示意义，但相对来说比较笼统，缺乏针对不同层级、不同地域的政府部门的有针对性的指导价值。

为此，本研究在本章第三节实证研究的基础上，再将研究对象按照层级不同和所处地域的不同，分别进行两次比较研究，以期更深刻地反映出不同影响因素在不同环境下的具体表现。由于数据量不足，对比研究是基于对调查问卷进行分类、汇总、分析、整理，按"分层级"和"分地域"两大关键词，对网站公共服务的开展情况及其影响因素展开比较研究，尽管是一种定性的描述性研究方法，但也能够在一定程度上说明问题。通过比较研究显示以下结论，也揭示了不同层级、不同地域的政府部门之间，在开展网站公共服务方面存在的差异。

第一，在网站公共服务水平的比较研究中，呈现出"信息公开发展最好，政民互动次之，网上办事最后"的现象。

在对"网站公共服务水平"的分层级比较中，非基层政府对"信息公开"、"政民互动"、"网上办事"三大内容模块的认同度为：127.6、89.7、59.7；基层政府对此的认同度为：90.2、50、6.5。

在对"网站公共服务水平"的分地域比较中，东部地区政府对"信息公开"、"政民互动"、"网上办事"三大内容模块的认同度为：106.9、84、59.1；中西部地区政府对此的认同度为94.9、45.5、−6.5。

比较上述四组数据，不难发现一个规律——无论在哪一组细分对象中，都认为目前"信息公开"发展得最好，"政民互动"次之，"网上办事"最后，分析其原因，是因为信息公开对"技术"、"资金"和"管理"的要求最低，相对来说最容易实现，"政民互动"、"网上办事"对"技术"、"资金"和"管理"的要求逐渐提高，实现难度也逐渐加大。这一结论，同莱恩和李（2001）、韦斯特（2004）对网站公共服务内容框架的判断有一定的相似之处。

第二，地方政府网站公共服务水平和热点试点影响力，存在着"层级差别"，也存在着"地域差别"。

通过对地方政府网站公共服务的比较研究，发现我国地方政府网站公共服务水平既存在着明显的"层级差别"——非基层政府网站公共服务水平好于基层政府，又存在着明显的"地域差别"——东部地区网站公共服务水平好于中西部地区。从具体内容来看，"信息公开"的层级差别和地域差别最小，"网上办事"的层级差别和地域差别最大，"政民互动"的层级差别和地域差别居中。这主要是因为"信息公开"相对而言对技术、资金、管理的要求最低，不容易拉开差距，而"网上办事"不仅对安全性、保密性、兼容性等方面的技术要求更高，还要求对传统的政务流程进行较大的重组，管理协调的难度非常大，非基层政府和东部地区相比较而言在资金、技术、人才、经验等方面均占有优势，容易拉开差距。

另外，在因子分析中发现，"热点试点影响力"也同时存在着"层级差别"和"地域差别"——非基层政府和东部地区明显占优，它们受各种类型的"热点试点"的辐射要远远大于基层政府和中西部地区。

第三，基层政府较非基层政府的优势在于信息化主管机构更加稳定，东部地区较中西部地区最大的优势在于项目协调管理能力。

本研究表明，目前，地级市以下的基层政府的信息化主管机构的稳定性要强于非基层政府。这可能与越到基层，政府机构相对数量越少，结构关系越简单有关。当然，也有可能像上文中已经讨论的那样，自从2008年初中央实行大部制改革以后，改革逐级往下进行，在本调查进行的时期（2009年10月左右），基本上省一级的机构改革刚刚完成，但内部的三定方案还没做好，而地级市、区县则还没有开展。因此，反映到问卷上，就成了基层政府的机构稳定性要好于非基层政府。总之，信息化主管机构更加稳定，这是基层政府较非基层政府相比的一个优势，也可以成为其加速网站公共服务推进的一个"突破口"。

在对五个影响因子的地域比较时发现，东部地区在"项目管理协调能力"上远远领先于中西部地区，两者综合指数的比率达2.1。这说明，目前东部地区政府网站公共服务水平之所以领先于中西部地区，与其注重在"系统开发前期的需求调研"、"开发、实施过程中的协调能力"、"及时将管理措施制度化"和"在系统运行过程中加强监督考核"等管理上的建设密不可分。这也提示广大中西部地区的政府部门，要提高网站的公共服务能力，必须重视管理，要有针对性地向发达地区学习先进的管理经验。

第五节　结论与讨论

电子政务网站公共服务能力是实现电子政务公共服务最大化最直接、最基本的途径。本章以电子政务网站公共服务能力影响因素的文献为基础进行理论研究，并进一步以中国地方政府为主要研究对象展开了两个实证研究，包括基于 5 个典型电子政务网站的案例研究和涉及 256 份调查问卷的调查研究，其一是为了摸清现有网站公共服务的效果及差距；其二是通过实证揭示网站公共服务能力的影响因素。现对本章的主要研究结论讨论如下：

第一，在我国当前阶段，电子政务网站公共服务的效果已初显。基于 5 个典型网站的案例研究，本章认为"信息公开"是网站公共服务开展得最好的一个内容，表现为在网上公开的政府信息数量较为丰富，根据特定申请而提供的"依申请公开"业务流程较为完备，信息公开相关法规标准、管理制度的制定也较为完善。"政民互动"在网站公共服务中尽管已经开展得有声有色，但总体效果不如信息公开，但是在当前条件下，它的参与性最强，对电子政务公共服务总体水平的提升效果最为明显。"网上办事"是提高网站公共服务能力最为明显的一个内容，但目前其应用效果一般，亟待加强。

第二，电子政务网站公共服务能力影响因素来自于多个层面。首先通过对文献的梳理，本章总结了影响电子政务网站公共服务能力的九类因素，这些因素来源于不同研究视角和不同层面，为此作为展开案例研究的基础。研究结果表明："财政"因素、"技术"因素对地方政府网站公共服务来说作用并不显著；而"热点试点"的影响力、法律法规和标准、信息化主管机构的作用较显著，当然还包括对公众需求的准确把握和及时反馈，相关业务的宣传推广和服务方式的创新等，为了展开更加深入的调查研究，保证研究结论的一致性，本章构建了微观层面的"电子政务网站公共服务能力影响因素模型"。

第三，电子政务网站公共服务水平提高的关键在于加强管理和制度建设。本章采用结构方程模型，基于 256 份来自中国政府部门的有效问卷验证了"电子政务网站公共服务能力影响因素模型"提出来的四个研究假设，即认为"热点试点影响力"、"网站使用便易性"、"行政首脑影响力"和"项目管理协调能力"是当前影响我国政府网站公共服务水平的四个关键因素，显然这些因素绝大部分都可以归结到管理和制度层面。本章还进一步探讨了不同层级、不同区域电子政务公共服务影响因素的差异，差异的根源进一步体现了地方政府微观管理与制度差异带来的巨大的电子政务网站公共服务能力的差异。

第四章

电子政务信息资源共享的影响因素分析

应该说，上一轮有关"政府网站公共服务能力"的案例研究和调查研究，给作者产生的思想冲击是巨大的。通过调研，作者真切地感受到目前中国地方政府对于开展基于政府网站的公共服务的迫切心情，无论是作为我国改革开放桥头堡的S市，还是位于大山深处的T地区，无不大力推进政府网站建设，将"网站公共服务"作为提高电子政务公共服务能力的主要突破口。然而，通过深入研究政府网站公共服务效果以及网站公共服务能力的影响因素，作者发现，作为一种新的公共服务方式和渠道，网站公共服务能力的提高不仅依赖于技术因素，更多地依赖于网站背后的信息资源共享程度和电子政务实施过程中的管理与制度因素，尤其是跨部门之间的管理与制度因素。而在公共管理领域，诸多"管理与制度"因素背后的本质则是"权力分配"问题。

权力理论认为，总是有一个特定的权力主体在实现组织既定目标的过程中对权力客体的理念、行为、决策产生影响力和控制力[229]。本章将进一步从提升电子政务公共服务的信息资源共享层面研究"权力"的作用。研究首先梳理了电子政务信息资源共享影响因素的研究成果，并通过对政府部门工作人员的深入访谈，提炼了影响信息共享成功实施的关键因素；然后从行为学研究出发，以权力因素为主要考察因素，建立了电子政务信息资源共享影响因素的研究模型；最后采用多变量线性回归分析对研究模型进行了模型验证，一方面验证了协调权力和强制权力对信息资源共享的影响关系；另一方面验证了信任、感知风险和权力游戏在权力与信息共享之间的调节效应。

第一节 文献回顾

一、电子政务信息资源共享的概念界定

电子政务是指政府应用现代信息和通信技术，将管理和服务通过网络技术进行集成，在互联网上实现组织结构和工作流程的优化重组，超越时间和空间及部门之间的分隔限制，向社会提供优质和全方位的、规范而透明的、符合国际水准的管理和服务[230]。它包括多方面的内容，如政府办公自动化、政府部门间的信息共建共享、政府实时信息发布、各级政府间的远程视频会议、公众网上查询政府信息、电子化民意调查和社会经济统计等。

信息资源一般可以从两个角度进行理解，一种是狭义的理解，即指限于信息本身的文献资源或数据资源，或者说是各种媒介和形式的信息集合，包括文字、声像、印刷品、电子信息或数据库等；另一种是广义的理解，指的是以信息本身为核心，包括与信息相关的人员、设备、技术和资金等各种要素的总称[231]。随着社会的不断发展，信息资源在社会生活中扮演的角色越来越重要，已经成为国家、社会和组织的重要战略资源。

电子政务信息资源是一切产生于政府内部或虽然产生于政府外部但却对政府各项业务活动有影响的信息的统称。从应用范围的角度出发，电子政务信息资源主要包括四种类型[158]：一是面向社会公开的信息，如国家政策和法规等，这类信息通常发布于面向公众的政府门户网站，使社会公众能够在网络环境下充分利用这些资源；二是跨部门共享的信息，这类信息只能在特定的系统或部门之间进行共享，如在财政部门与银行之间的外联网上流通的信息；三是部门内部信息，只在本系统或部门内部共享的信息，如部门内部会议纪要等，这类信息一般可在某一系统或部门的内网上流通；四是涉密信息，只对某一或某些特定的个体开放的信息，如有关国防部署、高端科学技术发展计划、党和国家领导人的秘密谈话等绝密信息，这类信息具有很高的密级规定，传播范围极其有限，一般不将其发布到各种类型的网络上，以防被人窃取或篡改。本研究所涉及的信息资源是那些存在于部门之间或者部门内部不涉密、可适当公开的信息。

任何一个单位或者部门都不可能利用自身的信息资源完全满足自己的需求，因此，产生了共享的概念，共享是在一定的政策体制、激励措施和安全保障的基

础上，在一定范围内的所有成员之间相互协作，共同使用彼此资源的一种机制。共享是电子政务信息资源管理的必然要求，是信息资源全社会共享的前提，也是保障公民权利的基本义务。所谓电子政务信息资源共享是在一定的政策体制、激励措施和安全保障的基础上，参与信息资源共享开发和建设的组织或个人在政府内部、政府与政府之间共同使用政府信息资源的一种机制，目的是提高公共管理和公共服务水平和质量[159]。

在第二章提到，李卫东从需求和内容上将电子政务信息资源共享划分为四个层次，由低到高依次为[159]，包括政府各职能部门之间的资源共享，不同层级政府之间的资源共享，国家权力机关与政府之间的资源共享，政府与企业之间和政府与公众之间的资源共享。主要内容是政务信息公开，让企业和公众能方便地通过网络查询和获取自己所需的政府信息。其目的是为企业和公众提供优质、便捷的信息服务。

由于电子政务信息资源共享在不同需求层次其内容和目的各不相同，在实践中，需要根据不同层次的需求制定合理的目标和策略。本章的研究主要是针对政府各职能部门之间和不同层级政府之间的信息资源共享进行考察，目的研究不同部门、不同层级政府之间信息资源共享的规律，为提高信息资源共享能力，进而保证电子政务公共服务能力的持续提升提供政策建议。

二、电子政务信息资源共享的研究现状

随着国内外电子政务信息化建设的发展，政府部门间的信息资源共享受到了很大的重视，学术界对于信息共享的认识也愈来愈清晰，许多学者投入到信息共享的研究中，信息共享成为管理学、经济学、社会学等普遍关注的一个热点问题，其研究成果主要集中在以下几个方面：

第一，从信息生态学的角度研究政府部门间信息共享。费德罗维奇（Fedorowicz, 2004）把组织内的信息共享拓展到了组织间，指出组织间的信息生态是多个组织共享信息的结果，它影响着成员、技术、信息和过程在动态的相互作用中的相互适应过程[232]。韩刚（2007）等人运用生态学的理论与方法，对电子政府部门间信息共享的结构和运动方式进行考察，建立了电子政府部门间信息共享系统的结构模型和进化模型[233]。

第二，从经济学的角度研究电子政务信息资源共享，通过使用博弈论的分析方法，建立共享行为、共享决策和共享效率的分析框架。刘强（2005）等人分析了信息的边际成本，并使用"0→1 边际成本"证明了政府信息产品的成本次可加性，从而给出了政府信息资源共享的经济学理论基础[234]；穆昕（2004）等

人建立了两个政府决策单元信息共享的博弈模型，发现信息共享存在"囚徒困境"的问题[235]。

第三，对电子政务信息资源共享影响因素的研究，通过构建电子政务信息资源共享的理论模型来描述不同组织环境、技术环境、政治环境和文化环境下政府部门间的信息共享活动。道斯（Dawes，1996）认为政府部门信息共享既存在利益又存在风险，这些利益和风险常常来自于技术、组织和政治三方面的因素，依据信息共享的利益和风险，他提出了一个可以解释政府部门间信息共享的政策、实践和态度的作用机理的理论模型[236]；金（Kim，2006）从组织文化、组织结构和信息技术三个维度出发，提出一个影响政府公共部门知识共享能力的研究模型，通过实证分析，得出了政府部门知识共享能力的主要影响因素[237]。

第四，从政府改革、内在需求等方面对电子政务信息资源共享的动力源、障碍和对策等的研究。比詹·阿扎德（Bijan Azad，2008）指出电子政务信息资源共享的动力来源于政府的推动、示范和社会交流渠道，以及人们内在的需求[238]；何振（2007）提出信息资源共享的阻力在于内在需求的缺乏，归根到底源于不同层级的政府及其职能部门的行政影响[239]。

第五，对电子政务信息资源共享的运行机制、激励机制、保障机制、信任机制和约束机制等的研究。周伟（2005）从实现电子政务信息资源共建共享的必要条件来探讨共建共享的保障机制，指出信息安全是电子政务信息资源共建共享之根本，信息标准统一是电子政务信息资源共建共享之基础，信息各方利益的实现是电子政务信息资源共建共享之前提[239-240]；吕欣（2009）分析了电子政务信息资源共享过程中存在的信任缺失问题，从技术规范、制度支撑和共赢的合作关系三个方面提出了建立电子政务信息资源共享中信任机制的对策框架[241]。

综上所述，国内外学者对电子政务信息资源共享进行了全方位的研究，但在阅读大量文献的过程中发现，国内外关于电子政务信息资源共享的研究存在着一定的差异。首先，在研究内容上，国外学者主要是从法律、政策、技术、经济、组织等方面对政府部门间信息资源共享进行了系统的分析；国内学者主要研究了政府部门间信息资源共享的模式、类型或运行机制等，多数只是提出了相关问题和解决的策略，并未建立比较完善的理论框架。其次，在研究方法上，国外文献多采用实证分析的研究方法，而国内学者采用的研究方法相对单一，主要是通过经验和案例分析得出研究结果，真正意义上运用实证方法的研究比例明显偏低。

因此，可以说我国电子政务信息资源共享的研究还比较薄弱，有必要借鉴国外的研究模式，采用实证研究方法从各个不同的视角对电子政务信息资源共享进行深入分析，推动我国电子政务信息资源共享的成功实施。

三、电子政务信息资源共享影响因素的研究现状

国内关于政府信息资源共享的研究主要集中在必要性和重要性的定性讨论上，而目前我国政府部门间的信息共享水平较低、存在诸多障碍因素，迫切需要对影响政府部门间信息共享的因素及其之间的关系进行深入研究，为进一步推进信息资源共享、提高政府服务水平提供决策支持。

任何研究都不能脱离对该领域的研究现状的认识而独立进行，有必要通过各种渠道对相关文献进行收集和整理，从而掌握和了解相关研究领域的最新动向和前沿成果。电子政务信息资源共享影响因素的研究，始于 20 世纪 90 年代，国外学者对影响政府部门间信息资源共享的因素进行了不同角度的探索和研究，国内关于政府信息共享的影响研究起步较远，只有近两年才有所涉及，有很大的研究空间。通过总结国内外学者在电子政务信息资源共享影响因素方面的研究成果，为本研究的开展提供了坚实的理论基础，具有一定的借鉴意义。

（一）从组织特征的角度对电子政务信息资源共享的研究

道斯（Dawes，1996）首次对美国州政府部门间的信息共享进行了系统研究。他指出，政府部门信息共享存在着技术上、组织上和政治上的障碍。其中技术性障碍主要是软、硬件和通信设备的不兼容，数据结构的不一致；组织性障碍包括组织的自身利益和高层管理人员的知识技能；政治性障碍主要是部门决策的外部影响、部门的信息审核权和项目的先后处理。

道斯调查了纽约州 53 个政府部门的 254 位州政府管理者，最终获得 173 份有效问卷。调查的内容主要包括州政府管理者对组织间信息共享的经验、对信息共享的利益和障碍的态度、对影响信息共享的因素重要程度的看法、对管理信息共享活动的政策和工具的看法。调查研究表明：（1）信息共享对解决问题和合作关系的建立有着积极的促进作用，信息共享能够支持政策的创新和服务的整合，有助于部门间的协同运作；（2）要想在政府部门间成功地开展信息共享，需要有指导信息共享决策和行为的法律框架和正式的政策法规，例如部门间的协议、一般的法律授权等；（3）由于政府缺乏通用的数据标准和统一的数据规划，需要建立指导共享信息管理的有效工具，例如建立全国及各政府部门的数据目录、电子数据的技术标准、普通数据的界定标准、数据交易中心等。

在其调查研究结论的基础上，道斯根据信息共享的利益和风险提出了一个可以解释政府部门间信息共享的政策、实践和态度的作用机理的理论模型如图 4 - 1 所示，得出影响信息共享的主要因素有：迫切的公共问题（Pressing Problem）、

参与者的共享经验（Sharing Experience）、政策和管理框架（Policy and Manage-ment Framework）、感知收益（Expected Benefits）和感知风险（Expected Risks）。该理论模型指出：部门间信息共享的最初动力是需要用共享的信息来解决一些重要的公共问题；政府部门对于信息共享潜在的利益和风险的理解是基于政府管理者以往的共享经验；政策和管理框架影响着信息共享的进程；参与者通过共享经验感知到实际的利益和风险，在此基础上，形成了对未来的预期，进而对将来可能应用的政策和管理框架提供经验借鉴[236]。

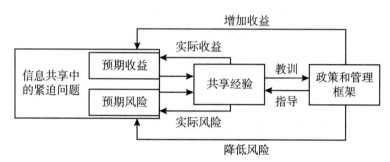

图 4 - 1　道斯政府部门信息共享的理论模型

兰德斯伯根和沃尔肯（Landsbergen and Wolken）对道斯（2001）的模型进行了拓展，并将研究焦点集中于联邦政府与州政府部门间的信息共享，指出组织间的协同工作就意味着信息共享，协同性能够给政府带来实际的利益，但协同性也面临着来自于政策的、组织的、经济的和技术的障碍。然后，他们在前人关于协同性研究文献的基础上，采用案例分析的方法对联邦政府和州政府协同工作的障碍和解决方法进行了研究，提出了一个以技术、协同性和制度为核心的政府部门间信息共享的理论模型如图 4 - 2 所示。他们明确了信息共享对基础设施的需求，政府部门应该建立一个支持信息共享的基础设施，包括技术支持（Technical）、信息共享的法律支持（Policy Architecture）和共享实践的制度支持（Institutional），并指出技术标准是法律应该包含的内容之一，信息共享基础设施的建设（信息共享系统）需要得到政府制度的支持。此外，他们也提出政府部门应该制定并且协调法律、管理和政策方面的措施，加强组织间的协同工作，以促进部门间的信息共享[242]。

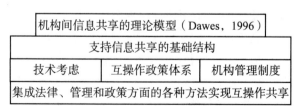

图 4 - 2　兰德斯伯根和沃尔肯的研究模型

面向公共服务的电子政务管理体系研究

金和李（2006）研究了组织文化（Culture）、组织结构（Structure）和信息技术（Information Technology）这三个组织维度对政府公共部门知识共享能力的影响，如图 4-3 所示。组织文化通过组织远景和目标（Visions and Goals）、信任（Trust）、社会网络（Social Network）这三个变量来衡量，对组织间的知识共享都有显著的正面影响。组织结构由集权化（Centralization）、形式化（Formalization）和绩效奖励机制（Performance-Based Reward Systems）来衡量，其中集权化和形式化限制了员工间知识共享的行为，而绩效奖励机制激励员工创造新知识、共享已有知识，有助于员工之间的交流合作和知识共享。信息技术帮助整合了组织之间的信息和知识，由 IT 基础设施及其应用（Infrastructure & Application）和对终端用户的关注（End-User Focus）这两个变量来衡量，积极地影响着公共部门员工的知识共享能力。然后，他们对韩国的 5 个政府部门的 200 位员工进行了调查，并对收集的数据进行最小二乘多元回归分析。结果显示，社会网络、绩效奖励机制和 IT 基础设施及其应用是影响政府部门知识共享能力的主要因素。为此，作者提出了三个对政府部门知识共享有效的建议：政府部门需要建立一套基于社会网络的员工评估机制，用于评估员工之间、政府部门之间的交互和协作情况；政府部门管理人员应该有效地激励和奖赏共享知识的员工，提高部门的知识共享水平；政府应该加大信息技术基础设施和知识管理信息系统的投资力度，为员工创造一个知识共享的技术支持环境[237]。

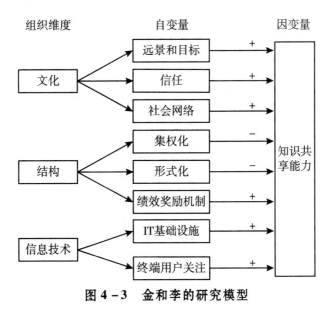

图 4-3　金和李的研究模型

上海交通大学的范静和张朋柱（2008）分析了外部环境层面（法律和政策权威、项目倡导机构权威）、跨组织关系层面（组织间信任、社会关系网络和组织兼容性)、组织内部准备层面(管理者支持、IT 能力、经济成本和流程可追踪性)和预期绩效层面(感知收益和感知风险)四个层面对电子政务信息共享实现程度和实际效果的影响,提出了横向职能部门间 G2G 电子政务信息共享层级管理模型。作者选择了西安市、太原市、宁波市和上海市的 42 个参与电子政务信息共享项目的政府组织进行了调查,得到 216 份有效问卷,并对数据进行样本特征分析、信度分析和验证性因素分析。研究结果表明,从外部环境层面来看,我国目前大量的以指导、规划、标准等为主的电子政务信息共享政策缺乏一定的执行力度,而电子政务信息共享项目倡导机构的推动和协调作用对促进政府部门间信息共享尤为重要,建议政府建立强制性政策,对项目拖延部门给予惩罚和制裁规定;从跨组织关系层面来看,社会关系网络是最显著的影响因素,揭示了政府组织间社会网络关系,尤其是组织高层领导之间的社会关系,对信息共享有非常显著的促进作用;从组织内部准备层面来看,最突出的影响因素是组织领导支持,建议设立职能部门领导者的激励和监督机制;从预期绩效层面来看,感知风险对组织参与电子政务信息共享实现程度有显著的负面影响,感知收益对组织成员所感知的信息共享实际效果有显著的正向影响[243]。

威廉(Willem)和比伦斯(Buelens, 2007)探讨了促进或者制约政府部门之间知识共享的组织特征,提出了正规系统(Formal Systems)、横向协调(Lateral Coordination)、非正式协调(Informal Coordination)作为三种类型的组织协调机制影响着部门间的知识共享,以及成员的社会地位、信任、权力游戏影响着知识共享的有效性和强度。通过对比利时 90 多个不同政府部门的 358 个成员进行问卷调查和数据分析,作者发现,横向协调和信任是政府部门间知识共享的重要影响因素,权力游戏和非正式协调相结合促进了知识共享的实现[244]。

(二)从社会文化的角度对电子政务信息资源共享的研究

施恩(Shin, 2007)等人以社会网络理论(Social Network Theory)和依赖理论(Interdependence Theory)为基础,讨论了社会网络结构(如关系)、儒家文化、集体主义这三个文化因素对中国信息共享的影响,建立了相关的研究模型,然后以问卷的形式调查了中国企业的中高层管理人员,对收集的 140 份有效问卷进行因子分析和偏最小二乘回归分析。研究结果显示,关系对组织内部和组织之间的信息共享都有显著的影响,集体主义只影响到组织内部的信息共享,儒家文化对于当今的年轻人缺乏影响力,不管是组织内部还是组织之间的信息共享,儒家文化的影响都是非常小的。他们提出了一些建议:中国的信息共享建设应该合理利用关系的作用;人与人之间的信任是信息共享的助推器,需要加强人与人之间的交流来建立信任关系;儒家文化对信息共享有正向的影响,应该注重儒家文化的教育，提高这种文化的影响力[245]。

德雷克（Drake，2004）等人研究了公共部门中的科学家子文化、政治家子文化和官僚子文化对部门内和部门间信息共享的影响作用，并指出不同文化环境中成员之间的误解和不信任是信息共享的最大障碍[246]。

（三）基于行为理论的电子政务信息资源共享影响因素的研究

博克和司麦德（Bock and Zmud，2005）等人从计划行为理论、外在激励因素、社会心理学因素和组织气氛因素等方面考虑建立了一个理论架构如图 4 - 4 所示，认为这些因素是决定性的因素，能够对员工知识共享的动机产生积极或消极的影响。作者与五个韩国公司的 CIO 进行了面谈，得出知识共享的动机可以分为三类：经济因素，包括期望能够获得的物质奖励（Anticipated Extrinsic Rewards），如金钱或晋升；社会心理因素，包括预期的互惠关系（Anticipated Reciprocal Relationships）和自我价值的实现（Sense of Self-Worth）；社会学因素，包括公平、创新和从属关系。此外，作者还提出主观规范和组织气氛直接或者间接地影响着员工知识共享的意愿。

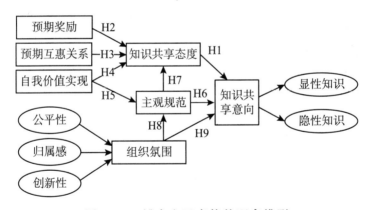

图 4 - 4　博克和司麦德的研究模型

在此基础上，博克和司麦德向韩国的 30 个公司的 259 个员工发放问卷，收回 154 份有效问卷，通过采用偏最小二乘法（PLS）测量研究模型和验证其结构关系。研究分析结果表明，知识共享的态度和主观规范对员工知识共享的意愿有显著的影响作用，其中，主观规范直接或间接地影响着员工共享的意愿，而态度对知识共享的影响来自于预期的互惠关系而不是物质奖励，物质奖励阻碍了态度对知识共享的作用；自我价值的实现通过态度和主观规范间接地影响了知识共享的意愿；组织气氛对主观规范和知识共享意愿都有一定的影响，但其通过主观规范对共享意愿产生的间接影响明显强于其对信息共享意愿的直接影响[247]。

基斯和艾伦（Keith and Alan, 2006）借鉴了理性行为理论关于信念—态度—意向—行为的关系，通过分析员工在组织信息共享中的信念和态度，提出了影响信息共享动机的模型。作者指出，许多信念决定了员工信息共享的态度，包括关于信息的信念（如信息的类型、数量和价值）、关于人际关系的信念（如他人的接受度、利己性和互惠性）、关于组织的信念（如组织规范和社会地位）和关于工作的信念（如关联性）。作者设计了一个量表，测量员工信息共享的信念、态度和意图，并进行了信度和效度的验证，最后提出了一些建议：管理人员应该积极鼓励员工对组织信息进行全面共享；管理人员应该了解促使员工共享信息的手段；信息拥有者和信息需求者之间的人际关系对信息共享的实现有着重要的影响[248]。

（四）基于创新扩散理论的电子政务信息资源共享影响因素的研究

阿克布鲁特（Akbulut, 2003）在对道斯和兰德斯伯根的研究成果进行总结的基础上，结合创新扩散理论（Diffusion of Innovations Theory）、关键规模理论（Critical Mass Theory）和社会交易理论（Social Exchange Theory），提出了研究美国州政府与其所管辖的地方政府之间的电子信息共享的模型如图 4－5 所示。模型假设影响地方政府与州政府进行电子信息共享的因素主要有三个方面：电子信息共享的特征、机构的特征、环境的特征。其中，电子信息共享的特征包括利益、成本、风险、兼容性和复杂性五个子因素；部门的特征包括信息技术实力、高管的支持、部门的支持和部门规模四个子因素；环境的特征包括外部影响、政策/法律框架、部门间的信任、关键规模、系统的支持五个子因素。然后，阿克布鲁特选用调查研究和案例分析两种方式分别进行了实证设计，其中调查研究通过邮寄问卷的方式收集数据，对调查数据进行因子分析和回归分析，案例分析通过访谈的方式对影响信息共享的各个因素进行了考察。最后得出在其假设的 14 个影响地方政府与州政府间信息共享的因素中，信息技术实力、外部影响、信息共享的成本、风险和复杂性是五个最主要的影响因素[249]。

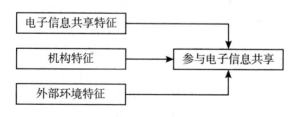

图 4－5　阿克布鲁特的研究模型

西安交通大学胡平、张鹏刚（2007）等人在对我国地方政府部门进行深入访谈的基础上，结合创新扩散理论，提出了我国地方政府部门间信息共享的影响因素框架，将影响地方政府部门之间信息共享的因素划分为三个部分，分别是：支持信息共享的资源（硬件建设状况、人员资金实力、领导的支持和政策法规的支持）、推动信息共享的动力（上级政府的规划要求、信息服务满意度、外部共享的压力和业务数据的需求）和对信息共享特性的认识（共享的利益、共享的风险和共享的成本）。然后，通过设计问卷在陕西省宝鸡市进行实际调查，采用多因素方差分析和结构方程模型方法，对三大因素与政府部门间信息共享的程度之间的关系进行研究。最后得出领导的支持、政策法规的支持、上级政府的规划要求、外部共享的压力和共享的利益是我国地方政府信息资源共享的主要影响因素[250]。

此外，还有更多的学者从信任、人际关系等角度对影响电子政务信息资源共享的因素进行了研究。刘和舍尔特（Liu and Chetal）等人指出部门间不愿共享信息的原因是信任的缺乏，政府部门间存在着很多的误解，认为共享信息并不是其职责所在，为此，提出了基于信任的政府部门信息共享模型[251]。韩刚指出对于政府部门来说，与其他政府部门共享信息是有风险的，府际信息共享是指政府间、政府部门间的信息共享，其包含着明显和复杂的府际利益冲突，府际信任的缺失导致这些风险和利益冲突难以化解，因而建立充分的府际信任关系是实现充分和高效的府际信息共享的前提和基础，然后，从非技术的管理角度讨论第三方信任，建立了基于第三方信任的电子政府府际信息共享模式[252]。胡平、叶军（2010）等人从关系的角度研究了政府部门间的信息共享，提出影响地方政府部门间信息共享的关系因素包括正式关系（业务合作关系、项目伙伴关系和信息依赖关系）、非正式关系（信任、承诺和社会交往）和利益关系（收益、风险和成本），建立了相应的理论框架和假设，并使用因子分析证明了理论框架以及关系因素度量因子结构的稳定性，得出：信息依赖是最重要的正式关系，信任是最重要的非正式关系，收益是最重要的利益关系[253]。

四、权力理论及其在信息资源共享研究中的应用

（一）权力的定义和分类

权力是一个被使用率极高的词，但人们在使用时很少去思考它的意义。权力到底是什么？有哪些类型的权力？权力如何影响政府部门之间的信息资源共享？要回答这些问题，必须首先界定权力。权力一词对应的英文是 Power，英文 Power 一词源于法语 Pouvoir，源自拉丁文的 Potentia，意指"能力"，是一个人或物

影响他人或他物的能力[254]。权力应用于社会学、政治学、管理学、法理学、经济学等多个学科，许多学者从不同的领域对其进行了定义。

在社会学中，亚里士多德从强制性的角度理解权力是"一种普遍的强制性力量"。从预期控制力的角度，罗素（1988）认为权力是"预期效果的产生"，可以定义为有意识的努力的产物，并进一步把权力分为影响个人的权力和组织的权力[255]。美国社会学家丹尼斯·朗（2001）认为权力是参与者为了达到目的而激活或动员资源的一般化能力，是某些人对他人产生预期效果的能力[256]。

在法学中，美国权威布莱克法律词典的定义比较有代表性，它提出三种权力的法学定义：权力是做某事的权利、职权、能力或权能，权力是授权人自己合法做某行为的职权；权力是在法律关系中一方以一定作为或不作为改变这种关系的能力；权力是为了自己利益或他人利益处理动产或不动产，或赋予某人处理他人利益的自由或职权[254]。

在组织管理学中，巴纳德（2007）将权力定义为：权力是正式组织沟通特征，它的效力通过参与行为控制过程的组织成员的认可来体现。权力有两方面的维度：权力主体，即发布命令的权利人；权力客体，即接受者。权力是否发挥作用，取决于权力客体，而不取决于发布命令的人[257]。

以上几种对权力的解释虽然着眼点不同，但都从不同角度揭示了"权力"的特性，即：权力是一种力量，借助这种力量可以或可能产生某种特定的预期局面和结果。为了对权力有更深入的理解，已有学者们从各种不同的角度对权力进行了划分。从社会领域的角度来看，可分为经济权力、政治权力（含军事权力）和文化权力（含宗教权力）；从国家政治的角度来看，可分为立法权力、行政权力和司法权力；从经济运行的角度来看，可分为生产权力、（流通）销售权力和消费权力；从权力作用的角度来看，可分为物质权力和精神权力。

本研究选用了弗朗斯和瑞文（France and Raven，2005）从权力来源的角度进行的分类，将权力分为五类：（1）强制权力（Coercive Power），通过行使某种强制性的措施而对其他成员产生影响的权力，权力客体如果没有遵从权力主体的要求会遭受某种惩罚；（2）专家权力（Expert Power），源于专业知识、特殊技能而产生的对其他成员的影响力；（3）法定权力（Legitimate Power），源于职位而获得的合法权力对其他成员的影响力，权力客体无论从道德、社会或者法律的角度出发都应该同权力主体保持一致，或者有义务去遵从权力主体的要求；（4）参照权力（Referent Power），源自权力主体所具备的性格魅力、声望和地位而产生的对其他成员的影响力；（5）奖赏权力（Reward Power），通过向其他成员提供某种利益而对其产生的权力，即如果遵从权力主体的要求，就会获得某些报酬[258]。

同时，根据亨特和内文（Hunt and Nevin，1974）的研究，他们认为不同的权力来源能够被分为强制权力和非强制权力如图 4 - 6 所示，强制权力区别于别的权力来源是因为它涉及潜在的惩罚，是建立在惧怕的基础上的，如果不服从可能产生直接的后果，而其他四类的权力是非强制性权力，因为它是源于个人的自愿而产生[259]。本研究将政府部门运用的权力区分为强制性权力和非强制性权力，这两种权力是如何对政府部门信息资源共享产生影响的，将在下一节中展开讨论。

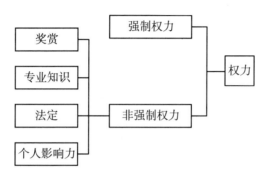

图 4 - 6　权力的修正模型

（二）权力理论在信息资源共享研究中的应用

权力理论指出，总是有一个特定的权力主体在实现组织既定目标的过程中对权力客体的理念、行为、决策产生影响力和控制[229]。权力理论已经应用于人际关系、组织结构、渠道管理和社会网络等各个方面，但在文献的查找与整理过程中，我们发现在信息共享的研究中权力理论的应用文献相对甚少，只有少数的学者提到了权力会影响到信息接受、信息使用和信息共享等信息行为。

关于权力和信息共享等行为之间的关系，国外的一些学者已经进行了探讨。玛莎瓦（Mutshewa，2007）研究了权力与人们的信息行为之间的关系，认为权力存在于复杂的人际关系中，掌握信息的人们拥有更多的权力，同时想要拥有信息权力的人们将会表现出更多的信息行为，这些信息行为包括存储信息、自愿共享信息和查找信息等。这意味着权力的获得或失去都将影响到信息共享行为，参与者权力的大小影响其信息使用的权限，以及参与者身份地位、威望和影响力的差异影响着其获取信息的数量[260]。

凯利（Kelly，2007）研究了知识和权力的关系，知识是组织内部权力的来源，知识和权力的关系是所有组织内部存在的权力关系的一部分，强调权力的执行与知识及知识共享是相关的，合法权力的运用影响到对知识的管理[261]。

波利蒂斯（Politis，2005）研究了权力的来源和知识获取的行为特征之间的关系，提出了各种权力对知识获取特征产生影响的一些研究假设，选取了阿拉伯国家的 7 个公司的 165 个员工进行了问卷调查，收回 130 份有效问卷，对收集的数据利用结构方程的方法进行了验证性因子分析，研究结果表明专家权力对知识获取有正面积极的影响，强制权力和参照权力可能对知识获取和知识共享有负面影响，因此，管理者可以通过运用专家权力成功地获取自己所需要的信息[258]。

另外，一些学者在不同的研究背景下，探索了权力对知识或者信息共享的影响。阿蒂什维利（Ardichvili，2006）等人在《研究虚拟社区中文化因素对知识共享的影响》一文中指出，等级制度和权力差距的存在制约了知识的共享和组织间信息的交换，权力是知识共享的一个重要因素，一个人拥有的权力和其身份地位决定了他人的共享动机和知识流的方向[262]。

斯库利和霍兰（Schooley and Horan）研究了紧急医疗服务中组织间信息的集成、传递和共享，指出权力在紧急事件的处理过程中发挥着重要的作用，职能部门利用强制性手段要求实现部门间的信息共享，信息共享的及时性、全面性、有效性能够提高紧急事件处理的水平[263]。

威廉和比伦斯将权力游戏作为组织的一个特征，指出在公共部门存在不正当的权力影响着信息的接受和使用，权力的滥用将会减少部门知识的共享，权力游戏越明显，知识共享越弱，但在组织中不可避免地存在权力游戏、非正式的交流和利益关系影响着信息共享的动机和行为[244]。

何振（2007）指出，信息、权力和利益这三个要素的变化和作用影响了信息资源共享，政府信息资源共享受到制约的一系列因素，归根到底都源自不同级别的政府及其职能部门的行政影响，即政府权力意志的指向与实现[239]。

基于前人的研究成果，我们可以得到，权力与信息共享有紧密的关系，本章从权力的角度出发，探索各种类型的权力在电子政务信息资源共享过程是如何发挥作用的，以及存在哪些因素促进或者阻碍这种影响作用。

五、小结

本节首先介绍了电子政务信息资源共享的相关概念，并总结了国内外电子政务信息资源共享及其影响因素的相关文献。可以看出，国外学者已经从技术、组织、社会文化、政治等多个角度对政府部门间信息资源共享进行了全方位的研究，其采用的研究方法主要是实证分析方法。但是，我国政府在机构设置、部门之间权责利益分配、经济发展水平和社会文化特征等方面与别的国家存在显著的差异，有必要结合我国政府的特点，对影响政府部门间信息资源共享的因素进行深入探讨。同时，本节阐述了权力的定义和分类，对权力理论及其应用进行了回顾和评述，为本研究的开展提供了理论支撑。目前国内关于电子政务信息资源共享的研究还主要集中在对必要性和障碍的定性讨论，对共享影响因素的研究也主要集中在组织特征和文化领域，尚没有从权力及其影响的角度来对政府部门间信息资源共享的影响因素进行深入分析。因而，本章以权力理论为基础，结合前人在政府部门间信息资源共享方面的研究成果，对影响我国电子政务信息资源共享的因素进行实证研究。后续章节将在权力理论和文献回顾的基础上，建立研究模型，从研究设计和实证分析等方面进行阐述，分析权力对电子政务信息资源共享的影响作用，提出成功实施电子政务信息资源共享的以促进电子政务公共服务能力持续提高的对策建议。

第二节　信息资源共享影响因素的案例访谈

一、案例访谈法

访谈是一种研究性的交流活动，是一种通过访谈者与受访者之间的沟通与互动获得调查资料的调查方法。其主要作用在于通过深入细致的访谈，获得丰富生动的定性资料，并通过研究者主观的、洞察性的分析，从中归纳和概括出某种结论。

与其他调查方法相比，访谈法具有突出的特点[264]：调查的回答率较高，由于访谈法通常是在调查者与被调查者当面接触、面对面交流的环境下进行的，因此，受访者拒绝合作或者半途而废的情况比较少；调查资料的质量较好，在访谈过程中，由于调查者在场，因而既可以对访谈的环境和受访者的表情、态度进行观察，又可以对受访者回答问题的质量加以控制，提高调查材料的真实性和准确性；调查对象的适用范围广，由于访谈法主要依赖于口头语言，对受访者在书面语言的阅读、理解和表达能力上没有要求，它既可用于文化水平比较高的受访者，也可用于文化水平较低的受访者，通过直接的访谈交流可以取得满意的调查结果。

对于调查研究中的正式访谈来说，应该注意以下几个方面[264]：

1. 选择适当的访谈方法

如果要对某一问题进行系统的调查，为定量分析提供基础资料，一般应选择结构式访谈法；若调查的目的是为了进行探索性研究，则可选择非结构式访谈

191

法；若需要对调查问题进行深入细致的调查，采用个别访谈较为适宜；若要迅速了解多数人对某一问题的看法，则可采用集体访谈的方法。

2. 确定访谈问题，设计访谈提纲

无论是哪一种形式的访谈，一般在访谈之前都要设计一个访谈提纲，明确访谈的目的和所要获得的信息，列出所要访谈的内容和主要问题。

3. 确定被访谈者，充分了解被访谈者及其所在组织的特性

被访谈者的选择要能够满足访谈调查的需要，所确定的被访谈者应是对所访谈问题最了解、最具有发言权的人。为了访谈调查的成功，在准备工作中，还要对被访谈者的特性有所了解。

4. 确定访谈的具体时间、地点和场合

一般而言，访谈时间应选择在访谈对象工作、劳动和家务都不太繁忙的时候。访谈地点和场合的选择，应以有利于被访谈者准确回答问题和畅所欲言为原则。

5. 恰当进行提问，适当地做出回应

要想通过访谈获取所需资料，对提问有特殊的要求：在表述上要求简单、清楚、明了、准确，并尽可能地适合受访者；在类型上可以有开放型与封闭型、具体型与抽象型、清晰型与含混型之分。同时，访谈者需要适时、适度的追问，将自己的态度、意向和想法及时地传递给对方。

6. 准确捕捉信息，及时收集有关资料

访谈法收集资料的主要形式是"倾听"。在态度上，访谈者应该是"积极关注的听"，而不应该是"表面的或消极的听"；在情感层面上，访谈者要"有感情的听"，避免"无感情的听"；在认知层面上，要随时将受访者所说的话或信息迅速地纳入自己的认知结构中加以理解和同化，必要时还要与对方进行对话，与对方进行平等的交流，共同建构新的认识和意义。

7. 及时做好访谈记录

访谈的目的是收集某类现象的资料，访谈记录则是关系到访谈资料的客观性、准确性和全面性程度的重要因素。通常有当场记录和事后记录两种方式。

二、政府信息资源共享的访谈设计

为了使研究模型能够紧密结合政府信息资源共享的现状，研究成果给政府提供具体的政策建议，本章在建模之前，以访谈法作为主要方法，对国家部委的信息共享情况进行了调研，旨在了解当前我国电子政务信息资源共享的实施情况，并探讨影响其成功实施的关键因素。在访谈过程中，首先要把握访谈的目的和内容，做好访谈的各项准备工作，力求使访谈对象充分合作，收集完整、准确和有效的信息；其次，约定时间、地点，与受访者就访谈的内容进行交流；最后完成访谈资料的整理与总结。具体工作包括访谈设计、访谈实施和访谈总结三个环节。

（一）访谈设计——确定访谈的对象和内容，设计访谈提纲

为了了解政府部门信息资源共享所涉及的内容，我们浏览了大量的政府门户网站，明确了各个国家部委的机构设置、政府网站信息化建设情况，并搜寻和阅读了政府信息资源共享情况的相关资料，对政府部门信息化建设、信息资源共享实施有了总体了解。在此基础上，我们根据开展研究工作的需要，设计了访谈提纲，主要包括政府部门信息化建设、政府部门信息资源共享情况和政府部门信息资源共享的见解三个方面的内容。政府部门信息化建设重点考察各个部委的网站、信息共享系统、信息共享平台等软、硬件建设情况，例如，在不同司局间、上下级间、不同部委间是否存在信息资源共享；是否有专门的信息资源共享系统、平台或网站用于实现信息共享等。政府部门信息资源共享情况主要考察各个部委信息共享的现状、信息共享的安全性和信息共享的行为等，例如，工作人员参与信息资源共享的情况如何；政府部门间信息共享的方式有哪些；在信息资源共享方面有没有具体的管理措施和制度等。政府部门信息资源共享的见解主要是针对信息共享存在的障碍，考察其未来的建设方向、将采取的对策措施等，例如，影响不同部门间信息资源共享的因素有哪些；未来将会从哪些方面着手提出哪些信息共享政策建议等。同时，为了确保访谈的高效性，避免影响受访者的日常工作，我们对每个访谈问题都设定了访谈时间的限制。其详细的访谈提纲见附录3。

在访谈对象的选择上，我们从两方面进行了考虑，一是部门的选择，不同的政府部门其信息资源共享的状况存在着显著的差异，为了避免以偏概全，我们任意选取了国家发展和改革委员会、人力资源和社会保障部、工业和信息化部与教育部四个部委进行了深入调研。二是人员的选择，政府部门的工作人员各行其职，所涉及的业务各不相同，对信息化的认识也有所差别，我们选择了对信息化有一定了解、对信息共享情况相当熟悉的访谈对象进行沟通与交流，从而全面、准确地了解各部委的信息资源共享的现状和成功实施的关键影响因素。

（二）访谈实施——确定访谈时间、地点，与受访者交流，收集资料

在访谈前，我们先通过政府门户网站的相关信息了解所调研政府部门的信息共享基本情况，以及受访者各方面的情况和特征。在此基础上，与受访者进行了

联系，向受访者说明了访谈目的和内容，并和受访者就访谈的时间、地点进行了商议。

在访谈过程中，我们首先说明了访谈只是用于科研调查，绝对保密，消除受访者的各种疑惑和戒备心理，使其真实地表达信息共享的实际情况以及自己的态度、看法和建议。接着，清楚明白、通俗易懂地告诉受访者，希望谈些什么方面的问题，以结构式问题和非结构式问题相结合的方式对访谈内容进行交流，听取受访者对每一个问题的见解和看法，并就某些问题提出我们的看法，建立轻松、融洽的访谈环境。同时，我们也记录了受访者对某一问题所表达的观点、对某一现象的主要态度等内容。

在访谈结束后，我们为受访者送上了一份小礼物，表达了我们的感激之情，并期待着下次的交流与合作。

（三）访谈总结——访谈资料的整理与总结

在每一次访谈之后，我们会尽快地整理访谈的记录情况，补充和完善访谈的内容，撰写访谈报告，并对各部委之间的信息共享情况进行比较分析，总结出我国政府部门信息资源共享的总体情况、所面临的共同问题，提取影响电子政务信息资源共享主要的因素。

三、政府部门信息资源共享情况的访谈结果

从政府部门信息资源共享现状的访谈情况中，我们了解到，当前我国电子政务信息资源共享的情况并不乐观，信息化基础设施建设水平参差不齐，各个政府部门之间对各自所有的信息不交换、不共享，行政体制、信息标准、政策制度等并不健全，政府部门间信息资源共享的成功实施受到了巨大的阻碍。

（一）政府部门信息化建设情况

对政府部门信息化建设情况的考察，我们主要调研了政府外网、内网和专网的建设情况以及信息共享系统、信息共享平台的建设情况，从而了解不同的政府部门间如何通过网络或系统实现信息资源的共享。

政府外网即政府门户网站是面向公众的，用于实现政府与公众之间的信息共享。内网或专网是面向部委机关工作人员的，用于实现部委内部同级政府之间和上下级政府之间的信息共享。目前，各个部委都已建成了各自的门户网站，通过门户网站向社会公众发布行政类信息、政策法规等信息资源，并且已经实现了门

户网站与业务系统、办公系统和专项系统的整合，可以在网上开展办事服务，提供各项查询服务。但各个部委通过内网或专网开展内部业务，进行信息交换和共享的情况却并不理想，大部分都没有很好地利用网络的优势，在同级政府部门之间或上下级之间进行频繁的信息共享。此外，各个部委还没有专门的信息共享平台或信息共享系统等用于实现不同政府部门间的信息资源共享，有些部委已经认识到信息共享系统或平台的重要性，积极参与到国家的电子政务信息化工程的建设中，但大部分工程的建设进度缓慢，将信息共享系统成功应用于政府部门还需要较长的一段时间。

在调研的四个部委中，国家发展和改革委员会（以下简称"发改委"）的信息化建设有显著的优势，具有很好的借鉴意义，主要表现在：发改委的内网中，委领导和各处室各建立了一个信息共享栏目，发布内部共享的文件和数据，工作人员根据自身权限可浏览共享信息；发改委有一个纵向网，实现了发改委系统内的数据交换，使许多业务能够网上运行，如计划上报、配额审批等；发改委牵头，与财务部、商务部、国家统计局等共同参与了金宏工程的建设，其主要负责该工程的总体规划、系统的开发、系统的运行维护。

教育部正在规划开发一个"教育服务与监管评估系统"，积极推进电子政务信息资源共享，该系统要求把各学校（包括高校，中小学在内）的招生信息、学籍管理信息、毕业生就业、学位证书授予和教育监管等整合起来，以及把教育部各司局的业务系统集中到该教育服务平台上。但该项目刚刚起步，首要工作是先整合各部门、司局内部的业务系统、办公系统，力求在教育部内部实现信息资源共享。

综上所述，我国政府部门信息化建设还处在落后阶段，不论是政府的网络建设还是信息共享平台的建设都不成熟，利用网络或系统实现不同政府部门间的信息共享还存在一定的困难。因此，有必要加快电子政务信息共享网站的建设和共享平台的开发，尽快完成政府部门之间业务数据的整合，实现信息资源共享。

（二）政府部门信息资源共享的情况

对政府部门信息资源共享情况的考察，我们从信息共享的程序、信息共享的方式和信息共享的标准等方面进行了调研。

政府部门信息共享的程序是比较复杂的，信息的发布都要经过严格的审批，有专门的负责人对发布于网络的信息进行审核。对于那些可公开的信息，如政策文件、法律法规等，经过简单的处理就可以公布于众；对于那些需要公开的业务数据，通常有专门的部门对数据进行整理、统计，形成报告，定期地把报告上报，经审批后才可公布于网络上。

政府部门间信息共享的方式多种多样，口头传达、电子邮件传送、纸质文件传递或利用政府内部网络交互。目前，大部分的政府部门还是采用传统的信息共享方式，如纸质文档、电子邮件、口头传达等，利用政府内部网络进行信息共享的部门少之甚少。

政府部门信息共享的标准是必不可少的，但政府部门间尚未建立统一的信息共享标准，没有专门针对信息的使用、信息的储存，以及信息共享的权限等出台相应的政策。发改委针对金宏工程出台了一个《信息系统管理方法》，说明了需要从哪些部委获得哪些信息，各部委能够提供的信息种类，数据的使用目的、使用内容、使用方式、使用单位，信息的保密责任义务等等，但其作用范围较小。而规范化的信息共享标准，一方面能够减少工作人员的工作量，避免信息处理的重复工作，另一方面能够加快电子政务信息化的程度，有助于电子政务信息资源共享的实现。

（三）信息资源共享的影响因素

通过与政府工作人员的交流，我们发现，实现信息资源共享、建立信息共享平台所需的人才并不欠缺，政府部门的软硬件基础设施也能够达到要求，但信息资源共享并不成功，阻碍不同政府部门间的信息资源共享成功实施的关键因素主要有：（1）权力。在我国政府部门的日常工作中，权力发挥着重要的作用，当上级部门或别的部门对本部门施加压力，强制性对要求提供信息时，工作人员才会配合，将信息提供给别人。另外，工作人员与别人共享信息（未涉密，无风险），如果有助于其更好地开展工作，建立更好的人际关系，将会自愿地把拥有的信息提供给别人。（2）信任。工作人员在提供给他人信息时，会去判断他人是否值得信任，哪些信息是可以提供的。（3）感知风险。工作人员在共享信息时，对于那些可公开可不公开的信息，为了避免承担风险责任都会选择不公开，只会共享那些没有任何利益冲突，明文规定可以公开的信息。（4）权力游戏。拥有更多的信息就意味着拥有更多的权力，为了实现自身的价值，追求利益的最大化，政府工作人员不会轻易地把所掌握的信息提供给他人。

第三节　信息资源共享影响因素研究模型的建立

如前所述，组织特征、社会文化和行为意向等因素对电子政务信息资源共享有着显著的影响。此外，权力作为一个重要的因素，可以划分为强制权力和非强制权力，在政府部门间信息资源共享中扮演着重要的角色，影响着政府工作人员的信息共享行为。本研究在前人对电子政务信息资源共享的影响研究的基础上，通过与政府部门工作人员进行访谈，调研和考察了我国政府部门间信息资源共享的现状，在了解我国电子政务信息资源共享的实际情况的同时，提炼了影响信息共享实施的关键因素，如信任、感知风险等。然后，将强制权力和协调权力（即非强制权力）作为自变量，政府信息资源共享行为作为因变量，信任、感知风险和权力游戏作为调节变量，构建了我国电子政务信息资源共享的研究模型，提出了相应的研究假设，并从前人的研究成果中获取对这些变量的测量项，从而设计得到了本研究的初始问卷。为了进一步提高问卷的信度和效度，确保问卷内容的有效性和易读性，本章采用了测量项分类法、专家评审法和预测试三种方法修改和完善初始问卷，最终得到了正式问卷。

一、研究模型的建立

当前，政府部门之间存在着信息不对称的现象，某些部门垄断着大量的公共信息，而另一些部门处于信息弱势地位，难以获得信息，不得不重复开发、重新采集，这不仅造成了信息浪费，也导致了政府权益失衡。信息作为一种权力资源，拥有信息资源的政府部门利用自身的信息优势地位支配着信息的流向，拥有的信息越多，权力越大。由于没有任何一个部门能够单独依靠自身的资源解决所有问题，这增加了政府部门之间的依赖程度，形成了权力依赖关系。权力依赖主要表现在[265]：（1）任何一个政府职能部门必须依赖于其他部门的信息资源而发展；（2）为了达成共同的目的，各政府部门必须交换信息资源和磋商共同的目标；（3）不管是横向的政府部门之间，还是纵向的上下级政府部门之间，在既定的条件下，需要运用种种策略来控制信息资源的交换过程；（4）信息交换的结果不仅取决于参与各方所拥有的信息资源，还取决于信息交换的条件和信息交换的目的。基于这种权力依赖关系，政府部门间的信息资源共享可以看作是一个组织间的相互依赖关系，这个关系存在于部门间交换和共享信息资源的过程中。由于单个政府部门所有的信息资源总是有限的，其对利益的追求受到限制，使得其不得不寻求利益相关者，为了实现共同利益，形成了部门之间的权力关系。这种权力关系是经由参与信息资源共享的双方（权力主体和权力客体）相互协商、谈判，在信息交换和共享过程中自然形成的。

一旦政府部门之间的权力关系形成，信息资源共享的行为必然会受到权力关系的影响。权力运用得当有助于政府部门信息共享的实施，而不当的权力会阻碍工作人员信息共享的行为。运用权力实现信息共享的最终目的是力求整合信息资源，提高信息资源利用率，消除信息垄断，打破信息孤岛的格局。在某种意义上说，实现信息资源共享会不同程度地给政府部门带来实际的利益。

基于权力执行方式的不同、权力运用妥当与否对信息共享的效果不同，本研究采用亨特和内文（1974）的分类方法，将政府部门运用的权力区分为强制权力和协调权力（非强制性的）[259]。宋华（2009）在研究供应链不同组织间关系时指出，区分权力运用妥当与否的关键在于组织运用的权力是可协调性的还是强调性的，所谓协调性即是利用专家权、建议权或自身的影响力等正向因素影响对方，而强制性则是依靠在供应链中的地位以及强制或司法来实施控制的要素[266]。同样的，政府部门权力的运用也可以区别为强制权力和协调权力，他们对信息共享的行为有较大的影响。

另外，国内外的学者从理论和实践等方面对信任、感知风险和权力游戏等进行了研究。金（2004）把信任作为组织文化的一个因素，分析了信任对员工知识共享能力的影响[267]。安德鲁斯和德拉海（Andrews and Delahaye，2000）指出员工对信任和可信度的感知对知识获得和知识共享行为有正面影响[268]。阿克布鲁特（2003）指出感知风险作为电子信息共享的特征对政府部门信息共享有重要的影响[249]。国内的范静（2008）和胡平（2007）等人从不同的角度探讨了感知风险、信任对我国政府部门信息资源共享的影响[243,250]。威廉和比伦斯（2007）指出在公共部门存在权力游戏影响着信息的接受和使用，权力的滥用将会减少部门知识的共享，权力游戏越明显，知识共享越弱[244]。

因此，根据电子政务信息资源共享影响因素和权力理论的研究文献总结和政府部门信息资源共享现状的实地调研，本研究以权力理论为基础，从强制权力和协调权力两个角度出发，结合国内外学者关于政府部门间信息资源共享影响因素的研究成果，建立我国电子政务信息资源共享的影响因素模型，如图4-7所示。

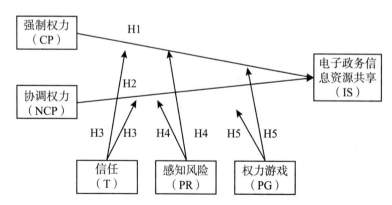

图4-7 电子政务信息资源共享影响因素的研究模型

二、研究假设的提出

本研究主要考察两个问题：强制权力和协调权力是如何影响电子政务信息资源共享的；信任、感知风险和权力游戏如何促进或者制约强制权力和协调权力对信息共享的影响。根据研究模型提出了以下的研究假设：

（一）强制权力

强制权力是最为普遍存在的权力形式，它是建立在惧怕基础上的，如果不服从的话就可能产生消极的后果，出于对这种后果的惧怕，产生了强制权力。强制性的威胁一旦发出，一定要让受威胁方感到，这种威胁是可行的，是实际存在的。

在家庭、各种社会组织，以及国家层面上都存在着强制性权力，都有以这种或那种形式存在着的迫使他人服从的力量。国家拥有警察、军队、监狱等合法的暴力机关，其权力的强制性特点最为明显。从组织的角度来讲，如果上级领导能使下属停职、降级，并且下属很在乎他的工作，那么上级对下属就拥有了强制性权力。这种权力是建立在惧怕的基础之上，也就是说，作为下属如果不服从领导，领导就可以惩罚、处分、批评下属。

政府部门拥有的信息资源具有不均衡性，这形成了不同部门间的权力关系。权力方可以利用权力对其他组织和成员产生影响，使其他社会主体听命于权力方；也可以利用权力支配和控制其他组织的信息资源，使其他资源与社会主体的权属关系按照权力方的意愿或指令发生变化[269]。权力具有强制性特征，处于权力中心的权力方借助权力的强制性来支配、影响和控制权力客体的信息行为，这种信息行为包括信息采集、信息存储、信息交换和信息共享等[260]。在政府部门信息资源共享过程中，拥有权力的部门依靠其自身的信息优势强制性地要求别的部门提供必要的信息，如果没有及时地提供信息，将会受到惩罚，影响到部门的业绩考核，也可能给日后工作的开展带来不便。基于对这种后果的害怕，一旦权力方发出信息共享的请求，有关部门都会全力配合，协助搜集信息，经过整理筛选，把有用的信息提供给权力方。因此，政府部门强制权力的存在积极地促进了电子政务信息资源的共享，本章提出如下的研究假设：

假设 1：强制权力对电子政务信息资源共享有显著的正向影响。

（二）协调权力

强制权力是权力一方没有考虑另一方的意愿，强行支配着他人的信息共享意愿，在强制权力对政府部门间信息共享产生影响的同时，协调权力作为一种间接的影响力，也影响着政府工作人员信息共享的意愿和行为。政府各部门的成员具有较高的自主性和独立性，各部门之间的关系不仅仅是简单的依附与顺从，也会倾向于协调与合作，共同致力于提高双方的整体效率和效益[270]。协调性权力即非强制性权力是指通过个人的感召力、知识技能或提供某种利益而对其他组织和成员产生影响力的权力[259]。不同政府部门间进行信息资源的交换和共享，往往是源于如果遵从某一部门信息共享的请求，将会得到相应的报酬，提高部门的声望；源于对其他部门的能力和社会地位的认同；源于向其他部门提供信息能够得到他们的尊重和合作，易于增进交流和沟通。这些信息共享的动机正是协调权力对信息共享的参与者产生的作用，因此，本章提出如下的研究假设：

假设2：协调权力对电子政务信息资源共享有显著的正向影响。

（三）信任

信任是组织间合作的基础，是社会活动的基本前提。在政务活动中，政府机构之间、政府与公众之间、政府与企业间信任关系的建立，是电子政务能得以推广应用的关键，是实现信息资源共享和跨部门、跨地区协同办公的基础[241]。组织间信任指相信其他组织的行为将会给本组织带来正面的影响。政府部门间信息资源共享中的信任关系包括两层含义：对其他部门所收集的信息的信任，认为其他部门提供的信息资源是有效的和准确的；对参与信息共享的成员和部门的信任，认为其他成员或部门在信息共享过程中会保护信息提供方的权力和利益[243]。金（2006）、威廉（2007）等学者指出，组织间存在的这种信任关系对信息共享有着正面的影响[237,244]。在实际的工作中，当政府部门工作人员基于强制权力或协调权力完成信息资源共享时，如果感知到本部门或者其他部门的同事或领导是值得信任的，不会泄露相关的信息，以及感知到信息的重要性和有效性，势必会增强其信息共享的积极性，促进信息资源共享的实现。因此，本章提出如下的研究假设：

假设3a：信任在强制权力对电子政务信息资源共享的影响中起着促进的作用。

假设3b：信任在协调权力对电子政务信息资源共享的影响中起着促进的作用。

（四）感知风险

感知风险是指感知到的参与政府部门间信息共享所带来的潜在风险。信息共享的风险主要来自网络环境下信息的窃取、篡改等安全问题，以及信息接收方的信息保密程度。在我国政府部门利益严重、网络安全较差的情况下，与电子信息共享有关的安全风险显得尤为重要。政府工作人员常常会担心将一些有用的信息提供给他人，万一信息泄密，可能会导致本部门利益受损，自己也需要承担连带责任。道斯在其政府部门间信息资源共享收益与风险模型中指出，参与者基于以往信息共享的实际经验感知到信息共享的风险，进而影响到其对电子政务信息资源共享的意愿和行为[236]。范静（2008）指出组织成员所感知的信息共享风险越高，拒绝参与信息共享的态度越强烈，感知风险对电子政务信息共享绩效感知有负面的影响[243]。这种负面的影响在一定程度上削弱了强制权力和协调权力对我国电子政务信息资源共享的正面影响作用。因此，本章提出如下的研究假设：

假设4a：感知风险在强制权力对电子政务信息资源共享的影响中起着削弱的作用。

假设4b：感知风险在协调权力对电子政务信息资源共享的影响中起着削弱的作用。

（五）权力游戏

威廉和比伦斯指出权力游戏影响着信息的接受和使用，对公共部门的信息共享有着消极的影响[244]。我国政治体制的主要弊端之一是权力过度集中和权力的不规范运作，这增加了权力运行的不确定性，提供了权力谋私的可能空间。不确定性的存在进一步增强了占据信息优势一方行使权力的能力，使之得以将信息优势转化为获取利益的优势，最终凭借权力与信息的连接谋取特殊利益。握有权力的一方由于具有了支配和控制信息资源的优势地位，这可能诱使少数人借行使职权之便而谋私。由于这种不正当权力的存在，信息资源被垄断，从而阻碍了政府部门间信息共享和信息公开。有必要消除权力的不确定性，建立权力运作透明度的机制，使得权力合理化、规范化，正确地引导政府工作人员的信息资源共享行为。因此，权力游戏作为权力的一种负面影响，阻碍了强制权力和协调权力对信息资源共享的正面影响，本章提出如下的研究假设：

假设5a：权力游戏在强制权力对电子政务信息资源共享的影响中起着削弱的作用。

假设5b：权力游戏在协调权力对电子政务信息资源共享的影响中起着削弱的作用。

第四节 数据收集

一、研究变量的测量

根据研究模型，我们提取出 6 个变量（即构件）：强制权力、协调权力、信任、感知风险、权力游戏和信息共享。这些变量难以直接测量，需要用 3 个或 3 个以上的测量项来测量。由于开发一套稳定、有效的变量测量工具需要经过多次筛选、多套数据和多种方法进行检验，因此，本研究借鉴了国内外相关的研究的测量项，利用了已开发好的变量测量工具，并对原测量项所描述的关系主体及情境进行了适当的修改，形成了本研究的初始测量项，如表 4 - 1 所示。这些测量项是否能够很好地测量相应的变量，涉及测量信度和效度的检验问题，本章在后面将会进行讨论。

表 4 - 1   变量的初始测量项

变量名	测量项	来源
协调权力 （NCP）	1. 其他部门能够根据其掌握的专业知识提出合理的信息共享需求 2. 其他部门的工作人员能够给我们提供信息共享的建议 3. 由于私人关系的原因，我愿意向其他部门提供信息 4. 我向其他部门提供信息是为了得到他们的尊重和合作 5. 因为我们对信息共享有共同的认识和理解，我愿意向其他部门提供信息	布朗[271]
强制权力 （CP）	1. 如果别的部门要求我协助完成信息共享的工作，我害怕由于没有履行职责而会受到相应的惩罚，被降职甚至被开除 2. 如果别的部门要求我协助完成信息共享的工作，我害怕由于没有履行职责而影响到我的工资薪酬或奖励 3. 我担心由于没有及时向其他部门提供信息而影响到部门间的关系，导致今后的工作难以开展 4. 如果别的部门要求我协助完成信息共享的工作，我害怕由于没有履行职责而受到他们的报复 5. 我认为向其他部门提供信息将使我受到领导和同事的赏识，并得到晋升机会	布朗[271]

续表

变量名	测量项	来源
信任 （T）	1. 我认为我的同事和上级是值得信赖的 2. 我相信其他部门的工作人员具有专业技能和奉献精神 3. 从别的政府部门获得的信息，我毫无理由去怀疑它的可信度 4. 当在工作过程中遇到困难时，我相信能够得到本部门和其他部门的支持和帮助	金[237]
感知风险 （PR）	1. 当我与其他部门共享信息时，我心里是非常担忧的 2. 在政府间进行信息共享可能会导致某些重要信息被窃取 3. 我害怕承担信息共享过程中造成的不良后果（如信息泄密） 4. 由于涉及隐私和安全性等问题，我不认为实现电子政务信息资源共享是安全的	付[272]
权力游戏 （PG）	1. 我担心自己所拥有的权力的削弱或丧失 2. 在不同的部门，人与人之间的关系是非常紧张的 3. 在我所在的政府部门，权力的争夺是非常激烈的 4. 在我所在的政府部门，拥有权力的人有更多的优势	威廉[244]
信息共享 （IS）	1. 我自愿与本部门的同事共享我所掌握的信息 2. 我会与其他部门的同事合作，共享各自所拥有的信息 3. 我能方便地使用其他部门所拥有的信息	金[237]

二、问卷设计

（一）问卷框架

经过对相关文献的分析探讨，本章提出了影响电子政务信息资源共享的研究模型，并在研究模型的基础上设计相应的调查问卷。问卷的设计可分为非正式问卷设计与正式问卷设计两个阶段，非正式问卷设计即为问卷的原形，该问卷主要是根据文献阅读、参照相关研究整理出的测量问题进行设计的。为了确保问卷的完整性及科学性，我们还通过测试项分类、专家评审和预调查对初始问卷进行修正，最后得出正式问卷。

本研究的调查问卷主要由部分名词释义、不同政府部门之间信息共享的调查、人口统计变量调查三部分组成。

第一部分解释了部分名词术语。由于本研究的学术性较强，对于调查对象来说，有些专业术语难以理解，或者有些名词考查的范围不太清楚，在此，我们对部分名词作了相应的解释。如：强制性权力是建立在惧怕基础上的，基于惩罚或者法律的因素，一个人如果不服从的话就可能产生直接的消极后果；协调性权力即非强制性权力是指一个人通过个人的感召力、知识技能、信息等而对其他人产生影响力的权力，这种权力带来的影响是间接性的；信息是指法律没有明确规定、但是可以在不同政府部门之间适当公开的信息。

第二部分为不同政府部门之间信息共享的调查。在设计该部分调查问卷时，除了进行必要的访谈外，我们主要参考了前人的一些研究成果，特别是电子政务信息资源共享的实证研究成果，如金和威廉等学者的研究成果。此外，还参考了与权力相关的研究成果，如布朗的研究成果。参考这些文献对问卷设计具有一定的合理性，有很好的借鉴意义。该部分问卷主要针对 6 个变量进行测量，共有25 个题项，全部问题采用正向提问方式，主要是了解调查对象对不同部门间电子政务信息共享的态度和想法。并采用 Likert 7 点评分量表，测量尺度为：1 =非常不同意，2 = 不同意，3 = 有点不同意，4 = 说不清，5 = 有点同意，6 = 同意，7 = 非常同意。调查对象根据实际情况，评价对选项的同意程度，从 1 ~ 7 进行打分，分数越高，说明调查对象对该测量项目的同意程度越高。

第三部分为人口统计变量资料的调查，即对调查对象的基本信息进行调查，共有 6 个测试题目，分别为姓名、年龄、工作年限、行政级别、信息共享方式和对问卷的建议。

（二）测试项分类

测量项分类法的目的是提高问卷设计的质量，保证问卷测量项的有效性，通过评价不同尺度的结构效度，试着检验那些仍然可能有歧义的测试问题。通常有两种分类方法，一种是区别分类，研究者把测度项一个一张打印在小卡片上，邀请 4 位或以上的评审者，不告诉他们理论构件的个数、定义，以及调查目的，让他们独立对这些测度项进行分类，并评价这些测试项为何对应于其提出的构件。这个分类的结果可能是与理论构件的个数不一致或者测度项被分到不同的构件，通过与每个评审者讨论为什么他们会如此分类，记录评审者的分类与理论构件分类不同的原因。另一种是验证分类，邀请 4 位或以上的评审者，告诉他们理论构件的个数和定义，让他们根据自己的理解把测试项分到与之对应的理论构件中，然后请他们对这些问题进行评价，指出其中不明确的、困难的、不好理解的地方，研究者对这些问题进行记录[273]。这两种分类法差别在于是否提前告之评审者研究的理论构件的个数和定义。

本研究采用区别分类的方式，邀请了 4 位从事电子政务信息资源共享研究和工作的专家，没有告诉他们理论构件的个数和定义，让他们独立地完成这些测度项的分类，其具体的步骤如下：

（1）为了帮助评审者熟悉分类的过程，先给出了一个与本课题无关的例子让他们练习。有7个测量项：①Internet 使我能够得到有用的购物信息；②我认为进行网上购物是很麻烦的；③学习使用 Internet 进行购物对我来说是容易的；④Internet 能够使我快速地完成购物；⑤使用 Internet 进行购物适合我的生活方式；⑥Internet 使我购物时容易做出比较；⑦使用 Internet 进行购物是令人失望的。

我们向评审者发放7张（测量项）卡片、1张空白标题卡、1张"无法确定"标题卡。要求评审者把自己认为反映调查对象的某一个特定的特征、知识、看法、意愿、或行为的测试问题分成一类，类别的多少没有限制。对于得到的每一类，在空白标题卡片上给这一类一个有意义的、概括性的名称。然后用一句话解释这个名称。如果觉得某一张卡片无法分到任何一类，就把它分到"无法确定的类"标题卡中。留几分钟时间让评审者完成分类。

在分类结束后，查看分类结果，告诉他们研究者计划的分类是这样的：①、④、⑥分为一类，认为是反映网络购物消费者感知有用性特征的，②、③、⑦分为一类，反映网络购物的感知易用性，⑤被分到无法确定的类中，因为它表述的是网络购物与生活方式的一致性，反映了兼容性的特征，不能划分到以上的分类中。评审者的分类可能与这个预期的分类有些不一致的地方，这并不是说他们的分类是错误的，相反，这说明研究者所设计的问题并不能完全反映他所要测量的构件。

（2）对本研究课题进行分类，共有25个测量项，其分类过程与练习的过程是一致的。每个测试项被印在一个卡片上，把这些卡片随机排放发给每一个评审者，要求评审者把卡片进行归类，并给测量项的类别命名、定义，评审者之间是相互独立的，互不影响。

（3）分类结束后，查看分类结果，请评审者解释为什么他们这样分类，并指出不明确的、困难的、不好理解的测试项。我们对这些问题进行了记录，以便对分类的结果进行整理和计算。

至此，区别分类结束。按照评审者对分类类别的定义，把语义相同的类别看作是等同的，计算各评审者之间的同意程度。并对评审者提出的有歧义的、不好理解的测试项的措辞进行调整，修改或淘汰那些评审者共同指出的存在问题的、无法确定分类的测度项。

通过对分类结果进行计算和整理，我们发现，区别分类的结果与我们预先的分类并不完全相同。与专家进行讨论和交流的结果得出，其原因主要归结于两方面，一是信息系统领域的实证研究在国内刚刚兴起，需具备的实践经验欠缺，评审者难以准确地把握分类的结果；二是基于权力视角的研究比较新颖，对权力的考察难度较大，评审者对权力测量项的理解存在一定的差异。专家认为这两方面的原因是不可避免的，在众多类似的研究中都会出现这种现象，只能是随着研究领域的不断成熟，尽量去消除这些原因导致的结果，从而达到预期的效果。因此，本研究只是将此分类的结果作为参考，没有完全依赖于其分类的结果，仅对那些分类存在较大问题的测试项进行了调整和修改。

（三）专家评审

专家评审的主要目的是对研究建立的测量构件及测量项的具体内容进行完善，使问卷调查内容更科学、更合理。其具体做法是：将设计好的问卷初稿分别发放给该研究领域的专家、研究人员以及典型的被调查者，请他们直接阅读和分析问卷初稿，并根据他们的经验和认识对问卷进行评论，指出不妥之处[264]。

本研究分别选取了电子政务研究领域的专家和研究的被调查者，对初始问卷进行了两次评审。首先，我们邀请了4位从事电子政务信息共享研究的专家参与了问卷的评审，要求专家指出每个构件对应的测量问题是否合理，每个测量问题的措辞是否正确、其含义是否清晰明确。此外，除了测度项以外，也请专家对初始问卷的格式、各种声明、内容的完整性等给出一些反馈意见。专家们的建议主要有几个方面：问卷的题目最好从一个正面影响的因素开始，负面影响会给受访者带来压力；在每一类的测量问题前面标明所测量的变量；问卷的测量题目应该尽量少一些；选用某一个角度设计问卷，使得整个问卷测量问题的角度保持一致；问题的陈述要尽可能简单、直截，使调查对象能够很快看完，很容易看懂；不要出现比较敏感性的问题和答案比较肯定的问题。

其次，我们还邀请了另外4位在政府部门工作的职员，即本研究的调查对象，征求他们对初步问卷的建议，要求他们指出在填写问卷的过程中可能遇到的问题，在概念、内容和语义等方面的意见，这大大消除了问卷在填写过程中可能产生的歧义。这些调查对象提出了详细具体的意见：由于电子政务信息共享的学术性较强，对于一些员工来说，填写相对比较困难，希望表述上能够更加简洁，易于理解；有些问题考察的内容过于严格；有些内容的答案可能是一致的，没有任何意义；个人基本信息不宜过于详细。

根据专家及调查对象的反馈和建议，我们对初始问卷进行了调整和修改，重新更改了测量问题的措辞和表述方式，在不影响原有含义的前提下使问题的叙述更加通俗，以求文词清晰、明确、简洁，有助于调查对象的填写。

(四) 问卷预试

问卷预试的主要目的是进一步调整问卷测量项目及其表达方式，确保调查对象能准确无误地理解各题项的含义，使调查所得数据尽量真实。预试对象是北京理工大学公共管理硕士研究生（简称 MPA），我们随机选取了 35 名现阶段正在政府部门工作的在职学生。为了提高问卷的测量质量，我们给每个受测对象发放了一份精美礼品，请他们填写问卷并确定相关问题的可行性，并要求他们皆以个人对政府部门之间进行信息共享的认知态度或看法为答题原则。预试后，共有34 份有效问卷。

1. 信度分析

信度（Reliability）即可靠性，是指采用同样的方法对同一对象进行测量时，其所得结果相一致的程度。换句话说，信度是指问卷测量结果的一致性或稳定性[264]，一致性主要反映的是测验内部指标之间的关系，检验每一个公因子中各个变项是否测量相同或相似的特性。稳定性是指用一种测量工具（问卷或量表）对同一群受试者进行不同时间上的重复测量结果间的可靠系数。

信度分析的方法主要有四种[264]：重测信度法，同样的问卷，对同一组对象在尽可能相同的情况下，在不同时间进行两次测量，用两次测量结果间的相关分析或差异的显著性检验方法，评价量表信度的高低；复本信度法，对同一群对象同时使用两份问卷进行测量，每一份作为一部分，考察这两个部分的测量结果之间的相关性；折半信度法，即将研究对象在一次测量能够所得的结果，分成两组，计算这两组之间的相关系数，进而估计整个量表的信度；Cronbach's α 信度系数法，这是目前最常用的信度系数，评价的是量表中各测量项得分之间的一致性，属于内在一致性系数，这种方法适用于态度、意见式问卷（量表）的信度分析。

由于本研究的预试问卷没有进行多次重复测量，所以主要采用反映内部一致性的 Cronbach's α 系数作为评判标准，对量表整体和子量表的信度进行检验。一般认为，该系数愈高，即问卷的信度愈高。在探索性研究中，信度在 0.60 以上是可以接受的，在 0.7 以上属高信度，而低于 0.35 则为低信度，必须予以拒绝[274]。经 34 份有效样本预试的结果显示，量表的总体 Cronbach's α 系数值为0.66，各子量表的 Cronbach's α 系数值也都符合最小值为 0.60 的标准，其可靠性是可以接受的。检验结果说明影响因素量表和各子量表具有较好的内部一致性信度。

2. 效度分析

所谓效度（Validity）即有效性，是指测量工具能够准确测出所需测量的变

207

量的程度。效度分为三种类型[264]：内容效度、准则效度和建构效度。

内容效度，也称为表面效度或逻辑效度，指的是测量内容或测量指标与测量目标之间的适合性和逻辑相符性。评价一种测量是否具有内容效度，首先必须知道所测量的变量是如何定义的，其次需要知道这种测量所收集的信息是否和变量密切相关，然后才能判断出这一测量是否具有内容效度。本研究所涉及的变量及其测量项都是从以往的文献中提取出的，已经经过学者们的验证，具有一定的内容效度。此外，在前面的测量项分类和专家评审中，评审者采用直接评价的方法检查了问卷测量的内容效度。

准则效度，也称为效标效度或预测效度，是指用一种不同以往的测量方式或指标对同一变量进行测量时，将原有的一种测量方式或指标作为准则（效标），用新的方式或指标所得的结果与这个准则的测量结果作比较。但在调查问卷的效度分析中，选择一个合适的准则往往十分困难，使这种方法的应用受到一定限制。

建构效度，也称结构效度或构造效度，是指测量结果体现出来的某种结构与测量值之间的对应程度。建构效度分析所采用的方法是因子分析。因子分析的主要功能是从量表全部测量问题中提取一些公因子，各公因子分别与某一群特定测量问题高度关联，这些公因子即代表了量表的基本结构。通过因子分析可以考察问卷是否能够测量出研究者设计问卷时假设的某种结构。

本研究利用 SPSS 软件通过探索性因子分析法对问卷的建构效度进行测量，采用主成份因子分析法（Principal Factor Analysis），并以方差最大转轴法（Varimax）作为转轴方式，对预试问卷进行了分析。有些测量项的负荷值是非常低的，通常认为 0.5 以上的负荷值是较好的，低于 0.3 的值应该被去除[275]。通过删除一些不满足要求的测量项（NCP3、NCP4、CP4、T1、PR4、PG1、PG2、IS2和 IS3），重新进行因子分析，得到结果，如表 4 - 2 所示。从表中可以看出，所有的因子负荷值都在 0.5 以上，说明新的量表有很好的建构效度，且表中得出的六个因子分别对应于研究模型中的六个变量：强制权力、协调权力、信任、感知风险、权力游戏和信息共享。

表 4 - 2　　　　　　　　　　问卷预试因子分析处理结果

	因子					
	1	2	3	4	5	6
NCP1	0.034	0.858	- 0.044	- 0.102	0.107	0.252
NCP2	- 0.040	0.893	0.066	- 0.068	- 0.143	0.035
NCP5	0.239	0.844	0.081	0.016	0.135	- 0.122
CP1	0.787	0.042	0.145	- 0.108	- 0.271	0.275

续表

	因子					
	1	2	3	4	5	6
CP2	0.921	− 0.035	0.060	− 0.023	− 0.059	− 0.028
CP3	0.690	0.466	− 0.032	0.363	− 0.128	− 0.010
CP5	0.790	0.097	0.155	− 0.201	0.217	− 0.255
T2	0.150	0.063	0.803	0.164	− 0.331	− 0.111
T3	0.040	− 0.015	0.924	− 0.082	0.074	− 0.126
T4	0.091	0.044	0.920	0.116	− 0.085	0.140
PR1	− 0.112	− 0.178	− 0.087	0.736	− 0.212	− 0.350
PR2	− 0.338	0.189	0.096	0.710	0.120	− 0.280
PR3	0.133	− 0.113	0.156	0.865	− 0.055	0.110
PG3	− 0.161	0.419	− 0.180	0.136	0.708	0.063
PG4	− 0.018	− 0.206	− 0.109	− 0.260	0.837	0.266
IS1	− 0.047	0.146	− 0.073	− 0.228	0.283	0.828

注：萃取法：主要成分分析法。

旋转法：最大方差法。

根据问卷预试的分析结果，信息共享的测量项仅保留了一项 IS1，由于信息共享作为本研究的因变量，有着非常重要的作用，这仅有的一个测量项无法有效地测量信息共享这一变量，因此，在此基础上，我们从前人的研究成果中重新抽取了一些测量项，加入到新的测量量表中。

此外，因子分析结果中被删除的测量项 CP4、T1 和 PR4 在前人的研究成果中经过验证具有很好的效度，不应该删除，我们对这三个测量项进行了考察，通过与问卷预试对象进行交流发现，他们在理解这三个测量项时与我们所要表述的原意存在偏差，因此，我们对这三个测量项进行了适当的修改，使表述更加清楚，无歧义。

综上所述，经过对初始问卷不断地进行评审、验证和修改，我们得到了最终的正式问卷见附录4，形成了新的变量测量量表，如表4-3所示。至此，问卷设计的全过程结束，接下来将开始进行大规模的正式调研。

表4-3　　　　　　　　　　变量的最终测量项

变量名	测量项
协调权力（NCP）	1. 其他部门能够根据其掌握的专业知识提出合理的信息共享需求 2. 其他部门的工作人员能够给我们提供信息共享的建议 3. 我愿意向其他部门提供信息，因为我们对信息共享有共同的认识和理解

续表

变量名	测量项
强制权力 （CP）	1. 我担心由于没有及时向其他部门提供信息而受到相应的惩罚、被问责 2. 我担心由于没有及时向其他部门提供信息而影响到我的业绩考核 3. 我担心由于没有及时向其他部门提供信息而影响到部门间的关系，导致今后的工作难以开展 4. 我担心由于没有及时向其他部门提供信息导致我需要信息时受到同样的对待 5. 我认为向其他部门提供信息将使我受到领导和同事的赏识，并得到晋升机会
信任 （T）	1. 我非常信任我的上级和同事 2. 我相信其他部门的工作人员具有专业技能和奉献精神 3. 我相信从其他部门得到的信息是真实可靠的 4. 当在工作过程中遇到困难时，我相信能够得到本部门和其他部门的支持和帮助
感知风险 （PR）	1. 当我与其他部门共享信息时，我心里是非常担忧的 2. 在不同部门间进行信息共享很可能会导致某些重要信息被窃取 3. 我害怕承担信息共享过程中造成的不良后果（如信息泄密） 4. 我认为信息共享是不安全的
权力游戏 （PG）	1. 政府部门中存在比较明显的权力争夺现象 2. 政府部门中拥有权力的人能够获得更多的信息
信息共享 （IS）	1. 我自愿与本部门的同事共享我所掌握的信息 2. 我会与其他部门的同事合作，共享各自所拥有的信息 3. 我认为不同部门间应该实现信息共享 4. 不同部门间的信息共享是非常频繁的

三、数据的收集过程

本章研究的是影响政府部门信息资源共享成功实施的关键因素，其调查问卷设计的目的是了解政府工作人员对不同政府部门间信息共享的态度和看法，因此，调查对象为政府部门的工作人员，他们在日常的工作中不可避免地需要进行信息的交换与共享，对不同部门间信息资源共享行为有比较深刻的认识。

本研究正式问卷的发放群体分为三类：国家部委的工作人员、各个地方政府电子政务信息化负责人和北京理工大学公共管理硕士（MPA）。之所以选择国家部委工作人员，是因为国家部委处于政府信息化建设的核心地位，起着引导和决策的作用，其工作人员对信息资源共享的态度和看法不仅影响着本部门的信息共享行为，而且对其他层级政府部门的信息资源共享活动也有间接的影响。之所以选择各个地方政府电子政务信息化负责人，一是因为这些群体对于当地的电子政务信息资源共享情况非常熟悉，他们的看法能够直接反映真实的问题，具有一定的代表性；二是因为从各个地方政府收集数据能够使数据更加科学、全面，反映出各个层级的政府部门工作人员对信息资源共享的想法。之所以选择北京理工大学 MPA 学生，并从中选取了目前尚在政府部门工作的在职学生进行调查，是因为他们也是我们问卷的调查对象，让他们填写问卷省时又省钱，易于数据的收集。

获取问卷调查数据的方法多种多样，主要有个别发送法、电话调查法、邮寄（平邮和 E-mail）调查法、集中填答法与网络调查法。本研究针对国家部委和地方政府工作人员采用个别发送法和 E-mail 相结合的方法，将问卷逐个发送给被调查者，同时讲明调查意义和要求，请他们合作填答；对于 MPA 学生采用集中填答法，利用课间时间，我们向被调查者统一讲解了调查的目的、要求、问卷的填写方法等事项，请被调查者现场填写，等填写完毕后统一将问卷收回，然后通过问卷工作单位栏的填写筛选符合要求的有效问卷。

此外，为了提高问卷的回收率和填写质量，我们向每一位问卷的答题者发放价值 50 元的礼品，同时在所有有效问卷中随机抽取 10 名参与者给予每人 500 元的现金奖励。

最终，本次调查共发放 395 份问卷，其中国家部委发放了 148 份，收回 100 份；地方政府发放了 170 份，收回 26 份；北京理工大学 MPA 在职学生发放了 77 份，收回 56 份；总计收回问卷 182 份，调查问卷的收回率为 46.1%，剔除填写不完整的、回答前后明显矛盾的问卷 8 份，最后得到有效问卷 174 份，有效问卷率为 95.6%。

第五节 数据分析

基于上一节得到的政府部门信息资源共享影响因素的调查问卷，我们以政府部门工作人员为调查对象，进行了问卷数据的收集。完成数据的收集后便是对数据的分析和处理，本章针对问卷调查得到的各项数据，借助于统计分析工具 SPSS，进行了数据的描述性统计、量表的信度和效度分析，以及采用多变量线性回归分析对研究模型进行了假设检验。

一、描述性统计

（一）人口统计分布概况

根据回收的有效样本进行统计，样本中调查对象人口统计各特征变量呈现的分布情况如表4－4所示。

表4－4 　　　　　　　　　　调查对象人口统计资料分析

特征变量	类别	人数	百分比（％）	累计百分比（％）
性别	男	102	58.6	58.6
	女	37	21.3	79.9
	不详	35	20.1	100
年龄	25 岁以下	7	4.0	4.0
	25～34 岁	114	65.5	69.5
	35～44 岁	32	18.4	87.9
	45～54 岁	16	9.3	97.2
	55 岁以上	2	1.1	98.3
	不详	3	1.7	100
政府工作年限	2 年以下	18	10.3	10.3
	2～5 年	57	32.8	43.1
	5～10 年	48	27.6	70.7
	10～20 年	37	21.3	92.0
	20 年以上	11	6.3	98.3
	不详	3	1.7	100
行政级别	普通科员	64	36.8	36.8
	科级	65	37.4	74.2
	处级	38	21.8	96.0
	局级	3	1.7	97.7
	局级以上	0	0	97.7
	不详	4	2.3	100

从表4－4可以看出，在本次研究收回的174份有效样本数据中，男性占

58.6%，女性仅占21.3%，还有部分缺省值。这一结果说明，调查样本中的男性比例多于女性。

在年龄分布上，政府部门25～34岁的样本数为114人，占到样本数据的一半以上；35～44岁的样本数占18.4%；其余年龄层的样本数据都占到很小的比例。这在一定程度上说明了样本中调查对象的年龄段主要集中在25～45岁之间。

在工作年限的分布上，样本数据主要集中在2～20年之间。在行政级别的分布上，样本数据中普通科员和科级干部的比重相当，均在37%附近，处级干部的比例为21.8%，可以看出，我们的样本数据主要来自于处级或其以下级别的政府工作人员。

（二）政府部门信息共享方式分布情况

政府部门信息资源共享的方式主要有口头方式、纸质文件、电子邮件和政府内部网络四种类型。样本有效数据中，政府部门信息资源共享方式的分布情况见图4-8所示。

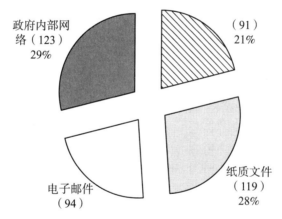

政府内部网络（123）29%　（91）21%　纸质文件（119）28%　电子邮件（94）

图4-8　政府部门信息共享方式的分布情况分析

从图中可以看出，这四种共享方式在政府部门中的使用率是比较均等的，其中，通过政府内部网络实现信息共享的比重最大，纸质文件的比重次之，口头方式的比重最小，这说明了政府部门还没有鄙弃传统的信息共享方式，多数是通过四种共享方式共同完成政府部门间的信息资源共享。

（三）影响因素各变量的描述性统计分析

本章对样本数据进行了描述性统计分析，主要是统计各测量指标的基本情况，包括最小值（Minimum）、最大值（Maximum）、均值（Mean）、标准差（Std. Deviation）、偏度（Skewness）和峰度（Kurtosis）。当偏度小于2，峰度小于5时，可认为数据是正态分布的[276]。计算结果见表4-5，从表中可以看出，所有测量指标的均值都在3.5~6.0之间，标准差都在1.0以上，且样本的偏度和峰度在符合正态分布的条件之内。

表4-5 各变量描述统计

	Minimum	Maximum	Mean	Std. Deviation	Skewness		Kurtosis	
	Statistic	Statistic	Statistic	Statistic	Statistic	Std. Error	Statistic	Std. Error
NCP1	1	7	5.11	1.366	-0.777	0.184	0.028	0.366
NCP2	1	7	4.99	1.503	-0.837	0.184	0.232	0.366
NCP3	1	7	5.30	1.495	-1.024	0.185	0.637	0.367
CP1	1	7	4.53	1.756	-0.476	0.184	-0.818	0.366
CP2	1	7	4.25	1.684	-0.207	0.184	-0.971	0.366
CP3	1	7	4.94	1.595	-0.786	0.184	-0.332	0.366
CP4	1	7	5.05	1.501	-0.712	0.184	-0.286	0.366
CP5	1	7	3.59	1.684	0.187	0.185	-0.832	0.367
T1	1	7	5.38	1.344	-1.091	0.185	0.982	0.367
T2	1	7	4.97	1.225	-0.525	0.184	-0.167	0.366
T3	1	7	5.06	1.244	-0.690	0.185	0.669	0.367
T4	1	7	5.43	1.184	-0.940	0.184	0.939	0.366
PR1	1	7	3.69	1.601	0.194	0.184	-0.789	0.366
PR2	1	7	4.63	1.621	-0.464	0.184	-0.727	0.366
PR3	1	7	4.97	1.589	-0.739	0.184	-0.132	0.366
PR4	1	7	3.83	1.521	-0.143	0.184	-0.739	0.366
PG1	1	7	4.99	1.420	-0.627	0.184	0.026	0.366
PG2	1	7	5.91	1.225	-1.741	0.184	3.609	0.366
IS1	1	7	5.48	1.262	-1.031	0.184	0.814	0.366
IS2	1	7	5.28	1.232	-0.801	0.185	0.564	0.367
IS3	1	7	5.57	1.475	-1.456	0.204	1.666	0.406
IS4	1	7	4.60	1.711	-0.378	0.204	-0.748	0.406

二、信度和效度分析

（一）信度分析

在实证研究的过程中，信度和效度的分析与测量是非常重要的。本章在问卷预试阶段对预试数据做了简单的信度和效度分析，针对正式问卷的调查数据，本章同样采用 Cronbach's α 系数来检验量表的一致性和稳定性，采用因子分析来进行量表建构效度的检验。

在社会科学领域中，量表可接受的最小信度，学者们有各种不同的看法。由于可接受的可靠性水平取决于研究的目的，对 Cronbach's α 系数的大小并没有统一的要求。通常认为，被测量变量的可靠性系数在 0.60~0.85 的范围内就已经足够了[274]，而 Cronbach's α 值在 0.70~0.85 之间就达到了相当好的可接受水平[277]。本研究的信度以 Cronbach's α 值不得低于 0.6 为标准，经分析得到，整个量表的 Cronbach's α 系数为 0.768，表 4-6 显示各测量变量的信度值，Cronbach's α 系数均高于 0.6，说明本研究的量表信度是可以接受的。

表 4-6　　　　　　　　　　信度分析表

测量变量	测量项目数	Cronbach's α 系数
协调权力	3	0.702
强制权力	5	0.780
信任	4	0.798
感知风险	4	0.792
权力游戏	2	0.669
信息共享	4	0.632

（二）效度分析

因子分析（Factor Analysis）最初是由英国心理学家查尔斯·斯派尔曼（Charles Spearmen）等人提出的。通过因子分析，可以找出数据中有几个具有实际意义的因子来反映原来的数据结构，也可以用所提取的少数几个因子代替原来的变量做其他的分析，如回归分析、聚类分析等[278]。

因子分析的基本原理是借以发现共同因子，以验证问卷量表建构的正确性，

215

如果因子分析所得的共同因子以及每一因子所涵盖的题目恰与构建的理论相一致，即可以说该量表具有很好的建构效度。

在实施因子分析前必须先确认是否符合因子分析的实施条件，首先应先确认因子分析的数据量表是否为连续型变量（Scale），是否符合线性关系假设，定序（Ordinal）与定类（Nominal）变量通常并不适合使用因子分析法来简化结构。其次，样本数据抽样过程必须是随机性并具一定的规模，进行因子分析的样本个数最少为测量变量的 5 倍且需大于 100。最后，变量项之间需有一定程度的相关，一群相关程度太高或太低的变项，进行因子分析时可能造成困难，因相关性太低则难以抽取稳定的因子，一般研究的相关系数需大于 0.3；而若相关性太高的变项，因子分析结果有可能造成多重共线性现象愈趋明显[278]。对于上述现象可通过 Bartlett 球体检验法与 KMO 样本充足度测度作为判断是否适合进行因子分析的标准。

Bartlett 球体检验法是用来检验相关系数是否适当的方法。如果变量间的相关系数偏低，则因子的抽取越不容易。Bartlett 球体检验的值在 0.000 的水平上显著，显示数据适合进行因子分析。

KMO 检验值代表与测量项有关的所有相关系数与净相关系数的比较值，该系数越大表示相关性良好，理论上通常有以下的判断标准：当 KMO 值在 0.9 以上时，非常适合；当 KMO 值在 0.8~0.9 之间时，很适合；当 KMO 值在 0.7~0.8 之间时，适合；当 KMO 值在 0.6~0.7 之间时，不太适合；当 KMO 值在 0.5~0.6 之间时，很勉强；当 KMO 值在 0.5 以下时，不太适合[75]。

本研究的样本取样方式采用随机抽样，有效样本数 174 份，因子分析适合性检验采用 Bartlett 球体检验法与 KMO 检验值，表 4－7 显示检验的结果，KMO 值为 0.701，大于 0.7，说明数据适合作因子分析；Bartlett 球体检验值为 1 109.062，在 0.000 的水平上显著，说明样本数据具有较强的相关性，适合作因子分析。

表 4－7 　　　　　　　　　　　KMO 值与 Bartlett 球体检验

	KMO 检验值	0.701
Bartlett 球体 检验值	χ^2 近似值（Approx. Chi-Square）	1 109.062
	自由度（df）	231
	显著性（Sig.）	0.000

在确定了数据能够作因子分析之后，需进一步选择适当的方法，以抽取变量间的共同因子。常用来抽取共同因子的方法主要有：主成分分析法、主轴法、最大似然估计法、最小二乘法等。在抽取共同因子时，必须对因子的个数进行选

择。原则上以抽取的因子个数越少越好，而抽取出的因子能解释各变量之间变异数则越大越好。

通常在对最初因子抽取之后，仍无法对因子作有效的解释，此时必须进行旋转处理。旋转时根据变量与因子结构关系的密切程度，调整各因子负荷量的大小，使得变量在每个因子的负荷量不是变大就是变得更小，进而使得因子负荷量更易于解释。常用的因子旋转的方法可分为正交旋转和斜交旋转两大类，其中正交旋转又分为最大变异法（Varimax）、四分变异法（Quartimax）及均等变异法（Equimax）等。对于旋转法的选择，若理论上显示因子间是彼此相关的，应采用斜交旋转法；若理论上显示因子间是彼此独立的，宜采用正交旋转法，此时，可进一步考虑，若希望每一因子所能解释变异量最大，则采用最大变异法；若希望找到一个最重要因子，可采用四分变异法；若希望每一因子所能解释的变异尽量均等，可采用均等变异法[275]。

本章采用主成份因子分析法作为抽取方法，并以最大变异法作为转轴方式，对样本数据进行了因子分析，以检验量表的建构效度。从表4-8的输出结果可以看出，22个测量项目分别归属于对应负荷最大的因子，并被归为6个不同的因子，分别对应于研究模型中的6个测量变量：强制权力、感知风险、信任、信息共享、协调权力和权力游戏，并且因子在各测量项目上的负荷在0.5以上，说明问卷量表具有很好的建构效度。另据总方差分析表（Total Variance Explained，本章略）显示，6个因子占方差贡献百分比分别为12.876%、12.612%、12.441%、9.835%、8.861%和7.850%，6个因子共解释了原有信息的64.475%，表明因子的效度较好。

表4-8 影响因素的因子负荷分析结果

	因子					
	1	2	3	4	5	6
NCP1	0.179	-0.059	0.237	-0.044	0.827	-0.026
NCP2	0.084	0.066	0.162	0.132	0.815	-0.152
NCP3	0.120	-0.139	0.072	0.449	0.558	0.045
CP1	0.817	0.028	0.046	-0.051	0.049	0.089
CP2	0.841	0.094	-0.045	-0.178	0.102	0.011
CP3	0.683	0.024	0.067	0.166	0.129	0.146
CP4	0.556	0.074	0.151	0.293	0.233	0.299
CP5	0.580	0.147	-0.008	0.144	0.007	-0.150
T1	0.019	-0.070	0.816	0.140	0.030	-0.047

续表

	因子					
	1	2	3	4	5	6
T2	0.018	−0.054	0.820	0.052	0.215	−0.106
T3	0.080	−0.029	0.801	0.048	0.060	−0.077
T4	0.021	0.060	0.653	0.093	0.176	0.240
PR1	0.143	0.745	−0.048	−0.045	−0.155	0.085
PR2	0.115	0.763	−0.080	0.002	0.062	0.067
PR3	0.173	0.830	−0.070	0.018	0.031	−0.014
PR4	−0.135	0.786	0.101	−0.119	−0.016	0.026
PG1	0.053	0.063	−0.041	−0.049	−0.122	0.851
PG2	0.114	0.068	−0.006	0.056	−0.022	0.843
IS1	0.130	−0.300	0.310	0.550	0.035	0.045
IS2	0.016	−0.197	0.110	0.797	0.169	−0.034
IS3	0.077	0.218	0.023	0.746	0.026	−0.011
IS4	0.422	−0.036	0.075	0.508	−0.001	0.081

注：萃取法：主要成分分析法。
旋转法：最大方差法。

三、回归分析与假设检验

（一）多变量线性回归分析

回归分析的目的，一是了解自变量与因变量的关系、影响方向与程度；二是利用自变量与估计的方程式对因变量做预测。本研究旨在探讨两种类型的权力是否对电子政务信息资源共享有显著影响及解释能力，比较两个因素对信息共享行为的影响程度大小，以及了解信任、感知风险和权力游戏在权力和信息共享之间的调节效应，并对相关的假设进行验证。

由于本研究涉及多个自变量，采用多变量线性回归分析方法对各影响因素与信息共享之间的线性关系进行回归分析。多变量线性回归分析是研究一个变量 Y 与其他若干变量 X 之间相关关系的一种数学工具，它是在一组试验或观测数据的基础上，寻找被随机性掩盖了的变量之间的依存关系。可以理解为用一种确定的函数关系去近似代替比较复杂的相关关系，这个函数称为回归函数。回归分析所研究的主要问题就是如何利用变量 X、Y 的观察值，对回归函数进行统计推断，包括对它进行估计及检验与它有关的假设等。

应用多变量线性回归分析方法要保证回归结果的科学性，需要对回归模型的多重共线性进行诊断，以保证回归结果的科学性。通常，用容忍度（Tolerance）和方差膨胀因子（VIF）判断是否存在多重共线性。采用强行进入的方法让各因子一次性全部进入回归方程，要求输出容许度和方差膨胀因子的值。容许度的取值范围在 0 ~ 1 之间，越接近于 0 表示多重共线性越强；越接近于 1 表示多重共线性越弱。在社会科学中，经验法则是每一个自变量的方差膨胀系数应该小于10，VIF 的值大于等于 10，说明存在严重的多重共线性[279]。

（二）电子政务信息资源共享回归模型的建立

根据本章所建的研究模型和研究假设，影响电子政务信息资源共享的因素主要有协调权力、强制权力、信任、感知风险和权力游戏，其中，协调权力和强制权力作为自变量，信任、感知风险和权力游戏作为调节变量。

调节变量是一个类别型的或连续型的变量，它影响一个自变量对一个因变量的作用的大小或方向。在线性回归中，这种调节作用也常被叫做相互影响作用（Interaction Effect）。科恩（Cohen，2003）等人把相互影响定义为两个自变量通过相互作用对因变量产生影响，这种影响大于它们各自对应变量影响之和[280]。在数学分析中，一个变量是调节变量还是一般的自变量并没有不同，这种相互影响往往通过引入一个自变量与调节变量的积来表示[273]。关于调节变量的处理，温忠麟等人指出，首先标准化变量 X1 与 X2，得到 ZX1 与 ZX2，然后用它们来计算乘积项 ZX1 ZX2，这些值再被用到对 Y 的回归中[281]。

综上所述，我们建立了如下的回归模型：

$$IS_i = \beta_0 + \theta_1 NCP_i + \theta_2 CP_i + \beta_1 T_i + \beta_2 PR_i + \beta_3 PG_i + \gamma_1 NCPT_i + \gamma_2 NCPPR_i$$
$$+ \gamma_3 NCPPG_i + \tau_1 CPT_i + \tau_2 CPPR_i + \tau_3 CPPG_i + \varepsilon_i$$

上式中，i 表示第 i 个调查对象，β、θ、γ、τ 为待估计参数，ε 为随机误差项。各字母说明如下：信息共享（IS）、协调权力（NCP）、强制权力（CP）、信任（T）、感知风险（PR）、权力游戏（PG）、NCP 与 T 的积变量（NCPT）、NCP与 PR 的积变量（NCPPR）……以此类推，CP 与 PG 的积变量（CPPG）。

本章选用分步多变量回归方法（Hierarchical Multiple Regression）来分析样本数据。第一步，选取了只包含自变量（协调权力和强制权力）的一次项模型作回归分析；第二步，只包含自变量与调节变量的一次项模型作回归分析；第三步，在一次项的基础上包含了对协调权力与信息共享的调节作用的模型作回归分析；第四步，在第三步的基础上包含了对强制权力与信息共享的调节作用的模型作回归分析。

219

（三）权力对信息共享的回归分析

通过选择信息共享（IS）作为因变量，协调权力（NCP）和强制权力（CP）作为自变量，进行回归分析，输出结果如表4.9（a）~4.9（c）所示。

表4-9（a）中各列数据项的含义依次为：复相关系数 R、判定系数 R^2、调整的判定系数 R^2、回归方程的估计标准误差。依据该表可进行拟合优度检验。由于该方程有多个自变量，应参考调整的判定系数。由于调整的判定系数 0.163 比较小（通常，应在 0.8 左右），说明拟合度很小，信息共享能够被强制权力和协调权力解释的部分较少。

表4-9（a） 　　　　　　序列相关检验 （Model Summary）

模型	R	R^2	调整 R^2	估计标准误
1	0.419[a]	0.175	0.163	0.90482

注：a 预测：（Constant），CP，NCP。

表4-9（b）中各列数据项的含义依次为：因变量的变差来源、离差平方和、自由度、均方、显著性检验 F 检验统计量中的观察值和概率 P 值。可以看出，因变量的总离差平方和为 136.998，回归平方和及均方分别为 24.017 和 12.009，残差平方和及均方分别为 112.981 和 0.819，F 检验统计量的观察值为 14.668，对应的概率 P 值近似为 0。依据此表可进行回归方程的显著性检验。如果显著性水平 α 为 0.05，由于概率 P 值小于显著性水平 0.05，应拒绝回归方程的原假设，认为各回归系数不同时为 0，因变量（信息共享）和自变量（强制权力和协调权力）的线性关系是显著的，可建立线性模型。

表4-9（b） 　　　　　　回归模型的方差分析 （ANOVA b）

模型		离差平方和	df	均方	F	显著性
1	回归	24.017	2	12.009	14.668	0[a]
	残值	112.981	138	0.819		
	总计	136.998	140			

注：a 预测：（Constant），CP，NCP。
b 因变量：IS。

表4-9（c）各列数据项的含义依次为：偏回归系数、偏回归系数的标准误差、标准化偏回归系数、回归系数显著性检验 t 检验统计量的观察值、对应的概

率 P 值、共线统计量容忍度（Tolerance）和方差膨胀因子（VIF）。依据该表可以进行回归系数显著性检验，写出回归方程和检测多重共线性。可以看出：如果显著性水平 α 为 0.05，所有自变量的回归系数显著性 t 检验的概率 P 值均小于 0.05，因此拒绝原假设，认为这些变量与因变量的线性关系是显著的，这些偏回归系数可以写入回归方程中，回归方程为：IS = 3.143 + 0.248NCP + 0.187CP + $\varepsilon1$。同时，从容忍度和方差膨胀因子来看，容忍度接近于 1，VIF 的值远远小于 10，说明变量之间的多重共线性较弱。

表 4-9（c）　　　　回归系数及其显著性检验（Coefficientsa）

模型		偏回归系数		标准化偏回归系数	t	显著性	共线性统计量	
		B	标准误	Beta			容忍度	VIF
1	（Constant）	3.143	0.397		7.914	0		
	NCP	0.248	0.069	0.290	3.592	0	0.916	1.092
	CP	0.187	0.066	0.229	2.835	0.005	0.916	1.092

注：a Dependent Variable：IS。

从回归分析的结果得出：因变量与自变量之间存在正向的线性相关关系，即强制权力和协调权力对电子政务信息资源共享有显著的正向影响。

（四）所有变量对信息共享的回归分析

将模型中的自变量和调节变量都作为自变量，即设定协调权力、强制权力、信任、感知风险和权力游戏为自变量，信息共享为因变量，进行回归分析，输出结果见表 4-10（a）～4-10（c）所示。

从表 4-10（a）可以看出，调整的判定系数 0.194 比较小，说明模型的拟合度很小，信息共享能够被所有自变量解释的部分较少。

表 4-10（a）　　　　序列相关检验（Model Summary）

模型	R	R^2	调整 R^2	估计标准误
2	0.473[a]	0.224	0.194	0.89404

注：a Predictors：（Constant），PG，T，PR，ICP，NCP。

从表 4-10（b）中可以看出，因变量的总离差平方和为 136.933，回归平方和及均方分别为 30.627 和 6.125，残差平方和及均方分别为 106.307 和 0.799，F 检验统计量的观察值为 7.663，对应的概率 P 值近似为 0。由于概率 P 值小于显著性水平 0.05，应拒绝回归方程的原假设，认为各回归系数不同时为 0，因变量与自变量的线性关系是显著的，可建立线性模型。

表 4 – 10 （b）　　　　　　回归模型的方差分析 （ANOVAb）

模型		离差平方和	df	均方	F	显著性
2	回归	30.627	5	6.125	7.663	0[a]
	残值	106.307	135	0.799		
	总计	136.933	138			

注：a 预测：（Constant），PG，T，PR，CP，NCP。
　　b 因变量：IS。

从表 4 – 10 （c）可以看出，所有变量的容忍度接近于 1，VIF 的值远远小于 10，说明变量之间的多重共线性较弱。如果显著性水平 α 为 0.05，协调权力、强制权力的回归系数显著性 t 检验的概率 P 值小于 0.05，而信任、感知风险和权力游戏的回归系数 t 检验的 P 值却大于 0.05，因此，只有协调权力、强制权力与信息共享的线性关系是显著的，这些偏回归系数可以写入回归方程中，信任、感知风险和权力游戏的偏回归系数不可以写入回归方程，其最终的回归方程为：

$$IS = 2.584 + 0.198NCP + 0.204CP + \varepsilon2$$

从回归分析的结果得出：当把信任、感知风险和权力游戏也作为因变量时，这三个变量对信息共享的作用并不显著，只有强制权力和协调权力对信息共享有积极的影响作用。

表 4 – 10 （c）　　　　　　回归系数及其显著性检验 （Coefficientsa）

模型		偏回归系数		标准化偏回归系数	t	显著性	共线性统计量	
		B	标准误	Beta			容忍度	VIF
2	（Constant）	2.584	0.650		3.974	0		
	NCP	0.198	0.074	0.232	2.684	0.008	0.784	1.276
	CP	0.204	0.069	0.246	2.960	0.004	0.847	1.181
	T	0.153	0.079	0.158	1.932	0.055	0.868	1.151
	PR	-0.098	0.061	-0.126	-1.595	0.113	0.942	1.061
	PG	0.067	0.067	0.079	1.000	0.319	0.936	1.068

注：a Dependent Variable：IS。

（五）协调权力与信息共享之间的调节效应

从模型 2 的回归分析得知，信任、感知风险和权力游戏作为自变量对信息共享没有显著的影响，因此，我们将他们作为调节变量进行了回归分析。通过选取协调权力（NCP）、强制权力（CP）、信任（T）、感知风险（PR）、权力游戏（PG）、NCP 与 T 的积变量（NCPT）、NCP 与 PR 的积变量（NCPPR）、NCP 与 PG 的积变量（NCPPG）进入回归，我们分析了这三个变量在协调权力与信息共享之间的调节作用，得到的结果如表 4－11（a）~4－11（c）所示。

从表 4－11（a）~4－11（b）给出的回归结果来看，调整的判定系数为 0.247，回归方程可以解释总变异的 24.7%。回归模型已解释变差的统计量 F = 6.646，其显著性概率 P 值小于 0.05，说明模型的总体效果达到了显著水平。

表 4－11（a）　　　序列相关检验（Model Summary）

模型	R	R^2	调整 R^2	估计标准误
3	0.539[a]	0.290	0.247	0.87404356

注：a Predictors：（Constant），ZNCPxZPG, ZT, ZPR, ZPG, ZCP, ZNCPxZPR, ZNCPxZT, ZNCP。

表 4－11（b）　　　回归模型的方差分析（ANOVAb）

模型		离差平方和	df	均方	F	显著性
3	回归	40.620	8	5.078	6.646	0[a]
	残值	99.314	130	0.764		
	总计	139.934	138			

注：a 预测：（Constant），ZNCPxZPG, ZT, ZPR, ZPG, ZCP, ZNCPxZPR, ZNCPxZT, ZNCP。

b 因变量：ZIS。

表 4－11（c）　　　回归系数及其显著性检验（Coefficientsa）

模型		偏回归系数		标准化偏回归系数	t	显著性	共线性统计量	
		B	标准误	Beta			容忍度	VIF
3	（Constant）	−0.031	0.077		−0.404	0.687		
	ZNCP	0.234	0.088	0.235	2.643	0.009	0.691	1.446
	ZCP	0.242	0.082	0.240	2.943	0.004	0.823	1.215
	ZT	0.202	0.078	0.209	2.591	0.011	0.839	1.192
	ZPR	−0.123	0.075	−0.125	−1.645	0.102	0.939	1.065

续表

模型	偏回归系数		标准化偏回归系数	t	显著性	共线性统计量	
	B	标准误	Beta			容忍度	VIF
ZPG	0.103	0.076	0.104	1.353	0.179	0.922	1.085
ZNCPxZT	0.160	0.057	0.227	2.812	0.006	0.835	1.197
ZNCPxZPR	-0.031	0.069	-0.035	-0.446	0.656	0.875	1.143
ZNCPxZPG	0.193	0.077	0.205	2.506	0.013	0.816	1.226

注：a 因变量：ZIS。

表 4 - 11（c）的容忍度和方差膨胀因子数据显示不存在共线性问题。从解释变量的 t 检验情况来看，常数项的显著性概率大于 0.05，所以回归系数要读取标准化回归系数一栏，并将 t 检验显著性概率 P 值小于 0.05 的偏回归系数写入回归方程，根据分析结果，得出的回归方程为：

$$IS = 0.235NCP + 0.240CP + 0.209T + 0.227NCPT + 0.205NCPPG + \varepsilon 3$$

从回归分析的结果来看，信任和权力游戏作为调节变量在协调权力与信息共享之间有显著的正向作用，而感知风险对协调权力与信息共享没有显著的影响。

（六）强制权力与信息共享之间的调节效应

最后，将对强制权力与信息共享产生调节效应的变量也加入到回归模型中，即选取信息共享为因变量，其他所有的变量为自变量进行回归分析，得到的结果如表 4 - 12（a）~ 4 - 12（c）所示。

从表 4 - 12（a）~ 4 - 12（b）给出的回归结果来看，调整的判定系数为 0.238，回归方程可以解释总变异的 23.8%。回归模型已解释变差的统计量 F = 4.915，其显著性概率 P 值小于 0.05，说明模型的总体效果达到了显著水平。

表 4 - 12（a）　　　　序列相关检验（Model Summary）

模型	R	R^2	调整 R^2	估计标准误
4	0.546[a]	0.299	0.238	0.87911496

注：a 预测：（Constant），ZCPxZPG，ZCPxZT，ZCPxZPR，ZNCP，ZPR，ZPG，ZNCPxZT，ZCP，ZT，ZNCPxZPR，ZNCPxZPG。

表 4 – 12 （b） 回归模型的方差分析 （ANOVA b）

模型		离差平方和	df	均方	F	显著性
4	回归	41.783	11	3.798	4.915	0[a]
	残值	98.151	127	0.773		
	总计	139.934	138			

注：a 预测： （Constant），ZCPxZPG，ZCPxZT，ZCPxZPR，ZNCP，ZPR，ZPG，ZNCPxZT，ZCP，ZT，ZNCPxZPR，ZNCPxZPG。

b 因变量：ZIS。

表 4 – 12 （c） 的容忍度和方差膨胀因子数据显示不存在共线性问题。从解释变量的 t 检验情况来看，常数项的显著性概率大于 0.05，所以回归系数要读取标准化回归系数一栏，并将 t 检验显著性概率 P 值小于 0.05 的偏回归系数写入回归方程，根据分析结果，得出的回归方程为：

$$IS = 0.246NCP + 0.223CP + 0.173T + 0.203NCPT + 0.202NCPPG + \varepsilon4$$

表 4 – 12 （c） 回归系数及其显著性检验 （Coefficientsa）

模型		偏回归系数		标准化偏回归系数	t	显著性	共线性统计量	
		B	标准误	Beta			容忍度	VIF
4	（Constant）	-0.052	0.081		-0.643	0.522		
	ZNCP	0.245	0.093	0.246	2.650	0.009	0.640	1.563
	ZCP	0.225	0.085	0.223	2.643	0.009	0.776	1.288
	ZT	0.167	0.084	0.173	2.000	0.048	0.739	1.354
	ZPR	-0.142	0.078	-0.145	-1.806	0.073	0.862	1.159
	ZPG	0.102	0.080	0.103	1.280	0.203	0.848	1.179
	ZNCPxZT	0.143	0.060	0.203	2.370	0.019	0.750	1.333
	ZNCPxZPR	-0.062	0.079	-0.070	-0.778	0.438	0.679	1.472
	ZNCPxZPG	0.190	0.088	0.202	2.157	0.033	0.631	1.585
	ZCPxZT	0.082	0.094	0.073	0.865	0.388	0.780	1.282
	ZCPxZPR	0.062	0.076	0.071	0.813	0.418	0.728	1.373
	ZCPxZPG	0.025	0.084	0.026	0.293	0.770	0.692	1.446

注：a 因变量：ZIS。

基于回归分析，本章所提出的研究假设的验证结果如表 4 – 13 所示，协调权

225

力和强制权力对信息共享产生正向的影响作用，其中，协调权力的影响程度强于强制权力；信任对信息共享能够直接产生正向影响作用，也能在协调权力和信息共享之间起到调节作用，且调节效应大于对直接影响；权力游戏在协调权力与信息共享之间有正向的影响作用；信任、感知风险和权力游戏在强制权力与信息共享之间没有显著的调节作用。

表 4 – 13 　　　　　　　　　　　研究假设的验证结果

研究假设	表　　　述	检验结果
假设 H1	强制权力对电子政务信息资源共享有显著的正向影响	支持
假设 H2	协调权力对电子政务信息资源共享有显著的正向影响	支持
假设 H3a	信任在强制权力对电子政务信息资源共享的影响中起着促进的作用	不支持
假设 H3b	信任在协调权力对电子政务信息资源共享的影响中起着促进的作用	支持
假设 H4a	感知风险在强制权力对电子政务信息资源共享的影响中起着削弱的作用	不支持
假设 H4b	感知风险在协调权力对电子政务信息资源共享的影响中起着削弱的作用	不支持
假设 H5a	权力游戏在强制权力对电子政务信息资源共享的影响中起着削弱的作用	不支持
假设 H5b	权力游戏在协调权力对电子政务信息资源共享的影响中起着削弱的作用	不完全支持

第六节　结论与讨论

电子政务信息资源共享是促进电子政务网站"信息公开"、"政民互动"、"网上办事"能力提高的关键，也是实现电子政务公共服务最大化的重要途径。本章以电子政务信息资源共享影响因素的文献为基础，以"权力理论"为核心，以 4 个部委的案例访谈为背景，建立了电子政务信息资源共享影响因素模型，并采用 SPSS 统计分析软件对 174 份样本数据进行了多变量线性回归分析，对研究模型进行了假设检验。现对本章的主要研究结论讨论如下：

（1）协调权力和强制权力对信息共享的影响。从数据分析的结果来看，强制权力和协调权力对信息共享都具有显著的正向影响作用，即研究假设 H1 和 H2 是成立的。可见政府部门工作人员进行信息共享时，不论是基于强制性权力还是基于协调性权力，都会把拥有的信息提供给需要的那一方。同时，分析也表明，协调权力对政府工作人员信息共享行为的影响程度要大于强制权力的影响，这说明了就目前政府的实际情况而言，工作人员虽然担心没有提供信息会对自己产生不良的后果，如被问责、被惩罚，但这种后果并不是很严重，他们更多的是出于自愿去共享信息，考虑到部门之间的互利合作关系、考虑到信息共享能否带来相应的利益，提高部门的声望，给政府、企业或社会公众带来一定的效益等。

（2）信任在权力与信息共享之间的调节作用。从数据分析的结果来看，信任在强制权力与信息共享之间没有显著的调节作用，即假设 H3a 不成立。强制权力是不管他人愿意与否，强制性地要求共享信息的一种行为，在这一过程中，工作人员的信息共享意愿不发挥作用，也就是说，不管对他人信任与否，为了避免由于没有共享信息而导致的不良后果，工作人员都会选择把信息提供给他人。

信任作为调节变量在协调权力与信息共享之间有积极的促进作用，即假设 H3b 成立。信任是影响政府人员信息共享行为的一个重要因素，是在以往的交流合作中慢慢形成的，表现为对他人人品、能力、行为等的信任。这说明，政府部门工作人员出于自愿与别人或别的部门共享信息时，如果别人是值得信任的，这会增加其共享的意愿，促进信息共享的实现。

（3）感知风险在权力与信息共享之间的调节作用。从数据分析的结果来看，感知风险在强制权力与信息共享之间没有显著的调节作用，即假设 H4a 不成立。在强制权力的作用下共享信息时，信息提供方一旦被要求提供信息，只需要承担没有提供信息的后果，而并不需要承担信息共享过程中所造成的信息泄露、信息盗窃等后果，因此，感知风险在强制权力与信息共享之间的影响是微乎其微的。

感知风险在协调权力与信息共享之间没有显著的调节作用，假设 H4b 不成立。这一分析结果与本研究的样本数据有关。一方面，由于本研究的数据大部分来自于国家政府部门，其安全防护措施是相当到位的，信息通过电子邮件、内部网络进行传输被盗取、被篡改的几率较小。另一方面，从对政府部门信息共享方式的调研中看出，所调查的样本数据采用口头和纸质文件进行共享的占到了一半的比例，这两种共享方式基本上不会涉及信息传输过程中的风险问题。因此，在本章的调查背景下，风险的影响甚微，也就是说，政府部门工作人员在协调权力的影响下共享信息时，并不担心信息的安全问题，较少会因为害怕信息被窃取、被泄露而停止信息共享行为，感知风险在协调权力与信息共享之间的削弱作用并不明显。

（4）权力游戏在权力与信息共享之间的调节作用。从数据分析结果来看，权力游戏在强制权力与信息共享之间的调节作用不显著，即 H5a 不成立。在不同部门间共享信息的过程中，存在着权力游戏，但权力作为一种强制性的手段要求提供信息资源时，权力游戏无法发挥自身的作用，工作人员必须将拥有的信息共享给他人。

权力游戏在协调权力与信息共享之间有正向的调节作用，这与假设 H5b 相矛盾。在建立研究假设时，我们提出，在政府部门存在着以权谋私的现象，拥有信息的人有更多的权力，握有权力的一方由于具有了支配和控制信息资源的优势地位，使之得以将信息优势转化为获取利益的优势，阻碍了政府部门间的信息共享和信息公开，基于此，提出了权力游戏在协调权力对信息共享的影响过程中有削弱的作用。但是，从收集的调查数据中发现，信息共享会削弱自己拥有的部分权力，拥有权力的人会利用这种信息优势获取利益而不提供给他人信息，对于这些负面的看法和行为政府工作人员并不认同，考虑到公务员的职责和以后的长远发展，他们反而认为，拥有信息的人有更多的权力，拥有了权力就有了获取更多信息的机会，不同部门之间利用这种权力游戏相互交换和共享信息，是一种良性循环，对于信息共享是积极的促进作用。因此，权力游戏在协调权力与信息共享之间是显著的正向作用。

第五章

电子政务信息资源共享过程的博弈分析

电子政务信息资源共享过程是一个复杂的过程，政府各部门的条块分割、各职能部门的"本位主义"、电子政务信息资源的采集权、所有权、使用权的归属问题，造成了电子政务信息资源的"部门私有化"，影响了电子政务共享能力的提升，其中"权力因素"扮演了重要角色，无论是强制权力还是协调权力都对信息共享具有显著的正向影响作用，而协调权力对政府工作人员信息共享行为的影响程度要大于强制权力的影响。

为了进一步探索和揭示电子政务信息资源共享过程的特点和规律，本章将基于经济学研究视角，首先从不完全信息的角度出发分析相同级别各职能部门在不完全信息下的共享策略，探讨多阶段博弈场景下的信息共享条件，研究了信息补贴策略的应用条件和应用方式；然后结合领导风格理论讨论上下级部门信息共享中不同领导风格对信息共享结果的影响；最后基于 Swarm 仿真平台，建立多部门信息资源共享混合博弈模型，分析多部门在不同条件下共享策略的选择，并验证信息补贴策略在促进信息共享中的应用。

第一节 文献回顾

一、电子政务信息资源共享的特点

信息资源在现代社会的各方面都起着至关重要的作用，学者们对信息资源的本质和概念也做了深入的研究。目前，国内外学者对信息资源的定义的描述尚未达成一致，在许多方面甚至是相反的定义。一种狭义的观点认为信息资源是指人类社会活动中经过加工处理有序化并大量积累起来的有用信息的集合。另一种广义的观点认为，信息资源是指人类社会信息活动中积累起来的以信息为核心的各类信息活动要素（信息技术、设备、设施、信息生产者等）的集合。而政府信息资源作为信息资源的一种，是政府部门为履行职责而产生、获取、利用、传播、保存和负责处置的信息，是人们全面考查、评价社会情况，从事政治、经济、科技、军事、文化等活动所必不可少的国家信息资源[282]。

电子政务信息资源是政府信息资源的重要组成部分，学者对电子政务信息资源的定义做了广泛的研究。有学者根据信息共享的特点把电子政务信息资源分为显性信息和隐性信息，还有部分学者根据电子政务信息资源在共享过程中传递方向的不同将其分为：上传信息资源、下达信息资源和平行传递信息资源。何振（2005）认为，电子政务信息资源是指公共管理部门在履行政务活动中所形成的以数字代码形式传输的各种有用信息的集合。它包含两方面的内涵：一是政务活动中直接形成的信息资源，如电子公文、电子邮件、视频会议录像等。二是电子化政务信息资源，即将以往政务活动中形成的纸质文献、实物材料等进行电子化处理或数字化处理而形成的信息资源，如电子法规、电子档案、电子图书等[283]。

从电子政务信息资源的内涵层次上看，其至少应包括以下两个特性[283]：一是电子政务信息资源作为信息资源的一种，故具有信息资源的所有特性，即包括知识性、共享性、稀缺性、时效性等特点。二是电子政务信息资源本身还是一种政务信息，故具有政务信息所派生的公共服务性、权威性、决策性等特点。

然而，电子政务信息资源作为一种新的信息形式和现代信息技术的产物，它还有其自身内在的特点，表现在：综合性、机密性、不安全性、多维性、交互性等方面[283－284]。

（1）综合性。政府是整个国家和社会的管理者，具有多方面的职能，其职能的发挥产生了大量的信息，这些信息从行业来说有工商、税务、金融等经济类信息、政府颁布的法律法规信息以及有关民生的信息等。

（2）机密性。由于政务活动的特殊性，政府信息资源中有相当一部分涉及国家重大的方针政策、政府活动、工作部署和社会动态，机密程度高，意义重大。政府信息资源必须注意其机密性，做好保密控制工作，确保国家机密不外泄。

（3）不安全性。电子政务信息资源的不安全性主要源于两个原因：一是信息资源以数字代码形式记录、存储和传输；二是以网络为管理平台。这就直接导致电子政务信息资源在以下四个方面受到威胁：①政务信息的保密性。保证信息不泄露给未经授权的用户或供其利用。②完整性。防止信息被未经授权的人篡改，保证信息的真实性。③可用性。保证信息及信息系统确实为授权使用者所用，防止由于计算机病毒或其他人为因素造成网络和系统无法正常运行而拒绝服务。④不可否认性。保证信息行为人不能否认自己的行为，利用数字签名、数字邮戳、数字凭证和认证中心等技术和手段构建安全的网络系统，使得个人行为具有可信度。

（4）多维性。电子政务信息资源的多维性源于其可以接受多角度、多形式、多渠道、全方位的读取、管理和利用，可以进行各种标量、矢量与张量的多维立体显示。

（5）交互性。传统的政务信息是单向流动的，信息从信息源流向接收者，信息接收者被动地接收信息，对信息的内容、接收信息的时间和地点都没有选择的余地，而且不容易发送反馈信息。但是，电子政务信息资源借助网络技术实现了政府与政府、政府与企业、政府与社会公众的双向互动，彼此之间能够进行即时互动的沟通和交流，并且这种沟通和交流已变得十分便捷和频繁。

二、电子政务信息资源共享的经济学研究现状

随着电子政务的迅速发展，在20世纪90年代，学者们就开始研究政府部门间的信息共享问题，其研究范围涉及地理信息、公共教育等多个方面[251,285]，主要包括对政府部门间信息共享的理论模型研究、政府部门间生态环境研究、政府部门间信息共享的影响因素研究、政府部门间信息共享的经济学分析[286]。根据公共选择理论，政府同样具有"经济人"的特性，即有追求个人利益或部门利益最大化的倾向。因此经济学角度的研究主要从部门利益出发，集中在对共享决策和共享效率的分析，普遍使用的研究方法包括在博弈论的基础上建立静态博弈模型以及通过仿真对组织间信息共享过程进行模拟。下面主要对这两种方法的应用和主要研究成果进行简要介绍。

（一）信息资源共享静态博弈模型研究现状

博弈论是信息资源共享的重要理论基础之一，阿克塞尔罗德（Axelrod，1997）指出当部门进行信息资源共享时会导致部门间的利益冲突上升，而这种情况可以利用博弈论中的"囚徒困境"问题来解决[287]，因此大部分学者通过建立静态博弈模型，从共享单元的共享策略选择及共享格式的选择角度对模型进行分析进而得出一定的结论，促进信息资源共享的顺利实现。

比较具有影响的是巴鲁亚（Barua）等人的研究。巴鲁亚（1996）等人首先分析了抑制信息资源共享的因素，针对信息格式阻碍信息共享的问题，建立了两

231

个决策单元的静态博弈模型，收益矩阵如表 5 - 1 所示。

表 5 - 1 　　　　　　　　　　　　收 益 矩 阵

决策单元 1 ＼ 决策单元 2	F1	F2
F1	20, 8	1, 2
F2	2, 1	10, 17

　　模型分析基于的假设为：两个决策单元的信息格式存在差异，当决策单元接收到的信息格式与自身信息格式相符时，决策单元会得到较高的收益。单元 1 使用的信息格式为 F1，单元 2 使用的信息格式为 F2，可以得知决策单元 1 在双方选择（F1，F1）策略时收益达到最大，而决策单元 2 在双方选择（F2，F2）时收益达到最大，导致信息共享不能顺利完成。在上述模型的基础上，巴鲁亚（1996）指出部门在进行信息共享过程中加强部门之间的沟通可以有效地改善信息资源共享中出现的"囚徒困境"问题即共享信息格式不匹配问题。其次，由于共享单元在处理信息能力上可能有所不同，因此在信息共享过程中双方所提供的共享信息格式也存在差异。巴鲁亚将博弈双方提供的信息格式划分为 4 个等级，分别对应决策单元不同的处理能力。研究指出，当双方处理信息能力相同时即博弈双方在均衡状态下获得的收益将高于当双方处理信息能力不同时所获得的收益。针对这种情况，巴鲁亚提出了促进信息资源共享两阶段模型如图 5 - 1 所示，良好的组织形象及社会目标可以增加决策单元间的合作次数（连续性）及共享收益（互惠性）、增强组织内部的内在凝聚力及荣誉感，从而促进信息资源共享的顺利实现。另外，技术方面的因素如决策单元处理信息能力的对等同样可以加强信息资源共享[288]。

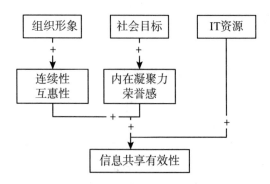

图 5 - 1 　促进信息资源共享的两阶段模型

在该研究的基础之上，巴鲁亚（1997）等人展开进一步研究，并将研究重点放在两个决策单元间信息的拟合程度，在博弈论基础上进行定量的一般性分析。其中拟合程度主要指对方提供的信息格式与自身信息格式的匹配程度，若对方提供的信息格式与自身信息格式匹配程度较高时，部门会获得较高的共享收益。巴鲁亚指出目前的挑战是增强决策单元之间信息的拟合度及减少协调障碍，其关注点主要包括两个问题：在两个决策单元的信息共享过程中，哪些因素会促进信息资源共享以及这些影响因素对信息资源共享会产生何种影响。在决策单元追求自身利益最大化的假设基础上，基于"囚徒困境"问题建立了两个决策单元的信息共享博弈模型，并指出：（1）在考虑信息拟合度的情况下，加强决策单元间的沟通协调可以在一定程度上减轻信息属性不匹配问题。（2）在经济上对提供低效信息的决策单元进行补贴是可行的，可以改善多部门间的信息共享合作问题，但是当利用提供信息补贴来解决信息共享问题时，由于补贴会在一定程度上减弱部门的共享积极性，因此要根据部门的具体情况进行补贴。当收益矩阵为对称矩阵即两决策单元进行信息共享所获得的收益相同时，对其进行部分补贴有利于促进信息共享。（3）在决策单元提高自身处理信息能力的情况下，信息不匹配的概率减到最低[289]。

在进一步的研究中，巴鲁亚（2007）还在信息互补性（一个组织的利益不仅取决于本身信息的质量，同时依赖于对方提供信息的质量好坏程度）以及博弈理论的基础上，研究了不同措施对组织信息共享的影响，同时分析了共享收益如何影响个人和组织的信息共享。其研究的主要问题包括：（1）组织采取短期或长期合作策略时对信息共享产生的影响有何不同，何种类型的组织氛围会促进信息共享合作以及如何形成这种氛围。（2）在何种条件下可以采取激励措施来促进信息共享。（3）部门处理共享信息的能力对信息共享会产生何种影响。作者假设每个组织在信息共享过程中以自身利益最大化为出发点，并且当共享信息的精确度越高时，组织提供的信息处理成本越低，其共享收益就会越大，通过建立博弈模型对上述几个问题进行分析。研究结果指出：不论在完全信息博弈还是不完全信息博弈下，当组织部门间的合作为短期合作时，部门利益与组织利益都无法达到最优，若在信息资源共享过程中，而当部门间的合作可以无限期的继续下去，如果部门考虑长期收益，则在某个贴现率的情况下可以得到帕累托最优的结果。对于激励措施的影响，巴鲁亚指出在采取激励政策前要小心评估共享部门的特征，只有在特殊的条件下，激励政策会促进信息共享较好地完成。当部门更依赖对方的信息时，将共享补贴平均分给两部门才可以增加共享信息的精确度。否则，当部门对对方信息依赖性较小时，提供信息补贴会降低部门进行信息共享的积极性。另外，研究还指出当组织双方并不清楚对方处理信息的能力时，在信息共享过程中，如果有一方真实的表现其信息处理能力，那么另一方有夸大其信息处理能力的动机，在这种情况下共享信息的精确度将会有一定程度的提高[290]。

在上述研究的基础上，国内外学者也展开了大量类似的研究工作。

穆昕（2004）等人建立了两个政府决策单元（分别用 D1、D2 表示）信息共享的博弈模型如表 5 - 2 所示。

表 5 - 2　　　　　　　　　　两部门信息资源共享博弈模型

D_2 ＼ D_1	F_1	F_2
F_1	$\pi_1^{11}, \pi_2^{11}, \pi^{11}$	$\pi_1^{21}, \pi_2^{21}, \pi^{21}$
F_2	$\pi_1^{12}, \pi_2^{12}, \pi^{12}$	$\pi_1^{22}, \pi_2^{22}, \pi^{22}$

其中，π_k^{ij} 表示 D1 提供的信息格式为 Fi，D2 提供的信息格式为 Fj 时决策单元 Dk 的收益，π_{ij} 表示组织整体的收益，（i，j，k = 1，2）。文章假设两个同等地位的决策单元 D1 和 D2，D1 信息的收集、维护方式是 F1；相应的，D2 收集信息、维护信息的方式为 F2。当进行信息资源共享后 D1 获益为 l_1，D2 获益 l_2。在信息资源共享过程中，当 D1 向 D2 提供的信息格式为 F2 时，D1 对信息的处理成本为 c_1，D2 向 D1 提供的信息格式为 F1 时，D2 对信息的处理成本为 c_2；当 D2 向 D1 提供的信息格式为 F2 时，D1 对信息的处理成本为 $\Delta1$，D1 向 D2 提供的信息格式为 F1 时，D2 对信息的处理成本为 $\Delta2$。其中，$\Delta1 > c2$，$\Delta1 > c1$，$\Delta2 > c1$，$\Delta2 > c2$。通过对模型的分析得知，由于个体都追求自身利益最大化，整个过程的均衡点是 π_1^{12}，π_2^{12}，π^{12}，而 π_1^{21}，π_2^{21}，π^{21} 要明显好于 π_1^{12}，π_2^{12}，π^{12}，使两个部门陷入囚徒困境。文章指出解决这一问题的办法在于：（1）加强 IT 基础设施和人员培训，使得 $\Delta1 = c2 = \Delta2 = c1$，最终使得 π_1^{12}，π_2^{12}，$\pi^{12} = \pi_1^{21}$，π_2^{21}，π^{21}。（2）加强信息资源共享的长期性。在无限次博弈情况下，消除"囚徒困境"，使得均衡为 π_1^{21}，π_2^{21}，π^{21}。（3）给予两个决策单元适当的共享津贴。同时文章还表明我国电子政务的发展应当在硬件投资和管理两方面并重[235]。

杜治洲（2009）从定性分析的角度根据参与主体的信息资源占有状况和对信息资源需求的程度，将政府部门划分为两种类型：信息弱势部门和信息强势部门。在此基础上，结合博弈理论将电子政务信息资源共享行为划分为三类：信息弱势部门间的信息资源共享、信息强势部门和信息弱势部门间的信息共享和信息强势部门间的信息共享，指出这三类信息资源共享问题分别对应博弈论中的"囚徒困境"问题、"智猪博弈"问题及"斗鸡博弈"问题，并提出相应的解决途径分别是：建立行政协调管理制度、利益补偿制度和成本分担制度[291]。

查先进（2006）等人则认为共享性是信息资源的一种天然特性，其实现的前提常常是不受人为的干扰和破坏。文章首先对信息资源共享静态博弈的出发点——稀缺性法则进行了分析，认为物质资源和能源资源的稀缺性表现在量的减少，而信息资源的稀缺性表现在质的降低。然后，文章从经济学角度入手，集中考虑三个要素：信息资源总量、信息共享成本和信息效用对信息共享的影响，构建了静态博弈模型，研究发现信息资源共享中的纳什均衡供给小于帕累托最优供给，即参与博弈的经济行为者，在没有外部激励的机制下，缺乏主动共享的积极性，信息共享不充分，不能达到帕累托最优，无法实现社会效用最大化。且两者的差距随着参与联盟的经济行为者数量的增加而扩大。最后，论文在静态博弈分析的基础之上指出：政府干预可以促使信息资源共享效率得以提高，如公共管制、税收、直接投资或补贴、教育、法律、舆论和道德宣传等[292]。

加罗尔（Gal-Or，2005）等人利用博弈论建立了一个分析框架，来观察信息有效共享对组织在技术投资方面的影响。文章发现组织在技术投资方面和信息有效共享上具有互补性，即如果一个组织增加其在信息共享及安全方面的投资将会促使其他组织增加在这方面的投资。同时研究结果表明当产品的可替代性越高时，信息共享就越有价值，当部门彼此处于竞争地位时，建立共享联盟可以使参加信息共享的部门获得更多的利益。同时结果表明随着组织规模的扩大，部门在共享过程中获得的收益越高[293]。

鄢丹（2007）通过博弈论建立了地区间的非合作博弈模型、网站的非合作博弈模型、公众与政府上网博弈模型。分析指出在非合作博弈模型中，政府应采取措施避免部门间的信息共享倾向于纳什均衡，同时也要采取激励、鼓励或强制措施使各政府网站互联互通，消除各部门间的寻租行为，增强信息透明度，最终使电子政务信息资源共享顺利实现。而在政府与公众的博弈模型中，鄢丹指出在公众已广泛接触网络的阶段，政府大力推行电子政务建设是形势发展的必然结果[294]。

常涛、廖建桥（2009）等人通过构建静态博弈模型，针对团队知识共享激励机制进行分析，研究发现在非对称信息下，传统的激励机制会使团队知识共享陷入"囚徒困境"，对知识共享行为采取直接激励将无法起到有效的激励作用。常涛等基于团队利益共享激励模型，对激励合同的具体设计及如何提高成员知识共享的努力程度等方面的问题做了进一步讨论。研究指出在激励合同的设计上，需要根据团队成员能力的差异性及成员间的任务相互依赖性设计相应的激励系数。另外，通过提高团队共享利益的激励系数、加强团队任务的协作关系以及降低团队成员的共享知识成本，可以促进知识共享[295]。

司辉（2009）则首先从静态博弈的角度构建了政府信息资源共享一次性博弈模型，分别包括大型机构与大型机构之间的博弈、大型机构与小型机关之间的博弈、小型机关于小型机关之间的博弈。研究表明由于缺乏强而可信的激励约束机制与合理的费用分摊制度，无法顺利实现信息资源共享。其次作者基于"囚徒困境"问题建立了信息共享的重复博弈模型，得出只有在博弈重复无数次、贴现因子足够大及双方采取合理的策略的条件下，信息资源共享才能顺利完成。在此基础上，为政府促进信息共享提出以下几点建议：政府进行适当的干预和协调，明确信息资源所有权和使用权，建立合理的费用分摊制度，降低共享成本，并且在信息资源共享过程中建立运转良好的信用机制[296]。

当然，从经济学角度出发，其他方面的研究成果还包括：王芳（2006）对政府信息来源及其管理经费进行分析，认为公众与政府信息机构的委托代理关系决定了政府信息共享的本质属性与必然障碍，指出政府信息共享障碍的根本原因在于存在信息租金，解决这个问题需要在政府信息机构的体制改革中适度引入市场机制并建立相应的法律保障[297]。高锡荣（2007）运用激励理论的基本方法，分析了政府机构跨部门信息共享的激励问题，建立了相应的信息共享激励模型。研究认为，为了促进政府部门公开其垄断信息，应当同时采取正激励措施和负激励措施，两者互为担保才能保证激励效果的健壮性。根据垄断权力来源与大小不同，高锡荣将政府部门划分为五种类型：本级政府的弱势部门、本级政府的强势部门、本级政府的超强势部门、上级政府的弱势部门及上级政府的弱势部门[298]。王文（2008）等人基于利益补偿机制，建立了分析政府两部门间信息共享的三阶段利益补偿动态博弈模型，具体过程如下：首先，信息需求部门与信息拥有部门进行初步沟通，了解对方信息的状况。其次，信息需求部门对具体情况做出估计，决定为获得信息而愿意支付的补偿价位。最后，信息拥有部门根据部门本身对提供信息所得收益的估计，决定其提供信息的质量，以上过程重复多次就可构成政府部门间信息共享和利益补偿运作流程。之后文章通过工商和税务部门之间信息共享案例研究验证了模型的可行性，并提出为完成利益补偿，部门之间需要进行谈判和协调，若在协调过程中，其中一方的利益无法达到充分补偿，则还需要政府进行纵向的各种形式的补偿，主要包括直接补贴和政治激励，来促进信息共享的实现[299]。聂勇浩（2009）运用交易费用理论来探讨政府部门间信息资源共享所存在的制度障碍，在基于交易费用理论的分析框架基础上，指出高昂的交易费用会阻碍部门间信息资源共享的顺利实现，并且阐述了阻碍制度变迁的三种类型的交易费用，最后提出降低交易费用、促进部门间信息资源共享的若干政策建议，主要包括在信息资源共享过程中建立承诺机制及保障机制、增加部门主管官员的收益等[300]。

（二）信息资源共享仿真模型研究现状

大部分学者利用仿真模型所做的研究通常是在博弈论基础上，利用仿真工具对博弈过程进行模拟，通过分析仿真数据得出一定的结论。博弈过程中，参与者采取的博弈策略通常分为以下三种类型：（1）不管对方是否共享，一直采取共享策略；（2）采取对方在上一次博弈过程中的策略；（3）不管对方是否共享，一直采取不共享策略。而在长期信息共享过程中，部门需要与多部门进行信息共享，每个部门采取策略的偏好不尽相同，我们无法直观分析部门在长期博弈过程中采取何种策略会使其自身获得最大利益。仿真则可以对这种无法准确预测的问题进行模拟分析。杨（Yang，2007）指出影响信息共享的因素主要有三个方面：组织层次、个人层次和信息层次。组织层次因素通常包括文化、权力、技术、组织能力、组织气氛和社会文化；个人层次因素包括动机、信任、社会能力、自我效能、期望结果和吸收能力等等；信息层次主要包括共享信息特点及信息格式等[301]。在此基础上，杨（2008）等人将个人层次因素中对共享信息的吸收能力抽象化，在文中将信息共享与信息吸收能力分为四种类型，分别服从均匀分布、参数为 $\alpha=5$，$\beta=2$ 的 β 分布、正态分布以及参数为 $\alpha=2$，$\beta=4$ 的 β 分布，其中均匀分布代表每个智能体可以完全吸收共享的信息；参数为 $\alpha=5$，$\beta=2$ 的 β 分布则代表大部分智能体可以完全吸收共享信息，参数为 $\alpha=2$，$\beta=4$ 的 β 分布则刚好相反，表示大部分智能体为愚蠢类型，只有很少一部分智能体可以吸收信息；正态分布则表示一半智能体具备较强的信息吸收能力。杨分别考虑这四种类型的信息吸收能力对信息共享所产生的影响，主要表现在智能体对信息吸收能力的不同会导致其收益存在一定的差异。杨利用 Repast 仿真建模工具在博弈论的基础上建立一个基于智能体的模型来描述智能体的行为规则、信息共享收益、个人信息共享和吸收信息的能力以及组织的激励政策如何对信息共享产生影响。在仿真过程中，分别模拟了在五种行为规则下智能体的收益情况，主要包括：（1）不管对方是否共享，一直采取共享策略；（2）采取对方在上一次博弈过程中的策略；（3）不管对方是否共享，一直采取不共享策略；（4）采取对方在上一次博弈过程中相反的策略；（5）在博弈初始阶段选择不共享策略，经过一段时间后选择与对方相同的策略。模型表明，如果信息共享的收益相当高，人们会主动地分享他们的信息。另外，在值得信赖的组织气氛中，合作策略会在共享策略的选择过程中占主体地位。考虑到个人能力不同对信息共享的影响，结论表明拥有更好的信息吸收功能的智能体可以对邻居个体产生鼓励影响，使吸收能力较差的邻居个体采取与其同样的策略。这种现象被称为"本地吸引效应"，即在吸收能力较强的智能体周围会形成自己的一个集群。研究指出，在信息共享过程中，选择

"合作"和"针锋相对"策略的个体会占主导地位。而对不同激励性补贴政策的分析结果则表明,在信息共享过程中,激励政策是有局限性的。对每一次共享行为进行奖励比定期定额奖励更有效,因为固定周期的奖励可能会导致智能体之间的机会主义行为,减少信息共享的行为[302]。而乔利(Jolly,2008)则利用 Netlogo 仿真工具在完全信息静态博弈论的基础上对在信息资源共享中出现的"囚徒困境"问题进行模拟,主要研究当组织中存在不同类型的智能体时其信息共享策略的选择以及为了促进信息共享组织应该采取何种管理方法。作者分析了促进信息共享及阻碍信息共享的因素,其中促进信息共享的因素主要包括:信息共享可以为组织带来收益、进行信息共享可以为组织赢得专家的称号以及道德因素的影响使得组织进行信息共享。而阻碍信息共享的因素主要包括:信息共享会使组织丧失对信息的垄断从而带来利益上的损失。在这个基础上将博弈双方分为两种类型:信息共享型与信息持有型,博弈收益矩阵同样有三种情况:博弈双方同时为信息共享型时的收益矩阵、博弈双方同时为信息持有型的收益矩阵以及一方为信息共享型、一方为信息持有型的收益矩阵。在仿真过程中,智能体随机设置为上述两种类型中的一种,作者假设在每个时间点,由于外界环境或个体不断地向博弈双方提供信息,因此博弈主体的信息量会不断增加。然而由于信息的时效性,信息的价值又会随着仿真时间的增加不断减少。在仿真开始时,系统随机设置智能体的类型,并且假设在博弈过程中博弈双方可以判断出对方是否为信息共享型,通过仿真分析得出组织间的信息共享可以增加信息资源的总量,并且结果表明参与信息资源共享的组织个数越多,则组织进行信息资源共享的倾向将会越大,即在组织中培养一种共享文化氛围将会促进组织间的信息资源共享。研究同样说明在重复博弈过程中,采取"针锋相对"策略会使个人的利益在共享过程中达到最大[303]。

三、电子政务信息资源共享与博弈论之间的关系

随着网络信息技术的迅速发展以及我国电子政务建设的深入,政府业务流程及政府工作发生了极大的变化,为了提供更好的电子政务公共服务,在电子政务信息资源共享过程中,部门在信息共享策略的选择上彼此相关,并且部门间的共享收益具有一定的利益冲突性,与博弈论的研究思路相一致,因此博弈论在电子政务信息资源共享的研究中有着广泛的应用。

(1)"政府上网工程"的建设使得各政府部门办公自动化网络实现互联,各部门职能紧密结合,政府向社会提供各类便民服务,为企业发展提供政策指导。在这个过程中,政府既是公民的服务者又是其管理者,而公民既是政府服务的对

象又是政府的管理对象。政府如何在为公民服务的过程中更多的保护自身信息，公民如何在获取信息的同时维护自身的利益，都是有待研究的问题。

（2）政府与企业之间的合作不再直接通过行政计划使企业完全按照政府的指示行动，随着电子政务的建设，政府通常采用网上招标的形式与企业进行合作。而在合作过程中，由于政府与企业的利益目标有所不同，因此政府需要采取一定的激励手段促使企业在实现自身利益的同时也能有效地实现政府的利益目标，这便构成了一种"委托—代理"博弈过程，因此政府如何设置激励机制以使双方利益同时达到最大也是需要研究的问题。

（3）各政府部门都在通过自己的信息收集渠道独立地收集和处理信息、建立自己的信息库和信息系统、各自使用各自的信息。如果各政府部门之间不能实现信息资源共享，则很容易造成重复建设以及形成信息孤岛。而在各政府部门之间进行信息共享的过程中，各部门的策略选择与收益彼此相关，部门在追求自身利益最大化的同时还要考虑与其进行共享部门的策略，如何使部门在共享过程中达到整体利益最大化也是待研究的问题。

（4）部分电子政务信息资源如规章制度、政策法规、机构设置等属于公共物品范畴，具有非排他性和非竞争性。而另外一部分电子政务信息资源如房地产市场交易统计情况、商品的市场占有量等属于准公共物品，具有一定的竞争性和排他性。在政府部门的决策过程中，准公共物品类的信息涉及到部门对信息的垄断，为了利用垄断信息不断使自身部门获得收益，在信息资源共享过程中，拥有此类信息部门的共享主动性较差，使得信息共享不能顺利完成。因此如何设置激励机制使得信息共享顺利完成也是亟待解决的问题。

第二节　电子政务信息资源共享的博弈模型

吕欣（2009）将电子政务信息资源共享分为横向共享和纵向共享两种类型。纵向共享是指不同层级政府之间的信息资源共享以及政府与服务对象（公众、企业和其他机构）之间的信息资源共享。横向共享是指政府各部门之间的信息资源共享，这是政府提高内部管理和外部服务效率和质量的关键[241]。而李卫东（2008）则根据政府信息资源共享的需求和内容角度出发，将电子政务信息资源共享分为四个层次：政府各职能部门之间的信息资源共享、不同层级政府部门之间的资源共享、国家权力机关与政府之间的资源共享以及政府与企业、公民之间的资源共享[304]。

本章根据博弈双方之间是否存在委托代理关系将上述几种信息资源共享分为两类：委托—代理博弈关系与不存在委托—代理博弈关系的信息共享。其中，国家权力机关与政府之间的信息资源共享以及政府与服务对象（公众、企业和其他机构）之间的信息资源共享属于第一类信息资源共享，而政府各职能部门之间及不同层级政府部门之间的信息资源共享则属于第二类信息共享。

对于委托—代理的博弈问题，由于委托人往往无法完全监督代理人的行为，同时委托人和代理人的利益目标又不尽相同，于是委托人需要设置"激励机制"促使代理人努力实现自己利益目标同时也能有效地实现委托人的利益目标，这种博弈问题最关键的研究问题是如何激励代理人使其在不被监督的情况下，其行为可以符合委托人的利益。而对于不存在委托—代理关系的双方博弈问题，一般首先分析在量化的规则下博弈双方可能采取的策略组合，然后评价双方选择的策略是否能实现帕累托效率最优，如果不能达到帕累托最优，则着重探讨如何引导博弈双方实现最优的结局。

由于国家权力机关与政府之间的信息资源共享难度相对较小，而政府与公民及企业间的信息共享可以由《政府信息公开条例》来规范、约束和指导。而政府各职能部门之间及不同层级政府部门之间的信息共享涉及部门面广，实现难度较大，因此本章主要分析第二类信息资源共享问题。同时，由于跨部门信息资源共享体制及相关法律法规并不完善，本章研究的信息资源共享问题主要针对于在电子政务建设过程中目前没有明确界定是否必须进行共享的信息。

一、同级各职能部门间信息资源共享的博弈模型分析

博弈论中经典的"囚徒困境"问题揭示了个体利益与团体利益之间的冲突：即从个体利益出发的行为往往与团体利益相违背，不能使团体利益达到最优。学者们以此为基础来研究电子政务中的信息资源共享问题，普遍的研究思路为从共享信息的格式选择角度或者从是否选择信息共享角度出发，建立了两部门信息资源共享的完全信息静态博弈模型，在一次博弈的基础上进行模型分析从而得出一定的结论。考虑到在电子政务信息资源共享中，信息资源的分布并不均匀，存在极大的差异性，主要体现在以下几个方面：

（1）在信息共享过程中，部门可能对与其进行共享的部门并不了解，无法判断与其进行共享的部门的特征，即部门对彼此类型的信息掌握为不对称信息。

（2）上下级政府部门之间的信息不对称。当信息在上下级政府部门之间传递时会出现"泛化"与"细化"的现象。这种信息的泛化与细化造成了上下级政府部门之间的信息不对称。一方面，下级政府和基层政府掌握的信息更具体、

更精确，另一方面上级政府掌握的信息更全面、更宏观。

（3）部门掌握信息资源的数量与质量不尽相同，政府机构内部存在信息不对称。例如：公安、工商、统计等政府部门拥有大量基础性信息，在信息共享时往往处于优势地位，而其他信息资源的需求部门则处于弱势地位。

（4）政府与社会之间存在着信息不对称。政府掌握着最大量的公共信息，又是法规，规章，政策的制度者，相对于公众，政府居于信息强势地位，而且各种烦琐的办事流程造成了民众对政府信息了解的局限性。这种信息地位的不平等意味着信息共享的不平等，影响着信息资源共享。

本节在博弈论基础上，主要针对第（1）类问题进行分析，从两部门掌握的对方信息为不完全信息的角度出发，建立两部门间的信息资源共享博弈模型，探讨部门在共享过程中共享策略的选择。其他三类问题可作为后续的研究工作内容展开。

（一）重复博弈简述

大部分学者对信息资源共享的研究都是在部门为理性人并且双方都知道彼此属于理性人的假设基础上进行的，但是在两部门的信息共享中，每个部门都有不同的进行信息共享的倾向，部门对与其进行共享的部门的共享倾向可能并不了解，这种对部门特征的掌握不完全，影响着部门在信息共享中的策略选择。本节的研究方法为在不完全信息动态博弈的理论基础之上建立重复博弈模型，分析部门在共享过程中的策略选择并且根据部门在不同阶段时共享策略选择的不同，为政府促进信息资源共享提出部分建议。下面对不完全信息动态博弈和重复博弈的基本知识作简要介绍[305]。

不完全信息指的是参与人对其他参与人的特征、策略空间及收益函数信息了解得不够准确，或者不是对所有参与人的特征、策略空间及收益函数都有准确的信息，在这种情况下进行的博弈就是不完全信息博弈。

动态博弈指的是参与人的行动有先后顺序，后行动者可能观察到先行动者所选择的行动，也可能只知道对方已经做出了行动但是并不清楚具体行动是什么。在动态博弈中，参与者将来的选择必须取决于现在所作的决策，而现在的决策又必须考虑将来可能出现的状况。在这种情况下，动态一致性很难达成。动态一致性是指策略不仅在博弈过程的局部是最优的，而且在整个博弈过程中也是最优的。

重复博弈是一种特殊类型的动态博弈，是指同样结构的博弈重复多次，其中的每次博弈称为"阶段博弈"。以"囚徒困境"为例，若两个囚徒在刑满释放之后再作案，作案后再判刑，释放后再作案，如此等等，他们之间进行的就是重复博弈，其中每次作案是一个阶段博弈。

重复博弈的基本特征包括：（1）前一阶段的博弈不改变后一阶段博弈的结果；（2）所有参与者都能观测到博弈过去阶段中参与者选择的策略；（3）参与者的总收益是所有阶段博弈收益的贴现值之和。在每个阶段，参与者可能同时行动，也可能不同时行动。

影响重复博弈均衡结果的主要因素是博弈重复的次数和信息的完备性。博弈次数的重要性来源于参与者在短期利益和长期利益之间的权衡，当博弈重复多次时，参与者可能会为了长远利益而牺牲眼前利益从而选择不同的均衡策略。而信息完备性则说明当一个参与者的特征不为其他参与者所知时，该参与者可能会积极地建立一个好声誉来换取长远利益，KMRW 声誉模型则很好地解释了这一点。

KMRW 定理：在 T 阶段重复囚徒困境博弈中，如果每个囚徒都有 $p > 0$ 的概率是非理性的，如果 T 足够大，那么，存在一个 $T_0 < T$，使得下列战略组合构成一个精炼贝叶斯均衡：所有理性囚徒在 $t \leq T_0$ 的各阶段选择合作策略，在 $t > T_0$ 阶段选择不合作。

（二）模型建立

由于我国传统智能型组织的管理模式，导致电子政务信息资源共享中存在"纵强横弱"的现象，大部分横向部门间电子政务信息资源共享程度相对较低，信息资源共享对部门的共享倾向依赖较大。在电子政务建设过程中虽然需要强制性的制度约束，但是在我国还处在向服务型政府过渡的阶段中，政府部门的利益是不能忽视的，因此本章的研究以部门追求自身利益最大化为前提。

博弈过程的相关假设包括：

（1）参与者：本节的研究对象是两个相互独立而又彼此需要对方信息的政府部门，两部门间不存在上下级关系。假设部门可以分为两种类型，理性的或非理性的。理性部门为非合作型参与人，而非理性部门则可以理解为合作型参与人。

（2）博弈规则：在博弈过程中，部门 B 认为部门 A 属于理性部门的概率是 $1 - p$，非理性部门的概率为 p，并不清楚部门 A 的实际类型，但部门 A 认为部门 B 只有一种类型即为理性部门。在这里，部门 B 对部门 A 的类型只拥有不完全信息。部门 A 和部门 B 的收益是阶段博弈收益的贴现值之和（为了研究方便，我们假定贴现因子 $\delta = 1$，$\delta \neq 1$ 的情况可作为进一步的研究内容）。

假设非理性的部门 A 采取"针锋相对"的策略，即开始选择"共享"，然后在 t 阶段选择部门 B 在 t-1 阶段的选择（即"你共享我就共享，你不共享我也不共享"）。博弈的顺序如下：

首先自然选择部门 A 的类型，部门 A 知道自己的类型，但部门 B 只知道部门 A 属于理性部门的概率为 $1-p$，非理性部门的概率为 p。两个部门进行第一阶段的博弈；观测到第一阶段博弈结果后，进行第二阶段博弈；观测到第二阶段博弈结果后，进行第三阶段博弈；如此等等。

（3）收益：考虑两部门由于对方进行共享后所获得的收益均为 R，信息资源共享时由于部门间的信息存储标准、信息格式的不同，两部门对共享信息的处理成本分别用 l_1，l_2 表示，两部门的收益矩阵如表 5-3 所示：

表 5-3 　　　　　　　　**两部门信息资源共享决策收益矩阵**

部门 A ＼ 部门 B	共享	不共享
共享	$R-l_1$，$R-l_2$	$-l_1$，R
不共享	R，$-l_2$	0，0

（4）结果：博弈双方的博弈结果可能包括：（共享，共享），（共享，不共享），（不共享，共享），（不共享，不共享）。

（三）模型分析

在完全信息有限次博弈的理论基础下，分析得出部门 A 与部门 B 会在各个阶段中选择"不共享"，唯一的子博弈精炼均衡是他们在各个阶段都同时选"不共享"。但是，在不完全信息情况下，当部门 B 认为部门 A 为非理性的概率 p 充分大时，尽管他选"共享"仍有可能遭遇到部门 A 实际上为理性人从而选"不共享"的不利结果，但当 p 充分大时，这种可能性较小，从而他在各个阶段都选"共享"时遇到部门 A 为非理性的可能性较大，所获得的收益增加较大，以至于可以抵消因猜错部门 A 的理性属性所可能带来的潜在损失，此时，部门 B 会在倒数第一阶段以前的各个阶段都选"共享"，最后阶段必然选"不共享"。

当 p 充分大时，理性的部门 A 也知道部门 B 的上述选择，为了获得合作解，他也会故意伪装成非理性人，即在倒数第二阶段之前的各阶段都选"共享"（部门 A 实际上是理性的，这是博弈论对参与人是理性人的假定的直接结果，只不过这里假定理性人对参与人来说不是共同知识，即部门 B 不知道部门 A 到底是否是理性人）。

因此，理性部门 A 通过选择"共享"而成功地隐藏了有关他理性程度的进一步信息，让部门 B 关于部门 A 的理性属性判断仍然停留在部门 A 是非理性的概率为 p 上，从而诱使部门 B 在下个阶段仍然按前面各阶段同样的计算做出

"共享"的选择，而自己也选"共享"得到合作解。直到倒数第二阶段，理性部门 A 选择"不共享"而出卖部门 B，此时部门 B 在下个阶段知道了部门 A 是理性的，在最后一个阶段必然选择"不共享"。因此，根据 KMRW 定理，有如下定理成立：

定理 5.1　在有限 T 次两部门信息资源共享的不完全信息重复博弈模型中，若部门 B 认为部门 A 属于非理性部门的概率 $p \geqslant \dfrac{l_2}{R}$，则以下策略组合构成一个子博弈精炼贝叶斯均衡：

非理性部门 A：选择"针锋相对"策略；

理性部门 A：直到 T–2 阶段一直选择"共享"策略，第 T–1 和 T 阶段选择"不共享"策略。

部门 B：开始选择"共享"策略，若观测到部门 A 选择了"不共享"策略，由贝叶斯法则得出后验概率 $\tilde{p} = 0$，将选择"不共享"策略；若观测到部门 A 选择"共享"策略，后验概率 $\tilde{p} = p$，将选择"共享"策略；最后，在 T 阶段选择"不共享"策略。

下面用归纳法说明定理 5.1 的合理性。在证明过程中，我们用 S（Sharing）代表"共享"，N（Not Sharing）代表"不共享"。

当 $T = 2$（博弈重复两次）时，部门 A 与部门 B 的策略选择分析：

（1）$T = 2$ 时，部门 B 的策略分析：

假设 $X_i(i = A, A', B)$ 代表部门 i 的策略集合（A 代表理性部门 A，A′代表非理性部门 A），$u(x)$ 代表部门 i 在策略 x 下的期望收益，其中 $x \in X$。由于在最后阶段（$t = 2$）博弈即将结束，理性部门 A 和部门 B 都将选择 N，非理性部门 A 的选择依赖于部门 B 在第一阶段的选择。因此，我们首先考虑部门 B 在第一阶段的选择，此时，$X_B = \{(S, N), (N, N)\}$，部门 B 在上述两种策略下的期望收益分别为：

$$u(S, N) = [p \times (R - l_2) + (1 - p) \times (-l_2)] + [pR + (1 - p) \times 0] = 2pR - l_2$$

$$u(N, N) = [pR + (1 - p) \times 0] + [0] = pR$$

可以看出，在 $p \geqslant \dfrac{l_2}{R}$ 的条件下，有 $2pR - l_2 \geqslant pR$ 成立，即当部门 B 认为部门 A 属于非理性部门的概率不小于 $\dfrac{l_2}{R}$ 时，部门 B 选择共享策略所获得的期望收益高于其选择不共享策略时的收益，因此，此时部门 B 的占优策略选择为（S, N）。

（2）$T = 2$ 时，部门 A 的策略选择分析：

①由假设分析可知非理性部门 A 的策略为（S, N）；

②给定部门 B 的占优策略，不难分析得出理性部门 A 的占优策略为（N, N）。

当 $T=3$ （博弈重复三次）时，部门 A 与部门 B 的策略选择分析：

由以上分析得知在倒数第二阶段即 $t=2$ 时，理性部门 A 会选择 N，又因为在最后阶段即 $t=3$ 时，部门 B 与理性部门 A 的选择都为 N，设 $x_{ij}(i=A,\ A',\ B,\ j=1,\ 2)$ 表示部门 i 在 j 阶段的策略选择，且 $x_{ij}=S$ 或 N，则总的路径如表 5 - 4 所示。

表 5 - 4 　　　　　　　　　T = 3 时两部门信息资源共享策略

部门	$t=1$	$t=2$	$t=3$
非理性部门 A	S	x_{B1}	x_{B2}
理性部门 A	x_{A1}	N	N
部门 B	x_{B1}	x_{B2}	N

（1）部门 A 的策略分析：

①理性部门 A 在第一阶段的策略分析：首先考虑部门 B 在第一阶段的策略选择，若部门 B 在第一阶段就选择 N，则非理性部门 A 的策略为 （S，N，N），则部门 B 在整个博弈过程中的最大期望收益为：

$$u_{x_B} = R + 0 + 0 = R$$

若部门 B 在第一阶段选择 S，则非理性部门 A 的策略选择为 （S，S，N），此时部门 B 的最大期望收益为：

$$u_{x_B}' = (R - l_2) + [p(R - l_2) + (1-p)(-l_2)] + [pR + (1-p) \times 0] = 2(pR - l_2) + R$$

由于 $p \geq \dfrac{l_2}{R}$，因此有 $u_{x_B}' \geq u_{x_B}$ 成立，因此部门 B 在第一阶段的最优选择为 S。

给定部门 B 在第一阶段选择 S，理性部门 A 此时的策略集合为 $X_A = \{(N, N, N), (S, N, N)\}$。

当 $x_A = (N, N, N)$ 时，即理性部门 A 在第一阶段选择 N，此时部门 A 暴露了自己的理性特征，部门 B 知道了其理性人属性，通过贝叶斯法则修正先验概率，后验概率 $\tilde{p} = 0$，此时部门 B 将在第二阶段和第三阶段选择 （N，N），理性部门 A 的期望收益是：$u(N, N, N) = R + 0 + 0 = R$。

当 $x_A = (S, N, N)$ 时，即理性部门 A 在第一阶段选择 S，此时部门 B 认为部门 A 属于非理性部门的概率仍将停留在以前的状态下，即 $\tilde{p} = p$，此时部门 B 将在第二阶段和第三阶段选择 （S，N），理性部门 A 的期望收益是：

$$u(S, N, N) = (R - l_1) + R + 0 = 2R - l_1$$

由于 $R > l_1$，$2R - l_1 > R$ 成立，因此理性部门 A 在第一阶段的最优选择是 S，理性部门 A 在整个博弈过程中的策略选择为 （S，N，N）。

②由博弈假设可知，非理性部门 B 的策略依赖于部门 B 的策略选择，因此下面分析部门 B 的最优选择策略。

（2）部门 B 的策略分析：先考虑第三阶段，为了获得最大利益，部门 B 在第三阶段的最优选择为 N，因此整个过程部门 B 的策略集合为 $X_B = \{(S, S, N)、(N, N, N)、(S, N, N)$ 和 $(N, S, N)\}$。给定理性部门 A 的策略 (S, N, N)，则部门 B 在上述四种策略选择下的期望收益分别为：

$$u(S, S, N) = (R - l_2) + [p(R - l_2) + (1 - p)(-l_2)] + [pR + (1 - p) \times 0]$$
$$= 2(pR - l_2) + R$$

$$u(N, N, N) = R + 0 + 0 = R$$

$$u(S, N, N) = R - l_2 + [pR + (1 - p) \times 0] + 0 = R - l_2 + pR$$

$$u(N, S, N) = R + (-l_2) + [pR + (1 - p) \times 0] = R + pR - l_2$$

由于 $p \geqslant \dfrac{l_2}{R}$，所以 $u(S, S, N) \geqslant \begin{cases} u(N, N, N) \\ u(S, N, N) \\ u(N, S, N) \end{cases}$，即 (S, S, N) 为部门 B

的最优策略。

假设定理在 $T = T$ 时成立，讨论当 $T = T + 1$ 时部门共享策略的选择：

由于部门的最优策略变化发生在最后两阶段，而非理性部门 A 的策略由部门 B 在上一阶段的策略决定，因此我们只要分析最后三个阶段中部门的策略选择。我们首先证明一个结论：当 $T = T$ 时，在 $t = T - 2$ 阶段开始的博弈中，部门 B 的最优策略仍为 (S, S, N)。

显然，当非理性部门 A 在 $t = T - 2$ 阶段的选择为 S 时，对应于部门 B 在 $t = T - 3$ 阶段的选择为 S，博弈过程与之前讨论的 $T = 3$ 时的博弈相同，即结论部门 B 的最优策略仍为 (S, S, N) 成立。

当非理性部门 A 在 $t = T - 2$ 阶段的选择为 N 时，此时部门 B 的策略选择集合为 $x_B = \{(S, S, N)、(N, N, N)、(S, N, N)$ 和 $(N, S, N)\}$。部门 B 在上述策略选择下的期望收益分别为：

$$u(S, S, N) = [p(-l_2) + (1 - p)(R - l_2)] + [p(R - l_2) + (1 - p)(-l_2)]$$
$$+ [pR + (1 - p) \times 0] = R + pR - 2l_2$$

$$u(N, N, N) = [p \times 0 + (1 - p)R] + 0 + 0 = R - pR$$

$$u(S, N, N) = [p(-l_2) + (1 - p)(R - l_2)] + [pR + (1 - p) \times 0] + 0 = R - l_2$$

$$u(N, S, N) = [(1 - p)R] + (-l_2) + [pR + (1 - p) \times 0] = R - l_2$$

由于 $p \geqslant \dfrac{l_2}{R}$，所以仍然有 $u(S, S, N) \geqslant \begin{cases} u(N, N, N) \\ u(S, N, N) \\ u(N, S, N) \end{cases}$ 成立，即 (S, S, N)

此时仍为部门 B 的最优策略。

至此说明在理性部门 A 的策略下（直到 $T-2$ 阶段一直选择"共享"策略，第 $T-1$ 和 T 阶段选择"不共享"策略），部门 B 在 $t=T-2$ 阶段开始至以后的博弈中，必然选择策略（S，S，N）。

综合上述结论及定理在 $T=T$ 时成立的假设，可以得到在 $T+1$ 次博弈中，部门 B 在前 $T-2$ 次的最优策略为（S，S，…，S），而从 $T-1$ 阶段开始部门 B 的最优策略为（S，S，N）。因此部门 B 在整个博弈过程中的最优策略为（S，S，…，S，S，N）。

至此定理 5.1 证毕。

（四）模型启示

由定理 5.1 可知，当部门 B 考虑部门 A 属于非理性部门的概率充分大时，部门 B 会主动选择信息共享策略。由 $p \geqslant \dfrac{l_2}{R}$ 可知，政府应采取相应的措施包括：

（1）增大部门进行信息资源共享的收益即 R 的值，如建立合理的绩效考核机制，将部门在信息资源共享过程中的策略选择与其自身声誉收益相联系。假设在博弈的每个阶段中部门选择信息共享给部门带来的声誉收益为 W，否则部门声誉损失 W，则两部门的收益矩阵如表 5-5 所示：

表 5-5　　　　　　　　两部门信息资源共享决策收益矩阵

部门A ＼ 部门 B	共享	不共享
共享	$R-l_1+W$，$R-l_1+W$	$-l_1+W$，$R-W$
不共享	$R-W$，$-l_2+W$	$-W$，$-W$

由表 5-5 所示，若 W 满足条件 $W \geqslant \max\left(\dfrac{l_1}{2}, \dfrac{l_2}{2}\right)$ 时，部门 A 与部门 B 的最优策略都为共享，从而促进了信息资源共享的顺利完成。同时，将部门声誉收益与其共享收益相联系在一定程度上降低了 $\dfrac{l_2}{R}$ 的值，共享条件 $p \geqslant \dfrac{l_2}{R}$ 更容易得到满足，实现信息资源资源的顺利共享。

（2）降低部门进行信息资源共享的成本即 l_2 的值。具体措施包括：

①提高部门工作人员的素质，加强对工作人员的技术培训。技术本身虽不能实现信息资源共享，但是正确使用技术可以提高工作效率。在电子政务信息资源共享的过程中，应加强对工作人员的培训及 IT 技术的使用，降低信息处理成

247

本，从而促进信息资源共享实现。

②进行统筹规划，电子政务信息资源标准化。由于之前我国电子政务建设统筹规划不足，各政府部门独立开展电子政务建设，进而形成了条块分割、各自为政、相互独立的局面。在已建的电子政务数据库中，大部分是各部门根据自身需要建立的专用数据库，信息资源格式互不相同，这就导致在电子政务信息资源共享过程中需要对共享信息进行一定的格式转换，造成人力、物力、财力的浪费。加强电子政务信息资源标准化建设，统一信息存储格式可以从一定程度上降低信息资源共享过程中的信息加工成本，降低 $\dfrac{l_2}{R}$ 的值，使共享条件 $p \geqslant \dfrac{l_2}{R}$ 更容易得到满足，实现信息资源的顺利共享。

③政府向进行信息资源共享的部门提供一定的补贴。政府应根据部门所处合作阶段的不同采取不同的补贴措施。

Ⅰ：当部门所处的合作阶段满足条件 $t \leqslant T-2$ 时，若部门 A 属于非理性部门的概率满足条件 $p \geqslant p' = \dfrac{l_2}{R}$（$p'$ 为部门 B 选择策略 S 的最小概率）时，信息资源共享得以顺利完成。若部门 A 属于非理性部门的概率 $p < p'$ 时，此时部门 B 的最优策略为不共享信息资源。为了促进信息资源共享顺利完成，政府可采取向部门 B 提供信息补贴的措施以弥补部门因信息共享所需处理信息的成本花费。设政府提供的信息补贴为 m，此时两部门的信息资源共享收益矩阵如表 5 - 6 所示，可以得出此时部门 B 选择策略 S 的最小概率 $p'' = \dfrac{l_2'}{R} = \dfrac{l_2 - m}{R}$，显然有 $p'' < p'$ 成立，即通过提供信息补贴降低了部门 B 选择策略 S 的最小概率，由 $p'' = \dfrac{l_2 - m}{R} > p$ 求得 $m < l_2 - pR$，所以，在此种情况下，政府提供的信息补贴只要在满足 $0 < m < l_2 - pR$，即可使得信息资源共享顺利完成。

表 5 - 6　　　　　　　　　两部门信息资源共享决策收益矩阵

部门A ＼ 部门B	共享	不共享
共享	$R - l_1$，$R - l_2 + m$	$- l_1$，R
不共享	R，$- l_2 + m$	0，0

Ⅱ：当部门所处的合作阶段满足条件 $t = T-1$ 时，由于部门 A 在此阶段会将自己建立的声誉耗尽，即在 $t = T-1$ 阶段选择"不共享"策略得到最大利益。因此在此阶段，政府只向部门 A 提供信息补贴即可促进信息共享的完成。设政府提供的信息补贴为 m，此时两部门的信息资源共享收益矩阵如表 5 - 7 所示。为

使信息共享顺利完成，必须同时满足条件 $R - l_1 + m \geq R$ 与 $-l_1 + m \geq 0$，即使得部门 A 选择信息共享策略时的收益要大于选择不共享策略时的收益，此时可得政府提供信息补贴 m 应满足条件 $m \geq l_1$。

表 5 - 7　　　　　　　　　两部门信息资源共享决策收益矩阵

部门 A ＼ 部门 B	共享	不共享
共享	$R - l_1 + m,\ R - l_2$	$-l_1 + m,\ R$
不共享	$R,\ -l_2$	0, 0

Ⅲ：当部门所处的合作阶段满足条件 $t = T$ 时，由于合作即将结束，在此阶段部门 A 与部门 B 都不会采取信息资源共享的策略以保证自身的利益不受到损失。此时假设政府提供信息补贴为 m，部门间的收益矩阵如表 5 - 8 所示，不同的是此时为了完成信息资源共享，必须满足如下条件 $\begin{cases} R - l_1 + m \geq R \\ -l_1 + m \geq 0 \\ R - l_2 + m \geq R \\ -l_2 + m \geq 0 \end{cases}$

此时可得政府提供信息补贴 m 应满足条件 $m \geq \max(l_1,\ l_2)$。

表 5 - 8　　　　　　　　　两部门信息资源共享决策收益矩阵

部门 A ＼ 部门 B	共享	不共享
共享	$R - l_1 + m,\ R - l_1 + m$	$-l_1 + m,\ R$
不共享	$R,\ -l_2 + m$	0, 0

二、不同层级部门间信息资源共享的博弈模型分析

美国依阿华大学的研究者、著名心理学家勒温和他的同事们从 20 世纪 30 年代起进行了关于团体气氛和领导风格的研究，在此基础上提出了领导风格理论。勒温（2004）等人认为，团体的任务领导并不是以同样的方式表现他们的领导角色，领导者们通常使用不同的领导风格，而不同的领导风格对团体成员的工作绩效有着不同的影响。勒温等人将领导风格分为三种类型：即专制型、民主型和放任型。从管理心理学理论角度，领导是一个动态的过程，领导工作效能取决于领导者、被领导者和管理情景之间的相互作用；而领导风格理论的研究在很大程度上忽视了下属特征和管理情景特性[306]。

费德勒（1967）在工作导向及关系导向的基础上，研究并提出了领导权变模型，费德勒认为，任何一种领导风格都可能是有效的，也可能是无效的，关键在于它是否适合于特定的领导情境。经过实证研究，费德勒分离出了三个与领导有关的情境因素[307]。

（1）领导者与下属的关系。主要体现在双方的信任程度，下属对领导者的尊重程度、忠诚度和追随度。

（2）任务的结构化程度。主要体现在工作任务的常规化程度以及不确定性因素的多少。如果任务的常规化程度较高，不确定性因素少，那么任务的结构化程度就高。

（3）领导的职权。主要体现在领导是否对下属有控制权，如决定或影响对其的报酬、奖惩及职务升降等；其次，还表现在领导本人被更高的上级信任与支持的程度上。

大部分学者在对电子政务信息资源共享的研究过程中认为上下层级部门间的信息共享由于上下级部门地位的不平等及上级部门权力的存在，因此相对政府各职能部门间的信息共享较容易实现，在这个问题上的研究较少。本章认为，根据勒温等人的领导风格类型理论，在电子政府上下层级部门间的信息资源共享过程中，由于上级领导部门所属的领导风格类型不同，对信息共享所产生的结果也会有所差异。因此本章在勒温的领导风格理论基础上，并结合费德勒的领导权变理论，主要分析当上级部门分别为以上三种类型时对电子政务信息资源共享结果的影响。

（一）专制型上下层级信息资源共享博弈模型

专制型领导风格是指其领导者只注重工作目标，仅关心工作任务，对团队的成员不够关心，被领导者与领导者之间的心理距离比较大，领导者对被领导者缺乏敏感性，被领导者对领导者存有戒心和敌意，容易使群体成员产生挫折感和机械化的行为倾向。

在专制型领导风格的信息资源共享过程中，由于上下层级的部门间权力大小差异较大，上级部门只关心下级部门的信息资源共享结果，因此专制型上级部门与下级部门之间关系较为冷淡，相互之间信任程度较低，上级部门主要依靠其领导职权来促进下级工作的完成。因此，在信息共享过程中，专制级上级部门将会利用自身的权力地位采取一系列强制措施，实现下级部门对上级部门的信息资源共享。假设两部门仍然为追求自身利益最大化的理性人，在共享过程中，部门由于对方进行共享后所获得的收益均为 R，部门对共享信息的处理成本分别用 L_1，L_2 表示（由于此时信息资源共享是在上下层级部门之间展开，因此共享成本与信息在政府各职能部门之间共享时的成本相比较小）。同时，由于上下级关系的存在，当上级部门领导类型为专制型时，当上级部门发现下级部门并没有进行信息资源共享，会对其采取一定的处罚措施，下级部门为此付出的处罚成本为 F，则博弈收益矩阵如表 5 - 9 所示。

表 5 - 9 专制型上级部门与下级部门信息资源共享博弈模型

下级部门 ＼ 专制型上级部门	共享	不共享
共享	$R - l_1$，$R - l_2$	$- l_1$，R
不共享	$R - F$，$F - l_2$	$- F$，F

由表 5 - 9 分析得知，给定专制型上级部门的共享策略，下级部门在共享过程中的最优策略为共享，而当下级部门选择共享时，专制型上级部门为了实现自身利益的最大化，将会选择不共享策略。从而，在没有外界条件刺激的情况下博弈只能达到纳什均衡结果（共享，不共享），无法达到帕累托最优状态（共享，共享）。

（二）民主型上下层级信息资源共享博弈模型

所谓民主型领导是指领导者与下属共同讨论，集思广益，然后再进行决策，要求上下融合，合作一致地工作。民主型的领导者注重对团体成员的工作加以鼓励和协助，关心并满足团体成员的需要，营造一种民主与平等的氛围，领导者与被领导者之间的心理距离比较近。在民主型的领导风格下，团体成员有较强的工作动机和责任心，工作效率较高。

民主型领导的显著特征是通过亲身参与来达成工作目标，这一风格的领导者与团队成员的关系较为密切，彼此互相信任。民主型领导会对整个团队取得的积极绩效经常进行奖励，很少给予消极反馈或惩罚。在民主型领导风格的信息资源共享过程中，建立博弈模型如下：

在共享过程中，部门由于对方进行共享后所获得的收益均为 R，部门对共享信息的处理成本分别用 l_1，l_2 表示。由于民主型领导的特征是通过亲身参与来达成工作目标，当其在信息共享采取不共享策略时，损失其自身在下级部门中的形象及声誉，设损失成本为 $W(W > l_2)$。当下级部门主动进行信息资源共享时，民主型上级部门则会对其进行奖励，用 A 来表示；当下级部门采取不共享策略时，由于民主型领导很少给予惩罚，因此惩罚成本 $F = 0$。则博弈收益矩阵如表 5 - 10 所示。

251

表 5 – 10　　　　　　民主型上级部门与下级部门信息资源共享博弈模型

下级部门 ＼ 民主型上级部门	共享	不共享
共享	$R - l_1 + A$，$R - l_2$	$- l_1$，$R - W$
不共享	R，$- l_2$	0，$- W$

由民主型上级部门的特点及表 5 – 10 分析得知，民主型上级部门在信息共享过程中的最优策略为共享；给定民主型上级部门的共享策略，下级部门在共享过程中的最优策略也为共享，从而，在没有外界条件刺激的情况下博弈只能达到纳什均衡结果（共享，共享），同样也达到帕累托最优状态，顺利完成电子政务信息资源共享。

（三）放任型上下层级信息资源共享博弈模型

放任型的领导者采取的是无政府主义的领导方式，对工作和团体成员的需要都不重视，无规章、无要求、无评估，工作效率低，人际关系淡薄。

在放任型领导风格的信息资源共享过程中，由于上级部门无政府主义的领导方式，对下级部门的信息资源共享并不重视，则在共享过程中，上级部门所特有的权力因素淡化，并且对信息资源共享结果对以后工作过程中所带来的影响也毫不重视。根据上述条件，建立博弈模型如下：

假设两部门为追求自身利益最大化的理性人，在共享过程中，部门由于对方进行共享后所获得的收益均为 R，部门对共享信息的处理成本分别用 l_1，l_2 表示（由于此时信息资源共享是在上下层级部门之间展开，因此共享成本与信息在政府各职能部门之间共享时的成本相对比较小）。同时，由于上下级部门之间关系的淡化，惩罚成本及绩效因素在此并不考虑，则放任型上级部门与下级部门的博弈收益矩阵如表 5 – 11 所示。

表 5 – 11　　　　　　放任型上级部门与下级部门信息资源共享博弈模型

下级部门 ＼ 放任型上级部门	共享	不共享
共享	$R - l_1$，$R - l_2$	$- l_1$，R
不共享	R，$- l_2$	0，0

由表 5 – 11 分析得知，给定放任型上级部门的共享策略，下级部门在共享过程中的最优策略为不共享；同样的，给定下级部门的共享策略，放任型上级部门在共享过程中的最优策略也为不共享。因此，在没有外界条件刺激的情况下博弈

只能达到纳什均衡结果（共享，不共享），无法达到帕累托最优状态（共享，共享），其信息共享结果与政府平级部门之间的信息共享结果相同。

（四）模型启示

由上述分析可知，由于上级部门领导风格类型的不同，导致在不同类型的上下级政府部门间信息资源共享的结果差异较大，其获益特征及博弈结果如表 5 – 12 所示。

表 5 – 12　　　　　　　不同层级部门间信息资源共享的博弈模型

博弈类型	获益特征	博弈结果
专制型上级部门与下级部门	上级部门利用权力地位为其自身谋取利益，下级部门单独承担共享成本，得不偿失	下级部门共享，上级部门不共享
民主型上级部门与下级部门	上级部门与下级部门收益同时达到最优	信息资源共享顺利完成
放任型上级部门与下级部门	两部门单独承担共享成本	两部门同时选择不共享

杨在研究中指出影响信息共享的因素主要有三个方面：组织层次、个人层次和信息层次。其中，组织层次因素通常包括文化、权力、技术、组织能力、组织气氛和社会文化。本章着重分析了权力因素及组织气氛因素对上下级部门信息资源共享的影响，并且从表 5 – 12 中可以看出，与民主型上级部门相比，专制型上级部门及放任型上级部门在与下级部门的信息资源共享中组织利益并没有达到最优。为了促进上下层级部门信息资源共享顺利完成，实现整体利益的最大化，政府应采取的措施包括：

（1）加强上级部门的领导意识，提高其领导素质、团队意识及对下级部门的监督。针对放任型上级部门与下级部门的信息资源共享，由于放任型上级部门领导在信息共享过程中对下级部门采取策略的漠然态度，一方面，由于共享成本的存在，使得下级部门共享积极性较低；另一方面，由于上级部门的放任及缺乏有力的激励措施，使得下级部门在共享过程中只会选择不共享策略，信息资源共享无法顺利完成。

（2）上级部门要起到领导带头作用，在信息资源共享过程中适当利用权力促进信息共享的实施。在专制型上级部门与下级部门的共享过程中，虽然上级部门利用其权力地位的优势迫使下级部门选择共享策略，但是在长期过程中，由于下级部门一直处于独立承担信息共享成本的地位，容易使得下级部门对上级部门存有戒心，长此以往会降低下级部门的进行信息共享的积极性，最终导致两败俱伤的局面。因此，在信息资源共享过程中，上级部门首先要以身作则起到表率作用，同时适当利用权力地位采取惩罚机制，在一定程度上促进下级部门进行信息共享的积极性。

（3）在上下层级部门之间培养良好的部门文化，在此基础上采取一定的激励措施。从三种类型的上下层级部门博弈结果可以看出，当上级部门领导风格为民主型上级部门时，权力机制已经淡化，部门之间的层级地位缩小，上下级关系较为密切。并且由于激励机制的实施，使得下级部门进行信息共享的积极性进一步提高，最终使得信息资源共享得以顺利完成，两部门收益同时达到最优。这说明建立良好的组织文化及工作氛围能更有效地促进信息资源共享，使组织利益达到最优。

第三节　电子政务信息资源共享博弈仿真分析

一、仿真目的

本节主要针对各职能部门间的信息资源共享问题，在博弈模型基础之上利用Swarm工具对在不完全信息情况下多部门间的信息资源共享问题进行仿真分析，在Swarm2.2平台建立多部门混合信息共享博弈模型SHAREINFO，并且通过设置各种指标来分析部门在信息资源共享过程中的策略选择，建立仿真模型主要目的包括：

（1）分析多部门在信息资源共享过程中，当部门掌握的信息为不完全信息时，部门共享策略的选择。由于电子政务信息资源共享不仅是在两个部门之间展开，在信息资源共享过程中通常涉及多部门之间的信息资源共享问题，每个部门要与许多不同的部门进行信息共享。对于多部门之间的信息共享问题直接进行分析比较复杂，而基于Agent的Swarm仿真则为此提供了比较简单的分析方法。因此本节在Swarm仿真基础上建立不完全信息情况下多部门混合信息共享博弈模型，观察在不完全信息情况下多部门间信息资源共享的策略变化。

（2）分析各指标对部门在信息资源共享过程中策略选择的影响，主要包括：博弈半径及补贴策略对共享结果的影响。

二、信息资源共享的博弈模型仿真设计

在多部门信息资源共享模型 SHAREINFO 中，各部门根据自身属性和它所处的外界环境进行博弈决策，选择合适的共享策略，并在信息共享过程中不断地学习以提高自身收益。模型中的每个部门都是一个智能 Agent，模型是由部门所处的环境和许多部门 Agent 构成，即：模型 = 〈环境，Agents〉。

在模型 SHAREINFO 中，环境是指所有 Agent 所处的外界环境，外界环境主要是影响 Agent 之间的交互拓扑结构。在博弈过程中，每个 Agent 所处的环境又由外界环境和所有其他 Agent 组成的内部环境所组成。模型中的外界环境可以模拟成现实生活中的空间环境，环境由一个 n×n 的网格组成，密布着 n×n 个 Agent，每个 Agent 通过显示的不同颜色来表示它在信息资源共享中所采取的共享策略。

每个 Agent 由属性、规则集、策略集和学习算法组成，即：Agent = 〈属性，规则集，策略集，学习算法〉。在多部门信息资源共享博弈过程中，被选中进行共享的一对 Agent 根据上次博弈确定的共享策略进行博弈。博弈结束后，根据博弈所得收益及学习算法来修正自身的属性并确定下一次博弈要采用的共享策略。

（1）Agent 属性：模型 SHAREINFO 中的 Agent 的属性包括博弈半径 GameRan 与 Agent 数量 NumAgent；环境的属性则包括环境大小 GridSize 与仿真步数 NumGame。

①博弈半径 GameRan 是指两个可以进行博弈的 Agent 间的最大空间距离。当 GameRan = 1 时，表示 Agent 只能与它的邻居 Agent 进行博弈。当 GameRan = n 时，则表示 Agent 可以与其距离为 n 的所有其他 Agent 中随机选取随机个 Agent 进行博弈。

②Agent 数量 NumAgent 是指在信息共享过程中 Agent 的总数量，由环境大小 GridSize 决定，其值设置为环境大小的平方，随着 GridSize 值的变化而改变。

（2）Agent 规则：模型 SHAREINFO 中的 Agent 规则只有一个，即 Agent 的显示规则。Agent 在整个仿真过程中保持固定不动，根据颜色的显示来表现它采取的策略。虽然 Agent 在共享过程中不可以移动，但每个 Agent 的博弈对手是不断变换的，Agent 间的博弈关系也会不断变化，因此拓扑关系图也会动态变化。在博弈过程中，利用红色表示 Agent 在信息共享过程中采取"共享"策略，黄色则是 Agent 在信息共享过程中采取"不共享"策略。

（3）Agent 行为：模型 SHAREINFO 中的 Agent 行为就是 Agent 的博弈行为，

255

博弈行为包括选择博弈对手和进行博弈。Agent 选择博弈对手的方式是在其博弈半径范围内选择博弈对手，如果存在多个博弈对手，就随机选择其中的随机个。进行博弈时，Agent 根据上次博弈结果所确定的博弈策略与博弈对手进行博弈。并根据双方所采取的策略和收益矩阵计算博弈所得。

考虑到部门共享信息的不对称性，即由于部门在信息资源共享过程中，每次与其他部门共享的信息并不相同，每次所获得的收益也并不相同，从而导致部门在共享不同信息时的共享倾向也并不相同。为研究方便，在仿真过程中本章只设置了三种不同的收益矩阵，分别代表当部门双方共享的信息为重要信息、较重要信息及一般信息情况下的收益。如表 5 - 13 ~ 5 - 15 所示。另外，仿真中设置了部门共享概率变化倾向。其中，p 代表在前一次信息共享过程中得知对方选择共享时，部门在此次共享过程中选择共享策略的概率，q 则表示若对方在前一次共享过程中选择不共享策略时，部门在此次共享中共享策略的概率。假设部门在共享过程中选择针锋相对策略，则有 $p = 1$，$q = 0$ 成立。

（4）Agent 学习算法：Agent 每次博弈完后，马上根据自己的策略、对手的策略和博弈所得收益修正自己的策略，确定下次博弈将要采取的博弈策略。Agent 的博弈学习算法为：$S_{i,t+1} = f(S_i, t, S_j, t, g_t)$。

表 5 - 13　　　　　　　　　　仿真收益矩阵一

部门A ＼ 部门B	共享	不共享
共享	3, 3	- 3, 6
不共享	6, - 3	0, 0

表 5 - 14　　　　　　　　　　仿真收益矩阵二

部门A ＼ 部门B	共享	不共享
共享	2, 2	- 2, 4
不共享	4, - 2	0, 0

表 5 - 15　　　　　　　　　　仿真收益矩阵三

部门A ＼ 部门B	共享	不共享
共享	1, 1	- 1, 2
不共享	2, - 1	0, 0

其中，(S_i, t) 是本次博弈自己所采用的策略，(S_j, t) 是本次博弈对手所

采用的策略，g_t 是本次博弈过程中所得收益，它由收益矩阵确定。$S_{i,t+1}$ 是 Agent 在下次博弈时将要采取的策略。由于每个 Agent 实际上都是追求自身利益最大化的理性人，因此在一个仿真步内，Agent 与另一个 Agent 博弈完成后会选择收益较大的那个策略作为下一次策略选择的参考。

每个 Agent 在仿真过程中的博弈流程如图 5 – 2 所示：

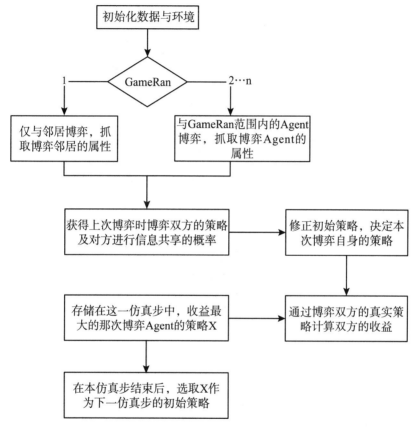

图 5 – 2 Agent 的博弈流程图

三、仿真结果输出及分析

仿真数据处理的结果主要包括图形界面和控制台输出两部分。在运行程序之后，显示 Swarm 控制界面如图 5 – 3 所示。左边的图形控制面板，可以用来启动终止 Swarm 的运行，也可以让模型按时间逐步进行。右边的图形为探测器，是用户实时监控和改变 ModelSwarm 中各元素状态的工具。

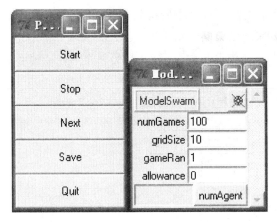

图 5 - 3　Swarm 运行控制界面

点击 Start 按钮程序开始运行，并弹出相应的图形输出界面，如图 5 - 4 所示。其中左边的图形为栅格图，红色表示 Agent 在此次博弈过程中所采取的策略为共享，黄色则表示不共享策略。右边的图形为曲线图，主要用来显示 Agent 在博弈过程中采取共享策略及不共享策略的次数随仿真次数变化的情况。

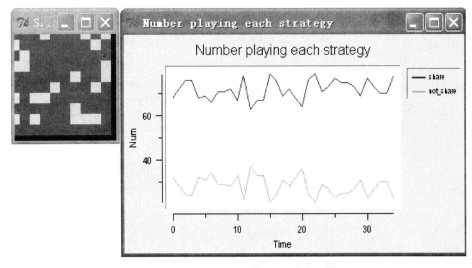

图 5 - 4　Swarm 图形输出界面

在弹出图形界面的同时，仿真程序将在控制台输出相应的仿真数据，用来跟踪每个 Agent 在某个时刻点所有属性值的变化，主要包括 Agent 在博弈过程中初始收益值（Payoff_AtTime）、运行过程中累积收益值（Payoff_AtFinal）、当前 Agent 所采取的博弈策略（Move）、记忆能力（Memran）、Agent 在博弈过程中采取共享及不共享策略的总次数（All_Move，All_Nonmove）、此次信息共享过程中的补贴值（Allowence）等，如图 5 - 5 所示。

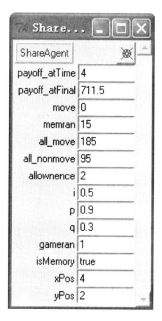

图 5 - 5　Swarm 仿真数据输出界面

通过对仿真曲线图及控制台输出数据的分析，观察不完全信息情况下，多部门间信息资源共享过程中共享策略的选择情况，主要包括分析博弈半径及补贴策略对信息资源共享结果的影响。

（1）由程序运行结果图 5 - 4 所示，当部门间掌握的信息为不完全信息时，部门在选择策略时以共享策略为主。但是由于部门无法预测合作将在何时终止并且在共享过程中受到与其合作的其他部门的策略影响，在合作过程中会有少量的不共享信息情况出现。

（2）仿真博弈半径对共享结果的影响：固定 Agent 的数量为 100，Agent 的博弈半径分别为 1 和 3 的情况下，到 100 个仿真周期时的仿真结果分别如图 5 - 6 和图 5 - 7 所示。观察可知，图 5 - 7 中采取共享策略的 Agent 数量（在每个仿真周期内采取共享策略的 Agent 数量小于 70）总体上小于图 5 - 6 中采取共享策略的 Agent 数量（在每个仿真周期内采取共享策略的 Agent 数量大于 70），并且图 5 - 7 中采用共享策略的数量变化幅度较大。这表明，随着 Agent 博弈半径的增大，Agent 交互范围增大，每个 Agent 可选择的共享对象数量增大。由于共享结果对 Agent 选择策略存在一定的影响，使得 Agent 选择策略的变化幅度增大，整个信息资源共享系统的稳定性降低。结果显示，在信息资源共享过程中，应尽

可能加强部门之间的合作关系，若涉及部门与多个部门的信息共享时，此时政府
应采取一定的措施促进部门间信息共享的顺利实现。

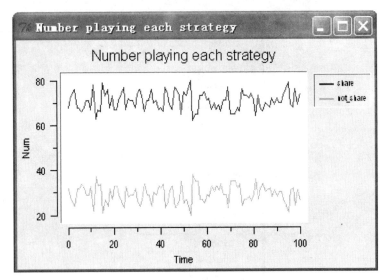

图 5 - 6　Agent 博弈半径为 1 时的仿真结果

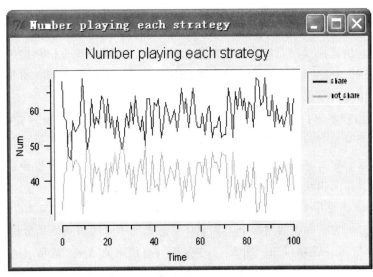

图 5 - 7　Agent 博弈半径为 3 时的仿真结果

（3）补贴策略对共享结果的影响：本章设置了两种补贴策略，分别为：

①在信息资源共享过程中，根据部门前期在共享过程中采取共享策略的数量
决定其补贴值的大小。若在前 n 次信息共享中，部门采取共享策略的数量大于其

采取不共享策略的数量，则在第 n + 1 次共享中，若部门采取共享策略，根据博弈双方的收益矩阵给予其一定的共享补贴，其大小等于双方进行共享时负担的共享成本。

②在每次信息共享中，若 Agent 采取共享策略，则立即给予一定的补贴。根据 Agent 在博弈过程中的收益矩阵决定其补贴值，大小与其共享时所负担的共享成本相等。

固定 Agent 的数量为 100，Agent 博弈半径为 1，补贴策略对共享结果的影响如图 5 - 8、图 5 - 9 及图 5 - 10 所示。

观察可知，图 5 - 8 中采取共享策略的 Agent 数量（在每个仿真周期内采取共享策略的 Agent 数量小于 80）总体上小于图 5 - 9 中采取共享策略的 Agent 数量（在每个仿真周期内采取共享策略的 Agent 数量大于 80）。图 5 - 10 则显示，所有的部门从仿真开始到结束全部采取信息共享策略，信息资源共享得以顺利实现。由图 5 - 8、图 5 - 9 及图 5 - 10 综合显示表明在信息资源共享过程中，当部门采取信息共享策略时，给予部门一定的共享补贴有利于提高部门进行信息资源共享的积极性，并且对每一次共享行为进行补贴比定期进行补贴更为有效。

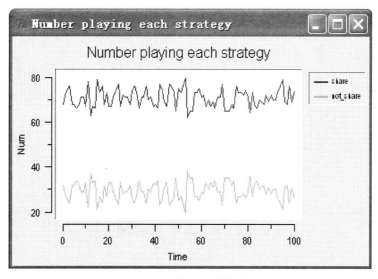

图 5 - 8　补贴值为 0 时的共享结果

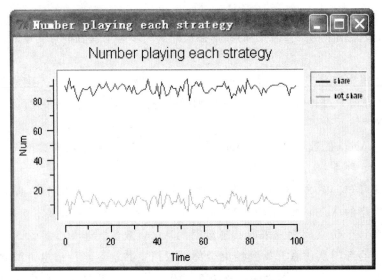

图 5 – 9　补贴策略①的共享结果

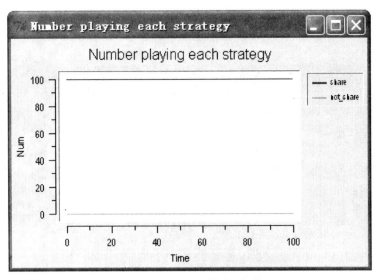

图 5 – 10　补贴策略②的共享结果

第四节　结论与讨论

　　从行为学研究角度，我们从单一因素角度看到"权力因素"对电子政务信息资源共享有重要影响作用。电子政务信息资源共享作为一个复杂的过程，共享能力必然受到更多其他因素的影响。本章基于经济学的多因素研究视角，以博弈论为研究基础，从不完全信息的角度出发，结合领导风格理论，分别针对相同层级各职能部门及不同层级部门的信息资源共享问题进行研究并展开仿真分析。现对本章的主要研究结论讨论如下：

（1）相同层级各职能部门间信息资源共享问题。由于在电子政务信息资源共享过程中信息资源分布并不均匀，部门之间普遍存在信息不对称信息现象。本章在博弈论基础上，从不完全信息角度出发，建立了同等层级两部门间信息资源共享重复博弈模型，研究发现在信息共享过程中，由于部门间信息掌握并不对称，在有限次信息资源共享前期过程中，信息共享会顺利实现。而当部门预测信息资源共享合作即将结束时，共享双方都不会主动共享自己的信息。因此，在政府采取措施促进信息共享时，应根据共享部门的具体特点采取具体的激励措施。本章主要针对政府提供信息补贴策略做了详细的研究，研究认为政府可以根据部门所处的共享阶段对各部门采取不同的补贴策略。

（2）不同层级部门间的信息资源共享问题。结合勒温的领导风格理论，本章研究了不同类型的上级部门对信息资源共享结果所形成的影响，在博弈模型分析的基础之上为上下级部门间的信息资源共享提出一系列建议。结果显示当上级部门为民主型时，信息资源共享可以顺利完成，因此在上下级部门间的信息资源共享过程中，要加强上级部门的领导意识，上级部门应适当使用权力的约束作用，并且在上下级部门间应培养良好的部门文化。

（3）不完全信息情况下多部门信息资源共享混合博弈模型仿真分析。基于Swarm仿真平台，本章建立了不完全信息情况下多部门信息资源共享混合博弈模型，探讨了不同条件下部门共享策略的选择，主要包括部门在信息共享过程中博弈半径以及补贴策略对信息共享结果的影响。研究结果表明在信息资源共享过程中，应尽可能加强部门之间的合作关系，若涉及部门与多个部门的信息共享，政府应采取一定的措施促进部门间信息共享的顺利实现。补贴策略对共享结果的影响显示，当部门采取信息共享策略时给予部门一定的共享补贴有利于提高部门进行信息资源共享的积极性，并且对每一次共享行为进行补贴比定期进行补贴更为有效。

第六章

面向公共服务电子政务治理的理论溯源

电子政务信息资源共享程度直接影响了电子政务网站的公共服务能力，对电子政务公共服务总目标的实现起到重要作用。然而，无论是行为学研究视角的强制权力和协调权力对电子政务信息资源共享的显著影响作用研究，还是经济学研究视角的电子政务信息资源共享过程的博弈分析，无不暗示我们：电子政务信息资源共享是一个复杂的过程，责、权、利的重新划分是提高信息资源共享能力的关键所在，这意味着现有行政管理体系和技术管理体系的深入契合，意味着电子政务项目实施过程中决策制度安排的变革。

本章将立足于中国国情，应用西方学者有关电子政务和 IT 治理领域的主要研究成果，提出并辨析电子政务治理的概念体系和主要概念之间的逻辑关系；然后基于制度安排的 IT 治理理论，通过辨析电子政务与企业信息化、政府治理结构与公司治理结构的差异，构建电子政务治理的理论研究框架雏形；最后就理论框架下的几个关键性研究问题展开讨论，包括电子政务治理能力对电子政务项目实施成效的重要影响作用，电子政务治理模式设计以及电子政务治理有效性的评价及其动力机制分析。

第一节　电子政务治理概念的提出及其主要研究问题

一、电子政务治理概念的提出

政府是公共信息最大的拥有者和处理者[308]，是信息技术的最大用户，政府部门的信息化建设历史由来已久，国外可以追溯到 20 世纪 50 年代的早期，普瑞斯普·埃克特和约翰·莫齐利（Presper Eckert and John Mauchly）在美国成功制造了世界上第一台商用计算机 UNIVAC，美国普查局成为 UNIVAC 的第一个政府用户[309]。国内也可以追溯到 20 世纪 70 年代，国家计委提出了建设国家计算中心服务于国民经济计划和统计的计划，成为国内最早进行信息化建设的政府部门[310]。电子政务是政府信息化的进一步深化，是政府行政改革运动和信息技术革命的共同产物，它不仅迎合了政府改革的迫切需要，而且还为这一充满矛盾和难题的改革提供了新思维、新模式和新机制[311]，同时也极大地拓展了现代公共服务型政府的发展空间。从克林顿政府 1992 年"政府重塑计划"中推行"电子政务"开始，各国元首相继提出本国的政府服务在线日程，以电子政务促进政府转型的战略迅速登上所有工业化国家的政治日程，电子政务的发展水平已经成为世界新一轮公共行政管理改革和衡量国家及城市竞争力水平的重要标志之一[312]。在信息化建设快速发展的大背景下，推进电子政务建设成为提升世界各国政府改革和公共服务能力的战略工具[313]。

电子政务与 20 世纪 90 年代以前世界各国政府信息化建设相比，具有三个不可忽视的基本特征：一是电子政务是以互联网为基础发展起来的；二是强调构造以公众为中心的公共服务；三是政府信息化建设已经从数据处理阶段明显的进入信息管理与业务处理阶段，大规模的跨部门电子政务应用系统建设已经逐步展开。因此，电子政务建设呈现出更加复杂的特征。同时，作为政府部门的大型复杂信息系统，电子政务的高投资、低回报、高失败率的现象依然一直是困扰理论界和实践领域的重要课题。世界银行首席信息专家罗伯特·舒瓦尔曾表示，"据估算，发展中国家的电子政务项目大约有 35% 完全失败，而 50% 的项目部分归于失败，只有 15% 的项目可以看作完全取得了成功"，"我说的失败，是指政府无法通过这些项目向公众提供服务或者给商业活动带来便利，导致项目失败的最主要原因是政府意志不够坚定和领导不得力。"同时，2007 年世界银行发布的最新报告《中国的信息革命：推动经济和社会转型》指出，中国电子政务应用系统在电信基础设施、网络和数据库建设方面已初具规模，但重复建设现象导致的投资回报率过低的问题日渐显著。可见，我国电子政务建设经过十余年的不断磨砺与革新，已逐步走出"关注技术"为主的初期发展阶段，进入深化整合的"制度重于技术"时期[314]。然而初期发展阶段在取得信息化初步成果的同时，也暴露出很多深层次的问题，由于盲目追求信息技术的先进性，导致政府组织内部信息孤岛丛生、信息装备大量闲置、信息资源不能充分利用、信息化投资效益低下，为此政府组织也同多数大型企业一样面临着信息技术管理不善所带来的巨大风险。可见，电子政务建设存在诸多问题的关键并非是缺乏先进的技术和模式，而是严重的管理缺位和制度缺失，导致电子政务实施过程中出现诸多管理病症[315]，例如，外行决策、多头管理、职能交叉、部门垄断公共信息、权责不对称，等等。因此，在"中国特色"的行政体制和文化背景下，对电子政务建设与运营过程中责、权、利制度安排——治理问题的深刻研究成为电子政务实施和政府组织管理变革研究中的重点。

IT 治理是有关 IT 决策的权、责、利的制度安排，用于描述组织是否采用科学有效的决策制定机制与实施机制，使得 IT 的应用能够完成组织赋予它的使命，同时平衡信息化过程中的风险，确保实现组织的战略目标。IT 治理理论及其支持工具、相关标准作为解决信息系统建设和管理过程中深层次组织问题的有效途径，已经在发达国家的政府及公共机构、军方、企业的实践领域成功应用[316]。2008 年 6 月 3 日，国际标准化组织发布的 IT 治理国际标准 ISO38500，为 IT 治理理论的实践应用起了重要的推波助澜作用。同时，IT 治理作为学术界的研究热点，在信息系统领域的顶尖杂志《管理信息系统季刊》（Management Information System Quarterly）、《信息系统研究》（Information System Research）、《管理科学》（Management Science）上，从 20 世纪 90 年代初至今一直能看到学者们关于 IT 治理的基础理论研究。麻省理工大学、马里兰大学、纽约州立大学电子政务研究中心等国外著名高校的学者，就 IT 治理概念和理论的演化和应用进行了大量的理论研究和实证研究，取得了一定的研究成果。

然而 IT 治理毕竟是新生事物，作为公司治理的子集，其主要研究结论大多建立在对企业组织的研究基础上，虽然少数研究涉及政府组织，但由于各国政府治理模式的差异，使得研究结论往往流于表面，缺乏对深层次问题的理性推断。因此，现有 IT 治理的研究结论是否适用于政府组织？政府组织 IT 治理的特点是什么？现有的治理模式有哪些？治理绩效如何？等一系列核心的 IT 治理问题亟待深入研究。电子政务项目是目前各国政府部门信息化建设的重中之重，是一项复杂的信息系统工程，也是新型的公共投资行为，从项目立项到项目运营的整个过程中涉及多个关键性决策项、多个利益主体、多个决策主体。其中决策权的部署和责任的安排，以及决策的制定和实施机制是典型的 IT 治理问题。为了确保电子政务项目目标的实现，平衡电子政务资源及电子政务建设与管理过程中的风险与回报，有效降低投资成本、提升投资价值，同时提高项目的可管理性、外部可见度、保证建成系统的可持续发展，对电子政务实施过程中的治理（以下简称"电子政务治理"）必不可少。可见，IT 治理理论上的缺憾和电子政务实践的需要，促使"电子政务治理"的理论和应用研究势在必行。

因此，本章将基于现有的 IT 治理理论和电子政务的实践应用，以电子政务治理概念的辨析为研究起点，以电子政务治理与电子政务项目实施成效的辩证关系为实证研究基础，从贯穿电子政务项目生命周期的决策制度安排的角度，分析电子政务实施过程中关键性决策项的特征，并进一步展开对电子政务的治理模式、治理机制以及电子政务治理有效性影响因素的深入研究。本研究以期进一步拓展对现有 IT 治理模式、治理安排矩阵和治理机制的理论研究，也为政府部门电子政务的决策实践活动提供理论支持。

二、电子政务治理涉及的主要研究问题

电子政务项目具有一般信息系统项目的基本特征，在其建设与应用的长期实践中，成功与失败一直相伴相随，失败的主要原因很大程度在于管理。著名管理学家、诺贝尔经济奖获得者西蒙认为："管理就是决策"。这意味着决策在管理活动中的重要作用，决策是指为达到某种目的或目标而在众多的可行方案中进行选择的过程。由于决策面对的是未来可能发生的事件，环境复杂多变、信息不充分、时间紧迫、决策主体主观因素复杂等直接影响决策的科学性。电子政务决策是政府组织管理的一项重要活动，是电子政务活动的先导。决策活动存在于电子政务实施的整个过程中，一项关键决策的失误有可能导致整个项目的失败。组织决策研究中的一个重点就是治理问题，即决策制度的安排问题，如果组织在决策制定的过程中忽视了对决策主体的选择，忽视了对决策权力和责任的部署，忽视了决策实施过程不同组织部门的协作与沟通，决策活动必败无疑。

同时，由于政府组织与企业组织相比，其外部环境驱动力和限制不同，组织的强制性行为和对利益关注的范围不同，内部过程的复杂性、授权机制和激励机制不同[317]，导致电子政务又不同于一般企业的信息系统建设。一方面，电子政务具有更加广泛的目标和有限的财政预算；另一方面，电子政务实施缺乏适度的激励机制、奖惩制度和可靠明确的绩效评价方式[318]。因此，电子政务实施过程中难免出现决策行为的随意性和主观性[319]。通过对我国政府部门电子政务实施过程与相关绩效的观察与分析，作者发现电子政务实施过程中的决策活动出现以下典型现象。

现象 1：信息不对称导致的决策依据不充分。电子政务投资是一种公共行为，客观上不存在完善的、运行良好的市场，公众的满意度和偏好无法通过市场机制反映出来，部门的信息需求也无法通过适当的渠道传导到决策者。因而信息不对称导致决策者无法全面、正确了解公众的偏好和部门的建设需求，并将其转换成项目决策依据，从而不可避免地出现"面子工程"、"政绩工程"等。

现象 2：决策者的决策行为主观性强。在我国电子政务项目决策权往往垄断在一些政府官员手中，它将导致以权谋私，以权谋利等非理性的行为出现。另

外，一些地方官员决策主要以政绩效应为导向，官员对政绩的追求常常远远大于对项目综合效益的关注。为实现足够政绩而做的决策经常包含较多的非理性成分，难以保证决策的科学性，极大增加了项目决策风险。

现象3：决策规则软化、缺乏有效的沟通、激励、监督机制。电子政务是一个复杂的新生事物，实践先于理论，且项目建设和运营大多牵涉多个部门，容易造成部门利益冲突和信息的不透明。由于在电子政务立项、建设、运营的不同阶段，存在着多种关键性决策，而目前决策主体、决策机构等决策制定机制上责权利安排的缺失，以及协调方式、激励方式、监督方式等决策实施机制上的空白或薄弱，造成了实践中电子政务项目决策规则刚性不够，实践中各个地方更青睐非正式规则，更乐于根据当地的需要和自己的习惯来实施电子政务项目的决策管理，做法各式各样，导致一些非理性行为不可避免地发生。

这些现象反映出的本质问题是，在我国电子政务建设所处的深化、整合、转型与创新发展的关键时期，对电子政务实施过程的治理缺失，即电子政务实施过程中决策制度安排的严重缺失。因此，本书研究的关键理论问题是电子政务实施中的治理问题。本书将在现有 IT 治理和电子政务研究的基础上，尽可能解决以下子问题。

问题1：什么是电子政务治理？IT 治理理论是信息系统研究领域较新的研究课题，其理论还处于不断的完善之中，虽然也有一些研究试图应用 IT 治理理论解决政府部门电子政务实施中的治理问题，但是缺乏理论层面的系统研究成果。因此，本书力图通过对大量电子政务和 IT 治理研究文献的梳理和归纳，辨析电子政务治理研究中的关键概念及其之间的关系，构建电子政务治理的理论框架。

问题2：为什么要进行电子政务治理？电子政务治理能力对电子政务实施成效的重要程度如何？本书力图通过文献研究和扎根理论法，尽可能科学地界定电子政务治理及治理能力的具体表现，同时构建电子政务实施成效的关键影响因素模型，并采用中国地方政府部门的实证数据，验证在电子政务应用深化和整合的关键时期，电子政务治理对保证电子政务实施成效，提升电子政务公共服务能力的重要作用。

问题3：如何进行电子政务治理？有哪些电子政务治理模式，电子政务治理模式的形成机理是什么？现有 IT 治理理论对治理的关键要素，诸如关键决策项、治理主体，治理安排矩阵、治理机制等已经进行了大量研究，但这些结论大多是在企业案例研究的基础上提出的。由于政府组织与企业组织在目标、结构、制度设计上的显著区别，本书期望通过多案例研究验证这些结论在电子政务实施中的适用性，并归纳总结现有电子政务治理模式，同时，进一步探索研究形成这些模式的主要影响因素，以期对电子政务治理模式的选择提供理论依据。

问题4：如何评价电子政务治理的有效性？电子政务治理有效性的主要影响因素有哪些？电子政务治理的目标是促进电子政务项目目标的最终实现，然而政府部门在电子政务投资目标上的广泛性和成本控制上的特殊性，决定了电子政务治理有效性的研究几乎是个空白。因此，本章期望基于现有治理绩效评价的研究内容，将电子政务治理有效性的评价进行多维度划分，并通过实证数据的探索研究确定适当的评价指标。同时基于对现有研究文献和中国电子政务实践的归纳总结，构建电子政务治理有效性影响因素模型，探索和验证对电子政务治理有效性产生重要影响的因素，进一步挖掘电子政务治理有效性的动力机制。

第二节 文献回顾

一、几个关键概念的辨析

概念是管理研究的基本要素，是对所观测事物本质的抽象表达，目的是简化思考，便于沟通[320]。无论是"电子政务"还是"IT治理"都是信息管理领域活跃而崭新的研究话题。为了避免概念混淆与理解差异，以下对用到的几个主要概念进行界定与区分，作为本书后续研究的基础。

（一）治理与政府治理

"治理"一词源于拉丁文和古希腊语，原意是控制、引导和操纵。长期以来它与"统治"（Government）一词交叉使用[321]。1989年世界银行在概括当时非洲的情形时，首次使用了"治理危机"（Crisis in Governance）一词。此后"治理"一词便广泛地被用于各种体制问题的研究当中，被认为是针对各国尤其是第三世界国家政府失灵和市场失灵而提出的一种替代性制度安排[322]。

治理理论的主要创始人之一罗西瑙（J. N. Rosenau）在其代表作《没有政府统治的治理》和《21世纪的治理》中，认为治理与统治一样都旨在建立社会秩序，但治理却超越了传统政治关注的国家制度范围，治理是一系列活动领域里的管理机制，它们虽然没有得到正式授权，却能有效地发挥作用。这些管理活动的主体未必是政府，也无须依靠国家的强制力量来实现。也就是说，传统政治统治的重心在国家权力，治理的重心在社会自治。

斯托克（G. Stoker）在《作为理论的治理：五个论点》中指出：治理意味着

一系列来自政府，但又不限于政府的社会公共机构和行为者的制度安排，它对传统的国家和政府权威提出挑战，认为政府并不是国家唯一的权力中心，各种公共的和私人的机构只要其行使的权力得到了公众的认可，就都可能成为在各个不同层面上的权力中心；治理意味着在为社会和经济问题寻求解决方案的过程中，存在着界线和责任方面的模糊性，它表明在现代社会，国家正在把原先由它独自承担的责任转移给公民社会，即各种私人部门和公民自愿性团体，后者正在承担越来越多的原先由国家承担的责任。这样，国家与社会之间、公共部门与私人部门之间的界限和责任便日益变得模糊不清；治理意味着在涉及集体行为的各个社会公共机构之间存在着权力依赖，为达到目的，各个组织必须交换资源、谈判共同的目标，交换的结果不仅取决于各参与者的资源，而且也取决于游戏规则以及进行交换的环境；治理意味着参与者最终将形成一个自主的网络。这一自主的网络在某个特定的领域中拥有发号施令的权威，它与政府在特定的领域中进行合作，分担政府的行政管理责任；治理意味着办好事情的能力，并不仅限于政府的权力，限于政府的发号施令或运用权威。在公共事务的管理中，还存在着其他的管理方法和技术，政府有责任使用这些新的方法和技术来更好地对公共事务进行控制和引导。

我国治理理论专家俞可平（2000）在《经济全球化与治理的变迁》认为，治理一词的基本含义是指在一个既定的范围内运用权威维持秩序，满足公众的需要[321]。治理的目的是指在各种不同的制度关系中运用权力去引导、控制和规范公民的各种活动，以最大限度地增进公共利益。从政治学的角度看，治理是指政治管理的过程，它包括政治权威的规范基础、处理政治事务的方式和对公共资源的管理，特别关注在一个限定的领域内维持社会秩序所需要的政治权威的作用和对行政权力的运用。

宋晓伟（2005）认为，政府治理是指在市场经济条件下政府对公共事务的治理[323]，该定义具有两重含义：一是政府治理涉及政府、社会、市场三个实体；二是政府治理的最终主体是国家，客体是社会公共事务，而且这里还隐含着一个前提——政府对自身的治理，前一种治理是外部治理，后一种治理是内部治理。

可见对于治理的概念，各国学者莫衷一是，对它的概念也大多是描述性的，具有一定的模糊性。但仍能看到以下几点共同之处：一是强调政府与公民社会的合作，强调自上而下的管理和自下而上的参与相结合；二是强调管理主体的多样性；三是在管理性质上强调政府对公民的服务；四是在管理技术上强调引入市场机制[324]。因此从起源看"治理"属于政治学的范畴，它就是"政府治理"的代名词，并且主要用于宏观层面与国家公共事务相关的管理活动和政治活动中。

自从 20 世纪 90 年代以来，西方政治学和经济学家赋予"治理"新的更加广泛的含义。

罗茨（R. Rhodes）在《新的治理》中列举了六种关于治理的不同定义：一是作为最小国家的管理活动的治理，它指的是国家削减公共开支，以最小的成本取得最大的效益。二是作为公司管理的治理，它指的是指导、控制和监督企业运行的组织体制。三是作为新公共管理的治理，它指的是将市场的激励机制和私人部门的管理手段引入政府的公共服务。四是作为善治的治理，它指的是强调效率、法治、责任的公共服务体系。五是作为社会——控制体系的治理，它指的是政府与民间、公共部门与私人部门之间的合作与互动。六是作为自组织网络的治理，它指的是建立在信任与互利基础上的社会协调网络。

全球治理委员会在 1995 年发表的一份题为《我们的全球伙伴关系》的研究报告中对治理做出了更具代表性和权威性的界定：治理是各种公共的或私人的个人和机构管理其共同事物的诸多方式的总和。它是使相互冲突的或不同的利益得以调和并且采取联合行动的持续的过程。它既包括有权迫使人们服从的正式制度和规则，也包括各种人们同意或认为符合其利益的非正式的制度安排。它有四个特征：治理不是一整套规则，也不是一种活动，而是一个过程；治理过程的基础不是控制，而是协调；治理不仅涉及公共部门而且包括私人部门；治理不是一种正式的制度，而是持续的互动。

可以看到这些定义涵盖的范围远远超出了传统的经典意义，它也不再只局限于政治学领域，而被广泛作用于社会经济领域，也受到制度经济学、组织社会学、法学、战略管理和组织理论等很多领域学者的密切关注[325]。作为一个分支，治理理论在公司的委托代理关系研究中得到了广泛的应用。因此，"治理"被广泛地延伸到微观层面企业组织的管理活动和制度建设中，使得人们经常将"治理"和"管理"混为一谈。

为了更好地理解在微观组织环境下"治理"与"管理"概念的区别，先列举一些比较经典的管理的概念：弗雷德里克·泰勒（Frederick W. Taylor）认为管理是确切知道要别人去干什么，并注意他们用最好最经济的方法去干[326]。亨利·法约尔（Henri Fayol）认为管理是所有的人类组织（不论是家庭、企业或政府）都有的一种活动，这种活动由五项要素组成：计划、组织、指挥、协调和控制。管理就是实行计划、组织、指挥、协调和控制[327]。哈罗德·孔茨（Harold Koontz）认为管理就是设计和保持一种良好环境，使人在群体里高效率地完成既定目标[328]。小詹姆斯·唐纳利（James H. Donnelly）认为管理就是由一个或更多的人来协调他人活动，以便收到个人单独活动所不能收到的效果而进行的各种活动[329]。彼得·德鲁克（Peter F. Drucker）认为管理是一种实践，其本质

271

不在于"知"而在于"行",其验证不在于逻辑,而在于成果;其唯一权威就是成就[330]。

可见管理是指一组针对组织资源(人、财、物、信息)的活动(包含规划、决策、组织、领导),其目的是完成组织既定的目标。而治理则更多强调通过组织架构、权力分配等制度安排,来实现不同利益相关者之间的相互制衡,两者之间的联系与区别如表6-1所示。

表6-1 管理与治理的区别

区别与联系		管理	治理
区别	目的	保证组织目标的实现	保证利益相关者价值的实现
	目标实现的手段	计划、组织、领导、控制、协调等活动	权利、责任、利益的安排制度、组织机构和管理制度设计
	对象	以人为中心的组织资源活动与职能活动	组织、部门、角色,及其之间的约束和制衡关系
	主体	各层级的管理者	管理者及利益相关者
	运行基础	行政权威关系	显性/隐性的契约关系
联系		在微观组织管理中,治理是组织管理活动的一种模式和机制,而管理是实现治理结构和治理机制的具体活动	

(二) 公司治理与 IT 治理

事实上,公司治理问题从公司产生之日起便存在,公司治理制度的演变也有数百年的历史,而公司治理的研究却是近几十年的事。公司治理的思想渊源可以追溯到亚当·斯密时代,他在《国富论》中精辟的论述已经涉及了公司治理的核心问题,即指出了经营者和所有者之间潜在利益的不一致性。但是由于当时公司所有者基本上兼任经营者,利益冲突仅仅是潜在的,是隐含在企业管理活动过程之中,公司治理问题并不太突出,因而并没有得到重视。真正揭开公司治理之谜的是伯利(A. A. Berie)和米恩斯(G. C. Means)。20世纪30年代,由于公司股权的高度分散化和股东社会化,所有权与经营权高度分离,众多小股东逐渐脱离公司的管理,成为股票市场上投机主义者,最终使得拥有财富与积极参与公司管理之间的联系大为削弱。支离破碎的股东不得不把经营权让渡于具有专业知识和管理才能的经营者。于是在企业经营决策和执行的过程中,具有人力资源特性和占据内部信息优势的经营者逐渐成为事实上的控制者。对此,伯利和米恩斯在其《现代公司与私有财产》一书中结合美国公司的情况进行了实证分析,其结论是经营者事实上成为公司的控制者[331]。从理论上来看，具有货币资本的企业所有者和具有人力资本的经营者的结合是最有效率的公司制企业形态，但是由于所有者与经营者是两个不同的利益主体，即所有者追求利润最大化或股东权益的最大化，经营者追求的是工资以及工资衍生品的最大化。公司经营者在控制公司之后，有可能以损害股东利益为代价而追求个人目标。因此对经营者行为加以适当控制，充分保证剩余价值与企业价值最大化，成为公司治理的目标之一。此后，在所有权与经营权相分离已经成为现代公司的基本特征的条件下，公司治理就作为现代公司发展的伴随物而产生。公司治理一词的最早出现是在 1992 年美国法律协会颁布的《公司治理原则：分析与建议》，随后迅速为经济界所运用，成为学术界、企业界、有关机构、组织的热门话题。伴随着现代公司的发展，公司治理理论成为企业理论的重要组成部分，在实践中也更加贴近企业的实际，成为企业提升业绩和增强国际竞争力的基础和前提条件[331]。

李维安（2005）认为"公司治理"是一个多层次、多角度的概念，但从公司治理这一研究课题的产生与发展来看，可以从狭义和广义两方面去理解[331]。狭义的公司治理，是指所有者（主要是股东）对经营者的一种监督与制衡机制，即通过一种制度安排来合理地配置所有者与经营者之间的权利与责任关系。公司治理的目标是保证股东利益的最大化，防止经营者对所有者（主要是股东）利益的侵蚀与背离。其主要特点是通过股东会、董事会、监事会及管理层所构成的公司法人治理结构开展内部治理。广义的公司治理则不局限于股东对经营者的制衡，而涉及广泛的利益相关者，包括股东、债权人、供应商、雇员、政府和社区等与公司有利害关系的集团。广义的公司治理是通过一套包括正式及非正式的制度来协调公司与所有利益相关者之间的利益关系，以保证公司决策的科学化，从而最终维护公司各方面的利益。

冯根福（2006）认为公司治理体系主要包括四大子体系[332]：一是公司内部治理体系；二是国家（或政府）治理体系；三是市场治理体系；四是中介机构治理体系。后三个体系，都是围绕着保障公司内部治理体系的运行来运转的。在每个子体系中，又包括了许多不同的治理主体或治理机制（手段）等。这些治理体系相互作用，共同构成了一个完整的公司治理体系或系统。同时指出，一个国家的政治、经济、历史、文化环境等对该国的公司治理也有着重要的影响，但是由于它们的影响是通过上述四大子治理体系而发挥作用的，因此可以将它们看做公司治理运行的环境。

可见，经过几十年的发展演化，公司治理作为企业理论的重要组成部分已经受到广泛关注。IT 治理的英文全称是"IT Governance"，也称为 IT 治理安排（IT Governance Arrangement）或 IT 治理结构（IT Governance Structure），多数学者认

273

为它是公司治理的一个子集[161,333-336]。公司治理的核心在于企业通过权力制衡，监督管理者的绩效，保证股东和其他利益相关者的权利；而 IT 治理是公司治理的一个有机组成部分，是对 IT 管理者的监督和制衡机制。公司治理侧重于企业整体资源的利用和管理，IT 治理则侧重于信息资源的有效利用和管理。由于 IT 已经给组织结构、产品形式、服务模式带来了巨大变革的可能[337]，必然会影响到利益相关者的利益，因而有必要将这些具有战略影响能力的 IT 资源纳入到公司治理的范围。可以认为 IT 治理是公司治理在信息化环境下不可缺少的组成部分。

美国 IT 治理协会的定义是"IT 治理是一种引导和控制企业各种关系和流程的结构，这种结构安排，旨在通过平衡信息技术及其流程中的风险和收益，增加价值，以实现企业目标。"IT 治理理念来源于公司治理理论，IT 治理用于描述企业或政府是否采用有效的机制，使得 IT 的应用能够完成组织赋予它的使命，同时平衡信息化过程中的风险，确保实现组织的战略目标。

德勤定义如下：IT 治理是一个含义广泛的术语，包括信息系统、技术、通讯、商业、所有利益相关者、合法性和其他问题。其主要任务是：保持 IT 与业务目标一致，推动业务发展，促使收益最大化，合理利用 IT 资源，并对 IT 相关风险进行适当管理。

麻省理工大学信息系统研究中心的教授韦尔（Weill，2004）认为 IT 是现代组织的六种（人力、财务、实物、知识产权、IT、关系）关键性资产之一，必须通过治理才能产生商业价值[161]。IT 治理就是在使用信息技术的过程中，确定决策权及责任框架，以鼓励所希望的行为产生的过程。通过实证研究，韦尔认为 IT 治理是从 IT 中获得商业价值的最为重要的因素。

尽管以上这些定义从不同角度界定了 IT 治理的概念，但是，可以总结出以下两个共同点：一是 IT 治理和公司治理的主体一样，是管理执行人员和利益相关者的责任（以董事会为代表）。二是 IT 治理必须与企业战略目标一致，同时应合理利用企业 IT 资源，平衡 IT 投资，管理 IT 相关风险，通过有效集成与协调，确保 IT 及时按照目标交付，保证业务增长。

（三）电子政务与电子治理

电子政务（E-Government）是 20 世纪 90 年代以来，伴随着信息技术手段在政府领域运用的不断深入而出现的一个新名词，但到目前为止学术界还没有一个被普遍接受的定义[338]。世界银行在 2001 年 11 月发布的一份名为《电子政务与世界银行》的报告中对电子政务做了如下定义："电子政务是指政府部门所拥有或者管理的一套信息和通讯系统，该系统被用来改变政府和公民、政府和私营机构、政府和其他部门的关系，以此扩大公民的权利、改善政府服务的质量、强化政府责任、提高政府透明度、增进政府办事效率"。联合国在 2003 年《世界公共部门报告：处在十字路口的电子政务》中对电子政务定义为："电子政务是指政府运用信息技术、通讯技术来改变其内外关系。通过这些技术手段的运用，政府并没有改变它的功能，其有用、合法、透明、负责的基本义务也没有发生改变。唯一改变的，是提高了全社会对政府职能的期望值——使之各个方面都上了一个新的台阶。"OECD（经济合作与发展组织）对电子政务的定义是："通过信息技术、通讯技术，特别是互联网技术的采用，使之成为一种有效工具来提高政府治理能力。"UN &ASPA（联合国和美国公共管理协会）的研究认为电子政务是政府利用互联网和 WWW 技术为公众传递信息和服务[1]。

国内外不少学者也给出了各自不同的定义，舍利斯（Scherlis，2003）认为电子政务是政府通过应用信息技术直接为客户传递服务，客户可以是公民、企业或者其他的政府部门[164]。菲尔顿（2001）更加愿意用"数字政府"（Digital Government）或者"虚拟政府"（Virtual State）替代"电子政务"，她认为数字政府是由虚拟组织构成的，这些虚拟组织的结构和能力依赖于 Internet 和 Web 技术[172]。叶格（2003）认为电子政务所采用的信息技术除了包括 Internet 和 Web 技术之外，还包括数据库、网络、多媒体、自动控制、跟踪技术和条码识别技术等[207]。我国电子政务专家汪玉凯（2003）认为电子政务是指国家机关在政务活动中，全面应用现代信息技术、网络技术以及办公自动化技术等进行办公、管理和为社会提供公共服务的一种全新的管理方式。电子政务实际上就是平常所说的政务工作信息化。在中国，电子政务既包括各级行政机关系统的政务工作信息化，也包括执政党以及国家权力机关、司法机关、政协等机构的政务工作信息化。从这个意义上说，政务信息化在中国特定的管理体制下，有着更为广泛的含义[33]。

综合上述电子政务的定义以及国内外政府信息化多年来的发展实践，本书认为，所谓"电子政务"，是指在国家政府机构的政务活动中，通过应用现代信息技术和通信技术，将管理和技术有效集成，并对政府组织机构和工作流程进行优化重组，来为社会提供超越时间、空间与部门限制的全方位优质、规范、透明的管理和服务，促进社会经济和文化的发展。因此，电子政务具有以下几个重要特征：

（1）电子政务同"政务信息化"或"政府信息化"含义基本相同。只不过电子政务在我国有着更广阔的外延——它不仅包括各级行政机关"政务"工作的信息化，也包括执政党以及国家权力机关、司法机关、政协等机构工作的信息化。

（2）电子政务不同于使用电话、传真等方式处理政府事务，也不同于简单的办公自动化系统（OA），电子政务的实施必须借助包括网络技术、计算机技术和通信技术在内的现代信息技术的应用才能实现。

（3）电子政务离不开信息基础设施和相关软、硬件技术的发展，但它不是政府信息和网络技术的简单组成，而是通过网络技术的应用，使得传统政务活动中难以做到的信息实时共享和双向交互成为可能，使政务处理的透明度和满意度得到极大的提高。

（4）电子政务应用最终必须体现为"价值"。这种"价值"可以表现为政府内部效率提高等直接效益，也可以是为企业、民众服务而获得的间接效益。在"电子政务"中，"电子"只是手段，"政务"才是其真正的目的。只有达到改善和提升政务管理效率的根本目标，才是真正有意义的电子政务。

（5）电子政务代表了一种全新的政府治理模式。电子政务要求对政府的传统体制和流程做出革新。它的出现，可视为信息时代政府治理的一场深刻革命。

电子治理（E-governance）是近年来国际上针对信息社会的来临而提出的一种先进的社会治理形态，目前在国际上得到了日益广泛的关注和认同[339]。国内外一些学者也在不断展开对电子治理的概念、演化过程等方面的深入研究[340-343]。道斯（2008）认为电子治理包含信息和通讯技术在对公共服务、政府行政管理、民主过程的支持，以及对公众、公民社会、私有部门和政府间关系的支持。本书通过对电子治理在美国演化过程的研究，评估了美国州政府和地方政府电子治理的五个目标（与信息相关政策法规框架建设、公共服务的提升、高质量和低成本的政府管理运营、公民参与民主进程、行政管理和制度的变革）实现情况。本书认为电子治理不是信息通信技术（ICT）在公共事务领域的简单应用，而是一种更多地与政治权力和社会权力的组织与利用方式相关联的社会—政治组织及其活动的方式[343]。王浦劬（2005）通过总结2004年7月14～18日在韩国汉城召开的主题为电子治理的第二十六届行政学国际会议，认为电子治理首先要求公共部门能够提供良好的管理和服务；其次电子治理应当有助于建立一个更开放的面广和多产的公共部门。这两方面是衡量电子治理好坏的重要指标[344]。汪玉凯（2004）比较了"电子政务"和"电子治理"之间的联系和区别，不仅认同多数学者提出的电子治理是电子政务的发展趋势的观点[53,345-349]，同时还提出了实施电子政务的国家大约要经过以上四个阶段：以组织为中心的电子政务阶段；以公众为中心的电子政务阶段；以组织为中心的电子治理阶段；以公众为中心的电子治理阶段。该研究认为，美国正处于第三阶段向第四阶段的转化时期，而我国还处于从第一阶段向第二阶段转变的时期[350]。

可见"电子治理"与"电子政务",无论是在对象、范围方面都存在一定的差别。本书认为电子政务主要集中于政府行政管理和公共服务范围内,网络及信息技术的应用,属于管理学的研究范畴;而电子治理则更广泛地应用于政治、社会群体相互间关系领域的虚拟的政治与社会结构及其相互关系方式,更侧重于政治学的研究范畴。

(四) 关键概念的演化关系及在本书中的具体界定

从上述讨论可以看到,"治理"一词渊源已久,最早专用于政治学领域,后来被延伸应用到社会、经济领域。因此"治理"是一个具有极其广泛意义的概念层面的词汇,在政治学领域"治理"即意味着"政府治理",在企业管理领域"治理"即指"公司治理"。

信息技术在企业组织的广泛的渗透性应用,改变了企业业务流程,给内部控制、治理结构,以及企业运营带来了巨大的冲击与挑战。尤其是 SOX 法案(Sarbanes-Oxley,萨班斯法案)颁布之后,要求上市公司提高透明度,完善公司治理水平以保护投资者的利益,IT 治理作为公司治理的一部分受到了前所未有的关注,IT 治理也从企业组织的 IT 项目管理层面,被延伸到组织管理层面,成为公司治理不可分割的重要组成部分。

电子政务是政府部门广泛应用信息技术的产物,其主要目的是提高政府工作效率和公共服务质量,电子治理作为电子政务发展的新趋势和最终目标,给政治学和公共管理领域带来了新的研究问题,也给政府治理带来了新的模式,是政府治理必不可少的组成部分。然而电子政务到电子治理并非一蹴而就,需要一个漫长的发展过程,这一过程中大量电子政务实施项目不断涌现,对其实施过程的有效治理必不可少。

本书所提出的电子政务治理则是在 IT 项目管理层面,对 IT 治理理论在政府部门的探索性应用和拓展,也有少数研究将其称为"政府 IT 治理"[351]、"电子政务 IT 治理"[352]等。本书认为,电子政务治理概念的提出是由于电子政务应用发展已经进入一个复杂的阶段,政府组织对信息技术和信息系统的依赖性日益加强,跨部门的电子政务项目建设所带来的利益冲突日益明显,为了保证电子政务实施成效,并发挥最大潜力,实现电子治理的目标,有必要借鉴 IT 治理理论研究电子政务决策活动的责权利安排和约束与制衡关系。当然由于政府治理结构和公司治理结构的本质区别,IT 治理的概念和理论有必要在政府部门的电子政务实践中展开进一步的探索和验证。

上述几个概念之间的演化关系如图 6 - 1 所示。同时为了更好地进行研究工作,本书对研究涉及的几个关键概念定义如下:

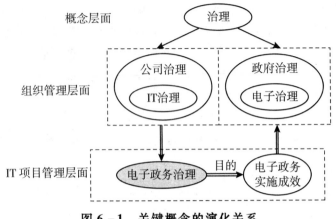

图 6 - 1　关键概念的演化关系

定义 6.1：治理，本书的研究对象是政府组织关于电子政务实施的治理活动，因此，本书将"治理"界定为小于"管理"的概念。强调在微观组织内部有关电子政务决策活动的责权利安排和约束与制衡关系研究。

定义 6.2：电子政务，本书中指电子政务实施项目，包括不同层次的，战略规划、技术架构、应用系统、基础设施等方面的电子政务项目。

定义 6.3：电子政务治理，是本书应用 IT 治理概念和理论在政府组织的探索性研究，是指政府组织在电子政务项目的建设运营过程中，为了实现项目既定目标，而进行的决策权和责任的部署及决策机制和实施机制设计，即确定该项目的决策者、决策机构和流程、及该项目执行过程中的沟通方式、监督方式和激励方式。可以认为电子政务治理是 IT 治理概念和理论在政府组织中的具体化，是关于电子政务决策制度安排的研究。关于这一概念的界定，将在第三节中详细论述。

二、管理视角下的电子政务研究现状

电子政务作为一个研究术语和一个活跃的研究话题，近年成为计算机科学、信息科学、管理学、政治学等学术领域关注的研究热点，其论文数量呈现出戏剧化的增长[353]。根据 Web of Science（科学网，是美国 ISI 公司开发的基于 Web 的文献检索系统）上 2009 年 2 月 1 日的统计数据如表 6 - 2 所示，以"E-Government"检索，从 2000 年开始，共发表论文数量为 742 篇，其中 2003 年是一个增长的高峰时期。CNKI（China National Knowledge Infrastructure，中国知识基础设施工程）对中国期刊网的统计数字显示，电子政务的学术关注度从 2000 年到 2003 年出现迅猛增长，直到 2004 年，才出现平稳发展的趋势，这和 Web of Science 的统计情况基本相似。同时，可以看到，电子政务作为一个典型的交叉性研究话题，其研究成果分布在十多个不同研究领域中。

表 6 – 2   **Web of Science 上有关电子政务论文数的统计数据**

学科类别	论文数量	百分比（742 篇）
COMPUTER SCIENCE，THEORY & METHODS	244	32.8841%
INFORMATION SCIENCE & LIBRARY SCIENCE	219	29.5148%
COMPUTER SCIENCE，INFORMATION SYSTEMS	110	14.8248%
PUBLIC ADMINISTRATION	65	8.7601%
COMPUTER SCIENCE，ARTIFICIAL INTELLIGENCE	37	4.9865%
COMPUTER SCIENCE，INTERDISCIPLINARY APPLICATIONS	31	4.1779%
MANAGEMENT	25	3.3693%
ENGINEERING，ELECTRICAL & ELECTRONIC	23	3.0997%
SOCIAL SCIENCES，INTERDISCIPLINARY	23	3.0997%
POLITICAL SCIENCE	21	2.8302%

为了梳理这个领域的最新成果，一些综述性论文出现在不同的研究性期刊和会议论文集上。瑞里埃（2002）基于对美国现有政策和组织机构等实证材料的分类描述和分析，对电子政务在美国出现的政策环境中 15 个政策法规进行深刻剖析，并对促进政府响应能力的 11 个电子政务应用组件（包括通讯、信息访问、服务传送政府采购、安全隐私、管理机构、运行维护、数字鸿沟、应急响应、监督）进行了讨论，认为电子政务是一个动态的意味深远的话题，需要强有力的政策环境和运行协调有效的应用组件[3]。格朗兰德（Gronlund，2004）基于对现有电子政务研究期刊、研究会议、研究文献等材料的分类描述和分析，通过讨论多个电子政务概念与政府治理概念的关系界定了电子政务的研究范围和主要研究话题，认为电子政务是信息管理领域理论与方法的一个新的应用领域，也是信息管理领域新观点形成的一个源泉[354]。黑科斯（Heeks，2007）基于对两个期刊和一个会议的 84 篇论文的定量统计分析，从电子政务的影响作用、研究哲学、理论基础、研究方法等五个视角，对电子政务的研究情况进行分析。黑科斯认为研究者尽管已经认识到电子政务的关键是非技术因素，但是由于缺乏清晰的研究思路和严密规范的研究方法，以及对事物普遍性的狭窄视角，导致大量的非理论化研究既不能让本书增长电子政务方面的知识，也不能指导实践，因此电子政务研究应展开更为深入的研究性话题[353]。耶迪斯（Yidiz，2007）基于对现有多个电子政务定义[172,207]、多个电子政务成熟度模型[157,355]，以及对电子政务

技术执行框架[172]的讨论，认为电子政务研究领域存在着几个关键问题，包括电子政务概念界定的含糊不清、复杂的政治和机构环境下的电子政务发展过程模型过度简单化，以及不同方法论在电子政务研究上的局限性。为此，耶迪斯认为电子政务研究最好应该去检查和解释复杂政治环境下，电子政务项目的过程和参与模式，并且应该基于规范的理论构建和实证研究方法去研究电子政务实施过程，而不是仅仅去关心电子政务的结果和产出，以提高人们对电子政务政策制定上的理解[356]。

同时国内期刊也出现了一些关于国内电子政务研究现状综述性论文。汤志伟（2006）从研究环境的特殊性、研究主体的多元化、研究内容的交叉性、研究与实践的同步性几个角度讨论了国内电子政务研究的现状。总结了国内关于电子政务研究的八大主题，包括电子政务基础理论、电子政务与行政变革、电子政务信息资源管理理论、电子政务项目管理理论、电子政务评价理论、电子政务安全管理、电子政务立法研究，认为国内电子政务研究的趋势和特点包括四个方面，即多学科融合的加深、服务思维贯穿电子政务建设、研究重点向"政务上网"转移、个性化电子政务服务研究的出现[357]。孙玉伟（2006）通过对1999~2004年我国电子政务学术论文的历年发文量、发文机构、发文地域分布及论文的主题分布进行统计，使用定性与定量分析相结合的方法，确定了电子政务研究的主要期刊、主要研究机构、地区发展状况及主要研究领域，并对发展趋势做出了预测并提出具体研究建议[358]。龙朝阳（2006）以中国期刊全文数据库为研究工具，对我国近三年来的电子政务研究进行了剖析，认为目前电子政务的研究成果主要集中于基本理论、政府信息资源管理、标准化与政策法规、技术实现几个方面，下一阶段在政府资源规划、电子政务制度、信息用户培训、网络实证研究等方面有待进一步深入展开[359]。赵国洪（2007）通过对中国期刊全文数据库收录的、截至2006年12月13日的文章的取样研究，认为目前我国电子政务研究领域尚未成熟，具有创见的论文数量不多，或介绍外国经验，或总结国内实务性经验，多以建议为导向，而鲜有完整体系的创新理论[360]。由于我国电子政务研究领域尚未取得为进一步探索提供基础的研究成果，因此，国内电子政务现有研究没有让大多数研究者发现很大的学术空间，也不能为这一领域吸引一批稳定的拥护者或追随者。

可见，电子政务研究中出现的概念界定含混，研究方法不规范，研究范围不清晰，研究层次的混乱已经成为学术界的共识。而电子政务实施中管理重于技术[361]的观点也成为不争的事实，被多数学者认同[4,22,24,26-27,124,157,220,362-365]。为了更好地开展研究工作，形成有益的研究结论，本书仅从微观政府组织层面的管理视角对现有的电子政务研究成果进行述评，以期有目的地启发后续研究工作。

电子政务作为各级政府部门的信息系统项目，实施和运营成功的关键涉及两个不容忽视的问题：一是电子政务的作用机制研究，作为一个新生事物，对管理的冲击在最初必然会受到质疑，因此电子政务的作用机制研究成为管理问题研究中的始点，这一类研究关注的是"What"问题，即电子政务对政府管理的影响作用是什么。二是电子政务实施过程中的管理变革问题。信息技术对组织的结构性嵌入已经被多数学者关注[366]，当人们认识到电子政务的作用价值后，意识到发挥电子政务潜在价值的关键在于成功的电子政务实施，而实施的关键又将触及传统的管理模式，因此基于流程重组和组机构改革等方面的电子政务管理问题成为研究的核心，这一类研究关注的是"How"问题，即电子政务与管理变革如何相互促进以发挥电子政务的潜在价值。以下将从这两个方面展开对现有研究文献的回顾。

（一）电子政务的影响作用研究

事实上，对电子政务的影响作用研究，可以追溯到早期学者们关于信息技术对政府组织的影响作用研究。在20世纪70~80年代末期，电子政务的概念产生之前，发达国家的政府已经在积极寻求利用信息技术来提高运作效率和增强内部沟通，但是其核心是关注内部的自我管理。昂普尔比（Umpleby，1972）回顾了当时的研究文献，认为新的通讯技术很有可能在未来的十年对政府的民主形式产生巨大改变[13]。西蒙（1976）则认为技术在政府中被认为是外围设备，它不具备核心管理功能，而仅仅作为一种管理工具在合理提供基础设施，为更好地制定决策方面是非常有限的。80年代个人计算机在公共管理部门的普及，打开了信息技术在政府中运用的新阶段，在这一时期，随着技术管理被分散到政府的很多部门，技术因素被集成到政府的核心功能中[14]。卡尔斯特姆（Karlström，1986），认为瑞典公共管理部门的高效率很大程度来源于信息技术，并分析描述了当地政府机构使用信息技术的影响[15]。博兹曼和布里施耐德（1986）在公共管理评论上公开发表学术性文章，认为信息技术正在变革政府，应向该研究领域投去更多关注[20]。布什尔兹（1988）认为，信息资源管理已在不同领域得到运用，其理论同样在不同国家的各级政府将得到广泛应用。他提出了信息资源管理在公共部门使用的分类模型，并评价了该分类系统在荷兰的具体实践。他认为国家政府管理部门之间有很强的依赖关系，因此信息技术有很强的应用价值，新的信息技术将影响公共管理部门之间的，以及部门与社会之间的信息沟通方式[367]。丹齐格（Danziger，2002）基于对1987年到2000年出版的研究性期刊的1 000多个话题的经验研究，将信息技术对政府组织的影响作用分为4个大类22个子类，并筛选识别出230个研究发现，统计结果显示其中近一半的研究发

281

现认为信息技术改变了公共部门的运转能力，超过 1/4 的研究发现认为信息技术改变了部门角色之间的交互关系，较少的研究发现认为信息技术改变了公共部门的价值传送和公共部门的价值观和使命感。经过进一步的实证研究，作者认为信息技术对政府管理部门的管理效率和有效性有很大的正相关影响，但是对作为个体的主观效应方面（例如公民的隐私、政府雇员工作满意度等）有较大的负相关影响[18]。这些研究为电子政务的影响作用研究奠定了坚实的理论基础。

随着互联网逐渐发展成熟为一个成本低廉和界面友好的平台，政府官员可以利用因特网直接和公民沟通，并进行大量的信息传递，而电子商务的进一步发展也激发了公民对顾客服务的期望[368]。技术进步和经济变化的结果促使政府的政策制定者有了进一步的动力来把信息技术使用的核心从内部管理转到跟公众的外部联系上，电子政务的概念逐步形成，对电子政务影响作用的研究也成为学术界讨论的热点。一项对美国 50 个州 38 个联邦组织的 CIO（Chief Information Officer，首席信息官）的调查显示[180]，其中 86% 的 CIO 认为电子政务已经改进了服务的传送，83% 的 CIO 认为电子政务使得政府运作更加有效率，而 64% 的 CIO 认为电子政务能够降低行政成本。胡（Ho，2002）认为，Internet 提供了重塑政府的有力工具，鼓励政府从强调标准化、部门化、运营效率化的官僚政治模式，革新为强调协作网络建设，外部协作和客户服务的电子政务模式[22]。谢尔林（2003）认为，在互联网技术引入之前，信息技术在政府主要用于大量事务性工作的处理，其目的在于提高公共管理的效率，互联网技术的引入为政府管理工作的创新提供了新的机会，为公共服务的提供开辟了新的模式和渠道[23]。黄（Wong，2004）认为，电子政务已经为政府和公共之间的交互提供了一种全新的方式，但是电子政务是否能促进政府的责任感是不能肯定的，论文通过对 14 个国家的实证研究认为，电子政务在促进政府更加透明、开放、责任方面的作用取决于政府的官僚作风[364]。托尔伯特（Tolbert，2006）采用一个两阶段模型调研分析了 815 个使用过电子政务网站的美国公民，探索的研究了电子政务应用、公民对电子政务的态度、公民对政府的信任之间的关系，统计数字表明电子政务对于增进公民对政府的信任具有重要的作用[369]。雷迪克（Reddick，2007），通过2005 年秋季对佛罗里达和得克萨斯州政府管理者的实证调研和数据分析，认为电子政务对政府管理具有的明显正相关作用已经被多数管理者承认，他们普遍赞同电子政务对提高政府部门的管理能力、增强利益相关者的关注、增强不同层级不同部门之间的协作能力等方面具有明显的正相关作用[30]。巴德里（Badri，2008）通过理论分析构建了电子政务商业价值模型，并通过对迪拜的 1 859 个应用电子政务服务的公司的调研数据分析，验证了该模型。巴德里认为公司的 IT能力与应用电子政务服务有直接的正相关关系，而电子政务应用与提升公司的知识性资本、寻找新的商业机会、节约工作时间具有明显的正相关作用[370]。可见，电子政务的影响作用受到多数西方学者实证研究的肯定。

中国具有与西方发达国家不同的国情，这使中国的电子政务实践和理论研究具有特殊的研究环境。一是，中国是在农业社会向工业社会转型的过程中迎来世界范围内的信息化浪潮的，部分地区的工业化进程还没有完成，这就使中国的电子政务的发展环境具有"半农业、半工业、半信息化"的复杂特点[31]。二是，历史上长期高度集权的政府治理模式的惯性作用，使政府职能由管制型向服务型转变面临诸多问题，在政府服务职能还没有得到充分强化的时候面临公共服务电子化的问题。三是，中国政府内部的信息化基础条件普遍比较差，公务员队伍的信息技术的应用能力还比较弱，在办公自动化还没有完全实现的时候就面临电子政务应用的要求[357]。因此，关于电子政务影响作用的研究大多停留在一些感性的认识上，吴敬琏（2002）认为，电子政务势必涉及资金、技术、组织、管理等多方面，其影响作用不能仅仅局限于政务的电子化、提高政府工作效率、降低政务的运作成本，电子政务的深远意义在于它是强化政府服务和转变政府职能的一项关键举措[32]。娄策群（2002）认为，电子政务最重要的作用在于通过电子方式提高政府管理和服务的质量、效率及社会效益[34]。欧立群（2002）认为，电子政务对传统政府决策观念的挑战，对传统科层制的冲击，表现在对信息控制的冲击，对权力集中的冲击，对政府职员的冲击，电子政务的决策理念是分权管理，互动参与，以人为本，倡导创新，注重责任，立足服务，电子政务会带来一系列制度创新，如信息制度创新，组织结构创新，参与制度创新等，它会对传统的行政决策发生重大影响[371]。盛明科（2003）认为，电子政务有助于行政决策文化的现代变迁，即由集权型决策文化向参与型决策转变，由经验型决策文化向开放型决策转变，电子政务也有助于行政决策组织系统的完备化，有利于行政决策权力体制合理化调整和行政决策系统的互动运作[52]。杨雷、李玉光（2003）认为，电子政务是一个具有多级目标的体系，电子政务的最终目标是提升政府管理、服务功效，这个目标要通过二级子目标即建立高效、透明、廉政、低成本的政府来保证[35]。易信涛（2003）认为，电子政务凸显服务引导职能，使行政组织结构扁平化与网络化，推动政府治理能力和行政效率大大提高。它使行政权力机构分散化，促使政府分权和公众的民主参与，政务公开，使行政管理规范化，做到行政合法化，行政程序化，行政电子化[372]。李冠军（2005）分析国外电子政务实践，并详细论述了电子政务在政府公众服务创新中的关键作用[373]。姚国章（2006）认为，以现代信息通信技术（ICT）在政府事务中的应用为主要表现形式的电子政务活动正在全球范围内快速发展，提供高质量的政府电子化服务是电子政务发展的关键和目标所在[44]。

上述研究表明，电子政务无论是对公共管理的环境、组织、个体都具有强大的影响作用，因此在近十年来一直成为公共管理的研究热点问题[374]。总的来说，电子政务影响作用体现在三个方面：对于政府而言，电子政务通过部门信息化提高政府办事效率，降低行政成本，改善决策质量，增加办公透明度，乃至最终转换政府职能，调整政府角色，进而从政务效能高低的角度，对促进公共服务最大化方面具有巨大潜力；对企业而言，电子政务通过实现业务相关部门在资源共享的基础上迅速快捷地为企业提供各种信息服务，精简工作流程，简化审批手续，提高办事效率，减轻企业负担，节约时间，为企业的生长和发展提供良好的环境，进而从市场效率高低的角度，对促进企业价值最大化具有巨大潜力；对于公众而言，电子政务通过为公民提供快捷方便的获取政府公共服务的渠道，提供参政议政的实际途径，进而从公众满意程度的角度，对促进社会福利最大化方面具有巨大潜力。

尽管电子政务对提高政府工作效率、降低行政成本、促进多部门协同工作、提高公共服务能力等方面都有巨大的影响作用。然而也有研究表明，电子政务还处于初级发展阶段，电子政务在实践过程中的潜力还没有得到有效发挥[73]，而困扰电子政务价值有效发挥的关键在于政府组织的管理变革问题[105][116][291]。

（二）电子政务实施中的管理变革研究

电子政务的广泛深入应用将对政府治理观念、政府职能、权力结构、机构设置、管理模式、运行机制、工作流程产生深刻的影响，并推动政府管理和运行模式的重大变革，带来政府工作效能的提高进而广泛地影响社会经济的发展。然而，西方多数实证研究认为电子政务的实施成效与人们的期望值相去甚远，大量的管理问题和社会问题阻碍了电子政务潜在价值的有效发挥。因此，多数学者就电子政务实施的关键成功因素展开了多层面多视角的讨论，有些学者从公民接受的角度讨论了教育水平、社区的技术环境等对电子政务实施成功的关键作用[375-378]；有些学者从政府电子政务项目实施的角度讨论了组织行政环境[24,379-380]、流程再造[381]、制度创新[369,382-383]等对电子政务实施成功的关键作用；也有些学者从电子政务个案的研究角度讨论了电子政务实施成功的关键作用[363,384-385]。这些研究表明电子政务实施是一个复杂的系统工程：从宏观大环境上讲，电子政务实施涉及企业、政府部门、公众多个利益主体，其实施目标的多重性、不易衡量甚至相互冲突的特征[386]，以及财政预算的限制成为电子政务成功实施的主要障碍。从微观的组织环境上讲，由于信息技术不仅具有结构嵌入性特征，同时也具有自身的刚性，因此电子政务的实施过程也是组织内部复杂的微观"政治过程"[387]。由于电子政务提供了变革的可能，并被组织内不同的管理实施者赋予不同的期望，这些管理实施者借助电子政务的引入，延续着组织内不同部门和力量间的相互影响，成为影响电子政务成功实施的关键所在。因此，微观组织的电子政务实施过程中的流程再造、机构改革、制度创新等管理变革研究显得尤为重要。

事实上，关于政府流程、组织机构改革研究源于 20 世纪中叶西方主要发达国家和地区为了应对经济全球化和政治民主化的压力，纷纷开展了大规模的政府改革运动。改革的目标是尽可能减少政府对市场的干预，放宽政府的行政规制，推行公共管理社会化和公共服务市场化，缩小政府规模，削减政府开支，调整、简化政府的业务流程，提高政府运作的透明度，并加强对政府绩效尤其是政府公共服务绩效的评估等。这场政府改革运动恰恰发生在信息革命方兴未艾之时，它得到了现代信息网络技术的强烈催化和有力支撑[311]。因此，政府流程重组、组织机构改革的研究和网络及信息技术的创新研究在近十年内几乎是同时并进。

在信息技术促进政府管理变革的研究中，流程再造一直作为一个活跃的话题被多数学者关注。萨克塞纳（Saxena，1995）认为，随着经济的进一步发展和社会管理复杂程度的提高，政府管理出现困境，而这一困境将有可能通过公共管理部门的流程再造和信息技术的创新应用得到解决。因此，他提出了信息技术支持公共管理的概念模型，该模型描述了信息系统支持的政策制定、实施和控制的方式[21]。斯坦伯格（Stemberger，2007）认为尽管公共部门具有组织结构的刚性和政治环境等方面的限制，流程重组依然是成功实施电子政务的决定因素。因此，斯坦伯格基于克廷格（Kettinger，1997）的一个具有普遍意义的流程重组方法论[388]，针对公共部门的特点提出了流程重组的方法、技术及工具，并通过案例研究，证明了该方法体系在电子政务项目成功实施过程中的重要作用，认为该方法体系具有一定范围内的普遍适用性[381]。尽管这类研究取得了一定的成果，但是其主流研究偏重于流程再造和流程重组的方法论研究，虽然有一定的理论深度，但是对于具体情境下解决电子政务实施中的管理困境依然缺乏有力的指导。

与流程再造相辅相成的是关于政府机构改革的研究。现行政府组织结构主要服从于韦伯的官僚制（也称为科层制）结构，即通过一定的法律、制度规则确定分工、职能划分、管辖权限。从整个政府的形态来看，也呈现出"金字塔"的形状，如果以一个地区政府为整体，那么地区级的各个部门在该地区政府的领导下形成一个"金字塔"。电子政务对政府组织的驱动作用在于利用网络信息技术整合政府职能，改变过去政府管理中无所不包、无所不能的传统习惯。调整归并业务内容相近的机构、联系紧密的机构或因分工过细致职责交叉、关系不顺的机构，促使政府公务人员在彼此行为边界上既职责分明又协同行动，实现无缝隙和协作一致的政府管理和公共服务；同时努力形成集权和分权适度、逐级分权相结合的、纵向贯通、横向联结、程序简明、权责适当的行政关系，实现政府组织结构在稳定与柔性之间的动态平衡，使传统的垂直职能组织转变为以流程为导向的水平组织模式，突破组织内的壁垒，扩大管理幅度，减少管理的层级，真正建立起一种能够提供便捷服务、灵活回应顾客需求、具有动态适应性的"扁平化—适应型"政府组织结构。

然而早期行为学研究结果表明，信息系统是组织中的群体之间为了争取组织政策、程序与资源上的影响力所做的政治竞争的结果。由于它影响到组织的重要资源，即信息，因而无可避免地会产生组织内的"微政治"行为。早在 20 世纪 60 年代莱维特（Leavitt, 1962）结合组织理论和信息系统研究成果，提出了一个被广泛接受的钻石模型，即将组织看作是一个由技术、任务、人和组织结构四个维度构成的钻石形。莱维特认为在信息技术引入组织后四个因素会相互调整、相互作用，通常其他要素会抑制技术创新的影响，造成组织抗拒，该研究认为信息系统引入所导致的变革被吸收、扭曲或失效，要视组织的任务安排、结构与人员而定[389]。电子政务作为一种典型的信息系统，其在政府部门的实施依然遵循这一规律。2001 年，菲尔顿（2001）开创性地从政治学、组织和经济社会学以及技术和组织研究的跨学科角度，基于技术创新理论对电子政务实施过程中，信息技术和人的行为、现行社会关系、组织结构和制度安排间相互作用的方式进行了研究。对信息技术治理和组织变革进行了探讨，从新制度主义和组织角度阐述了客观信息技术以及被执行的信息技术的差别，提出了信息技术在组织、制度、网络关系的影响下被执行的研究框架，并采用几个跨部门的电子政务案例进行了分析说明[172]。虽然该研究仅仅针对信息技术与政府的组织、制度等因素之间的相互影响建立了较为完善的研究框架，并没有对该框架下更细化的因素进行探讨，但是为电子政务实施的管理变革研究开辟了新的研究视角。

近年来，在电子政务研究领域出现了一些从利益相关者的角度和权力制度建设的角度探讨电子政务实施的研究成果，这些研究从更深的层面揭示了影响电子政务成功实施的关键所在。谭（Tan, 2005）认为电子政务在现代公共行政管理中扮演了一个日益重要的角色，但是要保证电子政务最终使命——电子治理的实现，需要从利益相关者的角度研究电子政务的实施问题，通过案例研究，认为在电子政务实施过程中，改变传统权力控制方式，建立实施控制和协调机制，联盟利益相关者的利益，使得参与者在实施中达到自治[342]。多菲法特（Dovifat, 2007）提出了一个"微政治场景模型"（The Model of Micropolitical Arenas）。认为电子政务的建设过程涉及 4 个关键的议价场景，启动的场景（电子政务目标的形成）、框架形成的场景（目标体系转换为电子政务系统框架）、实施的场景（电子政务系统的实现）、惯例化的场景（电子政务系统开始运营），每个场景中

286

的主要参与者的期望、利益形成了各自的提议，而参与者的权力和资源将影响讨论的结果[387]。因此，该研究认为电子政务项目成功实施的关键在于均衡利益相关者的利益。吉尔－加西亚（2007）认为电子政务虽然被定义为信息技术在政府部门的使用，但它既不具有同质性，也不是一个静态的现象，其发展具有明显的动态特征[29]。吉尔－加西亚的论文基于组织行为学理论、制度学理论和大量实证研究，认为电子政务的动态性主要源于双重压力，一是公共管理者试图通过电子政务解决问题；二是公众、企业和其他利益相关者试图通过电子政务控制公共管理者的行为。与这两类压力相关的性能评价和责任感则分别促使设计、实施和使用电子政务的系统规则发生改变，进而导致技术和组织的复杂性增强。因此，行为控制和制度安排成为电子政务既满足管理者的要求又响应公众、企业和利益相关者需求的关键。

阿扎德（2008）认为和其他 IT 项目一样，可行的电子政务系统需要在实施过程中协调和满足不同利益相关者的期望，由于这些期望形成了一些具有竞争性的技术框架，因此协调利益相关者的期望和利益是电子政务系统可行的关键[390]。阿扎德的论文基于一个实施 10 年的电子政务案例，描述和讨论了在不同利益相关者驱动下技术框架如何从竞争演化为稳定的过程。在该作者 2009 年的一篇论文里[391]，基于一个实施多年的电子政务案例，作者进一步讨论了电子政务实施过程中组织内的制度安排问题。认为电子政务的制度化研究需要结合实践情境，可以基于参与者网络理论（Actor-Network）建立电子政务实施的制度化过程模型，并结合深入的案例研究，描述了制度化的过程，评价了制度化的结果。

上述研究虽然大多还停留在概念分析的层面，但是为电子政务实施的管理变革研究打开了一个崭新的视角，即从利益相关者和制度安排的角度深入研究如何保证电子政务的有效实施，促进电子政务的潜在价值得到充分发挥。

三、IT 治理研究现状

IT 治理作为公司治理的子集，其倡导从 IT 决策制度安排角度研究 IT 实施管理的崭新视角，近年来得到了众多学者的关注。然而，IT 治理研究同电子政务研究一样，也属于一个崭新、活跃而复杂的研究话题。IT 治理理论研究与实践的复杂性主要体现在缺乏清晰、一致的 IT 治理概念。彼得森（Peterson，2004）用盲人摸象的典故描述了 IT 治理研究的多视角以及研究问题的片面性，认为与公司治理相似，IT 治理是近年来出现的新的研究话题。研究文献中出现了大量的研究术语，使得 IT 治理研究就像一个"术语丛林"，由概念模糊而产生的对

IT 治理理论研究也呈现出多种多样的观点[392]。为了理清 IT 治理的理论和实践脉络，一些综述性的 IT 治理研究文献展示和评述了现有研究。

麦克莱恩（Mclane，2004）提出了基于概念和基于标准的两条研究路径[393]。其分析的基础是，在 IT 治理理论研究和实践中存在两个共识：一是 IT 治理是企业的需要，是公司治理的组成部分，因此形成了基于治理概念的 IT 治理研究；二是 IT 治理对保证信息技术投资能够得到所希望的回报是必要的，IT 治理可以降低信息技术投资的风险，即 IT 治理提供价值和风险规避，因此，形成了基于标准的 IT 治理研究。布朗（2005）认为，目前 IT 治理的研究主要有两条线索，一是 IT 治理模式（IT governance forms）的研究，其核心是组织中信息技术决策权力和责任的划分及其扩展形式；二是 IT 治理影响因素研究。所谓 IT 治理影响因素研究就是在加入一个或多个权变因素（如组织结构、企业战略、行业及企业规模等）之后的组织中的信息技术决策权力和责任的划分[333]。该研究认为，IT 治理模式和 IT 治理影响因素研究是呈平行状态进行的，并由此形成了当前 IT 治理研究的概念框架。唐志豪（2008）对 IT 治理的含义进行了归纳，并且将 IT 治理研究归纳为两大流派：控制型 IT 治理研究和引导型 IT 治理研究，并总结了各派的主要研究机构、学者及其成果。认为 IT 治理研究进一步的方向包括：一是结合行业特征、企业文化、企业战略等维度，进一步完善韦尔和罗斯提出的 IT 治理安排矩阵；二是沿着控制型 IT 治理思想，对如何利用 COBIT（信息及相关技术控制目标）标准设计 IT 治理，控制 IT 风险等专题进行思考，或者加入 ITGI（IT 治理研究院）的研究团队促进该理论的不断完善和提高；三是积极响应山姆班莫西（Sambamurthy，1999）的学术号召[333]，研究企业内外 IT 关系平台的构建和管理，以及围绕 IT 关系和能力来实施 IT 治理的流程与机制等；四是如何融合控制学派与引导学派双方的治理思想，来同时控制 IT 风险和提升企业价值[394]。王德禄（2008）基于对信息技术含义和信息技术作用机制的分析，将 IT 治理研究归纳为三大类别，即基于要素的 IT 治理研究、基于评价的 IT 治理研究、基于公司治理的 IT 治理研究，以期理清 IT 治理研究和实践的基本脉络[336]。该论文的主要研究结论包括：一是，对信息技术概念深层次的理解，是 IT 治理概念产生的基础，信息技术对组织作用机制的演变是 IT 治理的主要研究对象；二是，IT 治理要素的分析直接影响 IT 治理研究的内容，是 IT 治理区别于其他研究领域的边界；三是，从 IT 治理评价及公司治理的角度对 IT 治理研究进行梳理，有助于全面了解 IT 治理研究与实践的发展脉络，搞清楚 IT 治理与公司治理的联系与区别，并从中准确认识 IT 治理的含义。

以上综述性文献，从不同的角度对 IT 治理研究现状进行了分析，这些划分方式虽然从一定程度上揭示了 IT 治理理论的形成和演化过程，及现有 IT 治理理论之间的脉络关系，但存在一定的交叠性。麦克莱恩（2004）提出的基于概念的分析实质上是 IT 治理研究中的决策权力结构问题，而基于标准的研究是以 IT-GI 提出的概念为基础的过程控制问题。布朗（2005）对 IT 治理研究的总结归纳，从本质上是一致的，即从治理的本质——制度安排角度出发研究权变环境下组织中信息技术决策权力结构。唐志豪（2008）提出两大研究学派，控制型 IT 治理的理论背景事实上就是 ISACA（国际信息系统审计与控制协会）和 ITGI 提出的 COBIT 治理标准，引导性的 IT 治理研究的核心事实上就是基于治理本质的权力制度安排研究。王德禄基于信息技术作用机制的划分很有新意，有较强的逻辑关系，但没有从系统的角度去审视和整理 IT 治理理论的基本框架。借鉴上述研究，本书认为基于 IT 治理概念形成的历史及其发展演化过程，可以将 IT 治理研究划分为两个比较完整的分支，一是基于制度安排的学术派 IT 治理研究；二是基于控制标准的实践派 IT 治理研究。

（一）基于制度安排的 IT 治理研究

基于制度安排的 IT 治理研究的思想渊源可以追溯到 20 世纪 70 年代末期。早在 1978 年艾因-多尔（Ein-Dor）就在《管理科学》（Management Science）上发表论文建立了基于组织环境变量的 MIS 成功模型。认为组织环境变量包括不可控变量、部分可控变量和完全可控变量，作为完全可控变量的 IT 决策权分配对管理信息系统成功有一定的影响作用[395]。1982 年，艾因-多尔发表在《MIS Quarterly（管理信息系统季刊）》上的论文进一步细化了 MIS 成功模型[396]，并基于 53 个组织的实证研究探讨了信息系统决策权的部署与组织结构特征的关系。奥尔森（Olson，1980）发表在《MIS Quarterly》上的论文将组织的信息服务功能分为信息系统运营、信息系统开发和信息系统管理三种基本类型，基于对 43 个商业组织中的管理者和信息管理者的深度访谈，深入讨论了信息服务功能与组织授权的关系[397]。博因顿（Boynton，1992）认为 IT 管理不仅仅涉及 IT 资源的分配问题，更重要的是 IT 决策的责任问题，它将最终影响 IT 的应用和实施[398]。这一时期信息系统重要学术期刊上的一些主要研究[325,399-404]虽然没有出现"IT 治理"这样的术语，但是探讨核心问题是 IT 权力结构与组织特征之间的关系，属于 IT 治理的核心问题。因此，这些研究为 IT 治理的出现和发展奠定了理论基础。

直到 20 世纪 90 年代末期，"治理"一词才出现在信息系统的顶尖杂志上。布朗（1997）提出了"IS Governance"（信息系统治理）的概念，并研究了以往的 7 篇论文，讨论了 IS 治理结构的主要模式，即单一治理和混合治理（Hybrid Governance），以及影响治理模式形成的主要组织变量[405]。论文基于单个案例研

289

究，讨论了 6 个组织变量与治理模式选择的关系，认为决策制定的结构、组织部门的自治、竞争战略、行业稳定性与治理模式的选择密切相关，而工作组的相互依赖性、产品/服务的信息强度与治理模式的选择缺乏很强的相关关系。在作者的进一步研究中[406]讨论了 IS 治理的集权模式（Centralized）、分权模式（Decentralized）、混合模式（Compromise），并基于多维权变理论（Theory of Multiple Contingencies）[407]，认为组织因素之间并非是单一因素独自发挥作用，而是相互作用后再发挥作用，同时该论文还研究了影响模式选择的权变因素之间的冲突，以及解决的主要途径。与此同时，山姆班莫西（1999）提出了"IT Governance"（信息技术治理）的概念，研究了影响 IT 治理模式选择的组织因素，研究重点是信息技术能力和组织设计问题[408]。该论文基于多维权变理论[407]，将权变环境因素归纳为增强型、冲突型和主导型；将权变因素分成三类，即公司治理（Corporate Governance）、范围经济（Economies of Scope）和吸收能力（Absorptive Capacity）；将信息技术的活动分为三类：基础设施建设方面的、应用方面的，以及项目管理方面的。该论文认为在过去的二十年里存在三种流行的 IT 治理模式：集权（Centralized）、分权（Decentralized）和联邦式（Federal），这些模式由于涉及的范围不同而将信息技术应用的决策权力赋予公司信息管理层、部门信息管理层和直线管理层。在山姆班莫西的进一步研究中[409]提出 IT 治理最重要的是建立一个能满足企业目前和未来发展需要的 IT 关系平台，然后针对某一类特定的 IT 决策安排其权力部署问题，并认为 IT 治理平台由三大部分组成：IT 能力（IT Capabilities），IT 关系架构（Relational Architecture）和集成架构（Integration Architecture）。施瓦兹（Schwarz，2003）在此研究[408]的基础上，基于对美国天然气行业六个企业的 IT 治理研究，证实了业界已经由原来的关注集中/分散的单向架构，转变成为强调企业内外互动关系的双向架构[410]。彼得森（2004）对 IT 治理的概念、治理结构、治理机制等问题进行较为深入的探讨[392,411]。这些研究虽然缺乏一定的体系，但是已形成了 IT 治理理论的雏形。

在 IT 治理理论的发展过程中，具有里程碑意义的研究成果，是麻省理工大学的教授彼得·韦尔（2004，2005）基于资源基础理论、行为理论以及战略理论，对组织信息技术活动中的权力和责任的配置[161]、权力分配模式的影响因素及绩效的深入研究[160]。该研究认为信息技术作为组织的重要资源，治理是促进其价值实现的关键，IT 治理是在 IT 应用过程中，为鼓励期望的行为而明确的决策权归属和责任担当框架，IT 治理的关键在于授权与控制并举。在如何进行治理的讨论中，该研究识别了组织的 5 个关键的 IT 决策[161]：IT 原则（IT Principles）、IT 架构（IT Architecture）、IT 基础设施（IT Infrastructure）、业务应用需要（Business Application Needs）、IT 投资及优先次序（IT Investment and Prioritization）；进而识别了 6 个治理原形[161]：业务君主制（Business Monarchy）、IT 君主制（IT Monarchy）、封建制（Feudal）、联邦制（Federal）、IT 双寡头制（IT Duopoly）、无政府制（Anarchy）。在此基础上，该研究开创性地提出了 IT 治理安排矩阵，并进一步通过对 23 个国家 256 个组织的实证研究，认为治理安排存在着显著的不同[160]，尽管对于 5 种关键决策的每一个，都可能从 6 个治理原形中做出选择，形成上千种可能的组合，但是有 10 种组合在企业中被采纳的比率是 25%，从治理绩效来看这 10 种治理安排中最成功的只有 3 种。当然，仅有这些治理安排还是不够的，该研究还进一步探讨了治理机制的重要作用以及影响治理绩效的主要因素[412]。韦尔的研究从 IT 治理概念到治理安排，再到治理机制和治理绩效，形成了较为完善的理论框架，成为 IT 治理理论的主流研究成果，得到了多数学者的关注和进一步拓展研究。其中，具有代表性研究成果的是 2008年发表在《MIS Quarterly》上薛（Xue，2008）的论文，薛拓展了韦尔的研究，基于中国的 6 个公立医院的 58 个 IT 投资项目，探讨了影响 IT 治理的 4 个因素，即 IT 投资水平、外部环境、组织的集权化和 IT 部门影响力，对 7 个 IT 治理原型，即高管君主制（Top Management Monarchy）、高管 – IT 双寡头制（Top Management-IT Duopoly）、IT 君主制（IT Monarchy）、管理者君主制（Administration Monarchy）、管理者 – IT 双寡头制（Administration-IT Duopoly）、专家君主制（Professional Monarchy）和专家 – IT 双寡头制（Professional-IT Duopoly）的影响作用[413]。薛的研究结论认为：IT 治理针对 IT 决策的启动、发展和赞同三个阶段，因此决策过程中的参与者比最终决策制定者更加重要；尽管 IT 治理模式呈现多样化态势，但是 IT 部门在 IT 投资决策过程中将不具有关键作用，因此建议高层管理者参与 IT 投资决策；IT 决策启动阶段和发展阶段共同受几个环境因素的影响，最终决策权的分配仅仅是 IT 治理的一部分。尽管组织可以预先分配决策权，但是事实上，IT 治理模式受偶然因素的影响，IT 治理模式的形成决定于利益相关者对 IT 投资结果的期望。

基于制度安排的 IT 治理研究，从"治理"的内涵出发，对治理的主体、客体、治理模式的形成等核心问题都形成了比较一致的结论。从制度安排的角度描述了 IT 治理的概念、IT 治理安排、IT 治理机制和 IT 治理影响因素，形成了较为完善的理论体系，研究方法以扎根理论为主，案例研究为重，调查研究为辅。但是在其理论构建过程中缺乏对政府组织的研究，因此，其部分研究结论不具备对政府组织的普遍适用性。

（二）基于控制标准的 IT 治理研究

基于控制标准的 IT 治理研究，其研究的背景知识是业界关于 IT 治理的几个标准。这类研究的重点，一是寻找 IT 治理标准之间的联系和区别，二是侧重于将 IT 治理标准应用于具体实施领域。为了更好地理解现有研究成果，首先介绍目前国际上通行的 4 个 IT 治理标准。

COBIT（Control Objectives for Information and Related Technology）即信息及相关技术控制目标。成立于 1969 年的美国信息系统审计与控制协会（ISACA），于 1996 推出了基于控制的 IT 治理框架 COBIT，目前已经推出 4.1 版。它的特点是以业务为中心，以流程为导向，由绩效测量驱动。COBIT 作为"IT 审计"，已经成为众多国家的政府部门和企业对 IT 的计划与组织、采购与实施、服务提供与服务支持、监督与控制等进行全面考核与认可的业界标准。作为 IT 治理的核心模型，COBIT 包含四个控制域：IT 规划和组织（Planning and Organization）、系统获得和实施（Acquisition and Implementation）、交付与支持（Delivery and Support）以及信息系统运行性能监控（Monitoring），34 个信息技术控制过程，每个过程均设置了相应的控制目标体系。

ITIL（Information Technology Infrastructure Library）即信息技术基础构架库，是一套被广泛认可的用于有效提供 IT 服务管理的实践准则。20 世纪 80 年代以来，英国政府商务办公室（GOC，原称政府计算机与通信中心）为解决"IT 服务质量不佳"的问题，逐步提出和完善了一套对 IT 服务质量进行评估的方法体系，称为 ITIL。2001 年，英国标准协会在国际 IT 服务管理论坛（ITSMF）上正式发布了以 ITIL 为核心的英国国家标准 BS15000，成为 IT 服务管理领域具有里程碑意义的重大事件。

BS7799（ISO/IEC17799）即国际信息安全管理标准体系，2000 年 12 月，国际标准化组织 ISO 正式发布了有关信息安全的国际标准 ISO17799，这个标准包括信息系统安全管理和安全认证两大部分，是参照英国国家标准 BS7799 而来的。由英国标准协会（BSI）编写的信息安全管理体系标准 BSI7799—Part1（ISO17799）及 BS7799—Part2 为各种机构、企业进行信息安全管理提供了一个完整的管理框架。其主旨是以分析机构及企业面临的安全风险为起点，对企业的信息安全风险进行动态、全面、有效、不断改进的管理，并强调信息安全管理的目的是保持机构及企业业务的连续性不受信息安全事件的破坏，从机构或企业现有的资源和管理基础为出发点，建立信息安全管理体系（ISMS），不断改进信息安全管理的水平，使机构或企业的信息安全以最小代价达到需要的水准。

PRINCE2（Projects in Controlled Environments）是一种对项目管理的某些特定方面提供支持的方法。PRINCE2 描述了一个项目如何被切分成一些可供管理的阶段，以便高效地控制资源的使用和在整个项目周期执行常规的监督流程。PRINCE2 的视野并不仅仅限于对具体项目的管理，涵盖了组织范围的项目管理。

随着 IT 在组织中的战略意义日益显著，基于控制标准的 IT 治理研究也日益增多。ITGI 的月刊《Information Systems Control Journal（信息系统控制杂志）》发表了大量的关于如何运用 COBIT 标准改善 IT 治理，提高 IT 价值回报率，有效管理 IT 资源以及控制 IT 风险的文章。例如，拉莫斯（Ramos, 2001）针对 CO-BIT 的 IT 治理域和过程，详细分析了 IT 审计师在其中的作用，认为要塑造一个成熟的与业务目标相匹配的 IT 治理环境，IT 审计师起着关键作用[414]。哈迪（Hardy, 2006）认为 COBIT 虽然有控制目标，但没有给出相应的改善手段与方法，建议将 COBIT、ITIL、ISO17799 结合匹配起来实施 IT 治理[415]。也有学者在拓展基于制度安排的 IT 治理研究时，考虑到 IT 治理标准在 IT 治理流程中的应用，认为 IT 治理的流程是指 IT 决策制定和监控的过程，比如 IT 投资评估过程、IT 架构例外过程、IS 战略规划、服务水平协议等过程，同时，IT 治理可以利用诸如 IT 平衡计分卡（BSC）、COBIT 以及 ITIL 等工具或方法来对组织的 IT/IS 进行规划、实施、交付和监控[165,416]。

上述基于控制标准的 IT 治理研究，讨论了 IT 治理关键控制域、控制过程以及可供参考的管理指南、方法、手段和工具集，其研究主要基于过程控制的思想。与基于制度安排的 IT 治理研究相比，基于控制标准的 IT 治理研究，更加侧重决策过程中的控制，其核心是强调信息技术资源的合理使用、监督和控制，而不是从决策前的制度安排的角度为信息技术的合理投入、使用提供保证的同时，强调利益相关者的利益[335]。基于第二章第一节关于"治理"和"管理"的讨论，本书认为这一类研究属于"IT 管理"的范畴，并非是从"治理"的本质进行探讨，因此本书称之为广义的 IT 治理。

四、对现有研究的讨论及对本书的启发

电子政务作为新生事物，对政府、企业、公民行为的影响作用是被多数文献认同的，尤其是对政府组织的影响受到了近年来多数学者的关注。然而，西方学者的实证研究表明，电子政务虽然具有改善公共管理和公共服务能力的巨大潜力，但电子政务实施涉及的诸多管理问题，是困扰着电子政务潜在价值有效发挥的关键。为此，有些学者从流程重组和组织机构改革的角度展开保证电子政务有效实施的研究，但是由于忽略了电子政务情境问题，阻碍了这些研究的深入拓展。基于制度创新的电子政务实施管理研究从利益相关者的视角，揭示了电子政务实施过程中的人、流程、组织、技术的相互影响关系，认为电子政务实施过程的实质是利益相关者追求各自期望和利益的博弈，因此，为电子政务实施中的管理变革从更深的层次打开了崭新的研究视角。但是，这一类研究多从概念模型和

案例研究的角度，阐释具体情境下，电子政务实施中的制度安排，缺乏从理论层面对电子政务实施过程中制度安排，尤其是决策制度安排的深入研究。IT治理的概念和理论为电子政务项目的决策制度安排提供了良好的概念和理论基础。上述文献回顾的脉络和逻辑关系如图6－2所示。上述文献的研究特点和对本书的借鉴和启示总结如下：

（1）从研究对象来看，现有研究主要集中在讨论以政府网站为核心的电子政务项目，对电子政务项目的类型和特征的研究较少，尤其是缺乏对跨组织电子政务项目特征的深入研究。

现有电子政务研究主要集在对政府门户网站的内容分析、网站实施的影响因素，以及对市民和企业的影响等方面。虽然也有不少研究认识到电子政务项目跨部门的复杂性，从业务流程重组、部门间信息共享、业务协同等方面进行一些研究，但是大多停留在概念模型和方法论框架上，缺乏理论层面的深入研究。

随着电子政务应用在公共管理部门的不断深化，跨部门跨组织的电子政务项目已经在实践中得到了一定的应用。因此，深入探讨政府部门，尤其是我国政府部门电子政务项目的特征、类型以及对组织流程、组织结构、现行制度、利益相关者的影响，有利于从更加深入的层次挖掘提升电子政务投资价值的科学依据。

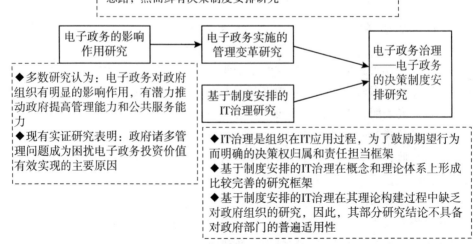

图6－2　文献回顾的脉络和逻辑关系

（2）从研究内容来看，管理视角下的电子政务研究，一方面侧重于从电子政务影响作用的角度探求电子政务实施成功的关键和主要障碍；另一方面侧重于从流程重组和组织机构改革等专题研究寻求提升电子政务投资价值的有效途径。尽管电子政务实施的制度安排研究已崭露头角，但鲜有电子政务实施过程中决策制度安排的研究。

与企业组织不同，政府组织结构根深蒂固，电子政务作为信息技术在政府中的应用，不可避免地将受到官僚组织形式、制度安排等多方面的影响。信息技术的快速发展和政府管理理念、体制和过程的发展变化，乃至宏观外部环境的变化，都给电子政务实施带来了很大的难度。电子政务虽然蕴含着巨大的投资价值，但同时也存在着巨大的实施风险，包括以资源巨大浪费为主要形式的经济风险，固化现有体制和流程从而妨碍创新的管理风险等。对于这样一个高度复杂、迅速变化和存在潜在风险的领域，深入研究电子政务实施过程中的决策制度安排，即电子政务治理研究尤为必要。

（3）从研究途径来看，管理视角下的电子政务研究，一方面侧重于采用案例研究方法、基于企业流程重组方法论探讨电子政务实施中流程重组的方法和概念模型；另一方面侧重于采用调查研究方法、基于技术扩散模型、技术接受模型等探讨政府组织的电子政务接受能力。鲜有从制度学的角度研究电子政务的实施。

大多数现有的文献都集中于探讨技术如何影响组织，而不是人和组织如何影响技术的使用，进而保证信息技术潜在价值的实现。技术执行框架[172]虽然开创性地关注了信息技术与组织、制度安排等因素的相互影响，但没有对该框架下涉及的多种因素进行细化研究。而且，技术执行框架继承了其基础理论——新制度主义的在过程描述方面的局限性：对变革过程的描述还是一个"黑箱"，缺失了对实施过程的探讨。

IT治理理论无疑为电子政务实施中的决策制度安排打开了崭新的研究途径。虽然有少数学者对IT治理理论在电子政务实施中的可行性进行了分析，但由于IT治理理论的复杂性，以及公司治理和政府治理的显著差异性，目前尚缺乏从治理本质，对政府部门展开电子政务治理的探索性研究。因此，采用IT治理理论，基于电子政务实施过程的实证研究，探索微观组织的电子政务治理模式、治理机制、治理绩效的影响因素，是对电子政务实施制度化研究的深化。

（4）从研究材料的来源看，来自于国外，特别是发达国家公共部门的案例研究和调查研究较多，而以国内为背景的较为深入的相关研究很少。

国内近几年相关的电子政务管理研究存在三个问题：一是偏重现象研究，多数研究仅从电子政务运行的状态特征考察与之相关联的宏观政治经济形势、市场信息化环境以及变革主体的行为特征，研究停留在电子政务运行的表层现象，缺乏对影响电子政务运行和变革主体行为特征的深层次制度因素作系统分析；二是缺乏实证研究，针对我国电子政务发展现实背景的实证研究还不多见，且涉及电子政务实证研究的多数都是对政府网站绩效的评价研究；三是缺乏对科学问题的抽象，我国电子政务研究的主题集中在现状与发展趋势、存在问题、战略规划、建设经验介绍、建设结果评价等方面，无力揭示提升电子政务投资价值的科学途径。

同时，与发达国家相比，我国具有不同的市场环境、法律制度、文化背景及信息化环境，并且政府的主导性和文化的影响较之发达国家更为明显，非本土案例对于我国电子政务研究与实践来说，能够借鉴的是非常有限的，同时，行政环境的差异决定了已有的国外实证研究成果无法很好的解释中国电子政务实施的重要管理问题。因此，以我国政府电子政务项目为研究对象，基于电子政务的生命周期，展开电子政务项目决策制度安排的理论和实证研究具有重要的理论价值和实践意义。

基于上述可借鉴的研究成果，本书拟从一个全新的视角，基于 IT 治理的概念和理论体系，采用扎根理论、案例研究和调查研究方法，进行电子政务治理的概念的辨析、理论框架构建和关键问题的实证研究，力求在现有研究的基础上有所突破。

（1）从研究对象上，从研究对象涉及的范围来看，包含部门内部、部门间、跨部门、跨组织的电子政务项目；从研究对象涉及的层次来看，包含战略规划、技术架构、应用系统、基础设施等方面的电子政务项目。

（2）从研究内容上，聚焦于电子政务实施过程中的决策制度安排的几个核心问题，包括基于电子政务的动态发展特征，探讨电子政务治理能力对电子政务实施成效的重要影响作用、基于中国电子政务实践总结电子政务治理模式和治理机制的主要特征，以及电子政务治理有效性的影响因素。

（3）从研究途径上，采用扎根理论方法，基于 IT 治理理论和政府与企业组织治理结构的差异，辨析电子政务治理的概念、构建电子政务治理理论框架，并对电子政务治理的三个核心问题，进行调查研究和案例研究。

（4）从研究材料的来源上，案例和调查数据均来源于国内电子政务项目实施的数据和背景，本书作者通过两次调查研究和六个深度案例访谈获得第一手的研究资料。

第三节　电子政务治理的概念和理论框架界定

一、IT 治理概念的关键要素分析

IT 治理是从 20 世纪 90 年代中期开始受到广泛关注的研究话题，在其发展过程中部分地继承了公司治理的思想，发展到现在已经逐渐形成了相对完整的研究体系。然而对于 IT 治理的概念却是众说纷纭，难以统一。为了更好地界定电子政务治理的概念，有必要梳理 IT 治理的概念及其蕴含的关键要素，根据第二节对 IT 治理文献的探讨，表 6 - 3 列示出一些基于制度安排的 IT 治理概念。

表 6 - 3　　　　　　　　　IT 治理的基本概念辨析

学者	定义	关键要素
布朗（1997）[405]	是 IT 活动的责任安排	IT 活动、IT 责任
山姆班莫西（1999）[408]	是组织中关键性 IT 活动的决策模式，关键性 IT 活动主要包括 IT 基础设施、IT 的使用及项目管理	IT 活动、IT 决策模式
梵·格兰伯根（Van Grembergen, 2001）[417]	是组织中董事会、高层管理者和 IT 经理人用于控制 IT 战略形成和执行的能力，以确保 IT 与商业活动的融合	组织体系、IT 能力、IT 目标
韦尔（2002）[418]	是组织关于 IT 决策权共享和监督 IT 投资绩效的安排	IT 决策权、共享和监督、IT 投资绩效
施瓦兹（2003）[410]	是与 IT 相关的组织体系和权力模式结构，其目的是基于组织的环境和战略要求，有效完成与 IT 相关的活动	组织体系、权利模式、IT 目标
彼得森（2004）[392]	是 IT 决策权及责任在组织内部利益相关者之间的分布，以及用于制定和监督 IT 战略决策的流程和机制	IT 决策权、IT 责任、决策流程、决策机制
韦尔（2004）[161]	是组织在 IT 应用过程中，为鼓励期望行为而明确的决策权归属和责任担当框架	IT 目标、IT 决策权归属、责任担当

297

续表

学者	定义	关键要素
李维安 （2005）[335]	是组织信息技术活动中决策权力、责任的配置以及相应机制的形成过程。不同的组织层次应拥有不同的决策权力和责任，并且通过机制建设保证决策权力和责任的适当归属	IT决策权力、责任配置、决策机制、监督机制
韦伯 （2006）[419]	是IT战略与商业战略的结盟，通过发展和保持有效的IT决策、IT控制、IT责任担当框架、绩效管理和风险管理，最大化的实现IT商业价值	治理目标、IT决策、IT控制、IT责任、风险管理
西蒙森 （Simonsson, 2006）[420]	是IT治理体系的体现，该体系包括三个维度，即决策域、决策阶段和决策范围。现有IT治理的定义，均分布在这个三维体系中的某个位置上	IT决策域、IT决策阶段、IT决策范围
唐志豪 （2008）[394]	是有关IT决策的权责利安排，它从企业整体利益出发构建IT系统，力求实现业务与信息的集成，不仅使公司经营过程变得更透明，还能提高公司信息的质量，减少利益相关者之间的信息不对称问题，起到了驱动和支撑公司治理的作用	IT决策、权责利安排、治理目标

通过对上述定义的归纳，本书认为IT治理概念的核心在于组织通过对关键性IT决策权力的安排和制衡，监督IT管理者的绩效，保证股东和其他利益相关者的权利，促进公司绩效的最大化。IT治理的概念应该包含以下几个关键要素：

（1）IT治理的目标：是明确关键性IT决策活动的权利安排，保证关键性IT决策活动处于可控范围内，确保信息技术条件下，所有的利益相关者达到新的利益均衡，促进IT决策的科学性，保证电子政务实施成效，最大化的实现IT投资价值。

（2）IT治理的范式：是指为保证治理目标的实现，IT治理的过程和方式，包括IT治理模式、IT治理结构和IT治理机制。IT治理模式是关键性IT决策项的权利分配模式；IT治理模式成为IT治理结构安排的基础；IT治理机制作为IT治理结构的内在动力基础，通过激励机制、约束机制、协调机制等作用于IT治理模式。

二、电子政务治理的概念及其关键要素

电子政务是政府部门的关键性IT投资项目，在提高政府部门公共管理能力

和公共服务能力方面具有巨大的潜力。然而作为触及多个利益相关者利益、跨部门实施的 IT 项目，电子政务的实施也蕴含着多种风险，因此，对电子政务实施过程的"治理"显得尤为重要[421]。

电子政务治理作为 IT 治理概念在政府部门的延伸，是指政府组织通过对关键性电子政务决策权力的安排和制衡，监督电子政务建设与管理者的绩效，保证利益相关者的权利，促进公共管理和公共服务能力的最大化。电子政务治理从制度层面规范了政府组织关于电子政务项目决策的模式、结构、流程和机制，既保证规则上的依从性，也保证信息技术与业务战略的一致性，为政府部门提高电子政务项目的决策效率、实现战略目标、规避风险等服务。因此，电子政务治理的概念体系如图 6-3 所示，包含以下几个关键要素。

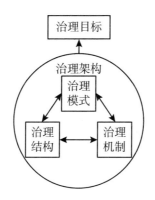

图 6-3　电子政务治理的概念体系

（1）电子政务治理的目标：是明确关键性电子政务决策的权利安排，保证关键性电子政务决策活动处于可控范围内，确保信息技术条件下，电子政务的利益相关者达到新的利益均衡，促进电子政务决策的科学化，最大化实现电子政务的投资价值。

（2）电子政务治理的架构：是为了保证电子政务治理目标的实现，电子政务治理的过程和方式。电子政务治理架构包括治理模式、治理结构和治理机制三个要素。政府组织的内外部环境变量以及管理变量交互作用的结果，形成了电子政务决策项的权利分配模式即电子政务治理模式，电子政务治理模式决定了电子政务治理结构安排和治理机制设计的基础；而电子政务治理结构作为治理机制的外在表现形式，治理机制作为治理结构的内在动力基础，两者的相互作用成为电子政务治理模式有效运转的保证。可以说，电子政务治理途径三个要素共同作用于电子政务治理有效性[160]，体现了电子政务治理能力。

（3）电子政务治理模式：是关键性电子政务决策项的权利分配形式，即关键性决策项与治理原则的匹配方式。借用韦尔（2004）研究中对"治理原型"

的界定，在本书中使用"治理原型"描述拥有电子政务决策权和参与电子政务决策的人员的组合方式，例如联邦制、业务君主制等；而电子政务关键性决策项是指电子政务建设与运营过程中的决策项，例如有关电子政务战略规划类的决策、有关电子政务技术架构类的决策等，这些决策项对电子政务的有效实施起决定性作用。由于电子政务决策项的类型、特征、涉及范围不同，以及不同政府组织部门的内外环境变量和管理变量的交互作用，决定了不同的电子政务决策项匹配不同的治理原型。

（4）电子政务治理结构，是电子政务决策制定的组织机构，由参与电子政务决策的组织单元和角色构成，一般以各种委员会的形式存在，主要用于补充现有组织机构的不足。一般而言，在政府组织部门，决策的组织单元涉及决策层、管理层、业务管理层、项目管理层；决策的角色则包括电子政务建设与运营过程中的管理者和利益相关者，即：行政首脑、部门主管、业务主管、IT 主管，电子政务的用户。

（5）电子政务治理机制：电子政务治理机制的形成是一个动态的过程，包括监督机制、沟通机制、激励机制等，但是治理实践中不存在最佳的机制。电子政务责权利的归属及利益与风险的分担虽然会因组织环境、战略目标和组织文化而各有差异，但是会在反复的动态博弈中达到均衡。

三、电子政务治理的理论框架

理论是对客观事物的本质和规律的概括性说明，表现为一种能解释某些现象的有逻辑关系的肯定陈述，是由一定的科学概念、概念间的关系及其论述所组成的知识体系，是对客观现象"是什么"、"为什么"和"怎么样"的确定性回答[422]。上一节关于电子政务治理概念的界定仅仅回答了"是什么"的问题，而关于"为什么"和"怎么样"的问题需要进行更为深入的理论体系构建。基于对电子政务及 IT 治理文献的归纳总结，本书认为电子政务治理的理论包括三个主要部分，如图 6 - 4 所示。电子政务治理的作用分析，是对电子政务治理概念的进一步深化，需要结合现有理论和实践探讨电子政务治理的作用和意义。电子政务治理架构，是关于如何进行电子政务治理的回答和总结，是理论体系的核心部分，将基于公共部门和私有部门的对比研究，形成以 IT 治理理论为基础的范式研究。而电子政务治理有效性作为治理的理论体系不可缺少的部分，一方面从评价的角度明确了电子政务治理对电子政务实施成功的影响作用；另一方面，揭示了治理架构的差异对电子政务治理有效性的影响。

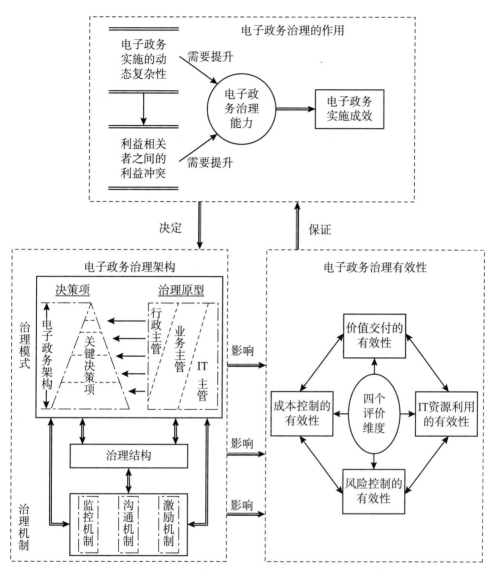

图 6 - 4　电子政务治理的理论框架

第四节　电子政务治理作用分析

电子政务作为新兴的信息技术在政府组织的实施，必会引起"牵一发而动全身"效应，它是一个动态复杂的发展过程[343]。电子政务成熟度模型[28,157,362,423]、钻石模型[389]、技术执行框架[172]、利益性相关者理论，能够从不同的角度解释这一过程中出现的诸多关键性管理问题，这些理论为电子政务治理的定位提供了良好的分析框架。

一、动态发展的视角 —— 电子政务成熟度模型

电子政务成熟度模型是电子政务研究中较早被关注的研究领域。最早是莱恩 (2001) 通过对电子政务概念的辨析，以及对美国电子政务发展动因的经验研究，较为前瞻性地提出了"电子政务四阶段成长模型（E-government Four-stage Growth Model）"，该模型从集成程度、技术和组织的复杂程度两个维度将电子政务的发展分为信息分类浏览（Cataloguing）、事务处理（Transaction）、纵向集成（Vertical Integration）、横向集成（Horizontal Integration）四个阶段[157]。几乎是在同时，希勒（Hiller, 2001）的研究报告，从政府对公民、政府对企业、政府对雇员等 6 个维度，将电子政务划分为信息（Information）、双向交流（Two-way Communication）、在线事务处理（Transaction）、集成（Integration）、参政（Political Participation）5 个阶段，其明显的特点是关注了"参政"问题[423]。Moon（2002）基于上述两个模型及相关公共管理理论，从政府内部、政府外部、技术使用程度，3 个维度将电子政务的发展分为信息目录（Information Dissemination/Catalogue）、双向交流（Two-way Communication）、在线服务和支付处理（Service and Financial Transaction）、纵向和横向集成（Vertical and Horizontal Integration）、参政（Political Participation）5 个阶段[362]。在这些研究中，莱恩的 4 阶段成长模型一直是电子政务研究领域受到广泛关注的阶段模型，也是 Web of Scienc 统计中被引频次最高的电子政务研究文献。在 2009 年 2 月底之前达 133 次。由于该模型是在电子政务发展的初期提出的，因此，受到了一些学者的质疑。安德森（2006）对该模型进行拓展研究，突破该模型中对技术和组织的复杂性、集成性两个维度的关注。认为电子政务发展不仅要关注如何应用信息技术改善核心政务活动，更要关注如何在未来的电子政务建设中，投入更多力量提高公共服务的效率，让最终用户成为最大的受益方。为此，在莱恩模型的基础上提出了"公共部门流程再造成熟度模型（Public Sector Process Rebuilding (PPR) Maturity Model）"，该研究基于电子政务活动的广泛性和公众为中心的程度两个维度，将电子政务发展分为培育（Cultivation）、扩展（Extension）、成熟（Maturity）、革命（Revolution）4 个阶段，并讨论了 4 个阶段的不同特征[28]。与学者们的研究相类似，一些咨询公司从实践的角度在其有关电子政务的研究报告中提出各自的电子政务成熟度模型，例如高德纳（Gartner）公司（2000）从技术和组织复杂性的角度研究了电子政务成熟度模型[424]；Accenture（埃森哲）公司（2004）从服务成熟度的视角研究了电子政务发展阶段模型[425]。

而一些国际组织则就电子政务成熟度进行了宏观层面研究[426]。

上述模型虽然基于不同的维度和不同的视角研究了电子政务实施发展状况，但是它们都具有共同的特征：一是，所有模型都认为电子政务的发展具有阶段性特征；二是，所有模型都认为电子政务都将经历一个从简单的信息发布到复杂的一站式服务的过程；三是，所有模型都认为电子政务实施将经历一个技术对组织的由简单到复杂的嵌入过程。虽然这些模型都在一定程度上解释了电子政务复杂的实施过程、发展趋势以及对政府公共管理和公共服务的影响作用，但是没有从组织采纳的角度，深入探讨电子政务作为新生事物，政府组织结构、管理制度、人员、文化氛围等因素对其引入过程的影响作用。因此，存在一定的局限性。

二、组织变革的视角——钻石模型

莱维特（1962）的钻石模型[389]作为信息系统研究领域广泛接受的模型[427]，解释了信息技术实施时可能产生的组织管理问题，是信息系统实施的研究基础[428]。该模型将组织抽象为一个由技术、任务、人和组织结构四个因素构成的钻石形，认为信息系统的实施具有推动组织变革的潜力，同时也将深刻影响组织权力结构、文化氛围和工作状态等，因此信息技术的引入，将会促使组织的其他三个因素之间相互调整、相互作用。一般在技术引入的初期，这三要素会通过共同作用形成"组织抗拒"，进而迫使技术调整以适应现有组织状况，信息技术推动组织变革的力量微乎其微，而只有当组织变革力度增大时，才会迫使其他三个因素继续相互作用，以采纳信息技术。事实上，信息技术的实施过程，就是这四个因素相互作用、相互影响的过程，表现了信息技术引入组织过程中的一种极为复杂的作用状态，如图6-5所示。同时，该研究认为组织是否能够通过信息技术的引入实现其潜在价值，信息技术导致的组织变革的吸收、扭曲和失效决定于组织对任务、人、组织结构的安排状况。

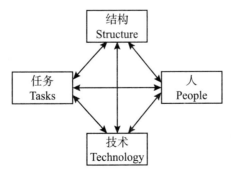

图6-5　莱维特组织引入信息技术的钻石模型

一般而言，由于企业组织面对激烈的市场竞争环境，并且在利润最大化的单一目标的驱使下，能够比较容易的排除组织阻力，通过迅速的人员调整、组织和任务安排，能够比较容易地采纳信息技术以提高效率应对竞争。而政府组织对于信息技术的使用则相对比较勉强，在政府组织中，除了政府组织的任务安排、组织结构相对于企业来讲更具刚性以外，政府垄断的特性和利益集团政治的重要性也发挥了一定的作用。即便如此，钻石模型也能很好的解释电子政务作为一种典型的信息技术引入政府组织时，四个因素之间的相互作用和相互影响。当电子政务的实施，试图通过政府组织结构的变化和创新改善公共管理效率提升公共服务能力时，现存的政府结构、人员和任务安排会对电子政务的实施成效产生重要影响。由于电子政务的实施带来的转变必然触及政府现行的职能、结构和人员等方面的改变和调整，甚至危及到某些部门或人员的权力和地位，这三个要素往往难以接受电子政务引入所带来的变化，会做出抵触反应，这种反应会迫使电子政务实施做出相应的调整，改变电子政务项目实施的轨迹，使电子政务实施与现有的组织状态相适应，表现在项目的实施结果上，很可能是电子政务的实施达不到预期目标，减少项目实施的内容，缩减项目实施的范围，甚至导致项目实施失败等。当然，这四个因素之间作用力的强弱，决定于电子政务实施对变革程度的影响，如果变革涉及的深度大（例如涉及多个组织层面）、范围广（例如涉及多个组织部门），则相互作用会愈加激烈；反之亦然。

与一般的组织相比，政府组织还有其独特之处，诸如管辖权限、等级制度、规则和程序等。虽然莱维特的钻石模型说明了信息技术引入组织时组织结构、人员、任务三种因素的相互作用而导致的管理问题，但却没有明确它们相互影响的具体方式，也没有充分解释信息技术引入组织时"政治竞争"过程的特点和对信息系统实施制度安排的影响。

三、制度安排的视角 —— 技术执行框架

技术执行框架（Technology Enactment Framework）[172]是公共管理领域有关信息技术研究的重要贡献。菲尔顿（2001）基于社会技术系统理论（Socio-Technical Systems Theory），区别了政府组织引入技术之前的"客观信息技术"，即技术本身，主要指信息通讯技术，诸如计算机、网络、数据库等；与引入和使用后"被执行的技术"，即被特定组织中的行为人感知并实际使用的信息技术。同时识别了制度安排、组织形式、官僚网络对于信息技术执行的影响作用，具体框架如图 6 - 6 所示。

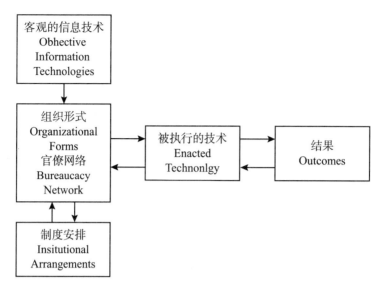

图 6-6 技术执行框架

该研究认为，政府组织形式一般是基于韦伯官僚制结构，带有层级的、理性的、客观的、有效率的和基于规则等特点。同时，与这些组织形式相关联的，是政府组织的行为人之间形成的非正式的、缺乏权威、游离于规则管辖之外的官僚网络。这些官僚网络在行为人之间具有较高的信任程度和丰富的社会资本，其中一些非正式官僚网络还扮演着跨越官僚等级边界、跨越部门的交流、协调和问题解决机制，当然这些非正式官僚网络也可能成为冲突和割裂的起因。制度安排来源于制度化的概念，指一定时间内一个团体中获得价值和稳定性的思想和行为，菲尔顿（2001）认为制度安排包括四个方面：认知行为与习惯、文化信仰和符号、社会结构以及正式的政府法律和规则体系。在政府组织里，制度安排可以是政府办事的惯例、政府文件的组织形式、政府相关的政策法规等，这些制度安排主要表现为在短时间内不可能发生变化的，较为稳固的思想行为框架。制度安排与组织形式和官僚网络之间具有明显的相互影响作用。

由于客观信息网络技术强大的内在逻辑可以用于加强信息共享，协作和非同级的沟通，或者可以被强制地设计使用以促进对组织的控制。当客观信息技术的使用导致深入的结构变革时，现行组织和官僚网络下的行为人，无论是那些致力于流程再造与组织重构的，还是那些试图保持地位或强化其部门权力和自治力的，对于抵制还是拥护变革的态度变得更为明显。由于公共部门中的行为人是受规则驱使的，而这些规则与网络环境下的行为、激励和信息流动的规则不相适应。因此，组织引入信息技术时，不能以一种理性的方式被使用和采纳，其设计、执行和使用受到组织形式、官僚网络和制度安排的影响。信息技术最终会被用于促进变革还是抵制变革，其具体执行取决于组织结构、官僚网络和制度安排之间的相互影响作用，而这种影响正是由组织环境和制度环境下的行为人的行为决定的。

客观信息技术的执行结果在不同情境下的组织形式、官僚网络和制度安排的影响下，可能存在多种可能性，难以预料，虽然对信息技术的执行过程如何影响、影响力会有多大还没有办法衡量和测定，但可以肯定的是这个结果一定会受到理性、社会、政治逻辑的影响。

从技术扩散的角度来看，电子政务实施是一个典型的信息技术执行过程，是技术执行过程中促使组织制度演化的过程。当电子政务项目实施时，是依据现有技术手段确定技术和功能目标，然而在实施的过程中，参与信息技术实施的主要行为人，即各部门决策者、参与决策者和实施者依据他们对于电子政务项目实施风险与收益的认识，左右项目实施的方向，使得项目实施能够朝着他们所期望的方向发展。通常这些组织行为人的认识都是在政府组织的官僚主义特性、官僚组织中正式及非正式的部门或个人关系的官僚网络，以及由价值观、行为、文化和法律组成的制度环境下形成的。因此，电子政务项目的实施结果是否与最初既定的目标一致，决定于决策者、参与决策者和实施者的认知、行为和期望。

技术执行框架揭示了客观信息技术以行为人为媒介和组织安排、制度安排互相影响，并在设计和应用的过程中成为被执行的技术产生不可预测的后果。然而由于技术执行框架过于抽象、研究假设没有得到大量有效的实证研究验证[429]；研究案例均来自美国联邦政府、缺乏文献基础[319]等问题受到了一些学者的质疑，尽管如此，技术执行框架还是为电子政务实施的过程的制度研究提供了全新的研究思路。

四、利益相关者的视角 —— 利益相关者理论

上述三个理论模型从不同的视角展示了电子政务实施的动态复杂性，也从不同的视角揭示了政府组织的行为人（包括电子政务的决策者、参与决策者、实施者等）的认知、行为和期望在电子政务实施过程中的重要的作用。因此，电子政务实施的政府组织行为人是否尽职尽责，是否经济，是否达到了纳税人资金效用的最大化，如何防范政府在电子政务实施中的"败德行为"，是值得深思的问题[430]。为此，有必要基于利益相关者理论，分析了电子政务实施过程中的主要组织行为人特征和利益。

利益相关者理论的萌芽始于多德（Dodd，1932），但利益相关者作为一个明

确的理论概念是在 1963 年由斯坦福研究院（Stanford Research Institute，SRI）提出的。利益相关者观点形成为一个独立的理论分支得益于瑞安曼（Eric Rhenman）和安索夫（Igor Ansoff）的开创性研究，弗里曼（Freeman）、多纳德逊（Donaldson）、克拉克森（Clarkson）、琼斯（Jones）、科林斯（Collins）、卡罗尔（Caroll）、布莱尔（Blair）、米切尔（Mitchell）等学者的共同努力使利益相关者理论形成了比较完善的理论框架，并在实际应用中取得了很好的效果。利益相关者理论的发展是一个从利益相关者影响到利益相关者参与的过程，理论研究经历了三个主要阶段，第一阶段的研究重点是利益相关者参与企业运营的基础和合理性；第二阶段的研究强调利益相关者在企业战略分析、规划和实施中的重要性和作用；第三阶段要从公司治理的角度讨论利益相关者参与对公司所有权的分配问题。

利益相关者分析即识别关键的利益相关者，分析他们的相关利益和这些利益影响组织运行的方式，通过确定利益相关者的相关假设和影响方式，促进问题的全面深入解决。电子政务实施中的现实问题与其他领域的问题相比更加具有复杂性和社会性，对各种利益相关主体的利益及其之间的关系进行分析尤为重要。根据 ITGI 的界定，IT 治理的利益相关者是指对企业信息技术负有责任或对信息技术存在期望的任何人，如股东、董事、管理层、企业和技术管理部门、信息技术使用者、员工、政府、供应商、顾客及公众。因此，本书认为，在微观政府组织的电子政务实施过程中，利益相关者包括：

（1）电子政务的决策者，负责确定电子政务发展的方向与战略规划，一般来自于组织的高层，是政府组织的行政首脑。对电子政务实施的具体工作流程缺乏深入的了解，更加关注电子政务项目绩效。

（2）电子政务使用部门的管理者，通常来自于组织中层管理者，负责沟通高层与信息部门管理者，对现有的管理流程、组织架构十分熟悉，但缺乏对信息技术潜在能力的全面理解，更加关注本部门利益。

（3）电子政务实施部门的管理者，通常来自于组织中层管理者，负责沟通高层与电子政务项目直接使用部门的管理者，对信息技术的潜能具有深刻理解，但缺乏政府业务部门的管理经验，更加关注本部门利益。

（4）电子政务实施部门的信息技术人员，负责具体项目实现、日常维护或者技术指导，具有信息技术专业知识，但缺乏政府业务部门的工作经验，更加关注自身业务的正常运行。

（5）电子政务使用部门的普通员工，即电子政务应用的一般使用者，更加关注电子政务实施对自身业务的直接改善。

任何政府组织都具有多级次结构，这一方面表明政府治理结构的内在动力基

307

础是上级对下级的权威；另一方面表明政府治理结构设计必然会遇到委托—代理问题，主要表现在：一是，上层官员并不关注效率，而是追求个人控制权收益（Private Benefit Of Control）最大化。二是，下级官员利用信息优势虚报下级部门履行职能所需的预算支出借以谋取部门利益。三是，政府官员们利用权力从事寻租活动，为其以权谋私制造便利[431]。

可以看到，电子政务实施涉及的每个群体所关注的利益点是不同的。虽然高层掌握着大量的组织信息，但出于管理层与委托者之间的契约所带来的责任关系及尽可能降低决策风险等多方面的考虑，技术的选择与使用方式等决策多数是委托给中层管理者做出，或者委托给外包公司；而中层管理者又将技术的具体操作和实现委托给信息技术人员完成，这期间自然存在多层委托代理关系，如果几方的利益博弈没有达成一致，则电子政务实施很难为政府组织带来良性的收益。此外，电子政务的产出是无形的，加之各类人员之间存在的信息不对称，使得电子政务实施过程中的委托代理问题随处可见。

根据委托代理理论，当所有权和控制权分离时，就产生了委托代理关系。电子政务的实施过程中，形成了专用性IT资产，并且IT资产的所有权和控制权是分离的，使得IT资本的提供方与IT资本控制方形成最为基础的委托代理关系。同时，由于电子政务不同于组织的其他资产，从开发到运营再到新系统的应用，形成了一个在时间上延续的持续投资，加之业务对IT的依赖程度增强，不同群体关注的利益点不一致等都使得代理风险增加。这些因素导致了电子政务实施过程中利益相关者之间的利益冲突，也成为影响电子政务实施成效的根源所在。

五、小结

基于对上述理论的讨论，本章节形成以下结论，如图6-7所示。

（1）根据菲尔顿的技术执行框架，本书认为电子政务实施是一个典型的客观信息技术转化为被执行信息技术的过程。电子政务的实施起始于根据客观信息技术制定的预期目标，在技术执行的过程中，由于触及多方利益相关者利益，将产生诸多组织管理问题。伴随着这些问题的不断产生和解决，电子政务实施过程表现出的一种明显的动态复杂性，导致了电子政务实施成效与预期的实施目标发生不可预料的偏离。

（2）电子政务实施的动态复杂性，决定于三个层面，一是从电子政务成熟度模型来看，电子政务作为新生事物，具有自身的发展规律，在一个组织内部随着信息化工作的不断深化，电子政务项目的不断增多，会导致技术与组织的复杂

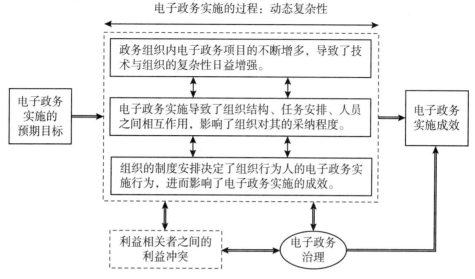

图6-7　电子政务治理在电子政务实施中的定位分析

性日益增强。二是从钻石模型来看，电子政务作为信息技术引入到政府组织，会导致组织中的三个重要因素之间发生相互作用，进而影响政府组织对电子政务的采纳程度。三是从技术执行框架来看，组织的制度安排，作为影响政府组织行为人的行为和期望的关键要素，也影响着电子政务的实施效果。

（3）从组织行为学的角度来看，电子政务实施动态复杂性的一个主要原因在于电子政务的实施影响了组织的重要资源——信息资源的重新格局。因此，造成了参与实施的组织利益相关者（也可以称为组织行为人）之间的利益冲突。可见，电子政务的实施事实上就是政府组织中的利益群体之间、或者利益相关者之间，为了争取组织政策、程序与资源上的影响力所做的"微政治"竞争的结果。电子政务的实施成效与预期目标的偏离程度决定于"微政治"力量之间的博弈。

（4）电子政务治理，作为电子政务实施的决策制度安排，是为理顺电子政务实施中的利益相关者的责权利关系服务的。电子政务治理基于对电子政务实施过程中关键性决策项的分析，及对电子政务实施的过程中的决策主体和利益主体的识别，进行决策权的治理安排，并设计相应的治理结构和治理机制，试图从有可能造成电子政务实施成效偏离预期目标的根源上，控制电子政务的实施路径，保证电子政务的实施成效。因此，电子政务治理成为电子政务实施成效的关键影响因素，对电子政务的实施成效具有重要的正向影响作用。

第五节 电子政务治理模式、结构、机制的探讨

IT 治理的研究重点最早集中在 IT 决策权的分配模式上，主要研究内容包括 IT 决策权利分配模式和权利分配模式的影响因素分析，随着这类研究的不断深化，多数研究者认为，如果没有相应治理结构和治理机制的配合，权利分配模式将不可能产生预期的结果[160]，因此关于 IT 治理结构、治理流程和治理机制的研究也不断展开，这些研究成果构成了 IT 治理的研究雏形。

一、IT 治理模式、治理结构与治理机制研究

（一）IT 治理模式的研究

IT 治理模式指组织制定 IT 决策的权利部署方式，也是 IT 治理研究中的核心部分。早期加利蒂（Garrity，1963）的研究[432]认为，IT 决策的权利部署分为两种基本方式，即集中式和分散式。其中，集中式治理是将所有 IT 决策权集中在组织的信息管理部门，而分散式治理则是将所有的 IT 决策权分配到各个业务单元或者流程中去[405]。然而由于这两种模式过于极端各有其优缺点，集中式治理有利于统一 IT 标准，有利于实现规模经济效应和协作能力，但是缺乏对业务需求的深入捕获；而分散式治理由于允许各业务部门共同参与方案制定的决策，有利于快速的响应和满足业务单元的个性需求，但是在组织范围内 IT 系统的协同和标准上难以取得统一[405,433-434]。

随着组织与信息技术的相互渗透，面对着两种极端模式的弊病，一些研究拓展了模式的类型，认为在大型的多部门公司技术管理权采用集中模式，而技术的应用管理权则采用分散模式，并将这种模式命名为"联邦式"[399,435-436]。这种治理模式综合了集中式和分散式的优点，由集中的信息部门提供核心 IT 服务管理，而业务部门对各自的信息技术应用拥有决策控制权[437-438]。同时，另外一些研究也推翻了早期经验研究中关于公司内部使用一种统一治理模式的假设，认为针对不同的 IT 决策活动，应该匹配不同的治理模式[408]。例如奥尔森（Olson，1980）研究了系统运营、系统开发和治理管理的治理模式[397]，而伯德（Byrd，1995）针对 IT 规划决策的治理模式作了相应的研究[439]。

与此同时，关于 IT 治理模式影响因素的经验研究也在进一步深化，研究的

焦点问题是探索研究治理模式形成的组织因素，力图为组织的治理模式选择提供预测依据。奥尔森（1980）通过对美国 43 家雇员人数大于 500 人的公司的调研认为，从行业或者规模等组织变量无法推断组织何时或者为何采用分散式治理模式[397]。艾因 - 多尔（1982）通过对美国一个城市的 53 家企业的调研，认为组织的集权程度与 IT 治理的集权程度有正相关关系，而组织的规模（以总收入而不以员工人数来衡量时）与 IT 治理的集权程度呈反向相关关系[396]。阿希特夫（Ahituv，1989）调研了以色列的 303 家企业认为，决策制定的集权程度与行业类型没有显著关系，而与硬件在地理位置上的分散情况有相关关系[440]。泰瓦克利安（Tavakolian，1989）调研了雇员人数大于 500 人的 52 家美国企业的情况，认为采用"防御性战略"的组织比采用"进攻性战略"的组织更加容易采用集中式 IT 治理模式[400]。布朗（1994）认为影响 IT 治理模式形成的组织因素是多重的，甚至因素之间还存在相互促进作用或者冲突作用[441]，该研究提出了 4 种IT 治理模式和 10 个相互作用的因子，并将 10 种影响因素与 4 种 IT 治理模式匹配起来，总结了每种治理模式的影响因素。在布朗（1997）的后续研究中，认为尽管组织层面的因素影响治理模式的选择，但是由于信息技术在组织内的广泛使用，业务部门层面的影响因素也成为治理模式选择的重要依据[405]。并在论文[406]中进一步针对跨部门的 IT 服务（比如系统开发），提出了混合型 IT 治理模式的 6 个影响因素。山姆班莫西（1999）采用多重影响因子理论，通过实证研究得出以下结论：一是处在增强型权变环境条件下，组织倾向于采用或集权或分权的 IT 治理模式；二是处在冲突型权变环境条件下，组织倾向于采用联邦式的IT 治理模式；三是处在主导型权变环境条件下，组织倾向于采用集权或分权的IT 治理模式。这些研究认为影响 IT 治理模式形成的主要因素很多，主要包括组织的行业和规模、组织结构和集权程度、组织的文化氛围、组织的战略、IT 的重要程度；同时，这些影响因素还来源于组织的不同层级[408]。

直到 2004 年，韦尔教授在上述研究的基础上，再次对 IT 治理模式及其影响因素进行了更深入的探索[161]。一方面将 IT 决策分为 5 种关键决策项：即 IT 原则、IT 架构、IT 基础设施、业务应用需求和 IT 投资，具体界定如表 6 - 4 所示；另一方面提出"治理原型"的概念，并将治理原型划分为 6 种类型，即业务君主制、IT 君主制、封建制、联邦制和双寡头制和无政府制，具体界定如表 6 - 5 所示。在此基础上建立了如表 6 - 6 所示的 IT 治理安排矩阵，作为深化 IT 治理模式研究的工具。

韦尔的研究通过对全球范围内 23 个国家的 256 个组织的实证研究，形成四个主要结论：一是企业的 IT 治理有几种典型模式，例如几乎没有企业采取无政府制或封建制；大多数企业将 IT 架构和 IT 基础设施的决策交给 IT 方面的专家负责；IT 原则较多的采用双寡头制；业务应用需求较多的采用联邦制和双寡头制；IT 投资则比较多的采用业务君主制、联邦制和双寡头制。二是非营利组织与营利组织的治理模式之间存在显著的不同之处，例如，除了 IT 架构之外，更多地采用业务君主制；所有决策中都很少使用 IT 君主制；除了 IT 投资之外，更多地采用联邦制安排；IT 架构决策更多地使用双寡头制；所有决策的输入都更多地使用联邦制安排。三是综合考虑成本、增长率和灵活性等多个绩效目标，联邦制在提供五种决策的输入上最为有效，有利于广泛权衡公司高层管理者和业务管理者各方面的需求。而有三种决策模式最为有效：模式 1，即在 IT 原则和投资决策上采用 IT 双寡头制；在 IT 基础设施和 IT 架构上采用 IT 君主制；在 IT 业务需求上采用联邦制，这种模式适合于协作多，并且业务方和 IT 方相互信任的组织。模式 2，与模式 1 很类似，只是在业务应用需求上采用双寡头制，IT 投资上采用业务君主制，这种模式在协作较少的公司很有效。模式 3 更加集中化，除了业务需求决策采用联邦制外，其余的均采用业务君主制，这种模式通常在具有单一业务或者收益率和成本控制占据重要位置的公司很有效。四是不同组织的 IT 治理模式存在许多显著的差异，这些差异主要来自于企业不同的战略和绩效目标、组织结构、IT 治理经验、组织的规模和多元化，以及所处行业和区域的差异。

表 6 – 4　　　　　　　　　　　**五种关键的 IT 决策项**

IT 原则的决策 高层关于企业如何使用 IT		
IT 架构决策 组织从一系列政策、关系以及技术选择中捕获的数据、应用和基础设施的逻辑，以达到预期的商业、技术的标准化和一体化	IT 基础设施决策 集中协调、共享 IT 服务可以给企业的 IT 能力提供基础	IT 投资和优先顺序决策 关于应该在 IT 的哪些方面投资以及投资多少的决策。包括项目的审批和论证技术
	业务应用需求决策 为购买或内部开发 IT 应用确定业务需求	

表 6 – 5　　　　　　　　　　　**六种 IT 治理原型**

治理原型	输入权和决策权的具体描述	CXO 层	IT 部门	业务部门
业务君主制	一群高层主管或单个高层主管，包括高级业务主管委员会（可能包括 CIO），但是不包括独立设置的 IT 主管	√		
IT 君主制	一个或一群 IT 主管		√	

治理原型	输入权和决策权的具体描述	CXO 层	IT 部门	业务部门
封建制	业务部门领导，关键流程的负责人或者他们的代表			√
联邦制	高层主管和业务部门领导，可能也包括 IT 主管	√	√	√
		√		√
双寡头制	IT 主管和高层主管，或者 IT 主管和业务部门领导或流程负责人	√	√	
			√	√
无政府制	每一个单独的使用者			

表 6 – 6　　　　　　　　　　　IT 治理安排矩阵

原型 \ 决策	IT原则 输入	IT原则 决策	IT架构 输入	IT架构 决策	IT基础设施 输入	IT基础设施 决策	业务需求 输入	业务需求 决策	IT投资 输入	IT投资 决策
业务君主	0	27	0	6	0	7	1	12	1	30
IT君主	1	18	20	73	10	59	0	8	0	9
封建制	0	3	0	0	1	2	1	18	0	3
联邦制	83	14	46	4	59	6	81	30	93	27
双寡头制	15	36	34	15	30	23	81	27	6	30
无政府制	0	0	0	1	0	1	17	3	0	1
无数据	1	2	0	1	0	2	0	2	0	1

注：▨ 表示对所有企业都通用的输入模式；▨ 表示对所有企业都通用的决策模式。
每格中的数字是对23个国家的256个企业研究之后得出的百分数。每列的数字相加等于100%

　　薛（Xue，2008）在韦尔的研究基础上，细化了 IT 投资决策的过程。基于对中国 6 个公立医院 54 个 IT 投资项目的探索性案例研究，识别了 7 种类型的 IT 治理原型，及其典型的治理模式，并探讨了影响 IT 治理模式形成的三个主要因素，即 IT 投资特征、组织的外部因素、内部因素[413]。该研究进一步拓展了韦尔的研究成果，并证明了韦尔的研究思路在非营利组织 IT 治理研究中的可行性。

（二）IT 治理结构和治理机制研究

　　随着 IT 治理模式研究的不断深化，学者们发现 IT 治理模式与 IT 治理有效性之间尽管存在一定的联系，但是如果缺乏治理结构和治理机制等保障措施，IT 治理模式将无法发挥其效用[160]。因此，借鉴公司治理的思想，学者们开始关注

IT 治理结构、治理流程和治理机制等治理组件的研究。

彼得森（2004）认为 IT 治理有效性源于 IT 治理能力，而 IT 治理能力是指跨越业务功能指导和协调与 IT 规划、组织、控制相关的多方面活动的管理能力，由结构能力、过程能力和关系能力构成，是一个复杂的多层次体系[392]。其中结构能力是由跨越组织功能的特定角色或组织形成，例如 CIO、IT 执行委员会等；过程能力是指 IT 决策或者 IT 监控过程的正式化和制度化的程度，预示着正式的方法论在 IT 决策制定过程中的使用情况，例如平衡计分卡、成本效益分析等；关系能力是指高层管理者、IT 管理者以及业务管理者在参与 IT 实施过程中的协调沟通能力，例如参与者激励、冲突解决机制等。还有一些学者[165,410,416,442]也就 IT 治理中的治理结构、治理流程、沟通关系等问题进行了案例研究。然而，由于 IT 治理研究的复杂性和前瞻性，学者们对 IT 治理制度安排中的诸如治理模式、治理结构、治理机制等关键要素的界定存在一定的差别。

韦尔（2004）的研究具有较强的抽象概括能力，将治理结构、治理流程和沟通称为治理机制，并认为企业是通过治理结构、治理流程和沟通来实现治理的，设计全面、容易理解和清晰的治理机制，将促进期望 IT 行为的产生，相反，如果治理机制乏力，治理将不会产生预期结果[443]。该研究认为有效的治理将运用三种不同的机制：一是决策制定结构，即负责制定 IT 决策的组织单元和角色，是根据 IT 治理原型，形成 IT 决策制定的组织机构，例如业务君主制的决策结构多以执行委员会的形式出现、联邦制通常采用高级执行委员会、IT 君主制的实施结构一般是 IT 领导团队和 IT 架构委员会、双寡头制的治理结构通常是拥有业务和 IT 成员的 IT 理事会或者业务/流程经理；二是联合流程，即用于保证日常行为和 IT 政策相一致，并提供反馈的正式流程，一般包括 IT 投资批准流程、架构的例外流程、服务水平协议、费用分摊管理、项目追踪、业务价值的正式追踪等；三是沟通方法，即传播 IT 治理原则、政策和 IT 决策制定流程结果的公告、渠道等，包括高级管理层的公告、基于网络的门户、IT 治理办公室，该研究还通过大量案例研究探讨了每一种机制的预期能力和局限性。

二、IT 治理研究成果对电子政务治理研究的启示和局限性

（一）研究思路的可行性

无论是政府部门还是企业组织，在信息化建设过程都不可避免的遇到很多实

施过程中的管理问题，在前面章节中已经做了讨论。因此"IT治理"作为必不可少的服务工具有利于克服诸多实施过程中的管理问题。现有的IT治理范式突出IT治理模式及其影响因素的研究，对现有IT治理模式的特点及形成原因进行了深入讨论，并对治理结构、治理机制等问题进行了一定的研究，对电子政务治理范式的研究在研究思路上有很大的启示作用。

为此，在本章第三节，基于对现有IT治理概念的辨析，界定了电子政务治理范式及其关键构成要素：电子政务治理模式、电子政务治理结构、电子政务治理机制之间的相互作用关系。结合韦尔（2004，2005）[160-161,418]和薛（2008）[413]的研究，本书认为电子政务治理的研究思路将遵循如图6-8所示的流程。电子政务治理模式是形成电子政务治理范式的基础，其核心是对关键电子政务决策项的权力安排和责任部署，是为了弥补现有组织结构的不足，也是电子政务治理结构设计的基础；电子政务治理结构和电子政务治理机制为IT治理模式的实现和有效运转，以及IT治理有效性的提高奠定了重要的基础。

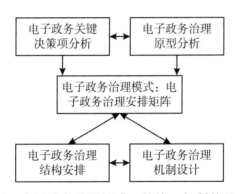

图6-8 电子政务治理模式、结构、机制的设计流程

（二）研究工具的局限性

IT治理安排矩阵作为研究工具为IT治理模式的研究提供了一种多维的研究视角，将治理原型、关键决策项、决策的输入阶段和制定阶段集于一个安排矩阵中，为多样化的IT治理模式研究提供了清晰的研究思路。但是该研究工具在用于电子政务治理研究时存在三个问题，一是由于治理的原型是完全基于公司治理结构的基础上提出的，忽略了政府组织和公司组织在治理结构上的差异。因此，对政府组织，尤其是中国政府组织缺乏针对性。二是五种类型的IT关键决策项的划分充分考虑了企业组织信息技术投资的特点，但是由于忽略了对政府部门电子政务实施特点的考察，尤其是缺乏对我国政府电子政务建设特征的考察。因此，划分方式缺乏在政府组织中的普遍适用性。三是 IT 治理安排矩阵仅仅考虑了决策过程中的输入和制定阶段的权利分配问题，缺乏对整个电子政务实施过程中权力分配问题的关注。因此，为了深入研究电子政务治理模式，有必要针对政府组织的特点改进治理安排矩阵。

（三） 研究结论缺乏中国情境下的适用性验证

上述研究均基于对美国及其他发达国家的公司及少数公共部门 IT 治理的实证研究，形成了有关 IT 治理模式、治理结构和治理机制的研究结论，主要包括三个方面：一是讨论了组织的 IT 治理模式从单一制到多样化的演化过程和驱动力，从理论层面界定了多种 IT 治理模式的类型及其有效性。二是从环境层面、组织层面、业务层面讨论了 IT 治理模式形成的影响因素，为组织的 IT 治理模式选择提供了理论依据。三是深化了 IT 治理模式研究，从治理结构和治理机制的层面描述了保障 IT 治理有效性的核心要素。这些结论虽然得到了多数学者的认同，但是由于这类研究大多采用了探索性案例研究的方法，大部分研究结论来自对发达国家企业组织案例的总结，因此，多数研究结论缺乏在中国情境下政府部门电子政务实施的适用性验证。

三、电子政务治理模式、结构和机制的设计

雷尼（1976）早在二十多年前，就讨论了公共部门和私有部门至少在三个方面存在不同之处：一是环境的驱动力和限制不同。二是组织的强制性行为和对利益的关注范围不同。三是内部的过程复杂性、授权机制和激励机制不同[317]。这些不同之处导致了信息系统管理中的诸多不同之处，近年来布雷特施耐德（1990）、考德尔（Caudle，1991）、莫汉（Mohan，1990）、罗谢尔（Rocheleau，2002）、舍利斯（2003）、肖尔（2006）、沃德（2004，2006）等多数学者也就这一问题进行了类似研究[27,164,318,386,444—447]，综合这些研究的主要观点，本书认为公共部门和私有部门的信息系统建设与管理存在诸多不同之处，一是信息系统建设目标不同，相对于私有部门对经济效益的考虑，公共部门由于更加关注"公共利益"，因而系统建设目标更加广泛；二是管理者的态度差异，相对于私有部门的基于市场竞争压力的积极主动性，由于缺乏激励机制和奖惩制度，公共部门的信息系统建设和管理通常是被动的；三是绩效衡量方式不同，相对于私有部门对成本和收益的考虑，由于缺乏可靠和明确的绩效评价方式，公共部门系统建设绩效更多的关注投入和预算而不是关注产出。这些重要的不同之处导致了公共部门或政府组织与私有部门在信息系统建设和运营过程中的管理方式和决策行为上

的显著差异，也导致了 IT 治理范式的不同[448]。

与此同时，从实践角度讲，我国政府部门的电子政务建设与运营管理还存在一个典型的区别于其他国家的特征，我国电子政务的推进工作存在两条主线，一条是以中央直属部门为主要推动力量的纵向电子政务建设，包括三类：一是金关、金税和金融监管（含金卡）、宏观经济管理、金财、金盾、金审、社会保障、金农、金水、金质等"十二金"工程建设，从省到市（地州）甚至于到县（市区），基本实现了业务协同和资源整合；二是党委、人大、政府、政协、法院、检察院、公安等七大部门，从省到市（地州）均建立了内网，信息共享程度较高；三是发展改革委员会、科技、商务、民政、林业、人口和计划生育、医疗卫生等以业务为主的部门电子政务推进较快。另一条是以地方政府为主要推动力量的横向电子政务建设，由于缺乏统一规划，各单位网络建设各自为政，条块分割，各个平台之间不能互联互通，"信息孤岛"现象大量存在。同时，由于我国的电子政务建设，受上级和政策因素的影响比较大，自上而下逐级推进，这种推动力带有很强的行政性，因此形成了目前"纵强横弱"的现象，这种现象尤其以市（地州）表现最为突出。而市一级政府部门作为直接提供公共服务的电子政务建设主体，面临着更大的管理挑战。

基于上述理论与实践背景，本书在以下部分将基于 IT 治理理论，沿用图 6-8 的研究思路，以市级政府部门为例，探讨电子政务治理模式、治理结构和治理机制的设计思路。

（一）关键性电子政务决策项分析

尽管由于服务对象和服务内容不同，企业的产品千差万别，经营运作方式也相去甚远，但是企业的基本职能和业务模块的组成都大同小异，都是以某种形式组织生产制造或提供增值服务，向供应商采购生产原料或获得其他公司的服务项目，和客户保持联系，进行商品交易和财务管理，对内部的资源进行统筹和调配，收集经营实践经验，制定企业发展战略。因此，企业的信息系统项目从横向角度看包括 ERP、CRM、SCM 系统，从纵向角度看又包括数据库系统、业务系统、决策支持系统，其建设目的是提高企业的运营效率和竞争能力。

政府组织的基本功能是经济调节、市场监管、社会管理和公共服务，由于具有复杂的多目标体系，电子政务实施过程远比企业组织的信息系统实施过程复杂许多。韦尔（2004）提出的 IT 治理的 5 项关键性决策仅仅描绘了组合 IT 项目的启动和立项阶段的关键决策，而 IT 项目实施的建设阶段和运营阶段作为 IT 项目不可分割的重要运作阶段，直接影响着 IT 的实施成效[383,449-452]。根据库珀（Coop-

317

er，1990）对 IT 实施过程特征的分析[450]；韦尔（1989）[453]和艾拉尼（Irani，2002）[454]对 IT 决策特征的总结；安德森（2006）[455]和考德尔（1991）[386]对公共部门 IT 应用中管理问题的研究；曾（Tseng，2008）对电子政务实施中关键性管理问题的探讨[385]，以及国内电子政务建设的实际情况，本书认为中国典型的市一级政府部门电子政务决策项应该包括 5 个类别，即战略规划类、管理系统类、应用系统类、数据库类、网络设施类，每个项目都将包含启动、立项、建设和运营四个主要阶段。同时，本书作者联合《信息化建设》杂志社，通过对中国内地除西藏自治区、江西省以外的 29 个省、直辖市、自治区信息管理部门 180 位政府官员的调研，对电子政务决策项的主要类型及其在实施过程中涉及的关键性管理问题进行分析归纳，如表 6－7 所示。

表 6－7　　　　　　　电子政务决策项的分类及其实施中的关键问题

决策项的类型	编号	子项类型	关键性管理问题	理论支持
S. 战略规划 Strategies	S－1	政府信息化规划报告	明确电子政务建设目标；合理安排各项 IT 资源等	韦尔（1989）[453]、伯德（1995）[439]
	S－2	电子政务总体架构设计		
M. 管理系统 Management	M－1	电子政务组织机构调整	保证组织结构的灵活性；协调部门利益的冲突；鼓励员工的积极参与等	曾（2008）[385]、金（2007）[452]
	M－2	电子政务流程改造方案		
	M－3	电子政务管理制度		
A. 应用系统 Application	A－1	政府门户网站	识别业务部门的信息需求；进行优先级排序；项目投资的资金安排；系统间的横向集成和纵向集成；业务部门之间的协同等	厄尔（1989）[436]、安德森（2006）[455]
	A－2	网上审批系统		
	A－3	协同办公系统		
	A－4	电子公文系统		
	A－5	电子办公系统		
	A－6	决策支持系统		
D. 数据基础 Database	D－1	信息交换系统	数据标准；数据共享；数据安全等	埃德巴克斯（Atabakhsh，2004）[456]
	D－2	信息公开系统		
	D－3	业务数据库系统		
N. 网络设施 Network	N－1	公共服务网络（外网）	技术标准；软硬件选型；物理位置选择等	比尔马斯特（Beaumaster，2002）[457]、阿克布鲁特（2003）[458]
	N－2	非涉密政府办公网络		
	N－3	涉密政府办公网络		
	N－4	专业纵向网络		

（二）电子政务治理原型分析

可以看到，各种类型的电子政务作为公共投资项目已经渗透到几乎所有的政府部门，因此不同部门担负着不同的职能，拥有不同的决策权。目前我国的公共投资项目决策组织结构呈现出"纵横结合，以横为主"，"条块结合，以块为主"的结构特点。在中共中央和国务院的统一领导下，公共投资项目的决策机构沿纵向和横向两个维度分别设置了不同层级、不同功能的部门。项目决策组织分工的这种客观性是项目决策权分配多元化和必然性的体现。对于电子政务建设项目组织内的任何一个决策单元来说，它都处于层级型决策分工和功能型决策分工的交互链条之上。因此，任何一个关键性电子政务决策项都会出现身处不同职位的电子政务决策参与者。以一个市级政府部门为例，有可能参与到各种类型电子政务项目决策中的管理者包括四个行政级别八类角色，具体行政关系如图 6-9 所示，对每一类管理者的具体描述如表 6-8 所示。

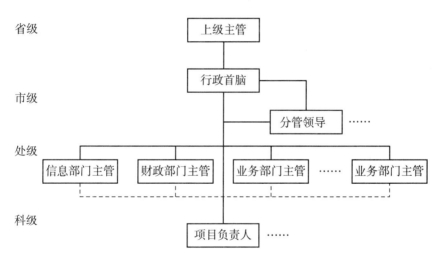

图 6-9　参与电子政务决策的主要角色

表 6-8　　　　　　　　　参与电子政务决策的主要管理者类型

参与决策的管理者	角色描述
上级主管	推进所辖市级单位电子政务推进工作的上级行政主管或者业务主管，例如负责信息化建设的省长、副省长或者办公厅主任
行政首脑	负责电子政务推进的本市最高领导，主要指市长
分管领导	负责管理电子政务实施的分管领导，包括副市长、秘书长等

续表

参与决策的管理者	角色描述
信息部门主管	负责本市电子政务建设的信息部门主管，例如信息办主任、办公室主任等
财政部门主管	负责电子政务建设项目的财政拨款，包括财政局长或副局长等
业务部门主管	开展电子政务建设项目的处级业务部门主管，例如人事局、民政局、发改委等部门的主管
项目负责人	管理具体电子政务建设的项目负责人，有可能是信息部门，或者某业务部门下某机构的负责人，不包括外包工程的项目负责人

在不同类型的关键性电子政务决策中，可能会有不同的管理角色参与到决策中来，因此可能形成多种形式的电子政务治理原型。本书将通过第七章的案例研究进一步识别地市一级政府部门主要的电子政务治理原型。

（三）电子政务治理模式

电子政务治理模式研究继承 IT 治理模式研究的思路，从两个方面进行拓展。

一方面识别主要的电子政务治理模式。由于电子政务项目的差异和治理原型的多样化，电子政务治理模式的识别将依赖于治理安排矩阵。本书在韦尔（2004）[161] 的 IT 治理安排矩阵的基础上做了一些调整：纵轴是由参与电子政务决策的主要角色构成的治理原型的类别；横轴分为两层，第一层将电子政务决策项划分为五种类型，第二层是针对各类电子政务决策项，基于电子政务实施特点划分的四个关键环节；方框中填写的不同类型电子政务决策项在不同阶段采用的电子政务治理原型，电子政务治理安排矩阵图示见表 6－9。本书将在第七章的案例研究中进一步利用该治理安排矩阵探索电子政务治理的主要模式。

表 6－9　　　　　　　　　电子政务治理安排矩阵（图示）

治理原型	S.				M.			
	启动	立项	建设	运营	启动	立项	建设	运营

另一方面将探索电子政务治理模式形成的主要原因。关于 IT 治理模式形成的影响因素分析从最初的单因素分析到目前的多因素分析，已经形成了一定的研究基础。多数学者认为，IT 治理模式的形成主要影响因素包括组织所处

的行业和地区、组织的规模、组织文化、组织结构、组织战略、组织的绩效目标、IT 治理经验、IT 的重要性。归纳前人的研究结果[161,405,408,413,459]，可以看到，现有研究提出的关键影响因素，可以分为三类：一是外部因素，例如行业背景和区域特征；二是内部因素，例如组织规模、文化氛围、组织结构、组织战略；三是 IT 管理因素，例如 IT 治理经验、IT 重要性、IT 投资特点等。由于政府组织在上述三个方面存在区别于企业组织的特征，以及中国政府组织的特殊情境，在行业背景、组织结构、组织战略等因素上缺乏一定的可比性。本书基于前人的研究基础，仅从外部因素、内部因素、电子政务投资特点三个维度归纳了 12 个影响因素如表 6 – 10 所示，并通过进一步的案例研究，探讨这些因素对电子政务治理模式的影响程度，并进一步探索治理模式形成的关键。

表 6 – 10　　　　　　　　电子政务治理模式的影响因素

	电子政务治理模式的影响因素	文献来源
外部因素	上级部门的意志和要求产生的强制性压力	梁（Liang，2007）[460]、斯旺森（Swanson，2004）[461]、迪欧（Teo，2003）[462]、布朗（1997）[405]、波士华（1988）[463]、韦尔（2004）[443]
	同类地区的典范作用产生的效仿性压力	
	为了在同类地区中脱颖而出产生的竞争性压力	
	地区的经济发展水平	
内部因素	行政首脑对电子政务投资的态度	普里缪图克（Prybutok，2008）[464]、山姆班莫西（1999）[408]、厄尔（1989）[436]、布朗（1994）[441]、加斯博森（Jasperson，2002）[465]、韦尔（2004）[443]
	组织的集权程度	
	IT 管理经验	
	信息部门的影响力	
电子政务投资特点	投资规模	薛（2008）[413]、布朗（1994）[441]、布朗（1997）[405]、布朗（1998）[406]、阿希特夫（Ahituv，1989）[440]
	应用范围	
	需求的迫切性	
	相关技术的成熟度	

（四）电子政务治理结构安排

在公司治理中，公司内部的科层关系主要表现为委托—代理关系，而公司外部市场与公司之间则主要表现为契约关系。与公司有关的所有当事人，都希望从公司的经营中获得与投入相匹配的收益，这些当事人共同博弈形成一般意义上的公司治理，因此也形成了内部治理、外部治理、市场治理等多种治理范畴。从内部治理的角度来讲，内部治理结构都基本遵循决策、执行、监督三权分立的框架对公司的关键资产进行治理，但在具体设置和权利分配上存在着一定的差别。一般来说，股东大会是公司的最高权力机构；董事会是股东大会的常设机构，董事会的职权是由股东大会授予的；由于董事会有权将部分经营管理权力转交给代理人代为执行，因此，首席执行官（CEO）作为董事会授权的代理人是公司政策执行机构的最高负责人，在多数情况下，是由董事长兼任的，即使不是由董事长兼任，担任此职的人也几乎必然是公司的执行董事并且是公司董事长的继承人；监事会是公司内部的专职监督机构，监事会对股东大会负责，以出资人代表的身份行使监督权力。IT治理结构是在公司治理结构的基础上形成的一些跨部门的领导小组或团队，因此完全可以依据公司治理安排情况，细化IT治理结构安排，并根据领导小组或团队的参与人员确定其权力范围。然而，政府治理结构与公司治理结构存在着显著差异，因此，IT治理结构的研究结论无法直接应用于电子政务治理结构安排研究。

无论是联邦制国家还是单一制国家，政府治理制度都具有一个相似的特征，即都是一个多级次结构（至少包括中央政府和基层政府两级），但不同国家的政府治理结构则可能存在较大的差异性。政府组织通常是指行使国家公共权力的行政机关，政府组织的治理也是基于委托—代理关系产生的。尽管有些学者试图将公司治理模式应用于政府部门，但是多数研究认为由于政府组织的多目标特征，使得公司治理模式的移植和应用难度很大[466-467]。我国立法、行政、司法权分别由人大、政府、司法部门负责，而政府组织由中央政府、省级政府、地市级政府、县级政府以及乡镇政府五个级次组成。由于我国是在工业化的历史使命尚未完成的情况下被动地卷入全球信息化浪潮。很多地方电子政务建设往往是出于自身愿望或上级要求（甚至是攀比心理）而不是实际的需求，与信息化水平较高的国家相比，电子政务建设和推广的保障和促进作用明显不足，目前从事电子政务实施管理的组织形式主要有四种：一是成立各种形式的领导小组及办公室（临时机构）；二是成立专职机构，如信息中心、信息产业厅（局）等；三是落实到一个政府机构来负责，如信息办、科技局等；四是由各级办公厅（室）处室管理。在具体的政府部门负责电子政务实施管理方式有较大差异，虽然这些机构在各自职责范围内推进着我国电子政务的发展，但都存在不同程度的问题，多头领导、政出多门的情况比较严重。问题的关键是现有各类电子政务组织管理机构的财权和事权缺乏明确界定。

为此，本书认为电子政务治理结构安排，应该符合以下主要原则：一是根据治理模式设计安排治理结构，以便明确治理结构的权责范围，有效弥补现有组织结构的不足。二是电子政务治理结构作为现有组织机构从事电子政务的补充形式，应该在一定的时间内具有相对稳定性。三是电子政务治理结构安排要尽可能采用多样化的形式，以应对不同类型的电子政务项目的治理。

（五）电子政务治理机制设计

公司和政府组织的治理都基于委托—代理关系，尽管治理模式和治理结构存在较多差异，但作为治理结构有效行使权力的保障，其内部治理机制具有一定的相似性。因此，本章节仅从沟通、监督、激励几个重要方面探讨电子政务治理机制的设计。

沟通机制与多数研究中探讨的 IT 治理机制中的沟通问题[443]和关系问题[165,416,419]具有同样的内涵，目的是借助一定的运作方式把治理结构中各个部分联系起来，使之协调运作而发挥最大潜能。电子政务建设和运营的跨部门特征使得沟通在政府部门内部无处不在，但沟通渠道不畅通是大多数政府部门存在的通病，机构越复杂，沟通越是困难，因为基层的意见不能及时反馈至高层决策者那里，甚至在反馈过程中就已被层层扼杀，而决策层的政策在传达过程中，常常也无法以原貌展现在员工面前。为此，电子政务治理的沟通机制设计要注意以下几个原则：一是沟通机制要制度化、规范化，使各种信息能够以公开、正面、肯定的形式表达出来，保证治理过程的高度透明；二是建立多样化的沟通平台。

监督机制和激励机制作为治理理论的核心问题，无论在公司治理还是政府治理中都受到广泛重视。根据麦克尔·詹森（Michael Jensen）和威廉·麦克林（William Meckling）的契约经济理论，经济意义上的委托代理关系与政治经济学中的委托代理关系，从产生和责任要求来看，性质是相同的，都是通过代理人的代理行为实现委托人的利益最大化目标。问题在于，在经济的"效用最大化"和"机会主义"行为假设下，代理人与委托人的目标函数不一致，加上存在不确定性和信息不对称，因而，便产生了代理人问题，即"逆向选择"和"道德风险"。解决代理人问题的基本思路：一是设计激励机制；二是建立监督机制。"激励机制"是公司治理理论中研究重点，通过契约设计，使股东与经理人的利益目标趋于一致，实现"激励相容"，相比成本过高的监督机制设计，更易操作。而对"监督机制"的研究更符合政府治理的特点，政府组织缺乏货币收益，没有公司意义上的股权，无法量化业绩和依据业绩调节薪金，再加上公共权力激励有限，和官员或管理者机会主义行为的可能性，政府组织很难解决代理人"激励相容"问题，"监督机制"更为有效[468]。尽管如此，作为治理机制中的两个重要元素，电子政务治理的监督机制和激励机制设计要扬长避短，符合以下原则：一是建立多元化激励机制。在政府内部，员工努力工作、积极进取的主要动力是职位阶梯的攀升，即获得更多的权力资源和机会，因此除了权力激励、薪酬激励外，注重精神激励、声誉激励的效用[469]。同时，注重电子政务实施过程中的激励措施制度化，并将电子政务的推进纳入行政效能考核中。二是建立基于过程的监督机制，从投入、成效两个方面监督项目的启动、立项、建设、运营每个关键阶段。一方面明确电子政务实施过程中的监督主体，将组织外部的代表纳入到监督活动中来；另一方面明确电子政务实施的绩效评价指标，制定电子政务项目实施的跟踪监控制度。

四、小结

本部分的研究结论包括三个：一是尽管 IT 治理范式在研究思路上对电子政务治理范式研究具有较强的借鉴作用，由于政府电子政务建设与企业信息化建设的不同特征，以及政府治理结构与公司治理结构的较大差异，IT 治理范式的研究工具和研究结论对电子政务治理范式研究存在一定的局限性。二是基于 IT 治理安排矩阵的局限性，本章节提出了电子政务治理安排矩阵，作为深入研究电子政务治理模式及其影响因素的研究工具。三是基于现有 IT 治理结构和治理机制研究的局限性，本章节结合政府治理和公司治理理论，提出了电子政务治理结构安排和治理机制设计的基本原则，为安排和设计电子政务治理结构和治理机制，并探讨其有效性奠定了基础。四是本章节认为根据现有文献，无法考究中国情境下的电子政务治理模式、治理结构和治理机制，进一步的研究有必要通过跨案例研究形成结论。

第六节　电子政务治理有效性研究

一、IT 治理有效性研究

IT 治理有效性的讨论的集中在两个方面，一是 IT 治理有效性的评价问题；二是 IT 治理有效性的影响因素问题。关于 IT 治理有效性的评价问题的研究成果比较单薄，大多停留在概念探讨的层面，例如一些学者[392,470]对 IT 治理有效性的概念界定、有效性的驱动力和评价过程进行初步的探讨；一些学者结合 IT 治理标准[316]和平衡计分卡[417,471]探讨了 IT 治理有效性的评价方式问题；还有一些学者探讨了 IT 治理有效性和公司治理绩效之间的关系[411,472]。相对而言，IT 治理有效性影响因素的研究文献较为丰富，多数研究偏重于对单因素分析，分别研究了高层管理者与 IT 管理者共同承担 IT 决策的责任[398]、IT 管理氛围[473]、IT 组织的设计[474]、基于 IT 能力的组织关系平台设计[409]、CIO 职位的设置情况[475]、沟通关系[410]等单个因素对 IT 治理有效性的重要影响；也有一些学者展开了较为复杂的多因素研究[392,442,476]。

随着 IT 治理理论的发展，有关 IT 治理有效性研究的文献日渐丰富，但较为深入的相关研究并不多见，值得关注的仍然是韦尔（2004）的研究[443]。韦尔将 IT 治理有效性定义为：治理安排鼓励期望行为的程度和公司最终达到其期望目标的程度。同时该研究还设计了 IT 治理有效性的计算方式。该方法首先确定了 IT 治理的结果的四个主要指标，即 IT 治理在成本效益、增长、资产利用、业务灵活性 4 个方面的有效性；然后拟定两个问题，问题（1）用于评估这四个治理结果在企业的重要程度，问题（2）用于评估这四个结果在企业的实现程度，由于不同企业对治理结果的重要性排序不同，因此问题（1）的答案可以作为问题（2）的权重值；最后将四个治理结果的得分进行加权求和得到该企业的治理有效性成绩，具体计算如式（6 - 1）所示。

$$\text{IT 治理有效性} = \frac{\left[\sum_1^4 (\text{治理结果的重要性}_i) \times (\text{治理结果的实现程度}_i) \right] \times 100}{\sum_1^4 (5 \times \text{治理结果的重要性}_i)}$$

$$(6 - 1)$$

韦尔的研究依据上述计算方法，通过对 256 个组织高层管理者的调研得到如下结论：一是治理绩效的平均得分 69 分，最低得分 20 分（100 分制），前 1/3 的组织得分超过 74 分，17% 的组织分值大于 80 分，7% 的组织分值大于 90 分，可见 IT 治理有效性在不同企业之间有显著差异。二是治理绩效指标与几种经过三年平均行业调整的财务绩效指标之间具有很大的统计相关性。三是非营利组织的治理绩效比营利组织的治理绩效在统计数字上平均低 10 个百分点。四是 IT 治理有效性的影响因素主要包括 8 个，IT 治理机制对所有管理者的透明程度、满足企业目标的治理设计的主动性、治理安排的稳定程度、治理安排简单化、治理目标的明确程度、例外处理规则的清晰程度、治理安排的多层面性、激励机制的设计。这些研究结论为 IT 治理有效性研究提供了开阔的研究思路，为电子政务治理有效性研究提供了一定的研究基础。

二、电子政务治理有效性评价

电子政务治理的目的通过采用适当的治理模式、良好的治理结构、有效的治理机制，规避电子政务项目投资风险，维护利益相关者利益，保证电子政务项目的实施成效。电子政务治理有效性是对电子政务治理有效性的评价和衡量，尽管韦尔的研究对 IT 治理有效性评估提供了良好的研究思路，但是四个治理绩效评价指标，除了 IT 的成本效益外，其他三个指标对于政府组织的电子政务建设缺乏良好的适用性，尤其不适于评价中国特色的电子政务建设中的治理问题。电子政务公共服务建设项目作为政府部门的公共投资项目，治理要实现三个重要目标，一是要关注电子政务项目的投入，即尽可能降低成本[162]，尽可能提高现有资源利用率[157]。二是关注电子政务项目的建设过程，即尽可能地提高效率和抗风险能力[163-164]。三是关注电子政务项目的产出，即尽可能提高电子政务项目的价值交付能力[165]，以促进公共服务效率和能力[5]。因此，电子政务治理的有效性，不应仅局限于它所可能带来的电子政务项目目标的实现情况，还应系统考虑其在对增加电子政务投资价值、控制建设成本、增强公共服务能力、提高信息资源的共享能力以及有效防范电子政务投资风险等方面的贡献。为此，本章节认为应该从价值交付、成本控制、IT 资源利用、风险控制的有效性四个维度如图 6-10所示，系统考虑电子政务治理的有效性，治理有效性的计算过程可以采用韦尔的计算方法，如表 6-11 所示，具体计算如式（6-2）所示。

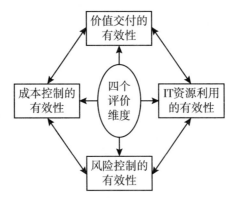

图 6-10　电子政务治理有效性评价的四个指标

表 6-11　　　　　电子政务治理有效性的评价指标和计算

电子政务治理有效性的评价指标	①重要程度 1（不重要）到 5（非常重要）	②实现程度 1（不重要）到 5（非常重要）
P_1——价值交付的有效性	（　　）×（　　）=（　　）	
P_2——成本控制的有效性	（　　）×（　　）=（　　）	

P₃——资源利用的有效性	（　　）×（　　）=（　　　）
P₄——风险控制的有效性	（　　）×（　　）=（　　　）
重要性合计（　　）	合计（　　）
③电子政务治理有效性=（合计/重要性合计）×20	

$$电子政务治理有效性（EGP）= \frac{\sum\limits_{i=1}^{4} P_{i1} \times P_{i2}}{\sum\limits_{i=1}^{4} 5P_{i1}} \times 100 \qquad (6-2)$$

其中：P_{i1}代表第 i 个指标的重要程度；P_{i2}代表第 i 个指标的实现程度。

三、电子政务治理有效性的影响因素分析

查特吉（Chatterjee，2001）和韦尔（2004）的研究认为不同企业的 IT 治理能力存在较大差异，并对 IT 投资收益产生显著影响，进而影响企业的治理绩效[161,475]。现有的 IT 治理有效性影响因素的研究成果[160,392,398,409-410,442,474-477]从不同的角度探讨了影响 IT 治理有效性的关键因素，进一步解释了 IT 治理水平存在较大差别的主要原因。电子政务治理虽然是一个崭新的研究话题，但电子政务实施过程中的治理问题是伴随电子政务的出现而出现，其治理绩效必然存在一个演化过程，在这个过程中存在一些推动或阻碍治理绩效提升的影响因素。基于中国政府组织的特殊情境，归纳分析前人的研究结果，本章节认为电子政务治理有效性的影响因素有 6 个，如表 6-12 所示，包括对治理的认知程度、治理的就绪程度、治理模式、治理结构的安排，以及沟通机制、激励机制、监督机制的设计。"治理"是组织的高级管理职能，管理者"对治理的认知程度"作为将治理付诸实践的关键[443]；"治理的就绪程度"作为组织开展治理活动的客观基础条件[442]，是影响电子政务治理有效性的决定因素；"治理模式"是管理者根据组织内外环境和电子政务项目的投资特征，确定的权利分配模式，体现了管理者的治理意愿，是影响电子政务治理有效性的关键因素；而"治理结构"、"沟通机制"、"激励和监督机制"作为"治理模式"的具体体现，是影响电子政务治理有效性的重要因素。为此，本书将在第七章的案例研究和调查研究中验证这些因素对电子政务治理有效性的影响作用，进一步解释政府部门电子政务治理水平差异的主要原因。

表 6 – 12 电子政务治理有效性的影响因素及文献来源

电子政务治理有效性的影响因素	文献来源
治理的认知程度：高层管理者对 IT 治理理论及应用的认知程度	韦尔（2004）[443]
治理的就绪程度：组织开展治理活动的客观基础条件，包括各级人员的支持和配合，以及组织的 IT 水平	博因顿等（Boynton et al.，1994）[473]、韦尔（2005）[443]、劳（Rau，2004）[442]
治理的模式设计：管理者根据组织内外环境和电子政务投资项特征，确定的权利分配模式	韦尔（2004）[161]
治理的结构安排：是有关电子政务决策的组织单元、角色、具体职责和管理制度的安排	查特吉（2001）[475]、斯迈尔兹（Smaltz，2006）、彼得森（2004）、克拉克（Clark，1997）[474]、博因顿（1992）[398]、劳（Rau，2004）[442]
治理的沟通机制：电子政务决策项实施过程中解决关键问题的沟通渠道、平台和制度	山姆班莫西（2000）[409]、韦尔（2004）[443]、彼得森（2004）[411]
监督和激励机制：保证电子政务实施成效的激励的监督的方式和制度	韦斯特法（Westpha，1998）[478]、李（Lee，2007）[220]、江龙（2001）[468]

四、小结

基于上述研究，本章节认为：一是电子政务治理有效性研究是电子政务治理理论不可分割的重要部分，是治理模式、治理结构及治理机制有效运作的最终体现。二是基于 IT 治理有效性评价的研究成果和电子政务实施的特点，本章节确定了电子政务治理的绩效评价方法和 4 个主要的评价维度，包括价值交付的有效性、成本控制的有效性、IT 资源利用的有效性、风险控制的有效性。三是根据现有研究文献和中国电子政务实践，电子政务治理有效性的影响因素有 6 个，包括对治理的认知、治理的就绪程度、治理模式、治理结构、沟通机制、激励和监督机制。四是由于研究文献的相对缺乏，对电子政务治理有效性评价指标的界定和影响因素的进一步分析，有赖于通过进一步的跨案例研究和调查研究。

第七节　结论与讨论

电子政务公共服务能力持续提高的核心动力是提高现行行政管理体系和技术管理体系的契合程度，更为具体地说，是提高电子政务项目的治理能力。本章采用文献回顾法和扎根理论研究法，基于对现有研究文献的探讨和对国内电子政务实施中管理问题的分析，构建了电子政务治理的理论框架，界定理论框架下的主要概念和概念之间的逻辑关系，并就关键性研究内容形成一定的研究结论。然而，文献综述法和扎根理论研究法作为定性研究方法，依然存在一定的局限性，为此，本书有必要就上述主要研究结论展开进一步的实证研究。

实证研究方法（Positivist Research Method）也称为经验性研究方法（Empirical Research Method），比较广泛地应用于组织和信息系统研究中，从研究材料的差异上划分，包括定性研究（Qualitative Research）和定量研究（Quantitative Research）；从研究形式上划分，主要包括案例研究（Case Study）、实验研究（Laboratory Experimentation）和调查研究（Survey）等，实证研究作为一种逻辑严密的研究方法，受到多数学者的推崇。例如，阿尔瓦和卡尔森（Alvai and Carlson，1992）发现从 1968 年到 1988 年，48.2%的西方信息系统研究使用了实证研究方法[479]；克拉弗（Claver，2000）发现，从 1981 年到 1997 年，实证研究方法的应用比例为 68.7%[480]；维西（Vessye，2002）则发现，从 1995 年到 1999 年，应用实证研究方法的研究论文比例上升到 72.9%[481]，因此，维西（Vessey，2002）、克拉弗（2000）以及本巴萨特（Benbasat，1996）指出，随着信息系统学科的逐渐成熟，信息系统研究中实证研究方法的应用比例将越来越高[481][480][482]。可见，实证研究方法的广泛应用，是学科研究逐渐成熟的一个重要标志。

著名学者劳丹（Laudan，1984）认为研究目的（或者说研究命题）是基础，它决定了应该以哪些现有知识作为理论基础，而理论基础（对研究题目的现有知识）和研究目的共同决定研究方法的选择[483]。本书属于应用研究，旨在基于 IT 治理理论探索中国电子政务实施过程的治理问题，同时本书的研究收集了涉及 IT 治理和电子政务的 368 篇研究文献，其中 235 篇英文文献来自 Web of Science，133 篇中文文献来自中国期刊网，这些研究中 189 篇英文论文采用实证研究，占英文文献 81%，其中 78%采用案例研究，32%采用调查研究。可以看到，实证研究是本领域研究问题的主流研究方法。

329

因此，针对本章主要研究结论的特点，本书将分别选择实证研究中的调查研究法和案例研究法对研究结论进行深化研究，如表 6 – 13 所示。

表 6 – 13　　　　　　　　　　　　进一步研究的方法选择

电子政务治理理论探讨的主要研究结论	进一步研究的特点说明	拟采用的研究方法
结论一：电子政务的实施成效受到多种因素的影响，其中电子政务治理能力对电子政务的实施成效具有明显的正相关作用	◆ 变量关系的进一步验证性研究 ◆ 有一定的研究基础	调查研究
结论二：电子政务建设与企业信息化建设的不同特征，以及政府治理结构与公司治理结构的较大差异，导致 IT 治理范式在电子政务应用中的局限性；有必要基于电子政务治理安排矩阵归纳总结中国情境下的电子政务治理模式、治理结构、治理机制的特点及其形成规律	◆ IT 治理理论在电子政务中的探索性研究 ◆ 研究问题处在早期的探索和形成阶段 ◆ 参与者的经验和情境因素非常重要	案例研究
结论三：电子政务治理有效性评价指标包括 4 个，即价值交付的有效性、成本控制的有效性、资源利用的有效性、风险控制的有效性；对治理的认知程度、治理的就绪程度、治理模式、治理结构、沟通机制、激励机制、监督机制是电子政务治理有效性的主要影响因素	◆ 变量关系的进一步验证性研究 ◆ 研究问题处在早期的探索和形成阶段 ◆ 参与者的经验和情境因素非常重要	案例研究 调查研究

第七章

面向公共服务电子政务治理的实证研究

为了提高电子政务网站公共服务能力和电子政务信息资源共享程度，保证电子政务公共服务能力的持续提高，电子政务项目的治理能力研究成为管理体系结构中的关键部分不容忽视。电子政务治理及其核心理论是本研究对 IT 治理理论的创新性拓展研究，然而理论分析和逻辑推理是有限的，新的概念体系和理论架构有待于进一步的验证和完善。

本章将针对电子政务治理理论框架下三个关键性研究问题的主要研究结论，深入电子政务实践领域，进一步展开实证研究，首先通过调查研究验证电子政务治理能力对电子政务项目实施成效的重要作用；然后通过 6 个中国地方政府部门的跨案例研究总结并归纳电子政务治理模式的特点及其形成规律；最后采用案例研究和调查研究相结合的方法探究电子政务治理有效性的动力机制。

第一节　电子政务治理作用的调查研究

一、研究模型的建立

（一）理论基础

作为政府组织的信息系统，电子政务的实施过程极为复杂，不仅涉及技

331

术问题和管理问题，还涉及复杂的制度安排问题。因此，其实施成效受多种因素的影响，为此对电子政务实施中的关键影响因素的研究显得极为重要。本书在第六章第四节应用扎根理论法探讨了电子政务治理的作用，形成了一定的研究结论，认为电子政务治理能力作为政府实施电子政务项目的一个关键因素，对电子政务的实施成效有明显的正相关作用，为了进一步验证该结论，本章节将基于现有文献构建电子政务实施成效的关键影响因素模型，并通过调查研究方法，收集国内政府部门实施电子政务的数据，进一步深化和验证这一结论。

关键成功因素（Criticall Success Factors，CSF）最初由麻省理工学院的教授约翰·罗卡特（John Rockart，1979）引入信息系统研究领域[484]，用于捕获高层管理者信息需求的概念和分析方法。其目的是通过对关键成功因素的观察、分析、确认、管理和持续控制，有效完成管理目标[485]。通过关键成功因素分析，管理者可以有效分配资源，还可以通过对关键成功因素的监控，来指导项目实施[486]。

库恩（1987）总结以往的关键因素研究文献，识别了信息系统成功的22个关键因素，并将这些因素分为5类。包括，组织结构因素（Structural Factors）、技术因素（Technological Factors）、信息系统有关的任务因素（Task-related Factors）、个人因素（Individual Factors）和环境因素（Environmental Factors）[166]；拉森（Larsen，2003）整理了5种国际顶级信息系统期刊上的关键因素研究文献，罗列了69个关键成功因素，分为7个类别，除了库恩和茨迈德（Zmud）提出的5个因素外，还加入了过程因素（Process Factors）和组织间关系因素（Interorganizatioal Factors）[487]；而圣桑纳姆（Santhanam，2003）基于对文献的分析和总结，将信息系统的关键成功因素分为4类59个，包括组织因素（Organizational Factors）、管理因素（Managerial Factors）、技术因素（Technological Factors）和与信息系统有关的任务因素（Task-related Factors）[169]。这些研究较为宏观地界定了信息系统关键成功因素的几个大类，值得关注的是都提到任务因素，可见信息系统的任务特征在很大程度上影响了信息系统的实施成效，相同的关键因素对不同类型的信息系统实施成效的影响程度有较大差异，因此有必要深入研究具体情境下信息系统的关键成功因素[169]。

对于电子政务实施关键成功因素的研究，大多文献基于上述研究，但研究视角存在一定差异。一方面一些学者从更为抽象的总体层面概括了电子政务实施的关键成功因素，例如吉尔－加西亚（2005）通过对1999～2003年间公共管理领域5个顶尖期刊（《Public Administration Review（公共管理评论)》，《Journal of Public Administration Research and Theory（公共管理研究与理论杂志)》，《American Review of Public Administration（公共管理美国评论）》，《Administration and Society（管理与社会）》，《Public Performance and Management Review（公共绩效和管理评论）》）中，与电子政务关键成功因素有关的文献整理，认为电子政务的关键因素包括 5 类：即信息和数据（Information and Data）、信息技术（Information Technology）、组织和管理（Organizational and Managerial）、法律和规范（Legal and Regulatory）、制度和环境（Institutional and Environmental）[26]；而尹（Yoon，2009）则分析了国家层面的诸多电子政务关键成功因素，例如 ICT（信息通讯技术）基础架构、财政资金、公众教育、制度、隐私和安全、领导能力、私有组织的参与等，并通过统计分析探讨了发达国家、发展中国家以及不发达国家在 CSF（关键成功因素）优先级上的显著差异[313]。另一方面，一些学者基于具体情境细化了某一因素对电子政务实施成效的影响，其中柯（Ke，2004）通过对新加坡政府电子政务实施过程的回顾和分析，总结了新加坡政府实施电子政务的关键成功因素包括：政府的领导能力、消除数字鸿沟、政府部门之间的协同机制[363]；楚（Chu，2004）基于技术接受模型和中国台湾地区政府 ETS（Electronic Tendering System，电子投标系统）项目的实践，采用实证研究方法深入探讨了影响电子政务实施成效的用户行为、用户态度等用户因素[384]，同时，艾克曼（Akman，2005）基于对土耳其公众、政府雇员、公司雇员的调研[376]，陆敬筠（2007）[488]、张（Zhang，2009）[375]基于中国情境也作了类似研究。吉秋亚（Gichoya，2005）从政府部门项目实施的微观角度概括了电子政务成功因素和失败因素的概念框架[489]；曾（2008）基于对我国台湾地区对外贸易署（Taiwan's Bureau of Foreign Trade）1998～2003 年间电子政务项目实施的案例研究，从战略联盟、项目的实施和设计、管理变革与创新、利益相关者管理、MIS 发展能力几个角度细化了影响电子政务实施成效的管理因素[385]；普里缪图克（Prybutok，2008）应用实证研究探讨了领导能力、信息质量和网络利益之间的关系，解释了领导能力的重要作用[464]。

上述研究对电子政务实施成效的关键因素研究提供了丰富的参考，但是由于研究层次的差异形成了多种研究结论。由于本章节的研究视角着重于分析探讨微观政府组织在电子政务项目实施过程中的管理问题，为了保证研究层次的一致性，基于上述研究，本章节认为从项目实施的角度来讲，4 个研究变量倍受关注：一是外部环境的就绪程度，外部环境是指微观政府组织部门以外的政治、经济、社会、技术等客观因素，外部环境就绪程度作为影响电子政务实施成效的关键变量受到多数文献[26,384]的关注。二是内部环境的支持程度，内部环境是指组织的结构特征、管理氛围、人力资源状况等客观因素和主观因素，内部环境支持程度作为影响电子政务实施成效的重要变量成为多数文献讨论的重点[72][253-254]。

三是电子政务治理能力，电子政务治理是指为了电子政务实施的决策制度安排，包括治理模式、治理结构、治理机制等，电子政务治理能力作为影响电子政务实施的关键因素，在近期的电子政务文献[29,172,391]中也形成了不同层面的研究成果。四是项目的复杂性特征，项目特征即具体信息系统实施任务的情境特征，包括电子政务项目的规模、范围、对现有流程的影响等，项目的复杂性特征作为影响电子政务实施成效的必不可少的关键因素[47,77,120]，一直受到信息系统领域关键成功因素研究中的广泛关注。

（二）研究模型和研究假设

基于上述文献研究，本章节主要从微观政府部门组织和管理电子政务实施的角度，认为外部环境的就绪程度、内部环境支持程度、电子政务治理能力和项目的复杂性特征在不同程度上影响着电子政务的实施成效。为了进一步验证该提法，以下将采用结构方程模型进一步深化该问题的研究。

结构方程模型分为测量模型和结构模型两部分，测量模型描述潜变量（Latent Variables）与观测变量（Observed Variables）的关系，结构模型则描述潜变量之间的关系。其中，潜变量是理论所构建的概念，它们无法直接测量，必须通过观测变量反映出来，潜变量又分为外生潜变量和内生潜变量。本部分的研究目的是考察组织外部环境的就绪程度、内部环境的支持程度、电子政务治理能力和项目的复杂性特征4个变量对电子政务实施成效的影响作用，同时由于这些研究变量均是通过理论构建提出的抽象概念，无法直接衡量，需要进一步开发测量变量反映这些抽象概念，因此，本章节首先提出研究的概念模型[77]，如图7-1所示，并界定主要研究变量的具体含义，如表7-1所示。

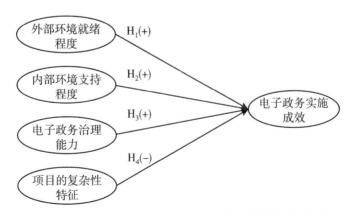

图7-1 电子政务实施成效的影响因素的概念模型

表 7 – 1　　　　　　　　　　　　研究模型中潜变量的界定

潜变量		具体描述	理论支持
内生	电子政务实施成效（Effective）	是指政府组织电子政务项目实施的系统质量和使用效益	吉秋亚（2005）[489]、吉尔 – 加西亚（2005）[489]、谢顿（Seddon, 1997）[490]
外生	外部环境就绪程度（Environment）	是指政府组织以外的政治、社会、经济、技术等因素的就绪程度	克里默（Kraemer, 1979）[491]、佩里（Perry, 1980）[492]、谢顿（1997）[490]、吉秋亚（2005）[489]、吉尔 – 加西亚（2005）[489]
	内部环境支持程度（Organization）	是指政府组织内部的行政首脑、管理氛围、资源状况的支持程度	胡（2002）[22]、萨瓦拉（Svara, 2008）[493]、凯默（Kamal, 2006）[494]
	电子政务治理能力（Governance）	是指组织的治理模式、治理结构、治理机制等电子政务决策制度安排的综合效果	菲尔顿（2001）[172]、金（2009）[451]、梁（2009）[460]、诺里斯（2005）[495]
	项目的复杂性特征（Complexity）	是指政府组织内部具体电子政务项目规模、涉及范围、对流程的影响等复杂性程度	阿扎德（2008）[390]、吉尔 – 加西亚等（2007）[29]、吉尔 – 加西亚等（2005）[26]、谭（2005）[342]

电子政务实施成效是指政府组织电子政务实施的系统质量和使用效益，谢顿（1997）、吉秋亚（2005）、吉尔 – 加西亚（2005）等多数学者认为电子政务实施成效受到组织内外多种因素的影响[26,489,490]。

外部环境就绪程度是指政府组织以外的政治、社会、经济、技术等因素的就绪程度。克里默（1979）、派瑞（Perry, 1980）、谢顿（1997）、吉秋亚（2005）、吉尔 – 加西亚（2005）均认为上级部门的政策导向、本地区经济水平、技术标准发展状况等构成的外部环境因素影响信息技术在政府组织的实施成效[489,490~492]。因此，本章节提出有关电子政务实施成效的第 1 个研究假设：即，

研究假设 H_1：外部环境就绪程度与电子政务实施成效具有正向影响作用。

内部环境支持程度是指政府组织内部的行政首脑、信息管理氛围、信息资源状况，以及各类管理人员的对电子政务实施的支持程度。胡（2002）[22]、萨瓦拉（2008）[493]、凯默（2006）[494]均认为组织内部各类角色的支持和组织内部信息资源的拥有状况等内部组织环境对电子政务实施成效有重要影响。因此，本章节提出有关电子政务实施成效的第 2 个研究假设。

研究假设 H_2：内部环境支持程度对电子政务的实施成效具有正向影响作用。

电子政务治理能力是电子政务实施过程中，有关治理模式、治理结构、治理机制等电子政务决策的制度安排的综合效果。菲尔顿（2001）[172]、金（2009）[451]、梁（2009）[460]、诺里斯（2005）[495]均认为电子政务实施的过程中的制度安排对电子政务实施成效有重要影响。因此，本章节提出有关电子政务实施成效的第 3 个研究假设。

研究假设 H_3：电子政务治理能力对电子政务的实施成效具有正向相关关系。

项目的复杂性特征是指政府组织内部具体电子政务项目规模、涉及范围、对流程的影响等复杂性程度。拉尔森（Larsen，2003）[487]和圣桑纳姆（2003）[169]强调了组织信息技术任务特征对信息系统实施成效的重要影响，该因素可以视为影响系统实施成效的情境因素。阿扎德（2008）[390]、吉尔 – 加西亚等（2007）[29]、吉尔 – 加西亚等（2005）[26]、谭（2005）[342]认为电子政务项目的复杂性在于跨部门并触动多个利益主体，因而会在很大程度上影响电子政务的实施成效。因此，本章节提出有关电子政务实施成效的第 4 个研究假设。

研究假设 H_4：电子政务项目的复杂性特征对实施成效具有反向影响作用。

二、数据收集

（一）电子政务实施成效的测量

电子政务作为政府部门的信息系统已经不再是单纯的技术系统，而是一个由技术、组织、管理等多种要素紧密集成的复杂系统。因此，对其实施成效的评价和测度也不再是简单的技术评价问题，而是一个复杂的多维度评价问题[496-497]。

信息系统实施成效评价的重要研究成果，是迪龙（DeLone）和麦克利娜（McLena）的信息系统成功模型[498]，该论文分析了 180 篇有关 IS 成功测量的文献，总结出评价信息系统成功的 6 个维度，包括系统质量（System Quality）、信息质量（Information Quality）、系统使用（System Use）、用户满意度（User Satisfaction）、个人影响（Individual Impact）和组织影响（Organization Impact）。11 年之后迪龙和麦克利娜对该模型进行修正[499]，提出了信息系统成功的新模型，模型中加入了一个新的维度，即服务质量（Sevrice Quality）。该论文认为，随着客户/服务器（C/S）结构和用户计算技术的普及，组织中的 IT 部门具有了信息提供者（提供信息产品）和服务提供者（向最终用户提供服务支持）的双重角色。用户不仅仅使用信息系统本身，还包括对服务的利用，因此，服务质量应该是信息系统成功的维度之一。同时，该论文还针对很多学者对"个人影响"和"组织影响"两个维度的质疑和误解，将两个维度合并成一个新的维度，即净收益（Net Bene-fits）。迪龙和麦克利娜强调，信息系统的成功评价是一个多维变量，不同指标的优劣很难界定，D&M 模型只是提供了关于信息系统成功评价的全面思考框架，对任何一个具体研究来说，信息系统成功的评价和测量都是权变的（Contingent），应该根据研究目的、实证背景等因素来具体选择研究变量以及变量之间的关系假设[500]。

D&M 模型作为信息系统成功评价领域里程碑式的研究成果，受到了很多学者的关注，一些学者对该模型进行了验证、质疑和改进[487,490,501-504]，也有一些学者应用这些模型研究了诸如电子商务、电子政务等具体领域系统实施成效的评价问题[26,488-489,505-506]。

由于政府部门和私有组织的显著差异，电子政务实施成效的评价极为复杂，不仅受到组织文化和组织结构的间接影响，还受到决策者、评价方法和评价时间的直接影响[496]，因此界定电子政务实施成效的评价指标也异常复杂。由于早期研究对电子政务概念认识的局限性，导致多数研究偏重从电子政务网站功能和技术实现的角度选取评价指标，例如凯勒（2001）从电子政务网站提供的服务功能角度[355]拟订了详细的评价指标[4]，并统计分析了美国政府电子政务的实施情况，类似的研究还包括韦斯特（West, 2000）[180]和 UN&ASPA（2002）[1]的研究。这些评价将电子政务实施假设为难以测评的"黑箱"[507]，基于政府为公众提供的网络服务角度从易于量化的结果选择评价指标，这类研究有一定的客观性，但忽略了由于电子政务实施过程动态复杂性而导致的诸多管理问题。近期一些学者的研究改变了这一趋势，例如古普塔（2003）基于对印度新德里政府的电子政务实施项目的案例研究，提出一个包括一套硬指标、一套软指标、六个评价等级的柔性评价框架[25]；吉秋亚（2005）基于中国香港地区政府的两个案例研究认为政府部门的 IT 项目实施评价应该重点考虑组织利益（包括工作效率、数据访问能力、工作透明程度）和技术利益（廉价高效的通信、大容量的数据存储、并行处理）[489]；简森（Janssen, 2009）采用仿真分析模型，从电子政府实施促进组织内部服务共享的角度探讨了效率导向和服务导向的评价指标[508]。

基于上述研究，结合电子政务成熟度模型，本章节从政府部门组织电子政务实施的微观角度，从系统质量和使用效益两个角度选择了测度电子政务实施成效的六个指标，如表 7-2 所示。其中系统质量指电子政务实施成效的基础，由于系统质量是一个较大的概念，既包括系统本身的稳定性、响应时间，也包括系统功能的合理性和易用性，还包括系统所产生的信息的有效性、及时性、准确性等。由于本章节的研究是基于"政务"角度而忽略"技术"角度，因此，有关系统质量的评价指标仅选择系统功能、信息质量。使用效益根据电子政务项目的

337

不同存在一定差异，但都包括雇员使用效益、组织使用效益和社会使用效益，其中雇员作为电子政务系统的直接使用者，使用效益可以用工作效率的提高来衡量；组织使用效益的衡量较为复杂，由于电子政务的建设目标是通过提高组织之间的协作能力来提高公共服务质量，为此，本章节选用信息共享程度和公共服务质量作为衡量组织使用效益的指标。其中，信息共享程度可以视为组织内部部门之间的使用效益，而公共服务质量可以视为组织作为一个整体的使用效益。由于社会使用效益会因为电子政务项目类型的不同而存在差异，因此，本章节仅选择一个具有普遍意义的指标，即用户满意度作为衡量社会用户（公众、企业用户）使用效益的评价指标，所选指标之间的关系如图 7-2 所示，图中连线仅表示指标之间的联系，指标之间的相关关系在本章节中不作深入研究，在本章节的研究中，只有当所有这六个指标均被给予正面的评价时，才认为电子政务具有良好的实施成效。

表 7-2 电子政务实施成效的测量变量的说明

测量变量说明	理论支持
Y1：电子政务系统功能在满足政务业务需求上的合理性和易用性等	迪龙等（1992）[498]、古普塔（2003）[25]
Y2：电子政务系统所提供的信息的有效性、及时性和准确性等	迪龙等（1992）[498]、古普塔（2003）[25]
Y3：电子政务系统实施后对政府雇员的工作效率的提高	吉秋亚（2005）[489]、简森等（2009）[508]
Y4：电子政务系统实施后对组织内部部门之间的信息共享程度的提高	吉秋亚（2005）[489]、简森等（2009）[508]
Y5：电子政务系统实施后政府部门提供公共服务的有效性、及时性和准确性等	迪龙（2003）[499]、安德森（2006）[28]
Y6：电子政务系统实施后公众和企业用户对公共服务的满意程度	迪龙（2003）[499]、迪龙等（1992）[498]

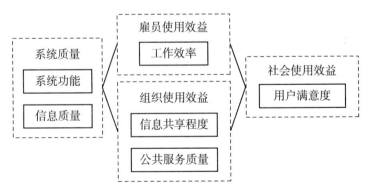

图 7-2 电子政务实施成效的测量变量

（二）电子政务实施关键影响因素的测量

文献研究表明，外部环境就绪程度、内部组织支持程度、电子政务治理能力、项目的复杂性特征，作为外生潜变量对于电子政务的实施成效，这一内生潜变量都存在一定程度的影响作用。为了开展进一步的实证研究，需要为这些抽象的外生潜变量编写具体的测量指标。

外部环境的就绪程度是指政府组织以外的政治、社会、经济、技术等因素的就绪程度。依据吉尔－加西亚（2005）对电子政务外部环境的描述[26]，参照道斯（1996）、兰德斯伯根和沃尔肯（2001）对外部环境的测度量表[509][510]，本章节选择了3个测量指标测量外部环境的就绪程度，具体说明见表4-3。

内部环境的支持程度是指政府组织内部的各种类型的角色对电子政务实施的支持程度，以及组织内的现有IT资源状况。参照阿克布鲁特（2003）在政府部门信息共享影响因素研究中对组织特征的测量量表[458]，凯默和狄米斯托克利斯（Themistocleous，2006）对高层管理者支持作用的论述[494]，李（2007）基于美国政府26个政府官员的访谈形成的研究结论[220]，以及周（Chou，2007）对政府雇员协作行为的研究[511]，本章节选择了4个测量指标测量内部环境的支持程度，具体说明见表4-3。

电子政务治理能力是指组织的治理模式、治理结构、治理机制等电子政务决策制度安排的综合效果。依据韦尔（2005）对IT治理能力的描述[160]，托尔伯特（2008）对电子政务制度创新作用的分析[383]，李（2007）对电子政务正式管理职务和任务分配的论述[220]，以及阿扎德（2009）对一个跨部门电子政务项目实施中制度化问题的研究[391]，本章节拟定了4个测量指标测量电子政务治理能力，具体说明见表4-3。

电子政务项目的复杂性特征是指政府组织具体电子政务项目规模、涉及范围、对流程的影响等复杂性程度。参照摩尔（Moore，1991）的组织信息技术采纳研究中的测量工具[512]、凯拉汉娜（Karahanna，1999）的技术复杂性的测量量表[513]，阿克布鲁特（2003）的政府部门信息共享研究中技术特征的测量量表[458]，以及谭（2005）、吉尔－加西亚（2007）对电子政务项目实施复杂性的描述[342][29]，本章节选择了4个测量指标测量项目的复杂性程度，具体说明见表7-3。

表 7 - 3 　　　　　　　　电子政务实施关键影响因素的测度变量说明

外生潜变量	测量变量说明	理论支持
外部环境就绪程度 Environment	X1：上级政府部门对电子政务的政策支持	吉尔－加西亚（2005）[26]、道斯（1996）[509]、兰德斯伯根和沃尔肯（2001）[510]
	X2：电子政务相关技术标准的统一程度	
	X3：电子政务相关法律法规的健全程度	
内部环境支持程度 Organization	X4：政府组织高层管理者的支持程度	阿克布鲁特（2003）[458]、李（2007）[220]、周（2007）[511]、凯默和狄米斯托克利斯（2006）[494]
	X5：业务部门领导对电子政务的支持程度	
	X6：部门内部成员对电子政务的支持程度	
	X7：是否能够提供充裕 IT 资源保证电子政务实施	
电子政务治理能力 Governance	X8：实施过程中对责权利制度安排的明确程度	韦尔（2005）[160]、托尔伯特（2008）[383]、李（2007）[220]、阿扎德（2009）[391]
	X9：授权专责部门，负责推导电子政务计划	
	X10：正式有效的沟通协调机制	
	X11：正式有效的监督机制	
项目的复杂性特征 Complexity	X12：项目的投资规模	摩尔（1991）[512]、凯拉汉娜（1999）[513]、阿克布鲁特（2003）[458]、谭（2005）[342]、吉尔－加西亚（2007）[29]
	X13：项目实施的跨部门程度	
	X14：项目实施对现有流程的影响程度	
	X15：项目使用对现有利益格局的影响程度	

（三）调查问卷设计、内容效度和预测试

本章节研究问题的问卷设计，主要是围绕电子政务实施成效的关键影响因素展开调研，因此要求问卷内容能为该部分研究内容提供所需的有效数据。这部分研究内容所使用的问卷是在参考大量研究文献成果、政府部门访谈结果以及国外一些较为成熟的调查问卷设计的基础上，经过适度修改逐步形成的。在对前人理论研究分析总结的基础上，本章节尽可能地从现有文献的量表中选择测量题项，一部分测量项目基于本章节的研究问题和环境进行了调整，另一部分测量项目则是基于研究文献的定性陈述中得到的。为了更好地捕捉潜变量的理论含义，每个潜变量都包括三个以上测量项目，每个测量项目都采用立克氏刻度（Likert Scale）5 分制。附录 1 是根据研究变量的测量部分的研究形成的调查问卷。

对于一个理论变量的测量工具而言，内容效度（Content Validity）是指测量工具所能涵盖的变量的理论定义范围的程度，即测量工具所能捕捉的变量的不同

方面。按照我国学者王重鸣（1990）的观点，问卷量表的设计包含四个层次，即问卷的理论构思与目的、问卷格式、问卷项目的语句和问卷用词。问卷设计时要根据问卷设计的目的确定问卷的内容和量表构成，问卷中应尽量注意避免复杂语句或带有引导性的问题，语句层次要明确、具体，尽可能避免多重含义或隐含某种假设。同时，问卷用词要避免过于抽象并控制反应偏向[79]。有学者指出，具有良好内容效度的测量，其测量变量应该从一个具有普遍适用性的题库中选择，以代表该变量的整个范畴（Struab，2004）[514]。一般认为，问卷设计过程中，各测量题目能以理论为基础进行设计，参考以前学者类似问卷内容加以修订，与专家学者讨论审核，并经过预测试，则可称为具有内容效度。

内容效度是用于评价测量的内容与测量目标之间是否适合。对内容效度常采用逻辑分析与统计分析相结合的方法进行评价。逻辑分析一般由研究者或专家评判所选题项是否"看上去"符合测量的目的和要求。统计分析主要采用单项与总和相关分析法获得评价结果，即计算每个测量项得分与测量项总分的相关系数，根据相关是否显著判断是否有效。如果测量量表中有反意的题项，应该将其逆向处理后再计算总分。施特劳布（Straub，1989）对 MIS 实证研究中测量工具效度问题的研究认为，保证测量工具内容效度的最好办法就是请熟悉该研究领域的专家对量表进行反复评价，直到取得最后的一致。此外，为了建立具有内容效度的问卷，研究者必须依循理论架构，搜集所有相关的问题与变量，并从中选择能够完整涵盖所界定研究范围的问题，如此才能使研究工具具备充分的内容效度[515]。

根据以上建议，为了保证问卷具有良好的内容效度，本章节在借鉴相关文献设计问卷的基础上，在数据收集之前，请相关理论和实践领域的专家和学者对初始问卷进行了预测试，主要就问卷内容、语法、措辞等方面进行评价，这些专家和学者来自于不同的领域，包括信息系统、实证研究方法以及政府部门工作人员。

第一轮的预测试中，主要请中央财经大学政府管理学院和信息学院的 3 位老师对调查问卷的具体问题、规模、说明以及语言组织等方面进行评价和修正，在问卷构思和问题表达方面得到了珍贵的意见。

第二轮的预测试中，主要请《信息化建设》杂志的主任记者对问卷测量中相关问题及其表达方式的恰当性、敏感性及清晰性进行评价和修正，使问卷的某些题项和措辞更加清晰、容易理解。

第三轮的预测试中，主要请中央财经大学的两位博士生对问卷的格式及书写等方面进行评价。

可见，本章节的研究一方面从前人的相关研究文献中获得相关变量及测量工具，另一方面邀请相关领域专家进行评价修正。因而从理论和实践的角度较好地保证了本研究测量量表的内容效度。

（四） 样本基本情况

本次调查历时 4 个多月，采用代表性用户重点调查与普通用户撒网式调查相结合的方式，调查对象主要是从省到区县我国各级地方政府信息化主管官员。4 个月间，委托《信息化建设》杂志通过电子政务会议、讲座共发放纸质调研问卷 200 份，发放电子调查问卷共计 300 份，回收问卷总计 201 份，回收率为 40.2%，其中有效调查问卷 171 份，有效回收率为 34%。无效调查问卷主要是指数据缺失比率在 50% 以上的问卷，样本基本情况如表 7-4 所示。

表 7-4　　　　　　　　　　　　样本基本情况

分类标准	具体类型	样本数量（个）	所占比例（%）
政府层级	省/部级	49	29
	地/市级	59	35
	区/县级	63	37
所在地区①	东部地区	62	36
	中部地区	41	24
	西部地区	68	40
工作类型②	信息主管	72	42
	技术骨干	68	40
	普通员工	28	16

注：①由于本次调研回收的问卷涉及中国内地除西藏自治区、江西省以外的其余 29 个省、直辖市、自治区。因此对所在地区参照国家有关划分标准，分为"东部地区"、"中部地区"、"西部地区"。其中"东部地区"包括 11 个省级行政区：北京、天津、河北、辽宁、上海、江苏、浙江、福建、山东、广东、海南。"中部地区"包括 8 个省级行政区：黑龙江、吉林、山西、安徽、江西、河南、湖北、湖南。"西部地区"包括 12 个省级行政区：四川、重庆、贵州、云南、西藏、陕西、甘肃、青海、宁夏、新疆、广西、内蒙古。

②由于部分人员身兼双职，既是"信息主管"又是"技术骨干"，故此处重复统计。

三、数据分析

（一） 数据预处理

本次调查问卷，从问卷设计来看，共有 21 个测量项目，每个潜变量最少都有 3 个以上测量变量，符合马什（Marsh，1998）的建议[516]。同时，本次问卷调查共获得有效样本 171 个，符合组织行为研究中样本量是测量项 5 倍的一般惯例[83]。

原始数据整理完成之后，首先检查数据的遗漏问题，发现有 27 个测量对象均存在小于 5 个选项的数据缺失问题，属于随机遗漏，故采用 PRELIS 提供的 EM（Expected Maximization，期望最大化）算法对原始数据进行缺失值的填补。由于正态是多数统计技术共同的基本假设，也是 SEM 中 ML（Maximum Likelihood，最大似然）法的基本前提。本章节进一步检查了数据的正态性问题，通过对数据偏度系数（Sknewness）和峰度系数（Kurtosis）的检验，发现数据违反正态假设，为了保证 ML 的估计结果，利用 PRELIS 提供的正态化转换工具转化原始数据，使其正态化。

以正态转化后的数据为基础，本次调查中所有测量变量的描述性统计分析结果见表 7 - 5。

表 7 - 5　　　　　　　　　测量变量的描述性统计分析

测量变量	最小值（Min）	最大值（Max）	均值（Mean）	标准差（Std. D）
X1	2. 474	5. 082	4. 234	0. 722
X2	1. 649	5. 094	4. 363	0. 831
X3	2. 787	5. 022	4. 626	0. 564
X4	2. 518	5. 073	4. 281	0. 697
X5	2. 961	4. 996	4. 386	0. 566
X6	1. 271	5. 203	3. 883	0. 832
X7	2. 413	5. 098	4. 170	0. 767
X8	2. 434	5. 125	4. 135	0. 751
X9	2. 649	5. 023	4. 556	0. 605
X10	2. 390	5. 118	4. 164	0. 845
X11	2. 450	5. 093	4. 164	0. 700
X12	3. 032	5. 010	4. 819	0. 430
X13	2. 385	5. 103	4. 117	0. 758
X14	0. 894	5. 238	3. 719	0. 916
X15	1. 297	5. 195	3. 965	0. 846
Y1	2. 537	5. 041	4. 462	0. 697
Y2	2. 469	5. 035	4. 339	0. 661

测量变量	最小值（Min）	最大值（Max）	均值（Mean）	标准差（Std. D）
Y3	1.796	5.110	4.240	0.756
Y4	2.540	5.047	4.351	0.664
Y5	2.517	5.024	4.450	0.634
Y6	2.515	5.012	4.497	0.588

（二）测量模型检验

1. 测量模型的设定

根据 SEM 的一般研究规范，本章节研究问题的测量模型基本设定如下：

①模型中有 21 个测量变量和 5 个潜变量；

②模型中有 21 个测量误差，其方差被自由估计；

③为了使 5 个潜变量的量尺得以确定，每个潜变量的方差被设定为 1.00；

④每个测量变量仅受一个潜在变量的影响，产生 21 个因子负荷参数；

⑤潜变量之间允许自由估计，产生 10 个相关系数；

⑥测量误差之间相互独立。

2. 测量模型的有效性检验

采用 LISREL 8.80 软件工具，编写 SIMPLIS 程序对测量模型进行有效性检验，程序运行的结果及相关调整说明如下：

第一，初始模型的基本情况检查。

①初始模型的输出结构，各测量变量的因子负荷、因子间相关系数、测量变量的误差方差的 t 值均大于 1.96，通过统计显著性检验。同时，初始模型的总体拟合程度的各项指标基本达到建议值。

②检查测量变量的平方复相关系数（Squared Multiple Correlations，SMC），由于 SMC 反映了测量变量能够被潜在变量解释的百分比，因此可以检验特定的测量变量对潜变量的关联强度[77]。初始模型中有三个测量变量的 SMC 值非常低，其中 X3 的 SMC 值仅为 0.1092，X6 的值仅为 0.1088，X12 的值仅为 0.0852，可见，这些测量变量与潜变量的关系非常微弱。

③检验测量模型的收敛效度和区别效度，发现虽然测量变量 X3、X6、X12 的 t 值都大于 2，但标准负荷非常低；同时潜变量 Environment 的 CR 值（CR = 0.6326）、AVE 值（AVE = 0.3827）均不达标，潜变量 Complexity 的 AVE 值（AVE = 0.4192）不达标。

第二，模型的调整过程说明。

344

①根据初始模型检查情况，并回顾测量变量 X3 的理论依据，通过"电子政务相关法律法规的健全程度"测量"外部环境的就绪程度"虽然能从一定角度测量潜变量，但由于法律法规的健全过程的复杂性，对潜变量的解释力度不足，因此，删除 X3 从理论上讲是可以接受的，同时删除 X3 之后，潜变量 Environment 的 CR 值（CR = 0.7015）、AVE 值（AVE = 0.5403）均达标。

②同样，进一步考察测量变量 X6 和 X12，X6 通过"部门内部成员对电子政务的支持程度"测量"内部环境的支持程度"，虽然有一定道理，但是政府部门中行政命令巨大的驱动能力，使得部门内部成员的支持程度所起的作用变得非常微弱；X12 用"项目的投资规模"测量"项目复杂程度"，存在概念的含糊不清和措辞上的不一致，因此，删除 X6、X12 从理论上讲是可以接受的。

第三，修正模型的基本情况。

删除 3 个测量变量之后，修正模型的各项总体拟合指标基本达标，如表 7 - 6 所示，各测量变量对应于潜在变量的标准化因子负荷及 T 值如图 7 - 3 和图 7 - 4 所示。同时，尽管由于测量变量减少，无法从卡方值的减少判断模型的优劣，但是与原始模型相比，修正模型的有效性检验指标有所提高，全部达到福内尔和拉克尔（1981）[85] 的建议值。其中，测量模型的收敛效度检验如表 7 - 7 所示，区别效度检验如表 7 - 8 所示，可见经过修正的测量模型具有良好的收敛效度和区别效度，可以进行下一步的结构方程检验。

（三）结构模型检验

1. 结构模型的设定

根据 SEM 的一般研究规范，本章节研究问题的结构模型的基本设定如下：

①模型中有 15 个外生测量变量和 6 个内生测量变量。

②模型中有 4 个外生潜变量和 1 个内生测量变量。

表 7 - 6 测量模型的拟合度检验

指标 模型	χ^2	χ^2/df	RMSEA	GFI	NFI	NNFI	IFI	CFI
初始模型	397.88	2.22	0.085	0.82	0.90	0.93	0.94	0.94
修正模型	282.99	2.26	0.086	0.85	0.92	0.94	0.95	0.95
建议值		<3	<0.1	>0.80	>0.9	>0.9	>0.9	>0.095

345

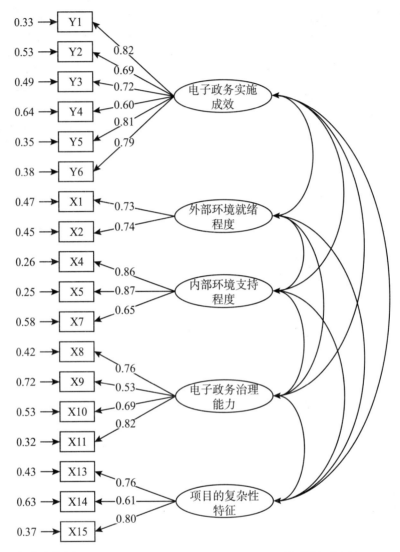

拟合度指标：$\chi^2=282.99$，df=125，P-value=0.00000，RMSEA=0.086

图 7-3 测量模型测量变量的因子负荷

③模型中有 15 个外生测量误差，6 个内生测量误差，1 个残差，其方差被自由估计。

④每个测量变量仅受一个潜在变量的影响，故产生 15 个外生测量变量的因子负荷参数，与 6 个内生测量变量的因子负荷参数。

⑤内生潜变量被 4 个外生潜变量解释，产生 4 个路径系数。

⑥为了使潜变量的量尺得以确定，采用固定负荷法将每个潜变量的第一个因子负荷设定为 1，共有 4 个因子负荷被设定为 1。

⑦外生潜变量之间允许自由估计，产生 6 个相关系数。

⑧测量误差之间相互独立。

2. 结构模型的假设检验

在验证性因素分析的基础上，利用 LISREL 8.80 对整个结构方程模型进行检验。各外生变量对应于内生变量的回归系数及 T 值见图 7-5 和图 7-6，模型的拟合指标如表 7-9 所示，模型假设检验的支持情况见表 7-10 所示。

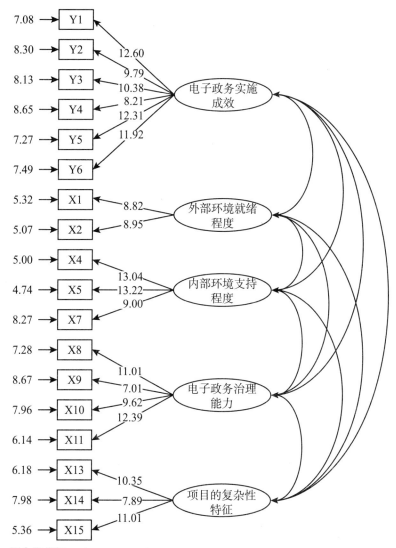

拟合度指标：$\chi^2=282.99$，df=125，P-value=0.00000，RMSEA=0.086

图 7-4 测量模型测量变量的 T 值

表 7 - 7　　　　　　　　　　测量模型的收敛效度检验

潜变量	测量变量	标准因子负荷	T 值	平均抽取方差（AVE）	组合信度（CR）	信度系数（Cronbach's α）
电子政务实施成效（Effective）	Y1	0.82	0.82	0.55	0.88	0.87
	Y2	0.69	0.69			
	Y3	0.72	0.72			
	Y4	0.60	0.60			
	Y5	0.81	0.81			
	Y6	0.79	0.79			
外部环境就绪程度（Environment）	X1	0.73	0.73	0.54	0.70	0.70
	X2	0.74	0.74			
内部环境支持程度（Organization）	X4	0.86	0.86	0.64	0.84	0.82
	X5	0.87	0.87			
	X7	0.65	0.65			
电子政务治理能力（Governance）	X7	0.76	0.76	0.50	0.80	0.80
	X8	0.63	0.63			
	X9	0.69	0.69			
	X10	0.82	0.82			
项目的复杂性特征（Complexity）	X13	0.76	0.76	0.53	0.76636	0.75
	X14	0.61	0.61			
	X15	0.80	0.80			

表 7 - 8　　　　　　　　　　测量模型的区别效度检验

$\sqrt{AVE}$	电子政务实施成效	外部环境就绪程度	内部环境支持程度	电子政务治理能力	项目的复杂性特征
电子政务实施成效	0.7424				
外部环境就绪程度（Environment）	0.6012	0.7350			
内部环境支持程度（Organization）	0.5653	0.3474	0.7997		
电子政务治理能力（Governance）	0.6792	0.6176	0.6319	0.7183	
项目的复杂性特征（Complexity）	0.4519	0.4609	0.4794	0.7151	0.7279

实证研究结果分别证实了假设 H₁、H₂、H₃，认为外部环境就绪程度、内部组织支持程度，以及电子政务治理能力是影响电子政务实施成效的三个关键影响因素。然而，对于假设 H₄，实证结果虽然显示二者之间有负相关关系，但相关并不显著，无法支持这一假设。

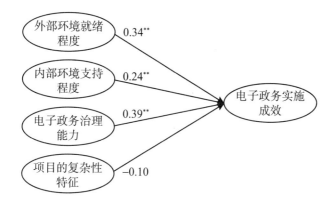

拟合度指标：χ^2=282.99，df=125，P-value=0.00000，RMSEA=0.086

图 7 – 5 结构模型的路径系数 （$^*\mathbf{p<0.05}$、$^{**}\mathbf{p<0.01}$、$^{***}\mathbf{p<0.001}$）

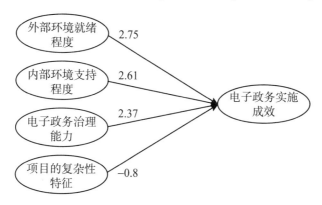

拟合度指标：χ^2=282.99，df=125，P-value=0.00000，RMSEA=0.086

图 7 – 6 结构模型的路径 T 值

表 7 – 9   结构模型的拟合度检验

指标 \ 模型	χ^2	χ^2/df	RMSEA	GFI	NFI	NNFI	IFI	CFI
初始模型	282.99	2.26	0.086	0.84	0.92	0.94	0.95	0.95
建议值		< 3	< 0.1	> 0.80	> 0.9	> 0.9	> 0.9	> 0.095

表 7 - 10　　　　　　　　　　　结构模型的假设检验

假设	路径描述	路径系数	T 值	是否支持
假设 H_1	外部环境就绪程度——→电子政务实施成效	0.31	2.75**	支持
假设 H_2	内部环境支持程度——→电子政务实施成效	0.25	2.61**	支持
假设 H_3	电子政务治理能力——→电子政务实施成效	0.39	2.37*	支持
假设 H_4	项目的复杂性特征——→电子政务实施成效	-0.10	-0.80	不支持

注：* $p < 0.05$，** $p < 0.01$　*** $p < 0.001$。

四、小结

本节首先在第六章的研究基础上，结合电子政务实施的关键影响因素文献，建立了电子政务实施成效的关键影响因素的理论模型，并提出 4 个研究假设；然后，采用来自中国政府部门的 171 个有效样本进行测量模型检验，根据修正指数的建议，结合理论分析对测量模型进行修正，修正模型的收敛效度、区别效度和模型拟合指标均达到经验值，证实了该测量工具的有效性；在此基础上，本章节进一步验证了结构模型，4 个研究假设中有 3 个分别在不同的显著性水平下被证实，量化分析结果证实本章节所提出理论模型的有效性和可信性。

环境的就绪程度和组织的支持程度对电子政务实施成效具有显著的正向影响，这与西方学者众多学者的研究结论一致。尽管在行政管理体系上存在众多差异，即西方国家政府多数以"区域管理"为主，州政府或地方政府有较强的行政权威，对区域范围内的职能部门有较强的强制性领导力，而我国政府部门是典型的矩阵型管理模式，且以纵向管理为主，条块分割局面比较严重，但在电子政务实施过程中，外部环境的就绪程度和内部环境的支持程度对实施成效具有重要影响，这也符合信息系统实施的一般规律。

电子政务治理能力是本章节研究的核心变量，也是通过文献归纳整理形成的对电子政务实施成效具有重要影响的新的潜变量。在本书第六章第四节中已经基于电子政务成熟度模型、钻石模型、技术执行框架、利益相关者理论进行深入剖析，本次调查研究展开了进一步的数据验证，实证研究证实，电子政务治理能力与环境的就绪程度和组织的支持程度一样，对电子政务实施成效具有显著的正向影响，这与菲尔顿（2001）、金（2009）、梁（2007）、诺里斯（2005）等人重视电子政务实施中制度安排的研究结论一致[172][451][460][495]，也与西方政府部门靠制度推进电子政务的实践一致。尽管早在 10 年前中国政府已从宏观层面，展开了电子政务制度安排实践，例如信息化领导小组，联席会议制度的出现，然而微观层面电子政务实施领域的决策制度安排不容忽视，尤其是伴随着电子政务建设逐步进入深化整合阶段，大量跨部门电子政务实施项目的出现，提高地方政府部门的电子政务治理能力是当务之急。

当然在这三个因素中，哪个因素对电子政务实施成效影响作用更为突出，本章节尝试性地进行了结构模型的修正，发现修正结果并不理想，同时，由于缺乏理论上的依据，本章实证研究数据仅仅证实了电子政务治理能力、环境的就绪程度、内部环境的支持程度对电子政务实施成效的显著正向影响作用。

在本章节的研究中，项目的复杂性特征对电子政务实施成效的负向影响并不显著，这与一些西方学者的研究结论并不一致。本章节认为这是由调研背景决定的，相比一般信息系统，电子政务项目除了技术结构上更为复杂以外，还涉及流程优化、组织调整等活动，实施过程比较复杂。本次调研的政府部门有 63.08% 开展电子政务超过 5 年，对电子政务的"复杂性"已经有所共识。因此，本章节认为项目复杂性特征对实施成效负向影响不显著的主要原因是由于调研部门对项目复杂性特征的敏感性不高造成的。

第二节　电子政务治理模式的案例研究

一、案例研究设计

案例研究作为经验性研究，通过搜集事物的客观资料，采用归纳或解释的方式得到对现有事物的知识，案例研究根据研究目的的不同分为探索性案例研究、描述性案例研究和解释性案例研究[65]。解释性案例侧重于理论检验，研究的目的在于通过分析一定背景下现实生活中的现象，发现研究问题的结果，进而分析归纳，最终形成研究问题的主要结论，解释性案例研究更加适合对相关性或因果性研究问题进行考察。

本部分案例研究将进一步深化第三章第三节中对电子政务治理范式的研究，一方面通过对实际案例中关键性决策项的分析、电子政务治理原型的识别，采用第三章第三节中提出的电子政务治理矩阵归纳主要的电子政务治理模式，讨论现有治理结构和治理机制的有效性；另一方面分析探讨影响电子政务治理模式形成的关键因素，并与西方学者提出的 IT 治理模式的相关结论进行比较。同时，本部分案例研究也对第三章第四节中提出的有关电子治理绩效评价和治理绩效影响因素的结论进行一定的验证分析，以便为进一步调查研究中调研问卷的形成奠定基础。因此，从研究目的来看，本节采用的案例研究方法属于解释性案例研究。

（一）研究问题设计

案例研究中的多案例（Multiple Cases）研究适用于系统构建新的理论框架。多案例研究一般分为两个阶段，首先将每一个案例及其主题作为独立的整体进行深入分析，即案例内分析（Within-Case Analysis）；然后依托于同一研究主旨，在彼此独立的案例内分析基础上，将对所有案例进行归纳、总结，并得出抽象的、精辟的研究结论，即跨案例分析（Cross-Case Analysis）。多案例研究法能使案例研究更全面、更有说服力，尤其是在多个案例同时指向同一结论的时候，案例研究的有效性将显著提高[62]。

根据本部分的研究内容和研究主旨，本章节将采用多案例研究法，通过对国内 6 个政府部门电子政务实施过程中，电子政务治理情况的总结归纳研究以下问题：

研究问题 1：电子政务关键性决策项是否可以划分为 5 种类型，这些类型决策项在实施过程中的主要治理原型有哪些，形成的电子政务治理模式有哪些？

研究问题 2：外部环境、内部环境、电子政务投资特点是否影响电子政务治理模式的形成？如果是，如何影响电子政务治理模式的形成？

研究问题 3：是否依据电子政务治理模式安排电子政务治理结构、设计治理机制？电子政务治理结构和治理机制的有效性如何？

研究问题 4：从价值交付、资源利用、成本控制、风险控制有效性 4 个方面评价电子政务治理有效性是否充分必要？哪些因素对电子政务治理有效性有重要影响？

（二）研究变量的界定

界定研究变量是研究从"概念化"至"操作化"的桥梁，是实施研究行动的起点，在整个研究过程中具有重要作用。根据本书第六章第五节的理论研究，对本部分的研究问题 1、2、3 涉及的主要研究变量分别界定如表 7－11 所示。

表7-11   研究变量的界定

研究变量	研究变量的描述和操作	理论支持
电子政务治理模式	是关键性电子政务决策项的权利分配形式。在案例研究中可以用电子政务实施的四个不同阶段上，治理原型的组合路径来描述和测量	马利坦（Maritan，2001）[517]、薛（2008）[413]
电子政务治理结构	是关键性电子政务决策制定的组织机构。在案例研究中可以用参与电子政务决策的组织单元和角色构成形式来描述和测量	韦尔（2004）[443]、梵·格兰伯根（2004）[165]
电子政务治理机制	是关键性电子政务决策制定的各种管理制度设计。在案例研究中可以用监督机制、沟通机制、激励机制等管理制度描述和测量	韦尔（2004）[443]、梵·格兰伯根（2004）[165]
电子政务外部环境	是影响电子政务治理模式形成的外部环境因素，在案例研究中可以用强制性压力、效仿性压力、竞争性压力和地区发展水平来描述和测量	梁（2007）[460]、斯旺森（2004）[461]、迪欧（2003）[462]、布朗（1997）[405]、波士华（1998）[463]
电子政务内部环境	是影响电子政务治理模式形成的组织因素，在案例研究中可以用组织的集权程度、信息部门的影响力、IT管理经验来描述和测量	普里缪图克（2008）[464]、山姆班莫西（1999）[408]、厄尔（1989）[436]、布朗（1994）[441]、加斯博森（2002）[465]、韦尔（2004）[443]
电子政务投资特点	是影响电子政务治理模式形成的任务因素，在案例研究中可以用电子政务投资的范围、规模、迫切性、技术成熟度来描述和测量	薛（2008）[413]、布朗（1994）[441]、布朗（1994）[405]、布朗（1998）[406]、阿希特夫（1989）[440]
电子政务治理有效性	是对电子政务治理有效性的评价，在案例研究中可以用价值交付的有效性、成本控制的有效性、IT资源利用的有效性，以及风险控制的有效性来测量	韦尔（2004）[443]、盖登汤普斯（Guldentops，2002）[518]、梵·格兰伯根（2004）[165]

二、数据收集

（一）案例样本选择与数据收集过程

在我国政府机构的省、市、县、乡四级管理体制中，地市级政府从职能上扮演了重要角色，地市级政府不仅要贯彻落实省级以上政府的各项法规政策，为上级提供决策支持，向下级（县、乡级）政府传达上级的政策文件，提出指导意见，还要直接面向企业和公众提供公共服务，这也决定了在推进电子政务建设过程中，地市级电子政务建设的重要性[519]。然而目前地市级横向电子政务发展相对纵向电子政务发展滞后的现状，促使本书作者产生了深入探究其电子政务治理状况的动机，为此选择地市级政府部门作为主要研究对象。

数据收集过程经历了6个月，包括三个主要阶段：

第一阶段从2008年11月初到12月底，为数据收集的资料准备阶段。这一阶段有两项主要工作，一是收集地市一级政府部门电子政务建设的二手材料，了解其电子政务建设基本情况。包括12份地市级政府官员关于电子政务建设的会议交流材料（《信息化建设》杂志主办的电子政务会议），地级市电子政务网站资料；二是与《信息化建设》杂志合作开展电子政务建设问卷调研（调研问卷见附录1第三部分），同时与相关电子政务研究人员和项目组成员进行了多次讨论。

第二阶段从2009年1月到2月中旬，为访谈方案的设计阶段。这一阶段的主要工作在于整理第一阶段收集的资料，根据主要研究问题设计半结构化访谈问卷，同时将访谈问卷发送给3位从事电子政务实践的政府官员和《信息化建设》主任记者预审，经过多次反馈，得到了可靠性（Reliability）和有效性（Validity）检测，形成最后的半开放式访谈问卷（见附录2）。根据多案例研究对研究对象要超过3~4个的要求[61]，在《信息化建设》杂志社协助和推荐下选定6个地市级政府部门作为主要调研对象。

第三阶段从2009年2月底到4月中旬，为案例数据的收集和整理阶段。这一阶段在《信息化建设》杂志的协助下，共调研了来自北京、上海、天津、河南等6个地市级政府部门。每个案例访谈经过两轮，第一轮是基于开放式问题的访谈，第二轮是基于半结构化问卷的访谈，共进行了12次访谈，每次访谈的持续时间约为1小时到2小时。所有访谈情况都做了详细的记录，访谈过程中使用了数字录音笔。在进行案例访谈的同时，还从其他来源获取一些有关访谈案例的二手数据，包括新闻资料和网站资料。

（二）案例样本基本情况描述

本次调研获取了6个政府部门有关电子政务治理的基本情况。调研对象的基本情况如表7－12所示，访谈对象分布在6个不同地区；每个案例的访谈人次均为2～3人，包括部门主管、信息主管、技术骨干；每个案例调研的电子政务投资项均超过10项（除江苏外）、开展电子政务的时间均超过5年、信息部门人员规模基本相当，在10～30人之间，因此可用以进行横向比较来发现问题。

表7－12　　　　　　　　　**调研对象电子政务实施基本情况**

调研对象	所在地区	访谈人数	电子政务投资项	信息部门人员规模	开展电子政务时间
案例 A	北京	2 人	18 项	20 人	12 年
案例 B	上海	3 人	15 项	28 人	6 年
案例 C	天津	3 人	17 项	12 人	11 年
案例 D	河南	3 人	18 项	30 人	5 年
案例 E	贵州	2 人	15 项	13 人	6 年
案例 F	江苏	2 人	4 项	10 人	7 年
合计	6	15 人	87 项	>10 人	>5 年

三、数据分析

（一）电子政务治理模式

1. 电子政务决策项的基本情况描述

本次访谈共获得6个部门87项电子政务决策项的治理情况的反馈信息，这些决策项的基本情况见表7－13所示，其中在类型栏中，将电子政务决策项的类型分为5类，其中 S. 代表战略规划类、M. 代表管理系统类、A. 代表应用系统类、D. 代表数据系统类、N. 代表网络设施类，表中数字为电子政务决策项的各种特征的统计数据。

2. 电子政务治理原型的识别

根据案例访谈的实际情况，将表6－9中的8类主要角色进一步抽象为4种角色类型：一是上级主管，指所辖市级单位电子政务推进工作的上级行政主管或者业务主管，例如负责信息化建设的省长、副省长或者办公厅主任。二是行政主管，指负责电子政务推进的本市最高领导和分管领导，主要指市长、副市长、秘

表 7 – 13　　　　　　　　　　　　电子政务决策项基本情况

类型	实施范围		投资规模			启动资金来源		实施时间		
	部门内	跨部门	万元	十万元	百万元	上级部门	地方自筹	<1 年	1~2 年	>2 年
S	0	10	2	2	2	0	8	1	3	6
M	2	12	3	2	3	1	10	2	1	11
A	4	28	1	19	12	2	32	14	7	11
D	3	11	1	9	3	1	14	8	1	5
N	2	15	0	5	10	4	11	3	4	10
合计	11	76	7	37	30	8	75	28	16	43
占比	13%	87%	8%	43%	34%	9%	86%	32%	18%	49%

注：①本表统计有两个需要说明的问题：一是由于具体实践领域对电子政务决策项划分的差异，欠缺 3 个案例关于 S 和 M 类电子政务决策项投资规模的统计数字；二是 A 类电子政务决策项中，有 4 个决策项的启动投资来源既包括上级部门也包括地方自筹，故重复统计。

表 7 – 14　　　　　　　　　　　电子政务治理原型[①]

治理原型[②]	具体描述	上级主管	行政主管	信息主管	业务主管	治理过程出现次数[③]
行政君主制（ADM）	由上级主管领导、本部门行政主管单独或共同构成	√				96
			√			
		√				
IT 君主制（ITM）	由一个或多个信息主管部门负责人构成			√		106
联邦制（FED）	由至少 2 个行政级别的多个主管领导构成，形式较为多样化	√	√	√	√	63
		√		√	√	
		√			√	
		√		√		
双寡头制（DUO）	由平级的 IT 主管和业务部门领导或流程负责人共同构成			√	√	40
业务君主制（BUM）	由一个或多个业务部门领导，或关键流程的负责人构成				√	17

注：①为了更好地表达治理模式的路径，对治理原型进行编码，代码来自于治理原型的英文缩写，其中 ADM—Administrator、ITD—IT Monarchy、BUM—Business Monarchy、FED—Federal、DUO—Duopoly。

②在"治理原型出现次数"的统计中，涉及 8 个决策项的 18 个阶段中的治理原型描述不清，未予统计。

书长等。三是信息主管，指负责本市电子政务建设的信息部门主管，例如信息办主任、办公室主任等。四是业务主管，开展电子政务建设的业务部门主管，例如人事局、民政局、发展改革委员会等部门的主管，以及负责电子政务财政拨款的财政局长或副局长等。根据资料整理情况，借鉴韦尔（2004）[161] 的划分方式，将电子政务治理原型划分为 5 种类型，各种类型分别由 4 种角色类型构成，具体情况见表 7－14 所示，其中"治理过程出现次数"是指该治理原型在本次调研的 87 个电子政务决策项的启动、立项、建设、运营阶段出现的总次数。

3. 电子政务治理安排矩阵

表 7－14 所示的 5 种电子政务治理原型，在电子政务决策项的实施的 4 个主要阶段都有可能出现，因此，有可能构成 625 种电子政务治理模式，每一种电子政务治理模式都可以用路径表示，例如"ADM－FED－BUM－ITM"表示启动阶段采用行政君主制、立项阶段采用联邦制、建设阶段采用 IT 君主制、运营阶段采用业务君主制。根据电子政务决策项的类别，对本次调研获得的 87 个电子政务决策项的每个阶段采用的治理原型进行统计，形成电子政务治理原型安排矩阵和治理安排矩阵的细化表，如表 7－15、表 7－16 和表 7－17 所示，统计结果说明如下：

表 7－15　　　　　　　　　电子政务治理安排矩阵

治理原型	启动阶段	立项阶段	建设阶段	运营阶段	合计
ADM	85	4	4	3	96
ITM	0	12	52	42	106
FED	0	47	7	9	63
DUO	0	16	7	17	40
BUM	0	3	7	7	17

表 7－16　　　　　　　电子政务治理安排矩阵细化表（1）

治理原型	S.				M.				A.（续下表）	
	启动	立项	建设	运营	启动	立项	建设	运营	启动	立项
ADM	8	2	2	0	14	0	2	3	32	0
ITM	0	0	6	8	0	1	5	5	0	6
FED	0	5	0	0	0	6	1	2	0	22
DUO	0	2	0	0	0	1	1	1	0	4
BUM	0	0	0	0	0	3	0	0	0	0

表 7－17　　　　　　　　电子政务治理安排矩阵细化表（2）

治理原型	A.（续上表）		D.				N.			
	建设	运营	启动	立项	建设	运营	启动	立项	建设	运营
ADM	0	0	14	0	0	0	17	2	0	0
ITM	23	14	0	3	9	8	0	2	9	7
FED	3	7	0	5	1	0	0	9	2	0
DUO	0	6	6	4	6		0	3	2	4
BUM	5	5	0	0	0	0	0	0	2	2

（1）尽管在本章节的研究中，考虑到电子政务决策项涉及不同类型的管理问题，被划分为 5 种类型，但是结果显示，行政君主制（ADM）是各类电子政务决策项在启动阶段共同采用的模式；立项阶段的主要模式为联邦制（FED），建设与运营阶段 IT 君主制（ITM）以绝对优势占据主要地位。

（2）本次调研的 87 个电子政务决策项中，受访者完整描述了其中 73 个决策项各阶段的治理原型，出现的治理模式共计 19 种，其中 18 个决策项的治理模式为"ADM－FED－ITM－ITM"；10 个决策项的治理模式为"ADM－ITM－ITM－ITM"；6 个决策项的治理模式为"ADM－DUO－ITM－ITM"；6 个决策项的治理模式为"ADM－DUO－ITM－DUO"；6 个决策项的治理模式为"ADM－FED－BUM－BUM"；剩余 27 个决策项中有 12 个决策项出现 4 种治理模式，8 个决策项出现 4 种治理模式，7 个决策项出现 7 种治理模式。

（3）在对 73 个有效决策项治理模式的统计上，发现 A 单位的 15 个决策采用 5 种治理模式；B 单位的 10 个决策采用 9 种治理模式；C 单位的 12 个决策采用 6 种治理模式；D 单位的 17 个决策采用 7 种治理模式；E 单位的 10 个决策采用 1 种治理模式；F 单位的 3 个决策采用 3 种治理模式，治理模式有较大差异。

（二）电子政务治理模式的主要影响因素

本次调研的 73 个电子政务决策项，出现了 19 种不同的治理模式，其中除了 5 种典型模式比较集中外，其余 14 种比较分散，可见总体来讲治理模式受到组织情境因素的显著影响。同时，73 个决策项中的 63%，即 46 个比较集中的采用了 5 种典型治理模式，可以认为这些模式的形成受到一些共同因素的影响。为了进一步探究典型电子政务治理模式形成的主要原因，有必要分析影响典型电子政务治理模式形成的主要因素。

本书的第六章第五节基于文献归纳，已经整理了影响治理模式形成的 3 个类 12 个主要因素，如表 6－11 所示。本次案例访谈，征求 6 个部门意见，并要求其就影响因素的重要性打分，结果表明 3 个主要因素影响电子政务治理模式的形成，一是外部环境的压力；二是组织的 IT 部门的影响力；三是项目需求的迫切程度。而地区的经济发展水平、项目的范围、投资规模、组织的集权程度等并非是影响电子政务治理模式形成的主要原因。同时，从电子政务决策项的启动模式可以看到均采用行政君主制，可见项目需求的迫切程度并非来源于业务部门的实际业务需求，而主要来源于上级行政部门的行政指示和战略部署，所以可以将外部环境的压力和项目需求的迫切性共同视为行政压力。因此，初步断定，行政压力和 IT 部门影响力是影响电子政务治理模式形成的主要因素。

依据多菲法特（2007）[387] 的观点，电子政务决策项实施的 4 个阶段可以视为 4 个不同场景，每个场景中主要参与者的期望、利益形成了各自的提议，而参与者的权力和资源将影响讨论的结果。通过对 73 个决策项的治理模式分析，发现启动阶段全部采用行政君主制，显示了中国电子政务行政主导的典型特征；立项阶段作为关键环节，决定了决策项实施过程中的 IT 资源分配情况和部门利益格局的变化，这一阶段的治理原型存在一定分歧，其中 43 项采用联邦制、16 项采用双寡头、11 项采用 IT 君主制。

根据是否有高层管理者（上级主管和行政首脑）参与，将治理原型分为 2 类，并将治理模式归纳在两个表中，见表 7 - 18 和表 7 - 19。

表 7 - 18　　　立项阶段采用联邦制和行政君主制的电子政务治理模式

表 7 – 19　　　　　　　　立项阶段采用 IT 君主制、双寡头制、
业务君主制的电子政务治理模式

阶段	启动	立项	建设	运营
ADM	29		2	
ITM		10	10	10
			6	6
			6	
		1	1	
FED				1
DUO		6		6
		6		
		4	4	4
BUM		2		2

其中表 7 – 18 归纳了立项阶段采用行政君主制和联邦制（治理原型中的参与者出现上级主管和行政首脑）的决策项，涉及 44 个决策项、出现 13 种治理模式；表 7 – 19 归纳了立项阶段采用 IT 君主制、双寡头制、业务君主制（治理原型中的参与者由同一行政级别的管理者构成）的决策项，涉及 29 个决策项、出现 9 种治理模式。

基于中国政府部门行政级别的重要性，本章节认为采用行政君主制和联邦制立项，意味对决策项的重视，也意味着较大的行政压力；而立项阶段采用 IT 君主制，意味着 IT 部门的强势作用，因此，这两个因素共同作用于电子政务治理模式的形成。如果假定电子政务治理模式是行政压力和 IT 部门影响力函数，则：

$$电子政务治理模式 = f（行政压力，IT 部门影响力）$$

基于案例资料的进一步分析，表 7 – 20 显示了 4 种典型电子政务治理模式受行政压力和 IT 部门影响力的情况。

表 7 – 20　　　　　　　典型电子政务治理模式的影响因素分析

编号	影响因素				典型电子政务治理模式				出现次数
	行政压力		IT 部门影响力		启动	立项	建设	运营	
	大	小	强	弱					
1	●		●		ADM	FED	ITM	ITM	18
2	●			●	ADM	FED	BUM	BUM	6
3		●	●		ADM	ITM	ITM	ITM	6
4		●		●	ADM	DUO	ITM	DUO	6

因此，形成了有关电子政务治理模式影响因素的 4 个结论，即：

模式 1：$ADM - FED - ITM - ITM = f$（行政压力大，IT 部门影响力强）

模式 2：$ADM - FED - BUM - BUM = f$（行政压力大，IT 部门影响力弱）

模式 3：$ADM - ITM - ITM - ITM = f$（行政压力小，IT 部门影响力强）

模式 4：$ADM - DUO - ITM - DUO = f$（行政压力小，IT 部门影响力弱）

模式 1 的形成显示了较大的行政压力和 IT 部门的强势作用，也说明了 IT 主管的重要性；模式 2 的形成依赖于较大的行政压力和弱势的 IT 部门，也意味着某些政府部门电子政务实施中 IT 主管缺位的现实；模式 3 显示了 IT 部门的绝对强势作用，也对 IT 主管提出了更高要求；模式 4 在立项和运营阶段出现了双寡头制，说明在较低的行政压力和弱势 IT 部门的环境下，业务主管参与的重要。需要说明的是，还有一种出现 6 次的模式 "$ADM - DUO - ITM - ITM$"，与模式 4 非常类似，只是在运营阶段采用 IT 君主制，由于运营阶段涉及的治理角色较为单一，且处于相同的行政级别，因此，可将此模式的影响因素视为与模式 4 等同。

（三）电子政务治理结构和治理机制

政府组织的内外部环境变量以及管理变量相互作用的结果，形成了电子政务治理模式。电子政务治理模式是电子政务治理结构安排和治理机制设计的基础；而电子政务治理结构作为治理机制的外在表现形式，治理机制作为治理结构的内在动力基础，两者的相互作用成为电子政务治理模式有效运转的保证。治理模式、治理结构和治理机制的共同作用体现了电子政务治理能力[160]。

根据对本次案例访谈资料的整理，发现获取 6 个政府部门的有关治理结构和治理机制的资料非常有限，并且与韦尔（2004）[161]对西方组织的研究结果存在较大差异。在韦尔的研究中，高级管理委员会、IT 主管组成的 IT 领导委员会、IT 成员参加的流程团队、架构委员会等均是西方组织 IT 治理结构安排中较为有效的形式。而高级管理层的公告、IT 治理办公室等则是较为重要的 IT 治理的沟通机制。虽然与西方 IT 治理实践类似，中国电子政务治理实践中，已经存在多样化的电子政务治理模式，但尚未看到与治理模式相匹配的较为成熟的治理结构和治理机制。

根据本次案例访谈资料，仅有两个较为典型的制定电子政务决策的传统治理结构，一是由行政主管参与的政府办公会，制定战略类、管理类电子政务决策项的关键性决策；二是由各部门主管和 IT 主管参与的部门办公会，制定技术类、系统架构类电子政务决策项的关键性决策。针对不同类型的电子政务决策项，具体运作方式差异较大。同时，由于现行的政府组织结构是以专业来划分的，它为不同的部门设置了管辖的权限，并以部门为边界进行考核、评估和奖励，部门只会关注本部门边界内的事务。因而对于跨部门的电子政务决策项，激励机制和监督机制效果并不明显。虽然目前多数部门推行的联席会议制度可以称为较为正式的沟通机制，在部分政府部门起到了关键性的沟通作用，然而由于该制度的不成熟性，对于电子政务实施过程中的关键性问题，沟通效果难以保证。

（四）电子政务治理有效性及主要影响因素

1. 电子政务治理有效性的评价和测量

电子政务治理是为了保证电子政务治理目标的实现，对电子政务实施过程进行治理的过程和方式。电子政务治理的三个要素共同作用于电子政务治理有效性，体现了电子政务治理能力[160]。

电子政务治理有效性是对电子政务治理有效性的评价，也是治理能力的最终体现。本章节根据韦尔（2004）的研究，提出了电子政务治理有效性评价的 4 个评价指标，价值交付的有效性、成本控制的有效性、IT 资源利用的有效性、风险控制的有效性，及具体计算方式，如表 3 - 9 及式（3 - 2）所示。在本次案例调研中，进一步探讨了对电子政务治理有效性的评价问题，访谈结果总结如下：

（1）关于电子政务治理有效性的评价。案例访谈中，要求受访者对 4 指标的重要性给予评价，采用 5 分制打分方式，并就 37 个电子政务决策项进行了治理绩效的评价。其中，平均得分 75 分、最高分 100 分、最低分 36 分；60 分以下 8 项占 21%、60~79 分 13 项占 34%、80 分以上 17 项占 45%，可见电子政务治理有效性在不同决策项之间存在显著差异。

（2）关于电子政务治理有效性的评价指标。通过比较打分情况，发现 IT 资源利用有效性的重要性分值较低，平均低于 3 分，而其他 3 个指标平均分都超过 3 分。通过进一步了解，多数受访者认为，现阶段使用 IT 资源利用的有效性来评价电子政务治理有效性并不适宜，主要原因在于信息技术的摩尔定律，《行政许可法》、《信息公开条例》等法律法规的出台，导致多数电子政务实施项目在有效利用原有 IT 资源的具体举措上变得非常困难。

（3）关于电子政务治理有效性评价指标的测量。案例访谈中请受访者就电子政务治理有效性的 3 个评价指标，展开开放式访谈，引导其具体表述如何测量各项指标，并详细记录。经过归纳分析，根据赞同人数的多少进行排序，对治理绩效评价指标测量的具体描述整理如表 7 - 21 所示，可以作为测量治理绩效评价指标的主要依据。

2. 电子政务治理有效性影响因素的探索性研究

为了更好地开展本章第一节的调查研究工作，在本次案例访谈中，请受访者

表7－21　　　　　　　　　电子政务治理有效性评价指标的测量

评价指标	对电子政务治理有效性评价指标测量的具体描述
价值交付的有效性	（1）电子政务系统能够按既定的时间交付
	（2）电子政务能满足既定的性能要求
	（3）电子政务系统能满足既定的业务需求
	（4）政府雇员的工作效率提高了
	（5）部门间信息资源共享程度提高了
风险控制的有效性	（1）系统运营具有良好的安全性与持续性
	（2）电子政务实施风险被理解和识别
	（3）制定了政府信息资源的安全保护级别
	（4）制定了明确的风险防范措施
	（5）能够及时进行电子政务运营事故处理
成本控制的有效性	（1）电子政务实施过程中没有过多的追加投资
	（2）能够分阶段核算项目的硬件、软件、人工、管理成本
	（3）项目实施过程中具有清晰的资金使用审批流程
	（4）项目的投资规模比较适度
	（5）项目实际开销与项目预算总额基本相符

根据表6－11总结的电子政务治理有效性影响因素，展开半开放式的访谈，引导其评价各种因素对电子政务治理有效性影响的重要程度，访谈结果整理如表7－22所示。从访谈结果来看，治理的认知程度和治理的结构安排作为影响电子政务治理有效性的关键因素受到一致赞同。同时认为，治理的沟通机制、激励与监督机制也对电子政务治理有效性有重要影响作用，而与现有文献研究不同的是治理的模式设计和治理的就绪程度并非显著影响电子政务治理有效性。

表7－22　　　　　　　　　电子政务治理有效性影响因素筛选

电子政务治理有效性的影响因素	支持或反对理由
治理的认知程度	非常支持：电子政务是"一把手工程"，高层管理者对治理的理解程度、认识程度影响治理模式的选择和治理结构的安排以及治理机制的设计，进而影响治理绩效
治理的结构安排	非常支持：结构安排是有关电子政务决策的组织单元、角色、职责和管理制度的安排，是治理绩效的直接影响因素

363

续表

电子政务治理有效性的影响因素	支持或反对理由
治理的沟通机制	支持：是电子政务决策项实施过程中解决关键问题的沟通、协调渠道、平台和相关制度，对治理绩效有重要影响作用
监督和激励机制	支持：是为了保证电子政务实施成效，采取的激励、监督方式和制度安排，对治理绩效有重要影响作用
治理的模式设计	不支持：尽管采用相同的电子政务治理模式，但是治理绩效存在显著差异，因此治理模式不是影响绩效的主要原因
治理的就绪程度	不支持：政府部门开展治理活动的客观基础条件类似，但是治理绩效存在显著差异，因此治理的就绪程度不是影响绩效的主要原因

四、小结

本章节在第六章第五节的研究基础上，通过对 6 个中国地方政府部门的 87 个电子政务决策项的治理状况进行跨案例研究形成以下研究结论，现讨论如下：

（一）有关电子政务治理模式

本章节归纳的 5 种类型电子政务决策项，在 6 个案例中均出现，多数表现为跨部门、高投资。与韦尔（2004）的研究相类似，存在 5 种治理原型，治理原型均由同一行政级别和跨越 2 ~ 3 个行政级别的管理者构成。但与韦尔（2005）的研究不同的是[412]，电子政务治理模式的形成与关键性决策项的类型没有明显关系，不同类型的电子政务决策项在相同部门大多采用相同的治理模式；与薛（2008）基于中国公立医院的研究不同的是[413]，在电子政务决策项的治理过程中，行政君主制（ADM）是启动阶段共同采用的模式，立项阶段的主要模式为联邦制（FED），建设与运营阶段 IT 君主制（ITM）占据主要地位，可见行政首脑的决策地位不容忽视，IT 部门也逐渐显示其重要地位，但是业务部门在启动和立项阶段明显参与不足。

（二）有关电子政务治理模式的影响因素

电子政务治理模式呈现出多样化化态势，73 个电子政务决策项，出现了 19 种不同的治理模式，总体来讲治理模式受到组织情境因素的显著影响。同时，发现 63% 电子政务决策项，比较集中地采用了 5 种典型治理模式。与西方学者的研究存在较大差异的是，投资特点、组织规模、组织集权程度、所处地域并非显著的影响这几个典型电子政务治理模式的形成，而行政压力和 IT 部门影响力是影响电子政务治理模式形成的主要原因，这两个因素的共同作用，是典型电子政务治理模式形成的主要原因。

（三）有关电子政务治理结构和治理机制

案例研究资料显示，即使是跨部门的电子政务决策项，治理结构沿用传统的行政结构划分，缺乏与治理模式相匹配的治理结构安排，信息化领导小组、联席会议制等治理机制尽管起到了一定的作用。但是，由于缺乏长期性制度化的协调，面对不同职责的划分和各种各样的利益冲突，在具体工作过程中仍然困难重重。因此，尽管多样化的电子政务治理模式在政府部门基本形成，但是由于治理模式既与决策项类型不匹配，又缺乏有效的生存土壤，相同治理模式的治理绩效存在显著差异，进一步验证了韦尔（2005）的研究成果[412]。

（四）有关电子政务治理有效性

案例研究表明，本章节提出的 3 个评价指标，即价值交付的有效性、风险控制的有效性、成本控制的有效性能够较为全面的评价电子政务治理有效性，这些指标的测量可以通过对参与电子政务实施的政府职员的行为研究获得。同时，对本章节提出的影响电子政务治理有效性的主要因素的重要性进行排序，认为治理的认知程度、治理的结构安排非常重要；治理的沟通机制、激励和监督机制比较重要；而治理模式和治理的就绪程度不会对治理绩效产生重要影响，为了验证这一研究结论，有必要展开进一步的调查研究。

第三节　电子政务治理有效性影响因素的调查研究

一、理论模型的建立

（一）理论基础

治理绩效是任何治理问题关注的焦点。查特吉（2001）采用事件研究法基于对 96 个公司 11 年间 CIO 职位的设置情况的研究，认为 CIO 的出现对提高公司的 IT 治理能力有重要影响，并进而影响公司的投资回报率[475]；科拉奇－卡卡巴德斯（Korac-Kakabadse，2001）、彼得森（2004）基于概念研究探讨了 IT 治理有效性和公司治理绩效之间的关系[411,472]；韦尔（2004）基于对 256 个组织的案例研究，认为不同组织的 IT 治理能力存在较大差异，对 IT 投资收益产生显著影响，并提出了评价 IT 治理有效性的 4 个指标[161]。尽管 IT 治理有效性与组织管理绩效的关系缺乏有力证明，但是可以确认的是 IT 治理有效性直接影响 IT 实施结果和投资收益，同时，治理绩效评价指标的选择可以根据具体治理情况而定[412,520]。

为了探究 IT 治理有效性的动力机制，较早的文献大多剖析单个因素对 IT 治理有效性的影响，例如博因顿（1992）认为高层管理者与 IT 管理者共同承担 IT 决策的责任对 IT 治理的有效性有重要影响[398]；博因顿（1994）通过对 132 个公司的实证研究，认为 IT 管理经验是解释高水平 IT 应用的主导因素，而 IT 管理经验和 IT 管理过程的有效性受组织 IT 管理氛围的影响[473]；克拉克（Clark，1997）认为 IT 组织的设计是影响 IT 治理有效性的主要因素[474]；山姆班莫西（Sambamuthy，2000）则强调了基于 IT 能力的组织关系平台设计对 IT 治理有效性的重要影响[409]；施瓦兹（2003）基于案例研究讨论了沟通关系对治理绩效的影响[410]。近期的研究更多关注多因素对 IT 治理有效性的影响，例如，劳（2004）基于对治理结构和治理主体的深刻剖析，认为 IT 治理有效性的关键影响因素包括 3 个，即高质量的治理设计、组织 IT 治理的就绪程度、利益相关者的参与程度[442]；彼得森（Peterson，2004）认为治理结构安排、沟通能力是有效 IT 治理的关键组成部分[392]；韦尔（2005）提出 IT 治理有效性的 8 个影响因素[160]，包括 IT 治理机制对所有管理者的透明程度、满足企业目标的治理设计的主动性、治理安排的稳定程度、治理安排简单化、治理目标的明确程度、例外处理规则的清晰程度、治理安排的多层面性、激励机制设计。斯迈尔兹（2006）则深入研究了 CIO 制度设计的多种模式以及对治理绩效的影响。这些研究从不同的角度解释了 IT 治理水平存在较大差别的主要原因[476]。

（二）研究模型与研究假设

本书第六章第六节借鉴韦尔（2005）的研究[160]，提出了 4 个电子政务治理有效性评价指标，结合本章第二节的案例访谈，将评价指标确定为 3 个，即：价值交付的有效性、成本控制的有效性，以及风险控制的有效性。同时，本书第六章第六节基于对 IT 治理文献中 IT 治理有效性影响因素[160,392,398,409-410,442,474-477]的比较分析，归纳了 6 个影响治理绩效的主要因素，即：治理的认知程度、治理的就绪程度、治理的结构安排、治理的模式设计、治理的沟通机制、监督和激励机制，结合本章第二节的案例访谈中对这些因素重要性的排序结果，以及现有文献对测量这些研究变量的支撑程度，本章节选定了影响电子政务治理有效性的 3 个因素进行调查研究，即认为治理的认知程度、治理的结构安排和治理的沟通机制，对电子政务治理有效性具有重要影响作用。因此，提出本章节研究的概念模型如图 7 - 7 所示，并界定主要研究变量的具体含义如表 7 - 23 所示。

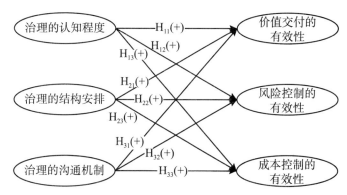

图 7 - 7　电子政务治理有效性的影响因素模型

对电子政务治理有效性的评价可以从三个角度进行，其中价值交付的有效性，是从产出的角度，对电子政务是否能按照质量、时间要求和业务需求有效实施的评价，是保证公共服务能力提高的关键[5]。梵·格兰伯根（2004）认为，价值交付是治理的最终目标，是对治理绩效的最重要的评价[165]；风险控制的有效性，是从过程的角度，对电子政务实施过程中关键风险有效控制的评价。盖登汤普斯（Guldentops，2002）认为，IT 治理过程中的风险控制是通过识别、规避、管理来自于系统内部和外部的风险来确保治理绩效的[518]，其目的是保证价值交付的实现[165]；成本控制的有效性，是从投入的角度，对电子政务实施中成本控制有效性的评价。邓崧（2005）强调了成本控制对电子政务服务目标实现的重要性[162]；因此，价值交付的有效性、风险控制的有效性、成本控制的有效性，这 3 个指标共同决定了电子政务治理有效性。

治理的认知程度是高层管理者对治理理念的认知、意识和理解程度，是组织文化的一部分，是将治理付诸于实践，并不断质疑、改进治理的基础。韦尔（2005）通过对 256 个组织的案例研究，认为治理绩效较高的组织具有共同的规律，即组织中几乎有一半以上的高层管理者能够描述其治理状况[412]。因此，本书提出有关电子政务治理有效性影响因素的第一组研究假设，即：

研究假设 H_{11}：治理的认知程度对电子政务价值交付的有效性具有正向影响。

研究假设 H_{12}：治理的认知程度对电子政务风险控制的有效性具有正向影响。

研究假设 H_{13}：治理的认知程度对电子政务成本控制的有效性具有正向影响。

治理的结构安排是有关电子政务决策的组织单元、角色、职责和管理制度的安排，是治理绩效的直接影响因素。克拉克（1997）提出的 IT 组织的设计[474]、劳（2004）提出的高质量治理设计[442]、彼得森（2004）提出的治理结构安排[392]，以及韦尔（2005）提出的治理安排的稳定程度、治理安排的简单化[160]，从不同的角度解释了治理安排对治理绩效的重要。因此，本书提出有关电子政务治理有效性影响因素的第二组研究假设，即：

研究假设 H_{21}：治理的结构安排对电子政务价值交付的有效性具有正向影响。

研究假设 H_{22}：治理的结构安排对电子政务风险控制的有效性具有正向影响。

研究假设 H_{23}：治理的结构安排对电子政务成本控制的有效性具有正向影响。

治理的沟通机制是电子政务决策项实施过程中解决关键性问题的沟通、协调渠道、平台和相关管理制度，对治理绩效有重要影响作用。山姆班莫西（2000）强调了沟通关系平台设计的重要性[409]；施瓦兹（2003）讨论了沟通关系对治理绩效的正向影响[410]；彼得森（2004）认为沟通能力是影响 IT 治理的关键要素[392]。因此，本书提出有关电子政务治理有效性影响因素的第三组研究假设，即：

研究假设 H_{31}：治理的结构安排对电子政务价值交付的有效性具有正向影响。

研究假设 H_{32}：治理的结构安排对电子政务风险控制的有效性具有正向影响。

研究假设 H_{33}：治理的结构安排对电子政务成本控制的有效性具有正向影响。

二、数据收集

（一）研究变量的测量

为了进一步通过实证研究验证上述 6 个研究变量之间的关系，需要为这些研究变量编写具体的测量指标，以尽可能有效地捕获研究变量的理论含义。

价值交付的有效性是指电子政务能够按照质量、时间要求和业务需求有效实施。本书根据梵·格兰伯根（2004）对价值交付描述[165]，结合案例访谈结果见表7－20，选择了3个测量指标测量价值交付的有效性，具体说明见表7－23。

表7－23　　　　　　　　　　　研究模型中潜变量的界定

潜变量		具体描述	理论支持
内生变量	价值交付的有效性（Performance1）	电子政务能够按照质量、时间、业务需求有效实施	韦斯特（2004）[5]、梵·格兰伯根（2004）[165]
	风险控制的有效性（Performance2）	电子政务实施过程中的各类风险得到有效控制	古登托普（2002）[518]、梵·格兰伯根（2004）[165]
	成本控制的有效性（Performance3）	电子政务能够在预算范围内有效实施	韦尔（2005）[160]、邓崧（2005）[162]
外生变量	治理的认知程度（Cognition）	高层管理者对治理的认知、意识和理解程度	韦尔（2005）[412]
	治理的结构安排（Structures）	是有关电子政务决策的组织单元、角色、职责的设置和具体管理制度的安排	克拉克（1997）[474]、劳（2004）[442]、彼得森（2004）[392]、韦尔（2005）[160]
	治理的沟通机制（Communicate）	是电子政务实施中解决关键性问题的沟通、协调渠道、平台和相关管理制度	山姆班莫西（2000）[409]、施瓦兹（2003）[410]、彼得森（2004）[392]

风险控制的有效性是指电子政务实施过程中的主要风险得到有效控制。本书根据盖登汤普斯（2002）对风险控制的描述[518]，梵·格兰伯根（2004）对IT治理中风险控制的解释[165]，以及拉科夫（1995）关于风险控制的测量量表[521]，结合案例访谈结果见表7－20，选择了4个测量指标测量风险控制的有效性，具体说明见表7－23。

成本控制的有效性是指电子政务能够在预算范围内有效实施。本书根据韦尔（2005）对成本控制的解释[160]，邓崧（2005）对电子政务中成本控制的描述[162]，结合案例访谈结果见表7－20，选择了3个测量指标测量成本控制的有效性，具体说明见表7－24。

治理的认知程度是指政府部门的高层管理者对电子政务治理的认知、意识和理解程度。本书根据韦尔（2005）对治理认知程度的描述和测量[412]，结合案例访谈结果见表7－20，选择了3个测量指标测量治理的认知程度，具体说明见表6－3。

表 7 - 24　　　　　　　电子政务治理有效性评价的测量变量说明

内生潜变量	测量变量说明	理论支持
价值交付的有效性 （Performance 1）	Y1：电子政务能够按既定的时间交付	梵·格兰伯根（2004）[165]
	Y2：电子政务能够满足既定的性能要求	
	Y3：电子政务能够满足既定的业务需求	
风险控制的有效性 （Performance 2）	Y4：系统运营具有良好的安全性与持续性	盖登汤普斯（2002）[518]、 梵·格兰伯根（2004）[165]、 拉科夫（1995）[521]
	Y5：电子政务实施风险被理解和识别	
	Y6：制定了政府信息资源的安全保护级别	
	Y7：制定了明确的风险防范措施	
成本控制的有效性 （Performance 3）	Y8：电子政务实施过程中没有过多的追加投资	韦尔（2005）[160]、邓 崧（2005）[162]
	Y9：能分阶段核算项目的硬件、软件、人工、 管理成本	
	Y10：实施过程中具有清晰的资金使用审批流程	

　　治理的结构安排是有关电子政务决策的组织单元、角色、职责的设置和具体管理制度的安排，也是多数学者关注的重点。本书根据博因顿（1992）、克拉克（1997）、查特吉（2001）、彼得森（2004）、劳（2004）、斯迈尔兹（2006）等人的研究[398,474][392,442,475-476]，结合案例访谈，选择了 4 个测量指标测量治理的结构安排，具体说明见表 6 - 3。

　　治理的沟通机制是电子政务决策项实施过程中解决关键问题的沟通、协调渠道、平台和相关管理制度。本书根据山姆班莫西（2000）[409]、韦尔（2004）[443]、彼得森（2004）[411]的研究，以及博因顿（1994）的测量量表[473]，结合案例访谈，选择了 3 个测量指标测量治理的结构安排，具体说明见表 7 - 25。

表 7 - 25　　　　　　电子政务治理有效性影响因素的测量变量说明

外生潜变量	测量变量说明	理论支持
治理的认知程度 （Cognition）	X1：高层管理者对电子政务投资价值的认同	韦尔（2005）[412]
	X2：高层管理者对电子政务投资绩效的重视	
	X3：管理者对电子政务决策制度安排的认同	
治理的结构安排 （Structures）	X4：明确电子政务的决策权、执行权、监督权	博因顿（1992）[398]、 克拉克（1997）[474]、 劳（2004）[442]、斯迈 尔兹（2006）[476]
	X5：职能、信息部门共同承担管理责任	
	X6：利益相关者参与到主要的决策审查程序中	
	X7：信息主管部门有明确的权责安排	

续表

外生潜变量	测量变量说明	理论支持
治理的沟通机制（Communicate）	X8：高层管理者参与到关键性的沟通协调活动中	韦尔（2004）[443]、彼得森（2004）[411]、博因顿（1994）[473]
	X9：建立正式的跨部门电子政务实施的沟通平台	
	X10：参与实施的相关部门具有主动沟通的意愿	

（二）调查问卷设计、内容效度和预测试

本章节研究问题的问卷设计，主要是围绕电子政务治理有效性评价指标和治理绩效的影响因素展开调研。调研问卷是基于大量文献归纳，参考国外一些较为成熟的调查问卷设计的形式，结合专家讨论和 6 个政府部门访谈结果逐步形成的。本章节尽可能地从现有文献的量表中选择测量题项，一部分测量项目基于本书的研究问题和环境进行了调整。另一部分测量项目的选择主要是基于研究文献的定性陈述和案例访谈，为了更好地捕捉潜变量的理论含义，每个潜变量都包括三个以上测量项目，每个测量项目都采用立克氏刻度（Likert Scale）5 分制。附录 3 是根据研究变量的测量部分形成的调查问卷。

为了保证本次调查问卷的内容效度，在数据收集之前，请相关理论和实践领域的专家和学者对初始问卷进行了预测试，请他们就问卷内容、语法、措辞等方面进行评价，这些专家和学者来自于不同的领域，包括信息系统、实证研究方法以及政府部门工作人员。第一轮预测试，请中央财经大学政府管理学院和信息学院的 2 位老师对问卷的测量项、规模以及语言组织等方面进行评价和修正；第二轮预测试，请《信息化建设》杂志的主任记者对问卷中关键问题的表达方式、问题表达的恰当性、敏感性及清晰性进行评价和修正，使问卷的措辞更加清晰、容易理解、尽可能贴近工作实践；第三轮预测试，请 6 个案例访谈过程中的主要受访人预审问卷，评价问卷，并删除不恰当的问题项；第四轮预测试，请两位博士生对问卷的格式及书写等方面进行评价和修订。从理论和实践两个角度都较好地保证了本研究测量量表的内容效度。

（三）样本基本情况

本次调查历时 2 个多月，调查对象包括市/区两级地方政府信息化主管官员。调查采用电子邮件方式，经过三轮发放，共发送电子调查问卷 580 份，回收问卷总计 168 份，回收率为 29%，其中有效调查问卷 143 份，有效回收率为 25%。无效调查问卷主要是指填写数据缺失比率在 50% 以上的问卷，以及指标打分分

值全部为 5 和全部为 1 的个别问卷。本次问卷调查回收的有效问卷的基本情况如表 7 - 26 所示。

表 7 - 26　　　　　　　　　　样本基本情况※

分类标准	具体类型	样本数量	所占比例（%）
政府层级	省/部级	18	13
	45	地/市级	65
	32	区/县级	46
所在地区	东部地区	43	30
	27	中部地区	38
	36	西部地区	51
工作类型	信息主管	69	48
	40	技术骨干	57
	8	普通员工	12

注：本表中有关"所在地区"和"工作类型"的统计方式与第七章第一节表 7 - 4 的统计方式一致。

三、数据分析

（一）数据预处理

本次调查问卷，从问卷设计来看，共有 21 个测量项目，每个潜变量最少都有 3 个以上测量变量，符合马什（1998）的建议[516]。同时，调研获得有效样本 143 个，也符合组织行为研究中样本量是测量项 5 倍的一般惯例[83]。原始数据整理完成之后，检查数据的遗漏问题，发现有 13 个测量对象均存在小于 3 项的数据缺失问题，属于随机遗漏，因此采用 PRELIS 提供的 EM 算法进行缺失值的填补，同时，本章节进一步通过对数据偏度系数（Sknewness）和峰度系数（Kurtosis）的检验，发现数据违反正态假设，为了保证 ML 算法的估计结果，利用 PRELIS 提供的正态化转换工具转化原始数据，使其正态化。

以正态转化后的数据为基础，本次调查中所有测量变量的描述性统计分析结果如表 7 - 27 所示。

表 7 - 27 　　　　　　　　　　**测量变量的描述性统计分析**

测量变量	最小值（Min）	最大值（Max）	均值（Mean）	标准差（Std. D）
Y1	2.088	5.090	3.783	0.965
Y2	1.159	5.114	3.783	1.029
Y3	1.495	5.174	3.902	1.050
Y4	1.696	5.098	4.280	0.989
Y5	2.399	5.078	4.350	0.882
Y6	1.524	5.089	4.357	1.003
Y7	2.313	5.069	4.140	0.775
Y8	1.415	5.133	4.119	1.065
Y9	1.949	5.164	4.294	0.963
Y10	1.890	5.127	4.350	0.890
X1	1.664	5.115	4.308	1.134
X2	0.824	5.054	3.909	1.294
X3	1.340	5.121	4.035	1.031
X4	1.992	5.151	4.168	0.805
X5	1.616	5.169	4.063	0.929
X6	1.717	5.172	3.979	0.860
X7	1.056	5.114	3.713	1.046
X8	1.496	5.101	4.217	1.008
X9	1.571	5.295	3.986	1.021
X10	1.488	5.182	4.042	0.971

（二）测量模型检验

1. 测量模型的设定

根据 SEM 研究的一般规范，本章节研究问题的测量模型基本设定如下：

（1）模型中有 20 个测量变量和 6 个潜变量。

（2）模型中有 20 个测量误差，误差的方差被自由估计。

（3）为了使 6 个潜变量的量尺得以确定，每个潜变量的方差被设定为 1.00。

（4）每个测量变量仅受一个潜在变量的影响，产生 20 个因子负荷参数。

（5）潜变量之间允许自由估计，产生 20 个相关系数。

（6）测量误差之间相互独立。

2. 测量模型的有效性检验

采用 LISREL 8.80，编写 SIMPLIS 程序对测量模型进行有效性检验，程序运行的结果及相关调整说明如下：

（1）初始模型的基本情况检查。

①初始模型的输出结构，各测量变量的因子负荷、因子间相关系数、测量变量的误差方差的 t 值均大于 1.96，通过统计显著性检验。同时，检查测量变量的平方复相关系数（Squared Multiple Correlations，SMC），初始模型中 20 个测量变量的 SMC 值都比较高，说明模型的测量变量能够较好的被潜变量解释[77]。

②初始模型总体拟合程度的各项指标中，x^2/df 和 RMSEA 均未达到建议值，如表 6－6 所示，说明模型拟合水平较低，有必要进行模型修正。

（2）修正模型的基本情况。

根据 LISREL 中 MI（修正指数）提供的修正建议，在 Y1，Y5；Y4，Y8 等测量项之间建立误差关联，修正后模型拟合指标明显改进，如表 7－28 所示，各测量变量对应于潜在变量的标准化因子负荷及 T 值如图 7－8 和图 7－9 所示。尽管建立误差相关违背了模型的基本设定，但是，从逻辑关系来讲，本测量工具的测量题目之间存在一定的关联是可能的，误差相关系数也非常低，修正模型可以接受。

同时，修正模型的有效性检验指标比原始模型有所提高，基本达到福内尔和拉克尔（1981）[85] 的建议值。其中测量模型的收敛效度检验如表 7－29 所示，区别效度检验如表 7－30 所示，可见经过修正的测量模型具有良好的收敛效度和区别效度，可以进行下一步的结构方程检验。

表 7－28　　　　　　　　　　测量模型的拟合度检验

指标＼模型	x^2	x^2/df	RMSEA	GFI	NFI	NNFI	IFI	CFI
初始模型	464.50	3	0.119	0.75	0.92	0.93	0.94	0.94
修正模型	329.05	2.24	0.093	0.81	0.94	0.95	0.96	0.96
建议值		<3	<0.1	>0.8	>0.9	>0.9	>0.9	>0.095

（三）结构模型检验

1. 结构模型的设定

根据 SEM 研究的一般规范，本章节研究问题的结构模型基本设定如下：

（1）模型中有 10 个外生测量变量和 10 个内生测量变量。

（2）模型中有 3 个外生潜变量和 3 个内生测量变量。

（3）模型中有 10 个外生测量误差，10 个内生测量误差，3 个残差，其方差被自由估计。

（4）每个测量变量仅受一个潜在变量的影响，故产生 10 个外生测量变量的因子负荷参数，与 10 个内生测量变量的因子负荷参数。

（5）3个内生潜变量被3个外生潜变量解释，产生9个路径系数。

（6）为了使潜变量的量尺得以确定，采用固定负荷法将每个潜变量的第一个因子负荷设定为1，共有6个因子负荷被设定为1。

（7）外生潜变量之间允许自由估计，产生3个相关系数。

（8）测量误差之间相互独立。

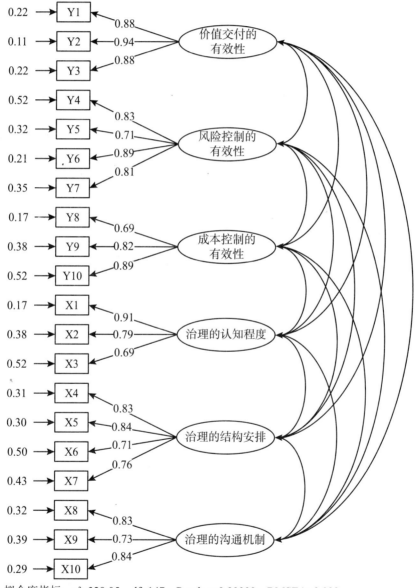

拟合度指标：χ^2=329.05，df=147，P-value=0.00000，RMSEA=0.093

图 7-8　测量模型测量变量的因子负荷

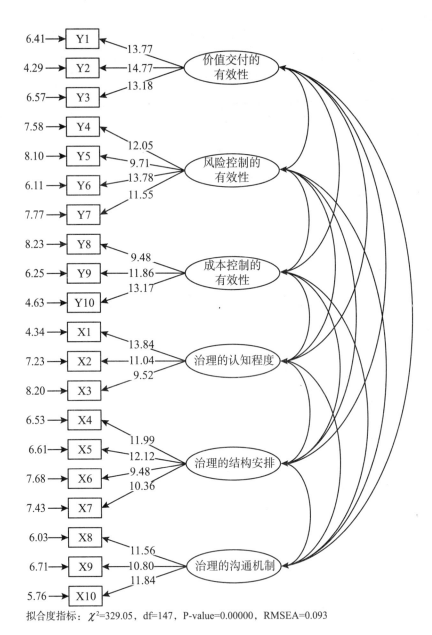

拟合度指标：χ^2=329.05，df=147，P-value=0.00000，RMSEA=0.093

图 7 - 9　测量模型测量变量的 T 值

表7-29   **测量模型的收敛效度检验**

潜变量	测量变量	标准因子负荷	T值	平均抽取方差（AVE）	组合信度（CR）	信度系数（Cronbach's α）
价值交付的有效性（Performance1）	Y1	0.88	13.37	0.82	0.93	0.92
	Y2	0.94	14.77			
	Y3	0.88	13.18			
风险控制的有效性（Performance2）	Y4	0.83	12.05	0.66	0.89	0.91
	Y5	0.71	9.71			
	Y6	0.89	13.78			
	Y7	0.81	11.55			
成本控制的有效性（Performance3）	Y8	0.69	9.48	0.65	0.85	0.87
	Y9	0.82	11.86			
	Y10	0.89	13.17			
治理的认知程度（Cognition）	X1	0.91	13.84	0.64	0.84	0.87
	X2	0.79	11.04			
	X3	0.69	9.52			
治理的结构安排（Structures）	X4	0.83	11.99	0.62	0.87	0.88
	X5	0.84	12.12			
	X6	0.71	9.48			
	X7	0.76	10.36			
治理的沟通机制（Communicate）	X8	0.83	11.56	0.66	0.86	0.89
	X9	0.78	10.80			
	X10	0.84	11.84			

表7-30   **测量模型的区别效度检验**

$\sqrt{AVE}$	价值交付的有效性	风险控制的有效性	成本控制的有效性	治理的认知程度	治理的结构安排	治理的沟通机制
价值交付的有效性	0.90					
风险控制的有效性	0.73	0.81				
成本控制的有效性	0.64	0.80	0.81			
治理的认知程度	0.72	0.71	0.73	0.80		
治理的结构安排	0.74	0.82	0.75	0.70	0.79	
治理的沟通机制	0.62	0.83	0.59	0.60	0.65	0.82

2. 结构模型的假设检验

在验证性因素分析的基础上，利用 LISREL 8.80 对整个结构方程模型进行检验，初始模型的拟合指标如表 7 – 31 所示。模型的卡方值比较高，并且有 3 个检验指标都达不到建议值，可见模型拟合水平较低。根据 LISREL 中修正指数的

表 7 – 31　　　　　　　　　　　　　结构模型的拟合度检验

指标 模型	χ^2	χ^2/df	RMSEA	GFI	NFI	NNFI	IFI	CFI
初始模型	489.39	3.10	0.122	0.74	0.92	0.93	0.94	0.94
修正模型	290.37	1.99	0.083	0.83	0.95	0.96	0.97	0.97
高阶模型	306.86	2.06	0.086	0.82	0.95	0.96	0.97	0.97
建议值		<3	<0.1	>0.80	>0.9	>0.9	>0.9	>0.095

建议，对初始模型进行调整，在某些测量体现之间加入误差关联，修正后模型拟合情况有所改善，如表 7 – 30 所示。模型的卡方值显著降低，其他检验指标均达到建议值，可以接受修正模型。结构模型中各个外生潜变量对应于内生潜变量的路径系数和 T 值如图 7 – 10 和图 7 – 11 所示，模型假设检验的支持情况见表 7 – 32。

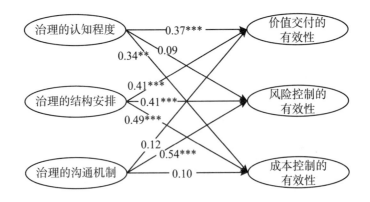

拟合度指标：χ^2=290.37，df=146，P-value=0.00000，RMSEA=0.083

图 7 – 10　结构模型的路径系数 （*p<0.05，**p<0.01，***p<0.001）

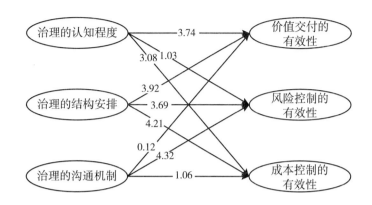

拟合度指标：χ^2=290.37，df=146，P-value=0.00000，RMSEA=0.083

图 7 – 11 结构模型的路径 T 值

表 7 – 32 　　　　　　　　　　结构模型的假设检验

假设	路径描述	回归系数	T 值	是否支持
假设 H_{11}	治理的认知程度——→价值交付的有效性	0.37	3.74 ***	支持
假设 H_{12}	治理的认知程度——→风险控制的有效性	0.09	1.03	不支持
假设 H_{13}	治理的认知程度——→成本控制的有效性	0.34	3.08 **	支持
假设 H_{21}	治理的结构安排——→价值交付的有效性	0.41	3.92 ***	支持
假设 H_{22}	治理的结构安排——→风险控制的有效性	0.41	3.69 ***	支持
假设 H_{23}	治理的结构安排——→成本控制的有效性	0.49	4.21 ***	支持
假设 H_{31}	治理的沟通机制——→价值交付的有效性	0.12	1.44	不支持
假设 H_{32}	治理的沟通机制——→风险控制的有效性	0.54	4.32 ***	支持
假设 H_{33}	治理的沟通机制——→成本控制的有效性	0.10	1.06	不支持

注：＊$p < 0.05$，＊＊$p < 0.01$，＊＊＊$p < 0.001$。

实证研究结果分别证实了 6 个研究假设 H_{11}、H_{13}、H_{21}、H_{22}、H_{23}、H_{32} 被支持。治理的认知程度对 2 个治理绩效评价指标，即价值交付的有效性和成本控制的有效性具有显著的正向影响作用；治理的结构安排对 3 个治理绩效评价指标，即价值交付的有效性、风险控制的有效性、成本控制的有效性具有显著的正向影响作用；治理的沟通机制仅对 1 个治理绩效评价指标，即风险控制的有效性具有显著的正向影响作用。然而，对于研究假设 H_{12}、H_{31}、H_{33}，实证结果虽然显示研究变量之间有正相关关系，但相关并不显著，因此，在数据上无法支持这 3 个研究假设。

需要说明的是，本章节在修正模型的基础上，认为价值交付的有效性、风险控制的有效性、成本控制的有效性，这3个电子政务治理有效性评价指标，存在一个高阶因子，即电子政务治理有效性（Performance）。因此，建立含有高阶因子的结构模型，高阶模型的拟合指标如表7-30所示，其拟合指数与修正模型基本相似，$\Delta\chi^2 = 16.49$，$\Delta\chi^2/df = 0.07$，变化并不显著。同时，高阶因子与一阶因子的标准因子负荷都比较高，表现为很强的相关关系。其中，治理绩效与价值交付有效性为0.81；治理绩效与风险控制有效性为0.91；治理绩效到成本控制有效性为0.84。按照简约原则，可以接受高阶因子模型。在高阶模型中，三个影响因素到高阶因子的标准路径系数均为正向显著，如图7-12所示。其中，治理的认知程度到治理绩效为0.29（$p < 0.001$）；治理的结构安排到治理绩效为0.48（$p < 0.001$）；治理的认知程度到治理绩效为0.33（$p < 0.001$）。说明三个因素对治理绩效均有显著的正向影响作用。

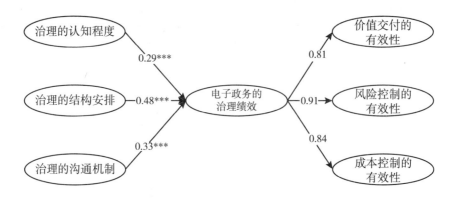

拟合度指标：χ^2=306.86，df=149，P-value=0.00000，RMSEA=0.086

图7-12　高阶模型的路径系数　（＊p<0.05，＊＊p<0.01，＊＊＊p<0.001）

四、小结

本章首先在第六章第六节的研究基础上，结合IT治理有效性评价和治理影响因素文献，建立了电子政务治理有效性的影响因素模型，并提出9个研究假设；然后，采用来自中国政府部门的143个有效样本进行测量模型检验，根据修正指数的建议，对测量模型进行修正，修正模型的收敛效度、区别效度和总体拟合指标基本达到经验值，证实了测量工具的有效性。在此基础上，进一步验证了结构模型，9个研究假设中有6个分别在不同的显著性水平下被证实，量化分析结果证实本书所提出理论模型的有效性和可信性。

治理的结构安排作为最重要的影响因素对电子政务治理有效性的 3 个方面，即价值交付的有效性、风险控制的有效性、成本控制的有效性均产生显著的正向影响作用。该结论既与韦尔（2005）[412]、彼得森（2004）[392]、德黑斯（De Haes，2005）[416] 等人强调治理结构安排的研究结论一致，也与本书的跨案例研究结论相吻合。因此，在现行组织结构框架下合理安排电子政务治理结构至关重要。电子政务的跨部门实施是下一阶段电子政务发展的重点，尽管我国政府建立的综合性管理部门、信息主管部门在一定程度上促进了电子政务实施成效，但是，由于电子政务项目的多样化、涉及范围的差异，导致这些部门在具体实施项目中责权划分模糊。为此，有必要在现有的组织结构框架下，建立多样化的，由跨越组织部门的特定角色或组织形成的治理结构，有针对性的治理电子政务的实施过程。

治理的认知程度作为重要影响因素，对价值交付的有效性和成本控制的有效性具有显著正向影响作用，因而影响电子政务治理有效性，这与韦尔（2005）[412] 的研究结论相一致，当高层管理者对治理有明确的认知和理解，治理将会成为组织文化的一部门，人们会不断地服从、质疑并改进治理，进而提高治理绩效。然而，值得关注的是，尽管电子政务是"一把手工程"，但是，高层管理者的治理认知程度对电子政务治理有效性的影响是有限的。由于高层管理者更多地关注电子政务的投入和产出，因此，其对治理的认知程度必然影响价值交付的有效性和成本控制的有效性，而无法从风险控制的角度中对治理绩效产生重要影响。

治理的沟通机制作为仅对风险控制的有效性具有显著的正向影响作用，因而也在一定程度上影响着电子政务治理有效性，这与山姆班莫西（2000）[409]、施瓦兹（2003）[410]、彼得森（2004）[392] 等人的研究结论一致。事实上，治理机制作为治理的内在动力基础，其目的是借助一定的运作方式（渠道、平台、相关管理制度）沟通、协调电子政务实施过程中的关键性问题。因此，无法从产出的角度显著影响价值交付的有效性，也无法从投入的角度显著影响成本控制的有效性，然而却能在实施过程中影响风险控制的有效性。为此，加强基于实施过程的沟通机制建设尤为关键，当然除了沟通机制的设计要注重透明、公开、制度化规范化的原则外，行政级别也将重要影响沟通机制的有效性，更高行政等级的组织或人员参与到关键性的沟通和协调活动中是必不可少的。

本章节最后尝试性地建立了含高阶因子的结构模型，高阶因子和一阶因子关系很强，模型拟合水平良好，从数据上可以接受该模型。因此，可以认为价值交付的有效性、风险控制的有效性、成本控制的有效性背后存在更高阶的因素决定它们[77]，该模型既简化了原有的理论模型，又验证了电子政务治理有效性评价指标的构成。当然，由于缺乏足够的理论依据，该模型仅仅是基于现有数据的简单推测，有必要进一步从理论上找到它的立足点。

第四节　结论与讨论

以电子政务治理的主要研究结论为起点，本章立足中国国情，设计了三个实证研究，首先，提出电子政务实施成效和关键影响因素的研究模型，并采用SEM分析技术验证了电子政务治理能力的重要作用；然后，通过跨案例访谈，构建电子政务治理安排矩阵，归纳总结典型电子政务治理模式的特征、有效性及其形成原因；最后构建电子政务治理有效性的影响因素模型；并采用SEM分析研究了电子政务治理有效性的动力因素。现对本章的主要研究结论讨论如下：

一、电子政务治理能力对电子政务实施成效的重要影响作用

本章基于对电子政务实施成效影响因素的研究文献，建立了电子政务实施成效的关键影响因素模型，并采用调查研究法、SEM数据分析技术及LISREL 8.80软件工具，基于171个来自于中国政府信息管理部门的有效样本，进行模型验证。实证研究结果表明：电子政务治理能力作为对电子政务实施成效具有重要影响的研究变量，与环境的就绪程度和组织的支持程度一样，对电子政务实施成效具有显著的正向影响，这与西方学者的研究结论一致，也与西方政府部门靠制度推进电子政务的实践一致。

二、电子政务治理模式

本章基于6个中国地级市信息主管部门展开跨案例研究，构建电子政务治理安排矩阵，总结了典型的电子政务治理模式及其形成的主要原因，并探索性的研究了电子政务治理绩效的评价指标和治理绩效的影响因素。案例研究结果表明，电子政务治理模式是形成电子政务治理的核心，其重点是对关键电子政务决策项的权力安排和责任部署，其目的是为了弥补现有组织结构的不足，同时，电子政务治理结构和治理机制为治理模式的实现和有效运转，以及治理绩效的提高奠定了重要的基础。案例数据显示了与西方学者不同的研究结论，中国地方政府电子

政务治理模式尽管呈现出多样化态势，但是典型治理模式的形成，与电子政务决策项的类型无明显关系，主要受到行政压力和 IT 部门影响力的共同作用，同时由于与其相匹配的治理结构和治理机制的明显不足，导致相同治理模式的治理绩效存在显著差异。

三、电子政务治理有效性的影响因素分析

本章基于 IT 治理有效性评价及其影响因素文献，结合案例研究，建立了电子政务治理绩效影响因素模型，采用调查研究法、SEM 数据分析技术及 LISREL 8.80，基于 143 个来自于中国政府信息管理部门的有效样本，进行模型验证。实证研究结果表明：价值交付的有效性、成本控制的有效性、风险控制的有效性，能够在一定程度上评价电子政务治理的有效性，同时，由于治理的结构安排、治理的认知程度、治理的沟通机制对电子政务治理有效性评价的 3 个方面存在不同的影响作用，因而，在不同程度上显著影响电子政务治理有效性。

第八章

服务导向的电子政务绩效评价体系研究

新公共管理认为，政府服务要以顾客需求为导向，不断增强对社会公众需要的响应力，让顾客具有自己选择公共服务提供者的选择权和评价手段，从而对服务提供者形成压力，因此，服务导向的电子政务绩效评价体系研究成为电子政务管理体系研究的落脚点，其主要目的是通过评价改进组织绩效。

本章首先将回顾电子政务绩效评价在我国的发展状况；然后分析国内外电子政务绩效评价模型，讨论这些评价体系中存在的若干问题，提出服务导向的电子政务绩效评价体系的基本框架；最后，针对电子政务网站公共服务提出一个电子政务绩效评价模型，并进行模型的分析和论证，同时，以国家税务总局电子政务网站为例展开模型的实证研究。

第一节 电子政务绩效评价的研究背景

《中共中央关于国民经济和社会发展第十个五年计划纲要》就实施了"以信息化改造传统产业"的战略。通过电子政务促进电子商务和家庭上网工程的发展，"以电子政务带动信息化"是国民经济和社会信息化的一项基本策略。"十一五"期间电子政务建设仍然是政府信息化的重要内容，建设的重点是提高公众服务的能力；结合政府的职能转变，建设服务型政府；贯彻以人为本、执政为民的思想，加强社会管理和公共服务的电子政务建设。将改善政府与公众的关系，提高政府的公信力，促进经济与社会协调发展作为重要目标来推动信息化建设。

电子政务工程建设，首先就是要在互联网络上搭建政府的网上门户，即政府门户网站。政府门户网站建设是电子政务建设中的重要组成部分，也是政府面向社会提供电子化管理和服务的窗口。一个政府门户网站建设、运行的好坏，直接关系到政府的形象，影响着管理、服务的质量和水平，同时也直观地反映出一个地方电子政务建设的质量和进程。但是建立门户网站仅仅是电子政务的基础，电子政务的真正作用是政府门户网站背后的政务业务流程的优化和面向公共服务能力的提高。因此，电子政务建设的意义主要表现在三个方面，即为社会提供公共服务的能力、提高政府工作效率的作用和推进社会信息化进程的效果。

建立严密科学的电子政务绩效评价体系、合理分配有限的资源、有效把握发展方向，是一个国家成功实施电子政务的关键环节。电子政务实施的高成本使电子政务绩效评估成为西方国家大量研究机构和学者关注的焦点。电子政务绩效是衡量电子政府成败与否的重要依据。研究电子政务绩效评估，对于提高政府效率和效益，改善政府治理水平和提升政府治理能力具有重要意义。

我国的电子政务绩效评估分为三个发展阶段，每个阶段评估的侧重点不尽相同，具体表现在以下三个方面，如表 8－1 所示。

表 8－1　　　　　　　　　　　我国电子政务绩效评估三阶段

阶段	评估侧重点
电子政务建设初期	以实施和内容为核心，重点考察投入与产出、领导体系等
电子政务建设中期	以内容和效果为核心，重点考察核心业务信息化、信息资源开发和利用等
电子政务建设的高级阶段	内部影响和外部影响，内部影响包括政府运行效率、科学决策水平、政府雇员满意度等；外部影响包括电子政务公开程度、公民满意度等

第一，评估手段不同。从国内的研究中可以发现，主要是以定性评估为主，不注重电子政务的经济评价。在国外除了有大量的定性研究成果外，也注重对电子政务进行经济评价的研究。

第二，评估的方法不同。由于电子政务绩效评估的技术方法来自不同学科领域，目前还处在摸索阶段，所以不同学者对电子政务绩效评估的方法和观点都有所不同。邓崧、孟庆国在《电子政务绩效评估的方法技术论》一文中提到的常用方法有层次分析法、德尔菲法、数据包络分析法、成本—收益分析法、帕累托过程分析、条件价值评估法等[522]。同样，郡丹在《电子政务绩效的4E性质与影响要素研究》一文中列举了有可能用于评价电子政务的部分方法：主成分分析法、系统动力学、模糊综合评价法、层次分析法、数据包络法、平衡计分法[523]。不同的方法有不同的评价角度，而且其用途各异。

第三，评估的层次不同。纵观国内的研究成果，对于电子政务评价理论的研究，还没有形成系统的理论、方法和标准，多数研究局限于网站的技术性评价，而对电子政务在提高公共服务水平、提高内部运作效率的评估研究却比较少。而国外的研究中，像布朗大学（Brown University）、埃森哲公司（Accenture）等也是基于政府网站的评估[524]，但也存在着大量的关于电子政务影响的评估，例如Gartner公司的评估研究[525]。因此，可以认为，国内侧重于电子政务产出的评估，而国外不仅注重电子政务产出的评估，也注重电子政务影响的评估。

电子政务的效益来自政府提供的公共服务，对现代的电子政务而言，承担公共服务的职责，追求公共服务的质量，增强公众对政府提供的公共服务的满意度，无疑是面向公共服务的电子政务一直追求的最主要目标，也是面向公共服务的电子政务存在的核心理念。

因此，有必要立足社会公共服务，以综合视角，提出一种新的绩效评价模型，建立一套合理、规范的绩效评价指标体系，体现面向公共服务的特色，反映电子政务的特点并且使内部绩效和外部绩效得到有机结合。

第二节　国外电子政务绩效评价研究

一、国外电子政务绩效评价实践领域的特点

美国是全球公认的现代化强国，在电子政务的应用方面具有较强的代表性与借鉴价值。1993年美国提出了《创建经济高效的政府》和《运用信息技术改造政府》，从而推动了美国电子政务的快速发展，提高了政府管理的绩效，节约了行政成本。评价主要围绕三方面内容：第一，是否建立一套共同的政府运作程序，为公众提供一个单一的申请渠道；第二，是否提供一套共同的、统一的信息使用工具，以此作为获取信息的方法和服务的措施；第三，是否推动了机关分享信息资源，使社会公众享有简单的和一贯的使用政府信息的渠道和方法。

英国在美国"信息高速公路"的影响下，从20世纪90年代以来高度重视

电子化政府的建设，提出电子政府的发展目标是：要运用电子形式传输政府为公众提供的公共服务，拉近政府与民众的距离，为公众提供更好更有效率的服务；改善政府的效率，提高政府管理的公开化和透明度；保护纳税人的利益。在对电子政务的评估中注重七个方面：一是注重多选择性；二是注重信任度；三是注重便捷性；四是注重效率；五是注重共享性；六是注重公开性；七是注重安全性。

加拿大电子政务建设起步早、发展快，1997 年加拿大提出建设成为世界上网络最发达的国家，2004 年实现电子政府，政府适于公开的信息和服务都以 Internet 为主进行。加拿大电子政务建设的宗旨是：以民众为核心，提供有责任心、更好更有效的服务。为此，政府在广泛调研部门和民众意见的基础上，在外网上设立了公民、商业、国际联系 3 大类 35 个子类的内容，基本满足了公民从出生、成长、教育、工作、医疗保险、社会福利、贸易往来和与世界沟通等各个方面和各个层次的需要。政府网站成为沟通政府与民众的重要桥梁。在电子政务绩效评估方面，加拿大政府着眼于用户满意度和政府服务品质的提升，认为应采取更为宽泛的评估方法，而不是仅评测在线服务的可用性。为此，加拿大政府提出了由"输出"、"成果"和"影响" 3 个一级、11 个二级指标构成的"以结果为基础"的电子政务绩效评估体系。

二、国外电子政务绩效评价模型的比较分析

（一）联合国的电子政务绩效评价指标体系

2008 年初，联合国经济和社会事务部发布了《2008 年全球电子政务调查报告》[526]。这是自 2003 年以来，联合国第四次对成员国的电子政务发展水平进行评估。历次联合国电子政务绩效评估均以电子政务准备度和电子化参与度作为主要评价指标，具体评价指标体系如表 8 - 2 所示。

表 8 - 2　　　　　　　　　　联合国电子政务绩效评价指标体系

一级指标	二级指标
电子政务准备度	政府网站
	通信基础设施
	人力素质
电子化参与度	电子政务的信息发布
	电子咨询和决策支撑能力

评价主题深刻诠释全球电子政府发展中面对的共性问题。联合国每年都从全球电子政府发展所面对的共性问题中提炼出评估主题，并尽可能通过年度调查报告的题目体现出来。比如，2002 年是"电子政府基准数据"；2003 年是"数字鸿沟"；2004 年是"获得准入机会"；2005 年是"从电子政府到电子包容"；2006 年、2007 年是"发展可持续性电子战略"；2008 年是"从电子政府到整体治理"。这是评估体系的一个重要特色。

联合国对电子政务准备程度和电子化参与程度的核心评估内容，与我国长期倡导的"信息公开、在线办事、公众参与"三大原则是一致的。结合对服务渠道、终端多样化和用户素质等方面的评估，联合国绩效评估对推进我国电子政务建设具有积极的借鉴意义。

（二）Accenture 公司的电子政务测评指标体系

Accenture 公司从 2000 年开始，连续 6 年追踪研究全球电子政务发展的最新动态，例行发布了 6 份电子政务年度测评报告[524]。2000 年，Accenture 第一次发布了全球电子政务年度测评报告，报告主题为"梦想与现实"，该报告第一次提出了"Think big, Start small, Scale fast"（大处着眼、小处着手、规模增长）的电子政务建设思想。到 2005 年，Accenture 的全球电子政务年度测评报告主题为"客户服务领衔——新期望，新体验"。该报告重点评价了政府在客户服务方面的进展，为此对前几年一直沿用的评估框架进行了较大的修改，从以往对于电子政务的宽度和在线服务的成熟度转变为聚焦客户服务的领衔程度：公众为中心、多渠道、跨部门服务和主动沟通教育。2005 年 Accenture 的电子政务评估体系与以往有了较大差别，如表 8 - 3 所示。

表 8 - 3　　　　　　　Accenture 公司的电子政务测评指标体系

一级指标	二级指标	三级指标
整体成熟度	服务成熟度（70%）	服务宽度
		服务深度
	传递成熟度（30%）	可识别性
		客户建议性
		组织结构
		交互性
		网络连通性

Accenture 公司的电子政务的评测体系，根据这两种成熟度的情况，将政府网站分为四种类型：创新领袖型；有理想的追随者；稳固成就的取得者；平台建设者。

（三） Gartner 的电子政务评价指标体系

Gartner 在《电子政务战略评价的 Gartner 框架》中提出了它的评价指标，包括对公民的服务水平、运行效益和政治回报[525]。Gartner 与 Accenture 不同的是，Gartner 的电子政府战略评估体系并不是对世界各国电子政务发展水平作横向的比较，而是对某国特定电子政务项目的有效性进行评估。当然，如果对该评估体系做某些调整，也可同样用于电子政务的国际横向比较。

（四） Brown 大学电子政务评价指标体系

自 2001 年以来，美国布朗大学连续发布了 5 份全球电子政务年度测评报告[524]。到 2005 年，布朗大学的全球电子政务测评了 198 个国家的 1 797 个国家级政府站点，测评站点的分类与前几年类似，包括在线信息、服务传递和公众接入情况。

具体考察特征：在线信息或刊物发布、在线数据库、音频按钮、视频按钮、支持多种语言、商业广告、保险基金、限制性区域、用户支付、残疾人接口、隐私政策、安全措施、在线服务、服务种类总量、数字签名、信用卡支付、电子邮箱地址、在线论坛、自动邮件提示更新信息、个性化站点界面、PDA 接入、站点英文版。

（五） 新泽西纽瓦克 （Jersey-Newark） 州立大学/成均馆 （Sungkyunkwan） 大学

美国新泽西纽瓦克州立大学电子政务协会与韩国成均馆大学全球电子政务政策协会 2003 年 12 月份联合发布了它们对全球 82 个国家的 84 个大城市的电子政务测评报告，该报告的共同发起单位还包括联合国经济社会发展部公共行政与管理司、美国公共管理协会[524]。新泽西纽瓦克州立大学/成均馆大学的电子政务测评框架主要包含"安全/隐私、可用性、站点内容、在线服务、公众参与"五个部分，具体如表 8 – 4 所示。

表8-4　　新泽西纽瓦克州立大学/成均馆大学的电子政务指标体系结构

总体分类	关键特征数	总分	权重	关键特征内容
安全/隐私	19	28	20	隐私政策，识别鉴定，加解密码，数据管理，安全锁
可用性	20	32	20	用户化友好界面，标志清晰，主页长度合适，公众导向的连接或渠道，站点搜索能力，更新情况
站点内容	19	47	20	可获取最新精确的信息、公共文献、新闻报告、出版物、多媒体资料、残疾人接入服务
在线服务	20	57	20	在线处理/交易服务，包括：购买、注册、公众/企业和政府之间的相互沟通
公众参与	14	39	20	与市民在线约会、在线政策商议、基于公众利益的政务绩效测评、电话传真参与
总计	92	203	100	

第三节　国内电子政务绩效评价研究

目前国内针对政府网站和电子政务战略方面许多公司、大学、网络实验室都有一定的研究成果，主要包括计世资讯《中国城市政府网站评估报告》、互联网实验室发布的《中国电子政务效果评测研究报告》、北京大学网络经济研究中心提出的地级市电子政务研究报告、国脉互联信息顾问有限公司政府网站绩效评测体系、赛迪顾问发布的政府门户网站指标体系、清华大学21世纪发展研究院《政府网站评测方法研究》和中国软件测评中心的政府网站绩效评估指标体系。他们基于不同的视角，评估方法多样并且评估模式也各不相同。但是总体来说，我国电子政务绩效评价中存在的问题影响甚至阻碍了我国电子政务的发展。

一、国内电子政务绩效评价实践领域的特点

（一）电子政务绩效评价研究机构的多样化

国内在电子政务绩效评估方面，主要是通过建立网络化政府绩效评价管理体系，使各种政务活动及官员行为置于全社会的评价、监督和考核之中。目前许多

公司、大学、网络实验室都有一定的研究成果，主要包括政府网站和电子政务战略方面的研究。目前国内有突出研究成果的机构主要是：国家信息产业部信息化推进公司、中国城市电子政务发展研究课题组、赛迪顾问股份有限公司、北京大学经济研究中心、北京时代计世资讯有限公司、广州时代财富科技公司，等等。

（二）电子政务绩效评价研究视角的多样化

电子政务绩效评价是一个涉及许多领域的体系，因此，对其研究也存在许多不同的视角[527]。包括基于相关者的角度、基于语言属性的视角、基于证据推理的视角、基于公共管理的视角和基于网络影响力的视角，如表 8－5 所示。

表 8－5　　　　　　　　电子政务绩效评估的研究视角

视角	构建的模型	特　点
基于相关者的角度	电子政务绩效评估的 360 度全面绩效评估体系	从电子政务项目建设和使用的多方参与者视角，确定绩效评价的维度和评价指标
基于语言属性的视角	基于语言属性的电子政务绩效评估模型	运用模糊综合评估方法确定指标权重，借鉴多属性群决策领域的语言属性理论，将定性指标转换为数值型结论
基于证据推理的视角	基于证据推理的电子政务绩效评估体系	利用改进的证据推理方法把低层次指标属性集成到高层次指标属性，在评估成本和评估精度上寻找平衡，分析如何根据评估结果来指导决策
基于公共管理的视角	政府电子化服务绩效评估框架	提出了电子政府绩效评估风险的防范的宏观和微观措施
基于网络影响力的视角	利用层次分析法建立政府网站网络影响力评价指标体系	对我国 32 个省级政府门户网站的网络影响力进行了测评

（三）电子政务绩效评价方法多样化

电子政务绩效评价方法多样化，包括模糊综合评价法、基于三级模糊综合评判模型的电子政务绩效评价方法、净化现值成本效益分析方法和 BP 神经网络方法，如表 8－6 所示。

表8-6　　　　　　　　　　　　电子政务绩效评价方法

评估方法	特　点
模糊综合评价法	通过案例验证了该方法的有效性
基于三级模糊综合评判模型的电子政务绩效评估方法	认为评估指标体系作为模糊综合评价的指标体系，它主要包含建设产出、应用、效果和投资绩效三个层次
净化现值成本效益分析方法	对实施电子政务带来的货币化的增长效益进行评估，而对一些难以货币化指标，一方面可以采用分层次分析法，数据网络分析法进行多目标分析，另一方面可以使用软性标准如顾客满意度等进行测评
BP神经网络方法	从电子政务的投入产出衡量的基本模式出发

（四）电子政务绩效评价模式的多样化

根据研究重点的不同，电子政务绩效评价模式被分成了许多不同的种类。有电子政务的模糊综合评价模型、综合模式电子政务绩效评估模型、多维立体结构的电子政务绩效评估双棱柱模型、电子政务绩效评估模型和电子政务项目生命周期模型，如表8-7所示。

表8-7　　　　　　　　　　　　电子政务绩效评价的模式

评价模式	特　点
电子政务的模糊综合评价模型	在探究电子政务评估的必要性和意义的基础上，借鉴信息化领域评估所应用的理论和方法，并在参考国内外电子政务评估经验成果的基础上，建构一个较为合理的电子政务评估指标体系
综合模式电子政务绩效评估模型	在分析国内外电子政务发展的基础上建立的
多维立体结构的电子政务绩效评估双棱柱模型	通过对电子政务绩效评估的多角度研究，总结了我国现阶段电子政务绩效评估的弱点和瓶颈
电子政务绩效评估模型	采用模糊综合评价方法对电子政务绩效评估做了深入研究，提出一种新的适合本评估体系的隶属度函数
电子政务项目生命周期模型	在结合政府信息化主管部门的电子政务项目管理方法的基础上进行项目生命周期各阶段的评估

二、国内电子政务绩效评价模型的比较分析

(一) 计世资讯的《中国城市政府网站评估报告》

计世资讯自 2002 年开始连续四年开展了分别针对国家各部委、地方政府的门户网站评估，评估标准主要包括网站内容服务和建设质量、网站功能服务、网上办公、公众反馈、网上监督、特色功能等指标，2005 年测评的范围包括 69 个国务院组成部门，31 个省级政府、32 个省会城市及计划单列市、201 个地级政府和 129 个县级政府。

(二) 互联网实验室的《中国电子政务效果评测研究报告》

中国互联网实验室于 2002 年 9 月发布了《中国电子政务效果评测研究报告》，该报告从效果评测的意义、国际评测方法简述、国内评测的现状和努力方向等内容进行了系统的分析，并针对中国的基本国情，提出了一套完整的评价体系[528]，如表 8 – 8 所示。

表 8 – 8　　　　　　　　中国互联网实验室的评价指标体系

主要评价维度	评价指标
1. 社会卷入度	访问途径
	公共终端
	服务广度
	参与人群
	弱势群体
2. 用户体验度	开放度
	应用深度
	反馈速度
	价值网络
	个性度

393

续表

主要评价维度	评价指标
3. E 化成熟度	信息管理成熟度
	网络建设成熟度
	数据库建设
	技术应用成熟度
	安全保障成熟度
4. 环境变革度	培训情况
	人员准备度
	态度
	组织变革度
	工作效率

(三) 北京大学网络经济研究中心的地级市电子政务研究报告

北京大学网络经济研究中心近日发布了《中国电子政务研究报告 (2006)》，完成了对我国 289 家地级市、32 家省会城市与计划单列市以及 31 家省级政府门户网站的测评，集中对当前电子政务与服务型政府建设的七大热点与焦点问题进行了深度评估，并且选择具有代表性的政府网站进行实地调研与案例研究[529]。

(四) 国脉互联信息顾问有限公司政府网站绩效评测体系

国脉互联信息顾问有限公司 (以下简称国脉互联) 是一家专业从事电子政务咨询的机构，积累了丰富的实践经验。几年来，国脉互联已实施了众多政府网站绩效评估项目，评测咨询服务的政府客户达百家之多，遍布全国 11 个省的近 5 000 个网站。国脉互联通过长期开展政府网站 (群) 的规划和评测工作，在政府网站绩效评估方面积累了丰富的经验，并探索出一套国脉特色政府网站绩效评测体系。该测评体系将各级政府、门户及部门网站目前的发展态势分为初级阶段、中级阶段、高级阶段，并且通过基础性指标、发展性指标、完美性指标等三类监测指标体系进行分别评测，而每个大类又包含一系列具体参数。同时，从 2005 年开始每年举办一次"中国特色政府网站"评选活动，以此推动政府网站建设，彰显地方特色。

（五）赛迪顾问发布的政府门户网站指标体系

2003 年中国电子信息产业发展研究院赛迪顾问股份有限公司发布的政府门户网站指标体系由"政务信息公开"、"政府交互服务"、"网站功能结构"三部分组成。针对部委网站与地方网站的不同特点，二者指标体系略有不同，部委网站指标体系包括 35 个具体指标，包括 19 个信息公开指标、7 个交互服务指标、9 个功能结构指标，地方网站指标体系包括 40 个具体指标，包括 24 个信息公开指标、7 个交互服务指标、9 个功能结构指标。调查采用"指数"的方式来衡量网站综合发展水平和某项内容或功能的建设水平，指数取值区间为 0 ~ 1，理论上最小值为 0、最高值为 1。调查的对象包括国务院部委及直属机构和省级、地级和县级政府门户网站等。在调查过程中，对部委及其所属机构（共 77 家）及省级（共 31 家）、地级（共 329 家）政府门户网站进行全部调查，对县级（抽样 414 家）政府门户网站采用抽样调查。

（六）清华大学 21 世纪发展研究院《政府网站评测方法研究》

钟军、苏竣在 2001 年 12 月 ~ 2002 年 1 月这个时间段内，根据一般网站的测度指标中的客观指标（站点容量、访问量、注册用户数、每次访问的驻留时间、站点容量文件种类、文件数量、文件长度、更新速度、有无计数器、无故障工作时间、有无本站点信息的搜索引擎、有无管理员的 E_MAIL 地址、有无英文版本）作为基础指标，并结合政府网站的一般特点和要求，选取 18 个部委级政府网站作为样本，进行评测实验，并对测评结果进行比较分析，提出加强政府网站建设的若干建议。

（七）中国软件测评中心的政府网站绩效评估指标体系

受工业和信息化部委托，中国软件评测中心于 2008 年 11 月 10 日正式对外公布了 2008 年中国政府网站绩效评估指标体系。整个评价指标体系分为部委类网站绩效评估指标体系、省级政府网站绩效评估指标体系、地市级和县级政府网站绩效评估指标体系，部委类网站绩效评估指标体系如图 8 - 1 所示。

三、电子政务绩效评价中存在的问题

建立严密科学的电子政务绩效评价体系，合理分配有限的资源，有效把握发展方向，是一个国家成功实施电子政务的关键环节。当前电子政务绩效评价中存在的种种误区，影响甚至阻碍了我国电子政务的发展[530]。

（一）电子政务绩效评价意识不强

电子政务建设是一项系统工程，应该遵循一定的系统开发步骤，具体包括可行性研究、系统分析、系统设计、系统实施、系统维护、系统评价等环节。其中两个环节涉及绩效评价问题：一是可行性研究阶段。在这一阶段主要通过考察系统的开发成本，并对照系统运行所产生的经济效益和社会效益，进行成本效益分析，估算开发成本是否会超过项目预期效益。通过该阶段的绩效预评价，可以避免条件不成熟的电子政务项目盲目上马，从而避免不必要的投资。二是系统评价阶段。这一阶段的评价是在系统已初步完成并投入运行后进行的，评价结果对评价预期目标是否实现、系统的进一步升级和功能的完善都具有很大的参考价值，同时还有助于我们确定进一步的投资方向和力度。从目前实际情况来看，由于电子政务是政府项目，电子政务建设往往会由于经费充足而缺乏成本控制，各级政府部门不注重电子政务绩效评价。一方面，各级政府部门只注重投资建设，立项前没有认真地调查研究和进行绩效预评价，导致大部分网络和信息资源条块分割、

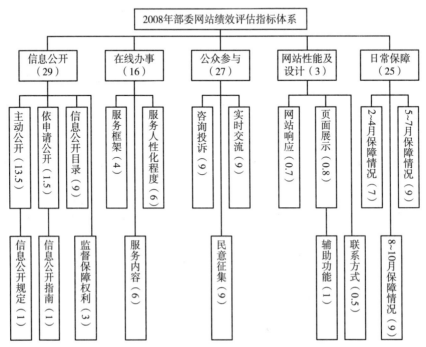

图8-1　部委类网站绩效评估指标体系框架

自成体系，资源共享率低，存在较严重的重复建设问题，很多项目仓促上马。另一方面，各级政府部门不重视电子政务建设初步完成后的绩效评价，电子政务建设中存在的问题难以发现，导致经济效益和社会效益不理想，阻碍了电子政务的进一步发展。如果加强各级政府部门的电子政务绩效评价意识，对电子政务进行详细的绩效评价，不仅可以避免社会资源的浪费，而且有助于提高电子政务的效益尤其是社会效益，从而指导我国电子政务建设的进一步发展。

（二）电子政务绩效评价忽视社会效益评价

与电子商务不同，电子政务的实施，不仅能带来经济效益，还能带来社会效益。经济效益一方面表现为办公效率提高、费用降低所带来的直接经济效益；另一方面表现为通过电子政务平台开展的招商引资活动所产生的间接经济效益。社会效益则主要体现在以下方面：通过电子政务建设，不仅促进政府机构改革，提升政府管理服务功效，而且能改善政府在公众心目中的形象，提高政府公信力；目前我国政府部门掌握大量的信息资源，电子政务的实施可以使这些信息资源实现最大程度的共享，推动经济的发展；实施电子政务，一方面促进政府办公流程的规范化、公开化、透明化；另一方面方便公众行使对政府工作的民主监督权利，从而推动我国社会的民主化进程。因此，与电子商务绩效评价不同，电子政务绩效评价不仅要对电子政务经济效益评价，还要对电子政务社会效益进行评价。此外，电子政务建设的最终目的与电子商务不同，它不是以营利为目的，而是借助信息化促进政府改革，构建一个高效率、低成本和法制化的现代政府，推进经济增长和维护社会稳定。因此，对电子政务绩效进行评价时，应体现这一最终目的，在评价电子政务经济效益的基础上，重点评价其社会效益。但目前很多电子政务绩效的评价工作，都是围绕着政府在信息基础设施上的投资、电子政务的硬件建设、政府办公成本降低等而展开的，没有关注电子政务的社会效益，影响了电子政务建设最终目的的实现。因此，只有重视电子政务的社会效益评价，我们才能有效推动政府改革，借助电子政务的实施来构建现代政府。

（三）电子政务绩效评价指标体系没有很好反映对公共服务能力的评价

目前电子政务绩效评价指标单一，出现了"技术偏好"、"供给偏好"等单一评价指标导向的现象，使得电子政务绩效评价指标体系不全面。首先，在已有的一些评价指标中，评价侧重于技术指标。诸如网站是否可以发送在线表格；公众是否能通过网络技术与政府官员沟通；政府网站提供多少公共服务；国家是否

397

给予足够支持等。这些评价指标偏重于技术问题和电子政务基础设施的硬件水平，忽略了对设施进行操作的人力资源软环境，更没有考虑电子政务的效率和效益。其次，目前的电子政务绩效评价指标，只关注电子政务服务供给，却很少考虑终端用户的需求和期望。具有"供给偏好"的评价指标，无法让我们发现电子政务实施过程中存在的问题，达不到电子政务绩效评价的目的。事实上，在建设电子政务时，决策者和建设者只有深入了解个人和企业的需求，才能借助信息化工具结合这种需求和政府供给，使得更多的公众愿意使用政府在线提供的服务、愿意在线和政府人员进行交流。只有建立相应指标评价公众对电子政务的需求，电子政务才能真正为公众服务，从而提高电子政务建设的效益。

（四）电子政务绩效评价中缺乏定量评价

任何事物都是质和量的统一体，单从一个方面评价事物，无法准确地反映其全貌。电子政务绩效，也有质和量两个方面，因此电子政务绩效评价应从定性和定量两个方面结合起来进行评价。从质上评价，主要是考察电子政务的社会效益和无法用具体数值表示出来的部分效益。从量上评价，主要考察电子政务的投入产出、企业和公众对电子政务系统的满意度，等等。但是，目前我国对电子政务绩效的评价很多是从定性的角度展开的。按照传统的定性方法来评价电子政务绩效，给出好或坏的结论，往往是衡量标准模糊不统一，评价结果也具有模糊性，达不到准确监测电子政务进程的目的。另一方面，虽然我国已有一些学者开始着手研究电子政务的定量评价，但研究成果多是提供评价的思路和介绍国外的电子政务绩效评价指标体系，尚无明确的适合我国国情的电子政务绩效评价指标体系。为此必须建立一套科学的评价指标体系，该指标体系既要具体明确，便于操作和数据处理；又要有综合性，能全面反映电子政务绩效，并合理地分配各种绩效的权值。只有将定量指标与定性指标相结合，才能全方位描述电子政务绩效，客观准确地评价电子政务绩效。

（五）电子政务绩效评价方法不够灵活

目前，大多数电子政务绩效评价方法目的都是为了评价以国家为整体的电子政务状况，因此它们考虑的多是一个国家的状况，很少关注某个地区或城市当地电子政务实施的情况。这种单一固定的电子政务绩效评价方法缺乏灵活性，往往不符合具体地区的自身特点和对电子政务绩效评价的实际需要。事实上，对用户而言，当地的电子政务的发展水平要较全国的水平有意义得多。绝大多数政府信息或服务是通过当地政府提供给公众的，而不是中央政府。而且，相对于国家性质的公共生活，公众会更积极、更乐意参与当地公共生活。另一方面，每个地区的经济和社会发展都有其自身特点，电子政务的发展要与每个地区的实际情况相适应，因此电子政务绩效的评价没有必要按照某一固定模式进行评价。为此，我们有必要建立一套灵活的电子政务绩效评价方法。在重点考虑电子政务绩效评价体系普遍性的同时，还要给具体地区电子政务绩效评价留有适度空间。

第四节　服务导向的电子政务绩效评价模型构建

一、电子政务绩效评价模型构建的基本原则

电子政务绩效评价的不健全，客观上制约了电子政务的进一步深入发展，因此建立一套合理、有效的绩效评估体系就显得至关重要。为了使构建的评价模型和指标体系科学、客观、公正，本研究遵循以下原则。

（一）综合性和全面性原则

绩效评估的指标体系的综合性、全面性主要体现在以下几个方面：首先，电子政务绩效评估是对电子政务水平的综合反映，这就要求指标的设置要全面反映电子政务的情况，而不是局限于局部或某些具体方面；其次，尽量选取较少的指标反映较全面的情况，为此，所选指标要具有一定的综合性，指标之间要有较强的逻辑关联；再次，在进行比较时，如果指标过细，会带来许多模糊问题，难免会产生许多误差，而选用综合指标能够很好地规避误差问题。

（二）可操作性原则

在电子政务绩效评估指标的设计中，应充分考虑所用指标的可操作性，在采集过程中的可获得性。另外，所选取的指标应该尽量与部委现有数据衔接，必要的新指标应定义明确，以便于数据采集。

（三）独立性原则

电子政务绩效评估指标体系设置的指标应可以独立地测评电子政务建设的某项具体内容，但不能与其他指标的内涵交叉、重叠，这样可以避免重复评议，防

399

止最终分数含有重复增减的偏误。

（四）导向性原则

任何一种指标体系的设置，在实施中都将起到导向作用。电子政务绩效评估指标体系应建立在科学、可靠和可行的基础之上，建立在促进中国电子政务水平的快速提高，尽快缩小与国际间电子政务发展差距的基础之上，引导我国电子政务建设健康、有序地前行。

（五）可延续性原则

为了使电子政务绩效评估的指标体系有较长的生命力，除选择反映传统的、现实的电子政务水平的指标外，还应选择一些能反映未来电子政务发展趋势的指标，以保证指标体系在时间使用上有可持续性。当然，还应尽量使所设计的指标体系不仅在时间上可延续，而且在内容上也可拓展。

二、电子政务绩效评价的基本框架和电子政务网站绩效评价模型

（一）电子政务绩效评价的基本框架

根据前面的论述，我们认为，服务导向的电子政务绩效评价体系包括三个主要的子体系，如图 8-2 所示。本章将以电子政务网站绩效评价体系为例展开绩效评价模型的构建。

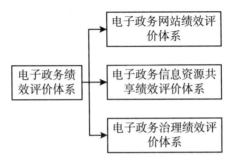

图 8-2 电子政务绩效评价的基本框架

政府建设网站主要是实现办公的方便快捷，行政成本的减低，监管效率的提高，经济效益与社会效益的实现，网络的安全等。因此，政府网站应更注重网站

内容、网站设计、网站技术、经济服务等方面的建设。

社会公众作为政府网站的需求者，通过门户网站主要是查询政策法规信息，浏览工作动态信息，进行表格下载，在线申报，发表意见等。社会公众最关心的是网站的内容（包括信息全面、透明、快捷的获得），在线服务的获取与沟通等方面。

作为研究者要站在相对中立的位置看待门户网站供需双方的行为，既要考虑政府部门的实际运作，又要考虑公众的实际需求，同时要借鉴世界各国电子政务的发展路径，遵循从信息发布到交互服务的过程，符合我国国情。

在深入分析若干电子政务绩效评价指标体系的基础上，参照中国软件评测中心于 2008 年 11 月 10 日正式对外公布的 2008 年中国政府网站绩效评估指标体系，总结提炼出一个电子政务网站绩效评价模型，如表 8 - 9 所示。

表 8 - 9　　　　　　　　　　构建的网站评价指标体系

一级指标	二级指标	三级指标	备注
网站内容	全面性	栏目设置	
		政务公开	
		网站背景介绍	
		特色内容和概览	
	实时性		
	正确性		
	权威性		
	独特性		
	生动性		
网站设计	页面展示	个性设置	
		页面布局	
		层次设置	
		页面效果	
	个性化信息服务		
网站技术	独立的域名		
	网页打开速度		
	计数器		
	网站安全性		
	多语种支持		

续表

一级指标	二级指标	三级指标	备注
在线办事	表格下载		
	在线服务的用户指南		
	在线办理程度		
	用户反馈	提供用户反馈的途径和手段	
		设有网站的用户反馈栏目	
公众参与	问题咨询、投诉和举报	开设信箱的多样性	
		问题回复的时效性	
		问题回复的有效性	
		提交问题后的查询	
	在线解答		
	论坛和留言板		
总体效果评价	对部委效率提高的促进程度		用一年节省多少时间来衡量（即小时/年）
	对部委减少运转费用的促进程度		用一年节省多少万元来衡量（万元/年）
	对部委改善形象的促进程度		
	用户满意度		

（二）电子政务网站绩效评价模型的特点

1. 体现了面向公共服务的特色

当今世界，电子政务的发展呈现出一个显著特征——强调政府服务功能的发挥和完善。电子政务的效益来自政府提供的公共服务，对现代的电子政务而言，承担公共服务的职责，追求公共服务的质量，增强公众对政府提供的公共服务的满意度，无疑是面向公共服务的电子政务一直追求的最主要目标，也是面向公共服务的电子政务存在的核心理念。面向公共服务的电子政务是"以电子为手段，以服务为核心"而展开的，这种公共服务虽然建立在网络基础之上，但并不是简单地把政府的公共服务的职能搬到网上，而是有着丰富内涵的集成化功能，表现为公开政务信息、提供个性化信息服务、网上互动参与以及协同业务处理等方面。本章建立的评价指标体系分为六部分，分别为网站内容、网站设计，网站技术、在线办事、公众参与和总体效果评价。该体系树立了以公众为中心的理念，注重衡量部委是否提供了丰富高质量的公共服务和公众的满意程度，充分体现了面向公共服务的特色。

2. 反映了政府部门网站的特点

政府信息化正在发生新的变化。随着政府职责的不同，信息化的侧重点也有了新的着眼点。地方政府网站的主要职责在于信息发布、网上审批等，而作为国家部委网站，它担负的责任则更加丰富，不仅有信息发布，同时还要对内部行业业务系统数据源进行采集、经营数据分析，对外它是行业的信息窗口，对内则是一个大型的数据信息仓库，储存着海量的数据信息。因此，在网站设计指标中，特别设置了个性化信息服务指标来判断该网站的"智能化"程度：是否提供多种查询方式，用户可以通过关键词和语义两种查询方式快速查找资料，是否搜索时只需输入对搜索对象属性的描述，即可获得关联度、准确度较高的搜索结果。个性化信息服务功能使用户最为快捷地获取自己所需的网上信息服务内容，强调了以用户为中心的原则。

3. 内部绩效与外部绩效相结合

仅仅评估面向公民的前台网站是不够的，如果不解决这个问题，电子政务绩效评估的结论将无法系统全面地反映其建设绩效，并使得决策者对电子政务建设的现状产生误判，对其发展进程产生极大的负面影响。本章设置了总体效果评价指标，包括对政府部门功能和效率提高的促进程度、对减少运转费用的促进程度、对改善政府形象的促进程度和用户满意度，使内部绩效与外部绩效有机结合，建立了合理、有效的绩效评价模型。只有从内外两方面明确电子政务建设绩效，制定科学的评估准则、构建合理的指标体系，以及选择恰当的评估方法，才能提高我国电子政务的科学化管理，促进我国电子政务健康发展。

三、电子政务网站绩效评价模型的论证

（一）基于层次分析法（AHP）的构建过程

1. 层次分析法的基本概念和原理

层次分析法是美国著名运筹学家、匹兹堡大学教授萨蒂（Saaty）在 20 世纪 70 年代初提出的。它是处理多目标、多准则、多因素、多层次的复杂问题，可进行定性与定量系统分析、决策分析、综合评价的一种方法。

层次分析法首先要将评价对象层次化，将不同指标按隶属关系分组，构建多

层次的递阶分析结构模型，通过两两比较的方式最终确定层次中各指标的相对重要性。

2. 层次分析法的基本思路

层次分析法的基本思路是：首先将所要分析的问题层次化，根据问题的性质和所要达到的总目标，将问题分解为不同的组成因素，并按照这些因素间的相互影响以及隶属关系以不同层次进行组合，形成一个多层次分析结构模型，最后将该问题归结为最低层相对最高层的比较优劣的排序问题。由 AHP 基本原理可以看出，它可以通过建立层次分析模型，将复杂的难于定性分析的问题转化为简捷明晰的定量分析问题。

（二）用层次分析法确定电子政务评价指标体系权重

1. 用层次分析法确定指标体系权重

（1）建立层次分析模型。在深入调查的基础上，将问题中所包含的因素划分为不同的层次，如目标层、准则层、方案层等，用框图形式说明层次的递阶结构与因素的从属关系，当某个层次的包括因素较多时，可以将层次进一步划分为若干个层次，构建递阶层次分析模型。

（2）构建判断矩阵。判断矩阵是由相对于上一层次某一因素，本层次各因素之间的两两相对重要性程度的代值组成的，判断矩阵的元素的值反映了人们对各因素相对重要程度的认识。

设 A 层因素 a_k 与下一层次 B 中的因素 B_1，B_2，…，B_n 有联系，则可以构造如下的判断矩阵 B，如表 8 - 10 所示。

表 8 - 10　　　　　　　　　　判断矩阵 B

a_k	B_1	…	B_n
B_1	b_{11}	…	b_{1m}
…	…		…
B_n	b_{n1}	…	b_{nm}

其中，b_{ij} 表示相对于上一层次因素 a_k 时，因素 B_i 对 B_j 的相对重要性。b_{ij} 的值可用 1～9 及其倒数表示，这些数字称为判断矩阵的标度。从心理学观点来看，分级太多会超越人们的判断能力，既增加了判断的难度，又容易因此而提供虚假数据，萨蒂等人通过实验方法比较了在各种不同标度下人们判断结果的正确性，结果表明采用 1～9 标度最为合适，根据 1～9 标度构造判断矩阵，并且能有效地

将思维判断数量化，如表 8 - 11 所示。

由下而上，求解各层次指标的相对权重。咨询专家依经验两两比较，建立判断矩阵，按 1 ~ 9 比例标度对重要性赋值。

表 8 - 11　　　　　　　评估指标相对比例标度判断尺度

标度	含　　义
1	表示两个因素相比，具有同样重要性
3	表示两个因素相比，一个因素比另一个因素稍微重要
5	表示两个因素相比，一个因素比另一个因素明显重要
7	表示两个因素相比，一个因素比另一个因素强烈重要
9	表示两个因素相比，一个因素比另一个因素极端重要
2、4、6、8	上述两相邻判断的中值
倒数	因素 i 与 j 比较得判断 b_{ij}，反之因素 j 与 i 比较得判断必为 $b_{ji} = 1/b_{ij}$

（3）层次单排序及一致性检验。层次分析法的计算由单层次计算和多层次计算组合而成，先计算出判断矩阵的特征向量 $\overline{W}$，对向量 $\overline{W}$ 进行归一化处理，继而得出下一层次某元素对上一层次元素的相对重要程度，即权重大小。我们利用方根法来进行计算，操作步骤如下：

计算判断矩阵每一行元素的乘积 M_i，如式（8 - 1）。

$$M_i = \prod_{j=1}^{n} a_{ij} \quad (i = 1, 2, 3, \cdots, n) \tag{8-1}$$

计算 M_i 的 n 次方根 $\overline{W}_i$，如式（8 - 2）。

$$\overline{W}_i = \sqrt[n]{M_i} \tag{8-2}$$

对向量 $\overline{W} = [\overline{W}_1 \overline{W}_2, \cdots, \overline{W}_n]$ 进行归一化处理，如式（8 - 3）。

$$W_i = \frac{\overline{W}_i}{\sum_{i=1}^{n} \overline{W}_i} \tag{8-3}$$

由此得到的矩阵，$W = [W_1, W_2, \cdots, W_n]$ 为该判断矩阵的特征向量。

一致性检验，先求最大特征根，如式（8 - 4）。

$$\lambda_{max} = \sum_{i=1}^{n} \frac{(AW)_i}{nW_i} \tag{8-4}$$

再求一致性指标值，如式（8 - 5）。

$$CI = \frac{\lambda_{max} - n}{n - 1} \tag{8-5}$$

最后计算随机一致性比率，如式（8 - 6）。

$$CR = \frac{CI}{RI} \qquad (8-6)$$

当 CR < 0.10，一致性通过，表示该判断矩阵具有满意的一致性。

表 8 - 12 为 1 ~ 9 阶矩阵的平均随机一致性指标表。

表 8 - 12 　　　　　　　　1 ~ 9 阶矩阵的平均随机一致性指标

阶数	1	2	3	4	5	6	7	8	9
RI	0.00	0.00	0.58	0.90	1.12	1.24	1.32	1.41	1.45

（4）层次总排序及一致性检验。运用层次分析法构造的模型满足一致性 CR < 0.1，因此，每个判断矩阵的一致性是可以接受的。

层次单排序仅给出 K + 1（K = 1，2，…）层问题对 K 层问题的重要性排序，这个排序对解决 K 层问题是有指导意义的。但在实际工作中，仅停留在 K + 1 层问题重要性排序是很不全面的，因为我们的最终目的是为解决第一层问题（A 问题）指明方向，为此必须进行层次总排序研究。所谓层次总排序，是指 K + 2（K = 1，2，…）层问题，对 A 问题的重要性排序，这一过程是最高层次到最低层次逐层进行的。若上一层次 A 包含 m 个因素 A_1，A_2，…，A_m，其层次中排序权值分别为 a_1，a_2，…，a_m，下一层次 B 包含 n 个因素 B_1，B_2，…，B_n，它们对于因素 A_j 的层次单排序权值分别为 b_{1j}，b_{2j}，…，b_{nj}（当 B_i 与 A_j 无联系时，b_{ij} = 0），此时 B 层次总排序的权值分别为：

$$\sum = \sum_{j=1}^{m} a_j b_{1j}, \ \sum_{j=1}^{m} a_j b_{2j}, \ \cdots, \ \sum_{j=1}^{m} a_j b_{nj}$$

层次总排序是从高到低逐层进行的。如果 B 层次某些因素对于 A_j 单排序的一致性指标为 C_{ij}，相应的平均随机一致性指标为 R_{ij}，则 B 层次总排序随机一致性比率如式（8 - 7）。

$$CR = \frac{\sum\limits_{j=1}^{m} a_j C_{ij}}{\sum\limits_{j=1}^{m} a_j R_{ij}} \qquad (8-7)$$

类似地，当 CR < 0.10 时，认为层次总排序结果具有满意的一致性，否则需要重新调整判断矩阵的元素取值。

2. 用层次分析法确定电子政务评价指标体系权重

电子政务评价指标体系层次结构如图 8 - 3 所示。

以下判断矩阵元素值参考了相关文献并咨询了北京市信息化工作办公室电子政务与信息资源处有关专家得到。

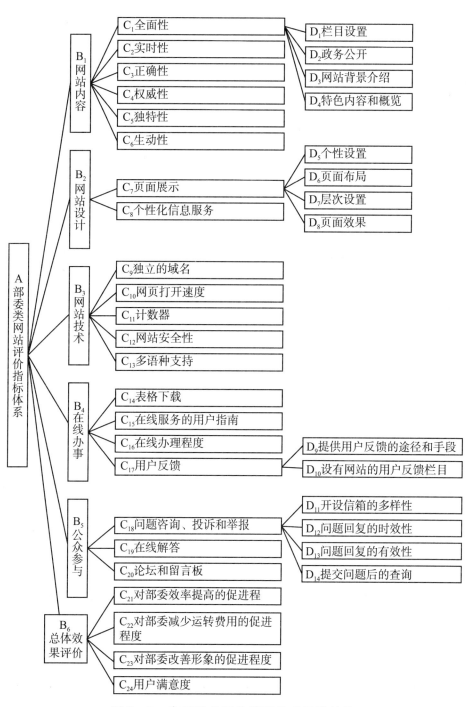

图 8 - 3　电子政务评价指标体系层次结构

A - B 准则层指标判断矩阵如表 8 - 13 所示。

表 8 - 13　　　　　　　　　A - B 准则层指标判断矩阵

A	B_1	B_2	B_3	B_4	B_5	B_6
B_1	1	2	3	4	2	5
B_2	1/2	1	2	2	1	3
B_3	1/3	1/2	1	2	1/2	2
B_4	1/4	1/2	1/2	1	1/2	2
B_5	1/2	1	2	2	1	3
B_6	1/5	1/3	1/2	1/2	1/3	1

B_1 - C 网站内容判断矩阵如表 8 - 14 所示。

表 8 - 14　　　　　　　　　B_1 - C 网站内容判断矩阵

B_1	C_1	C_2	C_3	C_4	C_5	C_6
C_1	1	4	4	4	4	7
C_2	1/4	1	1	1	1	2
C_3	1/4	1	1	1	1	2
C_4	1/4	1	1	1	1	2
C_5	1/4	1	1	1	1	2
C_6	1/7	1/2	1/2	1/2	1/2	1

B_2 - C 网站设计判断矩阵如表 8 - 15 所示。

表 8 - 15　　　　　　　　　B_2 - C 网站设计判断矩阵

B_2	C_7	C_8
C_7	1	1/2
C_8	2	1

B_3 - C 网站技术判断矩阵如表 8 - 16 所示。

表 8 - 16　　　　　　　　　B_3 - C 网站技术判断矩阵

B_3	C_9	C_{10}	C_{11}	C_{12}	C_{13}
C_9	1	1	1	1	1/2
C_{10}	1	1	1	1	1/2

B_3	C_9	C_{10}	C_{11}	C_{12}	C_{13}
C_{11}	1	1	1	1	1/2
C_{12}	1	1	1	1	1/2
C_{13}	2	2	2	2	1

$B_4 - C$ 在线办事判断矩阵如表 8 - 17 所示。

表 8 - 17　　　　　　　　　　$B_4 - C$ 在线办事判断矩阵

B_4	C_{14}	C_{15}	C_{16}	C_{17}
C_{14}	1	1	1	1/2
C_{15}	1	1	1	1/2
C_{16}	1	1	1	1/2
C_{17}	2	2	2	1

$B_5 - C$ 公众参与判断矩阵如表 8 - 18 所示。

表 8 - 18　　　　　　　　　　$B_5 - C$ 公众参与判断矩阵

B_5	C_{18}	C_{19}	C_{20}
C_{18}	1	6	6
C_{19}	1/6	1	1
C_{20}	1/6	1	1

$B_6 - C$ 总体效果评价判断矩阵如表 8 - 19 所示。

表 8 - 19　　　　　　　　　　$B_6 - C$ 总体效果评价判断矩阵

B_6	C_{21}	C_{22}	C_{23}	C_{24}
C_{21}	1	1	2	2
C_{22}	1	1	2	2
C_{23}	1/2	1/2	1	1
C_{24}	1/2	1/2	1	1

$C_1 - D$ 全面性判断矩阵如表 8 - 20 所示。

表 8 – 20　　　　　　　　　　**C₁ – D 全面性判断矩阵**

C₁	D₁	D₂	D₃	D₄
D₁	1	1/5	1	1
D₂	5	1	5	5
D₃	1	1/5	1	1
D₄	1	1/5	1	1

C_7 – D 页面展示判断矩阵如表 8 – 21 所示。

表 8 – 21　　　　　　　　　　**C₇ – D 页面展示判断矩阵**

C₇	D₅	D₆	D₇	D₈
D₅	1	1	1	1
D₆	1	1	1	1
D₇	1	1	1	1
D₈	1	1	1	1

C_{17} – D 用户反馈判断矩阵如表 8 – 22 所示。

表 8 – 22　　　　　　　　　　**C₁₇ – D 用户反馈判断矩阵**

C₁₇	D₉	D₁₀
D₉	1	1
D₁₀	1	1

C_{18} – D 问题咨询、投诉和举报判断矩阵如表 8 – 23 所示。

表 8 – 23　　　　　　　**C₁₈ – D 问题咨询、投诉和举报判断矩阵**

C₁₈	D₁₁	D₁₂	D₁₃	D₁₄
D₁₁	1	1/2	1/2	1/2
D₁₂	2	1	1	1
D₁₃	2	1	1	1
D₁₄	2	1	1	1

各层次权值表如下：

判断矩阵 A – B 指标权重表如表 8 – 24 所示。

表 8 – 24 判断矩阵 A – B 指标权重表

指标	B_1	B_2	B_3	B_4	B_5	B_6	M_i	$\overline{W}_i$	W_i
B_1	1	2	3	4	2	5	240	2.4929	0.35
B_2	1/2	1	2	2	1	3	6	1.3480	0.19
B_3	1/3	1/2	1	2	1/2	2	1/3	0.8327	0.12
B_4	1/4	1/2	1/2	1	1/2	2	1/16	0.6300	0.09
B_5	1/2	1	2	2	1	3	6	1.3480	0.19
B_6	1/5	1/3	1/2	1/2	1/3	1	1/180	0.4208	0.06
Σ								7.0724	1.00

由于 $\lambda_{max} = 6.071$；$CI = (6.071 - 6)/5 = 0.0142$；$CR = 0.0142/1.24 = 0.011$ < 0.1，所以一致性通过，该判断矩阵具有满意的一致性。

判断矩阵 B_1 – C 指标权重表如表 8 – 25 所示。

表 8 – 25 判断矩阵 B_1 – C 指标权重表

指标	C_1	C_2	C_3	C_4	C_5	C_6	M_i	$\overline{W}_i$	W_i
C_1	1	4	4	4	4	7	1792	3.4852	0.46
C_2	1/4	1	1	1	1	2	0.5	0.8909	0.12
C_3	1/4	1	1	1	1	2	0.5	0.8909	0.12
C_4	1/4	1	1	1	1	2	0.5	0.8909	0.12
C_5	1/4	1	1	1	1	2	0.5	0.8909	0.12
C_6	1/7	1/2	1/2	1/2	1/2	1	1/112	0.4555	0.06
Σ								7.5043	1.00

由于 $\lambda_{max} = 6.0036$；$CI = (6.0036 - 6)/5 = 0.00072$；$CR = 0.00072/1.24 = 0.00058 < 0.1$，所以一致性通过，该判断矩阵具有满意的一致性。

判断矩阵 B_2 – C 指标权重表如表 8 – 26 所示。

表 8 – 26 判断矩阵 B_2 – C 指标权重表

指标	C_7	C_8	M_i	$\overline{W}_i$	W_i
C_7	1	1/2	1/2	0.7071	0.33
C_8	2	1	2	1.4142	0.67
Σ				2.1213	1.00

由于 $\lambda_{max} = 2.0001$；$CI = (2.0001 - 2)/1 = 0.0001$；$RI = 0$；$CR = 0 < 0.1$，所以一致性通过，该判断矩阵具有满意的一致性。

判断矩阵 $B_3 - C$ 指标权重表如表 8 – 27 所示。

表 8 – 27　　　　　　　　判断矩阵 $B_3 - C$ 指标权重表

指标	C_9	C_{10}	C_{11}	C_{12}	C_{13}	M_i	$\overline{W}_i$	W_i
C_9	1	1	1	1	1/2	1/2	0.8706	0.17
C_{10}	1	1	1	1	1/2	1/2	0.8706	0.17
C_{11}	1	1	1	1	1/2	1/2	0.8706	0.17
C_{12}	1	1	1	1	1/2	1/2	0.8706	0.17
C_{13}	2	2	2	2	1	16	1.7411	0.32
Σ							5.2235	1.00

由于 $\lambda_{max} = 5.0029$；$CI = (5.0029 - 5)/4 = 0.000725$；$CR = 0.000725/1.12 = 0.00065 < 0.1$，所以一致性通过，该判断矩阵具有满意的一致性。

判断矩阵 $B_4 - C$ 指标权重表如表 8 – 28 所示。

表 8 – 28　　　　　　　　判断矩阵 $B_4 - C$ 指标权重表

指标	C_{14}	C_{15}	C_{16}	C_{17}	M_i	$\overline{W}_i$	W_i
C_{14}	1	1	1	1/2	1/2	0.8409	0.20
C_{15}	1	1	1	1/2	1/2	0.8409	0.20
C_{16}	1	1	1	1/2	1/2	0.8409	0.20
C_{17}	2	2	2	1	8	1.6818	0.40
Σ						4.2045	1.00

由于 $\lambda_{max} = 4$；$CI = 0$；$CR = 0 < 0.1$，所以一致性通过，该判断矩阵具有满意的一致性。

判断矩阵 $B_5 - C$ 指标权重表如表 8 – 29 所示。

表 8 – 29　　　　　　　　判断矩阵 $B_5 - C$ 指标权重表

指标	C_{18}	C_{19}	C_{20}	M_i	$\overline{W}_i$	W_i
C_{18}	1	6	6	36	3.3019	0.76
C_{19}	1/6	1	1	1/6	0.5503	0.12
C_{20}	1/6	1	1	1/6	0.5503	0.12
Σ					4.4025	1.00

由于 $\lambda_{max} = 3.0761$；$CI = (3.0761 - 3)/2 = 0.0381$；$CR = 0.0381/0.58 = 0.0657 < 0.1$，所以一致性通过，该判断矩阵具有满意的一致性。

判断矩阵 $B_6 - C$ 指标权重表如表 8 - 30 所示。

表 8 - 30　　　　　　　　　　判断矩阵 $B_6 - C$ 指标权重表

指标	C_{21}	C_{22}	C_{23}	C_{24}	M_i	$\overline{W}_i$	W_i
C_{21}	1	1	2	2	4	1.4142	0.33
C_{22}	1	1	2	2	4	1.4142	0.33
C_{23}	1/2	1/2	1	1	1/4	0.7071	0.17
C_{24}	1/2	1/2	1	1	1/4	0.7071	0.17
$\sum$						4.2426	1.00

由于 $\lambda_{max} = 4.001$；$CI = (4.001 - 4)/3 = 0.0003$；$CR = 0.0003/0.9 = 0.0003 < 0.1$，所以一致性通过，该判断矩阵具有满意的一致性。

判断矩阵 $C_1 - D$ 指标权重表如表 8 - 31 所示。

表 8 - 31　　　　　　　　　　判断矩阵 $C_1 - D$ 指标权重表

指标	D_1	D_2	D_3	D_4	M_i	$\overline{W}_i$	W_i
D_1	1	1/5	1	1	1/5	0.6687	0.12
D_2	5	1	5	5	125	3.3437	0.64
D_3	1	1/5	1	1	1/5	0.6687	0.12
D_4	1	1/5	1	1	1/5	0.6687	0.12
$\sum$						5.3498	1.00

由于 $\lambda_{max} = 3.3704$；$CI = (3.3704 - 4)/3 = -0.21$；$CR = -0.21/0.9 = -0.23 < 0.1$，所以一致性通过，该判断矩阵具有满意的一致性。

判断矩阵 $C_2 - D$ 指标权重表如表 8 - 32 所示。

表 8 - 32　　　　　　　　　　判断矩阵 $C_7 - D$ 指标权重表

指标	D_5	D_6	D_7	D_8	M_i	$\overline{W}_i$	W_i
D_5	1	1	1	1	1	1	0.25
D_6	1	1	1	1	1	1	0.25
D_7	1	1	1	1	1	1	0.25
D_8	1	1	1	1	1	1	0.25
$\sum$						4	1.00

由于 $\lambda_{max} = 4$；$CI = 0$；$CR = 0 < 0.1$，所以一致性通过，该判断矩阵具有满意的一致性。

判断矩阵 $C_{17} - D$ 指标权重表如表 8 - 33 所示。

表 8 - 33　　　　　　判断矩阵 $C_{17} - D$ 指标权重表

指标	D_9	D_{10}	M_i	$\overline{W}_i$	W_i
D_9	1	1	1	1	0.50
D_{10}	1	1	1	1	0.50
Σ				2	1.00

由于 $\lambda_{max} = 2$；$CI = 0$；$CR = 0 < 0.1$，所以一致性通过，该判断矩阵具有满意的一致性。

判断矩阵 $C_{18} - D$ 指标权重表如表 8 - 34 所示。

表 8 - 34　　　　　　判断矩阵 $C_{18} - D$ 指标权重表

指标	D_{11}	D_{12}	D_{13}	D_{14}	M_i	$\overline{W}_i$	W_i
D_{11}	1	1/2	1/2	1/2	1/8	0.5946	0.13
D_{12}	2	1	1	1	2	1.1892	0.29
D_{13}	2	1	1	1	2	1.1892	0.29
D_{14}	2	1	1	1	2	1.1892	0.29
Σ						4.1622	1.00

由于 $\lambda_{max} = 4.0088$；$CI = (4.0088 - 4)/3 = 0.0029$；$CR = 0.0029/0.9 = 0.003 < 0.1$，所以一致性通过，该判断矩阵具有满意的一致性。

层次总排序权值表 1 如表 8 - 35 所示。

表 8 - 35　　　　　　层次总排序权值表 1

一级指标 二级指标	B_1	B_2	B_3	B_4	B_5	B_6	层次总排序
	0.35	0.19	0.12	0.09	0.19	0.06	
C_1	0.46						0.1610
C_2	0.12						0.0420
C_3	0.12						0.0420
C_4	0.12						0.0420

一级指标 / 二级指标	B_1 0.35	B_2 0.19	B_3 0.12	B_4 0.09	B_5 0.19	B_6 0.06	层次总排序
C_5	0.12						0.0420
C_6	0.06						0.0210
C_7		0.33					0.0627
C_8		0.67					0.1273
C_9			0.17				0.0204
C_{10}			0.17				0.0204
C_{11}			0.17				0.0204
C_{12}			0.17				0.0204
C_{13}			0.32				0.0384
C_{14}				0.2			0.0180
C_{15}				0.2			0.0180
C_{16}				0.2			0.0180
C_{17}				0.4			0.0360
C_{18}					0.76		0.1444
C_{19}					0.12		0.0228
C_{20}					0.12		0.0228
C_{21}						0.33	0.0198
C_{22}						0.33	0.0198
C_{23}						0.17	0.0102
C_{24}						0.17	0.0102
$CR = 0.0103 < 0.1$							

层次总排序权值表 2 如表 8 – 36 所示。

表 8 – 36　　　　　　　　　　　层次总排序权值表 2

二级指标 三级指标	C_1 0.161	C_7 0.0627	C_{17} 0.036	C_{18} 0.1444	层次总 排序
D_1	0.12				0.0193
D_2	0.64				0.1031
D_3	0.12				0.0193
D_4	0.12				0.0193
D_5		0.25			0.0156
D_6		0.25			0.0157
D_7		0.25			0.0157
D_8		0.25			0.0157
D_9			0.5		0.018
D_{10}			0.5		0.018
D_{11}				0.13	0.0189
D_{12}				0.29	0.0418
D_{13}				0.29	0.0418
D_{14}				0.29	0.0419
CR = – 0.1081 < 0.1					

（三）电子政务网站绩效评价指标体系具体说明

电子政务评价指标体系分为网站内容、网站设计、网站技术、在线办事、公众参与和总体效果评价六部分内容。

网站内容评价指标权重及指标具体说明如表 8 – 37 所示。

表 8 – 37　　　　　　　　网站内容评价指标权重及指标具体说明

一级指标	二级指标	三级指标	备　注
网站内容 (0.35)	全面性 (0.1610)	栏目设置 (0.0193)	是否覆盖公民、企业和相关政府部门对本部门的实际信息需求，是否包含政务公开、概览、在线办事、交互交流、互联互通、网站背景、特色内容所有栏目，并且有创新
		政务公开 (0.1031)	是否包含本部门的发展战略、发展计划、工作目标及完成情况；是否包含全部或大部分规范性文件及本地出台的行政规章；是否包含全部或大部分事关全局的重大决策、部门行政审批项目、重要专项经费的分配使用情况、重要物资招标采购情况、重大基本建设项目招投标情况；是否包含全部或大部分部门重要活动、会议、外事活动、主要领导的讲话、对社会重大事件的披露；是否包含全部领导成员的履历、分工和调整变化情况、公务员录用、选拔任用、程序及结果
		网站背景介绍 (0.0193)	是否在首页相应位置标明网站的介绍，历史等，介绍网站建设的思路、背景，内容详尽
		特色内容和概览（0.0193）	是否结合本部门特色发布相关信息或专题，招商引资、重点建设、便民服务等结合本部门特点的内容
	实时性 (0.0420)		是否能在 24 小时内，与传统方式同时发布信息，是否作废或无效的信息能实时清除，无失效文件的网上留存现象
	正确性 (0.0420)		是否该部委的具体公告、政策法规、政府重要信息通告等内容完整正确；背景介绍全面、清晰，摘要、节选把握准确；网上发布不失真；无隐含未说明信息
	权威性 (0.0420)		是否网站发布的内容能够代表部委，发布的信息具有权威性
	独特性 (0.0420)		是否栏目设置新颖，内容能够结合部委发展实际，体现鲜明部委特色
	生动性 (0.0210)		是否全面采用多媒体技术，用语音、视频、动画等多种方式生动的表现内容

417

网站设计评价指标权重及指标具体说明如表 8 – 38 所示。

表 8 – 38　　　　　网站设计评价指标权重及指标具体说明

一级指标	二级指标	三级指标	备 注
网站设计 (0.19)	页面展示 (0.0627)	个性设置 (0.0156)	是否网站能够突出部委的特色,具有专业性,有个性化、创新的设计页面和栏目
		页面布局 (0.0157)	是否网站所有页面布局风格协调统一
		层次设置 (0.0157)	是否内容层次的复杂度,少于或等于三次点击即可访问内容
		页面效果 (0.0157)	是否网站标识统一,各页面配色服从总体色彩体系
	个性化信息服务 (0.1273)		是否具备历史信息库和信息检索功能,具有智能搜索引擎,保证站内信息的准确搜索;具备站内信息全文检索、相关部委网站群的信息检索和其他相关检索功能;是否检索功能支持关键字、标题、作者、时间、分类等检索方式;能提供互联网范围内的网站、内容等搜索服务;是否重要服务和栏目能提供使用说明;是否有访问量、使用情况的统计与评比;是否包含所有上下级单位网站链接地址,是否与其他部委、政府网站信息共享

网站技术评价指标权重及指标具体说明如表 8 – 39 所示。

表 8 – 39　　　　　网站技术评价指标权重及指标具体说明

一级指标	二级指标	备 注
网站技术 (0.12)	独立的域名 (0.0204)	是否以 gov. cn 为后缀
	网页打开速度 (0.0204)	网络正常情况下是否是 15 秒
	计数器 (0.0204)	是否设有计数器
	网站安全性 (0.0204)	网络是否具有信息安全保障措施和身份认证、CA 等
	多语种支持 (0.0384)	是否具有多语种支持,是否适合国际人士以及少数民族同胞的阅读习惯;是否多语种内容丰富

在线办事评价指标权重及指标具体说明如表 8 – 40 所示。

表 8 – 40　　　　　　　　**在线办事评价指标权重及指标具体说明**

一级指标	二级指标	三级指标	备　注
在线办事 （0.09）	表格下载 （0.018）		是否可提供全面文件、表格或其他类信息供市民下载，而且下载方式方便，下载链接有效，下载的文件、表格或信息准确、清晰、有效
	在线服务的用户指南（0.018）		是否服务内容概述描述准确，内容全面，重要内容无遗漏
	在线办理程度（0.018）		是否最大程度体现了方便群众、降低群众办事成本的原则
	用户反馈 （0.036）	提供用户反馈的途径和手段（0.018）	是否至少提供电子邮件、手机短信、电话、公告板
		设有网站的用户反馈栏目（0.018）	是否容易发现与使用

公众参与评价指标权重及指标具体说明如表 8 – 41 所示。

表 8 – 41　　　　　　　　**公众参与评价指标权重及指标具体说明**

一级指标	二级指标	三级指标	备　注
公众参与 （0.19）	问题咨询、投诉和举报 （0.1444）	开设信箱的多样性 （0.0189）	是否设有领导信箱、咨询信箱、投诉举报信箱
		问题回复的时效性 （0.0418）	网民在线提出问题后是否在 3 个工作日内得到问题回复
		问题回复的有效性 （0.0418）	是否能明确回答网民的问题
		提交问题后的查询 （0.0419）	网民提交问题后是否可查询问题的办理进度
	在线解答 （0.0228）		是否在网上开展过在线解答网民问题和嘉宾访谈栏目
	论坛和留言板 （0.0228）		是否有论坛或留言板的设立，并且功能完善，按网民需求对论坛分区管理，且可分为实名论坛和匿名论坛等

总体效果评价指标权重及指标具体说明如表 8 – 42 所示。

表 8 – 42 　　　　　**总体效果评价指标权重及指标具体说明**

一级指标	二级指标	备　注
总体效果评价（0.06）	对部委效率提高的促进程度（0.0198）	通过电子政务的实施各个部委是否有利于实现它的功能，提高办事效率，节约时间，为工作带来方便
	对部委减少运转费用的促进程度（0.0198）	通过电子政务的实施各个部委是否降低了费用带来直接经济效益和通过电子政务平台开展的招商引资活动产生了间接经济效益
	对部委改善形象的促进程度（0.0102）	电子政务的实施是否促进了各部委形象的改善，提高了公信力
	用户满意度（0.0102）	用户对该部委电子政务的建设是否满意

第五节　国家税务总局电子政务网站绩效评价实证研究

一、国家税务总局电子政务发展的基本情况

（一）税务信息化的宏观背景

税务信息化就是指在税务工作的各个方面运用现代信息技术，深入开发、广泛利用税收与经济信息资源，加速税务现代化的进程。税务信息化是国家信息化的一个组成部分，它与整个社会的信息化，与其他宏观管理部门的信息化，与居民、企业的信息化密切相关。

研讨中国税务信息化发展战略，一个重要问题是认清宏观背景的变化。宏观背景将左右目标定位[531]。

截至 2008 年年底，我国税务系统约有中小型机 1 200 台，PC 服务器约 2.6 万台，PC 机 35 万台。在网络基础实施方面，经过金税工程两期建设，基本建成一个联通全国四级税务系统的信息网络。在应用软件系统方面，除各地地税系统自行开发的软件之外，在国税系统广泛应用的有 CTAIS 软件，防伪税控软件、

交叉稽核软件、出口退税软件等。尤其值得指出的是，税务行业电子申报应用取得了较大进展，诸如 IC 卡、专用申报器、电话申报、互联网等多种电子申报方式得到大量应用。在信息化建设人才方面，全国税务系统从事信息化建设的税务干部约为 3 万人，他们中间有一批既熟悉业务又精通技术的骨干。这些积累都为税务信息化工作的下一步发展奠定了良好的基础。

（二） 国家税务总局电子政务建设的发展历程

改革开放以来，税收工作也取得了很大的成就，税收收入连年增长。税收信息化作为融会贯通依法治税、从严治队和科技加管理的总"抓手"，促进了税收收入的稳定增长，大幅度提高了税收管理的质量和水平，带动税务干部素质和依法治税水平迈上了新的台阶。税收信息化已经成为税收工作的重要生产力。

税收是国家财政收入的基本来源，是促进国民经济和社会发展的根本保障。税务系统的信息化建设和电子政务的应用起步较早，国家税务总局电子政务的发展大致可分为三个阶段[532]。

第一阶段是从 20 世纪 80 年代初开始，模拟手工操作的税收电子化阶段（如 GCRS，CRPG 软件等）。

第二阶段是从 1994 年开始，是步入面向管理的税收管理信息系统阶段（如增值税稽核、协查系统等）。

第三阶段是从 2004 年开始，是目前正在建设中的实现并创造税收价值的全方位税收服务系统阶段，即电子税务建设阶段。

回顾近三十年来税收信息化发展历程，总结多年来特别是 1994 年税制改革以来金税工程建设、中国税收征管信息系统（CTAIS）推广应用、办公自动化应用等方面的工作实践，可以看到，我国税收信息化建设已经取得了巨大成绩。税收信息化不仅是减少税收执法随意性、打击偷骗税、加强税收征管的重要手段，也是税务干部队伍建设的重要基础，是税收工作的生命线。

二、 国家税务总局电子政务的绩效评价

电子政务绩效受到多种因素的影响，其中许多因素的内涵和外延并不十分明确，具有模糊性；且对于各种因素的评价，往往也不是好或不好截然分明，而是模糊的。所以本章采用模糊综合评价方法对电子政务绩效进行综合评价。

（一） 模糊综合评价法的指导思想

模糊综合评价的思想是对每一个要素综合确定一个评价等级，然后对评价结

421

果进行统计，计算评判值 y_{ij}（$i = 1, 2, \cdots, n; j = 1, 2, \cdots, m$），$y_{ij}$ 表示对 i 个要素关于第 j 个评判等级的评判结果，它等于对第 i 个要素评判为第 j 个等级的人数占全部评判人数的比重。这样构成一个评判矩阵：

$$Y = \begin{bmatrix} y_{11} & y_{12} & \cdots & y_{1m} \\ y_{21} & y_{22} & \cdots & y_{2m} \\ \cdots & \cdots & \cdots & \cdots \\ y_{n1} & y_{n2} & \cdots & y_{nm} \end{bmatrix}$$

然后根据已计算出的权重矩阵，结合评判要素矩阵，就可以利用模糊矩阵合成法计算模糊综合评判矩阵 Z，如下式：

$$Z = w \cdot Y = (Z_1, Z_2, \cdots, Z_m)$$

对其进行归一化处理，如：

$$\sum_{i=1}^{m} Z'_i = 1, \quad Z' = (Z'_1, Z'_2, \cdots, Z'_n)$$

在综合评价矩阵中，Z 的评判等级反映了对电子政务绩效优劣的一般看法。

（二）国家税务总局电子政务网站绩效的模糊综合评价

现假定评判标准划分为很好、较好、一般、较差和很差 5 个等级，通过问卷测试电子政务综合评价指标体系中各指标的评价值。共发放问卷 123 份，收回 105 份，根据上文计算出的各评价指标的权重，得到电子政务的模糊综合评价表，见表 8 - 43。

表 8 - 43　　　　　国家税务总局电子政务绩效模糊评价情况

一级指标	二级指标	三级指标	模糊评价（%）					权重
			很好	较好	一般	较差	很差	
网站内容 （0.35）	全面性 （0.1610）	栏目设置	22	50	18	10	0	0.0139
		政务公开	70	16	10	2	2	0.1031
		网站背景介绍	0	10	70	20	0	0.0193
		特色内容和概览	4	4	22	62	8	0.0193
	实时性		36	56	4	4	0	0.042
	正确性		10	78	10	2	0	0.042
	权威性		80	14	2	2	2	0.042
	独特性		10	10	60	20	0	0.042
	生动性		20	8	20	36	16	0.021

一级指标	二级指标	三级指标	模糊评价（%）					权重
			很好	较好	一般	较差	很差	
网站设计 （0.19）	页面展示 （0.0627）	个性设置	6	18	44	22	10	0.0156
		页面布局	2	56	32	6	4	0.0157
		层次设置	8	58	22	10	2	0.0157
		页面效果	36	10	42	10	2	0.0157
	个性化信息服务		0	18	44	36	2	0.1273
网站技术 （0.12）	独立的域名		40	42	16	2	0	0.0204
	网页打开速度		88	10	2	0	0	0.0204
	计数器		58	24	16	2	0	0.0204
	网站安全性		36	38	20	4	2	0.0204
	多语种支持		90	8	2	0	0	0.0384
在线办事 （0.09）	表格下载		36	56	6	2	0	0.018
	在线服务的 用户指南		0	2	34	40	24	0.018
	在线办理程度		6	22	14	28	30	0.018
	用户反馈 （0.036）	提供用户反馈 的途径和手段	20	48	22	6	4	0.018
		设有网站的用 户反馈栏目	50	42	8	0	0	0.018
公众参与 （0.19）	问题咨询、 投诉和举报 （0.1444）	开设信箱 的多样性	22	20	32	20	6	0.0189
		问题回复 的时效性	0	0	6	64	30	0.0418
		问题回复 的有效性	0	20	62	18	0	0.0418
		提交问题 后的查询	6	36	20	20	18	0.0419
	在线解答		0	2	12	66	20	0.0228
	论坛和留言板		0	0	60	20	20	0.0228

一级指标	二级指标	三级指标	模糊评价（％）					权重
			很好	较好	一般	较差	很差	
总体效果评价 （0.06）	对部委效率提高的促进程度		0	28	52	20	0	0.0198
	对部委减少运转费用的促进程度		10	76	10	4	0	0.0198
	对部委改善形象的促进程度		6	46	48	0	0	0.0102
	用户满意度		10	66	18	4	2	0.0102

1. 对二级指标全面性的综合评价

由表中可得全面性的判断矩阵为：

$$Y_{11} = \begin{bmatrix} 0.22 & 0.5 & 0.18 & 0.1 & 0 \\ 0.7 & 0.16 & 0.1 & 0.02 & 0.02 \\ 0 & 0.1 & 0.7 & 0.2 & 0 \\ 0.04 & 0.04 & 0.22 & 0.62 & 0.08 \end{bmatrix}$$

按照公式 $Z = w \cdot Y = (Z_1, Z_2, \cdots, Z_m)$ 采用模糊矩阵合成法计算模糊综合评判矩阵，并对其进行归一化处理，得到二级指标全面性的综合评价结果为：

$$Z'_{11} = (0.5 \quad 0.17 \quad 0.2 \quad 0.1 \quad 0.03)$$

因此，根据最大隶属原则，全面性指标评价为"很好"。

2. 对二级指标页面展示的综合评价

由表中可得页面展示的判断矩阵为：

$$Y_{21} = \begin{bmatrix} 0.06 & 0.18 & 0.44 & 0.22 & 0.1 \\ 0.02 & 0.56 & 0.32 & 0.06 & 0.04 \\ 0.08 & 0.58 & 0.22 & 0.1 & 0.02 \\ 0.36 & 0.1 & 0.42 & 0.1 & 0.02 \end{bmatrix}$$

按照公式 $Z = w \cdot Y = (Z_1, Z_2, \cdots, Z_m)$ 采用模糊矩阵合成法计算模糊综合评判矩阵，并对其进行归一化处理，得到二级指标页面展示的综合评价结果为：

$$Z'_{21} = (0.12 \quad 0.36 \quad 0.35 \quad 0.12 \quad 0.05)$$

因此，根据最大隶属原则，页面展示指标评价为"较好"。

3. 对二级指标用户反馈的综合评价

由表中可得用户反馈的判断矩阵为：

$$Y_{44} = \begin{bmatrix} 0.2 & 0.48 & 0.22 & 0.06 & 0.04 \\ 0.5 & 0.42 & 0.08 & 0 & 0 \end{bmatrix}$$

按照公式 $Z = w \cdot Y = (Z_1, Z_2, \cdots, Z_m)$ 采用模糊矩阵合成法计算模糊综合评判矩阵，并对其进行归一化处理，得到二级指标用户反馈的综合评价结果为：

$$Z'_{44} = (0.35 \quad 0.45 \quad 0.15 \quad 0.03 \quad 0.02)$$

因此，根据最大隶属原则，用户反馈指标评价为"较好"。

4. 对二级指标问题咨询、投诉和举报的综合评价

由表中可得问题咨询、投诉和举报的判断矩阵为：

$$Y_{51} = \begin{bmatrix} 0.22 & 0.2 & 0.32 & 0.2 & 0.06 \\ 0 & 0 & 0.06 & 0.64 & 0.3 \\ 0 & 0.2 & 0.62 & 0.18 & 0 \\ 0.06 & 0.36 & 0.2 & 0.2 & 0.18 \end{bmatrix}$$

按照公式 $Z = w \cdot Y = (Z_1, Z_2, \cdots, Z_m)$ 采用模糊矩阵合成法计算模糊综合评判矩阵，并对其进行归一化处理，得到二级指标问题咨询、投诉和举报的综合评价结果为：

$$Z'_{51} = (0.04 \quad 0.19 \quad 0.3 \quad 0.32 \quad 0.15)$$

因此，根据最大隶属原则，问题咨询、投诉和举报指标评价为"较差"。

5. 对一级指标网站内容的综合评价

由表中可得网站内容的判断矩阵为：

$$Y_1 = \begin{bmatrix} 0.5 & 0.17 & 0.2 & 0.1 & 0.03 \\ 0.36 & 0.56 & 0.04 & 0.04 & 0 \\ 0.1 & 0.78 & 0.1 & 0.02 & 0 \\ 0.8 & 0.14 & 0.02 & 0.02 & 0.02 \\ 0.1 & 0.1 & 0.6 & 0.2 & 0 \\ 0.2 & 0.08 & 0.2 & 0.36 & 0.16 \end{bmatrix}$$

按照公式 $Z = w \cdot Y = (Z_1, Z_2, \cdots, Z_m)$ 采用模糊矩阵合成法计算模糊综合评判矩阵，并对其进行归一化处理，得到一级指标网站内容的综合评价结果为：

$$Z'_1 = (0.57 \quad 0.2 \quad 0.14 \quad 0.07 \quad 0.02)$$

因此，根据最大隶属原则，网站内容指标评价为"很好"。

6. 对一级指标网站设计的综合评价

由表中可得网站设计的判断矩阵为：

$$Y_2 = \begin{bmatrix} 0.12 & 0.36 & 0.35 & 0.12 & 0.05 \\ 0 & 0.18 & 0.44 & 0.36 & 0.02 \end{bmatrix}$$

按照公式 $Z = w \cdot Y = (Z_1, Z_2, \cdots, Z_m)$ 采用模糊矩阵合成

评判矩阵，并对其进行归一化处理，得到一级指标网站设计的综合评价结果为：

$$Z_2' = (0.04 \quad 0.24 \quad 0.41 \quad 0.28 \quad 0.03)$$

因此，根据最大隶属原则，网站设计指标评价为"一般"。

7. 对一级指标网站技术的综合评价

由表中可得网站技术的判断矩阵为：

$$Y_3 = \begin{bmatrix} 0.4 & 0.42 & 0.16 & 0.02 & 0 \\ 0.88 & 0.1 & 0.02 & 0 & 0 \\ 0.58 & 0.24 & 0.16 & 0.02 & 0 \\ 0.36 & 0.38 & 0.2 & 0.04 & 0.02 \\ 0.9 & 0.08 & 0.02 & 0 & 0 \end{bmatrix}$$

按照公式 $Z = w \cdot Y = (Z_1, Z_2, \cdots, Z_m)$ 采用模糊矩阵合成法计算模糊综合评判矩阵，并对其进行归一化处理，得到一级指标网站技术的综合评价结果为：

$$Z_3' = (0.67 \quad 0.22 \quad 0.1 \quad 0.01 \quad 0)$$

因此，根据最大隶属原则，网站技术指标评价为"很好"。

8. 对一级指标在线办事的综合评价

由表中可得在线办事的判断矩阵为：

$$Y_4 = \begin{bmatrix} 0.36 & 0.56 & 0.06 & 0.02 & 0 \\ 0.06 & 0.22 & 0.14 & 0.28 & 0.3 \\ 0 & 0.02 & 0.34 & 0.4 & 0.24 \\ 0.35 & 0.45 & 0.15 & 0.03 & 0.02 \end{bmatrix}$$

按照公式 $Z = w \cdot Y = (Z_1, Z_2, \cdots, Z_m)$ 采用模糊矩阵合成法计算模糊综合评判矩阵，并对其进行归一化处理，得到一级指标在线办事的综合评价结果为：

$$Z_4' = (0.22 \quad 0.34 \quad 0.17 \quad 0.15 \quad 0.12)$$

因此，根据最大隶属原则，在线办事指标评价为"较好"。

9. 对一级指标公众参与的综合评价

由表中可得公众参与的判断矩阵为：

$$Y_5 = \begin{bmatrix} 0.04 & 0.19 & 0.3 & 0.32 & 0.15 \\ 0 & 0.02 & 0.12 & 0.66 & 0.2 \\ 0 & 0 & 0.6 & 0.2 & 0.2 \end{bmatrix}$$

按照公式 $Z = w \cdot Y = (Z_1, Z_2, \cdots, Z_m)$ 采用模糊矩阵合成法计算模糊综合评判矩阵，并对其进行归一化处理，得到一级指标公众参与的综合评价结果为：

$$Z_5' = (0.03 \quad 0.15 \quad 0.31 \quad 0.35 \quad 0.16)$$

因此，根据最大隶属原则，公众参与指标评价为"较差"。

10. 对一级指标总体效果评价的综合评价

由表中可得总体效果评价的判断矩阵为：

$$Y_6 = \begin{bmatrix} 0 & 0.28 & 0.52 & 0.2 & 0 \\ 0.1 & 0.76 & 0.1 & 0.04 & 0 \\ 0.06 & 0.46 & 0.48 & 0 & 0 \\ 0.1 & 0.66 & 0.18 & 0.04 & 0.02 \end{bmatrix}$$

按照公式 $Z = w \cdot Y = (Z_1, Z_2, \cdots, Z_m)$ 采用模糊矩阵合成法计算模糊综合评判矩阵，并对其进行归一化处理，得到一级指标总体效果评价的综合评价结果为：

$$Z_6' = (0.06 \quad 0.53 \quad 0.32 \quad 0.09 \quad 0)$$

因此，根据最大隶属原则，总体效果评价指标评价为"较好"。

11. 对电子政务绩效的模糊综合评价

由表中可得综合评价的判断矩阵为：

$$Y = \begin{bmatrix} 0.57 & 0.2 & 0.14 & 0.07 & 0.02 \\ 0.04 & 0.24 & 0.41 & 0.28 & 0.03 \\ 0.67 & 0.22 & 0.1 & 0.01 & 0 \\ 0.22 & 0.34 & 0.17 & 0.15 & 0.12 \\ 0.03 & 0.15 & 0.31 & 0.35 & 0.16 \\ 0.06 & 0.53 & 0.32 & 0.09 & 0 \end{bmatrix}$$

按照公式 $Z = w \cdot Y = (Z_1, Z_2, \cdots, Z_m)$ 采用模糊矩阵合成法计算模糊综合评判矩阵，并对其进行归一化处理，得到综合评价的结果为：

$$Z' = (0.32 \quad 0.23 \quad 0.23 \quad 0.16 \quad 0.06)$$

因此，根据最大隶属原则，综合评价为"很好"。

三、国家税务总局电子政务的绩效分析

（一）对各项指标具体情况分析

1. 网站内容

对国家税务总局网站内容的评价的结果是"很好"。通过对国家税务总局网站内容进行评价可以看出，网站栏目设置较为合理，覆盖公民、企业和相关政府部门的实际信息需求。包含税务报道、政务公开、纳税服务、公众参与、税收宣传等栏目，每个栏目下又细分为若干项。政务公开比较全面，分为总局概况、政策法规、计划规划、人事信息、财政信息、税收统计、政府采购、重大项目，包含本行政区域或权属下的全部社会经济发展战略、发展计划、工作目标及完成情况；包含全部或大部分规范性文件及本地出台的行政规章。但是对网站建设的思

路、背景介绍得不够详尽，特色内容和概览不够全面。实时性较好，能在 24 小时内与传统方式同时发布信息，作废或无效的信息能实时清除，无失效文件网上留存现象。正确性、权威性较好，具有一定的独特性，有些栏目能体现国税局的特色。生动性一般，建议广泛采用多媒体技术。用语音、视频、动画等多种方式生动的表现内容。

2. 网站设计

对国家税务总局网站设计的评价结果是"一般"。通过对国家税务总局网站设计进行评价可以看出，个性设置不是很丰富，但是有些栏目能够突出部委的特色，具有专业性。页面展示简洁、清晰，网站风格突出国税局特色，所有页面布局风格协调统一，内容层次简单，网站标识统一，各页面配色服从总体色彩体系。个性化信息服务体现的不是很充分，检索方式单一，只有按关键字方式检索功能，没有按标题、作者、时间、分类等检索方式。也没有提供互联网范围内的网站、内容等搜索服务。可以站内信息全文检索，某些重要服务和栏目提供了使用说明，有访问量、使用情况的统计和评比，包含了上下级单位的网站链接地址。

3. 网站技术

对国家税务总局网站技术的评价结果是"很好"。通过对国家税务总局网站技术进行评价可以看出，有独立的域名，以 gov. cn 为后缀，网页打开速度很快，有计数器。网站安全性高，利用防火墙、防病毒、入侵检测、漏洞扫描等产品，强化了各级税务机关网络与信息安全管理，组织实施了税务系统安全防护体系建设。建设了统一、完善的网络安全防护系统；建设了全网统一的基于 PKI 的网络信任系统及其安全基础设施；基于网络安全防护系统和安全基础设施，构建了统一的安全支撑平台和应用支撑平台；基于安全支撑平台和应用支撑平台，建设了涵盖各类税务业务的安全应用系统；建设了一体化的信息安全管理系统和服务于安全管理系统的安全管理平台。网站具有多语种支持，适合国际人士的阅读习惯并且多语种内容十分丰富。

4. 在线办事

对国家税务总局在线办事的评价结果是"较好"。通过对国家税务总局在线办事进行评价可以看出，表格下载功能全面，可以提供总局税务表格下载、软件下载和地方税务表格下载，下载方式方便，下载链接有效，下载的文件、表格或信息准确、清晰、有效。由于国家税务总局主要负责制定税收管理信息化制度，对全国国税系统进行垂直化管理，因此在线办理程度很低，几乎没有什么能够在线办理的业务，只提供了部分办税指南，包括：税务登记、认定管理、发票外部管理、证明管理、税收优惠管理、申报征收、纳税担保申请、税务行政救济。用户反馈较好，设有网站的用户反馈栏目，包括：局长信箱、投诉信箱、举报信箱、意见征集多种方式并且容易发现与使用。以网上留言的方式提供用户反馈的途径和手段，它是国家税务总局与民沟通、为民服务的统一窗口，通过这个窗口可以直接发送意见和建议，进行咨询、求助和投诉。

5. 公众参与

对国家税务总局公众参与的评价结果是"较差"。通过对国家税务总局公众参与进行评价可以看出，问题咨询、头绪和举报建设的比较差。开设有局长信箱、投诉信箱、举报信箱，但是网民提出问题后不能在 3 个工作日内得到及时的回复，比如局长信箱中有些问题一个月后才得到回复，并且回复的不是很明确，并且网民提交问题后不能查询问题的办理进度，这样就给网民带来了不便。希望国家税务总局对这些问题能够及早改进。有访谈公告和访谈回顾内容，但嘉宾风采和访谈实录栏目只有标题没有内容，需要国家税务总局进一步建设。设立有税务论坛栏目，但是版面设置过于简单，内容较为空洞，点击率很低，留言很少，没有起到网民自由发表意见，进行沟通交流的作用。税收关系民生，它比任何事情都让老百姓关注，因此应该把论坛内容建设的更加充实，各项功能跟上现代化的要求，跟上时代的要求，相信只要总局下大力气，这个论坛的点击率将迅速提升。

6. 总体效果评价

对国家税务总局总体效果评价的结果是"较好"。通过对国家税务总局总体效果进行评价可以看出，通过电子政务的实施一定程度上有利于实现其功能，提高办事效率，比如场景式办税服务系统，以动漫形式对办税流程进行了指导和介绍，帮助纳税人了解了办税流程，在实际业务办理过程中就能节约时间并且防止错误的发生，给纳税人带来了方便。通过电子政务的实施节约了开支，带来了可观的经济效益，使用者对国税总局电子政务的建设也较为满意。

（二）国家税务总局电子政务网站绩效评价结果分析

运用构建的评价指标体系对国家税务总局电子政务进行评价，通过 2008 年 11 月到 2009 年 2 月四个月的跟踪测评，国家税务总局电子政务的综合评价为"很好"。六大指标的评价分别为：网站内容"很好"，网站设计"一般"，网站技术"很好"，在线办事"较好"，公众参与"较差"，总体效果评价"较好"。由此可以看出，国家税务总局电子政务建设的很成功，但是在某些方面还存在着不足之处。评价最差的指标是公众参与，其次是网站设计，评价较高的是网站内容、网站技术、在线办事和总体效果评价指标，其中指标网站内容和网站技术评价最高，这说明国家税务总局重视对网站内容和网站技术的建设，比如，栏目设置、政务公开、特色内容概览、网页打开速度、网站安全性，等等，并且已经取得了很好的成绩。

通过以上对国家税务总局电子政务绩效评价的情况说明，可以发现国家税务总局电子政务建设过程中存在的一些问题，具体分析如下：

第一，电子政务建设整体质量较高，但指标参差不齐，有的指标评价很高，像网站内容和网站技术，而有的指标评价很差，比如公众参与，需要加大力度，使所有方面都达到较高的水平。

第二，对公众参与栏目重视程度不够。问题提交后不能查询办理进度，问题不能得到及时回复，即使回复了答案也不明确。在线访谈栏目内容不够充实，论坛和留言板块形同虚设，这些问题很严重。加强和完善公众参与功能，可以有效提高国家税务总局对公众的服务质量和服务效率，拓宽民主监督的渠道，激发公众参与的热情，最终实现国税总局与公众的良性互动，使其成为一个符合期望的"以人为本"的部委。因此对公众参与栏目的建设不容忽视。

第三，网站设计的不够全面。网站设计就是要通过对网站功能、结构、布局、内容等关键要素的合理优化，使得网站的功能和表现形式达到最优效果，可以充分表现出网站的功能。在网站设计中应坚持以用户为导向的原则，因为网站的内容和服务是否有价值最终是由用户来判断的，如果用户使用感觉很不方便，就不会产生理想的效果。从用户的角度来说，经过网站的优化设计，用户可以方便地浏览网站的信息、使用网站的服务。优化设计的网站应该使得搜索引擎可以顺利抓取网站的基本信息，而国家税务总局网站中提供的个性化信息服务功能不全面，检索方式单一，只有按关键字方式检索功能，没有按标题、作者、时间、分类等检索方式。也没有提供互联网范围内的网站、内容等搜索服务。国家税务总局的网站应该进一步完善个性化信息服务功能，使网站里存储的海量数据信息得到充分的利用，真正发挥出他们应有的价值，体现部委网站的特色。

以上是本章所构建的评价指标体系对国家税务总局电子政务进行评价后得出的评价结果，该结果也得到了国家税务总局相关人员的认同。通过评价结果分析出国家税务总局电子政务目前存在的一些问题，希望能够通过对其发展和建设起到促进作用，用以完善国家税务总局电子政务的发展。

对于国家税务总局下属的各省市的 36 个国税局和 35 个地税局的电子政务，从本书所构建的评价指标体系中提取了政务公开、在线办事、公众参与三个重要指标对其进行了进一步调研。在项目研究过程中对这 71 个网站进行了跟踪调查，进行数据采集，收集相关信息。结果如下：

一是政务公开。政务公开包括领导信息、局况介绍、机构设置、工作动态、行政许可、计划总结、税收法规、统计数据、地方法规。

通过访问各省市国税局的网站进行调研，政务信息公开全面的省市有 26 个，占全部省市的 72.2%。分别为：北京国税、广东国税、广西国税、河北国税、江苏国税、甘肃国税、浙江国税、青海国税、安徽国税、海南国税、福建国税、大连国税、山东国税、山西国税、内蒙古国税、江西国税、辽宁国税、贵州国税、云南国税、厦门国税、黑龙江国税、湖北国税、西藏国税、青岛国税、湖南国税、陕西国税。

通过访问各省市地税局的网站进行调研，政务信息公开全面的省市有 17 个，占全部省市的 48.6%。分别为：北京地税、广东地税、浙江地税、广西地税、安徽地税、新疆地税、福建地税、大连地税、江西地税、四川地税、宁波地税、辽宁地税、贵州地税、厦门地税、青岛地税、深圳地税、湖北地税。

二是在线办事。在线办事包括办税指南、办税系统、在线办税服务资源目录。

通过访问各省市国税局的网站进行调研，在线办事功能全面的省市有 9 个，占 25%。分别是：广西国税、福建国税、新疆国税、大连国税、辽宁国税、黑龙江国税、上海国税、陕西国税、深圳国税。

通过访问各省市地税局的网站进行调研，在线办事功能全面的省市有 7 个，占 20%。分别是：广西地税、福建地税、大连地税、厦门地税、河南地税、陕西地税、上海地税。

三是公众参与。公众参与包括纳税咨询、投诉举报、网上调查、局长信箱、总编信箱、在线投稿、网站留言、联系我们、办税流程查询、税务查询平台、文件法规查询、场景式服务、税收法规库、税企邮箱、意见征集，等等。

通过访问各省市国税局的网站进行调研，公众参与栏目中所有功能可以实现的省市 17 个，占 47.2%。分别是：北京国税、江苏国税、广东国税、广西国税、青海国税、安徽国税、海南国税、福建国税、重庆国税、内蒙古国税、吉林国税、河南国税、厦门国税、湖北国税、上海国税、陕西国税、深圳国税。

通过访问各省市地税局的网站进行调研，公众参与栏目中所有功能可以实现的省市有 11 个，占 31.4%。分别是：北京地税、广东地税、新疆地税、大连地税、江西地税、辽宁地税、河南地税、云南地税、青岛地税、陕西地税、上海地税。

可以看出，各省市的国税局、地税局电子政务进展程度差别很大。有些地区信息化已经统领、覆盖、支撑、服务和创新各项工作，取得了相当显著的成果，而仍有部分地区税务信息化比较落后，有待于进一步深入展开。

第六节 结论与讨论

本章所构建的电子政务绩效评价模型是面向公共服务的，要做好公共服务，最重要的是要树立以人为本的理念，从服务对象的需求出发，选择技术、整合资源、梳理流程、考核效益。如果是为居民服务的，就要以居民为中心；如果为企业服务，就要以企业为中心。这也是全世界发展电子政务一个普遍经验，没有例外。通过用模糊综合评价法对国家税务总局电子政务进行绩效评价可以得出，在提高公共服务水平上国家税务总局在今后要做到以下几点。

一、提供个性化信息服务

个性化信息服务是指政府根据用户提出的要求提供信息服务，或政府通过对用户个性、使用习惯的分析而主动地向用户提供其可能需要的信息服务。同时政府还可以根据用户的知识结构、心理倾向、信息需求和行为方式等来充分激励用户需求，促进用户有效检索和获取信息，促进用户对信息的有效利用并在此基础上进行知识创新。国家税务总局电子政务应具有智能搜索引擎功能，保证站内信息的准确搜索；具备站内信息全文检索、相关部委网站群的信息检索和其他相关检索功能；检索功能要支持关键字、标题、作者、时间、分类等检索方式；能提供互联网范围内的网站、内容等搜索服务。

二、网上互动参与

网上互动参与是指政府通过在网上提供相关信息交换的途径，以满足用户交流信息、反馈信息的需要。通过政府网站，社会公众可以以参与调查活动、在线投诉和申诉、给领导发送电子邮件和参加政府网站在线访谈节目的方式进行参政议政，对行政决策的事项、方案选择等充分地发表意见和想法，表达利益诉求，提出服务需求，从而促进政府决策的民主化、科学化。只有实现网上互动功能才能真正实现管理型政府向服务型政府的转变，才能打造和谐社会的氛围。因此，国家税务总局在加强完善网站建设的同时，要充分发挥网站的服务功能，强化网站的服务手段，方便群众办事的同时，充分发挥政府网站的互动性功能，便于社会公众的知情和行使监督。具体方式有在网上设立论坛或留言板，在网上开展在线解答网民问题和嘉宾访谈栏目，对网民提交的问题及时、正确的回复，并使网民可随时查询问题办理进度。

三、税收信息化建设

加强税收信息化对税务管理的支撑力度，围绕"整合、优化、拓展、提升"方针，应用系统建设以应用系统整合和省级集中为龙头，整理、规范应用系统布局，为业务政策的顺利实施提供有力支撑；技术体系和基础设施建设充分利用现有设备，以支撑各项应用在省级集中环境下的顺畅运行为目的积极推进；数据分析利用工作兼顾当前和未来，同时抓好国家税务总局数据利用工作和综合数据分析平台建设；运行维护工作不断规范，切实保障各应用系统稳定运行；安全管理工作进一步加强，确保网络与信息系统安全运行。

完成对"金税三期工程"的建设。建立一个包含网络硬件和基础软件的统一的技术基础平台。依托统一的技术基础平台，逐步实现税务系统的数据信息在总局和省局集中处理。应用内容逐步覆盖所有税种、覆盖税务管理的重要工作环节，覆盖各级国、地税机关，并与有关部门联网。通过业务的重组、优化和规范，逐步形成一个以征管和外部信息业务为主，包括行政管理和决策支持等辅助业务在内的四个信息管理应用系统。通过业务重组和流程再造，实现政务工作的网络化运行，以强化税收管理，为纳税人提供优质、便捷、全方位的服务，并为政府宏观经济决策提供科学依据。"金税三期工程"的建设不仅有利于强化我国税收管理，促进税收征管改革的深化，而且将与国家其他部门逐步建立数据交换、信息共享、业务联动机制，有利于政府部门之间建立信息共享和协作关系，有利于为国家宏观经济决策提供依据，有利于国家电子政务建设的全面推进。

第九章

研究结论与政策建议

电子政务公共服务管理体系研究以目标体系研究为起点，探索了实现目标体系的三个层面的核心研究问题。从表现层面的电子政务网站公共服务能力，到关键层面的电子政务信息资源共享能力，再到核心层面的电子政务治理能力，我们把研究视角逐步从问题的表象深入到问题的本质。显然，电子政务公共服务能力的提高不是一个一蹴而就的过程，而要依赖于电子政务公共服务管理体系的持续改进。

本章将进一步结合电子政务公共服务管理体系理论研究的主要结论，立足中国电子政务实践，提出电子政务公共服务管理体系建设的政策框架，并从不同层面提出解决当前电子政务公共服务领域管理问题的政策建议。同时，作为本研究的一个里程碑，本章将会全面讨论本书的主要贡献、创新点，以及本书的不足之处和进一步研究展望。

第一节　研究的主要结论和政策框架的提出

本书的研究始于 2008 年的一次有关我国电子政务发展状况的大型问卷调研，调研结果不仅让我们看到了中国近十年来电子政务发展取得的巨大成就，更让我们看到了目前我国在电子政务公共服务领域存在的诸多问题。为了给这些问题寻找解决对策，我们仔细梳理了新公共管理理论和国内外主流的电子政务现有理论研究，分析问题形成的根源，寻找解决这些问题的理论依据，以此为根据，提出电子政务公共服务管理体系的理论框架和核心研究问题。本书遵循严格的实证主义研究思路，形成了有关电子政务公共服务管理体系研究框架中核心问题的研究结论。

一、完善电子政务公共服务目标体系建设

电子政务公共服务的总目标是"电子政务公共服务最大化"，其一级目标包含三个维度，即"以公众为中心"的网站服务能力、"无缝隙"的政务信息资源共享能力、"高效能"的电子政务治理能力。

二、提升电子政务网站公共服务能力

电子政务网站公共服务能力是保证电子政务公共服务能力持续提升的基本途径。"信息公开"、"政民互动"、"网上办事"水平在不同地域和行政级别存在差异，差异来源于多个层面，在微观层面影响电子政务网站公共服务水平的关键因素是"热点试点影响力"、"网站使用便易性"、"行政首脑影响力"、"项目管理协调能力"。同时处于不同地域不同行政级别的政府网站，影响其公共服务能力的关键在于"热点试点影响力"和"项目管理协调能力"。相对而言，基层政府网站较非基层政府的优势在于信息化主管机构更加稳定，东部地区较中西部地区网站最大的优势在于项目协调管理能力。

三、提升电子政务信息资源共享能力

电子政务信息资源共享能力是保证电子政务公共服务能力持续提升的关键途径。一方面"权力"成为影响电子政务信息资源共享的关键因素，"强制权力"和"协调权力"对信息共享都具有显著的正向影响作用，而"协调权力"对政府工作人员信息共享行为的影响程度要大于"强制权力"的影响，同时，"信任"和"权力游戏"作为调节变量在协调权力与信息共享之间有积极的促进作用。另一方面，无论是相同层级、还是不同层级在信息资源共享过程中存在重要的博弈关系，因此"领导风格"、"权力约束"、"部门文化"、"补贴政策"成为信息资源共享能力的重要影响因素。

四、提升电子政务项目治理能力

电子政务项目的治理能力是保证电子政务公共服务能力持续提升的核心途径。电子政务项目的治理能力意味着行政管理体系和技术管理体系的契合，意味着电子政务项目实施中"责、权、利"的重新梳理，意味着电子政务项目实施过程中的决策制度安排。"电子政务治理能力"成为影响电子政务实施成效的重要影响因素，然而案例研究表明，决定电子政务治理能力的电子政务治理模式却呈现出多样化态势，但典型治理模式的形成，与电子政务决策项目的类型无明显关系，主要受到行政压力和 IT 部门影响力的共同作用，同时由于与其相匹配的治理结构和治理机制的明显不足，导致相同治理模式的治理有效性存在显著差异。影响电子政务治理有效性的关键在于三个方面，即"治理的结构安排"、"治理的认知程度"、"治理的沟通机制"，它们在不同程度上影响着治理的有效性。

五、完善电子政务公共服务绩效评价体系

电子政务公共服务绩效评价体系包括三个主要子体系，其中电子政务网站绩效评估是最基础的评估体系，电子政务信息资源共享绩效评价和电子政务治理绩效评价是重点。本书基于现有绩效评估的研究结论提出了包含六个一级指标的电子政务网站绩效评价模型，该模型不仅体现了面向公共服务的特色，也反映了内部绩效与外部绩效相结合的特点。

通过对这些研究结论的归纳分析，本书进一步提出了电子政务公共服务管理体系建设的政策框架如图 9-1 所示，具体内容在本章第二节中详述。

第二节 电子政务公共服务管理体系建设的政策建议

一、完善电子政务公共服务目标体系建设

各级政府部门要完善三个子目标体系建设，包括"以公众为中心"的网站

服务目标体系、"无缝隙"的政务信息资源共享目标体系、"高效能"的电子政务治理目标体系，有必要展开各个子目标体系的细化，见图9-1所示。

目标层面：完善电子政务公共服务目标体系
- 完善"以公众为中心"的网站服务目标体系建设
- 完善"无缝隙"的政务信息资源共享目标体系建设
- 完善"高效能"的电子政务治理目标体系建设

表现层面：提升电子政务网站公共服务能力
- 增加网站公共服务领域的专项"试点"
- 网站公共服务内容要循序渐进量力而为

关键层面：提升电子政务信息资源共享能力
- 大力推广先进的管理协调经验
- 建立信息资源共享的"政策环境"
- 建立信息资源共享的"部门文化"

核心层面：提升电子政务项目治理能力
- 自上而下贯彻电子政务项目"责、权、利"的重新安排
- 促进信息化主管部门体制改革，明确政府信息化建设各部门职责
- 建立以提升服务效能为导向的电子政务项目沟通机制

控制层面：完善电子政务公共服务绩效评价体系
- 完善各级政府电子政务网站绩效评价体系
- 加强信息资源共享的绩效评价体系建设
- 加强电子政务治理的绩效评价体系建设

图9-1　电子政务公共服务管理体系政策框架

"以公众为中心"是政府网站努力的核心目标，各级地方政府有必要由简单地满足公众需求向深入调查和真正理解公众需求转变，未来提供的服务是以公众和企业为中心，并要考虑提供个性化服务和增值服务。这一过程中尤其要注重对用户需求的调查和理解，有必要由政府信息管理办公室组织开发一套统一、科学的方法，用于研究用户需求、及时调查了解服务使用情况和服务满意度，不仅使各个部门能够更好地回应用户需求，而且能够更好地促进以"一体化"的方式提供政府服务。

"无缝隙"的政务信息资源共享目标体系是进一步的努力方向，有必要针对政府部门进行通用业务流程设计，创建一套管理工具和方案，供各个政府部门使用和推广，这不仅有利于实现规模经济效益，提高政府部门之间的互操作性和一

致性，而且能够减少重复建设，最终为公众提供无缝服务。美国、澳大利亚、加拿大、英国、澳大利亚和新加坡等国家相继确定了推进共享服务的思路和举措。通用业务流的实施包括一些重要步骤，首先是分析政府典型业务，进而确定通用的"业务流"，如人力资源管理，然后开发通用的解决方案，并在政府部门中选择面向整个政府提供服务的"服务中心"，其他部门可以通过付费的方式来购买相关"业务流"的服务，从而达到共享服务的目的。

"高效能"的电子政务治理目标体系是电子政务公共服务努力的最高目标，也是促进前两个子目标系统实现的核心。"高效能"的电子政务治理目标体系的实现依赖于电子政务实施的制度创新，政府 CIO 建设是不可少的一个环节，政府 CIO 是电子政务的一个枢纽型、标志性的重要部门或重要职位，主要负责所在政府或政府部门的信息化建设、管理、开发、应用及协调发展，并直接参与所在政府或政府部门的决策管理。政府 CIO 制度建设，有利于促进信息化建设的制度创新，在制度安排上加强信息化和业务的协调。电子政务是系统化、程序化、制度化的过程，是对现有政府运作方式的重大变革，需要创新的制度安排。建立政府 CIO 制度的根本目的，就是要解决 IT 和业务的结合问题，主要表现为三点：信息技术的推广应用和政府业务的结合，各级领导重视和管理制度安排的结合，信息化发展需求和协调联动管理方式的结合。

二、提升电子政务网站公共服务能力的主要途径

（一）增加网站公共服务领域的专项"试点"

我国网站公共服务水平呈现出明显的"层级差别"和"地域差别"，长此以往，必将严重影响社会公众接受网站公共服务的满意度和电子政务水平的整体提高，因此，消弭这两大差别、促进网站公共服务水平的整体推进刻不容缓。

"热点试点影响力"这一影响因素在网站公共服务的研究文献中很少见到，尤其是以西方国家为背景的研究文献，这可能由中西方政治体制的差异性所决定。中国是单一制国家，各级地方政府逐级受上级政府管辖，自由度有限，尤其是近年来越来越多的部门实现了垂直管理，更是加剧了上级政府对下级的控制，在这种政治生态下，上级部门——特别是中央部门发起的一些试点项目，能引起下级政府的高度重视和有效执行，因此"热点"的效果往往非常明显。另外，由于"试点"往往伴随着上级政府的资金、技术支持，一旦争取到成为"试点单位"，能在短时间内极大地推动本地信息化整体水平的发展，因此地方政府对争取"试点"的积极性非常高。从地区间的相互模仿来看，由于我国是单一制

国家，同一层级的地方政府其职能职责、机构设置往往高度相似，这就有利于地方政府之间相互吸收借鉴，从而使"周边地区的网站公共服务发展"的影响力也很明显。

在我国电子政务发展史上，曾有很多由中央部门或省级政府发起的"试点"项目，对实践发展起到了非常明显的促进作用。其中，最有名的是 2002 年 8 月由国务院办公厅和科技部共同组织实施的国家级大型电子政务试点项目——电子政务试点示范工程，包括 23 个子课题和国务院办公厅、国家发展改革委和北京、上海、浙江、深圳、青岛、四川绵阳、广东南海等 16 个试点单位。

另外，近年来较有影响力的全国性"试点"项目还有：2002 年，国务院信息化工作办公室联合国家税务总局、国家工商行政管理总局和国家质量监督检验检疫总局等单位，联合印发了《关于开展企业基础信息交换试点的通知》，决定在北京、青岛、杭州、深圳开展企业基础信息交换试点工作；2005 年 7 月 1 日，国务院信息化工作领导小组办公室联合欧盟启动了"中国欧盟信息社会项目"，将我国的阳泉、成都、包头、烟台、邯郸、西安碑林区这六个地方政府纳入试点，主要是在信息化法律法规比较研究、地方电子政务示范项目、信息化与电子政务培训、能力建设四个方面寻求突破。

事实证明，试点项目主要是在以下几个方面对地方政府电子政务起到推动作用：

第一，引起地方政府领导对信息化项目的重视。

地方政府能列入某个信息化项目的"试点"是带有一定"荣誉性"的。因为"试点"的项目有限，能列入其中，往往代表着对现有成绩的一种肯定，这种"荣誉性"能引起地方政府领导对项目的关注。且同一批的"试点"数量上不止一家，能在同类型的"试点"中脱颖而出，也是任期内地方政府领导"政绩"的一种体现。这会促使政府领导更加紧密地过问项目的建设，加大对项目实施过程中相关配套资源的投入。

因此，即使是原本对电子政务并不重视的领导，在所辖项目入选上级政府部门的"试点"以后，也会对项目给予足够的关注。

第二，破解某些技术、管理瓶颈。

试点项目推出时，往往会伴随着有一些配套的技术标准，可以帮助解决现实中的一些难点问题。如"中国欧盟信息社会项目"中，就通过"试点"来推广一些欧盟国家的技术、方法。另外，"试点"项目启动后，往往会由组织者定期召开会议，相关试点单位聚集在一起，群策群力地探讨面临的一些共性问题，共享信息、互通有无，也有助于对某些技术、管理瓶颈的克服。另外，有时可以借试点项目为契机，进行一些政策、法规方面的创新，或为这些创新打开"时间窗口"。

第三，可以带来配套的资金、物资、技术支持。

一般来说，试点项目往往也伴随着发起单位给予的资金或物资、技术方面的支持。2008年福建省武夷山市成为中国扶贫开发协会发起的"中国村络工程"的试点单位，伴随这项荣誉的还有来自扶贫开发协会无偿提供的电脑、软件、相关书籍等帮助，用以建设"农民网络之家"。

综上所述，"试点项目"往往能从多个角度推动政府信息化的开展，也有助于就某些重点难点问题积累经验，为国家决策提供支撑。受国家大部制改革的影响，最近两年来，国家在电子政务领域的全国性试点项目明显减少，更不用说关于网站公共服务的试点。

本研究建议，随着大部制改革的完成和各地方配套改革的相继落幕，国家及各个省级政府可以有针对性地发起一些网站公共服务领域的"试点"、"示范"项目，以此来推动我国网站公共服务的发展，尤其是专门针对基层政府和中西部地区的"试点"、"示范"工程，一是因为这些政府目前在网站公共服务方面比较落后，亟须通过"试点"、"示范"来进行外力推动；二是因为大力推动基层和中西部地区网站公共服务的发展，可以更好地为社会公众服务，消除"数字鸿沟"，实现我国电子政务的均衡发展。

在发起有关网站公共服务的"试点"、"示范"项目时，也可以同时将一些困扰实践发展的难点问题一并布置下去，让地方政府在"试点"的同时，也有针对性地对这些问题进行尝试解决，为上级部门的决策提供参考。例如，就像本书第五章第二节中讨论的那样，目前在地方政府网上"信息公开"的实践中，如何界定哪些信息公开、哪些信息不能公开是一个棘手问题。可以通过开展这方面的"试点"，探索建立一个适用于地方政府的《政府网站信息公开规范》，并探索建立一种具有全国推广价值的《政府网站信息公开规范流程》。

（二）网站公共服务内容建设要量力而行

1. 不急于实现网上办事"全流程电子化"

当前很多地方政府在推进网上办事时目标很大，希望能一步到位，将所有的流程都能实现网上办理。作者认为，应该抛弃这种思想，在当前情况下，不急于实现网上服务（或网上审批）的"全流程电子化"，原因有以下两点：

（1）"全流程电子化"的技术基础尚不牢固。全流程电子化包括了办事申请的递交、相关资料的填写、职能部门后台的处理、部门间业务的协同、结果的反馈等全部在网上办理，可以分成三大部分"需求的受理——办事申请的处理——结果的反馈"。在这三个部分中，"需求受理"涉及一些材料的递交，如营业执照、身份证等，这些证照在电子形态下如何防伪造、防篡改，目前在技术上还有一定难度。同样，在"结果反馈"环节，如何将盖了政府公章的文件用电子版的形式传达到申请人手中，同时又要防止非法复制和伪造，也存在着一定的技术问题。

（2）"全流程电子化"的法制壁垒有待攻破。即使上面提到的技术问题全部解决，"全流程电子化"也还有一道法制关口难以逾越。一些办事流程，即使所需原件实现电子版递交，现有的法规、规章也不认可这些电子版文件的法律效力。这一现象，正是本书第四章第二节介绍的河南省 Z 市案例中的"原件困境"。

（3）"全流程电子化"的社会环境更需培养。全流程电子化要充分发挥效益，还需要社会环境的配合，如是不是社会上绝大多数的公众都能有上网的条件，都知晓网上办事的流程，并都愿意通过网络手段来享受政府服务，否则的话，"全流程电子化"可能就是不经济的。

我国有学者[228]认为在推进网站公共服务时要考虑"普通老百姓的'单位时间价格'——也就是每个小时所能创造的价值量"，如果单位时间价格较低的情况下，政府花很多钱去提供网上办事方便，那么就会出现"受惠者可能是很少的一部分，造成数字鸿沟的加大"。

综上所述，许多地方政府的实践证明，"全流程电子化"在当前来说是一种不切实际的做法，投入巨大、收效甚微。因此，应该果断地抛弃这一思路，树立"物理审批为主，网上审批为辅"的网站公共服务发展策略，集中精力做好"网上信息填报、后台信息处理、部门间业务协同"等几个环节的信息化，将"网上办事"的受理和反馈用传统方式来完成。有学者认为，这种"物理大厅与网上审批系统相结合"的方式"对公众来说，应该是最好的方式"[533]。

2. 不必单独建行政审批大厅，"行政审批大厅"要分散化、部门化

目前，一些地方以开展便民服务的名义大兴土木，建设大型的"行政审批大厅"。这种物理形态的审批大厅其实并不方便，公众为了办事要特地去一趟，有的时候距离很远，而且由于办事功能过于集中，导致相关路段交通拥堵，"有的时候连停车都不好停（在江苏省 N 市调研时一位受访者的原话）"。

网站公共服务出现以后，完全没有必要建这种物理形态的"审批大厅"，可以通过网络的联结，将位于不同地方的相关部门联结起来，形成虚拟的"审批大厅"，每一个参与联网的职能部门就是一个审批大厅的终端，从而实现了"行政审批大厅"的分散化、部门化。既节约了社会资源，又方便了公众办事——公众可以找最近的部门，不必奔波跋涉。

在本研究所做的案例调研中，浙江省杭州市 C 区采用的正是这一模式。C 区目前所辖部门及各类机构 48 个，分别履行经济、建设、社会管理、民生保障等职能。区政府下辖 6 个街道办事处，51 个社区，每个街道办事处及大部分社区均设立办事大厅，各职能部门又有各自业务线上的专门办事窗口和集中办事的地点。通过后台的联网，使每一个部门都成为"审批大厅"，为社会公众提供一站式服务的接口。

三、提升电子政务信息资源服务能力的主要途径

（一）大力推广先进管理协调经验

无论是电子政务网站公共服务水平影响因素中的"项目的管理协调能力"，还是电子政务信息资源共享影响因素中的"协调能力"，还是电子政务治理有效性影响因素中的"治理的沟通机制"，无不深刻的提醒着我们"管理协调"在现阶段电子政务公共服务管理体系建设中的重要性。相比机构调整，管理协调的调整面临的阻力要小得多，因此其实施难度也要小得多。另外，由于我国单一制国家的政体，同级别政府机构间"经验"移植的成功率要比西方联邦制政体容易得多。为了促进我国网站公共服务的整体水平，特别是中西部地区政府电子政务公共服务的发展，有必要加大对"管理协调能力"的重视程度，注意吸收借鉴被实践证明行之有效的一些先进地区的先进管理经验。

通过大量的调研和案例研究，作者认为至少有以下两条管理协调方面的经验值得借鉴、推广：

1. 尽可能地将管理办法制度化

在一些地方的电子政务公共服务实践中，通过实际摸索，形成了（或是约定俗成了）一套行之有效的管理办法。但是由于没有把这套办法物化为"制度"，导致当主管领导发生变动，或者一些原本参与合作的职能部门的领导发生变动时，这套办法就维持不下去了。而且仅仅基于"口头承诺"的合作，在不出现问题的情况下推行比较顺利，一旦哪个环节上出现疏漏或者产生某种不利的结果，各参与单位往往会争相推卸责任，互相推诿，原本良好的合作关系也宣告破裂。

实践证明，"人治"只能在短期内、临时性有效，从保证网站公共服务发展的稳定和长远计划，必须尽可能地将管理办法制度化。

吉林省在政府网站的制度化建设方面走在全国的前列。2007 年 5 月 28 日，吉林省颁布了《吉林省政府网站绩效评估办法》，在全国首开先河地明确公开了政府网站需公开的十八类信息，同时，对"网上办事"、"公众参与"和"网站

设计"都进行了明确的规范。

2. 建立起政府内部的压力机制和动力机制

压力机制是指有效的监督，动力机制是指有效的激励。电子政务公共服务是一个牵涉到政府内部几乎所有部门的一个庞大的系统工程，不是某几个部门的事，更不是信息化主管部门自身的事。因此，必须建立起有效的压力机制和动力机制，才能充分调动各部门的积极性、主动性，共同推动网站公共服务的发展。

压力机制主要靠对各部门电子政务公共服务的定期考核、测评、监督来完成。可以由信息化主管部门来牵头，也可以由多个部门参与的虚拟组织来完成，甚至可以引入社会公众或者第三方组织来进行。

动力机制主要是对推进电子政务公共服务公共服务"有功"单位的奖励，可以有精神奖励和物质奖励两种。应该同时采用这两种奖励模式，并坚持"精神奖励为主，物质奖励为辅"的原则。有条件的地方，可以考虑联合监察部门，将网站公共服务的绩效水平同部门年度绩效考核联系起来，或者联合人事部门，将网站公共服务水平同公务员定期考核联系起来，以增强部门的积极性。

（二）建立信息资源共享的"政策环境"

实证研究表明信息资源共享的"权力约束机制"和"补贴措施"至关重要，而这完全依赖于"政策环境"的建设。

首先，从战略的高度研究宏观指导和管理办法，进一步完善政务信息资源共享的规划、项目管理、信息安全、数据保护、资源利用和标准体系等方面的战略研究工作，探索各种资本投入政务信息化建设的渠道和办法，把握战略研究的整体性、综合性和科学性，着力探索研究解决政务信息化发展中重大问题的战略和政策措施，保障并促进政务信息化可持续健康稳定发展。与此同时，各级机构理顺信息化与行政体制改革之间的关系，完善信息化管理机构建设，切实形成自上而下比较完善的信息化管理体制。

其次，要加强和完善政务信息资源共享的法律、法规和制度建设，加强以规范电子政务、电子商务、信息安全、个人信息、商业秘密保护、信息资源开发利用和管理等方面信息资源共享的建章立制工作，适时出台有关政府信息公开、信息资源共享补贴措施。建立适应信息资源共享的行政管理规范。在统筹安排的前提下，进一步完善项目管理规范、合同管理规范、绩效考核管理规范、安全运维管理规范等，实行全方位地系统性的管理规范。

再其次，制定政务信息资源共享的技术标准规范，加快制定政务信息资源技术标准，建立较为完整的行业信息资源技术标准规范体系，完成信息分类与编码、元数据、信息采集、交换、安全等标准规范的研制，对部分现有标准规范进

443

行修订和完善；制定总体指导类标准、基础设施类标准、信息资源类标准、应用服务类标准、管理类标准等标准体系。

最后，加强政务信息化人才引进培养和国际合作交流机制建设，各级机构部门要加强信息化组织机构建设，明确信息化机构职能和编制，制定工作制度和岗位职责，落实人员、经费，在人才队伍建设方面通过内部调控、社会招聘、公开招考等多种方式，努力造就一支"精技术、懂业务、善管理"的信息化复合型人才；加强人员教育培训工作，通过多种形式、内容的培训活动，全面提高人员的素质；同时，建立健全人才交流机制，做到相互学习、相互补充、经验共享、共同进步。坚持平等合作、互利共赢的原则，积极参与多边组织，建立国际合作交流机制，大力促进双边合作，切实加强信息技术、信息资源、人才培养等领域的交流与合作，借鉴国外信息化建设和管理的经验。

（三）建立信息资源共享的"部门文化"

部门文化是一个部门的灵魂，反映的是一个部门整体的精神风貌和核心价值观，是一个部门生存和发展的核心要素，是部门全体员工价值核心的提炼，是主导性动力。每个部门都需要有自己的文化。信息资源共享能力的提高依赖于部门文化建设。在信息资源共享研究的博弈分析中可以看到，无论是相同层级、还是不同层级在信息资源共享过程中存在重要的博弈关系，而且从三种类型的上下层级部门博弈结果可以看出，当上级部门领导风格为民主型上级部门时，权力机制已经淡化，部门之间的层级地位缩小，上下级关系较为密切。并且由于激励机制的实施，使得下级部门进行信息共享的积极性进一步提高，最终使得信息资源共享得以顺利完成，两部门收益同时达到最优。这说明建立良好的组织文化及工作氛围能更有效地促进信息资源共享，使组织信息资源共享利益达到最优。

然而，部门文化的塑造是个长期的过程，需要不断进行维护、培训、更新和充实。更重要的是，部门文化的建设是个渐进的过程，需要经过不断的沉淀，需要以领导层为中心进行同心圆式的层层传递，使部门间信息共享的部门文化建设的根基不断的深厚。

四、提升电子政务项目治理能力的主要途径

（一）自上而下贯彻电子政务项目"责、权、利"的重新安排

我们认为，从治理的角度改革我国电子政务管理体系，关键在于理顺电子政

务的领导体制。因为要实现"管理创新"首先必须确定"管理者"。"管理者"是"管理创新"的主体，只有明确了谁是"管理者"，"管理者"拥有的权力和责任，才能去进行"创新"。同理，只有先解决电子政务的"领导机制"问题，才能去考虑在电子政务建设中实现"管理创新"。从我国电子政务建设的特殊性来看，解决领导体制问题也是管理体制创新的关键。

1. 我国政府信息化的大背景

由于我国是在工业化的历史使命尚未完成的情况下被动地卷入全球信息化浪潮。在很多地方，政府部门开展信息化往往不是来自于自身的实际需求，而是出于上级要求——甚至是与其他部门的攀比心理。导致我国政府信息化的领导机构大都临时组建，名称叫法五花八门，体制不统一，相关的制度尚不健全。

2. 我国政府治理的特殊性

我国的政府治理比较特殊，除了狭义的"政府"以外，还包括人大部门、政协部门、党委部门、法院部门、检察部门、纪检部门等，很多事业单位也具有行政职能。可以说，电子政务的主体异常丰富，这从全世界的角度来看都别无二家，对电子政务领导体制的构建提出了更高的要求。

2008年起，我国开始了新一轮的行政管理体制改革，中央成立了"工业和信息化部"，承担起指导全国政务信息化建设的重任。应该说，这一改革，与原有模式相比，对理顺电子政务的管理体制是具有非常明显的促进意义的。因为它在一定程度上减少了"政出多门"、"多头领导"等现象，这次从上而下的改革之后，各级地方政府也相继成立了"工业和信息化厅（局）"（或叫"经济和信息化委员会"）等部门，对于上下级政府之间的衔接、确保电子政务领域政令的上通下达都具有重要的意义。

但是，即使在这轮机构改革之后，领导体制的问题并没有得到完全的解决，电子政务的目标和现实之间仍然存在着比较明显的差距。这在本课题的调查研究和案例研究中也一定程度上得到了佐证。

我们根据本课题的研究成果，从加强电子政务治理的角度，对进一步完善我国电子政务领导体制提出以下三条改进意见：

建议一：管理部门必须要具有跨下属部门、行业的协调权。

我国政府体制的一大特点就是"条条"与"块块"在特定区域内的并存：既有隶属于地方的政府机构，又有隶属于垂直部门的行业部门。另外，在同一区域内还有党委和政府两套体系的并存。因此，中国电子政务是一个广义政府的概念，作为电子政务领导机构，一定要具备跨下属部门、行业的协调权。这样才能有效地进行部门间协调管理，才能保证系统之间的互联互通，保证资源的有效利用。

445

建议二：要具备必要的可支配资源和约束能力。

信息化领导机构要统筹规划一个地区的信息化建设，必须把相应的人、财、物等资源整合起来形成一股"合力"。因此，一个健全的领导机构应该拥有必要的用人权、项目立项权和物资调配权，尤其是要明确信息化领导机构同财政机构在信息化资金管理上的关系，保证财权。同时，还必须拥有一定的奖惩权，能保证所制定规范、方案能得以顺利执行。

建议三：人员必须是既懂技术又熟悉政府业务流程的复合型人才。

一位出色的政府信息化主管官员必须是一个既懂技术又熟悉政府业务流程的复合型人才，而现有的信息化领导者大都是技术出身。今后，有必要对他们进行培养，使之对全套政府流程有一个清晰的脉络。

（二）促进信息化主管部门体制改革，明确政府信息化建设各部门职责

目前，当前我国各部委、各地方信息化工作管理体制基本上是：决策层有信息化工作领导小组，实施层面有信息中心或计算机技术中心，中间管理层面即负责信息化管理协调的机构（如信息化办公室），其主要存在形式，有的是由综合部门（如办公厅、科技处室等）的一个内设机构承担；有的赋予信息中心相关管理协调职能，信息化办公室和信息中心，两块牌子一套人马；有的是由专门成立的信息化司局（处室）负责信息化的管理协调；有的就是业务司局（处室）直接承担，各自为政，谁有需求谁提要求。由此，信息化管理的组织保障比较薄弱，相应的管理体制与信息化总体发展要求不相适应，一是政务信息化缺乏统一管理，很难避免重复建设；二是推行电子政务作为深化行政管理体制改的重要措施，在落实上难到位；三是强化公共服务的能力受到限制；四是信息资源开发利用和信息安全保障工作难以有效开展；五是现行体制难以留住人才。另外，大部分部委和地区的信息化主管部门为事业单位性质，而信息化又是涉及全局的工作，协调性、融合性、整合性要求高，事业单位协调行政机关难度较大，而且还有可能由于职能、分工的不明确性，导致很多扯皮推诿的现象发生，存在各自建设，各自管理，服务各自，信息资源利用度较低，信息共享互联互通程度较低，信息化发展水平整体上较低的现象。

因此，要发挥信息化效能，促进政府绩效管理，提高政府管理水平，关键条件之一就是促进信息化主管部门体制改革，明确政府信息化建设各部门职责。有必要根据信息化管理实际需求统筹考虑，在行政编制上赋予信息化主管机构行政职能，设立信息化司（处室），兼信息办职能，可以考虑从现有部门中抽调既懂信息技术，又懂管理、懂业务的复合型人才组建专门的信息化管理机构。信息化

司（处室）主要负责总体规划制定、总体方案设计、总体协调，组织进行顶层设计，安全保障等工作；负责信息化项目立项审核，建设科学发展机制；加强对信息化发展战略的研究，建立信息交流机制、专家咨询机制和绩效考核机制；解决信息化预算、项目立项和管理等问题。同时，保留"信息中心"负责保证信息系统的顺利实施和安全正常的运行，并对进行资源进行有效的整理，具体可以包括系统开发、外包服务、运行维护、信息安全、信息资源的管理和综合服务。

（三）建立以提升服务效能为导向的电子政务项目沟通机制

为了提高我国电子政务公共服务的质量和水平，要建立一种以提升服务效能为导向的电子政务项目沟通机制。

以往我国的电子政务系统，往往是由政府部门为主导进行开发，或者直接外包给企业来完成。这种模式优点是建设周期短，短期之内见效较快，能迅速体现政府部门作为"服务者"的意图。但是这种模式的缺点是，系统在开发过程中，对服务对象的意见考虑地不够周到，在服务项目的选取、服务方式的选择上，并不以服务对象的需求为首要考虑标准。在项目建成以后的运行维护过程中，也不能以服务对象的意见为坐标及时调整服务测量。因此，在传统模式下，电子政务公共服务项目在开发完成以后，其"服务"的界面友好程度、普及程度、被公众认可程度均与开发意图有一定差距，而且这种差距随着系统运行时间的拉长而越来越大。系统虽然在短期内能起到一定积极作用，但是从长期来看，其效率低下，成效并不理想。在本课题的研究中，绝大多数的案例研究都印证了以上判断。

根据本书对电子政务网站公共服务能力、电子政务信息资源共享，以及治理层面的研究，我们提出要建立一种"以提升服务效能为导向的电子政务项目沟通机制"，就是指在项目的设计、开发、运行、维护过程中，系统的开发者、使用者要与服务对象保持密切地联系。要根据服务对象的诉求，对项目及时进行调整。要把服务效能的提升来作为项目建设成败的唯一标准。只有这样，才能使面向公共服务的电子政务系统真正做到实至名归。

要建立这种沟通机制，可以通过以下几个具体途径来逐步实现：

第一，建立一种多元参与的电子政务公共服务项目建设模式。在项目的可行性论证、需求分析、设计开发、运行维护过程中，跳出政府部门和个别企业的"小圈子"，将尽可能广泛的相关参与者纳入进来。让服务对象知道，作为服务提供者的政府正在开发一种针对他的电子政务公共服务项目，可以满足他哪些需求——较以往模式相比，在早期就将服务对象的意见纳入进来；另外，还可以广泛地听取相关人员、学术界、政府智囊等的意见，使建设模式由政府部门及少数开发企业的个别参与，变成多元参与。

447

第二，扩大电子政务公共服务项目的知晓面，积极促进公众的参与。在项目的开发过程和使用过程中，政府部门要更加重视系统的宣传、推广、教育、普及工作。我们在实证研究中多次发现，目前我国政府部门一定程度上存在着"重建设、轻管理"，"重开发设计、轻宣传推广"等弊病。使一些项目建成以后，难以进入公众的视野，受众人群迟迟打不开，极大地影响了实际效果。因此，作为服务提供方的政府，要破除"酒香不怕巷子深"的观念，善于利用电视、报纸等传统媒介手段，来为在电子政务公共服务项目积极造势。对政府部门而言还有一个极好的宣传阵地——即政府门户网站可以使用。要在网站的显著位置宣传最新、最实用的电子政务公共服务，并配以详细的教程、说明等，不断扩大其知晓面。

五、完善电子政务公共服务绩效评价体系

电子政务公共服务本质是公共服务，而公共服务是一种"公共产品"，追求的是社会效益而不是经济效益，社会效益难以量化——这也正是电子政务公共服务绩效评价体系的最大难点。要研究建立电子政务公共服务的绩效评价体系。作为服务的提供者，政府部门自身不能兼任绩效评价机构。要培育和发展专门的公共服务绩效评价"第三方部门"，使公共服务绩效评价科学化、具体化、市场化、社会化。以此来监督政府、收集民意，促进电子政务公共服务效能的提升。

为此，要从三个方面深入展开绩效评价体系建设，一是完善电子政务网站绩效评价体系建设，这一工作已有一定的研究基础，重要的是落实和细分评价指标；二是加强电子政务信息资源共享绩效评价体系建设；三是加强电子政务治理绩效评价体系建设。后两部门的工作是难度最大的，不仅涉及对政府业务流程重构的评价，而且涉及对电子政务实施和管理制度创新的研究。

要完善电子政务公共服务绩效评价体系，一是要正确认识绩效评价，电子政务绩效评价的目的是对建设过程和建设效果进行客观评价，为系统的运行维护提出合理的建议，为政府决策提供依据。因此，必须重视绩效评价，确定科学的评价观念，不能简单地认为绩效评价就等同于工作总结。电子政务绩效评价要贯穿于系统的整个生命周期，包括建设阶段的绩效评价和运行维护阶段的绩效评价。二是优化电子政务绩效评价参考体系，明确相应参考指标，建立绩效评价参考体系，包括评价的范围、内容、评价指标、评价方法方式、评价过程规范等，这需要根据实践总结逐渐建立起来。三是建立相应电子政务绩效评价操作参考规范与指南。实施电子政务绩效评价，需要有可供参考的实施规范或指南，同时要考虑评价机构，绩效评价由第三方实施更合理，那么第三方机构应该具有客观评价能力。建议采用准入制度，如资质认证等，这需要国家主管部门制定相应的政策。

第三节 跨部门并联审批业务改进的构想和实例分析

面向公共服务的电子政务的最基本渠道是电子政务网站，网站公共服务的内容框架中，呈现出"信息公开发展最好，政民互动次之，网上办事最后"的现象。"网上办事"能力的滞后，已严重影响了网站公共服务整体发展，如果能切实有效地提高"网上办事"能力，必将对提高政府网站公共服务水平起到关键性作用，而且能带动信息公开和政民互动的发展。而根据文献和实践研究，当前"网上办事"最大的难点，不是某个部门单独提供的网上服务，而往往是整合了两个以上部门的"跨部门并联审批"。从表象来看，网络并联审批（俗称"一站式服务"），充分体现了数据共享、互联互通，也充分利用了信息技术"实时"、"便捷"、"跨越地理界限"等优点；从本质来看，"网络并联审批"依赖于后台信息资源的共享程度，更加依赖于电子政务项目的治理能力。因此，"跨部门并联审批"对电子政务公共服务能力提升作用非常明显。

一、并联审批的制约因素

第一，缺乏一个强有力的协调机制。

并联审批要涉及多个部门，而网络并联审批不但涉及多个部门，而且要根据网上服务的特点对原有的政府流程进行重组、整合，必须要有一个强有力的协调机制才能完成。协调机制至少包含两部分内容：一是要有一个牵头单位；二是要有一套完善的管理制度。

目前，很多地方开展网络并联审批的牵头单位是当地的信息化主管机构，如"信息化工作办公室"（以下简称"信息办"）、"信息中心"等。一般来说，这些机构担负着指导本地政务信息化建设的职责，在专业性方面绰绰有余，但是它们却缺乏足够的协调能力。在很多地方"信息办"只是"信息化工作领导小组"的办公室，在属性上它属于"临时性协调机构"，没有权限协调各职能部门，而"信息中心"大多只是"事业单位"性质，连行政编制都没有，更不要说去协调各个政府职能部门了。

由于缺乏一个权威的领导机构，因此无法仔细界定网络并联审批开展过程中具体的责、权、利关系，自然也就无法制定一套完善的管理制度。在实践中，很多地方开展网络并联审批往往是基于部门间的协商，而不是一套成文的制度，

"人治"色彩非常强烈。

第二，参与部门缺乏内在的动力。

目前制约网络并联审批还有一个重要原因是各个参与单位缺乏内在动力。如上文所述，目前各地开展网络并联审批的"牵头单位"往往是"信息办"或"信息中心"，参与部门则是实际发生审批业务的职能部门，如地税局、工商局、卫生局等。"信息办"或"信息中心"对开展网络并联审批往往热情很高，但是各个参与部门却普遍缺乏动力。造成这种局面的原因大致有以下几个：

一是参与单位对信息化缺乏足够的认识，对"一站式服务"能给自身带来的利益缺乏全面的了解，总认为这仅仅是领导的某项指示或信息化主管部门的事情，因而在态度上敷衍了事；二是参与单位从部门自身的利益出发，认为实行"一站式服务"，把自己的信息与其他部门共享后，自己的"付出"远远大于"回报"，因而从内心加以抵制。相对而言，第二种情况要多一点。

第三，一些客观条件制约。

除上述两条之外，影响网络并联审批还有一些客观制约因素。例如，目前我国已经制定并颁布了《电子签名法》，但是对电子版文件的法律效力没有明确的说明。导致很多法律规定必须要递交材料"原件"的审批流程无法实现电子化。

此外，我国的地方政府目前面临着进一步机构改革，在这种不确定性笼罩下，一定程度上影响了地方政府重新规划不同部门的审批流程，实现网络并联审批的积极性。

二、"模块化预制"推动网络并联审批的构想

当前阻碍我国网络并联审批顺利实现的原因是多方面的，其中既有主观原因，也有客观原因，既有管理上的问题，也有法律法规的限制，有些问题地方政府自身就可以解决，有些体制性、立法性的问题甚至要上升到中央政府高度。因此，解决网络并联审批难的问题就成了一个复杂的系统工程，需要通盘考虑、逐步推进。

根据网络并联审批的特点及要求，以及本书第五章揭示的影响我国网站公共服务水平的四大主要因素，参考我国已有的一些在政务信息化方面的成功案例，本书作者提出了一种以"模块化预制"方法来提升网络并联审批能力的构想。

所谓"模块化"，就是将一些适合并联审批的政务流程组成一个相对独立的"模块"；所谓"预制"，就是对每一个组合而成的"模块"，对其每一步运行、管理办法，在事先都作详细的规定。简言之，所谓"模块化预制"，就是把适合并联审批的政府流程，组成一个个临时性的"模块"，制定临时性的"办法"，以使网络并联审批能够在短期内顺利推行，既规避了现有的一些体制障碍，又能

使政府的公共服务能力得到迅速提升，使公众能充分享受电子政务建设的成就。

"模块化预制"方法主要是在"项目管理协调能力"上进行创新，核心原则主要有以下四条：

第一，抓大放小、一事一议。

正如上文中所述，当前影响我国网络并联审批的因素是复杂的、是多方面的，解决这些问题不可能一蹴而就。"模块化预制"是在当前环境下的一种"变通性"办法，它也不是根本性的解决之道。因此，在"模块化预制"过程中，要贯彻"抓大放小、一事一议"的原则。选择那些业务流转相对明晰、适合信息化特点且具有较高信息化价值的审批项目，把它们单独提出来进行信息化设计。例如，新企业建立的审批流程，涉及工商、税务、卫生、消防、质检等多个部门，而且业务量比较大，把这组流程"摘"出来进行信息化设计，使之能顺利实现网上"一站式"办理，无论是对于当事职能部门，还是企业来说，都能极大地节省工作量，节约成本、提高效益。另外，如企业的年检流程，由于其基本不需要出示证照原件——这一条非常适合信息化审批的特点，因此也可以挑选出来作为优先实现网络办理的事项。

第二，首办负责制，明确牵头部门责权。

以往网络并联审批之所以效益不佳，很大程度上是因为协调机制出现了问题，而"协调"的关键又在于要明确一个"牵头机构"（或者说"领导机构"），并赋予它足够的"权"和"责"。

具体到我国的实践，我们建议可以在"模块化预制"的过程中推行"首办负责制"，即第一个接到用户递交审批材料的"首办"部门，必须对整个流程负责到底。"首办"部门不但要负责用户申报事项在本部门的审批，还要督促、监督其他部门的审批情况，并负责将最终的审批结果送达用户手中。

第三，利益均沾，激发参与部门的动力。

网络并联审批是多个部门共同努力发挥"合力"的结果，因此要考虑到每一个参与部门的利益——这一点在以往的实践中往往被忽略。在开展网络并联审批之前，就必须根据"利益均沾"原则，将由此产生的收益如何分配进行规划，并形成制度。一般来说，"首办"部门和信息提供量较多的部门应适当多分配。

第四，出台地方性制度规章或行政命令保证网络并联审批的顺利进行。

针对一些困扰网络并联审批开展的制度性瓶颈，可以考虑以"特事特办"的原则，出台一些地方性规章制度或行政命令来应对。例如，关于电子版文件的法律效力问题，可以考虑由地方政府出面，认可在某个特定流程中的电子版文件的法律效力，使跨部门的并联审批能够在电子化状态下顺利完成。当然，最终的存档还是应该采用国家认可的纸质文件。这样既保证了审批的效率，也不违背国家政策。

上述四条原则，充分体现了网络并联审批的"模块化预制"思想，我们认为，这一方法可以有效地克服现有的制约因素，在短时间内迅速提高我国电子政务公共服务水平。而且由于"模块化预制"是一事一议的，"模块"数量有限，而且本身带有临时性特征，因此它也可以较少地受到行政体制改革的牵连，比较适合在现时环境中推行。

三、模块化预制与原有方式的对比

下面，我们以一个餐饮公司的注册为例，分别以"模块化预制"方法和传统方法进行网络并联审批的对比。

一个餐饮公司的注册，需经历与政府部门打交道的程序大致有以下几步："工商局——公司核名"、"卫生防疫站——卫生审批"、"环保局——环保审批"、"工商局——营业执照申请"、"质监局——组织机构代码申请"、"税务局——税务登记"、"统计局——统计登记"等。总共涉及六七个部门，近十个流程，全部办下来，非常耗费时间和精力。在这些环节中，有很多流程所需要采集的信息是相同的，如"法人代表姓名"、"店名"、"地址"、"注册资金"等。如把上述流程实现网络并联审批，能产生巨大的经济效益，还能极大地提升政府在公众心目中的形象，产生巨大的社会效益。

在现有的模式下，受到上文中提到的"制约因素"的影响，很难把上述全部流程捆绑在一起实现"并联审批"，只能实现单个部门的网上审批。而且，受现有的一些法律法规和行业性规章的限制，在一个部门办理完业务，领到相关的证照，到下一个部门办理业务时，还必须携带证照原件，由于缺乏部门间电子资料的共享而很难实现"网上审核"。所以，在现有模式下，信息化在跨部门的业务并联审批中发挥的作用十分有限。

而如果用"模块化预制"的理念，则效果将大为改观。首先，须将餐饮公司注册所涉及的上述流程视作为一个独立的"模块"。根据这个模块的特点，作如下"预制"规定：

第一，由于用户在这个服务"模块"中，首先接触到的部门是工商局，因此根据"首办负责"的原则，工商局必须为用户负总责。包括受理用户的申请，负责办理本部门的业务，办理完以后将办理结果和用户相关材料递送给后续业务部门，以此类推，直至全部流程办完，将所有结果一次性反馈给用户。在此过程中，工商局要对其他部门起到全程督管的作用，而用户原本办理这些业务时所需交纳的费用，也全部一次性地交给首办部门。由首办部门负责分配。

第二，在"模块"内部，认可电子版文档的有效性。即用户在工商局申请到《营业执照》后，只需工商局将该执照的电子版通过网络传输给质检局，质检局可以根据该电子版文件核发"机构代码"。这样就省去了阻挠跨部门并联审批开展的最大障碍——原件困境。

第三，事先要对这个"模块"所涉及的部门和流程进行仔细的需求分析。梳理出在各个环节需要的材料和信息，汇制成一张统一的"信息采集表"供用户在申请时填写，以及一份办理业务所需材料清单，让用户在申请时一次性递交。

图9-2简要描述了"模块化预制"模式下的餐饮公司注册流程，从中我们可以看出，用户只需"一次性"递交有关材料、填写有关信息，便可以直接等着拿结果。整个运行过程对用户来说只有一个"入口"和一个"出口"，大大方便了用户的办理。另外，由于该"模块"是经过专门"预制"的，下游部门认可上游部门颁发的证照电子版，据此办理本部门业务。这样，除了在结果输出时，会产生一些物理证照和纸质文档以外，整个过程基本都通过网络进行，大大提升了效率，节约了成本。

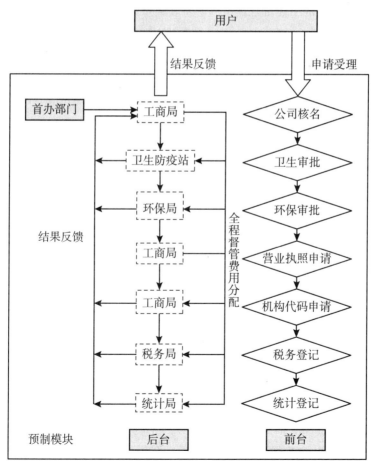

图9-2 "模块化预制"模式下的餐饮公司注册流程

第四节 研究的创新点、不足之处和进一步展望

一、研究的主要贡献和创新点

以往的研究大多是从不同的概念层面探讨电子政务公共服务的管理问题和技术问题，也有文献采用案例研究或者调查研究展开有关电子政务公共服务管理问题的研究。本书以我国地方政府部门电子政务实践为背景，开展电子政务公共服务管理体系的理论及应用研究，深入探讨电子政务公共服务推进过程中的管理体系建设问题。本书的主要贡献在于能够系统地总结归纳前人的研究成果，紧密结合中国电子政务实践，厘清电子政务公共服务管理体系的理论框架，创新性的提出电子政务治理的概念和核心理论。同时，本书能够依据电子政务公共服务管理体系理论模型中的三个核心研究问题的特征，设计了规范翔实、调查研究与案例研究相结合的实证研究方案，并采用中国政府部门的数据逐步展开四个层次的实证研究。本书的研究结论能够在一定程度上，揭示电子政务公共服务管理体系研究中主要研究变量之间的关系。

本书的创新点主要体现在以下几个方面：

（1）创新性地提出了层次清晰、逻辑严密的电子政务公共服务管理体系理论模型。本书借鉴新公共管理思潮和国内外电子政务研究文献，提出了电子政务公共服务管理体系的理论模型，揭示了管理体系的核心要素、重要研究问题，以及实现电子政务公共服务目标体系的几个重要途径。同时，本书基于研究模型有针对性地设计了实证研究方案，保证了实证研究层次的一致性。在电子政务研究领域具有较强的理论创新价值。

（2）紧密围绕"实践领域"展开电子政务网站公共服务能力的实证研究。电子政务公共服务是一个高度实践性的领域，无论在国内还是国外，实践的发展始终领先于理论。因此，本研究一个最大的特点就是紧紧围绕"实践性"的特点，坚持"从实践中来，到实践中去"的指导原则。研究问题的提出，是基于一次样本容量为 180 的大型调查问卷的实践调查。研究问题的展开是通过一些典型电子政务案例分析，研究问题的深入探索和研究结论的发现，是依赖于大量调研问卷的数据分析，以及不同地域、不同行政层级政府部门的对比研究。因此，这种"从实践中来"，根据实践发展的需求来确立研究目标的方法确保了本研究

对我国电子政务实际领域的契合性、指导性，具有研究方法上的创新价值。

（3）基于不同视角展开电子政务信息资源共享研究。电子政务信息资源共享是一个复杂的过程和研究问题，为了保证研究结论的一致性，本书基于两个不同的研究视角展开。一方面，从行为学研究视角，揭示了不同类型的"权力"对电子政务信息资源共享的影响作用，以及"信任"、"感知风险"、"权力游戏"在权力与信息共享之间的作用机理。另一方面，基于经济学研究视角，从不完全信息的角度出发，结合领导风格理论，揭示了相同行政层级和不同行政层级的职能部门之间的信息资源共享过程的特征问题，并通过进一步的仿真分析，解释了"领导风格"、"权力约束"、"部门文化"、"补偿政策"在信息资源共享过程中的重要作用，这一研究视角新颖独特。

（4）创新性地提出了电子政务治理的概念和理论体系作为电子政务管理体系理论模型中的核心概念。本书基于对 IT 治理理论和电子政务研究文献，提出了电子政务治理的概念和理论体系。这部分研究是从理论层面对 IT 治理概念和理论在电子政务实践过程中应用的系统总结和抽象，是对 IT 治理理论在政府部门的拓展性研究，具有应用上的创新价值。在此基础上，本书还展开了进一步具有创新意义的实证研究，其中电子政务实施成效的关键影响因素模型，在一定程度上解释了电子政务治理能力对电子政务实施成效的重要影响作用，从量化的角度证实了中国情境下政府部门对电子政务实施过程进行治理的重要性，具有应用和研究方法上的创新价值；基于 6 个政府部门的跨案例研究，本书归纳了中国地市级政府部门的典型电子政务治理模式，揭示了治理模式的形成机理，这是对 IT 治理模式、治理安排矩阵、及治理机制理论的补充和完善，具有理论上的创新价值；电子政务治理绩效的影响因素模型在一定程度上反映了提升电子政务治理绩效的动力机制，也揭示了政府组织和企业组织在 IT 治理绩效上的差异性，这是对 IT 治理绩效影响因素的探索性研究，具有理论和研究方法上的创新价值。

二、研究的不足之处

无论是电子政务公共服务还是 IT 治理都是近年来信息管理领域备受关注的研究课题，然而基于新公共管理理论和 IT 治理理论研究电子政务管理体系的研究文献并不多见。本书尝试性地提出了电子政务公共服务管理体系的理论模型，从三个层次上揭示了实现目标体系的主要途径，尤其是从电子政务项目决策制度安排的角度，展开了对电子政务治理及其主要理论的探索性研究。研究问题的多学科交叉性、研究问题的深入程度等对本书研究提出了较大的挑战。因此，在研究过程中难免有不足之处。

（1）在研究问题的提炼上，本书基于新公共管理理论，提出了电子政务公共服务管理体系的理论模型，并进一步这一理论模型和 IT 治理理论，研究了中国背景下的电子政务公共服务项目实施过程中的治理问题，属于跨公共管理、信息管理、制度经济学的交叉性研究。由于研究团队知识领域和理解能力的限制，可能在对这些领域某些概念、术语的翻译、解释方面存在一定的偏差，造成对研究问题提炼和表达上的欠缺。

（2）在研究方法的应用上，由于研究问题的复杂性和不成熟性，决定了本书同时采用调查研究法和案例研究方法。为了解释复杂现象背后所真正隐含的问题，实证资料的获取和分析必须翔实和科学。然而对于调查研究，由于缺乏本研究问题的成熟量表，测量工具的有效性不高；对于案例研究，由于作者无法亲自参与访谈，以及受访人数的限制，材料难免或多或少地会受到采访者和受访者一些主观思想的影响，造成"证据链"不充分。

（3）在研究结论的形成上，本研究虽对国家部委和地方政府的电子政务公共服务都进行了四个层次的考察，但大部分案例研究和调查研究以地方政府的横向电子政务项目实施作为主要研究背景，纵向电子政务项目考察的数量只占了很小的比例。因此，由于研究情境和样本的缘故，本次研究结论的普遍有效性存在一定的局限。

三、研究的进一步展望

无论是电子政务公共服务，还是 IT 治理都是信息系统领域中富有挑战性的研究领域之一。无论是企业组织还是政府组织对其信息化过程中管理体系的重构，尤其是管理体系重构过程中的决策制度安排有着迫切的实践需求。在我国，电子政务公共服务已被赋予了促进行政体制改革和政府职能转变的重任，对电子政务公共服务推进过程中，和电子政务公共服务管理体系建设过程中的治理问题的深入研究意义重大。

本书基于新公共管理思潮、电子政务和 IT 治理的研究成果，构建了电子政务公共服务管理体系的理论模型，尤其是创新性地提出了电子政务治理概念和理论体系，并设计了规范翔实的实证研究方案，展开了四个层面的实证研究，就电子政务公共服务管理体系理论模型中的关键问题进行深入剖析，取得了一些研究成果。然而本书仅是对 IT 治理在政府部门的探索性研究，只解释和回答了我国电子政务公共服务管理体系建设以及电子政务项目决策制度安排中的小部分问题，本书的研究思路、研究模型与研究结论还有待在以下几个方面进行拓展研究。

（1）本书基于大量研究文献和实践素材，构建了电子政务公共服务管理体系的理论模型，并以电子政务公共服务项目的实施过程为背景，提出了电子政务治理的理论框架。在此基础上，本书仅抽象出 7 个关键性的研究问题进行实证研究。随着 IT 治理理论和电子政务公共服务管理理论的发展演化，有必要进一步审视和细化该理论框架，并将其纳入到政府治理的理论体系之中。

（2）本书基于文献研究和 SEM 研究程序，为了展开实证研究，建立了电子政务网站公共服务影响因素模型、电子政务信息资源共享影响因素模型、电子政务实施成效的关键影响因素模型，以及电子政务治理有效性的影响因素模型。虽然这几个研究模型的主要指标均能满足专家的建议，但并不能说明数据可以完全验证模型，只能说明数据并不排斥模型。同时，由于缺乏成熟量表，问卷设计经验不足，两个模型的测量方程有效性检验基本达标，在后续研究中，有必要对改进问卷结构和测量项的描述，以获得更高的回收率与填写质量，提高测量工具的有效性。另外，结构方程一般要求较大的样本数量来提高参数估计的准确性，而本研究的样本数偏少，在不同行政级别与地域的样本数分布不均衡，没有进行模型在不同行政级别与地域的普适性分析。尤其是针对电子政务网站公共服务影响因素模型、电子政务信息资源共享影响因素模型，以及电子政务治理有效性的影响因素模型，在今后的研究中，有必要根据行政级别、地域分层取样，区别性地探讨不同情境下的影响因素构成。

（3）本书的跨案例研究主要基于地/市级政府部门横向电子政务项目展开。由于我国行政管理体制特点，不同等级的政府在横向协同方面的能力不同。从传统的科层制的金字塔结构来讲，越靠近上层，其垂直管辖能力越强，越靠近下层，其受上层垂直管辖的能力越弱。因此，有必要在今后的研究中，对纵向电子政务项目进行同样的分析，甚至展开对比分析，构建具有普遍意义的电子政务治理安排矩阵，形成更加全面的电子政务治理模式的结论体系。

附录

附录 1：2008 中国电子政务
发展状况调查问卷

为了真实、客观、科学地了解目前我国电子政务发展状况，及时掌握发展中出现的新问题、新情况，为国家有关部门提供决策参考，促进我国政务信息化事业的稳定、健康发展，《信息化建设》杂志特组织了本次问卷调查，请根据您所在部门在电子政务应用和发展方面的经验和想法，回答以下问题。本次调查的结果将刊登在《信息化建设》杂志上，为了感谢您的支持，请留下电子邮件地址（＿＿＿＿＿＿＿＿＿＿＿），我们将把调查结论的电子版发送给您。

衷心感谢您的热心协助及大力支持！

联系人：吴倚天 15801519900，yyry@163.com

注释："电子政务"是指电脑、互联网、局域网、数据存储等信息技术手段在政府管理中的运用，不包括仅应用电话、传真等通讯设备的业务流程。

【第一部分】电子政务应用基本情况调查（请在适当的"□"前边打"√"）

1.1　请问您所在的城市：＿＿＿＿＿＿＿＿＿＿＿。

1.2　请问您所在部门的是否已开展电子政务活动：

□ 是 5 年内的计划　　　□ 是 1 年内的计划　　　□ 开展不到 1 年

□ 已开展 1～3 年　　　　□ 已开展 3～5 年　　　　□ 已开展 5 年以上

1.3　请问您所在部门实施电子政务的主要原因是：（多选）

□ 降低工作成本　　　　□ 提高工作效率

□ 加快信息交流　　　　□ 改变政府形象

□ 与其他地区的竞争压力　□ 提高信息资源共享程度

□ 扩大公民的参与程度　　□ 提高政府的决策水平

□ 提高政府决策的透明度　□ 上级部门的要求

□ 提高公共服务能力　　　□ 其他＿＿＿＿＿＿

1.4　请列举三项您所在部门目前最常用的电子政务应用项目：（如政府网

站、电子公文系统）

1. _____ 2. _____

3. _____

1.5　请问您所在部门的信息系统建设的主要模式为：（多选）

☐ 部门自建　　　　　　☐ 外包

☐ 与社会企业合作开发　☐ 其他_____

1.6　请问总体而言，您认为开展电子政务对部门的总体效益是否有所提升：

☐ 无效　　　　　　　　☐ 效果不明显

☐ 有效　　　　　　　　☐ 非常有效

1.7　请问您认为开展电子政务对部门的效益提升主要表现在哪些方面：
（多选）

☐ 减少了管理成本　　　　　☐ 促进了组织内部信息的沟通

☐ 促进了组织间信息的沟通　☐ 提高了信息资源的共享程度

☐ 提高了公共服务能力　　　☐ 提高了公众参政的意愿

☐ 工作效率有所提高　　　　☐ 提高了政府的决策效率

☐ 提高了政府的决策的透明度　☐ 目前尚看不出什么作用

☐ 其他_____

1.8　请问您所在的部门在开展电子政务活动中遇到哪些主要困难：（多选）

☐ 电子政务的法制环境不成熟

☐ 项目实施过程中权责利划分不清

☐ 领导对电子政务重要性认识不充分

☐ 管理体制不顺存在多头领导现象

☐ 建成的系统难以达到预想要求

☐ 实际中流程改造困难很大

☐ 政府人员的信息化技能还需加强

☐ 经费不足

☐ 员工对信息化心存抵触，应用效果不佳

☐ 其他_____

以上问题中，您认为最突出的是哪一项：_____。

1.9　请问您所在部门的电子政务系统的建设累计投入的费用为：

☐ 小于 50 万元　　　☐ 50 万～200 万元　　☐ 200 万～500 万元

☐ 500 万～1 000 万元　☐ 1 000 万元以上　　☐ _____

1.10　请问您所在的部门的电子政务系统的每年的运营维护费用为：

☐ 小于 10 万元　　　☐ 10 万～20 万元　　☐ 20 万～50 万元

□ 50 万元以上　　　　　　　□ _____

1.11　请问您所在部门的人员规模：

□ 少于 10 人　　　　　□ 10 ~ 49 人　　　　　□ 50 ~ 99 人

□ 100 ~ 300 人　　　　□ 300 ~ 2 000 人　　　□ 2 000 人以上

□ _____

1.12　请问您所在部门已购置 IT 基础设施建设状况

服务器	客户机 （PC/笔记本）	网络设备 （交换机/路由器）	互联网接入方式 （可以多选）
□ 10 台以上	□ 51 台以上	□ 21 台以上	□ ISDN
□ 6 ~ 10 台	□ 21 ~ 50 台	□ 10 ~ 20 台	□ ADSL
□ 1 ~ 5 台	□ 11 ~ 20 台	□ 1 ~ 9 台	□ DDN 专线
□ 没有	□ 10 台以下	□ 没有	□ 其他

【第二部分】宏观面问题调查，请在适当的"□"前边打"√"。

2.1　请问您认为中国电子政务最理想的网络结构应该是：

□ 三网并立模式：互联网 + 办公业务资源网 + 涉密内网

□ 两网模式：互联网 + 办公业务资源网

□ 两网模式：互联网（办公业务资源网基于互联网而建）+ 涉密内网

□ 其他_____。

2.2　请问您认为当前网络舆论对政府的压力大不大：

□ 非常大　　　　　　　　□ 比较大

□ 不明显　　　　　　　　□ 几乎没有影响

2.3　您认为到目前为止，电子政务最见效的应用项目是哪些？

_____。

2.4　目前影响部门间信息资源共享的最大问题是？（可多选）

□ 数据标准不统一　　　　□ 现有的法律法规不支持

□ 部门利益　　　　　　　□ 管理权限不统一，难以协调

□ 其他_____

2.5　您怎么看待电子政务绩效考核的重要性？

□ 非常重要　　　　　　　□ 比较重要

□ 不明显　　　　　　　　□ 不重要

2.6　您认为当前我国电子政务绩效考核中出现的问题是？（可多选）

□ 偏重于网站，缺乏对内部系统的评估

☐ 评估指标设计得不合理

☐ 缺乏客观公正的第三方评估机构

☐ 政府缺乏参与评估的内在动力

☐ 只评估结果，却没有考虑投入

☐ 其他_____

2.7　在当前的工作中，您对"电子政务"最大的困惑是什么？

_____。

2.8　对政府网站，您认为目前最需要改进的地方是？

_____。

2.9　您觉得在当前，影响中国电子政务建设的"人治因素"和"法制因素"各占多少的权重：人治因素_____% ，法制因素_____% 。

感谢您的支持，如果您还有其他疑问或建议，请写在下方：

附录2：网站公共服务能力影响
因素的调查问卷

本调查问卷旨在调查我国政府网站公共服务的开展情况，不涉及任何个人隐私，也不用以任何营利目的。

问卷设计过程中经过了有关专业人士指导。为了保证结果的客观、科学，填写时请注意适当保持答案的区分度，切莫极端化，谢谢您的参与！

您工作所在的省是：_____

您工作所在的城市是：_____

（如在市辖区或乡镇请填写区、乡镇名）

您所在的部门是：

☐ 办公厅系统

☐ 工信系统（含原信息产业系统及信息办系统）

☐ 信息中心（直属政府、发改委系统等）

☐ 其他

【第一部分】请对您所在单位政府网站（如没有，请衡量当地政府门户网站）进行总体评价。（请在适当的"☐"前边打"√"）

1.1　信息公开的水平

☐ 很好　☐ 较好　☐ 一般　☐ 较差　☐ 极差

1.2　政民互动的水平

☐ 很好　☐ 较好　☐ 一般　☐ 较差　☐ 极差

1.3　网上办事的水平

☐ 很好　☐ 较好　☐ 一般　☐ 较差　☐ 极差

【第二部分】以下列出影响网站公共服务能力的关键因素，请您根据贵单位的实际状况判断这些因素的重要性。（请在适当的"☐"前边打"√"）

2.1　本地网站建设有没有受到国家层面一些时政性热点议题的影响

☐ 作用非常明显　☐ 较明显　☐ 一般　☐ 不太明显　☐ 几乎没有影响

2.2　本地网站建设有没有受到中央政府发起的一些试点示范项目的影响

☐ 作用非常明显　☐ 较明显　☐ 一般　☐ 不太明显　☐ 几乎没有影响

2.3　本地网站建设有没有受到上级机关发起的信息化试点项目的影响

☐ 作用非常明显　　☐ 较明显　　☐ 一般　　☐ 不太明显　　☐ 几乎没有影响

2.4　本地网站建设有没有受到国内其他城市影响

☐ 作用非常明显　　☐ 较明显　　☐ 一般　　☐ 不太明显　　☐ 几乎没有影响

2.5　本地政府网站的信息量很充足

☐ 完全赞同　　☐ 基本认同　　☐ 不置可否　　☐ 不太同意　　☐ 反对

2.6　本地政府网站界面非常美观

☐ 完全赞同　　☐ 基本认同　　☐ 不置可否　　☐ 不太同意　　☐ 反对

2.7　本地政府网站的信息检索功能很方便

☐ 完全赞同　　☐ 基本认同　　☐ 不置可否　　☐ 不太同意　　☐ 反对

2.8　本地政府网站的逻辑结构很清晰

☐ 完全赞同　　☐ 基本认同　　☐ 不置可否　　☐ 不太同意　　☐ 反对

2.9　本地"一把手"领导对推进网站公共服务思想上很重视

☐ 完全赞同　　☐ 基本认同　　☐ 不置可否　　☐ 不太同意　　☐ 反对

2.10　本地"一把手"领导自身的信息化水平很高

☐ 完全赞同　　☐ 基本认同　　☐ 不置可否　　☐ 不太同意　　☐ 反对

2.11　本地"一把手"领导能够亲自参与电子政务系统的建设或使用

☐ 完全赞同　　☐ 基本认同　　☐ 不置可否　　☐ 不太同意　　☐ 反对

2.12　政府网站主管机构在开展网站公共服务前的进行了充足的需求调研

☐ 完全赞同　　☐ 基本认同　　☐ 不置可否　　☐ 不太同意　　☐ 反对

2.13　在推进网站公共服务的过程中，网站主管机构协调性较强，能够和各职能部门能够通力合作

☐ 完全赞同　　☐ 基本认同　　☐ 不置可否　　☐ 不太同意　　☐ 反对

2.14　本地信息化主管部门能够及时地将一些实践证明行之有效的做法上升为制度、法规

☐ 完全赞同　　☐ 基本认同　　☐ 不置可否　　☐ 不太同意　　☐ 反对

2.15　在网站公共服务推行期间，本地的主管部门能组织有效的考核，奖优罚劣。

☐ 完全赞同　　☐ 基本认同　　☐ 不置可否　　☐ 不太同意　　☐ 反对

2.16　本地的信息化主管部门比较"权威"，能够做得令行禁止

☐ 完全赞同　　☐ 基本认同　　☐ 不置可否　　☐ 不太同意　　☐ 反对

2.17　本地信息化管理机构与上下级政府的相关部门衔接的比较好

☐ 完全赞同　　☐ 基本认同　　☐ 不置可否　　☐ 不太同意　　☐ 反对

2.18　本地信息化主管机构的比较稳定，近年来没有太大变动

☐ 完全赞同　　☐ 基本认同　　☐ 不置可否　　☐ 不太同意　　☐ 反对

附录3：政府部门间信息资源
共享的访谈提纲

说明：本次访谈是基于教育部重大攻关课题《面向公共服务的电子政务管理体系研究》的研究需要而进行的，希望了解当前我国电子政务信息资源共享的实施情况，并探讨影响其成功实施的关键因素。为此，我们需要政府部门的帮助和参与，协助完成对本课题相关情况的调查，使研究具有现实和实践价值。

本课题组向您承诺，访谈涉及的内容和您阐述的观点，只作为我们研究参考，您声明不宜公开的资料和观点，我们将严格为您保密，非常感谢您的帮助。

访谈的主要内容：

【第一部分】政府部门信息化建设（20分钟）

1.1 该部委的网站建设情况如何？内网？外网？专网？

1.2 该部委正在使用哪些业务系统？如网上办公自动化系统、政府信息发布系统、一站式网上审批系统等。

1.3 有没有统一的信息资源中心或数据库中心，供工作人员查询相关信息？

1.4 是否在各部门之间已经建立电子公文信息交换平台？如果已经建立，该平台包含哪些功能？如政务信息交换、公文流转、联合审批。

1.5 目前是否有在建的电子政务工程？进展如何？

1.6 是否有专门的信息资源共享系统、平台用于实现信息共享？

【第二部分】政府部门信息资源共享情况（20分钟）

2.1 该部委通常会共享哪些方面的信息？

2.2 目前已经共享的信息资源的来源是哪些方面？如本部门内部的业务信息、上级机构、下属单位等。

2.3 工作人员参与信息资源共享的情况如何？

2.4 在不同司局间、上下级间、不同部委间的信息资源共享情况如何？

2.5 当部门之间需要共享信息时，一般通过哪种方式完成？是通过内部建设的相关应用系统？政府内部网络？纸质文档？电子邮件？或者是其他方式？

2.6 国家一直在强调信息资源开发利用，在这方面开展了哪些具体工作？（特别是在信息资源共享方面）

464

2.7　在信息资源共享方面有没有具体的管理措施和制度？

【第三部分】政府部门信息资源共享的见解（10分钟）

3.1　您在开展电子政务信息共享活动中遇到哪些主要困难？

3.2　您认为哪些因素会影响不同部门之间的信息资源共享？例如，现有的应用系统平台情况，工作人员感觉到的共享带来的风险，工作人员认为共享是一种责任等。

3.3　未来将会从哪些方面着手提出哪些信息共享政策建议？

附录4：政府信息共享的影响
因素的调查问卷

尊敬的受访者：

您好！非常感谢您抽出宝贵的 15 分钟来阅读和回答本问卷！

这是一份用于学术研究的问卷，主要目的在于了解您对不同政府部门间信息共享的态度和想法。您对问卷中问题的回答无对错、好坏之分，您的回答对于我们的研究是非常重要的。本问卷仅供学术研究之用，绝不对外公开，您不必有任何顾虑。如果您在填写过程中有任何疑问，可以和我们联系，联系电话：13910921591，13811849398，电子邮箱：yanzhijun@ bit. edu. cn；leaf1106@ 163. com。

为了感谢您的参与，我们将为您准备了一份价值 50 元的礼品，同时我们将在所有有效问卷中随机抽取 10 名参与者给予每人 500 元的现金奖励。所有礼品和奖金都将邮寄到您的通信地址。

祝您身体健康，万事如意！

注释：

强制性权力：强制性权力是建立在对可能受到的惩罚的惧怕基础上的，一个人如果不服从的话就可能产生直接的负面后果。

协调性权力：协调性权力即非强制性权力，是指一个人通过个人的感召力、知识技能、信息等而对其他人产生影响力的权力，这种权力带来的影响是间接性的。

信息：法律没有明确规定、但是可以在不同政府部门之间适当公开的非涉密信息。

【第一部分】不同部门之间信息共享的调查。请用钩或在方框内填写您认为恰当的数字。（1 = 非常不同意，2 = 不同意，3 = 有点不同意，4 = 说不清，5 = 有点同意，6 = 同意，7 = 非常同意）

	非常不同意——说不清——非常同意						
协调性权力	1	2	3	4	5	6	7
1.1 其他部门能够根据其掌握的专业知识提出合理的信息共享需求							
1.2 其他部门的工作人员能够给我们提供信息共享的建议							
1.3 我愿意向其他部门提供信息，因为我们对信息共享有共同的认识和理解							
强制性权力	1	2	3	4	5	6	7
1.4 我担心由于没有及时向其他部门提供信息而受到相应的惩罚、被问责							
1.5 我担心由于没有及时向其他部门提供信息而影响到我的业绩考核							
1.6 我担心由于没有及时向其他部门提供信息而影响到部门间的关系，导致今后的工作难以开展							
1.7 我担心由于没有及时向其他部门提供信息导致我需要信息时受到同样的对待							
1.8 我认为向其他部门提供信息将使我受到领导和同事的赏识，并得到晋升机会							
信任	1	2	3	4	5	6	7
1.9 我非常信任我的上级和同事							
1.10 我相信其他部门的工作人员具有良好的专业技能和奉献精神							
1.11 我相信从其他部门得到的信息是真实可靠的							
1.12 当在工作过程中遇到困难时，我相信能够得到本部门和其他部门的支持和帮助							

续表

	非常不同意——说不清——非常同意						
感知风险	1	2	3	4	5	6	7
1.13 当我与其他部门共享信息时，我心里是非常担忧的							
1.14 在不同部门间进行信息共享很可能会导致某些重要信息被窃取							
1.15 我害怕承担信息共享过程中造成的不良后果（如信息泄密）							
1.16 我认为信息共享是不安全的							
权力游戏	1	2	3	4	5	6	7
1.17 政府部门中存在比较明显的权力争夺现象							
1.18 政府部门中拥有权力的人能够获得更多的信息							
信息共享行为	1	2	3	4	5	6	7
1.19 我自愿与本部门的同事共享我所掌握的信息							
1.20 我会与其他部门的同事合作，共享各自所拥有的信息							
1.21 我认为不同部门间应该实现信息共享							
1.22 不同部门间的信息共享是非常频繁的							

【第二部分】 个人基本信息

1.23 姓名：＿＿＿＿＿＿＿＿＿

1.24 电子邮箱：＿＿＿＿＿＿＿＿＿

1.25 性别： □ 男 □ 女

1.26 年龄：

□ 25 岁以下 □ 25～34 岁 □ 35～44 岁 □ 45～54 岁 □ 55 岁以上

1.27 政府工作年限：

□ 2 年以下　□ 2 ~ 5 年　□ 5 ~ 10 年　□ 10 ~ 20 年　□ 20 年以上

1.28　行政级别：

□ 普通科员　□ 科级　□ 处级　□ 局级　□ 局级以上

1.29　不同部门间信息共享的方式（可多选）：

□ 口头方式　□ 纸质文件　□ 电子邮件　□ 政府内部网络

1.30　您对问卷题目的建议或意见：＿＿＿＿＿＿＿＿＿＿＿＿

1.31　您的通信地址和邮编：＿＿＿＿＿＿＿＿＿＿＿＿＿＿＿

问卷结束，非常感谢！

问卷填写完之后，请您通过以下三种方式的任意一种将问卷返还给我们。

（1）发送至 Email：yanzhijun@ bit. edu. cn；leaf1106@ 163. com；

（2）返还给问卷发放人；

（3）邮寄到：北京市海淀区中关村南大街 5 号　北京理工大学管理与经济学院　颜志军（邮编：100081）。

469

附录5：电子政务实施成效关键影响因素的调查问卷

尊敬的女士/先生，您好！

非常感谢您在百忙之中对本次问卷调查的支持和配合！

这是一份学术性调查研究问卷，是基于教育部重大攻关课题《面向公共服务的电子政务管理体系研究》的研究需要而进行的，目的是了解中国政府部门电子政务实施成效的关键影响因素。请根据您所在部门电子政务实施方面的经验和想法，回答以下问卷，您的回答将对此研究有重要的参考价值。

本问卷共计2页，填写大约需要20分钟，问卷中所有问题将不涉及您的工作机密和个人隐私，也不公开，仅供本课题学术研究参考，研究报告中仅列示总的统计数据。若您对本研究结论有兴趣，请在问卷后注明，本研究完成之后，将为您寄上研究结论。如果您对调研题目有任何疑问，请E-mail中央财经大学信息学院王天梅（wangtm2008@gmail.com）询问，或者致电《信息化建设》主任记者吴倚天（010－65672669，15801519900）查询，再次感谢您的热心协助及参与。

注释：电子政务是指电脑、互联网、局域网、数据存储等信息技术手段在政府管理中的运用，不包括仅仅应用电话、传真等通讯设备的业务流程。

【第一部分】以下列出评价电子政务实施成效的主要指标，请您根据贵单位的实际状况判断这些指标的重要性。请用1～5分打分表示，在相应的分值上打"√"。其中，5分表示非常重要；4分表示重要；3分表示不知道；2分表示不重要；1分表示非常不重要，分值越高代表该指标重要性越高。

编号	电子政务实施成效的主要评价指标	重要程度
1.1	系统功能能够合理方便的满足政务业务上的需求	1 2 3 4 5
1.2	系统能够提供有效、及时、准确的信息	1 2 3 4 5
1.3	系统实施之后政府雇员工作效率有所提高	1 2 3 4 5
1.4	系统实施之后组织内部部门之间的信息共享程度提高	1 2 3 4 5
1.5	系统实施之后能够提供及时有效的公共服务	1 2 3 4 5

【第二部分】以下列出影响电子政务实施成效的关键因素，请您根据贵单位的实际状况判断这些因素的重要性。请用 1 ~ 5 分打分表示，在相应的分值上打"√"。其中，5 分表示非常重要；4 分表示重要；3 分表示不知道；2 分表示不重要；1 分表示非常不重要，分值越高代表该指标重要性越高。

编号	电子政务实施成效的主要影响因素	重要程度
2.1	上级部门对电子政务的政策导向	1 2 3 4 5
2.2	电子政务相关的技术标准的统一程度	1 2 3 4 5
2.3	电子政务相关法律法规的健全程度	1 2 3 4 5
2.4	部门"一把手"的重视程度	1 2 3 4 5
2.5	部门主要负责人对电子政务系统的支持程度	1 2 3 4 5
2.6	部门内部成员对电子政务的支持程度	1 2 3 4 5
2.7	组织是否能够提供充裕 IT 资源保证电子政务的实施	1 2 3 4 5
2.8	电子政务建设与运营的责权利关系是否明确	1 2 3 4 5
2.9	是否授权专责部门，负责推行电子政务实施计划	1 2 3 4 5
2.10	项目实施过程中建立正式有效的沟通协调机制	1 2 3 4 5
2.11	项目实施过程中建立正式有效的监督机制	1 2 3 4 5
2.12	电子政务项目的投资规模	1 2 3 4 5
2.13	电子政务项目实施的跨部门程度	1 2 3 4 5
2.14	电子政务项目实施对现有流程的影响程度	1 2 3 4 5
2.15	电子政务项目使用对现有利益格局的影响程度	1 2 3 4 5

【第三部分】以下是有关您和您所在组织的基本情况，请您填写横线上的内容，并在适当的"□"前边打"√"。

3.1　请问您所在的城市：＿＿＿＿＿＿＿＿＿＿。

3.2　请问您所在部门的行政级别是：

□ 科级　□ 处级　□ 局级　□ 部级

3.3　请问您的职位是：（注：如果身兼多职可以多选）

□ 部门主管　□ 信息主管　□ 技术骨干　□ 其他

3.4　请问您在本组织工作有多少年了？

□ 少于 1 年　□ 1 ~ 5 年　□ 5 ~ 10 年　□ 10 年以上

3.5　请问您所在部门是否已开展电子政务活动：

□ 是 5 年内的计划　□ 是 1 年内的计划　□ 开展不到 1 年

□ 已开展 1 ~ 3 年　□ 已开展 3 ~ 5 年　□ 已开展 5 年以上

3.6 列举三项您所在部门最常用的电子政务项目：（如政府网站、电子公文系统）

(1) _____

(2) _____

(3) _____

衷心感谢您对本次调研活动的参与和支持！

附录6：电子政务治理模式的半开放式案例访谈问卷

说明：本次访谈是基于教育部重大攻关课题《面向公共服务的电子政务管理体系研究》的研究需要而进行的，主要目的是详细了解一个政府组织部门近年来建成运营的电子政务项目的基本情况、决策制度安排情况，以及决策制度安排的绩效评价问题。

【第一部分】部门基本情况

1.1　请您介绍本部门的基本情况，包括组建时间、人员规模、主要业务职能、组织结构等。

1.2　请介绍本单位开展电子政务基本情况，包括起始时间，存在的主要问题等。

1.3　请问行政首脑对本单位电子政务投资的积极性如何？

1.4　请问本部门在行政管理范围内的地位如何？行政领导如何看待本部门的作用？行政管理范围内的其他业务部门如何看待该部门的作用？

【第二部分】部门电子政务决策制度安排情况

2.1　请问您是否了解IT治理？您是如何理解IT治理的？

2.2　请您介绍本单位电子政务决策的基本情况，包括有哪些决策者、决策机构和流程、及主要决策过程中的沟通方式、监督方式和激励方式。

2.3　请问你所在单位是否有下表所示的电子政务决策项？如果有，请您详细介绍每个决策项的决策制度安排的基本情况。

（1）请您介绍该决策项的基本特征，包括是否跨部门？投资规模大致是多少？

（2）请您介绍该决策的启动过程，包括启动者是谁？启动投资的来源是谁？

（3）请您介绍该决策项的立项过程，包括立项参与者？是否存在较大争议？

（4）请您介绍该决策项的建设过程，包括建设方式？建设时间？主要决策者？

（5）请您介绍该决策项的运营过程，包括主要决策者？运营中的主要问题？

（6）请您介绍该决策项的实施成效？

决策项的类型	子项编号	项目子类型
S. 战略规划 Strategies	S－1	政府信息化规划报告
	S－2	电子政务战略规划报告
I. 架构设计 Infrastructure	I－1	电子政务总体技术架构设计方案
	I－2	电子政务组织机构设计方案
	I－3	电子政务流程改造方案
	I－4	电子政务管理制度及规范
A. 应用系统 Application	A－1	政府门户网站
	A－2	网上审批系统
	A－3	协同办公系统
	A－4	电子公文系统
	A－5	电子办公系统（含视频会议）
	A－6	决策支持系统
D. 数据库 Database	D－1	信息交换系统
	D－2	信息公开系统
	D－3	业务数据库系统
N. 网络设施 Network	N－1	公共服务网络（外网）
	N－2	非涉密政府办公网络
	N－3	涉密政府办公网络
	N－4	专业纵向网络

2.4 我们根据现有研究成果，整理并罗列了一些影响电子政务决策制度安排的关键因素，请根据你所处部门的实际情况，给出具体看法，并根据重要程度打分。其中1：不重要；2：有点重要；3：一般；4：重要；5：非常重要。

外部因素					
（1）上级部门的意志和要求产生的强制性压力	1	2	3	4	5
（2）同类地区在电子政务建设中的典范作用产生的效仿性压力	1	2	3	4	5
（3）为了在同类地区的电子政府建设中脱颖而出产生的竞争性压力	1	2	3	4	5
（4）区域的经济发展水平	1	2	3	4	5

续表

内部因素					
（1）行政首脑对电子政务投资的态度	1	2	3	4	5
（2）组织的集权程度	1	2	3	4	5
（3）IT 管理经验	1	2	3	4	5
（4）IT 部门影响力	1	2	3	4	5
电子政务投资特点					
（1）投资规模	1	2	3	4	5
（2）应用范围	1	2	3	4	5
（3）需求的迫切性	1	2	3	4	5
（4）相关技术的成熟度	1	2	3	4	5

【第三部分】电子政务决策制度安排的绩效问题

3.1　请问您如何看待决策在电子政务实施中的重要性？请问您如何描述电子政务决策制度安排的绩效？价值交付、成本控制、IT 资源利用、风险控制的有效性是否能够比较全面的评价电子政务决策制度安排的绩效？

3.2　如果有可能，请您根据价值交付、成本控制、IT 资源利用、风险控制4 个指标的重要性和实现程度，对具体电子政务决策项的决策制度安排情况打分。请您具体介绍，您是从哪些方面测量这些指标的。

3.3　您认为有哪些因素会影响电子政务决策制度安排的绩效？是否包括高层管理者对治理的认知程度、治理的就绪程度、治理模式、治理结构、沟通机制、激励机制、监督机制？请给出您具体的支持或者反对的理由。

附录7：电子政务治理有效性影响
因素的调查问卷

尊敬的女士/先生，您好！

我们是中央财经大学"面向公共服务的电子政务管理体系研究"课题组，刚刚与《信息化建设》杂志合作完成了《2008 中国电子政务发展现状大型问卷调查》，并给您发送了研究报告，不知您是否收到。

为了进一步深化电子政务研究，我们课题组最近正在开展一项关于中国电子政务治理的研究，希望能得到您的大力支持，拨冗填写一份调查表，问卷共计 3 页，填写大约需要 20 分钟。本调查问卷中的所有问题将不涉及您的工作机密和个人隐私，也不公开，仅供本学术研究参考。

为表示对您的感谢，我们会及时将研究结果发给您，并寄送我们编写的，于 2008 年由高等教育出版社出版的"高等教育国家级'十一五'规划教材"《电子政务》及教学课件（如果需要教材，请在回复时注明具体寄送地址）。

如未收到《2008 中国电子政务发展现状大型问卷调查》的分析报告，或对此次调查有疑问，可致电《信息化建设》主任记者吴倚天查询，010 - 65672669，15801519900。再次感谢您的热心协助及参与。

注释 1：电子政务治理，通俗地讲是指政府部门在电子政务项目的建设运营过程中，为了实现项目既定目标，进行项目决策权和责任的安排和部署，包括确定该项目的决策者、决策机构、主要的决策流程，以及该项目实施过程中的沟通方式、监督方式和激励方式。

注释 2：电子政务治理有效性，是对决策制度安排有效性的综合评价，包括对项目决策权安排和责任部署的效果评价，以及对决策制定和实施机制运行效果的评价。

【第一部分】以下列出评价电子政务治理有效性的主要指标，请您根据贵单位的实际状况判断这些指标对于电子政务治理有效性评价的重要性。请在相应的分值上打"√"。其中 5 分表示非常重要；4 分表示重要；3 分表示不知道；2 分表示不重要；1 分表示非常不重要，分值越高代表该指标重要性越高。

编号	电子政务治理有效性的主要评价指标	重要程度
1.1	电子政务能够按既定的时间交付	1　2　3　4　5
1.2	电子政务能够满足既定的性能要求	1　2　3　4　5
1.3	电子政务能够满足既定的业务需求	1　2　3　4　5
1.4	系统运营具有良好的安全性与持续性	1　2　3　4　5
1.5	电子政务实施风险被理解和识别	1　2　3　4　5
1.6	制定了政府信息资源的安全保护级别	1　2　3　4　5
1.7	电子政务实施制定了明确的风险防范措施	1　2　3　4　5
1.8	电子政务实施过程中没有过多的追加投资	1　2　3　4　5
1.9	能分阶段核算项目的硬件、软件、人工、管理成本	1　2　3　4　5
1.10	电子政务实施过程中具有清晰的资金使用审批流程	1　2　3　4　5

【第二部分】以下列出影响电子政务治理有效性的主要因素，请您根据贵单位的实际状况判断这些因素对电子政务治理有效性的重要性。请在相应的分值上打"√"。其中 5 分表示非常重要；4 分表示重要；3 分表示不知道；2 分表示不重要；1 分表示非常不重要，分值越高代表该指标重要性越高。

编号	电子政务治理有效性的主要影响因素	重要程度
2.1	高层管理者对电子政务投资价值的认同	1　2　3　4　5
2.2	高层管理者对电子政务投资绩效的重视	1　2　3　4　5
2.3	管理者对电子政务决策制度安排的认同	1　2　3　4　5
2.4	明确电子政务的决策权、执行权、监督权	1　2　3　4　5
2.5	职能、信息部门共同承担管理责任	1　2　3　4　5
2.6	利益相关者参与到主要的决策审查程序中	1　2　3　4　5
2.7	信息主管部门有明确的权责安排	1　2　3　4　5
2.8	高层管理者能够参与到关键性的沟通协调活动中	1　2　3　4　5
2.9	建立正式的跨部门电子政务实施管理的沟通平台	1　2　3　4　5
2.10	参与实施的相关部门具有主动沟通的意愿	1　2　3　4　5

【第三部分】以下是有关您和您所在组织的基本情况，请您填写横线上的内容，并在适当的"□"前边打"√"。

3.1　请问您所在的城市：＿＿＿＿＿＿＿＿＿＿＿＿＿＿。

3.2　请问您所在部门的行政级别是：

□ 科级　　□ 处级　　□ 局级　　□ 部级

3.3　请问您的职位是：（注：如果身兼多职可以多选）

□ 部门主管　　□ 信息主管　　□ 技术骨干　　□ 其他

衷心感谢您对本次调研活动的参与和支持！

附录8：国家税务总局电子政务网站
绩效评价的调查问卷

尊敬的女士/先生：

本调查问卷旨在了解大家对国家税务总局电子政务网站绩效的评价，需要您对国家税务总局的网站有一定的了解。调查问卷共有 34 项指标，每项指标请您在"很好"、"较好"、"一般"、"较差"、"很差"5 个选项中进行选择，用"√"表示。

完成此调查问卷大约花费 10 分钟时间，题目答案无好坏对错之分。

注释：若有三级指标的对三级指标进行评价，若没有三级指标，直接对二级指标进行评价。

一级指标	二级指标	三级指标	模糊评价				
			很好	较好	一般	较差	很差
网站内容	全面性	栏目设置					
		政务公开					
		网站背景介绍					
		特色内容和概览					
	实时性						
	正确性						
	权威性						
	独特性						
	生动性						
网站设计	页面展示	个性设置					
		页面布局					
		层次设置					
		页面效果					
	辅助功能						

续表

一级指标	二级指标	三级指标	模糊评价				
			很好	较好	一般	较差	很差
网站技术	独立的域名						
	网页打开速度						
	计数器						
	网站安全性						
	多语种支持						
在线办事	表格下载						
	在线服务的用户指南						
	在线办理程度						
	用户反馈	提供用户反馈的途径和手段					
		设有网站的用户反馈栏目					
公众参与	问题咨询、投诉和举报	开设信箱的多样性					
		问题回复的时效性					
		问题回复的有效性					
		提交问题后的查询					
	在线解答						
	论坛和留言板						
总体效果评价	对提高办事效率的促进程度						
	对减少运转费用的促进程度						
	对改善形象的促进程度						
	对加强监管的促进程度						

感谢您的参与！

面向公共服务的电子政务管理体系研究

参 考 文 献

1. Nations, U. and A. S. f. P. A. (ASPA), *Benchmarking E-government*: *A Global Perspective*, 2002, New York: United Nations Online Network in Public Administration and Finance.

2. Field, T., *The e-government imperative*2003: Organization for Economic.

3. Relyea, H., *E-gov*: *introduction and overview*. Government Information Quarterly, 2002. 19 (1): pp. 9 – 35.

4. Kaylor, C., R. Deshazo, and D. Van Eck, *Gauging e-government*: *A report on implementing services among American cities*. Government Information Quarterly, 2001. 18: pp. 293 – 307.

5. West, D. M., *E-government and the transformation of service delivery and citizen attitudes*. Public Administration Review, 2004. 64 (1): pp. 15 – 27.

6. 宋明、忻展红:《我国电子政务的实施及影响因素分析》,载《重庆科技学院学报》(社会科学版),2008 年第 3 期。

7. Seneviratne, S. J., *Information technology and organizational change in the public sector*1999: IGI Publishing. 41 – 61.

8. 胥家鸣:《江苏电子政务发展现状及思考》,载《信息化建设》,2008 年第 7 期,第 14 ~ 15 页。

9. 刘素仙:《理性反思中的学习与借鉴——浅谈新公共管理理论对我国政府改革的启示》,载《"中国特色社会主义行政管理体制"研讨会暨中国行政管理学会第 20 届年会论文集》,2010 年。

10. 奥斯本、盖布勒:《改革政府:企业家精神如何改革着公共部门》,上海译文出版社 2006 年版。

11. 陈振明:《公共管理范式的兴起与特征》,载《中国人民大学学报》,2001 年第 1 期。

12. 徐勇戈、任敏、刘果果:《新公共管理对于中国城市管理的应用思路分析》，载《理论导刊》，2007 年第 1 期，第 55～57 页。

13. Umpleby, S. , *Is greater citizen participation in planning possible and desirable*? The Politics of Technology, 1977. 4（1）: pp. 67 – 76.

14. Simon, H. , *The information-storage system called human memory*. Neural mechanisms of learning and memory, 1976: pp. 79 – 96.

15. Karlström, G. , *Information systems in local governments in Sweden*. Computers, Environment and Urban Systems, 1986. 11（3）: pp. 107 – 113.

16. Brussaard, B. K. , *Information resource management in the public sector*. Information & Management, 1988. 15（2）: pp. 85 – 92.

17. King, J. L. , *Rob Kling and the Irvine School*. The Information Society, 2004. 20: pp. 97 – 99.

18. Danziger, J. and K. Andersen, *The Impacts Of Information Technology On Public Administration*: *An Analysis Of Empirical Research From The "Golden Age" Of Transformation*. International Journal of Public Administration, 2002. 25（5）: pp. 591 – 627.

19. Kraemer, K. L. and A. Northrop, *Curriculum Recommendations for Public Management Education in Computing*: *An Update*. Public Administration Review, 1989. 49（5）: pp. 447 – 53.

20. Bozeman, B. and S. Bretschneider, *Public Management Information Systems*: *Theory and Prescription*. Public Administration Review, 1986. 46: pp. 475 – 487.

21. Saxena, K. and A. Aly, *Information technology support for reengineering public administration*: *A conceptual framework*. International Journal of Information Management, 1995. 15（4）: pp. 271 – 293.

22. Ho, A. T. K. , *Reinventing local governments and the e-government initiative*. Public Administration Review, 2002. 62（4）: pp. 434 – 444.

23. Schelin, S. , *E-Government*: *An Overview*. Public Information Technology: Policy and Management Issues, 2003: pp. 120 – 137.

24. Edmiston, K. D. , *State and local e-government-Prospects and challenges*. American Review of Public Administration, 2003. 33（1）: pp. 20 – 45.

25. Gupta, M. P. and D. Jana, *E-government evaluation*: *A framework and case study*. Government Information Quarterly, 2003. 20（4）: pp. 365 – 387.

26. Gil-Garcia, J. R. and T. A. Pardo, *E-government success factors*: *Mapping practical tools to theoretical foundations*. Government Information Quarterly, 2005. 22（2）: pp. 187 – 216.

27. Scholl, H. J. , *Electronic government*：*Information management capacity, organizational capabilities, and the sourcing mix.* Government Information Quarterly, 2006. 23 (1)：pp. 73 – 96.

28. Andersen, K. V. and H. Z. Henriksen, *E-government maturity models*：*Extension of the Layne and Lee model.* Government Information Quarterly, 2006. 23 (2)：pp. 236 – 248.

29. Gil-Garcia, J. R. and I. J. Martinez-Moyano. *Understanding the evolution of e-government*：*The influence of systems of rules on public sector dynamics.* 2007.

30. Reddick, C. G. and H. A. Frank, *The perceived impacts of e-government on US cities*：*A survey of Florida and Texas City managers.* Government Information Quarterly, 2007. 24 (3)：pp. 576 – 594.

31. 姜奇平、汪向东：《行政环境与电子政务的策略选择》，载《中国社会科学》，2004 年第 2 期，第 80 ~ 91 页。

32. 吴敬琏：《电子政务是建设法治国家的核心内容》，载《网络与信息》，2002 年第 5 (11) 期。

33. 汪玉凯：《中国电子政务的功能定位与政府治理创新》，载《信息化建设》，2003 年第 4 期，第 19 ~ 20 页。

34. 娄策群：《论电子政务与电子商务的关系》，载《华中师范大学学报》，(人文社会科学版)，2002 年第 41 (2) 期，第 2 页。

35. 杨雷、李玉光、张金隆：《电子政务建设目标和效益分析》，载《科技进步与对策》，2003 年第 4 期，第 148 ~ 150 页。

36. 易新涛：《电子政府与行政模式的转型》，载《中国特色社会主义研究》，2003 年第 4 期。

37. 刘春年：《电子政务目标选择模型研究》，载《图书馆学研究》，2005 年第 9 期，第 15 ~ 17 页。

38. 刘春年：《电子政务目标研究的四维视角》，载《现代情报》，2005 年第 25 (012) 期，第 215 ~ 216 页。

39. 林渊：《电子政府与信息服务职能》，载《行政论坛》，2002 年第 3 期，第 19 ~ 21 页。

40. 李平：《电子政府与公共服务的改善》，载《科学学研究》，2003 年第 21 (005) 期，第 496 ~ 501 页。

41. 李靖华：《政府电子服务流程再造研究综述》，载《科技管理研究》，2004 年第 24 (3) 期。

42. 周慧文：《各国电子政务公共服务功能定位的理论与实践》，载《图书情

483

报知识》，2004 年第 5 期。

43. 李冠军、聂玮：《电子政务在政府公众服务创新中的作用》，载《中国行政管理》，2005 年第 9 期，第 46～48 页。

44. 姚国章：《国际，国内政府电子化服务研究进展》，载《公共管理学报》，2006 年第 3（001）期，第 40～44 页。

45. 董新宇、苏竣：《电子政务与政府流程再造——兼谈新公共管理》，载《公共管理学报》，2004 年第 1（4）期，第 46～52 页。

46. 夏显波：《电子政府一站式服务关键因素研究》，西南交通大学，2006 年。

47. 叶勇：《政府流程再造：理论检视，困境解读及其发展策略》，载《理论观察》，2007 年第 2 期，第 38～39 页。

48. 赵国俊：《电子政务》，电子工业出版社 2003 年版。

49. 刘谊、刘星：《我国政府信息透明度的现实思考》，载《中国软科学》，2004 年第 9 期，第 24～31 页。

50. 黄萃：《中国电子政务信息资源开发的制度障碍分析》，载《电子政务》，2005 年第 13 期，第 45～50 页。

51. 欧立祥：《论电子政府治理理念及其相关制度的创新》，载《滁州学院学报》，2002 年第 4 期，第 31～34 页。

52. 盛明科：《论电子政府发展与行政决策体制创新》，载《湘潭大学社会科学学报》，2003 年第 27 期，第 186～187 页。

53. 翟校义：《电子政府的治理范式研究》，载《电子政务》，2006 年第（1/2）期，第 124～132 页。

54. 吴倚天：《嘉定："无线城市"的无限憧憬》，载《信息化建设》，2009 年第 5 期，第 18～21 页。

55. 陆敬筠、仲伟俊、梅姝娥：《电子公共服务公众参与度的实证分析》，载《情报科学》，2008 年第 2 期，第 224～228 页。

56. Ghauri, P., and I. Kristianslund, *Research Methods in Business Studies：A Practical Guide*1995：Prentice Hall.

57. Corbin, J. and A. Strauss, *Basics of Qualitative Research：Techniques and Procedures for Developing Grounded Theory*2007：SAGE Publications Ltd.

58. Strauss, A. and J. Corbin, *Basics of Qualitative Research：Techniques and Procedures for Developing Grounded Theory* 1998：Sage Publications Inc.

59. Strauss, A. and J. Corbin, *Basics of qualitative research. grounded theory procedures and techniques.* 1990.

60. Yin, R., *Case Study Research：Design and Methods*2003：Sage Publications

Inc.

61. Yin, R., *Case study research: design and methods* (*Second edition*) 1994: Thousand Oaks: Sage Publications.

62. 余菁:《案例研究与案例研究方法》,载《经济管理》,2004 年第 20 期,第 1~6 页。

63. Chen, W. and R. Hirschheim, *A paradigmatic and methodological examination of information systems research from 1991 to 2001.* Information Systems Journal, 2004. 14 (3): pp. 197 – 235.

64. Stake, R., *Case studies.* Handbook of qualitative research, 2000. 2: p. 435 – 454.

65. Yin, R., *Case study research: Design and methods* 2008: Thousand Oaks: Sage Publications.

66. Sturman, A., *Case study methods.* Issues in educational research, 1999: pp. 103 – 112.

67. 张丽华、刘松博:《案例研究:从跨案例的分析到拓展现有理论的解释力——中国第二届管理案例学术研讨会综述》,载《管理世界》,2006 年第 12 期,第 142~145 页。

68. Miles, M. and A. Huberman, *Qualitative data analysis: An expanded sourcebook* 1994: Thousand Oaks: Sage Publications.

69. 张喆、黄沛、张良:《中国企业 ERP 实施关键成功因素分析:多案例研究》,载《管理世界》,2005 年第 12 期,第 137~143 页。

70. 徐碧美:《如何开展案例研究》,载《教育发展研究》,2004 年第 2 期,第 9~13 页。

71. Pinsonneault, A. and K. Kraemer, *Survey research methodology in management information systems: an assessment.* Journal of Management Information Systems, 1993. 10: pp. 75 – 75.

72. Newsted, P., S. Huff, and M. Munro, *Survey instruments in information systems.* Mis Quarterly, 1998. 22 (4): pp. 553 – 554.

73. Straub, et al. *The ISWorld Quantitative, Positivist Research Methods Website.* http://www. dstraub. cis. gsu. edu: 88/quant/ 2004 January 7, 2005.

74. Hair, et al., *Multivariate Data Analysis* 1995: Prentice Hall.

75. 薛薇:《基于 SPSS 的数据分析》,中国人民大学出版社 2006 年版,第 359~366 页。

76. McDonald, R. P. and M. H. R. Ho, *Principles and practice in reporting struc-*

tural equation analyses. Psychological Methods，2002. 7（1）：pp. 64 – 82.

77. 邱皓政：《结构方程模式：LISREL 的理论》，载《技术与应用》，双叶书廊有限公司 2003 年版。

78. Hershberger，S.，*the growth of sturctural equation modeling：1994-2001.* sturctural equation modeling，2003. 10：p. 35 – 46.

79. 王重鸣：《心理学研究方法》，人民教育出版社 1990 年版。

80. 侯杰泰：《结构方程模型及其应用》，教育科学出版社 2004 年版。

81. Tabachnich，B. and L. Fidell，*Using multivariate statistics*2001：Needham HEights，MA：Allyn and Bacon.

82. Anderson，J. and D. Gerbing，*Structural equation modeling in practice：A review and recommended two-step approach.* Psychological bulletin，1988. 103（3）：p. 411 – 423.

83. 徐云杰：《社会调查研究方法》，*http：//www. comp. nus. edu. sg/ ~ xuyj* 2009. 04.

84. Sethi，V. and S. Carraher，*Developing measures for assessing the organizational impact of information technology：a comment on Mahmood and Soon's paper.* Decision Sciences，1993. 24（4）：p. 867 – 877.

85. Fornell，C. and D. Larcker，*Evaluating structural equation models with unobservable variables and measurement error.* Journal of Marketing Research，1981：p. 39 – 50.

86. Cronbach，L.，*Test "reliability"：Its meaning and determination.* Psychometrika，1947. 12（1）：p. 1 – 16.

87. Guielford，J.，*Fundamental Statics in Psychology and Education*，1965，New York：Mc Graw-Hill.

88. Nunnally，J.，*Psychometric Theory：Second Edition.* Applied Psychological Measurement，1979. 3（2）：p. 279 – 280.

89. Bentler，P. and A. Mooijaart，*Choice of structural model via parsimony：a rationale based on precision.* Psychological bulletin，1989. 106（2）：p. 315 – 317.

90. Gefen，D.，D. Straub，and M. Boudreau，*Structural equation modeling and regression：Guidelines for research practice.* Communications of AIS，2000. 4（7）.

91. Steiger，J.，*Structural model evaluation and modification：An interval estimation approach.* Multivariate Behavioral Research，1990. 25（2）：p. 173 – 180.

92. 姚国庆：《博弈论》，高等教育出版社 2007 年版。

93. 撒力、熊范纶：《一个基于 Swarm 的人工生态系统模型》，载《系统仿

面向公共服务的电子政务管理体系研究

真学报》2005 年第 17（003）期，第 714～717 页。

94. 万春、孙延明：《多主体建模仿真平台 SWARM 的探讨》，载《装备制造技术》，2007 年第 6 期，第 62～63 页。

95. 张云红：《基于 MAS 的供应链合作伙伴关系建模与仿真》，青岛大学，2005 年。

96. Wooldridge, M. and N. Jennings, *Intelligent agents*：*Theory and practice*. The knowledge engineering review, 2009.10（02）：p. 115–152.

97. 刘贞、程勇军：《Swarm for Java 仿真及编程实现》，机械工业出版社 2009 年版。

98. 曹慕昆、冯玉强：《基于多 Agent 计算机仿真实验平台 Swarm 的综述》，载《计算机应用研究》，2005 年第 22（009）期，第 1～3 页。

99. 华立、赵纯均：《复杂性与社会经济系统建模》，载《清华大学学报》，（哲学社会科学版），2001 年第 16（003）期，第 43～48 页。

100. 胡峰、孙国基：《动态系统计算机仿真技术综述（Ⅱ）——仿真结果分析》，载《计算机仿真》，2000 年第 17（002）期，第 1～3 页。

101. 胡峰、孙国基：《动态系统计算机技术综述（Ⅰ）——仿真模型》，载《计算机仿真》，2000 年第 17（001）期，第 1～7 页。

102. 倪建军、范新南、徐立中：《基于 Swarm 平台的复杂系统建模仿真及其应用分析》，载《河海大学常州分校学报》，2006 年第 20（004）期，第 13～16 页。

103. 莱昂、狄骥：《公法的变迁——法律与国家》，辽海出版社、春风文艺出版社 1999 年版。

104. 陈庆云：《公共管理基本模式初探》，载《中国行政管理》，2000 年第 8 期，第 31～33 页。

105. 卢映川：《创新公共服务的组织与管理》，人民出版社 2007 年版。

106. 夏书章：《公共服务》，载《中国行政管理》，2003 年第 3 期，第 61 页。

107. 冯云廷：《城市公共服务体制研究的意义与方向》，载《城市》，2005 年第 1 期，第 12～14 页。

108. 句华：《公共服务中的市场机制：理论，方式与技术》，Vol. 2. 北京大学出版社 2006 年版。

109. 彼得斯著：《政府未来的治理模式：The future of governing：four emerging models/B. Guy Peters》，吴爱明、夏宏图译，中国人民大学出版社 2001 年版。

110. 王旭：《"莱克伍德方案"与美国地方政府公共服务外包模式》，载

《吉林大学社会科学学报》，2009年第49（006）期，第118~125页。

111. 赵大鹏：《公共服务市场化改革的困境及其对策探析》，载《长白学刊》，2009年第6期，第72~75页。

112. 萨瓦斯：《民营化与公私部门的伙伴关系》，中国人民大学出版社2002年版。

113. 中国（海南）改革发展研究院：《加快建立社会主义公共服务体制》，载《聚集中国公共服务体制》，中国经济出版社2006年版。

114. 王雍君：《中国的财政均等化与转移支付体制改革》，载《中央财经大学学报》，2006年第9（1）期。

115. 张立荣、冷向明：《基本公共服务均等化取向下的政府行为变革》，载《政治学研究》，2007年第4期，第83~91页。

116. 孙友祥、柯文昌：《城乡基本公共服务均等化：价值，困境与路径》，载《中国行政管理》，2009年第7期。

117. 陈昌盛、蔡跃洲：《中国政府公共服务：体制变迁与地区综合评估》，中国社会科学出版社2007年版。

118. 蔡放波：《略论加快建设我国基本公共服务体系》，载《学习与实践》，2007年第5期，第62~69页。

119. 蔡春红：《完善财政转移支付制度的政策建议——兼论推进基本公共服务均等化和主体功能区建设的关系》，载《中国行政管理》，2008年第4期，第78~81页。

120. 常修泽：《中国现阶段基本公共服务均等化研究》，载《中共天津市委党校学报》，2007年第9（002）期，第66~71页。

121. 陈庆云等：《论公共管理中效率与公平的关系及其实现机制》，载《中国行政管理》，2005年第11期，第27页。

122. 麻宝斌、董晓倩：《中国公共就业服务均等化问题研究》，载《东北师大学报》（哲学社会科学版），2009年第6期，第82~87页。

123. Ya Ni, A. and S. Bretschneider, *The Decision to Contract Out: A Study of Contracting for E-Government Services in State Governments.* Public Administration Review, 2007. 67 (3): pp. 531 – 544.

124. Chen, Y. C. and J. Gant. *Transforming local e-government services: the use of application service providers.* 2001.

125. Hung, S. Y. , C. M. Chang, and T. J. Yu, *Determinants of user acceptance of the e-Government services: The case of online tax filing and payment system.* Government Information Quarterly, 2006. 23 (1): pp. 97 – 122.

126. van Velsen, L., et al., *Requirements engineering for e-Government services: A citizen-centric approach and case study.* Government Information Quarterly, 2009. 26 (3): pp. 477 – 486.

127. Verdegem, P. and G. Verleye, *User-centered E-Government in practice: A comprehensive model for measuring user satisfaction.* Government Information Quarterly, 2009. 26 (3): pp. 487 – 497.

128. van Dijk, J. A. G. M., O. Peters, and W. Ebbers, *Explaining the acceptance and use of government Internet services: A Multivariate analysis of* 2006 *survey data in the Netherlands.* Government Information Quarterly, 2008. 25 (3): pp. 379 – 399.

129. Anthopoulos, L. G., P. Siozos, and I. A. Tsoukalas, *Applying participatory design and collaboration in digital public services for discovering and re-designing e-Government services.* Government Information Quarterly, 2007. 24 (2): pp. 353 – 376.

130. Ba, S. and W. C. Johansson, *An exploratory study of the impact of e-service process on online customer satisfaction.* Production and Operations Management, 2008. 17 (1): pp. 107 – 119.

131. Field, J. M., G. R. Heim, and K. K. Sinha, *Managing quality in the e-service system: Development and application of a process model.* Production and Operations Management, 2004. 13 (4): pp. 291 – 306.

132. Torres, L., V. Pina, and B. Acerete, *E-government developments on delivering public services among EU cities.* Government Information Quarterly, 2005. 22 (2): pp. 217 – 238.

133. 胡广伟:《电子公共服务战略管理方法及其应用研究》,东南大学, 2006 年。

134. 杨冰之、郑爱军:《服务型政府网站的本质特征与表现形式》,载《信息化建设》,2008 年第 4 期,第 19～23 页。

135. Fountain, J. E., *The virtual state: Toward a theory of federal bureaucracy in the* 21*st century.* Jane E. Fountain, 1999: P. 27.

136. 汪玉凯:《中国行政体制改革 30 年回顾与展望》,人民出版社 2008 年版。

137. Kamarck, E. C. and J. S. Nye Jr, *democracy.com?: Governance in a Networked World* 2001: Hollis Publishing Company.

138. Thompson, D., *James Madison on cyberdemocracy.* Democracy. com? Governance in a Networked World, 1999: pp. 35 – 42.

139. 石怀成:《国外推行电子政务公共服务的主要理念》,载《信息化建设》，2007 年第 7 期，第 35～38 页。

140. 李军鹏：《行政管理体制改革重点》，载《财经》，2008 年第 3 期，第 30～31 页。

141. 任晓：《中国行政改革》，浙江人民出版社 1998 年版。

142. 孙亮：《服务型政府的目标意涵及其实现途径》，载《中国行政管理》，2007 年第 8（5）期。

143. 黄爱宝：《"节约型政府"与"服务型政府"的内涵定位与范式契合》，载《社会科学研究》，2007 年第 5 期，第 54～59 页。

144. Commissio，E. *User satisfaction and usage survey of eGovernment services.* 2004；Available from：http：//europa. eu. int/eeurope.

145. 徐望来、李文敏：《试论我国服务型政府构建中的公民参与问题》，载《辽宁行政学院学报》，2009 年第 8 期，第 10～11 页。

146. 姜晓萍：《服务型政府建设研究——构建服务型政府进程中的公民参与》，载《社会科学研究》，2007 年第 4 期，第 1～7 页。

147. 丁煌：《当代西方公共行政理论的新发展》，载《广东行政学院学报》，2005 年第 12 期，第 5～10 页。

148. 郭剑翔、王霖锋：《打造精品网站再塑服务型政府的"金名片"——杭州市国土资源局网站建设的实践与体会》，载《信息化建设》，2006 年第 10 期，第 33～35 页。

149. 孙台维：《"新公共管理模式"对中国行政管理改革的启示》，载《法制与经济》，2008 年第 6 期，第 101～103 页。

150. Johnson，C. L.，*A framework for pricing government e-services.* Electronic Commerce Research and Applications，2008. 6（4）：p. 484－489.

151. Terpsiadou，M. H. and A. A. Economides，*The use of information systems in the Greek public financial services：The case of TAXIS.* Government Information Quarterly，2009. 26（3）：p. 468－476.

152. West，D. M. and T. C. f. P. Policy，*Urban e-government：an assessment of city government websites*2001：Taubman Center for Public Policy，Brown University.

153. Stowers，G. N. L.，*Becoming cyberactive：State and local governments on the World Wide Web.* Government Information Quarterly，1999. 16（2）：p. 111－127.

154. 朱琳、叶海平：《电子政务中发展的政务信息公开》，载《中国行政管理学会 2005 年年会暨"政府行政能力建设与构建和谐社会"研讨会论文集》，2005 年。

155. 俞可平、张胜军：《全球化：全球治理》，社会科学文献出版社 2003

年版。

156. 胡力、熊朝阳、彭文武:《以公众为中心的政府网站互动服务体系建设——重庆市政府公开信箱服务和监管创新实践》,载《信息化建设》,2008 年第 5 期,第 30~32 页。

157. Layne, K. and J. W. Lee, *Developing fully functional E-government: A four stage model.* Government Information Quarterly, 2001. 18 (2): pp. 122 – 136.

158. 杨明波:《电子政务信息资源共享机制运行的问题与对策探讨》,西南交通大学,2006 年。

159. 李卫东:《政府信息资源共享的原理和方法》,载《中国行政管理》,2008 年第 1 期,第 65~67 页。

160. Weill, P. and J. Ross, *A matrixed approach to designing IT governance.* MIT Sloan Management Review, 2005. 46 (2): pp. 26 – 34.

161. Weill, P. , *Don't Just Lead, Govern: How Top-Performing Firms Govern IT.* MIS Quarterly Executive, 2004. 3 (1): pp. 1 – 17.

162. 邓崧、白庆华、彭艳:《从成本角度分析电子政务服务集成模型》,载《管理科学》,2005 年第 18 (004) 期,第 58~62 页。

163. 王红霞:《电子政务中的风险及防范机制》,载《合肥工业大学学报》,(自然科学版),2003 年第 1 (1) 期。

164. Scherlis, W. L. and J. Eisenberg, *It research, innovation, and e-government.* Communications of the Acm, 2003. 46 (1): pp. 67 – 68.

165. Van Grembergen, W. , S. De Haes, and E. Guldentops, *Structures, Processes and Relational Mechanisms for IT Governance.* Strategies for Information Technology Governance, 2004: pp. 1 – 36.

166. Kwon, T. and R. Zmud, *Unifying the fragmented models of information systems implementation.* Wiley Series In Information Systems, 1987: pp. 227 – 251.

167. Wateridge, J. , *How can IS/IT projects be measured for success?* International Journal of Project Management, 1998. 16 (1): pp. 59 – 63.

168. Norris, D. F. , P. D. Fletcher, and S. H. Holden, *Is your local government plugged in? Highlights of the* 2000 *electronic government survey.* Washington, DC: International City/County Management Association, 2001.

169. Santhanam, R. and E. Hartono. *Common Factors among Management Support Systems' Success.* in *AMCIS* 2003 .

170. 陈岚:《从统计数据看我国各地政府门户网站绩效差异》,载《中国管理信息化》,2008 年第 17 期,第 105~107 页。

171. 王栽毅：《部门级电子政务系统的影响因素分析》，载《信息化建设》，2002 年第 10（10）期。

172. Fountain, J., *Building the Virtual State: Information Technology and Institutional Change*2001: Brookings Institution Press.

173. 赵佳佳、朱黎：《公共服务区域差距及影响因素分析》，载《吉林工商学院学报》，2008 年第 2 期，第 39～44 页。

174. 孙兵：《我国地方政府网站建设影响因素及现状分析》，载《中山大学研究生学刊》（社会科学版），2009 年第 30（001）期，第 104～112 页。

175. 孔繁玲：《对电子政务与政务信息公开制度交叉研究的框架分析》，载《学术交流》，2007 年第 11 期，第 58～60 页。

176. 杜治洲：《电子政务，官僚制与政府管理模式创新》，载《中国行政管理》，2006 年第 4 期，第 56～59 页。

177. 胡力：《实现政府信息公开仍需攻坚》，载《信息化建设》，2009 年第 5 期。

178. 黄萃：《基于政府失灵的电子公共服务项目建设模式构建》，载《情报杂志》，2006 年第 25（008）期，第 11～12 页。

179. 赵建凯：《电子政务信息公开对政府的三大挑战》，载《信息系统工程》，2009 年第 2 期，第 21～21 页。

180. West, D., *Assessing E-Government: The Internet, Democracy, and Service Delivery by State and Federal Governments.* 2000.

181. Brudney, J. L. and S. C. Selden, *The adoption of innovation by smaller local governments: The case of computer technology.* The American Review of Public Administration, 1995. 25（1）: P. 71.

182. Dunleavy, P., et al., *E-government and policy innovation in seven liberal democracies.* 2003.

183. Jaeger, P. T., *The social impact of an accessible e-democracy.* Journal of Disability Policy Studies, 2004. 15（1）: P. 19.

184. Cresswell, A. M. and T. A. Pardo, *Implications of legal and organizational issues for urban digital government development.* Government Information Quarterly, 2001. 18（4）: pp. 269－278.

185. 张锐昕：《电子政府概论》，中国人民大学出版社 2004 年版，第 203、240 页。

186. Suan, B. H., *Making e-Governance Happen A Practitioner's Perspective.* E-government in Asia: enabling public service innovation in the 21st century, 2003:

面向公共服务的电子政务管理体系研究

p. 366.

187. Caldow, J. , *Seven e-government leadership milestones.* Institute for Electronic Government, IBM Corporation, 2001.

188. Cook, M. E. and S. U. o. N. Y. a. A. C. f. T. i. Government, *Making a case for local e-government*2002：Center for Technology in Government, University at Albany, SUNY.

189. Melitski, J. , *The adoption and implementation of e-government*：*the case of e-government in New Jersey*2002：Rutgers University.

190. Luk, S. C. Y. , *The impact of leadership and stakeholders on the success/failure of e-government service*：*Using the case study of e-stamping service in Hong Kong.* Government Information Quarterly, 2009. 26 (4)：pp. 594 – 604.

191. Beattie, V. and K. Pratt, *Issues concerning web-based business reporting*：*an analysis of the views of interested parties.* The British Accounting Review, 2003. 35 (2)：pp. 155 – 187.

192. 赵定垚：《我国政府网站建设中的问题思考》，载《中国行政管理》，2009 年第 2 期。

193. Rai, A. and V. Sambamurthy, *Editorial notes—the growth of interest in services management*：*Opportunities for information systems scholars.* Information Systems Research, 2006. 17 (4)：P. 327.

194. 胡广伟、仲伟俊、梅姝娥：《电子公共服务战略规划方法研究及实证》，载《管理科学学报》，2008 年第 11 (003) 期，第 35 ~ 48 页。

195. 顾平安：《面向公共服务的电子政务流程再造》，载《中国行政管理》，2008 年第 9 期，第 83 ~ 86 页。

196. 吴倚天：《中美地方政府电子政务的共性与差异——信息化建设杂志网站"电子政务面对面"栏目对话实录》，载《信息化建设》，2009 年第 3 期，第 23 ~ 25 页。

197. Johnson, C. L. , *E-government financial management models.* Financial management theory in the public sector, 2004：P. 207.

198. Reddick, C. G. , *Public-Sector E-Commerce and State Financial Management.* Social Science Computer Review, 2004. 22 (3)：P. 293.

199. Xia, C. H. and P. Dube, *Dynamic pricing in e-services under demand uncertainty.* Production and Operations Management, 2007. 16 (6)：pp. 701 – 712.

200. Ryan, G. and M. Valverde, *Waiting in line for online services*：*a qualitative study of the user's perspective.* Information Systems Journal, 2006. 16 (2)：pp. 181 –

211.

201. 周斌：《面向公众服务的电子政务研究》，同济大学，2007 年。

202. Carter, L. and F. Belanger. *The utilization of e-government services：citizen trust, innovation and acceptance factors.* 2005. Blackwell Publishing Ltd.

203. Stafford, T. F., M. R. Stafford, and L. L. Schkade, *Determining uses and gratifications for the Internet.* Decision Sciences, 2004. 35（2）：pp. 259 – 288.

204. 单洪颖、张亚男：《我国电子政务与公众服务型政府网站集群式发展模式研究》，载《情报科学》，2007 年第 25（004）期，第 506~510 页。

205. 汤志伟、赵生辉：《电子化公共服务的过渡模式研究》，载《电子科技大学学报》（社会科学版），2008 年第 10（002）期，第 52~55 页。

206. Rogers, E. M., *Diffusion of innovations* 1995：Free Pr.

207. Jaeger, P. T. and K. M. Thompson, *E-government around the world：Lessons, challenges and future directions.* Government Information Quarterly, 2003. 20（4）：pp. 389 – 394.

208. LaRose, R. and M. Eastin, *A social cognitive explanation of Internet uses and gratifications：Toward a new theory of media attendance.* Journal of Broadcasting and Electronic Media, 2004. 48（3）：pp. 458 – C477.

209. LaRose, R., D. Mastro, and M. S. Eastin, *Understanding internet usage.* Social Science Computer Review, 2001. 19（4）：P. 395.

210. Lee, J. K. and H. R. Rao, *Task complexity and different decision criteria for online service acceptance：A comparison of two e-government compliance service domains.* Decision Support Systems, 2009. 47（4）：pp. 424 – 435.

211. 许小溯：《政府征求民意该想法"加加热"》，载《江南晚报》，2009 年 9 月 30 日。

212. West, D. M., *Global e-government*, 2005. Center for Public Policy, Brown University, Providence, RI http：//www. insidepolitics. org/egovt05int. pdf［accessed 21 June 2006］, 2005.

213. Dawes, S. S. and T. A. Pardo, *Tying a sensible knot：A practical guide to state-local information systems* 1997：Center for Technology in Government, University at Albany, SUNY.

214. Kingdon, J. W., *Agendas, Alternatives, and Public Policies（Longman Classics Edition）* 2002：Longman Publishing Group.

215. 吴倚天：《他山之石，如何攻玉？——电子政务美国考察启示录》，载《信息化建设》，2007 年第 6 期，第 13~15 页。

216. Meredith, J., *Building operations management theory through case and field research*. Journal of operations management, 1998. 16 (4): pp. 441 – 454.

217. Eisenhardt, K. M., *Building theories from case study research*. ACADEMY OF MANAGEMENT REVIEW, 1989. 14 (4): pp. 532 – 550.

218. Benbasat, I., D. K. Goldstein, and M. Mead, *The case research strategy in studies of information systems*. Mis Quarterly, 1987. 11 (3): pp. 369 – 386.

219. 吴倚天:《"市县联动"——丽水创造的市县一体信息化模式》,载《信息化建设》,2009 年增刊,第 6 页。

220. Lee, J. and J. Kim, *Grounded theory analysis of e-government initiatives: Exploring perceptions of government authorities*. Government Information Quarterly, 2007. 24 (1): pp. 135 – 147.

221. Bannister, F. and D. Remenyi, *Acts of faith: instinct, value and IT investment decisions*. Journal of Information Technology, 2000. 15 (3): pp. 231 – 241.

222. 刘耀、许智宏:《县级政府门户网站公共服务水平评估模型》,载《计算机与现代化》,2008 年第 10 期,第 79~82 页。

223. Morabito, S., *Understanding community policing as an innovation: Patterns of adoption*. Crime & Delinquency, 2010. 56 (4): pp. 564.

224. Damanpour, F., *Technology and Productivity: A Contingency Analysis of Computer in Local Governments*. Administration and Society, 1992. 11 (2): pp. 144 – 171.

225. Smith, A. C. and D. A. Taebel, *Administrative innovation in municipal government*. International Journal of Public Administration, 1985. 7 (2): pp. 149 – 177.

226. 刘禹宏、韩淑珍:《东西部县域经济空间差异分析》,载《开发研究》,2005 年第 5 期,第 115~118 页。

227. 罗时法:《我国城乡差别及其对发展的二重作用》,载《黔南民族师范学院学报》,2002 年第 22 (001) 期,第 46~50 页。

228. 杨凤春:《谈电子政务建设中的网络服务》,载《信息化建设》,2005 年第 12 期,第 20~21 页。

229. Belaya, V. and J. Hanf, *A multi-theoretical perspective on power in managing interorganizational relationships*. International Journal of Social Economics, 2009. 36 (11): pp. 1040 – 1049.

230. 吴爱明:《电子政务教程——理论·实务·案例》,首都经济贸易大学出版社 2004 年版。

231. 冯惠玲:《政府信息资源管理》,中国人民大学出版社 2006 年版。

232. Fedorowicz, J., J. Gogan, and A. Ray, *The ecology of interorganizational information sharing.* Journal of International Technology and Information Management, 2004. 13 (2): pp. 73 – 85.

233. 韩刚、覃正、王立华:《电子政府部门间信息共享系统的生态学模型》,载《情报科学》,2007 年第 25 (002) 期,第 298 ~ 301 页。

234. 刘强、卢思锋、邬涛:《政府信息资源共享的经济学理论基础》,载《北京工商大学学报》(社会科学版),2005 年第 20 (001) 期,第 55 ~ 57 页。

235. 穆昕、王浣尘、王晓华:《电子政务信息共享问题研究》,载《中国管理科学》,2004 年第 12 (003) 期,第 121 ~ 124 页。

236. Dawes, S., *Interagency information sharing: Expected benefits, manageable risks.* Journal of Policy Analysis and Management, 1996. 15 (3): pp. 377 – 394.

237. Kim, S. and H. Lee, *The impact of organizational context and information technology on employee knowledge-sharing capabilities.* Public Administration Review, 2006. 66 (3): pp. 370 – 385.

238. Azad, B. and S. Faraj, *Making e-Government systems workable: Exploring the evolution of frames.* Journal of Strategic Information Systems, 2008.

239. 何振、赵国俊:《网络环境下政府信息资源共享机制研究》,载《档案学通讯》,2007 年第 3 期,第 40 ~ 43 页。

240. 周伟:《论电子政务信息资源共建共享的保障实质》,载《哈尔滨学院学报》,2005 年第 26 (011) 期,第 75 ~ 78 页。

241. 吕欣:《电子政务信息资源共享中信任机制的构建》,载《信息网络安全》,2009 年第 3 期,第 11 ~ 13 页。

242. Landsbergen Jr, D. and G. Wolken Jr, *Realizing the promise: Government information systems and the fourth generation of information technology.* Public Administration Review, 2001. 61 (2): pp. 206 – 220.

243. 范静、张朋柱:《政府部门间 G2G 电子政务信息共享实现程度及其效果实证研究》,载《系统管理学报》,2008 年第 17 (002) 期,第 121 ~ 128 页。

244. Willem, A. and M. Buelens, *Knowledge sharing in public sector organizations: The effect of organizational characteristics on interdepartmental knowledge sharing.* Journal of Public Administration Research and Theory, 2007 (1): pp. 581 – 606.

245. Shin, S., M. Ishman, and G. Sanders, *An empirical investigation of sociocultural factors of information sharing in China.* Information & Management, 2007. 44 (2): pp. 165 – 174.

246. Drake, D., N. Steckler, and M. Koch, *Information sharing in and across

government agencies: *the role and influence of scientist, politician, and bureaucrat sub-cultures*. Social Science Computer Review, 2004. 22 (1): pp. 67.

247. Zmud, R. and J. Lee, *Behavioral Intention Formation IN Knowledge Sharing: Examining THE Roles OF Extrinsic Motivators, Social-Psychological Forces, AND Organizational Climate.* MIS Quarterly, 2005. 29 (1): pp. 87 – 111.

248. Keith, E. K. and R. H. Alan, *Beliefs and attitudes affecting intentions to share information in an organizational setting.* Information & Management, 2003. 40 (6): pp. 521 – 532.

249. Akbulut, A., *An investigation of the factors that influence electronic information sharing between state and local agencies*, 2003.

250. 胡平、张鹏刚、叶军:《影响地方政府部门间信息共享因素的实证研究》,载《情报科学》,2007 年第 25 (004) 期,第 548 ~ 556 页。

251. Liu, P. and A. Chetal, *Trust-based secure information sharing between federal government agencies.* Journal of the American Society for Information Science and Technology, 2005. 56 (3): pp. 283 – 298.

252. 韩刚:《基于第三方信任的电子政府府际信息共享管理模式研究》,载《情报理论与实践》,2008 年第 31 (004) 期,第 563 ~ 568 页。

253. 胡平、叶军、乔越:《影响地方政府部门间信息共享的关系因素度量与分析》,载《情报学报》2010 年第 29 (1) 期,第 128 ~ 135 页。

254. 周永坤:《规范权力——权力的法理研究》,法律出版社 2006 年版。

255. 波特兰·罗素:《权力论》,东方出版社 1988 年版。

256. 丹尼斯·朗:《权力论》,社会科学出版社 2001 年版。

257. 切斯特·巴纳德:《经理人的职能》,机械工业出版社 2007 年版。

258. Politis, J., *The influence of managerial power and credibility on knowledge acquisition attributes.* Leadership & Organization Development Journal, 2005. 26 (3): pp. 197 – 214.

259. Hunt, S. and J. Nevin, *Power in a channel of distribution: sources and consequences.* Journal of marketing Research, 1974. 11 (2): pp. 186 – 193.

260. Mutshewa, A., *A theoretical exploration of information behaviour: a power perspective.* Aslib Proceedings: New Information Perspectives, 2007. 59 (3): pp. 249 – 263.

261. Kelly, C., *Managing the relationship between knowledge and power in organisations.* Aslib Proceedings: New Information Perspectives, 2007. 59 (2): pp. 125 – 138.

262. Ardichvili, A. , et al. , *Cultural influences on knowledge sharing through online communities of practice.* Journal of Knowledge Management, 2006. 10 （1）: pp. 94 – 107.

263. Schooley, B. and T. Horan, *Towards end-to-end government performance management*: *Case study of interorganizational information integration in emergency medical services （EMS）.* Government Information Quarterly, 2007. 24 （4）: pp. 755 – 784.

264. 风笑天:《社会学研究方法》（第三版），中国人民大学出版社 2009 年版。

265. 马学广、王爱民、闫小培:《权力视角下的城市空间资源配置研究》，载《规划师》，2008 年第 24（001）期，第 77~82 页。

266. 宋华:《权力、信任对冲突解决机制及其伙伴关系持续影响研究》，载《管理学报》，2009 年第 6（11）期，第 1437~1443 页。

267. Kim, S. and H. Lee, *Organizational factors affecting knowledge sharing capabilities in e-government*: *an empirical study.* Lecture Notes in Computer Science, 2004: pp. 265 – 277.

268. Andrews, K. and B. Delahaye, *Influences on knowledge processes in organizational learning*: *the psychosocial filter.* Journal of Management Studies, 2000. 37 （6）: pp. 797 – 810.

269. 周旺生:《论作为支配性力量的权力资源》，载《北京大学学报》（哲学社会科学版），2004 年第 41（004）期，第 87~94 页。

270. 汪克夷、刘佑铭、宋明元:《知识共享与渠道关系间的权力作用研究》，载《大连理工大学学报》（社会科学版），2008 年第 29（4）期。

271. Brown, J. , R. Lusch, and C. Nicholson, *Power and relationship commitment*: *their impact on marketing channel member performance.* Journal of Retailing, 1995. 71 （4）: pp. 363 – 392.

272. Fu, J. , C. Farn, and W. Chao, *Acceptance of electronic tax filing*: *a study of taxpayer intentions.* Information & Management, 2006. 43 （1）: pp. 109 – 126.

273. 徐云杰:《社会调查研究方法》，新加坡，2008 年。

274. Floyd, F. and K. Widaman, *Factor analysis in the development and refinement of clinical assessment instruments.* Psychological assessment, 1995. 7 （3）: pp. 286 – 299.

275. 王保进:《多变量分析——统计软件与数据分析》，北京大学出版社 2007 年版。

276. 鲁耀斌、周涛：《电子商务信任》，华中科技大学出版社 2007 年版。

277. 米子川：《统计软件方法》，中国统计出版社 2002 年版。

278. 马庆国：《管理统计：数据获取，统计原理，SPSS 工具与应用研究》，科学出版社 2002 年版。

279. 陈正昌、程炳林、陈新丰：《多变量分析方法：统计软件应用》，中国税务出版社 2005 年版。

280. Cohen, J., et al., *Applied multiple regression/correlation analysis for the behavioral sciences* (*3rd Ed.*) 2003：Lawrence Erlbaum Associates, Mahwah, New Jersey.

281. Frazier, P., A. Tix, and K. Barron, *Testing Moderator and Mediator Effects in Counseling Psychology Research.* Journal of counseling psychology, 2004. 51 (1)：pp. 115－134.

282. 张基温、张展为：《电子政务导论》，人民邮电出版社 2008 年版。

283. 何振、蒋冠：《试论电子政务信息资源的内涵与特点》，载《图书情报工作》，2005 年第 49（2）期，第 64～67 页。

284. 李卫东：《政府信息系资源共享的原理和方法》，载《中国行政管理》，2008 年第 271（1）期，第 65～67 页。

285. McDougall, K., *What will Motivate Local Governments to Share Spatial Information*, in The National Biennial Conference of the Spatial Sciences Institute 2005.

286. 韩刚、覃正：《政府部门间信息共享的研究述评》，载《情报杂志》，2006 年第 25（009）期，第 2～4 页。

287. R. Axelrod, *The Complexity of Cooperation：Agent-Based Models of Competition and Collaboration* 1997, New Jersey：Princeton University Press.

288. Barua, A. and S. Ravindran, *Reengineering information sharing behavior in organizations.* Journal of Information Technology, 1996. 11（3）：pp. 261－272.

289. Barua, A., R. Ravindran, and A. B. Whinston, *Coordination in information exchange between organizational decision units.* Ieee Transactions on Systems Man and Cybernetics Part a-Systems and Humans, 1997. 27（5）：pp. 690－698.

290. Barua, A., S. Ravindran, and A. B. Whinston, *Enabling information sharing within organizations.* Information Technology and Management, 2007. 8（1）：pp. 31－45.

291. 杜治洲：《基于博弈论的政府部门间电子政务信息资源共享研究》，载《现代管理科学》，2009 年第 4 期，第 29～32 页。

292. 查先进、严密：《信息资源共享静态博弈分析》，载《情报科学》，

2006 年第 1 期。

293. Gal-Or, E. and A. Ghose, *The economic incentives for sharing security information.* Information Systems Research, 2005. 16 (2): P. 186.

294. 鄢丹:《电子政务中的博弈模型分析》,载《武汉理工大学学报》(信息与管理工程版),2007 年第 29 (008) 期,第 9~12 页。

295. 常涛、廖建桥:《基于博弈论视角的团队知识共享激励机制研究》,载《软科学》,2009 年第 23 (004) 期,第 92~95 页。

296. 司辉:《政府信息资源共享障碍及其解决的静态博弈分析》,载《情报科学》,2009 第 11 期。第 1721~1724 页。

297. 王芳:《政府信息共享障碍及一个微观解释》,载《情报科学》,2006 年第 24 (002) 期,第 194~199 页。

298. 高锡荣:《电子政府跨部门信息共享的激励机制设计》,载《中国管理科学》,2007 年第 15 (005) 期,第 130~136 页。

299. 王文、胡平:《政府部门间信息共享的利益补偿问题研究》,载《情报科学》,2008 年第 9 期,第 1305~1309 页。

300. 聂勇浩:《交易费用视角下的政府部门间信息资源共享》,载《图书情报工作》,2009 年第 5 期,第 118~121 页。

301. Yang, C. and L. Chen, *Can organizational knowledge capabilities affect knowledge sharing behavior?* Journal of Information Science, 2007. 33 (1): P. 95.

302. Yang, H.-L. and T. C. T. Wu, *Knowledge Sharing In An Organization.* Technological Forecasting and Social Change, 2008. 75 (8): pp. 1128 – 1156.

303. Jolly, R., *Using Agent Based Simulation and Game Theory Analysis to Study Information Sharing in Organizations*, in *Proceedings of the 41st Hawaii International Conference on System Sciences* 2008.

304. 李卫东:《政府信息资源共享的原理和方法》,载《中国行政管理》,2008 年第 1 期,第 65~67 页。

305. 张维迎:《博弈论与信息经济学》,上海人民出版社 1997 年版。

306. Lewin, K., R. Lippitt, and R. White, *Patterns of aggressive behavior in experimentally created "social climates."*. The international library of leadership, 2004: p. 91.

307. Fiedler, F., *A theory of leadership effectiveness* 1967: McGraw-Hill.

308. 莫力科、王沛民:《公共信息转变为国家战略资产的途径》,载《科学学研究》,2004 年第 22 (003) 期,第 262~266 页。

309. Wilkes, M., *A tribute to Presper Eckert.* Communications of the Acm, 1995.

38（9）：pp. 20 – 22.

310. 刘焕成：《我国政府信息资源管理的演进》，载《图书情报知识》，2003 年第 4 期，第 32～34 页。

311. 钟明：《电子政府：现代公共服务型政府的实现途径》，载《中国软科学》，2003 年第 9 期，第 27～31 页。

312. 俞华、苏新宁、胥家鸣：《我国电子政务发展战略的实证研究》，载《情报科学》，2004 年第 22（002）期，第 133～137 页。

313. Yoon, J. and M. Chae, *Varying criticality of key success factors of national e-Strategy along the status of economic development of nations.* Government Information Quarterly, 2009. 26（1）：pp. 25 – 34.

314. 吴敬琏：《制度重于技术》，中国发展出版社 2003 年版。

315. 朱司宾、张明毫：《电子政务与政府制度创新》，载《情报科学》，2007 年第 25（003）期，第 349～352 页。

316. Larsen, M., M. Pedersen, and K. Andersen. *IT Governance：Reviewing 17 IT Governance Tools and Analysing the Case of Novozymes A/S.* in *Proceedings of the 39th Hawaii International Conference on System Sciences.* 2006. IEEE Computer Society Washington, DC, USA.

317. Rainey, H. G., R. W. Backoff, and C. H. Levine, *Comparing Public and Private Organizations：Empirical Research and the Power of the A Priori.* Public Administration Review, 1976. 36（2）：pp. 233 – 244.

318. Bretschneider, S., *Management-information-systems in public and private organizations-an emplrical-test.* Public Administration Review, 1990. 50（5）：pp. 536 – 545.

319. Bretschneider, S., *Information technology, e-government, and institutional change.* Public Administration Review, 2003：pp. 738 – 741.

320. 李怀祖：《管理研究方法论》，西安交通大学出版社 2000 年版。

321. 俞可平：《经济全球化与治理的变迁》，载《哲学研究》，2000 年第 10 期，第 17～24 页。

322. 黄德发：《政府治理范式的制度选择》，广东人民出版社 2005 年版。

323. 宋晓伟、李永龙：《新时期中国政府治理模式初探》，载《山西师大学报》（社会科学版），2005 年第 32（005）期，第 6～10 页。

324. 崔雪莲：《治理概念及其理论适用性分析》，载《郑州航空工业管理学院学报》（社会科学版），2007 年第 4 期。

325. Ring, P. S. and A. H. Vandeven, *Structuring cooperative relationships be-*

tween organizations. *Strategic Management Journal*, 1992. 13 (7)：pp. 483－498.

326. 泰罗、胡隆昶：《科学管理原理》，中国社会科学出版社 1984 年版。

327. 亨利·法约尔：《工业管理与一般管理》，中国社会科学出版社 1982 年版。

328. 哈罗德等：《管理学》，经济科学出版社 1998 年版。

329. 小詹姆斯·H·唐纳利：《管理学基础——职能·行为·模型》，中国人民大学出版社 1982 年版。

330. 彼得·德鲁克：《管理：任务、责任、实践》（上），中国社会科学出版社 1987 年版。

331. 李维安：《公司治理学》，高等教育出版社 2005 年版。

332. 冯根福：《中国公司治理基本理论研究的回顾与反思》，载《经济学家》，2006 年第 3 期，第 13～20 页。

333. Brown, A. and G. Grant, *Framing the frameworks：a review of it governance research.* Communications of the Association for Information Systems 2005. 15：pp. 696－712.

334. 计春阳、唐志豪、胡克瑾：《企业 IT 治理实施框架模型研究》，载《情报杂志》，2008 年第 27 (5) 期，第 60～63 页。

335. 李维安、王德禄：《IT 治理及其模型的比较分析》，载《首都经济贸易大学学报》，2005 年第 5 期，第 44～48 页。

336. 王德禄：《信息技术与 IT 治理研究综述》，载《天津商业大学学报》，2008 年第 28 (002) 期，第 13～20 页。

337. 托马斯.H..达文波特：《信息技术的商业价值》，中国人民大学出版社 2000 年版。

338. Halchin, L. E., *Electronic government：Government capability and terrorist resource.* Government Information Quarterly, 2004. 21 (4)：pp. 406－419.

339. 陈祥荣：《电子政务与电子治理》，载《成都行政学院学报》，2005 年第 13 (5) 期，第 53～55 页。

340. Thomas, J. C. and G. Streib, *The new face of government：Citizen-initiated contacts in the era of e-government.* Journal of Public Administration Research and Theory, 2003. 13 (1)：pp. 83－101.

341. Van der Meer, A. and W. Van Winden, *E-governance in cities：A comparison of urban information and communication technology policies.* Regional Studies, 2003. 37 (4)：pp. 407－419.

342. Tan, C. W., *Managing stakeholder interests in e-government implementa-*

tion: *Lessons learned from a Singapore e-government project.* Journal of Global Information Management, 2005. 13 (1): pp. 31 – 53.

343. Dawes, S. S. , *The Evolution and Continuing Challenges of E-Governance.* Public Administration Review, 2008. 68: pp. S86 – S102.

344. 王浦劬、杨凤春：《电子治理：电子政务发展的新趋向》，载《中国行政管理》，2005 年第 1 期，第 75 ~ 77 页。

345. 陈波、王浣尘：《电子政务建设与政府治理变革》，载《国家行政学院学报》，2002 年第 4 期，第 23 ~ 25 页。

346. 张成福：《信息时代政府治理：理解电子化政府的实质意涵》，载《中国行政管理》，2003 年第 1 期，第 13 ~ 16 页。

347. 臧乃康：《电子政务治理范式探析》，载《现代经济探讨》，2004 年第 4 期，第 21 ~ 23 页。

348. 黄璜：《电子治理：超越电子政务的新范式》，载《江苏社会科学》，2006 年学术版，第 49 ~ 51 页。

349. 李春：《治理视角：电子政务的另一种解读》，载《电子政务》，2005 年第 (3/4) 期，第 51 ~ 55 页。

350. 汪玉凯、杜治洲：《电子政务对中美两国政府治理模式影响的比较》，载《中国行政管理》，2004 年第 3 期，第 88 ~ 93 页。

351. 彭彬彬、姜力：《责任的上溯与权力的下移：政府 IT 治理初探》，载《电子政务》，2008 年第 11 期，第 104 ~ 108 页。

352. 欧阳剑雄、袁丹洪：《电子政务的 IT 治理初探》，载《计算机与现代化》，2005 年第 12 期，第 13 ~ 16 页。

353. Heeks, R. and S. Bailur, *Analyzing e-government research: Perspective, philosophies, theories, methods, and practice.* Government Information Quarterly, 2007. 24 (2): pp. 243 – 265.

354. Gronlund, A. and T. Horan, *Introducing e-Gov: History, Definitions, and Issues.* Communications of the Association for Information Systems, 2004. 15: pp. 713 – 729.

355. Ronaghan, S. A. , et al. , *Benchmarking E-Government: A Global Perspective: Assessing the Progress of the UN Member States*2002: United Nations Division for Public Economics and Public Administration; American Society for Public Administration.

356. Yidiz, M. , *E-government research: Reviewing the literature, limitations, and ways forward.* Government Information Quarterly, 2007. 24 (3): pp. 646 – 665.

357. 汤志伟、赵生辉、贾旭旻：《国内电子政务研究的现状及趋势综述》，载《电子科技大学学报》（社会科学版），2006 年第 8（002）期，第 39～43 页。

358. 孙玉伟、李勇：《中国电子政务研究现状及趋势分析》，载《现代情报》，2006 年第 26（004）期，第 7～11 页。

359. 龙朝阳、秦素娥：《我国电子政务研究展望》，载《情报杂志》，2006 年第 25（004）期，第 84～86 页。

360. 赵国洪：《我国电子政务研究趋势探究——一项基于期刊数据的分析》，载《中国行政管理》，2007 年第 2 期，第 55～56 页。

361. Joyce, P., *E-government, strategic change and organisational capacity. Delivering the Vision: Public Services for the Information Society and the Knowledge Economy*, 2002: P. 156.

362. Moon, M. J., *The evolution of e-government among municipalities: Rhetoric or reality?* Public Administration Review, 2002. 62（4）: pp. 424 – 433.

363. Ke, W. L. and K. K. Wei, *Successful e-government in Singapore-How did Singapore manage to get most of its public services deliverable online?* Communications of the Acm, 2004. 47（6）: pp. 95 – 99.

364. Wong, W. and E. Welch, *Does e-government promote accountability? A comparative analysis of website openness and government accountability.* Governance-an International Journal of Policy and Administration, 2004. 17（2）: pp. 275 – 297.

365. Chen, Y. C. and K. Thurmaier, *Advancing e-government: Financing challenges and opportunities.* Public Administration Review, 2008. 68（3）: pp. 537 – 548.

366. 石鉴、王德禄、林润辉：《IT 治理与我国国防科技组织发展创新》，载《南开管理评论》，2007 年第 10（5）期，第 106～111 页。

367. Brussaard, B., *Information resource management in the public sector.* Information and Management, 1988. 15（2）: pp. 85 – 92.

368. Horner, R., *Meeting demands: Citizens, empowered by technology-driven access to customized services, are now demanding similar service from state and local government.* Minnesota Cities, 1999. 84（4）: pp. 5 – 6.

369. Tolbert, C. J. and K. Mossberger, *The effects of e-government on trust and confidence in government.* Public Administration Review, 2006. 66（3）: pp. 354 – 369.

370. Badri, M. A. and K. Alshare, *A path analytic model and measurement of the business value of e-government: An international perspective.* International Journal of Information Management, 2008. 28（6）: pp. 524 – 535.

371. 欧立祥:《论电子政府治理理念及其相关制度的创新》,载《滁州师专学报》,2002 年第 4(4)期,第 31~34 页。

372. 易新涛:《电子政府与行政模式的转型》,载《中国特色社会主义研究》,2003 年第 4 期。

373. 李冠军、聂玮:《电子政务在政府公众服务创新中的作用》,载《中国行政管理》,2005 年第 9 期,第 46~48 页。

374. Moynihan, D. P. , *Public management in North America* – 1998 – 2008. Public Management Review, 2008. 10(4): pp. 480 – 491.

375. Zhang, N. , et al. , *Impact of Perceived Fit on E-Government User Evaluation: A Study with a Chinese Cultural Context.* Journal of Global Information Management, 2009. 17(1): pp. 49 – 69.

376. Akman, I. , et al. , *E-govemment: A global view and an empirical evaluation of some attributes of citizens.* Government Information Quarterly, 2005. 22(2): pp. 239 – 257.

377. Becker, S. A. , *E-government usability for older adults.* Communications of the Acm, 2005. 48(2): pp. 102 – 104.

378. Becker, J. , L. Algermissen, and B. Niehaves, *A procedure model for process oriented e-government projects.* Business Process Management Journal, 2006. 12(1): pp. 61 – 75.

379. Yildiz, M. , *Impact of the international organizations* 39 *on the e-government policies of Turkiye.* Amme Idaresi Dergisi, 2007. 40(2): pp. 39 – 52.

380. 覃正、王立华:《行政环境对电子政务影响的研究综述》,载《情报杂志》,2006 年第 25(12)期,第 2~6 页。

381. Stemberger, M. I. and J. Jaklic, *Towards E-government by business process change-A methodology for public sector.* International Journal of Information Management, 2007. 27(4): pp. 221 – 232.

382. McNeal, R. S. , et al. , *Innovating in digital government in the American states.* Social Science Quarterly, 2003. 84(1): pp. 52 – 70.

383. Tolbert, C. J. , K. Mossberger, and R. McNeal, *Institutions, policy innovation, and e-government in the American states.* Public Administration Review, 2008. 68(3): pp. 549 – 563.

384. Chu, P. Y. , et al. , *Exploring success factors for Taiwan's government electronic tendering system: behavioral perspectives from end users.* Government Information Quarterly, 2004. 21(2): pp. 219 – 234.

385. Tseng, P. T. Y. , et al. , *To explore managerial issues and their implications on e-Government deployment in the public sector: Lessons from Taiwan's Bureau of Foreign Trade.* Government Information Quarterly, 2008. 25 (4): pp. 734 – 756.

386. Caudle, S. L. , W. L. Gorr, and K. E. Newcomer, *Key Information-Systems Management Issues For The Public-Sector.* Mis Quarterly, 1991. 15 (2): pp. 171 – 188.

387. Dovifat, A. , M. Brüggemeier, and K. Lenk, *The "model of micropolitical arenas"—A framework to understand the innovation process of e-government-projects.* Information Polity, 2007. 12 (3): pp. 127 – 138.

388. Kettinger, W. J. , J. T. C. Teng, and S. Guha, *Business process change: A study of methodologies, techniques, and tools.* Mis Quarterly, 1997. 21 (1): pp. 55 – 80.

389. Leavitt, H. and G. James, *Applied Organizational Change in Industry: Structural, Technological and Humanistic Approaches*1962: Carnegie Institute of Technology, Graduate School of Industrial Administration.

390. Azad, B. and S. Faraj, *Making e-Government systems workable: Exploring the evolution of frames.* Journal of Strategic Information Systems, 2008. 17 (2): pp. 75 – 98.

391. Azad, B. and S. Faraj, *E-Government institutionalizing practices of a land registration mapping system.* Government Information Quarterly, 2009. 26 (1): pp. 5 – 14.

392. Peterson, R. , *Crafting information technology governance.* Information Systems Management, 2004. 21 (4): pp. 7 – 22.

393. McLane, G. , *So what is IT Governance: An Empirical Analysis of Perceptions*2004: University of Technology, Sydney.

394. 唐志豪、计春阳、胡克瑾:《IT 治理研究述评》,载《会计研究》,2008 年第 5 期,第 76~82 页。

395. Ein-Dor, P. and E. Segev, *Organizational Context And Success Of Management Information Systems.* Management Science, 1978. 24 (10): pp. 1064 – 1077.

396. Ein-Dor, P. and E. Segev, *Organizational Context and MIS Structure: Some Empirical Evidence.* Management Information Systems Quarterly, 1982. 6 (1): pp. 55 – 68.

397. Olson, M. and N. Chervany, *The Relationship Between Organizational Characteristics and the Structure of the Information Services Function.* Management Information

Systems Quarterly, 1980. 4 (2): pp. 57 – 68.

398. Boynton, A. C. , G. C. Jacobs, and R. W. Zmud, *Whose Responsibility IT Managment*. Sloan Management Review, 1992. 33 (4): pp. 32 – 38.

399. Dixon, P. and D. John, *Technology Issues Facing Corporate Management in the 1990s*. Mis Quarterly, 1989. 13 (3): pp. 247 – 255.

400. Tavakolian, H. , *Linking the Information Technology Structure with Organizational Competitive Strategy: A Survey*. Mis Quarterly, 1989. 13 (3): pp. 309 – 317.

401. Allen, B. and A. Boynton, *Information Architecture: In Search of Efficient Flexibility*. Management Information Systems Quarterly, 1991. 15 (1): pp. 21.

402. Clark, T. D. , *Corporate Systems Management-An Overview And Research Perspective*. Communications of the Acm, 1992. 35 (2): pp. 60 – 75.

403. Karake, Z. A. , *The Management Of Information Technology, Governance, And Managerial Characteristics*. Information Systems Journal, 1995. 5 (4): pp. 271 – 284.

404. Loh, L. and N. Venkatraman, *Diffusion of information technology outsourcing: influence sources and the Kodak effect* 1995: IGI Publishing Hershey, PA, USA.

405. Brown, C. V. , *Examining the emergence of hybrid IS governance solutions: Evidence from a single case site*. Information Systems Research, 1997. 8 (1): pp. 69 – 94.

406. Brown, C. V. and S. L. Magill, *Reconceptualizing the context-design issue for the information systems function*. Organization Science, 1998. 9 (2): pp. 176 – 194.

407. Greso\, C. , *Exploring Fit and Misfit with Multiple Contingencies*. Administrative Science Quarterly, 1989. 34 (3): pp. 431 – 453.

408. Sambamurthy, V. and R. W. Zmud, *Arrangements for information technology governance: A theory of multiple contingencies*. Mis Quarterly, 1999. 23 (2): pp. 261 – 290.

409. Sambamurthy, V. and R. W. Zmud, *Research commentary: The organizing logic for an enterprise's IT activities in the digital era-A prognosis of practice and a call for research*. Information Systems Research, 2000. 11 (2): pp. 105 – 114.

410. Schwarz, A. and R. Hirschheim, *An extended platform logic perspective of IT governance: managing perceptions and activities of IT*. Journal of Strategic Information Systems, 2003. 12 (2): pp. 129 – 166.

411. Peterson, R. , *Integration Strategies and Tactics for Information Technology Governance*. Strategies for Information Technology Governance, 2004: pp. 37 – 80.

412. 维尔、罗斯：《一流绩效企业的 IT 治理之道》，商务印书馆 2005 年版。

413. Xue, Y. J., H. G. Liang, and W. R. Boulton, *Information technology governance in information technology investment decision processes：The impact of investment characteristics, external environment, and internal context.* Mis Quarterly, 2008. 32 (1)：pp. 67 – 96.

414. Ramos, D., *The auditor's role in IT governance.* Information Systems Control Journal, 2001. 5：pp. 23 – 40.

415. Hardy, G., *Using IT governance and COBIT to deliver value with IT and respond to legal, regulatory and compliance challenges.* Information Security Technical Report, 2006. 11 (1)：pp. 55 – 61.

416. De Haes, S. and W. Van Grembergen. *IT Governance Structures, Processes and Relational Mechanisms：Achieving IT/Business Alignment in a Major Belgian Financial Group.* in *Proceedings of the 38th Hawaii International Conference on System Sciences.* 2005.

417. Van Grembergen, W. and R. Saull, *Information technology governance through the balanced scorecard.* Information Technology Evaluation Methods and Management, 2001：pp. 199 – 211.

418. Weill, P. and B. Marianne, *Describing and Assessing IT Governance-The Governance Arrangements Matrix,* 2002, CISR Working Paper, 2002.

419. Webb, P., C. Pollard, and G. Ridley. *Attempting to Define IT Governance：Wisdom or Folly?* in *Proceedings of the 39th Hawaii International Conference on System Sciences.* 2006. IEEE.

420. Simonsson, M. and P. Johnson. *Defining IT Governance-A Consolidation of Literature.* in *18th Conference on Advanced Information Systems Engineering (CAISE).* 2006.

421. Rocheleau, B., *Whither E-government?* Public Administration Review, 2007. 67 (3)：pp. 584 – 588.

422. 刘军：《管理研究方法：原理与应用》，中国人民大学出版社 2008 年版。

423. Hiller, J. and F. Bélanger, *Privacy Strategies for Electronic Government,* in *E-Govenment Series*2001, Arlington：Pricewaterhouse Coopers Endowment for the Business of Govemment.

424. Baum, C. and A. Di Maio, *Gartner's four phases of e-government model.* Gartner Group Report No. COM – 12 – 6173, 2000.

面向公共服务的电子政务管理体系研究

425. Rohleder, S. and V. Jupp, *e-Government Leadership*: *High Performance*, *Maximum Value*, in *Fifth Annual Accenture e-Government Study*2004.

426. Bank, T. W., *A definition of e-government*. 2003: Washington, DC: The World Bank.

427. Bostrom, R. and J. Heinen, *MIS problems and failures*: *a socio-technical perspective*, *part II*: *the application of socio-technical theory*. MIS Quarterly, 1977: pp. 11 – 28.

428. Sarker, S., *Toward A Methodology For Managing Information Systems Implementation*: *A Social Constructivist Perspective*. Informing Science: The International Journal of an Emerging Transdiscipline, 2000. 3 (4): pp. 195 – 205.

429. Norris, D., *Building the virtual state. . . or not?*: *a critical appraisal*. Social Science Computer Review, 2003. 21 (4): pp. 417.

430. 赵豪迈、白庆华:《电子政务中利益关系委托代理模型分析》, 载《同济大学学报》(自然科学版), 2007 年第 35 (001) 期, 第 138~142 页。

431. 王小龙:《中国地方政府治理结构改革: 一种财政视角的分析》, 载《人文杂志》, 2004 年第 3 期, 第 64~69 页。

432. Garrity, J., *Top management and computer profits*. Harvard Business Review, 1963. 41 (4): pp. 6 – 12.

433. Cross, J., M. Earl, and J. Sampler, *Transformation of the IT function at British Petroleum*. Mis Quarterly, 1997: pp. 401 – 423.

434. Kayworth, T. and V. Sambamurthy, *Managing the information technology infrastructure*. Baylor Business Review, 2000. 18 (1): pp. 13 – 15.

435. Zmud, R., *Design alternatives for organizing information systems activities*. Mis Quarterly, 1984. 8 (2): pp. 79 – 93.

436. Earl, M., *Management strategies for information technology*1989: Prentice-Hall, Inc. Upper Saddle River, NJ, USA.

437. Labelle, A. and H. E. Nyce, *Whither the it organizatlion*. Sloan Management Review, 1987. 28 (4): pp. 75 – 85.

438. Von Simson, E., *The centrally decentralized IS organization*. Harvard Business Review, 1990. 68 (4): pp. 158 – 162.

439. Byrd, T. A., V. Sambamurthy, and R. W. Zmud, *an Examination of ot planning in a large, diversified public organization*. Decision Sciences, 1995. 26 (1): pp. 49 – 73.

440. Ahituv, N., S. Neumann, and M. Zviran, *Factors affecting the policy for*

distributing computing resources. Mis Quarterly, 1989. 13 (1): pp. 389 – 401.

441. Brown, C. V. and S. Magill, *Alignment of the IS functions with the enterprise: toward a model of antecedents.* Mis Quarterly, 1994. 18 (4): pp. 371 – 403.

442. Rau, K. G. , *Effective governance of it: Design objectives, roles, and relationships.* Information Systems Management, 2004. 21 (4): pp. 35 – 42.

443. Weill, P. and J. Ross, *IT governance: How top performers manage IT decision rights for superior results*2004: Harvard Business School Press.

444. Ward, M. A. and S. Mitchell, *A comparison of the strategic priorities of public and private sector information resource management executives.* Government Information Quarterly, 2004. 21 (3): pp. 284 – 304.

445. Ward, M. A. , *Information systems technologies: A public-private sector comparison.* Journal of Computer Information Systems, 2006. 46 (3): pp. 50 – 56.

446. Rocheleau, B. and L. F. Wu, *Public versus private information systems-Do they differ in important ways? A review and empirical test.* American Review Of Public Administration 2002. 32 (4): pp. 379 – 397.

447. Mohan, L. , W. K. Holstein, and R. B. Adams, *EIS-It Can Work In The Public-Sector.* Mis Quarterly, 1990. 14 (4): pp. 435 – 448.

448. Sethibe, T. , et al. , *IT Governance in Public and Private Sector Organisations: Examining the Differences and Defining Future Research Directions,* in 18*th Australasian Conference on Information Systems*2007: Toowoomba. pp. 833 – 843.

449. Lawrence, T. and R. Suddaby, *Institutions and institutional work.* Handbook of organization studies, 2006: pp. 215 – 254.

450. Cooper, R. and R. Zmud, *Information technology implementation research: a technological diffusion approach.* Management Science, 1990. 36 (2): pp. 123 – 139.

451. Kim, S. , H. J. Kim, and H. Lee, *An institutional analysis of an e-government system for anti-corruption: The case of OPEN.* Government Information Quarterly, 2009. 26 (1): pp. 42 – 50.

452. Kim, H. J. , G. Pan, and S. L. Pan, *Managing IT-enabled transfonation in the public sector: A case study on e-government in South Korea.* Government Information Quarterly, 2007. 24 (2): pp. 338 – 352.

453. Weill, P. and M. Olson, *Managing investment in information technology: Mini case examples and implications.* Mis Quarterly, 1989. 13 (1): pp. 3 – 17.

454. Irani, Z. and P. Love, *Developing a frame of reference for ex-ante IT/IS investment evaluation.* European Journal of Information Systems, 2002. 11 (1): pp. 74 –

82.

455. Andersen, K., *Reengineering Public Sector Organisations Using Information Technology*, in *Research in Public Policy Analysis and Management*2006.

456. Atabakhsh, H., et al. , *Information sharing and collaboration policies within government agencies.* Lecture notes in computer science, 2004. 3073: pp. 467 – 475.

457. Beaumaster, S. *Local government IT implementation issues: a challenge for public administration.* 2002.

458. Akbulut, A. *An investigation of the factors that influence electronic information sharing between state and local agencies.* in *Eighth Americas Conference on Information Systems.* 2003.

459. Boonstra, A., *Structure and analysis of IS decision-making processes.* European Journal of Information Systems, 2003. 12 (3): pp. 195 – 209.

460. Liang, H., et al. , *Assimilation of enterprise systems: The effect of institutional pressures and the mediating role of top management.* Mis Quarterly, 2007. 31 (1): pp. 59 – 87.

461. Swanson, E., N. Ramiller, and K. Kunci, *Innovating Mindfully with Information Technology.* Mis Quarterly, 2004. 28 (4): pp. 553 – 583.

462. Teo, H., K. Wei, and I. Benbasat, *Predicting intention to adopt interorganizational linkages: An institutional perspective.* Mis Quarterly, 2003. 28 (4): pp. 19 – 49.

463. Bourgeois III, L. and K. Eisenhardt, *Strategic decision processes in high velocity environments: Four cases in the microcomputer industry.* Management Science, 1988. 34 (7): pp. 816 – 835.

464. Prybutok, V. R., X. N. Zhang, and S. D. Ryan, *Evaluating leadership, IT quality, and net benefits in an e-government environment.* Information & Management, 2008. 45 (3): pp. 143 – 152.

465. Jasperson, J., et al. , *Review: power and information technology research: a metatriangulation review.* Management Information Systems Quarterly, 2002. 26 (4): pp. 397 – 459.

466. White, L., '*Effective governance*' *through complexity thinking and management science.* Systems Research and Behavioral Science, 2001. 18 (3): pp. 241 – 257.

467. Clatworthy, M. A., H. J. Mellett, and M. J. Peel, *Corporate governance under* '*New Public Management*': *an exemplification.* Corporate Governance—an Inter-

511

national Review，2000. 8（2）：pp. 166 – 176.

468. 江龙：《公共财政下财政监督产生的理论溯源》，载《财政研究》，2001 年第 11 期，第 12~16 页。

469. 张明：《政府，企业和非营利组织治理机制的比较分析》，载《科技管理研究》，2008 年第 28（005）期，第 1~2 页。

470. Dahlberg，T. and H. Kivijarvi. *An Integrated Framework for IT Governance and the Development and Validation of an Assessment Instrument.* in *Proceedings of the 39th Hawaii International Conference on System Sciences.* 2006. IEEE Computer Society Washington，DC，USA.

471. Van Grembergen，W.，*The balanced scorecard and IT governance.* Challenges of Information Technology Management in the 21st Century，2000：P. 1123.

472. Korac-Kakabadse，N. and A. Kakabadse，*IS/IT governance：need for an integrated model.* Corporate Governance：International Journal of Business in Society，2001. 1（4）：pp. 9 – 11.

473. Boynton，A.，R. Zmud，and G. Jacobs，*The influence of IT management practice on IT use in large organizations.* Mis Quarterly，1994：pp. 299 – 318.

474. Clark，C. E.，et al.，*Building change-readiness capabilities in the IS organization：Insights from the Bell Atlantic experience.* Mis Quarterly，1997. 21（4）：pp. 425 – 455.

475. Chatterjee，D.，V. J. Richardson，and R. W. Zmud，*Examining the shareholder wealth effects of announcements of newly created CIO positions.* Mis Quarterly，2001. 25（1）：pp. 43 – 70.

476. Smaltz，D. H.，V. Sambamurthy，and R. Agarwal. *The antecedents of CIO role effectiveness in organizations：An empirical study in the healthcare sector.* in *IEEE Transactions On Engineering Management*，2006.

477. Faraj，S. and V. Sambamurthy，*Leadership of information systems development projects.* Ieee Transactions on Engineering Management，2006. 53（2）：pp. 238 – 249.

478. Westphal，J. D. and E. J. Zajac，*The symbolic management of stockholders：Corporate governance reforms and shareholder reactions.* Administrative Science Quarterly，1998. 43（1）：pp. 127 – 153.

479. Alavi，M. and P. Carlson，*A review of MIS research and disciplinary development'.* Journal of Management Information Systems，Spring，1992. 8（4）：pp. 45 – 62.

480. Claver，E.，R. González，and J. Llopis，*An analysis of research in infor-*

mation systems (*1981 – 1997*). Information & Management, 2000. 37 (4): pp. 181 – 195.

481. Vessey, I. , *Research in information systems: An empirical study of diversity in the discipline and its journals.* Journal of Management Information Systems, 2002. 19 (2): pp. 129 – 174.

482. Benbasat, I. and R. Weber, *Research commentary: rethinking "diversity" in information systems research.* Information Systems Research, 1996. 7 (4): pp. 389.

483. Laudan, L. , *Science and values: The aims of science and their role in scientific debate*1984: University of California Press.

484. Rockart, J. , *Chief executives define their own data needs.* Harvard Business Review, 1979. 57 (2): pp. 81 – 93.

485. Shank, M. , A. Boynton, and R. Zmud, *Critical success factor analysis as a methodology for MIS planning.* Mis Quarterly, 1985: pp. 121 – 129.

486. Pinto, J. and J. Prescott, *Planning and tactical factors in the project implementation process.* Journal of Management Studies, 1990. 27 (3): pp. 305 – 327.

487. Larsen, K. , *A taxonomy of antecedents of information systems success: Variable analysis studies.* Journal of Management Information Systems, 2003. 20 (2): pp. 169 – 246.

488. 陆敬筠、仲伟俊、梅姝娥:《公众电子公共参与度模型研究》,载《情报杂志》,2007 年第 26 (009) 期,第 54 ~ 56 页。

489. Gichoya, D. , *Factors Affecting the Successful Implementation of ICT Projects in Government.* Electronic Journal of e-Government, 2005. 3 (4): pp. 175 – 184.

490. Seddon, P. , *A respecification and extension of the DeLone and McLean model of IS success.* Information Systems Research, 1997. 8 (3): pp. 240 – 253.

491. Kraemer, K. and J. Perry, *The federal push to bring computer applications to local governments.* Public Administration Review, 1979: pp. 260 – 270.

492. Perry, J. and J. Danziger, *The Adoptability of Inno Va Tions: An Empirical Assessment of Computer Applications in Local Governments.* Administration & Society, 1980. 11 (4): pp. 461.

493. Svara, J. H. , *Strengthening Local Government Leadership and Performance: Reexamining and Updating the Winter Commission Goals.* Public Administration Review, 2008. 68: pp. 537 – 549.

494. Kamal, M. , *IT innovation adoption in the government sector: identifying the critical success factors.* Journal of Enterprise Information Management, 2006. 19 (2):

513

pp. 192 – 222.

495. Norris, D. F. and M. J. Moon, *Advancing e-government at the grassroots*: *Tortoise or hare?* Public Administration Review, 2005. 65 (1): pp. 64 – 75.

496. Irani, Z. , et al. , *Evaluating e-government*: *learning from the experiences of two UK local authorities.* Information Systems Journal, 2005. 15 (1): pp. 61 – 82.

497. 张节、杨锐:《电子政务服务评价的理性思考》,载《中国行政管理》,2008 年第 274 (004) 期,第 57～60 页。

498. DeLone, W. and E. McLean, *Information Systems Success*: *The Quest for the Dependent Variable.* Information Systems Research, 1992. 3 (1): pp. 60 – 95.

499. DeLone, W. and E. McLean, *The DeLone and McLean model of information systems success*: *a ten-year update.* Journal of Management Information Systems, 2003. 19 (4): pp. 9 – 30.

500. DeLone, W. and E. McLean, *Measuring e-commerce success*: *applying the DeLone & McLean information systems success model.* International Journal of Electronic Commerce, 2004. 9 (1): pp. 31 – 47.

501. Bajwa, D. , A. Rai, and I. Brennan, *Key antecedents of executive information system success*: *a path analytic approach.* Decision Support Systems, 1998. 22 (1): pp. 31 – 43.

502. Ballantine, J. , et al. , *The 3 – D model of information systems success*: *the search for the dependent variable continues.* Information Resources Management Journal, 1996. 9 (4): pp. 5 – 14.

503. Iivari, J. , *An empirical test of the DeLone-McLean Model of information system success.* ACM SIGMIS Database, 2005. 36 (2): pp. 8 – 27.

504. Rai, A. , S. Lang, and R. Welker, *Assessing the Validity of IS Success Models*: *An Empirical Testand Theoretical Analysis.* Information Systems Research, 2002. 13 (1): pp. 50 – 69.

505. Molla, A. and P. Licker, *E-commerce systems success*: *an attempt to extend and respecify the DeLone and McLean model of IS success.* Journal of Electronic Commerce Research, 2001. 2 (4): pp. 131 – 141.

506. Cao, M. , Q. Zhang, and J. Seydel, *B2C e-commerce web site quality*: *an empirical examination.* Industrial Management and Data Systems, 2005. 105 (5): P. 645.

507. 彭赓、陈杰:《基于相关者理论的电子政务绩效评估体系》,载《管理现代化》,2008 年第 1 期,第 37～39 页。

面向公共服务的电子政务管理体系研究

508. Janssen, M., A. Joha, and A. Zuurmond, *Simulation and animation for adopting shared services: Evaluating and comparing alternative arrangements.* Government Information Quarterly, 2009. 26 (1): p. 15 – 24.

509. Dawes, S., *Interagency information sharing: Expected benefits, manageable risks.* Journal of Policy Analysis and Management, 1996: pp. 377 – 394.

510. Landsbergen Jr, D. and G. Wolken Jr, *Realizing the promise: Government information systems and the fourth generation of information technology.* Public Administration Review, 2001: pp. 206 – 220.

511. Chou, T. C., J. R. Chen, and C. K. Pu, *Exploring the collective actions of public servants in e-government development.* Decision Support Systems, 2007. 02 (005): pp. 251 – 265.

512. Moore, G. and I. Benbasat, *Development of an instrument to measure the perceptions of adopting an information technology innovation.* Information Systems Research, 1991. 2 (3): pp. 192 – 222.

513. Karahanna, E., D. Straub, and N. Chervany, *Information technology adoption across time: a cross-sectional comparison of pre-adoption and post-adoption beliefs.* Mis Quarterly, 1999: pp. 183 – 213.

514. Straub, D., M. Boudreau, and D. Gefen, *Validation heuristics for IS positivist research.* Comm. AIS, 2004: pp. 380 – 426.

515. Straub, D., *Validating instruments in MIS research.* Mis Quarterly, 1989: pp. 147 – 169.

516. Marsh, H., *Balla, & Grayon* (1998). *HW Marsh, K. Hau, JR Balla and D. Grayon, Is more ever to much? The number of indicators per factor in confirmatory factor analysis.* Multivariate Behavioral Research, 1998. 33: pp. 181 – 220.

517. Maritan, C., *Capital investment as investing in organizational capabilities: An empirically grounded process model.* Academy of Management Journal, 2001. 44 (3): pp. 513 – 531.

518. Guldentops, E., W. Van Grembergen, and S. De Haes, *Control and Governance Maturity survey: Establishing a reference benchmark and a self-assessment tool.* Information Systems Control Journal, 2002. 6: P. 32.

519. 王凤杰、李英:《我国地市级电子政务建设模式研究》，载《科技管理研究》，2007 年第 7 期，第 179～181 页。

520. 李维安、张国萍:《经理层治理评价指数与相关绩效的实证研究——基于中国上市公司治理评价的研究》，载《经济研究》，2005 年第 11 期，第 87～

98 页。

521. Iacovou, C., I. Benbasat, and A. Dexter, *Electronic data interchange and small organizations: adoption and impact of technology.* Mis Quarterly, 1995: pp. 465 – 485.

522. 邓崧、孟庆国:《电子政务绩效评估的方法技术论》,载《社会科学》,2008 年第 4 期,第 24~30 页。

523. 鄢丹:《电子政务绩效的 4E 性质与影响要素研究》,同济大学,2006 年。

524. 杨云飞、白庆华:《电子政务评价指标体系》,载《计算机应用与软件》,2004 年第 21 (008) 期,第 61~65 页。

525. Baum, C. and A. Di Maio, *Gartner's four phases of e-government model.* Stamford, Ct., Gartner Group, 2000. 21: pp. 12 – 6113.

526. 余晓欣:《贵州省电子政务的绩效问题研究》,浙江大学,2005 年。

527. 李小燕等:《电子政务绩效评估的研究综述》,载《现代商贸工业》,2008 年第 9 期。

528. 王芳、翟丽娜:《我国地方政府门户网站 G2B 服务能力评价指标体系构建》,载《图书情报工作》,2008 年第 6 期。

529. 于施洋:《中国电子政务绩效评估实践现状》,载《信息化建设》,2008 年第 9 期,第 17~18 页。

530. 辛玲、张芳:《试论电子政务绩效评价中的种种误区》,载《经济师》,2007 年第 5 期。

531. 谭荣华、徐夫田、谢波峰:《我国税务信息化建设的七大重点》,载《涉外税务》,2002 年第 1 期,第 26 页。

532. 金新建:《国家税务总局电子政务建设实例研究》,载《科技情报开发与经济》,2007 年第 17 (6) 期,第 220~222 页。

533. 陈晓东、潘榕:《网上审批系统的演变过程和发展趋势》,载《电子政务》,2008 年第 1 期,第 107~109 页。

面向公共服务的电子政务管理体系研究

后 记

　　电子政务公共服务管理体系研究是一个极富挑战的研究领域。在申报教育部 2007 年度重大攻关课题之前，我们已经展开了这方面的研究工作，有幸中标，让我们更加充满信心和决心深入探索这一研究课题。经历了三年的研究与努力，经过无数次讨论与争辩，经过多次中国政府部门的案例访谈和调查研究，经过大量的资料研究和数据分析，研究团队精诚合作终于完成了本书的写作，让这一研究课题告一段落，成为一个里程碑，尽管我们的研究还在继续……

　　在本课题的研究中，我们不仅收集、整理、分析了大量的国内外电子政务研究文献，而且也深入到中国电子政务公共服务的第一线，体验、调查、访谈电子政务公共服务领域的实践情况，获取了第一手的研究资料和数据，让我们的理论研究更加充实可信。感谢研究团队中的每个成员，是团队所有成员坚持不懈的努力和持续不断的创新使我们的研究得以完成。也感谢中央财经大学 211 工程 3 期的资助，让我们的研究团队有了更好的研究环境和研究氛围。

　　感谢佐治亚理工大学管理学院的张晗教授，他不仅为王天梅提供了赴美求学的宝贵机会，还在实证研究的方法论学习上给予我们多方面的指导；感谢佐治亚州立大学的 Edward 教授，他有关结构方程模型精彩而风趣的讲授，让我们深刻领略到实证研究方法在管理学研究中的深邃和魅力；感谢组约州立大学电子政务研究中心的 Pardo 教授，她对本书几个重要实证研究过程进行了深入的分析和点评。

　　感谢《信息化建设》杂志社——这份曾由国务院办公厅秘书局和浙江省政府办公厅联合主管的杂志，一向致力于我国政务信息化领域的宣传报道，被誉为"中国电子政务第一传媒"。感谢《信息化建设》杂志的主任记者吴昊，在几次调查研究和三轮案例访谈过程中给予的大力支持，他不仅为我们提供了多方调研渠道，还对我们的调查问卷和访谈问题给予了很多有益的建议。感谢政府部门的信息主管们，感谢他们的协作精神，他们认真回复调查问卷，热诚关注研究进展，积极探讨中国电子政务实践中的问题和经验，不仅启迪了我们的思维，还触发了我们更多的研究兴趣。

孙宝文

2011 年 3 月

518

教育部哲学社會科学研究重大課題攻関項目
成果出版列表

书　名	首席专家
《马克思主义基础理论若干重大问题研究》	陈先达
《马克思主义理论学科体系建构与建设研究》	张雷声
《马克思主义整体性研究》	逄锦聚
《人文社会科学研究成果评价体系研究》	刘大椿
《中国工业化、城镇化进程中的农村土地问题研究》	曲福田
《东北老工业基地改造与振兴研究》	程　伟
《全面建设小康社会进程中的我国就业发展战略研究》	曾湘泉
《自主创新战略与国际竞争力研究》	吴贵生
《转轨经济中的反行政性垄断与促进竞争政策研究》	于良春
《中国现代服务经济理论与发展战略研究》	陈　宪
《当代中国人精神生活研究》	童世骏
《弘扬与培育民族精神研究》	杨叔子
《当代科学哲学的发展趋势》	郭贵春
《面向知识表示与推理的自然语言逻辑》	鞠实儿
《当代宗教冲突与对话研究》	张志刚
《马克思主义文艺理论中国化研究》	朱立元
《历史题材创新和改编中的重大问题研究》	童庆炳
《现代中西高校公共艺术教育比较研究》	曾繁仁
《楚地出土戰國簡册［十四種］》	陈　偉
《中国市场经济发展研究》	刘　伟
《全球经济调整中的中国经济增长与宏观调控体系研究》	黄　达
《中国特大都市圈与世界制造业中心研究》	李廉水
《中国产业竞争力研究》	赵彦云
《东北老工业基地资源型城市发展接续产业问题研究》	宋冬林
《中国民营经济制度创新与发展》	李维安
《中国现代服务经济理论与发展战略研究》	陈　宪
《中国转型期的社会风险及公共危机管理研究》	丁烈云
《面向公共服务的电子政务管理体系研究》	孙宝文
《中国加入区域经济一体化研究》	黄卫平

书　名	首席专家
《金融体制改革和货币问题研究》	王广谦
《人民币均衡汇率问题研究》	姜波克
《我国土地制度与社会经济协调发展研究》	黄祖辉
《南水北调工程与中部地区经济社会可持续发展研究》	杨云彦
《产业集聚与区域经济协调发展研究》	王　珺
《我国民法典体系问题研究》	王利明
《中国司法制度的基础理论问题研究》	陈光中
《多元化纠纷解决机制与和谐社会的构建》	范　愉
《中国和平发展的重大国际法律问题研究》	曾令良
《中国法制现代化的理论与实践》	徐显明
《生活质量的指标构建与现状评价》	周长城
《中国公民人文素质研究》	石亚军
《城市化进程中的重大社会问题及其对策研究》	李　强
《中国农村与农民问题前沿研究》	徐　勇
《中国边疆治理研究》	周　平
《中国大众媒介的传播效果与公信力研究》	喻国明
《媒介素养：理念、认知、参与》	陆　晔
《创新型国家的知识信息服务体系研究》	胡昌平
《数字信息资源规划、管理与利用研究》	马费成
《新闻传媒发展与建构和谐社会关系研究》	罗以澄
《数字传播技术与媒体产业发展研究》	黄升民
《教育投入、资源配置与人力资本收益》	闵维方
《创新人才与教育创新研究》	林崇德
《中国农村教育发展指标体系研究》	袁桂林
《高校思想政治理论课程建设研究》	顾海良
《网络思想政治教育研究》	张再兴
《高校招生考试制度改革研究》	刘海峰
《基础教育改革与中国教育学理论重建研究》	叶　澜
《公共财政框架下公共教育财政制度研究》	王善迈
《中国青少年心理健康素质调查研究》	沈德立
《处境不利儿童的心理发展现状与教育对策研究》	申继亮

书　名	首席专家
《WTO主要成员贸易政策体系与对策研究》	张汉林
《中国和平发展的国际环境分析》	叶自成
*《改革开放以来马克思主义在中国的发展》	顾钰民
*《西方文论中国化与中国文论建设》	王一川
*《中国抗战在世界反法西斯战争中的历史地位》	胡德坤
*《近代中国的知识与制度转型》	桑　兵
*《中国水资源的经济学思考》	伍新林
*《转型时期消费需求升级与产业发展研究》	臧旭恒
*《京津冀都市圈的崛起与中国经济发展》	周立群
*《中国金融国际化中的风险防范与金融安全研究》	刘锡良
*《金融市场全球化下的中国监管体系研究》	曹凤岐
*《中部崛起过程中的新型工业化研究》	陈晓红
*《中国政治文明与宪法建设》	谢庆奎
*《地方政府改革与深化行政管理体制改革研究》	沈荣华
*《知识产权制度的变革与发展研究》	吴汉东
*《中国能源安全若干法律与政府问题研究》	黄　进
*《农村土地问题立法研究》	陈小君
*《我国地方法制建设理论与实践研究》	葛洪义
*《我国资源、环境、人口与经济承载能力研究》	邱　东
*《产权理论比较与中国产权制度变革》	黄少安
*《西部开发中的人口流动与族际交往研究》	马　戎
*《中国独生子女问题研究》	风笑天
*《当代大学生诚信制度建设及加加强大学生思想政治工作研究》	黄蓉生
*《农民工子女问题研究》	袁振国
*《中国艺术学科体系建设研究》	黄会林
*《边疆多民族地区构建社会主义和谐社会研究》	张先亮
*《非传统安全合作与中俄关系》	冯绍雷
*《中国的中亚区域经济与能源合作战略研究》	安尼瓦尔·阿木提
*《冷战时期美国重大外交政策研究》	沈志华

……

*为即将出版图书